GOLDMANN

Buch

Geheimdienstmann Jack Ryan, Held aller Romane von Tom Clancy, erfährt, daß kolumbianische Drogenbosse drei hochrangige Amerikaner getötet haben. Die Botschaft ist unmißverständlich: Wir haben genug von eurer Jagd auf uns, laßt uns in Ruhe. Doch diesmal sind die selbstherrlichen Kartellchefs zu weit gegangen. Auf diese Herausforderung hin setzen die Amerikaner Geheimagenten in Kolumbien ein, und zu Hause bereiten sich modernst ausgerüstete Spezialisten auf den Kampf vor. Doch zuerst muß Ryan herausfinden, wer der eigentliche Feind ist und wie weit man bei diesem Einsatz gehen darf. Lange Zeit weiß er nicht, welche Gefahr die größere ist: jene, die die USA von außen, oder jene, die sie im Innern bedroht.

Das Geheimnis dieses erfolgreichen Romans liegt wohl darin, daß sein Autor noch härter als bisher an der Wirklichkeit bleibt, die Handlung noch kompromißloser konzipiert ist als in seinen bisherigen Romanen. Realismus und Authenzität, bemerkenswerte Charaktere und messerscharfe Spannung sind Clancys Markenzeichen. Mehr noch als in seinen früheren Romanen erweist er sich in »Der Schattenkrieg« als absoluter »King im Reich der High-Tech-Thriller« *(Der Spiegel).*

Autor

Tom Clancy, Jahrgang 1948, war jahrelang als Versicherungsagent tätig. Eine Meuterei auf einem sowjetischen Zerstörer regte Clancy, der sich schon immer für militärische und rüstungstechnische Probleme interessiert hatte, dazu an, seinen ersten Techno-Thriller »Jagd auf Roter Oktober« zu schreiben. Das Buch wurde auf Anhieb ein internationaler Erfolg, der sich in der Verfilmung mit Sean Connery in der Hauptrolle wiederholte. Seitdem ist Tom Clancy der Erfolg treu geblieben, so daß alle seine Romane über lange Wochen auf den ersten Plätzen der Bestsellerlisten rangierten.

Bereits als Goldmann-Taschenbuch lieferbar:

Der Kardinal im Kreml (9866)
Die Stunde der Patrioten (9804)
Jagd auf »Roter Oktober« (8122)

Tom Clancy

Der Schattenkrieg

Roman

Aus dem Amerikanischen
von Hardo Wichmann

GOLDMANN VERLAG

Die amerikanische Originalausgabe erschien unter dem Titel
»Clear and Present Danger«.

Einzig berechtigte Übersetzung aus dem Amerikanischen
von Hardo Wichmann.

Im Gedenken an John Ball, Freund und Lehrer,
den Fachmann, der die letzte Maschine nahm.

Umwelthinweis:
Alle bedruckten Materialien dieses Taschenbuches
sind chlorfrei und umweltfreundlich.
Das Papier enthält Recycling-Anteile.

Der Goldmann Verlag
ist ein Unternehmen der Verlagsgruppe Bertelsmann

Made in Germany · 2. Auflage · 4/93
Genehmigte Taschenbuchausgabe

Umschlaggestaltung: Design Team München
Druck: Elsnerdruck, Berlin
Verlagsnummer: 9880
UK · Herstellung: Heidrun Nawrot/sc
ISBN 3-442-09880-7

Ohne Macht ist das Gesetz kraftlos.

PASCAL

Es ist die Funktion der Polizei, bei der Durchsetzung der Absichten des Staates intern und unter normalen Bedingungen Gewalt auszuüben oder mit ihrer Anwendung zu drohen.
Es ist die Funktion der Streitkräfte, zu normalen Zeiten extern und intern nur zu außergewöhnlichen Zeiten Gewalt auszuüben oder mit ihrer Anwendung zu drohen...
Das Ausmaß der Gewalt, die der Staat zur Durchsetzung seiner Absichten auszuüben bereit ist..., ist so groß, wie es die jeweilige Regierung zur Vermeidung eines Zusammenbruchs ihrer Funktion und einer Aufgabe ihres Verantwortungsbereichs für nötig und angemessen erachtet.

GENERAL SIR JOHN HACKETT

Prolog

Die Lage

Noch war das Arbeitszimmer des Präsidenten leer. Das Oval Office im Westflügel des Weißen Hauses ist durch drei Türen zu erreichen: vom Vorzimmer der Sekretärin, aus einer kleinen Küche, die an das Privatzimmer des Präsidenten angrenzt, und aus dem Korridor. Für das Büro eines Top-Managers hat der Raum bescheidene Ausmaße; Besucher finden ihn unweigerlich kleiner als erwartet. Der Schreibtisch des Präsidenten vor den dicken Fenstern aus kugelsicherem Polykarbonat, das den Rasen vorm Weißen Haus nur verzerrt sichtbar werden läßt, besteht aus dem Holz vom HMS *Resolute*, einem britischen Polarforschungsschiff, das 1854 im Eis aufgegeben und im folgenden Jahr von Amerikanern geborgen wurde. Zum Dank ließ Königin Viktoria aus den Eichenbalken des Schiffes einen Schreibtisch fertigen und dem US-Präsidenten zum Geschenk machen. Das Möbelstück aus einer Zeit, in der die Menschen kleiner waren als heute, wurde während Reagans Präsidentschaft etwas erhöht. Nun war es beladen mit Akten und Positionspapieren, einem Computerausdruck des präsidialen Terminkalenders, einer Sprechanlage, einem konventionellen Tastentelefon für mehrere Leitungen und einem ganz gewöhnlich aussehenden, aber hochkomplizierten Apparat für abhörsichere Gespräche.

Der Sessel des Präsidenten war eine Sonderanfertigung, deren hohe Rückenlehne zum zusätzlichen Schutz gegen Kugeln, die ein Irrer durch die schweren Fenster feuern mochte, mit dem modernen Werkstoff Kevlar – leichter und fester als Stahl – gepanzert war. Natürlich taten um diese Tageszeit in diesem Teil des Gebäudes rund ein Dutzend Agenten des Secret Service Dienst. Um hier hereinzukommen, mußte jeder einen Metalldetektor passieren und sich der strengen Kontrolle der Secret-Service-Wache unterziehen. Bei diesen Männern, die man an ihren fleischfarbenen Ohrhörern erkannte, trat die Höflichkeit gegenüber der Hauptaufgabe, den Präsidenten zu schützen, in den Hintergrund. Alle trugen unter den Jacketts schwere Faustfeuerwaffen, und jedem war bei der Ausbildung eingeschärft worden, in jedermann und allem eine Bedrohung für WRANGLER, derzeitiger Codename für den Präsidenten, zu sehen.

Vizeadmiral James Cutter von der US Navy war schon seit 6 Uhr 15 in seinem Büro in der Nordwestecke des Westflügels. Der Job des Sicherheitsberaters des Präsidenten verlangte einen Frühaufsteher. Kurz vor acht trank er seine zweite Tasse Kaffee, schob die Papiere für die Lagebesprechung in eine Ledermappe, schritt durch das leere Zimmer seines Stellvertreters, der gerade in Urlaub war, wandte sich im Korridor nach rechts, passierte das ebenfalls verwaiste Büro des Vizepräsidenten, der sich in Seoul aufhielt, und bog hinter der Tür des Stabschefs nach links ab. Cutter gehörte zu den wenigen Insidern – der Vizepräsident zählte nicht zu ihnen –, die ohne die Genehmigung des Stabschefs das Oval Office betreten durften, wann immer sie es für notwendig erachteten. Allerdings meldete er sich meist telefonisch an, um den Sekretärinnen eine Vorwarnung zu geben. Dem Stabschef mißfielen solche Privilegien zwar, aber das hatte nur zur Folge, daß Cutter seinen unbeschränkten Zugang noch mehr genoß. Auf dem Weg nickten ihm vier Leute von der Sicherheit einen guten Morgen zu, und der Admiral nahm die Grüße hoheitsvoll zur Kenntnis. Cutters offizieller Codename war LUMBERJACK. Er wußte zwar, daß man ihm beim Secret Service intern einen anderen, weniger schmeichelhaften Spitznamen verpaßt hatte, aber was diese kleinen Fische von ihm hielten, war dem Admiral gleichgültig. Das Vorzimmer lief schon auf vollen Touren; drei Sekretärinnen und ein Agent des Secret Service saßen auf ihren Plätzen.

«Ist der Chef pünktlich?» fragte er.

«WRANGLER kommt gerade runter, Sir», erwiderte Special Agent Connor. Er war vierzig, Abteilungschef der Wache des Präsidenten, und völlig uninteressiert an Cutters Meinung über ihn. Präsidenten und ihre Berater kamen und gingen, manche geliebt, andere verhaßt, aber die Profis vom Secret Service bedienten und schützten sie alle. Sein geübter Blick glitt über die Ledermappe und Cutters Anzug. Heute keine Waffe. Connor war nicht krankhaft argwöhnisch – immerhin war der König von

Saudi-Arabien von einem Familienmitglied ermordet und Aldo Moro von seiner eigenen Tochter an die Entführer verraten worden, die ihn dann umbrachten. Sorgen machten ihm nicht nur die Geistesgestörten; jedermann konnte eine Bedrohung für den Präsidenten darstellen. Zu seinem Glück brauchte sich Connor nur um die körperliche Unversehrtheit seines Schutzbefohlenen zu kümmern. Es gab noch andere Sicherheitsaspekte, die anderen, weniger professionellen Leuten oblagen.

Alles erhob sich, als der Präsident erschien, gefolgt von seiner Leibwächterin, einer gelenkigen Frau in den Dreißigern, deren dunkle Locken elegant über die Tatsache hinwegtäuschten, daß sie zu den besten Pistolenschützen im Dienst der Regierung gehörte. «Daga» – so nannten sie ihre Kollegen – lächelte Connor zu. Ihnen stand ein leichter Tag bevor. Der Präsident wollte das Haus nicht verlassen. Sein Terminkalender war gründlich überprüft worden – die Sozialversicherungsnummern aller nicht regelmäßigen Besucher liefen durch den Fahndungscomputer des FBI –, und die Gäste selbst wurden natürlich so gründlich durchsucht, wie es der Verzicht auf eine Leibesvisitation zuläßt. Der Präsident winkte Admiral Cutter mit hinein. Die beiden Agenten sahen sich noch einmal den Terminkalender an. Das war reine Routinesache, und es störte Connor auch nicht, daß nun eine Frau einen Männerjob tat. Daga hatte sich den Posten auf der Straße verdient, und jeder potentielle Attentäter, der sie als Vorzimmermaus abtat, würde sein blaues Wunder erleben. Während Cutters Aufenthalt im Chefzimmer lugte einer der beiden Agenten alle paar Minuten durch einen Spion in der weißen Tür, um sich zu vergewissern, daß kein Unheil geschah. Der Präsident war nun seit über drei Jahren im Amt und hatte sich an die permanente Observierung gewöhnt. Den Agenten kam kaum je der Gedanke, daß ein normaler Mensch das bedrückend finden könnte. Es war ihre Aufgabe, über alles, was der Präsident tat, Bescheid zu wissen, und dazu gehörte auch die Häufigkeit seiner Gänge zur Toilette und die Wahl seiner Bettpartner. Ihre Vorgänger hatten alle möglichen Techtelmechtel gedeckt und vertuscht. Selbst die Gattin des Präsidenten hatte nicht das Recht gehabt zu erfahren, was er so Stunde für Stunde am Tag trieb – zumindest einige Präsidenten hatten diese Anweisung gegeben –, nur die Leute vom Secret Service wußten immer Bescheid.

Hinter der geschlossenen Tür nahm der Präsident Platz. Durch die Seitentür brachte der Messesteward, ein Filipino, ein Tablett mit Kaffee und Croissants herein und stand stramm, ehe er sich wieder entfernte. Damit waren die Präliminarien der morgendlichen Routine erledigt, und

Cutter begann mit seinem Lagebericht. Die Unterlagen waren ihm von der CIA vor Tagesanbruch in sein Haus in Fort Myer, Virginia, gebracht worden; so bekam der Admiral Gelegenheit, die Informationen des Nachrichtendienstes in eigene Worte zu fassen. Sein Bericht war kurz. Es war Spätfrühling, und auf der Welt herrschte relativer Friede. Kriege, die in Afrika und anderswo wüteten, tangierten amerikanische Interessen kaum, und der Nahe Osten war so ruhig, wie er eben sein konnte. So blieb Zeit für andere Themen.

«Was macht SHOWBOAT?» fragte der Präsident und strich Butter auf sein Croissant.

«Das Unternehmen läuft, Sir. Ritters Leute sind bereits an der Arbeit, Sir», erwiderte Cutter.

«Die Sicherheit der Operation macht mir noch immer Kummer.»

«Mr. President, die Angelegenheit ist so geheim, wie angesichts der Umstände zu erwarten ist. Gewiß, es gibt Risiken, aber wir beschränken die Zahl der Beteiligten auf das absolute Minimum, und wer informiert ist, wurde sorgfältig ausgewählt.»

Das trug dem Sicherheitsberater ein Grunzen ein. Der Präsident saß in einer Falle, in die er sich mit seinen eigenen Worten manövriert hatte, mit Versprechungen und Erklärungen; die Bürger hatten die unangenehme Angewohnheit, sich so etwas zu merken. Und selbst wenn sie solche Dinge vergaßen, gab es immer Journalisten und politische Rivalen, die keine Gelegenheit zu einer Mahnung verstreichen ließen. Bei vielem hatte er in seiner Amtszeit eine glückliche Hand gehabt, aber viele dieser Erfolge mußten geheim bleiben – zu Cutters Verdruß. Andererseits war in der politischen Arena kein Geheimnis sakrosankt – am allerwenigsten in einem Wahljahr. Eigentlich sollte sich Cutter um diese Aspekte überhaupt nicht kümmern. Als Marineoffizier wurde von ihm erwartet, daß er ein unpolitisches Auge auf die Aspekte der nationalen Sicherheit warf, aber diese Richtlinie mußte wohl von einem Mönch formuliert worden sein. Mitglieder der Exekutive legen gemeinhin keine Armuts- und Keuschheitsgelübde ab, und auch mit dem Gehorsam nahmen sie es manchmal nicht so genau.

«Ich habe dem amerikanischen Volk versprochen, dieses Problem anzugehen», bemerkte der Präsident übellaunig. «Und was ist bisher rausgekommen? Kein Furz.»

«Sir, einer Bedrohung der nationalen Sicherheit kann nicht mit polizeilichen Mitteln begegnet werden.» Cutter war seit Jahren auf diesem Thema herumgeritten und hatte nun endlich ein offenes Ohr gefunden.

Ein neues Grunzen. «Klar, hab ich ja auch gesagt.»

«Jawohl, Mr. President. Zeit, daß die mal lernen, wie in der Oberliga gespielt wird.»

«Gut, James, Sie sind am Ball. Vergessen Sie aber nicht, daß wir Ergebnisse brauchen.»

«Die werden Sie bekommen, Sir. Darauf können Sie sich verlassen.»

«Es ist Zeit, daß diesem Gesindel eine Lektion erteilt wird», dachte der Präsident laut. Daß die Lektionen streng sein würden, stand für ihn außer Zweifel.

Eine Stunde später ging die Sonne über der Karibik auf, und anders als im klimatisierten Weißen Haus war hier die Luft schwül und stickig und kündigte einen weiteren von einem zählebigen Hoch bestimmten drükkend heißen Tag an. Das bewaldete Küstengebirge im Westen ließ die Brise zu einem Wispern ersterben, und der Eigner der *Empire Builder* war längst bereit, in See zu stechen, wo die Luft kühler war und der Wind frei wehte.

Seine Besatzung erschien mit Verspätung. Ihr Aussehen gefiel ihm nicht, aber darauf kam es nicht so an, solange sie sich benahm. Immerhin war seine Familie an Bord.

«Guten Morgen, Sir. Ich heiße Ramón, und das ist Jesús», sagte der größere der beiden.

«Meinen Sie, daß Sie mit ihr fertigwerden?» fragte der Eigner.

«*Si*. Mit großen Motorjachten sind wir erfahren.» Der Mann lächelte. Seine Zähne waren ebenmäßig und sauber. Der Mann hält auf sein Äußeres, dachte der Eigner. Dann ist er wohl auch vorsichtig. «Und Jesús ist ein vorzüglicher Koch, wie Sie feststellen werden.»

Glatter Schwätzer. «Gut, die Mannschaftsunterkünfte sind im Vorschiff. Treibstoff ist an Bord, und die Maschinen sind warm. Sehen wir zu, daß wir aus diesem Backofen rauskommen.»

«Muy bien, Capitán.» Ramón und Jesús holten ihre Sachen aus dem Jeep und mußten einige Gänge tun, ehe alles verstaut war, aber um neun Uhr warf die *Empire Builder* die Leinen los und lief aus, passierte Ausflugsboote mit *Yanqui*-Touristen und ihren Angeln und ging auf offener See auf Nordkurs. Die Reise sollte drei Tage dauern.

Ramón hatte schon das Steuer übernommen. Das bedeutete, daß er auf einem breiten, erhöhten Sessel saß, während «George», der Autopilot, Kurs hielt. Es war eine glatte Fahrt. Die Rhodes-Jacht war mit Stabilisatoren ausgerüstet, und eine Enttäuschung stellte eigentlich nur die Mannschaftsunterkunft dar, die der Besitzer vernachlässigt hatte. Typisch, dachte Ramón. Ein Millionenobjekt mit Radar und allem denkbaren Firlefanz, aber für die Freiwache der Crew, die das Ganze am Laufen hielt, gab es noch nicht einmal Fernseher und Videogerät.

Er rutschte auf dem Sitz nach vorne und verdrehte den Hals, um in die Back zu lugen. Dort lag der Eigner und schnarchte, als hätte ihn das Auslaufen total erschöpft. Oder war seine Frau für die Müdigkeit verantwortlich? Sie lag neben ihrem Mann bäuchlings auf einem Handtuch und hatte das Bikinioberteil geöffnet, um sich gleichmäßig den Rücken zu bräunen. Ramón lächelte. Ein Mann konnte auf mancherlei Art zu seinem Vergnügen kommen, aber es war besser, erst einmal abzuwarten. Vorfreude ist die schönste Freude. Fernsehton aus der Hauptkajüte hinter der Brücke; die Kinder schauten sich wohl einen Videofilm an. Mitleid mit den vieren verspürte er kein einziges Mal, aber ganz herzlos war er nicht. Jesús war in der Tat ein guter Koch. Die Henkersmahlzeit fiel köstlich aus.

Es war gerade hell genug, um sich ohne das Nachtsichtgerät orientieren zu können: das Zwielicht der Morgendämmerung, das Hubschrauberpiloten hassen, weil sich das Auge zu einem Zeitpunkt, zu dem der Boden noch im Schatten liegt, an einen heller werdenden Himmel gewöhnen muß. Sergeant Chavez' Zug saß mit Vierpunktgurten angeschnallt; jeder Soldat hatte die Waffe zwischen den Knien. Der Hubschrauber UH-60A Blackhawk glitt hoch über einen Hügel und ging knapp hinter der Kuppe in den steilen Sturzflug.

«Noch dreißig Sekunden», teilte der Pilot Chavez über die Bordsprechanlage mit.

Geplant war ein verdecktes Absetzmanöver, in dessen Verlauf die Hubschrauber scheinbar sinn- und planlos durch die Täler donnerten, um etwaige Beobachter zu verwirren. Der Blackhawk tauchte zum Boden ab und wurde vom Piloten abgefangen und knapp über Grund mit der Nase hochgezogen: das Signal für den Chief der Besatzung, die rechte Schiebetür zu öffnen; für die Soldaten das Zeichen, den Verschluß ihrer Gurte zu lösen. Der Blackhawk durfte nur für einen Augenblick aufsetzen.

«Los!»

Chavez stürmte als erster hinaus und warf sich drei Meter vom Ausstieg entfernt flach auf den Boden. Der Zug folgte seinem Beispiel und erlaubte es dem Blackhawk, sofort wieder abzuheben und sich bei seinen ehemaligen Passagieren mit einer Ladung Sand ins Gesicht zu bedanken. Gleich darauf erschien er am Südhang eines Berges und erweckte den Eindruck, überhaupt keine Bodenberührung gehabt zu haben. Unten sammelte sich der Zug und schlug sich in den Wald. Seine Arbeit hatte erst begonnen. Der Sergeant gab mit Handbewegungen Befehle und führte im Sturmschritt an. Dies war seine letzte Mission; dann konnte er sich entspannen.

In der Waffenerprobungs- und -entwicklungsanlage China Falls in Kalifornien umstand ein Team aus Ziviltechnikern und Munitionsexperten der Navy eine neue Bombe. Die Waffe hatte zwar die ungefähren Abmessungen der alten Zweitausend-Pfund-Bombe, wog aber fast siebenhundert Pfund weniger. Grund für die Gewichtsersparnis war die Bombenhülle, die nicht aus Stahl, sondern aus mit Kevlar verstärkter Zellulose bestand und nur wenige Metallteile zum Anbringen von Leitflossen oder Lenkeinrichtungen enthielt. Es ist weithin unbekannt, daß es sich bei «Smart-Bomben», «intelligenten», zielsuchenden Waffen allgemein um schlichte Eisenprojekte handelt, an die man die Lenkeinrichtungen nur angeschraubt hatte.

«Die Splitterwirkung ist hier gleich Null», wandte ein Zivilist ein.

«Was soll ein für Radar unsichtbarer Stealth-Bomber nützen», fragte ein anderer Techniker, «wenn der Feind von seiner Bewaffnung ein Radarecho erhält?»

Der erste Sprecher räusperte sich. «Was nützt uns eine Bombe, die den Gegner nicht mehr als vergrätzt?»

«Schmeißen wir sie ihm durch die Haustür, dann bekommt er erst gar keine Gelegenheit, vergrätzt zu sein.»

Erneutes Räuspern. Nun wußte er wenigstens, wofür die Bombe gedacht war. Eines Tages sollte sie unter den Tragflächen eines neuen, für den Einsatz von Trägern konzipierten Jagdbombers mit der unsichtbar machenden Stealth-Technologie hängen. Endlich hat die Navy dieses Programm in Gang gebracht, dachte er. War auch Zeit. Im Augenblick aber stand das Problem an, wie sich diese neue Bombe mit anderem Gewicht und anderem Schwerpunkt mit einer Standard-Lenkeinrichtung ins Ziel steuern ließ. Ein Kran hob das stromlinienförmige Projektil von der Palette und manövrierte es unter die mittlere Aufhängung eines Erdkampfflugzeugs A-6E Intruder.

Die Ingenieure und Offiziere gingen hinüber zu dem Hubschrauber, der sie zum Testgelände bringen sollte. Das Ziel war ein ausrangierter

Fünftonner, der, wenn alles nach Plan verlief, ein gewalttätiges und spektakuläres Ende finden sollte.

«Maschine im Anflug. Musik machen.»

«Roger», erwiderte der Zivilist und aktivierte die Lenkeinrichtung.

«Maschine meldet Zielauffassung – Achtung ...» sagte der Kommunikator.

Am anderen Ende des Bunkers schaute ein Offizier durch eine auf den anfliegenden Intruder gerichtete TV-Kamera. «Bombe frei. Ein glatter sauberer Abwurf. Flossen bewegen sich. Gleich knallt's ...»

Auf dem Lkw war eine Zeitlupenkamera montiert, die die fallende Bombe aufnahm. Kaum hatte der Donner der Detonation den Bunker erreicht, da ließ der Operator auch schon das Videoband zurücklaufen. Das Abspielen erfolgte mit Einzelbildfunktion.

«So, da hätten wir die Bombe.» Zwölf Meter über dem Laster wurde die konische Spitze sichtbar. «Wie wurde gezündet?»

«System VT», antwortete ein Offizier. VT stand für Variable Time. Die Bombe hatte einen miniaturisierten Radarsender und -empfänger in der Spitze und war so eingestellt, daß sie in einer bestimmten Entfernung vom Boden detonierte. In diesem Fall betrug die Distanz 1,50 m. «Winkel sieht gut aus.»

«Ich habe gewußt, daß das klappt», sagte leise ein Ingenieur. Er hatte die Auffassung vertreten, die Bombe sei zwar als Tausendpfünder ausgelegt, ließe sich aber auf das reduzierte Gewicht umprogrammieren. Obwohl sie etwas mehr wog, führte die geringere Dichte der Zellulosehülle zu ähnlichem ballistischen Verhalten. «Detonation.»

Der Fernsehschirm wurde weiß, dann gelb, dann rot und schließlich schwarz: Die expandierenden Explosionsgase kühlten sich ab. Den Gasen voraus lief eine Druckwelle: extrem komprimierte Luft, dichter als Stahl, schneller als jedes Geschoß. Keine hydraulische Presse war in der Lage, größeren Druck auszuüben. Der Gesamteffekt unterschied sich kaum von der Detonation eines mit Sprengstoff vollgepackten Fahrzeugs, der Lieblingswaffe von Terroristen. Nur sehr viel sicherer und eleganter ins Ziel zu bringen. «Donnerwetter, so einfach hatte ich mir das nicht vorgestellt. Sie hatten recht, Ernie – es muß noch nicht einmal der Suchkopf umprogrammiert werden», bemerkte ein Commander der Navy. Da haben wir der Marine gerade eine gute Million gespart, fügte er insgeheim hinzu. Das war ein Irrtum.

I

Der Engel der Schiffbrüchigen

Man kann keinen Blick auf sie werfen, ohne Stolz zu empfinden, sagte sich Red Wegener. Der Küstenwachkutter *Panache* war ein Unikat, eine Art Fehlentwicklung, aber er gehörte ihm. Er war schneeweiß wie ein Eisberg, abgesehen von einem orangenen Streifen am Vorsteven, der ihn als Schiff der US-Küstenwache kennzeichnete. Mit fünfundachtzig Meter Länge war die *Panache* kein großes Schiff, aber das größte, das er je befehligt hatte, und mit Sicherheit sein letztes. Wegener war der älteste Lieutenant-Commander der Küstenwache, aber auch der Engel der Schiffbrüchigen.

Begonnen hatte er seine Karriere wie so viele andere bei der Küstenwache.

Wegener, auf einer Weizenfarm in Kansas aufgewachsen, hatte als junger Mann beschlossen, daß ihm ein Leben am Steuer von Traktoren und Mähdreschern nicht lag, und sich gleich nach dem Schulabschluß bei der Küstenwache gemeldet. Man nahm ihn, ohne sich groß um ihn gerissen zu haben, und eine Woche später saß er im Bus nach Cape May in New Jersey. Noch immer konnte er sich an den Spruch erinnern, den ihm der Obermaat am ersten Tag eingebleut hatte: «Rausfahren müssen Sie, das steht fest. Ob Sie zurückkommen, ist nicht so sicher.»

In Cape May fand Wegener die letzte und beste echte Seemannsschule im Westen. Er lernte mit Leinen umzugehen und Seemannsknoten zu schlingen, Feuer zu löschen, verletzte oder in Panik geratene Schiffbrüchige aus dem Wasser zu holen. Nach erfolgreichem Abschluß kam er an die Pazifikküste und wurde binnen eines Jahres Bootsmannsmaat dritter Klasse.

Es stellte sich schon sehr früh heraus, daß Wegener der geborene Seemann war. Unter den Fittichen eines bärbeißigen alten Steuermannsmaats erhielt er bald das Kommando auf «seinem» Schiff, einem zehn Meter langen Hafenpatrouillenboot. Wenn ein kniffliger Einsatz bevorstand, fuhr der alte Seebär mit hinaus, um dem neunzehnjährigen Maat auf die Finger zu sehen. Und von Anfang an war Wegener ein Schüler gewesen, dem man etwas nur einmal zu sagen brauchte. Seine ersten fünf Jahre in Uniform schienen ihm wie im Flug vergangen zu sein: Nichts Dramatisches war geschehen; er hatte nur Aufträge erledigt, vorschriftsmäßig und flott. Als der Zeitpunkt der Weiterverpflichtung kam und er sich für sie entschieden hatte, stand ohnehin fest, daß man stets ihn ganz oben auf die Liste setzte, wenn ein harter Job zu erledigen war. Zum Ende seiner zweiten Dienstperiode hin holten Offiziere gewohnheitsmäßig seinen Rat ein. Er war inzwischen dreißig, einer der jüngsten Oberbootsmannsmaate überhaupt und nicht ohne Einfluß, denn er erhielt das Kommando auf der *Invincible*, einem fünfzehn Meter langen Rettungskreuzer, der in dem Ruf stand, zäh und zuverlässig zu sein. Zu Hause war sie an der stürmischen Küste von Kalifornien, und hier machte sich Wegener zum ersten Mal einen Namen. Wenn ein Fischer oder Segler in Seenot geriet, schien die *Invincible* immer zur Stelle zu sein, kam über oftmals zehn Meter hohe Brecher getobt, und am Steuer stand ein rothaariger Seebär, der eine kalte Bruyèrepfeife zwischen den Zähnen hatte. Im ersten Jahr rettete er fünfzehn Menschen das Leben.

Und am Ende seiner Dienstzeit auf der einsamen Station waren es über fünfzig. Nach zwei Jahren bekam er seine eigene Station an der Mündung des Columbia River mit ihrer berüchtigten Barre, und dort nahm seine Karriere während eines heftigen Wintersturms eine entscheidende Wendung. Die *Mary-Kat*, ein Tiefseefischer, funkte SOS: Maschinen ausgefallen, Ruder gebrochen, das Schiff driftete auf eine mörderische Leeküste zu. Sein Flaggschiff, die fünfundzwanzig Meter lange *Point Gabriel*, legte binnen neunzig Sekunden ab und begann eine epische Schlacht mit den Elementen. Nach sechsstündigem Kampf gelang es Wegener, die sechsköpfige Besatzung der *Mary-Kat* zu retten. Gerade als der letzte Mann geborgen war, hatte die *Mary-Kat* Grundberührung bekommen und war auseinandergebrochen.

Und wie das Glück so spielte, hatte Wegener an diesem Tag einen

Reporter an Bord, der für den *Portland Oregonian* Stories schrieb und selbst ein erfahrener Segler war. Als der Kutter sich durch die turmhohen Brecher vor der Columbia-Barre bohrte, hatte der Reporter auf sein Notizbuch gekotzt, es an seinem Anzug abgewischt und fieberhaft weitergeschrieben. Die in der Folge publizierte Artikelserie «Der Engel der Barre» trug dem Autor den Pulitzer-Preis ein.

Im Monat darauf fragte sich in Washington der Senator aus dem Staat Oregon laut, warum ein so tüchtiger Mann wie Red Wegener eigentlich kein Offizier sei, und da gerade der Kommandant der Küstenwache zugegen war, um die Bewilligung seines Budgets zu diskutieren, war dies eine Bemerkung, die der Vier-Sterne-Admiral sich zu beherzigen vornahm. Am Ende der Woche war Red Wegener Lieutenant. Drei Jahre später wurde er für das nächste verfügbare Kommando auf einem Schiff vorgeschlagen.

Hier stellte sich dem Kommandanten allerdings ein Problem: Es war nämlich kein Schiff verfügbar. Zur Hand war zwar die *Panache*, aber die war ein recht zweifelhafter Preis. Der Kutter, Prototyp einer wegen Geldmangel gestrichenen Klasse, lag fast vollendet auf einer in Konkurs gegangenen Werft. Da Wegener aber als Mann galt, der Wunder wirken konnte, bekam er den Job und dazu ein paar erfahrene Chiefs, die den grünen Offizieren auf die Sprünge helfen sollten.

Als Wegener am Werfttor eintraf, wurde er erst einmal von Streikposten aufgehalten, und nachdem er dieses Hindernis überwunden hatte, war er überzeugt, daß es kaum noch schlimmer kommen konnte – bis sein Blick auf das fiel, was angeblich sein Schiff sein sollte. Ein Objekt aus Stahl, spitz an einem Ende, stumpf am anderen, nur halb gestrichen, garniert mit Trossen und Seilen, an Deck Türme von Kisten: Es sah aus wie ein Patient, der auf dem Operationstisch gestorben und einfach der Verwesung überlassen worden war. Und das war noch nicht das ärgste, denn die *Panache* konnte noch nicht einmal von ihrem Liegeplatz weggeschleppt werden; als letzte Handlung vor dem Streik hatte ein Arbeiter den Motor eines Krans durchbrennen lassen, der nun den Weg blokkierte.

Der bisherige Kapitän hatte sich bereits in Schimpf und Schande entfernt. Die Mannschaft stand zu Wegeners Empfang auf dem Hubschrauberdeck versammelt und wirkte wie ein Haufen Kinder auf der Beerdigung eines ungeliebten Onkels. Als Wegener zu ihr sprechen wollte, funktionierte das Mikrophon nicht, und das brach irgendwie den Bann. Er lachte in sich hinein und winkte die Männer zu sich.

«Leute», sagte er, «ich heiße Red Wegener. In sechs Monaten sind wir das beste Schiff der Küstenwache. In sechs Monaten seid ihr die beste Crew. Aber ich bin nicht derjenige, der das zuwege bringt – das müßt ihr tun, und ich will euch ein bißchen dabei helfen. Als erstes will ich dafür sorgen, daß alle soviel Landurlaub wie möglich bekommen, während ich versuche, diesen Schlamassel in den Griff zu kriegen. Amüsiert euch gut. Wenn ihr zurück seid, wird in die Hände gespuckt. Abtreten.»

Erstauntes Raunen unter der Mannschaft, die mit Gebrüll und Getobe gerechnet hatte. Die neuen Chiefs wechselten mit erhobenen Brauen Blicke, und die jungen Offiziere, die ihre Karriere bereits aufgegeben hatten, zogen sich verdutzt in die Messe zurück. Ehe er sich ihnen vorstellte, nahm Wegener seine drei Chiefs beseite.

«Erst mal die Maschine», sagte Wegener.

«Ich kann Ihnen fünfzig Prozent Dauerleistung bieten, aber wenn wir die Turbolader zuschalten, ist fünfzehn Minuten später Sense», verkündete Chief Owens. «Fragen Sie mich nicht, warum.» Mark Owens arbeitete seit sechzehn Jahren an Schiffsdieseln.

«Schaffen wir es bis zur Curtis Bay?»

«Sicher, wenn es Sie nicht stört, daß es einen Tag länger dauert, Captain.»

Wegener ließ seine erste Bombe los. «Gut – wir laufen nämlich in zwei Wochen aus und machen sie dort oben klar.»

«Mit dem Ersatzmotor für den Kran ist aber erst in einem Monat zu rechnen», gab Oberbootsmannsmaat Bob Riley zu bedenken.

«Läßt sich der Kran drehen?»

«Der Motor ist durchgebrannt, Käpt'n.»

«Wenn wir soweit sind, befestigen wir eine Trosse am Kranausleger, machen sie am Bug fest und ziehen ihn so aus dem Weg. Dann laufen wir rückwärts aus», verkündete der Kapitän. Die Männer machten schmale Augen.

«Dabei kann er kaputtgehen», meinte Riley nach kurzem Überlegen.

«Es ist nicht mein Kran. Aber das hier ist mein Schiff, verdammt noch mal.»

Riley lachte auf. «Gut, Sie wiederzusehen, Red – 'tschuldigung, Captain Wegener!»

«Auftrag Nummer eins ist, sie zur Fertigstellung nach Baltimore zu schaffen. Sehen wir mal zu, was dafür zu tun ist, und erledigen wir eine Arbeit nach der anderen. Wir sehen uns morgen um sieben. Kochen Sie immer noch Kaffee, Portagee?»

«Aber klar, Sir», erwiderte Obersteuermannsmaat Oreza. «Ich bring 'ne Kanne mit.»

Zwölf Tage später war die *Panache* seeklar gewesen. Den Kran schafften sie vor Tagesanbruch aus dem Weg, damit niemand etwas merkte, und als am Morgen die Streikposten erschienen, begriffen sie erst nach einigen Minuten, daß das Schiff nicht mehr da war. Unmöglich, sagten sich alle – es war ja noch nicht mal fertig gestrichen.

Die Farbe kam in der Florida-Straße dran, und es wurde auch noch etwas wesentlich Wichtigeres geregelt. Wegener wurde von Chief Owens in den Maschinenraum gerufen, wo ein angehender Maschinist, flankiert vom Ingenieur, über Bauplänen brütete.

«Sie werden es nicht glauben, Sir», erklärte Owens. «Sag's dem Skipper, Sonny.»

«Matrose Obrecki, Sir. Die Maschine ist falsch installiert», sagte der.

«Wie kommen Sie darauf?» fragte Wegener.

«Sir, diese Maschine ist eigentlich kaum anders als die in unserem Traktor daheim, und an der habe ich oft geschraubt...»

«Ich glaub's Ihnen, Obrecki. Weiter.»

«Das Turbogebläse ist falsch montiert. Es stimmt zwar mit dem Plan hier überein, aber die Ölpumpe drückt das Öl verkehrt herum durch den Lader. Der Plan stimmt nicht, Sir. Da hat ein Zeichner Mist gebaut. Eigentlich soll die Ölleitung hier angeschlossen sein, aber der Zeichner hat sie auf die andere Seite des Fittings hier verlegt, und das hat anscheinend niemand gemerkt, und...»

Wegener konnte nur lachen. Er schaute Chief Owens an. «Bis wann können Sie das zurechtbiegen?»

«Bis morgen, meint Obrecki.»

«Sir», ließ sich Lieutenant Michelson, der Ingenieur, vernehmen. «Das ist alles meine Schuld. Ich hätte...» Der Lieutenant schien zu erwarten, daß ihm der Himmel auf den Kopf fiel.

«Die Lektion ist, Mr. Michelson, daß man noch nicht einmal der Bedienungsanleitung trauen darf. Kapiert?»

«Jawohl, Sir.»

«Recht so, Obrecki. Sie sind Matrose Erster Klasse, nicht wahr?»

«Jawohl, Sir.»

«Falsch. Sie sind jetzt Maschinenmaat Dritter.»

«Sir, da müßte ich aber erst eine schriftliche Prüfung ablegen...»

«Hat Obrecki Ihrer Meinung nach die Prüfung bestanden, Mr. Michelson?»

«Und ob, Sir.»

«Gut gemacht, Leute. Morgen um diese Zeit will ich dreiundzwanzig Knoten laufen.»

Und von da an war alles wie am Schnürchen gegangen. Die Maschinen sind das Herz eines Schiffes, und kein Seemann auf der ganzen Welt zieht ein langsames Schiff einem schnellen Schiff vor. Als die *Panache* fünfundzwanzig Knoten geschafft und diese Fahrt drei Stunden lang gehalten hatte, pinselten die Seeleute sorgfältiger, die Köche bereiteten die Mahlzeiten liebevoller zu, und die Techniker zogen die Bolzen ein bißchen fester an. Ihr Schiff war kein Krüppel mehr, und bei der Crew strahlte der Stolz auf wie ein Regenbogen nach einem Sommerregen – immerhin hatte einer der ihren den Fehler gefunden. Früher als geplant kam die *Panache* im Triumph in die Küstenwachtwerft Curtis Bay gerauscht.

Sieben Wochen später wurde der Kutter in Dienst gestellt und wandte sich nach Mobile, Alabama, im Süden. Schon jetzt genoß er einen besonderen Ruf.

Drogen. Über Drogen machte sich Wegener nicht allzu viele Gedanken. Drogen waren für ihn Pharmazeutika; etwas, das man vom Arzt verschrieben bekam und nach Anweisung nahm, bis der Behälter leer war; dann warf man ihn weg. Wenn Wegener seinen Bewußtseinszustand verändern wollte, tat er das auf die traditionelle Seemannsart mit Bier oder Schnaps – wenngleich nun, da er auf die Fünfzig zuging, weniger häufig. Vor Spritzen hatte er sich schon immer gefürchtet – jeder Mensch hat seine geheimen Ängste –, und die Vorstellung, daß man sich freiwillig eine Nadel in den Arm stechen könnte, hatte er schon immer seltsam gefunden. Und weißes Pulver zu schniefen –, also da kam er überhaupt nicht mehr mit. Seine Haltung reflektierte weniger Naivität als die Werte, mit denen er aufgewachsen war. Doch er wußte, daß das Problem existierte. Wie alle anderen in Uniform hatte er alle paar Monate eine Urinprobe abzuliefern, um zu beweisen, daß er keine «kontrollierten Substanzen» nahm. Was die jüngeren Besatzungsmitglieder als selbstverständlich hinnahmen, empfanden Leute seiner Altersgruppe als lästige Beleidigung.

Unmittelbar gingen ihn jene Leute an, die Drogen schmuggelten. Und die höchste Priorität hatte nun ein Leuchtfleck auf seinem Radarschirm.

Der Morgen war neblig, was dem Captain recht war, auch wenn ihm der ganze Auftrag nicht paßte. Aus dem Engel der Schiffbrüchigen war nämlich mittlerweile ein Polizist geworden. Inzwischen hatte sich die Küstenwache nicht nur mit den alten Feinden Wind und Wellen, sondern auch zunehmend häufiger mit Drogenschmugglern herumzuschlagen. Und auf seinem Radarschirm war gerade ein Leuchtfleck aufgetaucht.

Sie befanden sich hundert Meilen vor der mexikanischen Küste. Die Rhodes-Jacht war überfällig. Der Eigner hatte sich vor einigen Tagen gemeldet und mitgeteilt, er bleibe noch zwei Tage länger fort, doch seinem Geschäftspartner war das so merkwürdig vorgekommen, daß er sich an die Küstenwache gewandt hatte. Weitere Ermittlungen hatten ergeben, daß sich der Eigner, ein wohlhabender Geschäftsmann, nie weit von der Küste entfernte.

Die Jacht war mit neunzehn Meter Länge so groß, daß man eine Crew brauchte, aber immer noch so klein, daß zu ihrer Führung kein Kapitänspatent erforderlich war. Sie bot fünfzehn Personen und zwei Mann Besatzung Unterkunft und war zwei Millionen Dollar wert. Der Eigner, ein Baulöwe aus Mobile, war auf See relativ unerfahren und daher vorsichtig. Klug von ihm, dachte Wegener. Zu schlau also, um sich so weit von der Küste zu entfernen. Ein Patrouillenflugzeug hatte die Jacht am Vortag ausgemacht, aber nicht versucht, Kontakt mit ihr aufzunehmen. Der Bezirkskommandeur hatte entschieden, daß hier etwas nicht stimmte. *Panache* war der nächste Kutter, und Wegener hatte den Auftrag bekommen, nach dem Rechten zu sehen.

«Sechzehntausend Yard, Kurs null-sieben-eins», meldete Chief Oreza vom Radargerät. «Fahrt zwölf Knoten. Auf Mobile hält der nicht zu, Käpt'n.»

«Der Nebel wird sich in einer guten Stunde auflösen», entschied Wegener. «Fangen wir ihn jetzt ab. Kurs, Chief?»

«Eins-sechs-fünf, Sir.»

«Das ist dann unser Kurs. Wenn sich der Nebel hält, nehmen wir eine Änderung vor, wenn wir bis auf zwei oder drei Meilen herangekommen sind; dann setzen wir uns in sein Kielwasser.»

Ensign O'Neil gab dem Rudergänger die entsprechenden Anweisungen. Wegener trat an den Kartentisch.

«Was meinen Sie, wo er hinwill, Portagee?»

Der Obersteuermannsmaat zeichnete den Kurs fort, der zu keinem bestimmten Ziel zu führen schien. «Hm, er macht seine wirtschaftlichste Fahrt... einen Hafen im Golf läuft er wohl kaum an.» Der Captain griff nach einem Stechzirkel und ließ ihn über die Seekarte marschieren.

«Die Jacht hat Treibstoff an Bord für ...» Wegener runzelte die Stirn. «Sagen wir, er hat im letzten Hafen nachgebunkert. Bis zu den Bahamas schafft er es dann mit Leichtigkeit. Dort nimmt er neuen Treibstoff an Bord, und dann ist für ihn jeder Ort an der Ostküste erreichbar.»

«Also Cowboys», meinte O'Neil. «Seit langer Zeit mal wieder einer.»

«Wie kommen Sie darauf?»

«Sir, wenn ich eine so große Jacht hätte, würde ich nicht so wie er ohne Radar durch den Nebel fahren.»

«Hoffentlich liegen Sie da falsch», sagte der Captain. «Nun, in einer Stunde wissen wir Bescheid.» Er schaute wieder hinaus in den Nebel. Die Sichtweite betrug keine zweihundert Meter. Dann beugte er sich über das Radargerät, dachte eine Minute lang nach und schaltete das Gerät von «aktiv» auf «bereit». Bei der Küstenwache hieß es, die Drogenschmuggler verfügten inzwischen über ESM-Geräte, die sie vor Radaremissionen warnten.

«Wenn wir bis auf vier Meilen herangekommen sind, schalten wir es wieder ein.»

«Aye, Captain.» Der Ensign nickte.

Wegener machte es sich auf seinem Ledersessel bequem und holte die Pfeife aus der Brusttasche. Inzwischen stopfte er sie immer seltener, aber sie gehörte halt zu dem Image, das er sich aufgebaut hatte. Wenige Minuten später war auf der Brücke wieder alles normal. Oreza brachte sein berühmtes Gebräu in einem Becher, wie er bei der Küstenwache benutzt wird – unten breit und mit Gummiboden für sicheren Stand bei starkem Seegang, oben eng, um das Überschwappen zu verhindern.

«Danke, Chief», sagte Wegener und nahm den Becher.

«Eine Stunde noch, schätze ich.»

«Schätze ich auch», stimmte Wegener zu. «Um sieben Uhr fünfundvierzig gehen wir auf Gefechtsstation. Wer hat Wache?»

«Mr. Wilcox, Kramer, Abel, Dowd und Obrecki.»

«Hat Obrecki so etwas schon einmal gemacht?»

«Er ist auf einer Farm aufgewachsen und kann mit einem Gewehr umgehen, Sir. Riley hat ihn geprüft.»

«Lassen Sie Kramer von Riley ablösen.»

«Stimmt etwas nicht, Sir?»

«Ich habe ein ungutes Gefühl», meinte Wegener.

Oreza holte Riley, und dann besprach sich der Captain auf der Brükkennock mit den beiden Chiefs.

Die *Panache* rauschte mit voller Kraft durch die Wogen. Das Schiff war auf dreiundzwanzig Knoten ausgelegt, schaffte aber bei leichtem Seegang und mit frisch gestrichenem, von Ablagerungen freiem Rumpf gelegentlich fünfundzwanzig. Nun aber lief es gerade einmal knapp zweiundzwanzig Knoten, obwohl die Turbolader Luft in die Diesel drückten. Dabei stampfte es schwer; die Brückenbesatzung kompensierte die Bewegungen durch breitbeiniges Stehen. Der Nebel ließ die Scheiben beschlagen. Ensign O'Neil schaltete die Wischer ein, trat dann wieder hinaus auf die Nock und starrte hinaus in den Nebel. Fahren ohne Radar war ihm unangenehm. O'Neil lauschte, hörte aber nur das gedämpfte Grollen der eigenen Maschinen. Er schaute noch einmal nach achtern und ging dann zurück ins Ruderhaus.

«Kein Nebelhorn zu hören», verkündete er. «Der Nebel löst sich auf.» Der Captain nickte.

«Noch eine Stunde, dann ist es klar. Heute wird's heiß. Ist der Wetterbericht schon durchgekommen?»

«Heute abend soll es Gewitter geben; das ist die Störungsfront, die um Mitternacht über Dallas lag.»

«Danke.» Wegener erhob sich und ging ans Radargerät. «Alles klar, Chief?»

«Jawohl, Sir.»

Wegener aktivierte das Gerät und beugte sich dann über die Gummihaube. «Gut kalkuliert, Chief. Kontakt in Richtung eins-sechs-null, Distanz sechstausend. Mr. O'Neil, gehen Sie auf eins-acht-fünf. Oreza, berechnen Sie, bis wann wir sein Kielwasser erreichen.»

«Aye, wird gemacht.»

Wegener schaltete das Radar ab und richtete sich auf. «Auf Gefechtsstation.»

Wie geplant kam der Alarm nach dem Frühstück. Die Männer wußten natürlich schon Bescheid, und die Entermannschaft stand bewaffnet am Schlauchboot. Im Vorschiff trat eine Geschützbedienung an eine alte schwedische 40-mm-Kanone. Hinter der Brücke zog ein Matrose die Kunststoffpersenning von einem ebenfalls betagten Maschinengewehr M-2.

«Empfehle Kursänderung nach Backbord, Sir», sagte Chief Oreza.

Der Captain schaltete wieder das Radar ein. «Gehen Sie auf null-sieben-null. Distanz zum Ziel nun drei-fünf-null-null.»

Der Nebel wurde dünner. Die Sichtweite betrug jetzt rund fünfhundert Meter. Auf der Brücke versammelte sich die Gefechtswache. In zwanzig Meilen Entfernung war ein neuer Kontakt aufgetaucht, vermutlich ein Tanker, der auf Galveston zuhielt. Seine Position wurde routinemäßig eingezeichnet.

«Distanz zum Ziel zweitausend Yard; Richtung konstant null-siebennull. Kurs und Fahrt des Ziels unverändert.»

«Dann sollte er in ungefähr fünf Minuten in Sicht kommen.» Wegener schaute sich im Ruderhaus um. Seine Offiziere sahen durch Ferngläser; eine überflüssige Anstrengung, aber das wußten sie noch nicht. Er trat hinaus auf die Steuerbordnock und schaute nach achtern zur Bootsstation. Lieutenant Wilcox gab ihm durch ein Zeichen mit dem Daumen zu verstehen, daß alles in Ordnung war. Chief Riley nickte bestätigend. An der Winsch stand ein erfahrener Maat. Bei diesem Seegang war das Aussetzen des Schlauchboots zwar keine komplizierte Angelegenheit, aber die See hatte immer Überraschungen in petto. Der Lauf der M-2 wurde sicherheitshalber gen Himmel gerichtet. Links an ihr hing ein Kasten Munition. Vom Vorschiff kam ein metallisches Klacken, als ein Geschoß in die 40-mm-Kanone eingelegt wurde.

Früher gingen wir längsseits, um Hilfe zu leisten, dachte Wegener. Heute laden wir ... verfluchte Drogen.

«Ich sehe ihn», sagte ein Ausguck.

Wegener schaute voraus. Im Nebel war die weiße Jacht nur schwer auszumachen, doch dann kam gleich darauf ihr kantiges Heck deutlich in Sicht. Nun griff er nach dem Fernglas und las ihren Namen: *Empire Builder*. Das war sie also. Keine Flagge am Heck, aber das war nicht ungewöhnlich. Bisher konnte er noch keine Menschen an Bord sehen. Die Jacht setzte ihre Fahrt unbeirrt fort. Deshalb hatte er sich von achtern genähert. Solange Männer zur See fuhren, achtete kein Ausguck auf das, was achtern lag.

«Dem steht eine Überraschung bevor», sagte O'Neil und trat neben den Captain.

«Seine Radarantenne dreht sich nicht», meinte Wegener. «Vielleicht ist sie ausgefallen.»

«Hier ist das Foto des Eigners, Sir.»

Der Captain sah es sich nun zum ersten Mal an. Der Eigner war Mitte vierzig und mußte spät geheiratet haben, denn er hatte außer seiner Frau noch zwei Kinder an Bord, acht und dreizehn Jahre alt. Auf dem Bild sah er einen massigen, kahlköpfigen Mann von über einsneunzig. Wegener setzte das Fernglas wieder an.

«Das wird zu knapp», merkte er an. «Etwas nach Backbord halten, Mister.»

«Aye, aye, Sir.» O'Neil ging zurück ins Ruderhaus.

Idioten, dachte Wegener. *Müßtet uns doch schon längst gehört haben.* Nun, dafür konnte gesorgt werden. Er steckte den Kopf ins Ruderhaus. «Weckt mir die mal auf!»

Auf halber Höhe am Mast der *Panache* war eine große Polizeisirene angebracht, bei deren Geheul der Captain fast zusammengefahren wäre. Der gewünschte Effekt wurde erzielt: Ehe Wegener bis auf drei zählen konnte, erschien ein Kopf im Fenster des Ruderhauses der Jacht. Der Eigner war es jedoch nicht. Die Jacht begann scharf nach rechts abzudrehen.

«Schwachkopf!» grollte der Captain. «Scharf heranfahren!» befahl er dann.

Auch der Kutter wandte sich nun nach rechts. Das Heck der Jacht senkte sich zwar tiefer ins Wasser, als die Leistung gesteigert wurde, aber sie hatte gegen die *Panache* keine Chance. Zwei Minuten später lag der Kutter quer vor der Jacht, die noch immer zu entkommen versuchte. Für den Einsatz der schwedischen Kanone war die Distanz zu gering. Wegener ließ der *Empire Builder* eine MG-Salve vor den Bug setzen und ging dann ins Ruderhaus, um die Jacht über die Lautsprecheranlage anzurufen.

«Hier ist die US-Küstenwache. Drehen Sie sofort bei. Es kommt ein Enterkommando an Bord.»

Die Jacht wandte sich wieder nach links, änderte ihre Geschwindigkeit aber nicht. Dann erschien ein Mann im Heck und setzte eine Flagge – die von Panama, wie Wegener erheitert feststellte. Als nächstes würde man wohl über Funk mitteilen, die US-Küstenwache sei zum Entern eines panamaischen Schiffes nicht befugt. Hier hatte der Spaß für Wegener ein Ende.

«*Empire Builder*, hier ist die US-Küstenwache. Sie fahren unter amerikanischer Flagge und werden jetzt geentert. Drehen Sie sofort bei!»

Nun folgte man. Wegener ging hinaus und gab dem Enterkommando einen Wink. Als er sich aller Aufmerksamkeit sicher war, machte er eine Bewegung, als spannte er eine automatische Pistole, und gab der Mannschaft so zu verstehen, sie solle vorsichtig sein. Riley klopfte zweimal auf sein Halfter: Die Crew ist nicht auf den Kopf gefallen, sollte das heißen. Das Schlauchboot wurde zu Wasser gelassen. Der nächste Ruf über Lautsprecher befahl die Besatzung der Jacht an Deck. Zwei Männer kamen heraus. Keiner sah so aus wie der Eigner. Das MG des Kutters zielte so steil auf sie, wie das Schlingern es zuließ. Nun wurde es heikel.

Panache konnte ihr Enterkommando nur schützen, indem sie zuerst feuerte, aber das war nicht erlaubt. Noch hatte die Küstenwache beim Entern keinen Mann verloren.

Wegener hielt das Fernglas auf die beiden Männer gerichtet, während das Schlauchboot hinüberfuhr. Ein Lieutenant am MG folgte seinem Beispiel. Es waren zwar drüben keine Waffen sichtbar, doch unter einem weiten Hemd ließ sich eine Pistole leicht verstecken. Es war der reinste Wahnsinn, unter diesen Bedingungen Gegenwehr zu leisten, aber der Captain wußte, daß es auf der Welt von Irren nur so wimmelte – schließlich hatte er dreißig Jahre damit verbracht, sie zu retten. Und jene, die er nun festnehmen mußte, waren nicht nur dumm, sondern auch gemeingefährlich.

O'Neil trat wieder an seine Seite. *Panache* lag reglos im Wasser, Maschinen im Leerlauf drehend, und schlingerte nun heftiger in Dwarsseen. Wegener schaute erneut nach achtern zum MG. Der Matrose zielte ungefähr in die richtige Richtung, hielt die Daumen aber weit vom Abzug entfernt, wie es sich gehörte. Er konnte fünf leere Patronenhülsen auf dem Deck herumkullern hören und runzelte die Stirn. Das war ein Sicherheitsrisiko; er mußte die Hülsen einsammeln lassen. Wenn der Junge am MG auf einer ausrutschte und versehentlich zu feuern begann...

Das Schlauchboot hatte nun das Heck der Jacht erreicht. Lieutenant Wilcox ging als erster an Bord und wartete dann auf die anderen. Der Bootsführer fuhr zurück, als der letzte geentert hatte, und jagte dann zum Bug der Jacht, um seine Kameraden zu decken. Wilcox ging an Backbord nach vorne, gefolgt von Obrecki. Riley drang mit seinem Mann auf der anderen Seite vor. Der Lieutenant erreichte die beiden Männer. Wegener sah, daß er mit ihnen sprach, konnte aber nichts hören.

Jemand mußte Wilcox etwas zugerufen haben, denn er schaute sich rasch um. Obrecki machte einen Schritt zur Seite und legte die Waffe an. Die beiden Männer warfen sich auf den Boden und kamen außer Sicht.

«Sieht nach einer Festnahme aus, Sir», stellte O'Neil fest. Wegener trat ins Ruderhaus. «Funkgerät!» Ein Besatzungsmitglied warf ihm ein tragbares Motorola-Modell zu. Wegener ging auf Empfang, sagte selbst aber nichts, um seine Leute nicht abzulenken. Obrecki hielt die beiden Männer in Schach, während Wilcox ins Innere der Jacht ging. Riley mußte etwas gefunden haben.

Der Captain wandte sich an den MG-Schützen, dessen Waffe noch immer auf die Jacht zielte.

«Waffe sichern!»

«Aye!» antwortete der Matrose sofort, senkte die Hände und ließ den Lauf gen Himmel weisen. Der Offizier neben ihm verzog peinlich berührt das Gesicht. Wieder eine Lektion gelernt. Darüber würde man in ein, zwei Stunden noch ein Wörtchen zu verlieren haben. Fehler an Geschützen durften nicht vorkommen.

Kurz darauf erschien Wilcox wieder, gefolgt von Riley. Der Bootsmann reichte dem Offizier zwei Paar Handschellen. Nachdem sie angelegt worden waren, steckte Riley die Waffe ein; es konnten also nur die beiden Männer an Bord gewesen sein.

Es knisterte im Funkgerät. «Captain, hier spricht Wilcox.»

«Ich empfange Sie.»

«Sieht übel aus, Sir... überall Blut. Einer der beiden schrubbte gerade die Kabine aus, aber hier herrscht eine unvorstellbare Schweinerei.»

«Sind nur die beiden an Bord?»

«Jawohl. Beide in Handschellen.»

«Schauen Sie noch einmal nach», befahl Wegener. Wilcox las die Gedanken des Captain: Er blieb bei den Festgenommenen und ließ Riley suchen. Drei Minuten später kam der Bootsmann kopfschüttelnd wieder an Deck und sah blaß aus. Wegener starrte durchs Fernglas. Bei welchem Anblick wurde ein Mann wie Bob Riley blaß? fragte er sich.

«Nur diese zwei, Sir. Keine Ausweise.»

«Gut. Ich schicke Ihnen einen Mann rüber und lasse Ihnen Obrecki da. Können Sie die Jacht in den Hafen bringen?»

«Sicher, Captain. Es ist genug Treibstoff an Bord.»

«Gegen Abend soll ein Sturm aufkommen.»

«Ich habe mir heute morgen den Wetterbericht angesehen. Kein Problem, Sir.»

«Gut, dann lassen Sie mich den Vorfall melden und die Sache organisieren. Bleiben Sie auf Empfang.»

«Roger, Sir. Ich empfehle, zur Ergänzung der Standbilder die TV-Kamera mit rüberzuschicken.»

«Gut, kommt in ein paar Minuten.»

Es dauerte eine halbe Stunde, bis man auf dem Stützpunkt der Küstenwache den weiteren Verlauf der Aktion mit FBI und der Rauschgiftbehörde DEA koordiniert hatte. In der Zwischenzeit brachte das Schlauchboot einen weiteren Matrosen mit einer tragbaren Videokamera und einem Tonbandgerät hinüber. Ein Mitglied des Enterkommandos machte sechzig Polaroid-Aufnahmen, die Videokamera zeichnete alles auf VHS-Band auf. Die Männer der Küstenwache ließen die Maschinen der *Empire Builder* wieder an und nahmen Nordwestkurs auf Mobile, an Backbord eskortiert vom Kutter. Von oben kam endlich die Anweisung, Wilcox und Obrecki sollten die Jacht nach Mobile bringen, und ein Hubschrauber würde die beiden Festgenommenen am Nachmittag abholen – sofern das Wetter es zuließ. Zum Hubschrauber-Stützpunkt war es ein weiter Weg. Eigentlich sollte die *Panache* über einen eigenen Helikopter verfügen, aber dazu fehlten der Küstenwache die Mittel. Ein dritter Matrose kam auf die Jacht, und dann wurden die beiden Gefangenen auf die *Panache* geholt.

Chief Riley führte die beiden nach achtern. Wegener sah mit an, wie Riley sie praktisch in das Schlauchboot warf. Fünf Minuten später wurde es wieder an Bord gewinscht. Die Jacht wandte sich nach Nordwesten, und der Kutter drehte ab, um seine Patrouillenfahrt fortzusetzen. Als erstes Mitglied des Enterkommandos kam der Mann an Bord, der die Polaroid-Aufnahmen gemacht hatte. Er reichte Wegener sechs Farbbilder.

«Der Chief hat Beweismaterial gesammelt, Sir. Es sieht noch schlimmer aus als auf den Bildern. Warten Sie nur, bis Sie das Videoband sehen.»

Wegener gab ihm die Aufnahmen zurück. «Gut – kommt alles in den Asservatenschrank. Gehen Sie jetzt zurück zu den anderen. Myers soll eine neue Leerkassette ins Videogerät einlegen, und dann wird jeder vor der Kamera berichten, was er gesehen hat. Erledigen wir das alles nach Vorschrift.»

«Jawohl, Sir!»

Kurz darauf erschien Riley. Robert Timothy Riley war das Urbild des Bootsmanns: einsfünfundneunzig groß, über hundert Kilo schwer, haarige Arme wie ein Gorilla, mächtiger Bierbauch und ein Organ, das einen Wintersturm übertönen könnte. In der mächtigen Rechten hielt er zwei Klarsichtbeutel. Seine Miene verriet, daß nun der Schock dem Zorn zu weichen begann.

«Das reinste Schlachthaus, Sir. Überall Blut.» Er hob einen Beutel. «Der Kleine war gerade beim Saubermachen. Im Abfalleimer in der Kajüte lag ein halbes Dutzend Patronenhülsen. Diese beiden lagen auf dem Teppich. Zwei Pistolen ließ ich an Bord. Aber es kommt noch schlimmer.»

Der nächste Beutel enthielt ein kleines gerahmtes Foto, das wohl den Eigner der Jacht und seine Familie darstellte. In einem weiteren Beutel lag...

«Hab ich unterm Tisch gefunden. Also auch noch Vergewaltigung.

Hatte wohl ihre Tage, aber das hielt sie auch nicht ab. Vielleicht nur die Frau, vielleicht auch das Mädchen. In der Kombüse liegen blutige Fleischmesser herum. Ich vermute, daß sie die Leichen zerteilt und über Bord geworfen haben. Diese vier Menschen sind jetzt Haifischfutter.»

«Drogen?»

«Rund zwanzig Kilo weißes Pulver im Mannschaftsquartier. Marihuana ist auch da, aber das war wohl für den persönlichen Bedarf bestimmt.» Riley zuckte die Achseln. «Hab mir erst gar nicht die Mühe gemacht, das Zeug zu testen. Das ist eindeutig Piraterie und Mord. Im Deck habe ich einen Einschuß gesehen. Red, so etwas habe ich mein ganzes Leben noch nicht erlebt. Wie im Horrorfilm, bloß schlimmer.» Er seufzte.

«Was wissen wir über die Festgenommenen?»

«Nichts. Bisher haben die nur gegrunzt. Ausweise hatten sie keine dabei, und ich wollte auch nicht erst lange nach Pässen suchen. Überlassen wir das den Fachleuten von der Polizei. Das Ruderhaus ist sauber. Eine Toilette auch. Mr. Wilcox wird sie ohne Schwierigkeiten zurückbringen können, und ich habe auch gehört, wie er Obrecki und Braun einschärfte, ja nichts anzufassen. Wenn das Wetter hält, ist er bis Mitternacht in Mobile. Hübsches Boot.»

«Bringen Sie die Kerle hoch», sagte Wegener einen Augenblick darauf.

«Aye, aye.» Riley ging nach achtern.

Wegener stopfte seine Pfeife und mußte dann überlegen, wo die Streichhölzer lagen. Die Welt hatte sich auf eine Weise verändert, die Wegener nicht gefiel. Er hatte sein Leben der Rettung Schiffbrüchiger gewidmet und fühlte sich wohl in der Rolle des Engels mit dem weißen Boot. Doch nun fraßen die Haie vier Menschen, die er hätte retten können ... vier Menschen, die vergessen hatten, daß es Haie nicht nur im Meer gab. Tja, und da hat sich etwas geändert, dachte Wegener und schüttelte den Kopf. Es gab wieder Piraten. Piraterie hatte es in seiner Jugend nur in Filmen mit Errol Flynn gegeben.

«Stellt euch ordentlich hin!» fauchte Riley. Er hatte beide an den Armen gepackt. Beide trugen noch Handschellen. Vorsorglich war Chief Oreza mitgekommen.

Beide waren Mitte zwanzig und dürr. Einer war groß und benahm sich arrogant, was dem Captain seltsam vorkam. Wußte er denn nicht, in welcher Lage er sich befand? Der junge Mann starrte Wegener, der ungerührt seine Pfeife rauchte, finster an. Sein Blick kam dem Captain merkwürdig vor.

«Wie heißen Sie?» fragte Wegener. Keine Antwort. «Sie müssen mir Ihren Namen sagen», erklärte Wegener ruhig.

Dann geschah etwas Unglaubliches. Der Große spuckte Wegener aufs Hemd. Eine ganze Weile lang wollte der Captain nicht glauben, was da geschehen war, und sein Gesicht verriet noch nicht einmal Überraschung. Dann aber reagierte Riley auf die Beleidigung.

«Scheißkerl!» Der Bootsmann schnappte sich den Gefangenen, wirbelte ihn in der Luft herum wie eine Stoffpuppe und schleuderte ihn auf die Brückenreling. Der junge Mann landete bäuchlings darauf, und einen Augenblick lang sah es so aus, als wollte er auseinanderbrechen. Er keuchte und zappelte mit den Beinen, um nicht ins Wasser zu fallen.

«Himmel noch mal, Bob!» brachte Wegener heraus, als der Bootsmann sich den Mann wieder schnappte. «Lassen Sie ihn los!»

Immerhin war es Riley gelungen, dem Mann die Arroganz auszutreiben. Er ließ ihn auf Deck fallen, und der Pirat würgte und rang nach Luft, während Riley, nicht minder blaß, die Selbstbeherrschung zurückgewann.

«Tut mir leid, Captain, bei mir ist wohl eine Sicherung durchgebrannt.» Der Bootsmann entschuldigte sich offensichtlich nur, weil er seinen kommandierenden Offizier in Verlegenheit gebracht hatte.

«Einsperren», befahl Wegener. Riley führte die beiden nach achtern.

«Verdammt noch mal», bemerkte Oreza leise, zog sein Taschentuch heraus und wischte seinem Captain das Hemd ab. «Wo sind wir hingekommen?»

«Weiß ich auch nicht, Portagee. Um das zu verstehen, sind wir wohl beide zu alt.» Wegener fand endlich seine Streichhölzer und steckte seine Pfeife an. Dann starrte er erst lange hinaus auf See, bis er die rechten Worte fand. «Als ich anmusterte, wies mich ein alter Chief ein, der gerne Geschichten aus der Zeit der Prohibition erzählte. Aber so grausam wie das hier waren die nicht – bei ihm klang es so, als wäre das Ganze nur ein spannendes Katz-und-Maus-Spiel gewesen.»

«Vielleicht waren die Menschen damals zivilisierter», erwog Oreza.

«Es lag wohl eher daran, daß Schnaps im Wert von einer Million nicht in ein Motorboot paßte. Haben Sie mal im Fernsehen ‹Die Unberührbaren› gesehen? Damals waren die Bandenkriege genauso brutal wie heute, vielleicht sogar noch schlimmer. Ach, ich weiß nicht. Fest steht, daß ich nicht zur Küstenwache gegangen bin, um mich als Polizist zu betätigen, Chief.»

«Ich auch nicht, Captain.» Oreza grunzte. «Wir sind im Dienst alt geworden, und die Welt hat sich dabei verändert. Aber es gibt eine Sache, der ich ganz besonders nachtrauere.»

«Was wäre das, Portagee?»

Der Chief wandte sich um und schaute seinen Kapitän an. «Etwas, auf das ich vor ein paar Jahren in New London gestoßen bin. Ich nahm Kurse, wenn ich nichts Besseres zu tun hatte. Wenn man in der guten alten Zeit Piraten erwischte, hatte man die Möglichkeit, sie auf der Stelle vor ein Kriegsgericht zu stellen und die Angelegenheit sofort zu klären – und wissen Sie was? Das wirkte auch, denn die Seeräuberei kam aus der Mode.» Oreza grunzte wieder. «Deshalb gab man die Praxis wohl auch auf.»

«So etwas geht heute nicht mehr. Wir leben in einer zivilisierten Gesellschaft.»

«Von wegen zivilisiert.» Oreza öffnete die Tür zum Ruderhaus. «Ich hab die Bilder von der Jacht gesehen.»

Wegener stellte fest, daß seine Pfeife ausgegangen war, zündete sie wieder an und wollte das Streichholz über Bord werfen. Doch ein Windstoß erfaßte es und wehte es aufs Deck. Wirst langsam alt, dachte Wegener und bückte sich, um es aufzuheben.

Halb im Speigatt lag eine Packung Zigaretten. Wegener hielt fanatisch auf Reinschiff und wollte gerade den vermeintlichen Übeltäter anschnauzen, als er merkte, daß die Packung nicht von seiner Mannschaft stammen konnte; es war nämlich eine südamerikanische Ware. Aus schlichter Neugier öffnete er die Packung.

Seltsam, richtige Zigaretten aus Tabak enthielt sie nicht, sondern Grasjoints. Der Captain mußte lächeln. Ein schlauer Geschäftsmann war auf die Idee gekommen, Marihuanazigaretten auf diese Weise zu tarnen. Die Packung mußte dem Piraten aus der Brusttasche gefallen sein, als er von Riley in die Mangel genommen worden war. Wegener schloß die Packung, steckte sie ein und nahm sich vor, sie bei nächster Gelegenheit in den Asservatenschrank zu legen. Oreza kehrte zurück.

«Die neueste Wettervorhersage. Die Gewitterfront wird spätestens um einundzwanzig Uhr hier sein. Es muß mit Böen von mindestens vierzig Knoten gerechnet werden.»

«Stellt das ein Problem für Wilcox und die Jacht dar?» Noch war Zeit, ihn zurückzurufen.

«Wohl kaum, Sir. Wilcox ist nach Süden gefahren. Von Tennessee zieht ein Hoch heran. Mr. Wilcox wird eine glatte Fahrt haben, aber für den Hubschrauber sieht es unangenehm aus. Der soll erst um achtzehn Uhr bei uns eintreffen und müßte auf dem Rückflug durch die Front.»

«Wie sieht es morgen aus?»

«Bei Tagesanbruch soll es aufklaren, und dann setzt sich der Hochdruckeinfluß durch. Heute nacht wird's grobe See geben, doch dann stehen uns vier Tage gutes Wetter bevor.»

Wegener nickte. «Weisen Sie Mobile an, den Hubschrauber erst morgen um die Mittagszeit zu schicken.»

«Aye, aye, Captain. Wozu einen Hubschrauber riskieren, um dieses Gesocks zu transportieren?»

«Ganz meine Meinung, Portagee. Sorgen Sie dafür, daß Wilcox verständigt wird, falls dieses Tief den Kurs ändert.» Wegener schaute auf die Uhr. «Zeit, daß ich mich um den Papierkrieg kümmere.»

«Scheint heute viel zu tun zu geben, Red.»

«Wohl wahr.»

Wegeners Kajüte war die geräumigste an Bord und auch die einzige Privatunterkunft, denn Ungestörtheit und Einsamkeit gehören zu dem Luxus, den man einem Kapitän gestattet.

Doch die *Panache* war kein Kreuzer, und Wegeners Kajüte war kaum mehr als zehn Quadratmeter groß, verfügte aber über eine private Toilette; auf einem Schiff etwas, für das sich ein Kampf lohnt. Im Lauf seiner Karriere hatte Wegener schon immer nach Kräften versucht, sich vor Schreibtischarbeit zu drücken. Sein Erster Offizier war ein heller junger Lieutenant, dem er alles zuschob, was er vor seinem Gewissen verantworten konnte. Übrig blieben so zwei bis drei Stunden am Tag, und der Captain ging mit der Begeisterung eines Mannes, der zur Hinrichtung geführt wird, an die Arbeit. Eine halbe Stunde später merkte er, daß ihm die Sache noch schwerer fiel als gewöhnlich. Die Morde wollten ihm nicht aus dem Sinn. Mord auf hoher See, dachte er und schaute aus dem Bullauge. Ganz ungewöhnlich war das nicht; er hatte im Lauf seiner dreißigjährigen Dienstzeit von einigen solchen Fällen gehört, aber nie direkt mit einem zu tun gehabt. Es war zum Beispiel einmal vor der Küste von Oregon ein Matrose Amok gelaufen und hätte beinahe einen Maat getötet – wie sich später herausstellte, litt der arme Teufel unter einem Gehirntumor, an dem er dann starb. Die *Point Gabriel* war ausgelaufen, um den Mann abzuholen. Weiter reichte Wegeners Erfahrung mit Gewalt auf hoher See nicht. Zumindest mit von Menschen ausgeübter Gewalt. Die See war schon gefährlich und gewalttätig genug. Der Gedanke ließ ihm keine Ruhe und plagte ihn wie ein Ohrwurm. Er versuchte, wieder an die Arbeit zu gehen, konnte sich aber nicht konzentrieren.

Wegener runzelte die Stirn und ärgerte sich über seine Unentschlossenheit. Ob der Papierkrieg ihm nun schmeckte oder nicht, er gehörte zu seinem Job. Er steckte seine Pfeife wieder an und hoffte, daß dies seine Konzentration verbessern würde. Aber auch das funktionierte nicht. Der Captain stieß eine Verwünschung aus und holte sich ein Glas Wasser. Die Papierstöße warteten immer noch. Er schaute in den Spiegel und stellte fest, daß er eine Rasur nötig hatte. Am Schreibtisch tat sich nichts.

«Red, du wirst alt», sagte er zu seinem Spiegelbild. «Alt und senil.»

Er entschied sich für eine Rasur und erledigte das auf die altmodische Weise mit Seife und Pinsel; seine einzige Konzession an die moderne Zeit stellte der Rasierapparat dar. Er hatte sein Gesicht eingeschäumt und zur Hälfte rasiert, als jemand anklopfte.

«Herein!» Chief Riley stand in der Tür.

«Verzeihung, Captain, ich wußte nicht...»

«Macht nichts. Was gibt's, Bob?»

«Sir, die Rohfassung der Enterprotokolle liegt vor, und ich dachte mir, Sie wollten sie sich ansehen. Wir haben alle Aussagen auf Audio- und Videoband. Das Original liegt wie befohlen zusammen mit den anderen Beweismitteln in einer verschlossenen Kassette im Panzerschrank fürs Geheimmaterial. Ich habe Ihnen eine Kopie mitgebracht.»

«Gut, lassen Sie sie hier. Neuigkeiten von unseren Gästen?»

«Nein, Sir. Draußen hat es aufgeklart.»

«Und ich sitze hier mit dem verfluchten Papierkrieg fest.»

«Ein Chief, der schafft von früh bis spät, doch des Skippers Werk ist nie vollbracht», bemerkte Riley.

«Es ziemt sich nicht für einen Chief, seinen kommandierenden Offizier auf den Arm zu nehmen.» Wegener verkniff sich das Lachen nur, weil er den Rasierer noch am Hals hatte.

«Ich bitte den Captain um Vergebung. Und, wenn Sie gestatten, Sir, habe ich jetzt ebenfalls zu tun.»

«Der Junge, der heute an der 50 mm stand, gehört zur Decksmannschaft. Halten Sie ihm einmal einen Vortrag über Sicherheit. Heute früh nahm er die Jacht nur mit Verzögerung aus dem Visier. Aber reißen Sie ihm den Kopf nicht ganz ab», meinte Wegener und schloß seine Rasur ab. «Mit Mr. Peterson rede ich selbst.»

«Geht nicht an, daß Männer an diesen Dingern Mist bauen. Ich nehme mir den Jungen vor, sowie ich meinen Rundgang beendet habe, Sir.»

«Ich werde mich nach dem Mittagessen auf dem Schiff umsehen. In der Nacht gibt es schweres Wetter, wie ich höre.»

«Das hat mir Portagee gesagt. Keine Sorge, ich lasse alles festzurren.»

«Bis später, Bob.»

«Aye.» Riley ging hinaus.

Wegener räumte seine Rasiersachen weg und setzte sich wieder an den Schreibtisch. Die Rohfassung des Enter- und Festnahmeprotokolls lag zuoberst auf dem Stapel. Inzwischen wurde die endgültige Fassung getippt, aber er sah sich immer gerne die erste Version an, die meist akkurater war. Wegener überflog sie und trank dabei kalten Kaffee. Die Polaroid-Fotos steckten in einer Klarsichthülle. Attraktiver waren sie nicht geworden. Und die Verwaltungsarbeit auch nicht. Er beschloß, das Videoband in seinen Recorder zu schieben und sich die Aufnahmen vor dem Mittagessen anzusehen.

Die Aufnahmequalität war alles andere als professionell. Es fällt schwer, auf einem schlingernden Schiff die Kamera ruhig zu halten, das verfügbare Licht war zu schwach gewesen, und jedesmal, wenn der Blitz der Polaroid losging, wurde der Bildschirm weiß.

Fest stand, daß an Bord der *Empire Builder* vier Menschen ums Leben gekommen waren. Übrig von ihnen waren nur Blutspuren; der Rest blieb der Phantasie überlassen. Eine Koje in der Kabine des Sohnes war am Kopfende blutgetränkt – Kopfschuß. Drei andere Gruppen von Blutlachen waren über die Hauptkajüte verteilt – den größten Raum auf der Jacht. Drei Blutlachen, zwei dicht beisammen, die dritte etwas entfernt. Der Mann hatte eine attraktive Frau und eine dreizehnjährige Tochter gehabt... man hatte ihn gezwungen zuzusehen.

«Diese Schweine», stieß Wegener hervor. So mußte es gewesen sein. Sie ließen ihn zuschauen, brachten sie dann alle miteinander um... zerhackten die Leichen und warfen sie über Bord.

2

Geschöpfe der Nacht

J. T. Williams, auf diesen Namen war sein Paß ausgestellt, aber er besaß mehrere Pässe. Im Augenblick tarnte er sich als Vertreter eines amerikanischen Pharma-Betriebes und war in der Lage, einen längeren Vortrag über synthetische Antibiotika zu halten. Ähnlich hatte er auch die Fähigkeit, sich als Reisender der Baumaschinenfabrik Caterpillar über alle Einzelheiten schweren Erdbewegungsgeräts auszulassen; darüber hinaus verfügte er über zwei weitere «Legenden», in die er so rasch schlüpfen konnte wie in seine Kleider. Williams hieß er natürlich nicht. Beim Direktorat Operationen der CIA war er als Clark bekannt, obwohl auch das nicht sein richtiger Name war, wenngleich er unter diesem lebte und seine Kinder großzog. Vorwiegend betätigte er sich an der Agentenschule der CIA, auch die «Farm» genannt, als Ausbilder, doch als Lehrer trat er hauptsächlich auf, weil er sich auf sein Metier verstand, und aus diesem Grund kehrte er auch häufig ins «Feld», den Außendienst, zurück.

Clark war ein kräftig gebauter Mann von einsneunzig, mit dichtem schwarzem Haar, einem markanten Kinn und blauen Augen, die je nach Bedarf heiter zwinkern oder gefährlich funkeln konnten. Clark war zwar über vierzig, aber bei ihm fehlte der Bauchansatz, der mit Arbeit am Schreibtisch einhergeht, und seine Schultern sprachen Bände über sein Trainingsprogramm. Alles nicht so ungewöhnlich in einer fitneßbesessenen Zeit, bis auf eine Ausnahme: An seinem Unterarm war ein grinsender roter Seelöwe eintätowiert. Eigentlich hätte er das Erkennungszeichen der Marine-Kommandotruppe «Seals» entfernen lassen sollen, hatte aber aus Sentimentalität auf die Operation verzichtet. Wenn er auf die Tätowierung angesprochen wurde, erklärte er wahrheitsgemäß, einmal bei der Marine gewesen zu sein, und log dann weiter, die Navy habe ihm später sein Pharmazeutik-, Maschinenbau- oder sonstiges Studium finanziert – je nach Bedarf. Clark hatte zwar keinen akademischen Grad, verfügte aber über genug Spezialwissen für ein halbes Dutzend Diplome. Der fehlende akademische Grad hätte ihn für seine Position bei der CIA disqualifizieren sollen, doch Clark verfügte über Fähigkeiten, die bei westlichen Nachrichtendiensten seltsamerweise sehr selten sind. Zwar wurden sie auch nur selten gebraucht, aber dann war das Bedürfnis sehr real, und ein hoher CIA-Beamter hatte einmal erkannt, daß es nützlich war, einen Mann wie Clark auf der Gehaltsliste zu haben.

Daß aus ihm ein sehr effektiver Außendienstoffizier – hauptsächlich für spezielle, kurze und gefährliche Jobs – geworden war, wirkte sich für die CIA nur noch günstiger aus. Clark war eine Art Legende, aber den Grund kannten in Langley nur wenige. Es gab nur einen Mr. Clark.

«Was führt Sie in unser Land, Señor Williams?» fragte der Paßbeamte höflich.

«Ich bin geschäftlich hier und möchte vor dem Rückflug noch ein bißchen angeln gehen», erwiderte Clark auf spanisch. Sechs Sprachen beherrschte er fließend; drei davon wie ein Einheimischer.

«Ihr Spanisch ist sehr gut.»

«Danke für das Kompliment; ich bin in Costa Rica aufgewachsen», log Clark. «Mein Vater hat dort gearbeitet.»

«Ja, das hört man. Willkommen in Kolumbien.»

Clark ging sein Gepäck holen. Die Luft hier war dünn, wie er feststellte. Da er täglich joggte, würde ihm das nicht viel ausmachen, aber er nahm sich vor, Anstrengungen zu vermeiden, bis er sich in ein paar Tagen akklimatisiert hatte. Er war zum ersten Mal in diesem Land, ahnte aber jetzt schon, daß es nicht sein letzter Besuch sein würde. Alle wichtigen Missionen begannen mit Aufklärungsarbeit, und das war sein gegenwärtiger Auftrag.

So ziemlich einmalig an Kolumbien war, daß man Feuerwaffen ohne große Umstände einführen durfte. Diesmal hatte sich Clark nicht die Mühe gemacht; beim nächsten Mal mochte das anders aussehen. Er wußte, daß er sich mit solchen Ansinnen nicht an den CIA-Stationschef wenden konnte; der ahnte ja noch nicht einmal, daß er überhaupt im Land war. Clark fragte sich, warum man den höchsten CIA-Vertreter in

Kolumbien nicht einweihte, tat die Frage aber mit einem Achselzucken ab. Das ging ihn nichts an. Entscheidend war nur seine Mission.

Das Konzept «Leichte Infanteriedivision» hatte die US-Armee erst vor wenigen Jahren wieder eingeführt, und es war nicht schwer gewesen, die Einheiten zusammenzustellen. Man nahm einfach einer mechanisierten Division alles mechanische Gerät ab. Übrig blieb dann ein rund 10 500 Mann starker Verband, dessen Ausrüstung noch leichter war als die einer Luftlandedivision und der daher in einem aus *nur* fünfhundert Flügen bestehenden Airlift transportiert werden konnte. Doch die leichten Infanteriedivisionen LID waren längst nicht so nutzlos, wie sie dem oberflächlichen Betrachter erscheinen mochten; genau das Gegenteil war der Fall.

Mit der Einrichtung der LID hatte sich die Armee auf zeitlose Grundlagen der Militärgeschichte besonnen. In diesen Einheiten zog sie sich auf altmodische Weise ihre besten Unteroffiziere heran. Brigadeführer und Divisionskommandeure waren Veteranen des Vietnamkrieges, in deren Erinnerung an diesen bitteren Konflikt auch Bewunderung für den Gegner anklang – besonders für die Begabung von Vietkong und NVA, den eigenen Mangel an Ausrüstung und Feuerkraft in einen Vorteil zu verwandeln. Warum sollten die traditionell von Ausrüstung und Feuerwaffen faszinierten Amerikaner im Feld nicht ebensoviel Geschick beweisen können wie General Gipas Soldaten? hatten sich die Denker der Army gefragt. Das Resultat ihrer Studien waren vier Elitedivisionen: die 7. in Fort Ord, Kalifornien, die 10. in Fort Drum, New York, die 25. in Schofield Barracks, Hawaii, und die 6. in Fort Wainwright im Staat Alaska. Seltsamerweise hatten alle Mühe, ihre Unteroffiziere und Kompanieführer zu halten, aber das war von vornherein mit einkalkuliert worden. Der Dienst in einer LID ist anstrengend, und wenn die besten Männer dreißig wurden, sehnten sie sich danach, mit Hubschrauber oder Schützenpanzer ins Gefecht gebracht zu werden und vielleicht einige Zeit mit ihren jungen Familien verbringen zu können, anstatt in den Bergen herumzukraxeln. So kam es, daß die Besten, eben jene, die blieben und die harten Unteroffizierkurse absolvierten, zu den schweren Formationen versetzt wurden, die den Rest der Armee ausmachten, und Fähigkeiten mitbrachten, die sie nie ganz vergaßen. Kurz: Die LID waren Kaderschmieden, in denen sich die Armee Unteroffiziere mit außergewöhnlichen Führungsqualitäten und überdurchschnittlichen Kenntnissen des Kriegshandwerks heranzog; am Ende kam es doch immer auf ein paar Männer mit schlammigen Stiefeln und stinkenden Uniformen an, die es verstanden, sich das Gelände und die Nacht zu Verbündeten zu machen.

Ein Mann dieses Schlages war Staff Sergeant Domingo Chavez, 26, bei seinem Zug als «Ding» bekannt. Er war nun schon seit neun Jahren dabei und hatte als jugendliches Mitglied einer Straßenbande in Los Angeles begonnen – mit der Erkenntnis, daß er etwas für seine unzureichende Bildung tun mußte und daß es bei den *Bandidos* keine Zukunft gab. Als ein guter Freund aus unerfindlichen Gründen von einem fahrenden Auto aus abgeknallt worden war, meldete er sich bei einem Rekrutierungsbüro der Army, nachdem die Marines ihn abgelehnt hatten. Obwohl er praktisch Analphabet war, hatte der Unteroffizier ihn sofort genommen – er mußte seine Quote erfüllen, und der Junge war bereit gewesen, zur Infanterie zu gehen.

Chavez hatte nur unklare Vorstellungen vom Militärdienst gehabt, und die entpuppten sich größtenteils als falsch. Nachdem man ihm die Haare und den Ziegenbart abrasiert hatte, erkannte er, daß Härte ohne Disziplin wertlos ist und daß die Armee keine Aufsässigkeit duldet. Nachdem er aber erkannt hatte, daß die Army eine Hierarchie mit strengen Vorschriften ist, hielt er sich an sie und wurde allmählich zu einem überdurchschnittlichen Rekruten. Schließlich kam er aus einer Bande und verstand Kameradschaft und Teamarbeit, und es war ihm leicht genug gefallen, diese in positive Bahnen zu lenken. Am Ende der Grundausbildung war er hart und zäh wie Stahldraht und wußte fast jede Infanteriewaffe handzuhaben. Wo sonst, fragte er sich eines Tages, kriegt man eine MPi und wird fürs Ballern auch noch bezahlt?

Doch gute Soldaten werden nicht geboren, sie müssen herangezogen werden. Zuerst kam Chavez nach Korea, wo er den Gebirgskampf lernte und erkannte, wie gefährlich feindliche Banden sein können. Sicher war der Dienst in der entmilitarisierten Zone noch nie gewesen. Hier rettete Disziplin einem das Leben. In einer Regennacht waren nordkoreanische Soldaten in seinen Frontabschnitt eingedrungen und auf einen Horchposten gestoßen, auf dem zwei amerikanische Soldaten schliefen – um nie wieder aufzuwachen. Einheiten der südkoreanischen Armee hatten die Infiltratoren später abgefangen und getötet, aber es war Chavez gewesen, der die Männer aus seinem Zug mit durchschnittenen Kehlen hatte entdecken müssen. Soldat sein, hatte er damals entschieden, ist ein ernstes Handwerk, und das wollte er meistern. Der Vorsatz fiel erst seinem Zugführer, dann dem Lieutenant auf. Chavez hörte auf einmal beim

Unterricht zu und versuchte sogar, sich Notizen zu machen. Nachdem der Lieutenant erkannt hatte, daß der junge Soldat nur lesen und schreiben konnte, was er vorher mühsam auswendig gelernt hatte, sorgte er für Hilfe. Chavez büffelte in seiner Freizeit und schaffte noch vorm Jahresende die Mittlere Reife – beim ersten Anlauf! – und wurde zum Specialist Fourth Class ernannt; eine Beförderung, die 58,50 Dollar im Monat mehr eintrug. Chavez hatte sich selbst etwas bewiesen, und er vergaß der Armee nie, daß sie ihm den Weg zum Aufstieg geebnet hatte.

Chavez, ein begeisterter Langstreckenläufer, kam zur 7. LID in Fort Ord bei Monterey an der kalifornischen Küste. Das Übungsgelände der 7., die Hunter-Ligget Military Reservation auf der ehemaligen Ranch des Pressemagnaten Hearst, ist in nassen Wintern ein herrlich grünes Gebirge, im kalifornischen Sommer aber eine verbrannte Mondlandschaft mit steilen, kahlen Höhen, verkrüppelten Bäumen und Gras, das unter den Sohlen zu Staub zerkrümelt. Chavez wurde sofort auf einen zweiwöchigen Schulungskurs geschickt und kam zur Ranger School in Fort Benning, Georgia. Als er von diesem härtesten aller Armeekurse nach Fort Ord zurückkehrte, war er zäher und selbstsicherer als je zuvor und bekam einen Zug junger Rekruten zugeteilt. Nun sollte sich auszahlen, was die Army in den jungen Sergeant investiert hatte; nun sollte er beweisen, daß er sich zum Führer eigne und sein Können weitervermitteln konnte. Chavez übernahm in seinem Zug das Kommando wie ein Stiefvater, der sich mit einer großen, undisziplinierten Familie konfrontiert sieht: Er war entschlossen, aus diesem Haufen etwas zu machen.

In Fort Ord lernte er auch die Kunst der Infanterietaktik. Als Mitglied der 3. Kompanie des 3. Bataillons des 17. Infanterieregiments, dessen etwas ambitioniertes Motto «Ninja! Die Nacht ist unser!» lautete, zog Chavez mit Tarnfarbe im Gesicht ins Feld – bei der 7. sind selbst die Hubschrauberpiloten so getarnt – und lernte bei der Ausbildung seiner Männer sein Handwerk ganz. Mehr noch, er lernte die Nacht zu lieben. Chavez und seine Männer bewegten sich so leise wie eine flüsternde Brise. Der Zweck einer solchen Unternehmung waren meist Überfälle, Hinterhalte, Infiltration und Aufklärung. Da sich seine leichtbewaffnete Einheit einer schweren Formation nicht stellen konnte, waren ihre eigentlichen Waffen Verstohlenheit und Überraschung: Sie erschienen, wo sie am wenigsten erwartet wurden, schlugen im Kampf Mann gegen Mann brutal zu und verschwanden dann in der Dunkelheit, ehe die andere Seite reagieren konnte.

«He, Ding!» rief der Zugführer. «Der Lieutenant will dich sprechen!»

Der Tag war erst zwei Stunden alt, die Übung lief nun schon neun Tage, und selbst Chavez spürte sie in den Knochen. Bist halt keine siebzehn mehr, sagten ihm seine Beine zu seiner Erheiterung, als er aufstand.

Wenigstens war es der letzte Job dieser Art bei den Ninjas. Er wurde versetzt und sollte in Fort Benning in Georgia die Schule für Ausbilder besuchen. Darauf war Chavez ungemein stolz. Bei der Army hielt man so viel von ihm, daß man ihn zu einem Vorbild für junge Rekruten machen wollte. Der Sergeant erhob sich, doch ehe er hinüber zu dem Lieutenant ging, griff er in die Tasche und holte einen Wurfstern heraus. Seit der Colonel begonnen hatte, seine Männer als Ninjas zu bezeichnen, gehörten die häßlichen kleinen Stahlprojektile bei ihnen zur Grundausstattung, was die höheren Ränge etwas konsternierend fanden. Doch wer etwas leistet, bekommt immer einiges nachgesehen, und in diese Kategorie fiel Chavez. Er schleuderte den Stern mit einem lässigen Schnicken des Handgelenks auf einen fünf Meter entfernten Baum, und ein Zacken bohrte sich einen Zoll tief ins Holz. Auf dem Weg zu seinem Vorgesetzten zog Chavez die Waffe wieder heraus.

«Jawohl, Sir!» rief Chavez und nahm Haltung an.

«Rühren, Sergeant», sagte Lieutenant Jackson. Er saß am Boden an einen Baum gelehnt, um seine mit Blasen bedeckten Füße auszuruhen. Der dreiundzwanzigjährige Absolvent der Militärakademie West Point lernte langsam, wie hart es sein konnte, mit den Soldaten, die er führen sollte, Schritt zu halten. «Sie werden im Hauptquartier verlangt. Hat etwas mit Ihrer Versetzung zu tun. Sie können mit dem nächsten Versorgungsflug rüber. Der Hubschrauber kommt in einer Stunde. Übrigens haben Sie vergangene Nacht gute Arbeit geleistet. Schade, daß wir Sie verlieren, Ding.»

«Danke, Sir.» Jackson war nicht übel für einen jungen Offizier. Grün natürlich, aber er gab sich Mühe und lernte schnell. Er grüßte den jüngeren Mann zackig.

«Passen Sie gut auf sich auf, Sergeant.» Jackson erhob sich und erwiderte den Salut.

«Die Nacht ist unser, Sir!» rief Chavez, wie es sich für einen Ninja vom 3. Bataillon des 17. Regiments gehörte. Zwanzig Minuten später bestieg er einen Sikorsky UH-60A Blackhawk, der ihn nach Fort Ord brachte. Dort stellte er sich unter die Dusche, entfernte Salz und «Kriegsbemalung», warf sich in seinen besten BDU-Camouflage-Anzug und meldete sich bei einem anderen Staff Sergeant, der wegen eines gebrochenen Beins Schreibstubendienst hatte.

«Worum geht's, Charlie?» fragte er.

«Keine Ahnung, Ding. Ein Colonel will dich sprechen, mehr weiß ich auch nicht. Er wartet schon im Konferenzzimmer im ersten Stock.»

«Verdammt, 'nen Haarschnitt hätte ich auch nötig», murmelte Chavez auf der Holztreppe. Auch seine Stiefel sahen nicht gerade perfekt aus. Schöner Aufzug, um vor einem Colonel anzutanzen, dachte er, aber man hätte mich ja vorwarnen können. Das war eine der angenehmen Seiten der Army: Die Vorschriften galten für jeden. Er klopfte an die entsprechende Tür und war zu müde, um sich groß um sein Äußeres zu scheren. Seine Versetzung nach Fort Benning stand fest; schon begann er, Spekulationen über die Mädchen von Georgia anzustellen. Mit seiner bisherigen festen Freundin hatte er gerade Schluß gemacht.

«Herein!» dröhnte eine Stimme.

Der Colonel saß hinter einem billigen hölzernen Schreibtisch. Er trug einen schwarzen Pullover und ein hellgrünes Hemd, und auf einem Namensschild an seiner Brust stand SMITH. Ding nahm Haltung an.

«Staff Sergeant Domingo Chavez wie befohlen zur Stelle, Sir.»

«Schön, nehmen Sie Platz, Sergeant. Ich weiß, daß Sie schon eine Weile auf den Beinen sind. In der Ecke steht Kaffee.»

«Danke, Sir.» Chavez setzte sich und entspannte sich ein wenig, bis er seine Personalakte auf dem Tisch liegen sah. Colonel Smith ergriff sie und schlug sie auf. Wenn jemand in der Personalakte herumfuhrwerkte, hatte das meist nichts Gutes zu bedeuten, aber der Colonel sah freundlich lächelnd auf. Chavez merkte, daß der Colonel weder ein Einheitsabzeichen über dem Namensschild noch das Bajonett der 7. LID trug. Wer war dieser Mensch überhaupt?

«Sieht sehr gut aus, Sergeant. Ich würde sagen, daß Sie in zwei, drei Jahren Besoldungsstufe E-7 schaffen. In Mittelamerika waren Sie auch schon, wie ich sehe. Dreimal, stimmt's?»

«Jawohl, Sir. Zweimal in Honduras, einmal in Panama.»

«Und jedesmal haben Sie sich vorzüglich gehalten. Hier steht, Ihr Spanisch sei sehr gut.»

«Ich bin mit dieser Sprache aufgewachsen, Sir.» Das verriet auch schon sein Akzent.

«Sergeant, wir stellen einen Sonderverband zusammen und möchten Sie dabeihaben.»

«Sir, ich soll versetzt werden ...»

«Das weiß ich. Wir suchen Leute mit Sprachkenntnissen und – tja, wir suchen die besten leichten Infanteristen, die wir finden können. Und was ich hier sehe, sagt mir, daß Sie einer der Besten der Division sind.» Es gab auch noch andere Kriterien, die «Colonel Smith» unerwähnt ließ. Chavez war ledig, seine Eltern lebten nicht mehr. Nahe Verwandte hatte er anscheinend nicht. Das Profil paßte genau auf ihn – obwohl ihm gewisse andere Eigenschaften fehlten – aber was der Colonel sah, gefiel ihm. «Das ist ein ganz spezieller Job, der unter Umständen gefährlich werden kann, wahrscheinlich aber nicht. Mit Sicherheit läßt sich das noch nicht sagen. Wird zwei, höchstens sechs Monate dauern. Am Ende kommen Sie auf E-7 und können sich aussuchen, wohin Sie versetzt werden wollen.»

«Worum geht es bei diesem speziellen Job, Sir?» fragte Chavez munter. Bei der Aussicht, zwei Jahre früher als geplant auf E-7 zu kommen, wurde er hellwach.

«Das darf ich Ihnen nicht sagen, Sergeant. Ich rekrutiere zwar ungern blind», log «Colonel Smith», «aber auch ich habe meine Befehle. Verraten kann ich Ihnen nur, daß Sie zur Intensivausbildung irgendwo nach Osten kommen. Vielleicht hat sich die Sache auch damit; in diesem Fall werden Sie trotzdem befördert. Läuft das Projekt weiter, werden Sie Ihre besonderen Fähigkeiten irgendwo im Ausland einsetzen. Gut, ich *kann* Ihnen sagen, daß es um eine verdeckte Aufklärungsarbeit geht. Nach Nicaragua kommen Sie aber nicht. Wir erwarten nicht von Ihnen, daß Sie in einem geheimen Krieg kämpfen.»

Genau genommen war diese Erklärung keine Lüge. «Smith» wußte selbst nicht genau, worum es bei der Mission ging, und zu Spekulationen hatte ihn niemand ermuntert.

«Wie auch immer, mehr kann ich nicht sagen. Was wir bisher besprochen haben, bleibt unter uns – ohne meine Genehmigung dürfen Sie mit niemandem darüber sprechen. Ist das klar?» sagte der Colonel mit Nachdruck.

«Verstanden, Sir!»

«Sergeant, wir haben viel Zeit und Geld in Sie investiert. Die Zeit der Rückzahlung ist gekommen. Das Land braucht Sie und Ihre Fähigkeiten.»

Angesichts dessen blieb Chavez kaum eine Wahl. Auch «Smith» wußte das.

«Wann geht's los, Sir?» antwortete der junge Mann nach fünf Sekunden Bedenkzeit.

Nun wurde der Oberst ganz sachlich. Er nahm einen großen braunen

Umschlag aus der Schreibtischschublade, auf den jemand mit Filzstift CHAVEZ geschrieben hatte. «Sergeant, ich habe mir erlaubt, einiges für Sie zu erledigen. Hier sind Ihre medizinischen Unterlagen und alle Dokumente, die Ihre persönlichen Finanzen angehen. Die mit Ihrer Versetzung verbundenen Formalitäten habe ich fast alle schon erledigen lassen. Zudem habe ich eine Vollmacht aufgesetzt, damit Sie sich Ihre Privatsachen nachschicken lassen können – wohin, steht auf dem Formular.»

Chavez nickte verdutzt. Wer immer dieser Colonel Smith auch sein mochte, er mußte allerhand Beziehungen haben, um den Papierkram so schnell durch die legendäre Army-Bürokratie schleusen zu können. Normalerweise bedeutete eine Versetzung, daß man fünf Tage lang herumsaß und wartete. Er nahm den Umschlag entgegen.

«Packen Sie Ihre Sachen und melden Sie sich um achtzehn Uhr zurück. Die Haare brauchen Sie sich nicht schneiden zu lassen; die sollen eine Zeitlang sprießen. Den Verein unten sortiere ich aus. Und vergessen Sie nicht: mit niemandem darüber reden. Wenn jemand Sie fragt, sagen Sie, es ginge halt früher als erwartet nach Fort Benning. Das ist Ihre Version, und ich erwarte, daß Sie sich an sie halten.» Der Colonel erhob sich, streckte die Hand aus und ließ wieder eine mit einem Quentchen Wahrheit versetzte Lüge los: «Sie haben die richtige Entscheidung getroffen. Ich wußte, daß wir mit Ihnen rechnen können, Chavez.»

«Die Nacht ist unser, Sir!»

«Abtreten.»

«Colonel Smith» legte die Personalakte zurück in seine Aktentasche. Und das war's. Die meisten Männer waren schon auf dem Weg nach Colorado. Chavez war einer der letzten. «Smith» fragte sich, wie das Ganze ausgehen würde. In Wirklichkeit hieß er Edgar Jeffries und war ein ehemaliger Army-Offizier, der nun für die CIA arbeitete. Insgeheim hoffte er, daß die Aktion klappen würde, aber er war schon zu lange bei der CIA, um noch großen Optimismus zu empfinden. Männer für solche Aufgaben rekrutierte er nicht zum ersten Mal. Nicht alle Operationen waren glatt gegangen, und noch weniger nach Plan verlaufen. Andererseits hatten sich Chavez und alle anderen freiwillig zum Militär gemeldet, freiwillig weiterverpflichtet und auch freiwillig seine Einladung, etwas Neues und ganz anderes zu tun, angenommen. Das Leben war gefährlich, und diese vierzig Männer hatten sich in voller Kenntnis der Lage für einen der gefährlichsten Berufe entschieden. Das war ihm ein Trost, und da Edgar Jeffries noch über ein Gewissen verfügte, brauchte er ihn auch.

«Viel Glück, Sergeant», sagte er leise zu sich selbst.

Chavez hatte an diesem Tag viel zu tun. Nachdem er Zivilkleidung angelegt hatte, wusch er seinen Kampfanzug und reinigte seine Ausrüstung. Dann sortierte er alles aus, was zurückblieb. Auch diese Gegenstände mußten gesäubert und, wie Sergeant Mitchell erwartete, in besserem Zustand als beim Empfang zurückgegeben werden. Als der Rest des Zuges um dreizehn Uhr von Hunter-Liggett eintraf, steckte er mitten in der Arbeit. Den zurückkehrenden Unteroffizieren fiel die Aktivität auf, und bald erschien der Zugführer.

«Warum packst du, Ding?» fragte Mitchell.

«Ich werde früher in Benning gebraucht... deswegen wurde ich heute morgen zurückgeflogen.»

«Weiß der Lieutenant Bescheid?»

«Man hat ihn doch bestimmt verständigt – oder wenigstens die Schreibstube?» Chavez war ein wenig verlegen. Er log Mitchell, der seit vier Jahren sein Freund und Lehrer gewesen war, nur ungern an. Sein Befehl aber kam von einem Colonel.

«Ding, wie das mit dem Verwaltungskram geht, mußt du noch lernen. Komm mit. Der Lieutenant ist in seinem Zimmer.»

Lieutenant Timothy Washington Jackson von der Infanterie hatte sich noch nicht gewaschen, war aber fast bereit, auf sein Zimmer im Junggesellenquartier für Offiziere zu gehen. Er sah auf, als seine zwei dienstältesten Unteroffiziere eintraten.

«Lieutenant, Chavez soll nach Fort Benning versetzt werden. Heute abend wird er abgeholt.»

«Habe ich auch gehört. Gerade kam ein Anruf vom Bataillon. Was geht hier vor? Das entspricht doch nicht der üblichen Prozedur», grollte Jackson. «Wann sollen Sie weg?»

«Um achtzehn Uhr, Sir.»

«Ist ja toll. Ich muß mich erst mal saubermachen, ehe ich mit dem S-drei spreche. Sergeant Mitchell, kümmern Sie sich um die Ausrüstungsunterlagen?»

«Jawohl, Sir.»

«Gut, ich bin um siebzehn Uhr wieder da und übernehme die Abwicklung. Chavez, setzen Sie sich bloß nicht früher ab.»

Der Rest des Nachmittags verging rasch. Mitchell kümmerte sich um den Transport der wenigen Habseligkeiten des jungen Mannes, und Lieutenant Jackson kam pünktlich zurück und holte die beiden Männer in sein Zimmer. Es war ruhig; die meisten Männer des Zuges genossen in der Stadt ihre wohlverdiente Freizeit. «Ding, ich bin noch nicht fertig mit

Ihnen. Noch steht nicht fest, wer Ihre Männer übernehmen soll. Sergeant Mitchell, Sie erwähnten Ozkanian?»

«Jawohl, Sir. Chavez, was halten Sie von ihm?»

«Er ist praktisch soweit», erklärte Chavez.

«Gut, dann geben wir Corporal Ozkanian die Chance. Und Sie haben Glück gehabt, Chavez», sprach Jackson weiter. «Ich konnte nämlich meinen ganzen Papierkrieg noch vor der Übung erledigen. Soll ich nun Ihre Beurteilung mit Ihnen durchgehen?»

«Die wichtigsten Punkte genügen schon, Sir.» Chavez, der wußte, daß der Lieutenant ihn mochte, grinste.

«Fein. Ich sage hier, daß Sie verdammt gut sind, was auch stimmt. Nur schade, daß wir Sie so schnell verlieren. Bringt Sie jemand rüber?»

«Kein Problem, Sir. Ich gehe zu Fuß.»

«Kommt nicht in die Tüte. Letzte Nacht sind wir lange genug gelatscht. Schmeißen Sie Ihre Sachen in mein Auto.» Der Lieutenant warf ihm die Schlüssel zu. «Sonst noch etwas, Sergeant Mitchell?»

«Der Rest kann bis Montag warten, Sir. Uns steht ein schön ruhiges Wochenende zu, dachte ich mir.»

«Wie immer den Nagel auf den Kopf getroffen, Mitchell. Mein Bruder ist in der Stadt. Ich komme also erst am Montag um sechs zurück.»

«Jawohl, Sir. Viel Vergnügen.»

Chavez hatte seine wenigen Sachen schon in Jacksons Honda Civic geladen, als der Lieutenant aus der Kaserne kam. Chavez warf ihm den Zündschlüssel zu.

«Wo werden Sie abgeholt?»

«Division G-1, sagte der Mann.»

«Seltsam. Warum nicht wie üblich von Martinez Hall?» fragte Jackson beim Anfahren.

«Lieutenant, ich mache halt, was mir befohlen wird.»

Darüber mußte Jackson lachen. «Geht uns das nicht allen so?»

Wenige Minuten später setzte Jackson den Soldaten ab und drückte ihm noch einmal die Hand. So nebenbei fiel ihm auf, daß am Treffpunkt noch weitere fünf Soldaten warteten – zu seiner Überraschung alle Sergeants. Zwei kannte er persönlich. León aus Ben Tuckers Zug und Muñoz von der Aufklärung. Beides gute Leute. Und beide spanischer Abstammung, so wie die anderen. Jackson tat das mit einem Achselzukken ab und fuhr weg.

3

Die *Panache*-Prozedur

Wegener führte seine Inspektion nicht nach, sondern vor dem Mittagessen durch. Zu beanstanden gab es nicht viel, denn Chief Riley hatte bereits kontrolliert. Abgesehen von Farbtöpfen und Pinseln, die gerade benutzt wurden – an jedem Schiff wird unablässig herumgestrichen –, lag kein Gerät herum. Das Geschütz war vorschriftsmäßig nach innen gerichtet und gesichert, ebenso die Ankerketten. Die Rettungsleinen waren straff gespannt, alle Luken fest verschlossen. Hier und dort machten es sich Seeleute, die Freiwache hatten, bequem, lasen oder lagen in der Sonne. Diese sprangen auf Rileys donnerndes «Achtung an Deck!» auf. Ein Matrose hatte *Playboy* gelesen. Wegener gab ihm launig zu verstehen, daß er sich auf der nächsten Fahrt vorsehen müsse; es kämen nämlich drei weibliche Besatzungsmitglieder an Bord. Daß *Panache* im Augenblick keine Frauen hatte, war eine statistische Anomalie, und die bevorstehende Änderung beunruhigte den Captain nicht sonderlich, aber seine Chiefs waren, gelinde gesagt, skeptisch. Die Benutzung der sanitären Einrichtungen drohte zum Beispiel problematisch zu werden, denn beim Bau des Kutters war an weibliche Besatzungsmitglieder nicht gedacht worden. Zum ersten Mal an diesem Tag hatte Red Wegener einen Grund zum Lächeln: all die Umstände, wenn man Frauen mit auf See nimmt... doch dann kehrte die Erinnerung an das Videoband zurück. Diese beiden Frauen – eher eine Frau und ein Kind – waren doch auch auf See gewesen...

Er konnte das Grauen nicht vergessen.

Wegener schaute sich um und sah die fragenden Mienen der Männer.

Irgend etwas stank dem Skipper. Was, wußten sie nicht, aber fest stand, daß man dem Alten am besten aus dem Weg ging, wenn er sauer war. Dann sahen sie, wie in seinem Gesicht eine Veränderung vorging. Der Captain hatte sich gerade etwas gefragt, dachten sie.

«Sieht ordentlich aus, Leute. Sehen wir zu, daß es so bleibt.» Er nickte und ging nach vorne in seine Kajüte. Dort rief er Chief Oreza.

Der Steuermannsmaat war binnen einer Minute zur Stelle. «Sie haben mich gerufen, Captain?»

«Machen Sie die Tür zu, Portagee, und setzen Sie sich.»

Oreza war portugiesischer Abstammung, sprach aber mit einem Neuengland-Akzent. Wie Bob Riley war er ein erfahrener Seemann und wie sein Kapitän ein begabter Lehrer. Eine ganze Generation von Küstenwachtoffizieren hatte bei diesem dunkelhäutigen, beleibten Profi den Sextanten gebrauchen gelernt. Männer wie Manuel Oreza bildeten das Rückgrat der Küstenwache, und Wegener bedauerte es gelegentlich, ihre Reihen wegen einer Offizierskarriere verlassen zu haben. Doch ganz hatte er sich nicht von ihnen distanziert; privat redeten sich Wegener und Oreza noch immer mit Vornamen an.

«Red, ich habe das Videoband gesehen», begann Oreza, der die Gedanken des Captains gelesen hatte. «Sie hätten Riley den kleinen Scheißkerl in Stücke hauen lassen sollen.»

«So was dürfen wir nicht», entgegnete Wegener etwas lahm.

«Piraterie, Mord und Vergewaltigung – und die Drogen nur zum Spaß.» Oreza hob die Schultern. «Ich weiß, was man mit solchem Gesindel anfangen sollte. Es tut nur leider kein Mensch was.»

Wegener wußte, was gemeint war. Ein neues Bundesgesetz setzte zwar auf Mord in Zusammenhang mit Drogen die Todesstrafe, es kam aber nur selten zur Durchführung. Der Haken war, daß jeder festgenommene Rauschgifthändler einen größeren Fisch kannte, der eine attraktivere Beute darstellte – die ganz großen Bosse hielten sich ohnehin außer Reichweite des angeblich so langen Armes des Gesetzes. Die US-Behörden mochten innerhalb der Landesgrenzen omnipotent, die Küstenwache auf See generalbevollmächtigt sein – sie durfte sogar unter fremder Flagge fahrende Schiffe entern und durchsuchen –, aber es gab halt doch immer Grenzen, denen sich der Gegner mit Leichtigkeit anpaßte. Feste Regeln galten bei diesem Spiel nur für eine Seite; die andere konnte tun und lassen, was sie wollte. Den großen Bossen im Drogengeschäft fiel es leicht, sauber zu bleiben, und es gab immer genug kleine Fische, die bei gefährlichen Aufträgen den Kopf hinhielten – immerhin war ihr Sold höher als bei jeder Armee. Diese Soldaten waren gefährlich und schlau genug, um den Konflikt schwierig zu gestalten – aber wenn man sie erwischt hatte, waren sie immer bereit, gegen teilweisen Straferlaß preiszugeben, was sie wußten.

Mit dem Ergebnis, daß so gut wie niemand je den vollen Preis zahlen mußte – abgesehen von den Opfern natürlich. Eine noch unangenehmere Vorstellung unterbrach Wegeners Gedankengang.

«Wissen Sie was, Red? Es kann sogar sein, daß die zwei ganz ungeschoren davonkommen», sagte Oreza.

«Moment mal, Portagee, das kann doch wohl...»

«Meine Älteste studiert Jura, Skipper. Wollen Sie mal hören, wie finster es in Wirklichkeit aussieht?»

«Nur zu.»

«Wir bringen diese Kerle an Land, und dort verlangen sie erst mal einen Anwalt. Nehmen wir mal an, daß sie bis dahin jede Aussage verweigern. Der Anwalt behauptet dann, seine Mandanten hätten gestern morgen eine treibende Jacht ausgemacht und seien an Bord gegangen. Das Fischerboot, auf dem sie gekommen seien, wäre wieder zurückgefahren, und sie hätten beschlossen, die Jacht in den nächsten Hafen zu bringen, um Bergegeld zu beanspruchen. Das Funkgerät benutzten sie nicht, weil sie es nicht zu bedienen wußten – haben Sie das Ding auf Video gesehen? So ein High-Tech-Brummer mit hundert Frequenzscannern und einer hundertseitigen Gebrauchsanweisung – und die Kerle können ja Englisch kaum reden, geschweige denn lesen. Jemand vom Fischerboot wird ihre Aussage bestätigen. Das Ganze ist also ein schreckliches Mißverständnis, klar? Der Staatsanwalt in Mobile kommt folglich zu dem Schluß, daß das Belastungsmaterial nicht ausreicht, und unsere Freunde bekennen sich einer geringfügigen Straftat für schuldig. So funktioniert das.» Er legte eine Pause ein.

«Das kann ich kaum glauben.»

«Wir haben keine Leichen und keine Zeugen. An Bord fanden wir Waffen, aber wer kann sagen, wer die benutzt hat? Alles nur Indizienbeweise.» Oreza grinste grimmig. «Erst vergangenen Monat hat mir meine Tochter von einem anderen Fall berichtet. Man treibt Zeugen auf – gut beleumundete Zeugen ohne Vorstrafen –, und auf einmal hat die Verteidigung die besseren Karten. So geht das, Red. Die Kerle gestehen eine Lappalie, und damit hat sich's.»

«Warum haben sie dann aber nicht gleich gesagt, daß sie unschuldig sind?»

«Aus Angst natürlich. Ein fremdes Kriegsschiff kommt längsseits, bewaffnete Männer entern, fuchteln mit Gewehren und schubsen die armen Kerle ein bißchen herum – da blieb ihnen vor Angst die Sprache weg, wird der Anwalt sagen. Ganz so kommen sie nicht davon, Red, aber der Staatsanwalt hat solche Angst, den Prozeß zu verlieren, daß er sich einen einfachen Ausweg wählt. Unsere Freunde kriegen dann ein oder zwei Jahre Knast und anschließend einen kostenlosen Flug zurück in ihre Heimat.»

«Aber das sind doch Mörder!»

«Sicher», stimmte Portagee zu. «Aber wenn sie aus der Sache rauskommen wollen, brauchen sie nur schlau genug zu sein. Und wer weiß, was ihnen sonst noch alles einfallen mag. Wie ich schon sagte, sie hätten das Bob überlassen sollen. Und die Jungs hätten sich alle hinter Sie gestellt, Captain. Sie sollten mal hören, was die Mannschaft zu dieser Sache zu sagen hat.»

Captain Wegener schwieg eine Weile, erhob sich dann und ging an sein Bücherregal. Neben seinem Handbuch der Militärgerichtsbarkeit stand ein wesentlich älteres Buch, dessen Grundlagen aus dem achtzehnten Jahrhundert stammten. Diese Ausgabe, die Wegener in einem Antiquariat gefunden hatte, war 1879 erschienen, in einer Zeit, als die Regeln noch strenger und simpler gewesen waren. Damals hatte mehr Sicherheit geherrscht, sagte sich der Captain. Warum eigentlich? Nun, da brauchte man nur nachzulesen, was einmal gültiges Recht gewesen war...

«Danke, Portagee. Ich habe jetzt zu tun. Um fünfzehn Uhr möchte ich Sie und Riley hier sehen.»

Oreza erhob sich. «Aye, aye, Sir», sagte er und fragte sich, wofür ihm der Skipper gedankt hatte. Fest stand, daß hier etwas vorging. Was genau es war, wußte er nicht, aber bis fünfzehn Uhr würde er schon warten können.

Wenige Minuten später setzte sich Wegener mit seinen Offizieren an den Mittagstisch. Das Tischgespräch war wie üblich lebhaft und drehte sich heute um das aktuelle Thema; Wegener ließ seine Männer gewähren und blätterte Funksprüche durch, die aus dem Drucker an Bord gekommen waren. Ein Einfall, den er in seiner Kajüte gehabt hatte, nahm allmählich Gestalt an. Schweigend wägte er Plus- und Minuspunkte ab. Was konnte man ihm schon groß tun? Nicht viel, fand er. Und würden seine Männer mitziehen?

«Von Oreza habe ich gehört, daß man früher mit solchen Scheißkerlen ganz anders fertig wurde», bemerkte ein junger Lieutenant vom Tischende her. Rundum zustimmendes Grunzen.

«Ist der ‹Fortschritt› nicht beschissen?» ließ sich ein anderer vernehmen. Der vierundzwanzigjährige Offizier wußte nicht, daß er damit bei seinem Vorgesetzten den Ausschlag gegeben hatte.

Das wird hinhauen, entschied Wegener, schaute auf und blickte seinen Offizieren in die Gesichter. Aus denen habe ich in den zehn Monaten etwas gemacht, dachte er. Ein müder, demoralisierter Haufen waren sie bei seinem Eintreffen auf der Werft gewesen; jetzt sprühten sie nur so vor Begeisterung und waren stolz auf ihren Captain und ihr Schiff. Diese Männer würden hinter ihm stehen.

Nach dem Essen ging er zurück in seine Kajüte. Dort wartete der Papierkrieg noch immer, und nachdem er ihn so rasch wie möglich bewältigt hatte, schlug er ein altes Handbuch des Seerechts auf und studierte einige der bewährten Regeln. Um fünfzehn Uhr erschienen Oreza und Riley; er legte ihnen seinen Plan dar. Anfangs waren die beiden Chiefs überrascht, erklärten sich aber bald zum Mitmachen bereit.

«Riley, bringen Sie diese Zigarettenpackung unseren Gästen. Einer hat sie auf der Brücke verloren.» Wegener fischte die Marihuanazigaretten aus der Tasche. «Um einundzwanzig Uhr geht's los.»

«Also ungefähr dann, wenn die Sturmfront aufzieht», merkte Oreza an. «Sie müssen aber aufpassen, Red, wenn Sie...»

«Ich weiß, Portagee. Was ist das Leben schon ohne ein paar Risiken?» fragte er lächelnd.

Riley entfernte sich als erster, ging nach vorne, stieg über zwei Ebenen eine Leiter hinunter und wandte sich nach achtern, bis er das Schiffsgefängnis, einen neun Quadratmeter großen Drahtkäfig, erreicht hatte. Die beiden lagen in ihren Kojen.

«Habt ihr zwei was zu essen bekommen?» fragte Riley. Der Mann in der unteren Koje – jener, den er auf die Brückenreling geknallt hatte – drehte sich um und riß bei seinem Anblick entsetzt die Augen auf.

«Ja.»

«Ihr habt eure Zigaretten auf der Brücke verloren.» Riley warf die Packung durch das Gitter. Einer der Männer schnappte sie hastig und bedankte sich. Riley entfernte sich lachend. *Wartet nur ab, ihr Säcke...*

Auf See ist das Wetter immer beeindruckend. Vielleicht liegt das daran, daß es über einer gleichförmigen Fläche aufzieht; es mag auch sein, daß der Mensch die Gewalt auf See intensiver spürt als an Land. In dieser

Nacht konnte Wegener im Schein des Dreiviertelmondes die Sturmfront mit zwanzig Knoten herannahen sehen. Die Front brachte Fünfundzwanzig-Knoten-Winde mit, die in Böen fast die doppelte Geschwindigkeit erreichten. Aus Erfahrung wußte Wegener, daß die sanfte, einszwanzig hohe Dünung, auf der sich die *Panache* wiegte, bald zu wilden Brechern und fliegender Gischt hochgepeitscht werden würde. Nichts Besonderes eigentlich, aber es reichte aus, um die Dinge auf seinem Kutter lebhaft zu gestalten. Einige seiner jüngeren Besatzungsmitglieder würden bald die Abendmahlzeit bereuen. Nun ja, auch das mußte ein Seemann lernen: Die See hatte etwas gegen Vielfraße.

Wegener war der Sturm willkommen, denn er erzeugte nicht nur die rechte Atmosphäre, sondern bot ihm auch einen Vorwand, die Wache umzustellen. Ensign O'Neil hatte das Schiff noch nie durch schweres Wetter gesteuert; heute nacht sollte er seine Chance bekommen.

«Probleme, Mister?» fragte der Skipper den jungen Offizier.

«Nein, Sir.»

«Gut. Vergessen Sie nicht, wenn sich etwas ergeben sollte, bin ich in der Messe.» Einer von Wegeners Dauerbefehlen lautete: *Kein Wachoffizier wird je getadelt, weil er den Kapitän auf die Brücke gerufen hat. Auch wenn ihr nur die genaue Uhrzeit wissen wollt: RUFT MICH!* Eine weitverbreitete Übertreibung, die aber notwendig war, denn ein junger Offizier mochte einen solchen Bammel haben, den Skipper zu stören, daß er eher einen Tanker rammte – und damit dem Alten die Karriere ruinierte. Einen guten Offizier, das schärfte Wegener seinen Jungen immer wieder ein, erkennt man an seiner Bereitwilligkeit, einzugestehen, daß er noch dazuzulernen hat.

O'Neil nickte. Beide Männer wußten, daß es keinen Anlaß zur Sorge gab. Der Junge mußte nur noch lernen, daß sich ein Schiff etwas anders verhält, wenn Wind und See querab kommen. Außerdem sah Chief Owens nach dem Rechten. Wegener ging nach achtern.

In der Mannschaftsmesse hatten die Männer gerade einen Sexfilm eingelegt. Kluger Schachzug von Riley; da waren sie beschäftigt. In der Offiziersmesse war das gleiche Programm verfügbar, würde aber heute nicht laufen.

Der heranfegende Sturm würde die Männer von Deckspaziergängen abhalten, und auch das Getöse konnte nicht schaden. Wegener lächelte in sich hinein, als er die Tür zur Messe öffnete. Besser hätte er die Sache nicht planen können.

«Alles bereit?» fragte der Captain.

«Wir sind klar», erwiderte Oreza von seinem Platz am anderen Ende des Tisches. Die Offiziere nickten alle zustimmend. Red ging an seinen Stuhl in der Mitte des Tisches und schaute Riley an.

«Holen Sie sie hoch.»

«Aye, aye, Sir.»

Der Bootsmann verließ den Raum und ging hinunter zum Schiffsgefängnis. Beim Öffnen der Tür schlug ihm beißender Gestand entgegen, der ihn erst befürchten ließ, es sei Feuer ausgebrochen; doch einen Augenblick später erkannte er die Wahrheit.

«Scheiße!» grollte er angewidert. *Auf meinem Schiff!* «Aufgestanden, ihr Säcke!» brüllte er. «Alle beide!»

Der Mann in der unteren Koje warf seinen Stummel in die Toilette und erhob sich mit einem arroganten Lächeln. Riley grinste zurück und holte einen Schlüssel aus der Tasche. Der Mann, den Riley insgeheim «Pablo» nannte, sah nun weniger überheblich aus, grinste aber weiter.

«So, wir machen jetzt mal einen kleinen Spaziergang.» Der Bootsmann hob ein Paar Handschellen. Er war zwar sicher, mit den beiden auch so fertig zu werden, aber der Skipper hatte eindeutige Anweisungen gegeben. Riley langte durch das Gitter, packte einen Mann und zerrte ihn zu sich heran. Auf einen groben Befehl hin drehte sich der Gefangene um und ließ sich die Schellen anlegen. Auch der andere leistete keinen Widerstand, was Riley wunderte. Nun öffnete der Bootsmann die Tür des Drahtkäfigs und winkte die beiden hinaus. Als Pablo an ihm vorbeiging, nahm er ihm die Zigarettenschachtel aus der Tasche und warf sie auf die untere Koje.

«Los schon.» Riley packte sie bei den Armen und marschierte los. Die beiden waren unsicher auf den Beinen, was wohl nicht nur am Seegang lag. Erst nach drei oder vier Minuten erreichten sie die Offiziersmesse.

«Die Gefangenen sollen Platz nehmen», verkündete Wegener. «Die Sitzung des Seegerichts ist eröffnet.»

Beide blieben wie angewurzelt stehen, als sie das vernahmen. Riley führte sie zu ihren Plätzen am Tisch des Verteidigers. Nach einer Minute brach der Größere das Schweigen.

«Was soll das?»

«Sir», erwiderte Wegener gleichmütig, «Sie stehen vor einem Kriegsgericht.» Das trug ihm nur einen neugierigen Blick ein. Er fuhr fort: «Der Vertreter der Anklage wird die Anklagepunkte verlesen.»

«Herr Vorsitzender, die Angeklagten werden gemäß Paragraph elf Seekriegsrecht der Seeräuberei, der Notzucht und des vorsätzlichen

Mordes beschuldigt. Die Einzelheiten: Am vierzehnten dieses Monats enterten die Angeklagten die Motorjacht *Empire Builder*, töteten die vier Personen an Bord, nämlich den Eigner, seine Frau und seine beiden minderjährigen Kinder. Weiterhin vergewaltigten sie die Ehefrau und die Tochter des Eigners und Kapitäns; darüber hinaus zerteilten die Beklagten die Leichen und entledigten sich ihrer. Die Anklage wird beweisen, daß diese Handlungen im Zusammenhang mit Rauschgiftschmuggel begangen wurden. Mord zusammen mit Verstößen gegen das Rauschgiftgesetz ist laut Strafgesetz der Vereinigten Staaten ein Kapitalverbrechen. Weiterhin sind Mord und Notzucht im Zusammenhang mit Seeräuberei laut Seekriegsrecht Kapitalverbrechen. Wie dem Gericht bekannt ist, fällt Seeräuberei unter das Völkerrecht, und demzufolge ist jeder Staat befugt, auf hoher See festgenommene Seeräuber zu bestrafen. Mord, einhergehend mit Seeräuberei ist, wie ich bereits ausführte, ein Kapitalverbrechen. Als Schiff der US-Küstenwache sind wir *de jure* befugt, jedes unter amerikanischer Flagge fahrende Schiff zu entern und zu durchsuchen, doch in diesem speziellen Fall ist diese Befugnis nicht unbedingt erforderlich. Es fällt also unter die Zuständigkeit dieses Gerichtes, den Angeklagten den Prozeß zu machen und sie nötigenfalls hinrichten zu lassen. Die Anklage erklärt hiermit ihre Absicht, in diesem Fall die Todesstrafe zu beantragen.»

«Vielen Dank», sagte Wegener und wandte sich zur Anklagebank. «Haben Sie die Anklagepunkte verstanden?»

«Was?»

«Der Vertreter der Anklage hat gerade gesagt, daß Ihnen wegen Seeräuberei, Vergewaltigung und Mord der Prozeß gemacht werden soll. Sollten Sie für schuldig befunden werden, wird das Gericht entscheiden, ob Sie hingerichtet werden oder nicht. Sie haben das Recht auf einen Verteidiger; Lieutenant Alison, der mit Ihnen am Tisch sitzt, wird diese Rolle übernehmen. Haben Sie mich verstanden?» Es dauerte einige Augenblicke, bis die beiden das verdaut hatten. «Verzichtet die Verteidigung auf die volle Verlesung der Anklagepunkte und Einzelheiten?»

«Jawohl, Herr Vorsitzender. Sir, die Verteidigung beantragt die Verhandlung der Anklagepunkte in getrennten Verfahren und möchte sich mit Genehmigung des Gerichts mit ihren Mandanten beraten.»

«Sir, die Anklage erhebt Einspruch gegen die Abtrennung.»

Wegener hob die Hand. «Da es hier um Kapitalverbrechen geht, soll der Verteidigung der größtmögliche Spielraum gewährt werden. Dem Antrag der Verteidigung auf eine kurze Beratung mit den Mandanten wird stattgegeben. Das Gericht möchte der Verteidigung nahelegen, ihre Mandanten zur Preisgabe ihrer Personalien zu veranlassen.»

Der Lieutenant nahm die beiden Männer, die noch Handschellen trugen, mit in eine Ecke und sprach leise mit ihnen.

«Ich heiße Lieutenant Alison und habe die undankbare Aufgabe, Ihnen den Hals zu retten. Zuerst können Sie mir einmal verraten, wie Sie heißen!»

«Was soll der Quatsch?» fragte der Größere.

«Dieser Quatsch ist ein Kriegsgericht. Falls Sie es noch nicht wissen, Mister: Auf hoher See kann der Kapitän eines amerikanischen Kriegsschiffes tun und lassen, was er will. Sie hätten ihn nicht reizen sollen.»

«Und?»

«Und? Sie stehen hier vor einem Kriegsgericht, Sie Schwachkopf! Sie können zum Tode verurteilt werden – gleich hier auf dem Schiff.»

«Quatsch!»

«Sagen Sie mir doch wenigstens, wie Sie heißen.»

«Leck mich!» sagte der Größere verächtlich. Der andere wirkte weniger selbstsicher. Der Lieutenant kratzte sich am Kopf.

«Was hatten Sie auf der Jacht verloren?» fragte er dann.

«Besorgen Sie mir einen richtigen Anwalt!»

«Mister, Sie werden mit mir vorlieb nehmen müssen», meinte der Lieutenant. «Wird Ihnen das nicht langsam klar?»

Wie alle erwartet hatten, wollte der Mann ihm nicht glauben. Der Verteidiger führte seine Mandanten zurück an ihre Plätze.

«Die Verhandlung geht weiter», verkündete Wegener. «Hat die Verteidigung eine Erklärung abzugeben?»

«Sir, die Angeklagten verweigern Angaben zur Person.»

«Das mißfällt dem Gericht. Im Lauf des Verfahrens werden wir Ihre Mandanten als John Doe und James Doe bezeichnen.» Wegener bedeutete mit einer Handbewegung, welchem er welchen Namen zuwies. «Wir beginnen mit Joe Doe. Irgendwelche Einsprüche? Gut, dann hat die Anklage das Wort.»

Der Anklagevertreter sprach zwanzig Minuten lang und rief nur Chief Riley in den Zeugenstand, der vom Entern berichtete und das Videoband kommentierte.

«Machte der Angeklagte irgendwelche Aussagen?»

«Nein, Sir.»

«Beschreiben Sie bitte das Beweisstück in diesem Beutel», sagte der Ankläger dann.

«Sir, das ist ein Tampon, glaube ich. Er kommt mir gebraucht vor, Sir», sagte Riley, peinlich berührt. «Ich fand ihn unter dem Couchtisch in der Hauptkabine der Jacht, und zwar dicht neben einem Blutfleck – genauer gesagt, diesen beiden da auf dem Bild. Meiner Erfahrung nach lassen Frauen solche Objekte nicht einfach auf dem Boden liegen. Wenn aber jemand vorhatte, eine Frau zu vergewaltigen, müßte es im Weg gewesen sein. Es wurde wohl herausgenommen und weggeworfen. Im Hinblick auf die Stelle, an der ich den Tampon fand, und die beiden Blutflecken daneben, liegt so gut wie auf der Hand, was dort passiert ist, Sir.»

«Keine weiteren Fragen», sagte der Vertreter der Anklage.

«Ehe die Verteidigung beginnt, möchte das Gericht erfahren, ob sie außer den Angeklagten andere Zeugen beibringen will», erklärte Wegener.

«Nein, Herr Vorsitzender.»

«Gut. Ich möchte mich nun direkt an die Angeklagten wenden.» Wegener blickte die beiden an und lehnte sich leicht vor. «Sir, Sie haben das Recht, die Aussage zu verweigern, ohne daß diese Tatsache vom Gericht gegen Sie verwandt wird. Falls Sie aussagen wollen, sind Sie nicht verpflichtet, dies unter Eid zu tun oder sich ins Kreuzverhör nehmen zu lassen. Sie haben auch die Möglichkeit, sich vereidigen und vom Vertreter der Anklage ins Kreuzverhör nehmen zu lassen. Haben Sie diese Rechtsbelehrung verstanden?»

«John Doe», der das Verfahren in amüsiertem Schweigen verfolgt hatte, stand ungeschickt auf. Da seine Hände auf dem Rücken gefesselt waren, mußte er sich leicht vorbeugen, und da der Kutter nun heftig schlingerte, konnte er sich nur mit Mühe auf den Beinen halten.

«Was soll der ganze Quatsch?» fragte er aufsässig. «Ich will zurück in meine Koje und in Ruhe gelassen werden, bis ich mir selbst einen Anwalt besorgen kann.»

«Mr. Doe», erwiderte Wegener, «darf ich Sie noch einmal darauf hinweisen, daß Sie wegen Seeräuberei, Notzucht und Mord vor Gericht stehen. Dieses Buch hier» – der Captain hielt das Seerechtsbuch hoch – «sagt, daß ich Ihnen auf der Stelle den Prozeß machen kann. Wenn das Gericht Sie für schuldig befindet, steht uns frei, Sie an die Rah zu knüpfen. Das hat die Küstenwache zwar seit fünfzig Jahren nicht mehr getan, aber Sie können mir ruhig glauben, wenn ich sage, daß meine Machtbefugnisse auf hoher See unbeschränkt sind. Das alte Seerecht ist nämlich nach wie vor gültig. Einen Anwalt wollen Sie? Bitte, hier haben Sie Mr. Alison. Sie wollen sich verteidigen? Bitte, nun haben Sie Gelegenheit dazu. Aber, Mr. Doe, gegen Entscheidungen dieses Gerichtes gibt es keine Revision. Denken Sie darüber gut nach.»

«Ist doch alles Kacke. Sie können mich mal!»

«Das Gericht nimmt diese Äußerung des Angeklagten nicht zur Kenntnis», sagte Wegener und war bemüht, so beherrscht zu bleiben, wie es sich für den Vorsitzenden eines Kriegsgerichts ziemte.

Der Vertreter der Verteidigung plädierte fünfzehn Minuten lang und unternahm den tapferen, aber fruchtlosen Versuch, ein Gegengewicht zu den bereits vorgelegten Indizien zu schaffen. Nachdem der Vertreter der Anklage gesprochen hatte, ergriff Captain Wegener wieder das Wort.

«Nach dem Abschluß der Beweisaufnahme schreitet das Gericht nun zur Abstimmung, die schriftlich und geheim erfolgt. Der Vertreter der Anklage wird die Zettel austeilen und wieder einsammeln.»

Das nahm weniger als eine Minute in Anspruch. Der Anklagevertreter reichte jedem der fünf Schöffen ein Stück Notizpapier. Alle schauten die Angeklagten an, ehe sie ihr Verdikt aufschrieben. Dann sammelte der Ankläger die Zettel wieder ein, mischte sie und überreichte sie dann dem Captain. Wegener entfaltete sie und legte sie vor sich hin. Ehe er sprach, machte er sich eine Notiz.

«Die Angeklagten werden gebeten, sich zu erheben. Mr. Doe, haben Sie vor der Urteilsverkündung noch etwas zu sagen?»

«Doe» schwieg und grinste nur ungläubig.

«Nun denn. Das Gericht hat den Angeklagten mit Zweidrittelmehrheit für schuldig befunden und verurteilt ihn zum Tod durch den Strang. Das Urteil wird im Lauf der nächsten Stunde vollstreckt. Gott sei Ihrer Seele gnädig. Die Verhandlung ist geschlossen.»

«Bedaure, Sir», sagte der Verteidiger zu seinem Mandanten, «aber Sie haben mich eben nicht unterstützt.»

«Schaffen Sie mir jetzt endlich einen Anwalt herbei!» fauchte Mr. «Doe».

«Sir, Sie brauchen jetzt keinen Anwalt mehr, sondern einen Priester.» Und um dem Nachdruck zu verleihen, packte Chief Riley ihn am Arm.

«Los, Freundchen. Du hast ein Rendezvous mit Seilers Tochter.» Damit führte er ihn ab.

Der als «James Doe» benannte zweite Gefangene hatte die Prozedur mit ungläubiger Faszination verfolgt.

«Ist wenigstens *Ihnen* klar, was hier vorgeht?» fragte der Lieutenant.

«Das kann doch nicht wahr sein», sagte der Gefangene unsicher.

«He, hören Sie mir überhaupt zu? Haben Sie denn noch nicht gehört, daß Kerle Ihrer Sorte hier draußen so einfach verschwinden? Das machen wir schon seit sechs Monaten so. Die Gefängnisse sind zum Platzen voll, und die Richter wollen sich mit Gesindel wie euch nicht mehr abgeben. Wenn wir jemanden erwischen und genügend Beweise haben, läßt man uns die Angelegenheit gleich auf See regeln. Hat euch das noch keiner gesagt?»

«Das geht doch nicht!» schrie Doe fast.

«Wirklich nicht? Aufgepaßt, in zehn Minuten nehme ich Sie mit an Deck, da können Sie sich selbst davon überzeugen. Wenn Sie uns nicht unterstützen, Freundchen, wird auch mit Ihnen kurzer Prozeß gemacht. Wir haben nämlich die Nase voll. Denken Sie in Ruhe darüber nach, und wenn es soweit ist, können Sie selbst mit ansehen, wie ernst wir es meinen.» Der Lieutenant holte sich eine Tasse Kaffee und wechselte kein Wort mehr mit seinem Mandanten. Als er sie ausgetrunken hatte, ging die Tür wieder auf.

«Alle Mann an Deck zur Hinrichtung», verkündete Chief Oreza.

«Kommen Sie mit, Mr. Doe. Sehen Sie sich das ruhig an.» Der Lieutenant nahm ihn beim Arm und führte ihn hinaus zu einer Treppe an Deck. Oben ging es durch einen schmalen Durchgang zum leeren Hubschrauberdeck des Schiffes.

Der Lieutenant hieß Rick Alison, war ein junger Schwarzer aus Albany, New York, und der Navigator. Er war dankbar, unter Red Wegener dienen zu dürfen, den er für den besten Kommandanten hielt, der ihm je begegnet war. Mehr als einmal hatte er erwogen, die Küstenwache zu verlassen, war aber nun entschlossen, so lange wie möglich dabeizubleiben. Er führte Mr. Doe nach achtern, von den Festivitäten weg.

Inzwischen ging die See sehr hoch, wie Alison feststellte. Er schätzte die Windgeschwindigkeit auf über dreizehn Knoten, die Wellenhöhe auf drei bis dreieinhalb Meter. Die *Panache* krängte um fünfzehn Grad. An Steuerbord flammten hin und wieder Blitze auf und erhellten die See. Schräge Regenschleier peitschten übers Deck und brannten auf den Wangen; alles in allem eine Nacht, die Edgar Allan Poe inspiriert hätte.

Da baumelte das Seil vom Antennenmast. Mußte von Chief Riley aufgehängt worden sein, dachte Alison; dem macht so was Verrücktes Spaß.

Dann wurde der Verurteilte an Deck geführt. Seine Hände waren noch gefesselt. Auch der Captain und der IA waren zur Stelle. Wegener sagte etwas Offizielles, das Alison nicht verstand. Der Wind pfiff in der Takelage.

Dann wurden die Flutlichter für den Hubschrauberlandeplatz eingeschaltet; sie illuminierten zwar vorwiegend den Regen, ließen Alison und seinen Begleiter aber deutlich erkennen, was geschah. Wegener sagte noch etwas zu dem Verurteilten, der noch immer arrogant aussah und das Ganze nicht ernst nehmen wollte. Der Captain schüttelte den Kopf und trat zurück. Riley legte dem Mann die Schlinge um den Hals.

Nun änderte sich «John Does» Miene. Noch immer wollte er nicht glauben, daß die Sache ernst gemeint war, aber nun schien sie bedrohliche Ausmaße anzunehmen. Fünf Mann nahmen am anderen Ende des Taus Aufstellung. Alison hätte beinahe gelacht. So hatte man es früher in der Tat gehalten, doch er hatte nicht erwartet, daß der Skipper so weit gehen würde...

Die Krönung war die schwarze Kapuze, die Riley dem Verurteilten über den Kopf zog. Und jetzt hatte Mr. Doe endlich begriffen.

«Nein!» Der langgezogene Schrei gellte schauerlich durch das Getöse von Wind und Wogen. Dem Mann knickten die Knie ein, und die Matrosen packten das andere Ende des Taus, zogen es straff und rannten nach achtern. Die Füße des Verurteilten lösten sich von dem gummibeschichteten Deck. Er zappelte ein paar Mal mit den Beinen und hing dann still, als das Tau an einem Poller festgemacht wurde.

«Und das wär's dann», meinte Alison, ergriff den anderen Mr. Doe am Arm und führte ihn nach vorne. «Und jetzt sind Sie dran.»

Fast direkt über ihnen zuckte ein Blitz auf, als sie durch die Tür ins Brückenhaus gehen wollten. Der Gefangene blieb wie angewurzelt stehen und schaute ein letztes Mal zurück. Da baumelte sein Komplize schlaff und tot im Regen.

«Glauben Sie mir jetzt?» fragte der Navigator und zog ihn hinein. Mr. Does Hosen waren vom Regen durchnäßt, aber nicht nur vom Regen.

Als das Gericht wieder zusammentrat, waren alle umgezogen; James Doe trug nun einen blauen Overall der Küstenwache. Man hatte ihm die Handschellen abgenommen, und an seinem Platz fand er eine frische Tasse Kaffee vor. Die Abwesenheit von Chief Oreza und Chief Riley fiel ihm nicht auf. Die ganze Atmosphäre war nun viel entspannter – nur James Doe war alles andere als gelassen.

«Mr. Alison», begann Wegener, «ich schlage vor, daß Sie sich mit Ihrem Mandanten beraten.»

«Das ist jetzt ganz einfach, mein Freund», sagte Alison. «Entweder Sie reden, oder Sie baumeln. Dem Skipper ist das scheißegal. Fangen wir mal mit Ihren Personalien an.»

Und Jesús fing an zu reden. Nachdem einer der Offiziere nach einer Videokamera gegriffen hatte, wurde er gebeten, mit seiner Aussage noch einmal zu beginnen.

«Gut – ist Ihnen klar, daß Sie zu einer Aussage nicht verpflichtet sind?» fragte jemand. Da der Gefangene kaum auf die Frage reagierte, wurde sie wiederholt.

«Schon gut, ist mir klar», antwortete er dann, ohne den Kopf zu wenden. «So, was wollen Sie wissen?»

Die Fragen waren natürlich bereits aufgeschrieben worden. Alison las sie vor laufender Kamera so langsam wie möglich vor. Die Vernehmung dauerte vierzig Minuten. Der Gefangene sprach hastig, aber nüchtern und bemerkte die Blicke, die ihm Mitglieder des Gerichts zuwarfen, nicht.

«Ich danke Ihnen für Ihre Hilfe», sagte Wegener am Ende. «Wir wollen versuchen, dafür zu sorgen, daß Ihre Strafe milder ausfällt. Für Ihren Kollegen können wir natürlich nichts mehr tun.»

«Sein Pech», meinte der Mann. Alle Anwesenden atmeten auf.

«Ich werde mit dem Staatsanwalt sprechen», versprach der Captain. «Lieutenant, führen Sie den Gefangenen ab.»

Alison ging mit ihm hinaus. Draußen auf der Leiter und außerhalb der Reichweite der Kamera aber stolperte der Gefangene. Er sah die Hand nicht, die ihn gestoßen hatte, und konnte sich auch nicht mehr umdrehen, denn eine andere Hand sauste auf sein Genick herab. Dann brach Chief Riley dem Bewußtlosen den Unterarm; Chief Oreza hielt ihm dabei einen mit Äther getränkten Mullverband auf Mund und Nase. Die beiden Chiefs trugen ihn ins Schiffslazarett, wo ein Sanitäter die simple Fraktur schiente. Der Patient wurde anschließend schlafen gelegt und mit dem gesunden Arm ans Bett gefesselt.

Am nächsten Morgen, der Hubschrauber war eingetroffen, holte Oreza ihn an Deck. Dort wartete Chief Riley mit Ramón José Capati, der zu James Does – oder besser Jesús Castillos – grenzenlosem Erstaunen quicklebendig war. Zwei DEA-Agenten setzten die beiden so weit wie möglich auseinander. Einer hatte nämlich gestanden, erklärte der Captain, und darüber mochte der andere nicht allzu erfreut sein. Castillo konnte den Blick nicht von Capati wenden. Mit allen Beweismitteln und mehreren Videokassetten an Bord startete der Hubschrauber. Wegener schaute ihm nach und fragte sich, wie man an Land reagieren würde. Inzwischen hatte sich eine gewisse Ernüchterung eingestellt, aber Wegener war sicher, an alles gedacht zu haben. Nur acht Besatzungsmitglieder wußten, was sich wirklich zugetragen hatte, und die wußten, was sie sagen mußten. Der Erste Offizier trat neben ihn. «Wie oft trügt doch der Schein.»

«Wohl wahr, aber *drei* unschuldige Menschen mußten sterben, nicht *vier*.»

Ein Engel war der Eigner nicht, sann der Captain. *Aber mußten sie auch seine Familie umbringen?* Wegener starrte hinaus aufs Meer und ahnte nicht, daß er etwas in Bewegung gesetzt hatte, das noch viele Menschen das Leben kosten sollte.

4

Vorbereitungen

Den ersten Hinweis auf die Ungewöhnlichkeit dieses Jobs bekam Chavez auf dem Flughafen San José, wo eine private Düsenmaschine auf sie wartete. «Colonel Smith» ging nicht an Bord, sondern drückte nur jedem Mann die Hand und versprach ein baldiges Wiedersehen. Alle Sergeants stiegen in die Maschine, die eingerichtet war wie ein kleines Verkehrsflugzeug; es gab sogar eine Stewardeß, die Getränke servierte. Jeder verstaute sein Gepäck und ließ sich ein Glas kommen – außer Chavez, der zu müde war, um die junge Dame auch nur eines Blickes zu würdigen. Irgend etwas sagte ihm, er solle die Gelegenheit zum Schlafen nützen. Diesen Instinkt haben viele Soldaten, und er trügt selten.

Lieutenant Jackson war zwar noch nie in der Einrichtung Monterey gewesen, hatte aber von seinem Bruder die notwendigen Anweisungen erhalten und fand daher die Offiziersmesse ohne Schwierigkeiten. Als er seinen Honda abschloß, erkannte er, daß er als einziger weit und breit die Uniform der Army trug.

«He, Timmy!» rief sein Bruder, als er die Messe betrat.

«Hallo, Rob.» Die beiden Männer umarmten sich. Obwohl die Familienbande ziemlich eng waren, hatten sie sich fast ein Jahr nicht gesehen. Robbys Mutter war vor Jahren mit neununddreißig gestorben. Sie hatte über Kopfschmerzen geklagt, beschlossen, sich ein bißchen hinzulegen – und war nie wieder aufgestanden, Opfer eines Schlaganfalls. Später stellte man fest, daß sie wie so viele Schwarze in Amerika unter zu hohem Blutdruck gelitten hatte. Ihr Mann, der Reverend Hosiah Jackson, trauerte zusammen mit der Gemeinde um sie. Doch er war nicht nur ein frommer Mann, sondern auch ein Vater, dessen Kinder eine Mutter brauchten. Vier Jahre später heiratete er eine Vierundzwanzigjährige aus seiner Gemeinde, und Timothy war das erste Kind aus dieser zweiten Ehe. Sein vierter Sohn hatte eine ähnliche Laufbahn eingeschlagen wie sein erster. Robby Jackson hatte die Marineakademie absolviert und flog für die Navy Kampfflugzeuge. Timothy hatte sich einen Platz an der Militärakademie West Point ergattert und hoffte auf eine Karriere bei der Infanterie. Ein anderer Bruder war Arzt, und der vierte ein Anwalt mit politischen Ambitionen.

Außenstehende konnten nur schwer beurteilen, welcher Bruder stolzer auf den anderen war. Robby trug drei Goldstreifen auf den Schulterklappen und auf der Brusttasche einen goldenen Stern, der für ein Kommando auf See stand – in seinem Fall VF-41, eine Staffel F-14 Tomcat. Inzwischen arbeitete Robby im Pentagon und war auf dem Weg zum Kommando über das Luftgeschwader eines Flugzeugträgers. Später hoffte er, sogar seinen eigenen Träger zu bekommen. Timothy dagegen, für lange Zeit der Schwächste der Familie, war in West Point gründlich verändert worden, maß nun fünf Zentimeter mehr als sein Bruder und brachte mindestens acht Kilo mehr Muskeln auf die Waage. Neben dem Abzeichen seiner Division trug er den Blitz der Rangers. Wieder einmal ein Junge, aus dem auf altmodische Art ein Mann geworden war.

«Gut siehst du aus, Junge», meinte Robby. «Trinken wir einen?»

«Gut, aber nur einen. Ich bin schon seit einer Ewigkeit auf den Beinen.»

«Langer Tag?»

«Eine endlose Woche», versetzte Tim, «aber gestern haben sie mich wenigstens mal pennen lassen.»

«Nett von ihnen», meinte der ältere Jackson mit brüderlicher Besorgtheit.

«He, wenn mir an einem Druckposten gelegen hätte, wär ich zur Navy gegangen.» Darüber mußten die Brüder auf dem Weg an die Theke lachen. Robby bestellte einen Whiskey, Tim ein Bier. Zuerst drehte sich ihre Unterhaltung um die Familie, dann begannen sie zu fachsimpeln.

«Was wir so treiben, unterscheidet sich eigentlich nicht sonderlich voneinander», erklärte Timmy. «Du versuchst, an den Gegner ranzukommen und ihn mit einer Rakete auszuräuchern, ehe er überhaupt merkt, daß du da bist. Wir versuchen, ihm auf den Pelz zu rücken und ihn abzuknallen, ohne daß er weiß, wo wir sind. Na, da kennst du dich ja aus, oder?» meinte Timmy mit einem etwas neidischen Lächeln. Robby war einmal im Gefecht gewesen.

«Einmal langt auch», erwiderte Robby nüchtern. «Den Nahkampf überlasse ich Idioten wie euch.»

«Wie auch immer, letzte Nacht waren wir die Spitzenformation des Bataillons. Mein Zug hielt sich großartig. Der Gegner beim Manöver, ein Verein von der kalifornischen Nationalgarde mit Panzern, paßte nicht auf,und ehe sie sich versahen, war Sergeant Chavez mitten unter ihnen. Diesen Kerl solltest du mal in Aktion erleben. Ich schwöre, Rob, der ist praktisch unsichtbar, wenn er will. Wird mir schwerfallen, Ersatz für ihn zu finden.»

«Wieso?»

«Heute nachmittag wurde er ganz plötzlich nach Fort Benning versetzt – zusammen mit einem Haufen anderer Sergeants.»

Timmy machte eine kurze Pause. «Übrigens alle spanischer Abstammung. Seltsamer Zufall.» Wieder eine Pause. «Merkwürdig, sollte nicht auch León nach Fort Benning?»

«Wer ist León?»

«Ein Sergeant E-6 aus Ben Tuckers Verein. Eigentlich sollte der in zwei Wochen zur Ranger-Ausbildung. Ich frage mich, warum er zusammen mit Chavez ging. Na ja, typisch Army. So, und wie gefällt's dir im Pentagon?»

«Könnte schlimmer sein», gestand Robby zu. «Noch fünfundzwanzig Monate, dann bin ich wieder ein freier Mann. Ich habe nämlich Aussichten auf einen Kommandoposten bei den trägergestützten Fliegern», erklärte der ältere Bruder.

Der Jet landete nach knapp dreistündigem Flug und rollte an den Frachtterminal des kleinen Flughafens. Wie er hieß, wußte Chavez nicht. Er erwachte und war immer noch erschöpft, als die Tür der Maschine aufgerissen wurde. Sein erster Eindruck war, daß es hier nicht viel Luft zu geben schien. Eine sonderbare Wahrnehmung, die er seiner Schlaftrunkenheit zuschrieb.

«Sagt mal, wo sind wir eigentlich?» fragte ein anderer Sergeant.

«Das erfahrt ihr draußen», erwiderte der Flugbegleiter. «Es wird euch hier gut gefallen.» Das die Antwort begleitende Lächeln war so charmant, daß sich weitere Fragen erübrigten.

Die Sergeants nahmen ihr Gepäck und schlurften aus dem Flugzeug, sie fanden einen wartenden Kleinbus vor. Das Problem mit der Luft klärte Chavez noch vorm Einsteigen: Sie war hier sehr dünn, und den Grund sah er im Westen, wo der letzte Schein der untergehenden Sonne schroffe Berge illuminierte. Ostkurs, drei Stunden Flugzeug und Hochgebirge: Er wußte sofort, daß sie sich irgendwo in den Rocky Mountains befanden. Er drehte sich noch einmal nach dem Flugzeug um und sah einen Tanklaster darauf zurollen. Ganz erkannte Chavez den Zusammenhang nicht. Die Maschine sollte in weniger als dreißig Minuten wieder starten. Nur wenigen Leuten würde ihre Anwesenheit aufgefallen sein, kaum jemand würde nach dem Grund für den kurzen Stopp fragen.

Wie es seiner Legende angemessen war, hatte Clark ein komfortables Hotelzimmer. Ein dumpfer Schmerz im Hinterkopf erinnerte daran, daß er sich noch nicht ganz an die Höhe gewöhnt hatte, aber die zwei Paracetamol-Tabletten wirkten bald, und er wußte auch, daß dieser Auftrag keine schweren körperlichen Anstrengungen mit sich brachte. Er ließ sich das Frühstück aufs Zimmer bringen und machte ein paar Lockerungsübungen. Der Frühlauf mußte allerdings ausfallen. Als er fertig war, duschte und rasierte er sich. Der Service war gut; gerade, als er sich angezogen hatte, traf das Frühstück ein, und um neun Uhr war er bereit für die Arbeit. Clark fuhr mit dem Aufzug hinunter ins Foyer und ging hinaus. Der Wagen stand bereit. Er stieg vorne ein.

«*Buenos dias*», sagte der Fahrer. «Vielleicht gibt es heute nachmittag Regen.»

«Für diesen Fall habe ich meinen Mantel dabei.»

«Vielleicht wird es naßkalt.»

«Der Mantel ist gefüttert», schloß Clark das Erkennungsritual ab.

«Wer sich das ausgedacht hat, war gut drauf», meinte der Mann. «Es soll wirklich Regen geben. Ich bin Larson.»

«Clark.» Sie gaben sich nicht die Hände; das tat man nicht. Larson, der vermutlich auch nicht so hieß, wie Clark vermutete, war um die dreißig und hatte schwarzes Haar, das nicht so recht zu seinem skandinavischen Namen passen wollte. Man sagte, der Fluglehrer Carlos Larson habe einen dänischen Vater und eine venezolanische Mutter gehabt. Er leitete eine gutgehende Flugschule und stellte nur wenige Fragen, was seinen Kunden durchaus recht war. Eigentlich brauchte er auch keine Fragen zu stellen, denn Flugschüler reden viel, und er hatte ein vorzügliches Gedächtnis für Details. Zudem war man weithin der Ansicht, er habe seine Firma mit ein paar höchst illegalen Flügen finanziert und könne nun luxuriös leben, ohne viel arbeiten zu müssen. Diese Legende machte ihn bei den Leuten, für die er sich interessierte, vertrauenswürdig, aber nicht zum Konkurrenten oder Gegenspieler. Er hatte halt getan, was er tun mußte, um an einen gewissen Punkt zu kommen, und genoß nun das Leben, das er sich gewünscht hatte. Damit waren der schwere BMW, die teure Wohnung und die Freundin erklärt, eine Avianca-Stewardeß, die in Wirklichkeit Kurierin für die CIA war. Larson hielt das Ganze für einen Traumjob, insbesondere, als er tatsächlich mit der Stewardeß schlief, eine zusätzliche Vergünstigung, die man beim Personaldirektorat der CIA wohl mißbilligt hätte. Beunruhigend fand er nur, daß der örtliche CIA-Vertreter nicht über seine Agententätigkeit in Kolumbien informiert war. Selbst als relativ unerfahrener Agent wußte Larson, der tatsächlich so hieß, was Clark überrascht hätte, aber, daß separate Befehlskreise generell auf eine Sonderoperation hindeuteten. Seine Legende war über einen Zeitraum von achtzehn Monaten hinweg aufgebaut worden, und bislang hatte er so gut wie nichts zu tun brauchen. Clarks Eintreffen bedeutete wohl, daß sich das ändern würde: Es war Zeit, daß er etwas für sein Geld tat.

«Was liegt heute an?» fragte Clark.

«Wir fliegen ein bißchen herum. Ehe das Wetter umschlägt, sind wir aber wieder am Boden», fügte Larson beruhigend hinzu.

«Ich weiß, daß Sie die Instrumentenflugprüfung abgelegt haben.»

«Ich akzeptiere das als Vertrauensvotum», meinte der Pilot lächelnd auf dem Weg zum Flugplatz. «Die Fotos haben Sie sich natürlich angesehen.»

«Allerdings, drei geschlagene Tage lang. Ich bin aber altmodisch und sehe mir die Sache lieber direkt an. Karten und Luftaufnahmen sagen nicht alles.»

«Mir haben sie jedenfalls gesagt, daß man diese Anlagen am besten auf geradem Kurs und in gleichbleibender Höhe überfliegt und die Leute nicht durch Kreisen oder Tiefflugmanöver vergrätzt.» Der Vorteil einer Flugschule war, daß ihre Maschinen überall herumgondeln konnten, ohne Verdacht zu erregen, doch wenn zu viel Interesse für einen bestimmten Platz gezeigt wurde, mochten die Leute aus Medellin sich die Nummer aufschreiben und am Flugplatz unangenehme Fragen stellen. Aber Larson hatte keine Angst vor ihnen. Solange seine Legende intakt blieb, brauchte er sich keine Sorgen zu machen.

«Einverstanden.» Auch Clark war in diesem gefährlichen Geschäft alt geworden, indem er sich nur auf unbedingt notwendige Risiken eingelassen hatte. Und das war schon heikel genug. Das Ganze ähnelte einer

Lotterie: Die Wahrscheinlichkeit, einen Treffer zu erzielen, war zwar gering, aber wenn man lange genug mitspielte, mußte die richtige – oder falsche – Nummer irgendwann einmal kommen, ganz gleich, wie vorsichtig man auch war. Bei dieser Lotterie aber gab es kein Geld, sondern ein flaches, anonymes Grab, und selbst damit war nur zu rechnen, wenn sich der Gegner noch einen Sinn für Pietät bewahrt hatte.

Er war sich im unklaren, ob ihm der Auftrag gefiel oder nicht. Einerseits war die Absicht nobel genug. Andererseits... Doch für solcherlei Gedanken wurde Clark nicht bezahlt. Er sollte handeln, nicht nachdenken. Das war das Hauptproblem bei verdeckten Operationen. Man riskierte auf der Basis eines fremden Urteils sein Leben. Ein Agent, der den ganzen Hintergrund einer Operation kennt, fanden die Entscheidungsträger, lebt nur noch gefährlicher – eine Auffassung, die die Leute im Feld nicht immer teilten. Auch Clark ging das im Augenblick so.

Die zweimotorige Beechcraft stand neben vielen anderen Maschinen auf dem El Dorado International Airport. Hier drängten sich mehr teure Maschinen und Autos, als sich mit dem Bedarf der kolumbianischen Großgrundbesitzer erklären ließ: Dies waren Spielzeuge für Neureiche. Clark musterte sie ausdruckslos.

«Nicht so übel, der Lohn der Sünde, was?» meinte Larson lachend.

«Und die armen Teufel, die das letzten Endes finanzieren?»

«Weiß ich ja. Wollte ja nur sagen, daß das schöne Maschinen sind.»

Larson prüfte die Beechcraft fünfzehn Minuten lang auf Flugklarheit, obwohl er erst vor neunzig Minuten gelandet war. Nur wenige Privatpiloten hätten sich die Mühe gemacht, die ganze Checkliste noch einmal durchzugehen, aber Larson war ein guter, vor allem also vorsichtiger Pilot. Clark nahm auf dem rechten Sitz im Cockpit Platz und schnallte sich an wie ein Flugschüler vor dem ersten Start. Da um diese Zeit nur wenig Flugverkehr herrschte, konnten sie gleich an den Start rollen. Clark war nur überrascht, wie lange die Maschine zum Abheben brauchte.

«Das liegt an der Höhe», erklärte Larson übers Bordsprechgerät. «Auch der Knüppel fühlt sich deshalb bei geringer Geschwindigkeit etwas schwammig an. Kein Problem – ist wie Autofahren im Schnee. Man muß halt aufpassen.» Er zog das Fahrwerk ein und ließ das Flugzeug mit Volleistung Höhe gewinnen. Clark warf einen Blick auf die Instrumente und entdeckte nichts Ungewöhnliches; seltsam fand er nur, daß man aus neuntausend Fuß überm Meeresspiegel noch Menschen am Boden ausmachen konnte.

Die Maschine legte sich in eine Linkskurve und ging auf Nordwestkurs. Larson nahm die Leistung zurück und erklärte, in dieser Höhe müsse man auch auf die Motortemperatur achten. Sie hielten nun auf den Gebirgsrükken des Landes zu. Der Himmel war klar, die Sonne schien hell.

«Herrlich, nicht wahr?»

«Allerdings», stimmte Clark zu. Die Berge waren mit smaragdgrünen Bäumen bestanden, auf deren Laub Regentropfen glitzerten. Doch Clarks geübtes Auge sah noch mehr. Sich in diesem steilen Gelände zu bewegen, würde angesichts der dünnen Luft alles andere als ein Vergnügen sein. Der einzige positive Aspekt: Die Wälder boten gute Deckung. Über das, was sich am Boden abspielen sollte, hatte man ihn nicht informiert, aber er war froh, mit diesem harten Job nichts zu tun zu haben.

Die Bergketten in Kolumbien verlaufen von Südwesten nach Nordwesten. Larson suchte sich einen günstigen Paß zum Überflug, aber Winde vom nahen Pazifik sorgten für heftige Turbulenzen.

«Daran gewöhnt man sich. Heute bläst es, weil eine Störungsfront heranzieht. Und zwischen den Bergen zieht es dann gewaltig. Sie sollten mal sehen, wie es hier bei Schlechtwetter zugeht.»

«Danke, kein Bedarf. Hier kann man ja so gut wie nirgends landen, falls...»

«Falls etwas schiefgeht?» fragte Larson. «Sehen Sie, deshalb gehe ich immer meine Checkliste durch. Außerdem gibt es dort unten mehr kleine Landestreifen, als Sie sich vorstellen. Allerdings wird man nicht gerade willkommen geheißen, wenn man mal einen benutzen muß. Aber keine Angst, ich habe erst vor einem Monat neue Motoren einbauen lassen. Die alten habe ich einem jungen Mann für seine alte King Air verkauft. Leider steht die inzwischen beschlagnahmt beim Zoll.»

«Hatten Sie mit der Sache etwas zu tun?»

«Aber nein! Man erwartet aber von mir, daß ich weiß, warum die Jungs alle Flugstunden nehmen. Es darf nicht der Eindruck entstehen, als wäre ich auf den Kopf gefallen. Also bringe ich ihnen Ausweichmanöver und den Tiefflug bei. So richtig lesen konnte Pablo nicht, aber zum Piloten war er wie geboren. Schade um ihn, netter Junge. Erwischt haben sie ihn mit fünfzig Kilo. Geredet hat er nicht viel, wie ich höre. Überrascht mich nicht. Hat Mumm, der Kleine.»

«Wie motiviert sind diese Leute?» Clark hatte einen Krieg erlebt und wußte, daß man die Qualität eines Feindes nicht an der Zahl seiner Waffen maß.

Larson runzelte die Stirn und schaute zum Himmel. «Kommt drauf an, wie Sie das meinen. Wenn Sie statt ‹motiviert› ‹macho› sagen, treffen Sie den Punkt. Diese Leute haben feste Ehrbegriffe und sind sehr gastfreundlich, solange man ihnen respektvoll gegenübertritt. Ich mache ihnen ja auch keine Konkurrenz. Ich will damit sagen, daß ich diese Menschen kenne. Vielen habe ich das Fliegen beigebracht. Wenn ich mal klamm wäre, könnte ich mich bestimmt an sie wenden. Eine halbe Million in bar und nur auf Handschlag – und ich marschierte mit den Scheinen im Aktenkoffer von der Hacienda. Selbstverständlich müßte ich als Gegenleistung ein paar Kurierflüge machen, aber zurückzuzahlen brauchte ich das Geld nicht. Wenn ich sie aber hinterginge, würden sie dafür sorgen, daß ich dafür zahlte. Hier gelten feste Regeln. Wer sich an sie hält, lebt relativ sicher. Wer das nicht tut, sollte die Koffer gepackt haben.»

«Die Methoden kenne ich. Wie steht es mit der Intelligenz?»

«Sie sind so schlau, wie es die Lage erfordert. Köpfe, die ihnen fehlen, kaufen sie sich. Die können sich alles kaufen, jeden. Unterschätzen Sie sie nicht. Ihre Sicherheitssysteme sind auf dem neuesten Stand, und sie lassen sich so scharf bewachen wie unser Präsident. Der deutlichste Hinweis auf ihre Intelligenz ist die Tatsache, daß sie ein Kartell gebildet haben. Von Bandenkriegen profitiert nämlich niemand. Und wer ihnen ins Handwerk pfuscht, wird umgebracht. In Medellin stirbt es sich leicht.»

«Polizei? Gerichte?»

«Man hat es versucht. Das Ergebnis waren haufenweise tote Polizisten und Richter», meinte Larson kopfschüttelnd. «Es ist schwer durchzuhalten, wenn man keine Ergebnisse sieht. Hinzu kommt der finanzielle Aspekt. Wie oft kommt es sonst vor, daß jemand einen Koffer voller Hundert-Dollar-Scheine verdient – steuerfrei dazu? Das hat seine Wirkung, besonders, wenn die Alternative der sichere Tod für ihn und seine Familie wäre. Das Kartell ist klug und geduldig, und ihm stehen alle Mittel zur Verfügung. Ein Feind also, der es in sich hat.» Larson deutete auf einen verwaschenen grauen Flecken in der Ferne. «Da liegt Medellin, das Zentrum des Drogenkartells. Nur eine kleine Stadt im Tal. Mit einer Atombombe ließe sich das regeln, zwei Megatonnen, sagen wir mal, Detonationspunkt zwölfhundert Meter überm Boden. Ob sich der Rest des Landes darum scheren würde...?»

Das trug Larson einen Blick von seinem Passagier ein. Larson lebte hier, kannte viele Organisationen und mochte einige sogar, wie er gesagt hatte, aber hin und wieder schimmerte sein Haß auf sie durch – trotz seiner professionell distanzierten Haltung. Der junge Mann hat Zukunft bei der CIA. Wenn sich bei ihm Verstand und Leidenschaft weiterhin die Waage hielten, konnte noch viel aus ihm werden. Clark griff in seine Tasche und holte eine Kamera und ein Fernglas heraus. Die Stadt selbst interessierte ihn nicht so sehr.

«Hübsche Anwesen, nicht wahr?»

Die Drogenbosse wurden zunehmend sicherheitsbewußter. Um die Stadt herum waren alle Bergkuppen gerodet worden. Clark zählte über ein Dutzend Häuser, eher Burgen oder Festungen, wahre Paläste, umgeben von niedrigen Mauern, auf kahlgeschlagenen Hügelkuppen thronend wie mittelalterliche Festungen. Und mit militärischen Überlegungen im Hintergrund waren die Villen auch erbaut worden: die Hügellage bedeutete, daß sich niemand unentdeckt nähern konnte, die kahlgeschlagenen Hänge bildeten eine Feuerzone für automatische Waffen. Zu erreichen war jedes Haus nur über eine einzige Straße und durch ein einziges Tor. Jedes Haus hatte einen Hubschrauberlandeplatz, damit der Besitzer, falls notwendig, rasch evakuiert werden konnte. Die Mauern um die Anwesen waren aus Natursteinen und hielten auch noch 50-mm-Geschossen stand. Durchs Fernglas sah Clark hinter den Mauern gekieste Sicherheitsstreifen, auf denen Wächter Streife gingen. Selbst einer gut ausgebildeten Kompanie Infanteriesoldaten würde es nicht leichtfallen, diese Haciendas zu nehmen. Vielleicht ein Sturmangriff mit Hubschrauber, unterstützt von Mörserfeuer und Raketen von Kampfhubschraubern ... O Gott, sagte sich Clark, was sind das für Gedanken?

«Sind die Baupläne verfügbar?»

«Kein Problem. Entworfen wurden die Anwesen von drei Architekturbüros, und da sind die Sicherheitsmaßnahmen nicht sehr scharf. Außerdem war ich erst vor zwei Wochen in dieses da zu einem Fest eingeladen. Das ist wohl eine Schwäche dieser Leute – sie prahlen gerne mit ihren Häusern. Grundrisse kann ich Ihnen besorgen. Und die Satellitenfotos zeigen die Stärke der Bewachung, die Unterbringung der Fahrzeuge, und so weiter.»

«Stimmt.» Clark lächelte.

«Können Sie mir sagen, weshalb Sie hier sind?»

«Ich soll das Gelände erkunden.»

«Das sieht man doch. Diese Informationen hätte ich aus dem Gedächtnis liefern können.»

«Sie wissen ja, wie das in Langley gehalten wird», meinte Clark und fügte stumm hinzu: Du bist ein Pilot und hast noch nie einen Tornister durch die Pampa geschleppt.

«Und wo wird das Zeug verarbeitet?» fragte Clark, nachdem sie wieder auf El Dorado gelandet waren.

«Vorwiegend südwestlich von hier», antwortete Larson. «Selbst ich habe noch keine Anlage gesehen. Wenn Sie eine auskundschaften wollen, tun Sie das am besten bei Nacht und mit Infrarot-Sichtgeräten. Leicht wird das aber nicht sein, denn die Einrichtungen sind mobil und schnell zu verlegen. Die ganze Apparatur läßt sich auf einen mittelschweren Lkw verladen und am nächsten Tag fünfzehn Kilometer weiter aufstellen.»

«Andererseits ist das Straßennetz nicht sehr dicht.»

«Wollen Sie denn jeden Laster durchsuchen, der vorbeikommt?» fragte Larson. «Außerdem sind die Anlagen notfalls auch tragbar. Die Löhne hier sind niedrig. Unser Gegner ist schlau und flexibel.»

«Wie ist die Rolle der Armee?» Clark war natürlich in Washington umfassend informiert worden, wollte aber die Meinung eines Mannes vor Ort hören.

«Sie hat versucht, etwas zu unternehmen. Das Hauptproblem ist mangelnde Bereitschaft. Ihre Hubschrauber verbringen gerade zwanzig Prozent der Zeit in der Luft, was bedeutet, daß nur wenige Operationen durchgeführt werden. Außerdem können Sie sich ja den Sold eines Hauptmanns vorstellen. Nehmen wir einmal an, jemand trifft einen Hauptmann in einer Bar, bestellt ihm etwas und unterhält sich mit ihm. Er erzählt dem Hauptmann, er solle sich in der kommenden Nacht in der Südwestecke seines Sektors aufhalten – jedenfalls *nicht* in der Südostecke. Wenn er sich aus dieser Ecke fernhält, bekommt er hunderttausend Dollar. Der Gegner ist sogar so reich, daß er es sich leisten kann, die hunderttausend nur auf Verdacht zu zahlen, um zu sehen, ob sich der Hauptmann auch an die Abmachung hält. Wenn sich erst einmal erwiesen hat, daß er käuflich ist, erhält er dann kleinere, aber regelmäßige Zahlungen. Das Kartell verfügt auch über so viel Kokain, daß es ‹seinen› Hauptmann hin und wieder etwas beschlagnahmen läßt, nur damit er gut dasteht. Eines Tages wird dieser Hauptmann zum Oberst befördert, der ein ganzes Territorium kontrolliert. Die Leute hier sind nicht schlecht, aber die Lage sieht hoffnungslos aus. Die Justizorgane hier unten sind verletzlich, und – na, sehen Sie sich doch einmal an, wie das in den Staaten läuft. Ich . . .»

«Ich möchte niemanden kritisieren, Larson», sagte Clark. «Nicht jeder kann eine hoffnungslose Aufgabe übernehmen und motiviert bleiben.» Er lächelte. «Wer das versucht, dürfte nicht ganz bei Trost sein.»

5

Ansätze

Chavez war mit den Kopfschmerzen aufgewacht, die man anfangs in dünner Luft bekommt – ein Stechen hinter den Augäpfeln, das ausstrahlt und sich wie ein Band um den Schädel legt. Er schaute nach rechts und links und inspizierte im orangenen Licht der Dämmerung die neue Umgebung. Chavez kam die Kaserne eher wie ein Jagdlager vor, und mit dieser Vermutung lag er auch richtig. Er schätzte den Schlafsaal auf zweihundert Quadratmeter und zählte vierzig Metallbetten mit dünnen Matratzen und den beim Militär üblichen braunen Decken. Der Fußboden bestand aus gewachstem Kiefernholz, die gewölbte Decke trugen grob behauene Kiefernstämme. Seltsam, dachte Chavez, zur Jagdzeit legen reiche Leute viel Geld hin, um in dieser rustikalen Umgebung leben zu dürfen.

Das Wecksignal kam von einem elektrischen Summer und erinnerte an einen billigen Wecker. Das war angenehm – das übliche Hornsignal am Morgen konnte er nämlich nicht ausstehen. Ringsum begannen die Männer sich ächzend und fluchend zu rühren. Er warf die Decke beiseite und war über die Kälte des Fußbodens erstaunt.

«Wer bist du?» fragte der Mann auf dem Bett nebenan und starrte auf den Boden.

«Staff Sergeant Chavez, siebzehntes Bataillon.»

«Vega, Stabskompanie. Seid ihr gestern nacht eingetrudelt?»

«Ja. Was geht hier ab?»

«Genau weiß ich das auch nicht, aber gestern mußten wir rennen, bis wir umfielen», meinte Staff Sergeant Vega und streckte die Hand aus. «Ich heiße Julio.»

«Ich bin Domingo. Kannst Ding zu mir sagen.»

«Wo kommst du her?»

«Aus Los Angeles.»

«Und ich bin aus Chicago. Komm mit.» Vega stand auf. «Angenehm ist hier, daß es jede Menge heißes Wasser und keinen Stubenappell gibt. Wenn sie nun bloß noch nachts die Heizung anließen...»

«Wo sind wir eigentlich?»

«In Colorado. Mehr weiß ich auch nicht.» Die beiden Sergeants zogen mit den anderen Männern zum Duschen.

Chavez schaute sich um. Keine Brillenträger. Alle wirkten selbst für Soldaten ziemlich fit. Ein paar trieben offensichtlich Bodybuilding, aber die meisten waren wie Chavez schlanke, drahtige Langläufertypen. Ein anderer gemeinsamer Nenner fiel ihm erst nach einer Minute auf: Alle waren Latinos.

Die Dusche war angenehm. Es gab frische Handtücher und so viele Waschbecken, daß sich jeder in Ruhe rasieren konnte. Und die Klos hatten sogar Türen. Von der dünnen Luft mal abgesehen, entschied Chavez, hatte dieser Ort seinen Reiz. Man ließ ihnen sogar fünfundzwanzig Minuten Zeit zum Fertigmachen. Schon fast zivilisiert.

Mit der Zivilisation hatte es um Punkt sechs Uhr dreißig ein Ende. Die Männer erhielten ihre Uniformen und feste Stiefel und traten im Freien an. Vier Männer hatten nebeneinander Aufstellung genommen; daß sie Offiziere waren, sah Chavez an Haltung und Ausdruck. Hinter den vieren stand ein älterer Mann, der ebenfalls wie ein Offizier wirkte, aber doch nicht ganz.

«Wo soll ich hin?» fragte Ding Chavez Vega.

«Sollst bei mir bleiben. Dritte Kompanie, Captain Ramirez. Hart, aber ein feiner Kerl. Hoffentlich läufst du gern, *'mano*.»

«Ich mach schon nicht schlapp», erwiderte Chavez.

Vega wandte sich grinsend um. «Hoffen wir das.»

«Guten Morgen, Leute!» dröhnte die Stimme des älteren Offiziers. «Für die, die mich noch nicht kennen: Ich bin Colonel Brown. Die Neuen möchte ich in unserem kleinen Bergversteck willkommen heißen. Ihren Einheiten sind Sie bereits zugeteilt worden. Das Team ist nun komplett.»

Brown war der einzige Nichtlatino, was Chavez seltsamerweise nicht überraschte. Vier andere hielten nun auf das Glied zu: Trainer, die man an den sauberen weißen T-Shirts und der Zuversicht erkannte, jeden kleinkriegen zu können.

«Hoffentlich habt ihr alle gut geschlafen», fuhr Brown fort. «Beginnen wir den Tag mit einem kleinen bißchen Bewegung...»

«Nur zu», murmelte Vega. «Macht nix, wenn wir vor dem Frühstück krepieren.»

«Wie lange bist du schon hier?» fragte Ding leise.

«Heute ist mein zweiter Tag. Mann, hoffentlich wird das bald leichter. Die Offiziere müssen schon mindestens eine Woche hier sein – nach dem Lauf brauchen die nämlich nicht zu kotzen. Und das nach drei Meilen durchs Gebirge.»

«Schaff ich locker», merkte Chavez an.

«Hab ich gestern auch gesagt», versetzte Vega. «Zum Glück hab ich das Rauchen aufgegeben.»

Sie begannen mit den üblichen zwölf Liegestützen, die Chavez leichtfielen, obwohl er ein wenig ins Schwitzen geriet. Erst beim Lauf erkannte er, wie hart die Sache werden würde. Als die Sonne aufging, bekam er eine Vorstellung vom Gelände. Das Lager schmiegte sich in eine Talsohle auf einem Areal von etwa zwanzig Hektar, das fast völlig flach war. Alles andere wirkte senkrecht, doch bei genauerem Hinsehen stellte sich heraus, daß die Hänge weniger als fünfundvierzig Grad steil und mit Krüppelkiefern bestanden waren. Die vier Kompanien, jeweils angeführt von einem Captain und einem Trainer, liefen in verschiedene Richtungen auf Saumpfaden los. Schon auf der ersten Meile, schätzte Chavez, überwanden sie einen Höhenunterschied von über hundertfünfzig Meter, wanden sich auf Serpentinen auf eine felsige Anhöhe zu. Das sonst beim Laufen übliche Singen ersparte der Trainer den Männern, die auch so schon ihre Mühe hatten, mit diesem Roboter in Weiß Schritt zu halten. Chavez, der seit zwei Jahren täglich mindestens drei Meilen gelaufen war, schnappte schon nach der ersten nach Luft. Auf der Anhöhe blieb der Trainer stehen, um sich davon zu überzeugen, daß niemand zurückgefallen war. Chavez, der verbissen auf der Stelle joggte, bekam Gelegenheit, die spektakuläre Aussicht zu bewundern.

Und ich habe gedacht, ich wäre fit!

Verdammt noch mal, du bist fit!

Die nächste Meile folgte einem Kamm nach Osten, und die Sonne blendete die Augen, die wachsam bleiben mußten, denn der Pfad war schmal. Wer von ihm abkam, riskierte einen schmerzhaften Sturz. Wie es schien, legte der Trainer ein zunehmend schärferes Tempo vor und hielt dann auf einer weiteren Anhöhe an.

«Beine in Bewegung halten!» schnauzte er diejenigen an, die nicht mitgekommen waren. Es gab nur zwei Nachzügler, beides neue Leute, wie Chavez meinte, und die lagen nur zwanzig Meter zurück. Ihnen stand die Scham im Gesicht und die Entschlossenheit, so rasch wie möglich aufzuholen. «So, Männer, von hier an geht's bergab.»

Aber das machte die Strecke nur noch gefährlicher. Durch Sauerstoffmangel ausgelöste Erschöpfung ließ die Beine schwach werden, und das an einem Hang, der stellenweise gefährlich steil und mit losem Geröll bedeckt war. Hier ließ der Trainer seinen Trupp aus Gründen der Sicherheit langsamer laufen. Der Captain ließ seine Leute vorbei und übernahm die Nachhut, um das Ganze im Auge zu behalten. Inzwischen konnten sie das Lager sehen. Fünf Gebäude; von einem stieg Rauch auf und versprach ein Frühstück. Chavez sah einen Hubschrauberlandeplatz, vier Geländefahrzeuge und einen Schießstand. Nirgends sonst eine menschliche Ansiedlung – kein Wunder bei dem Terrain, dachte Chavez.

«Aufstellung nehmen!» rief Captain Ramirez, lief an seinen Männern vorbei und nahm die Stelle des Trainers an der Spitze ein. Die Kompanie trat in zwei Reihen hinter dem Offizier an.

Ramirez drehte sich um. «Rührt euch! Na, so schlimm war das gar nicht, oder?»

«*Madre de Dios!*» sagte jemand leise. Hinten würgte jemand.

«Na schön.» Ramirez grinste seine Männer an. «Die Höhenluft macht einem zu schaffen. Aber ich bin schon seit zwei Wochen hier. Man gewöhnt sich schnell an den Unterschied. In zwei Wochen laufen wir täglich fünf Meilen mit Gepäck, und das wird euch ganz leicht fallen.»

Quatsch, dachten Chavez und Julio Vega, obwohl sie wußten, daß der Captain recht hatte. Der erste Tag der Grundausbildung war viel schlimmer gewesen.

«Wir fangen jetzt ganz gemütlich an. Ihr habt eine Stunde Zeit, euch zu erholen und etwas zu frühstücken. Schlagt euch nicht zu voll, heute nachmittag wollen wir noch mal ein Stückchen laufen. Um acht treten wir hier zur Ausbildung an. Abtreten.»

«Nun?» fragte Ritter.

Sie saßen auf der schattigen Veranda eines alten Plantagenhauses auf der Insel St. Kitts. Zuckerrohr wuchs hier längst nicht mehr, und das herrschaftliche Anwesen sah aus wie der Wochenendsitz eines Top-Kapitalisten. In Wirklichkeit gehörte es der CIA, die es für Geheimkonferenzen, als besonders sicheres Haus für hochrangige Überläufer und als Erholungsheim für Spitzenbeamte benutzte.

«Die Hintergrundinformationen haben sich als recht präzise herausgestellt, haben aber die Schwierigkeit des Terrains nicht berücksichtigt. Ich will den Leuten, die das Paket zusammengestellt haben, keinen Vorwurf machen. Man muß das Gelände gesehen haben, um glauben zu können, wie hart es ist.» Clark lehnte sich in seinen Korbsessel zurück und griff nach dem Glas. Im Dienstrang stand er weit unter Ritter, aber Clark gehörte zu den wenigen CIA-Leuten, deren Position einmalig war. Und angesichts der Tatsache, daß er oft persönlich für den Stellvertretenden Direktor (Operationen) arbeitete, hatte er das Recht, locker mit Ritter umzugehen. «Wie geht's Admiral Greer?» fragte Clark, der vor Jahren von James Greer rekrutiert worden war.

«Nicht gut. Höchstens noch zwei Monate», erwiderte Ritter.

«Verdammt.» Clark starrte in sein Glas und schaute dann auf. «Ich habe dem Mann viel zu verdanken. Praktisch mein ganzes Leben. Läßt sich denn nichts machen?»

«Nein, dazu hat es sich zu stark ausgebreitet. Sie können seine Schmerzen lindern, das ist alles. Tut mir leid. Er ist auch mein Freund.»

«Jawohl, Sir, das weiß ich.» Clark leerte sein Glas und ging wieder an die Arbeit. «Ich weiß nicht, was genau Sie vorhaben, aber den Plan, die Häuser zu stürmen, können Sie aufgeben.»

«Ein so harter Brocken?»

Clark nickte. «Jawohl. Das ist ein Job für echte Infanterie mit richtiger Unterstützung, und selbst dann wird es große Verluste geben. Larson meint, die Sicherheitsvorkehrungen dieser Kerle seien ziemlich gut. Man könnte versuchen, ein paar von ihnen zu schmieren, aber da sie ohnehin schon gut bezahlt werden, kann das nach hinten losgehen.» Der Agent fragte nicht nach der wahren Mission, konnte sich aber vorstellen, daß man Rauschgiftbosse aus ihren Löchern holen und in den Staaten vor Gericht stellen wollte. Wie viele andere fällte er da ein Fehlurteil. «Auch, wenn sie in Bewegung sind, ist es nicht leicht, sie abzufangen. Sie treffen die üblichen Vorkehrungen – unregelmäßige Zeitpläne, wechselnde Routen, und dazu lassen sie sich überall hin von bewaffneten Eskorten begleiten. Wer so einen Burschen auf der Straße erwischen will, braucht also gute Informationen, und die bekommt man nur von innen. Näher als Larson ist bisher niemand von uns herangekommen. Wenn wir versuchen, ihn noch weiter einzuschleusen, wird er umgebracht. Das wäre schade; er hat uns nämlich bisher gute Daten geliefert. Ich nehme doch an, unsere Leute vor Ort haben versucht...»

«Jawohl. Sechs sind tot oder vermißt. Mit Informanten sieht es genauso aus. Die verschwinden auch häufig. Die kolumbianischen Behörden sind gründlich infiltriert. Irgendwann bleiben dann auch die Freiwilligen aus.»

Clark zuckte die Achseln und schaute hinaus aufs Meer. Am Horizont hielt ein weißes Kreuzfahrtschiff auf die Küste zu. «Es sollte mich eigentlich nicht wundern, wie schwer an die Kerle ranzukommen ist. Larson hatte recht: Köpfe, die ihnen fehlen, kaufen sie sich einfach. Wo kommen ihre Berater eigentlich her?»

«Vom freien Markt, überwiegend aus Europa, und...»

«Ich meine die Geheimdienstprofis. Die müssen über echte Fachleute vom Nachrichtendienst verfügen.»

«Nun, da wäre Felix Cortez. Das ist zwar nur ein Gerücht, aber sein Name ist im Lauf der letzten Monate ein halbes Dutzend Mal aufgetaucht.»

«Der verschwundene Colonel vom DGI», bemerkte Clark. Der DGI war der nach dem Vorbild des KGB aufgebaute kubanische Geheimdienst. Dem Vernehmen nach hatte Cortez mit den Macheteros zusammengearbeitet, einer puertoricanischen Terroristengruppe, die vom FBI im Lauf der letzten Jahre so gut wie ausgeräuchert worden war. Nachdem das FBI einen anderen DGI-Colonel namens Filiberto Ojeda festgenommen hatte, war Cortez untergetaucht und hielt sich nun wohl außerhalb der Grenzen seines Landes auf. Nächste Frage: Hatte sich Cortez für die Wachstumsbranche Rauschgifthandel entschieden, oder wurde er noch von den Kubanern gesteuert? Wie auch immer, der DGI arbeitete nach dem russischen Modell; seine Spitzenleute hatten die KGB-Akademie absolviert und waren daher ernst zu nehmende Gegenspieler. Das galt auf jeden Fall für Cortez. Seine Akte bei der CIA nannte ihn ein Genie im Aushorchen von Menschen.

«Weiß Larson darüber Bescheid?»

«Ja. Er schnappte den Namen auf einer Party auf. Es wäre natürlich nützlich, wenn wir wüßten, wie Cortez aussieht, aber uns liegt nur eine Beschreibung vor, die auf die Hälfte aller Menschen südlich vom Rio Grande paßt. Aber keine Sorge. Larson ist vorsichtig, und für den Fall, daß etwas schiefgeht, kann er mit seiner eigenen Maschine das Land verlassen. In dieser Beziehung sind seine Anweisungen eindeutig. Es geht nicht an, daß ein ausgebildeter Agent Polizeiarbeit macht und dabei verloren geht.» Ritter fügte hinzu: «Ich habe Sie hingeschickt, um die Lage noch einmal neu zu analysieren. Unser Globalziel kennen Sie ja. Sagen Sie mir nun, was Sie für möglich halten.»

«Gut. Es ist vermutlich richtig, nur die Flugplätze anzugreifen und sich bei der Operation auf das Sammeln von Informationen zu beschränken. Sofern die erforderliche Überwachungstechnologie zur Verfügung steht, ließen sich die Kokainküchen relativ leicht identifizieren, aber sie sind zahlreich, und ihre Mobilität erfordert eine schnelle Reaktionszeit. Das wird ein halbes dutzend Mal gutgehen, schätze ich, bis der anderen Seite ein Licht aufgeht. Dann werden wir Verluste hinnehmen müssen, und wenn der Gegner Glück hat, verlieren wir vielleicht einen ganzen Angriffstrupp – falls Ihre Leute überhaupt an den Einsatz von Bodentruppen denken. Die Verfolgung des Fertigprodukts von den Verarbeitungslagern erforderte zu viele Leute vor Ort – zu viele, um die Operation lange geheimzuhalten – und brächte ohnehin nicht sehr viel. Im Norden des Landes gibt es mehr kleine Landepisten, als wir überwachen können, aber Larson meint, die Drogenbosse würden langsam Opfer ihres eigenen Erfolges. Sie haben inzwischen so viel Polizei und Militär in der Tasche, daß sie beginnen, die Flugplätze nach einem vorhersehbaren Muster zu benutzen. Wenn ein Infiltrationsteam sich unauffällig verhält, kann es bestenfalls zwei Monate lang operieren, ehe wir es abziehen müssen. Ich möchte die Teams aber sehen, um zu beurteilen, wie gut sie sind.»

«Das kann ich arrangieren», sagte Ritter, der bereits beschlossen hatte, Clark nach Colorado zu schicken. «Weiter.»

«Was wir vorhaben, wird ein, zwei Monate lang funktionieren. Wir können den Start ihrer Maschinen beobachten und an andere, die mit diesem Fall zu tun haben, weitermelden.» Nur über diesen Teil der Operation wußte Clark Bescheid. «Für diesen Zeitraum können wir ihnen das Leben schwermachen, viel länger aber nicht.»

»Sie zeichnen ein düsteres Bild, Clark.»

Clark beugte sich vor. «Sir, wenn Sie mit einer verdeckten Operation brauchbare taktische Informationen über einen Gegner sammeln wollen, der selbst so dezentralisiert operiert – gut, ist machbar, aber nur für begrenzte Zeit und mit begrenzten Resultaten. Wenn Sie stärkere Kräfte einsetzen, kann die Sache nicht geheim bleiben. Übrigens frage ich mich, weshalb wir uns überhaupt die Mühe machen.» Das stimmte natürlich nicht ganz. Clark vermutete korrekt, daß im Hintergrund die diesjährigen Präsidentschaftswahlen standen, aber es gehörte sich nicht, daß ein Agent eine solche Bemerkung machte – und schon gar nicht, wenn sie zutraf.

«Wir haben unsere guten Gründe», stellte Ritter fest, ohne die Stimme zu erheben. Das war auch nicht nötig, denn Clark war kein Mann, der sich einschüchtern ließ.

«Gut, aber das ist kein ernsthaftes Unternehmen. Die alte Leier, Sir: Geben Sie uns einen Auftrag, den wir auch ausführen können, keine unmöglichen Missionen. Gehen wir nun ernsthaft an diese Sache heran oder nicht?»

«Was hatten Sie sich denn gedacht?» fragte Ritter.

Clark legte seine Vorstellungen dar. Ritters Miene blieb ungerührt. Das ist das Angenehme an Clark, dachte er, daß er als einziger Mann der CIA in der Lage ist, über solche Themen ruhig und leidenschaftslos – und ganz ernst zu reden. Viele in der Behörde betrieben das nur als Gedankenspiel, als ganz unprofessionelle Spekulation, deren Grundlagen sie bewußt oder unbewußt Spionageromanen entnommen hatten. *Wäre toll, wenn wir so was wirklich auf die Beine brächten...* In der Öffentlichkeit nahm man an, die CIA beschäftigte eine gute Zahl von Profis auf diesem Gebiet. Weit gefehlt. Selbst das KGB ließ inzwischen die Finger von solchen Dingen und delegierte sie an die Bulgaren – die man für Barbaren hielt – oder Terroristengruppen in Europa und dem Nahen Osten. Der politische Preis solcher Operationen war zu hoch, denn sie kamen trotz der manischen Geheimniskrämerei der Nachrichtendienste letztendlich doch heraus. Seit Ritter auf der «Farm» am York River seine Ausbildung erhalten hatte, war die Welt sehr viel zivilisierter geworden, und obwohl er diese Tatsache im allgemeinen begrüßte, sehnte er sich doch manchmal nach der guten alten Zeit, in der man schlicht zugeschlagen hatte.

«Wie schwer wäre das?» fragte Ritter interessiert.

«Bei angemessener logistischer Unterstützung und mit ein paar zusätzlichen Mitteln eine Kleinigkeit.» Clark führte näher aus, welche weitere Mittel gebraucht wurden. «Alles, was sie bisher getan haben, spielt uns in die Hände. Das ist ihr einziger Fehler. Ihre Verteidigung ist konservativ. Die alte Geschichte: Es kommt darauf an, wer die Regeln bestimmt. Im Augenblick halten sich beide Seiten an die gleichen Spielregeln, was zur Folge hat, daß die Opposition im Vorteil ist. Das scheinen wir nie zu lernen. Immer lassen wir die andere Seite die Regeln festsetzen. Wir können ihnen Unannehmlichkeiten bereiten, ihnen die Gewinnspanne beschneiden, aber angesichts der Profite, die sie jetzt schon machen, wäre das nur ein geringer Verlust, der unter ‹Unkosten› abgeschrieben würde. Ich sehe nur einen Weg, das zu ändern.»

«Und der wäre?»

«Würden Sie gerne in so einem Haus wohnen?» fragte Clark und reichte Ritter ein Foto.

«Sieht aus wie eine Auftragsarbeit von Frank Lloyd Wright für Ludwig II. von Bayern», merkte Ritter lachend an.

«Der Mann, der das in Auftrag gegeben hat, entwickelt ein mächtiges Ego, Sir. Diese Leute haben ganze Regierungen manipuliert. Man sagt sogar, sie stellten praktisch eine Regierung dar. Während der Prohibition sagte man das Al Capone auch nach – im Grunde sei er der Boss von Chicago. Aber das war nur eine *Stadt.* Diese Leute sind im Begriff, die Herrschaft über ein ganzes *Land* an sich zu reißen und andere Länder zu verpachten. Sagen wir ruhig, daß sie *de facto* die Regierungsgewalt ausüben. Fügen Sie dieser Tatsache den entsprechenden Ehrgeiz hinzu, dann ist der Zeitpunkt nicht weit, an dem sie beginnen, sich wie eine Regierung aufzuführen. Ich weiß nun, daß wir nicht gegen die Regeln verstoßen werden. Es würde mich aber nicht überraschen, wenn die andere Seite das ein- oder zweimal versuchte, nur um zu sehen, ob sie sich das leisten kann. Verstehen Sie, was ich meine? Sie sind bisher vorgedrungen, ohne auf eine Grenze zu stoßen.»

«John, Sie entwickeln sich zum Psychologen», stellte Ritter mit einem dünnen Lächeln fest.

«Mag sein. Diese Leute handeln mit suchterzeugenden Substanzen. Selbst nehmen sie das Zeug zwar meist nicht, aber ich glaube, daß sie im Begriff sind, von der stärksten Droge abhängig zu werden.»

«Der Macht.»

Clark nickte. «Und früher oder später kommt es zur Überdosis. Und an diesem Punkt wird jemand ernsthaft erwägen müssen, was ich gerade vorgeschlagen habe. Aber das ist natürlich eine politische Entscheidung.»

Er herrschte, soweit er blicken konnte. Dies war die Phrase, die sich anbot, wahr und unwahr zugleich. Das Tal, in das er schaute, gehörte ihm nicht ganz; sein Grundstück war weniger als tausend Hektar groß; dabei überblickte er Millionen. Aber niemand, der in seiner Sichtweite wohnte, durfte weiterleben, wenn es nicht sein Wille war. Nur auf diese Macht kam es an, und sie hatte er zahllose Male ausgeübt. Eine Handbewegung, eine lässige Bemerkung, und es war getan. Unbeschränkte Macht, die einen Mann zum Wahnsinn treiben konnte. Doch er studierte die Welt und die Geschichte, denn ihm war, für seinesgleichen ungewöhnlich, von seinem Vater, einem der Pioniere, ein Studium aufgedrängt worden, und sein größter Kummer im Leben war, daß er keine Gelegenheit gehabt hatte, sich dafür bei ihm zu bedanken. Auf dem Gebiet der Ökonomie kannte er sich so gut aus wie jeder Volkswirtschaftsprofessor; er verstand Marktmechanismen und Trends und die Kräfte, die sie bewirkten. Er hatte sich auch mit dem Marxismus beschäftigt und lehnte ihn aus einer Vielzahl von Gründen ab; andererseits aber gestand er zu, daß sich hinter dem politischen Jargon mehr als ein Quentchen Wahrheit verbarg. Während sein Vater das Geschäft auf eine ganz neue Grundlage gestellt hatte, war er am Beobachten, Beraten und Agieren gewesen. Er hatte unter der Aufsicht seines Vaters neue Märkte erschlossen und sich den Ruf eines sorgfältigen, gründlichen Planers erworben, der oft gesucht, aber nie verhaftet worden war. Einmal nur hatte man ihn festgenommen, aber nach dem Tod zweier Zeugen waren die anderen jäh vergeßlich geworden, und damit hatte seine direkte Erfahrung mit Polizei und Gerichten ein Ende genommen.

Er sah sich als in eine andere Epoche gehörig – als klassischen kapitalistischen Räuberbaron. Vor hundert Jahren hatten diese Männer Gleise durch die Vereinigten Staaten getrieben und alles, was sich ihnen in den Weg stellte, vernichtet. Indianer – die wurden behandelt wie die zweibeinige Version des Büffels. Gewerkschaften – mit Hilfe gedungener Schläger neutralisiert. Regierungen – bestochen und unterwandert. Nur die Presse hatte weiterkrähen dürfen, bis zu viele Leute aufhorchten. Daraus hatte er gelernt. Die Journalisten in seinem Lande hielten sich zurück, nachdem ihnen ihre Sterblichkeit demonstriert worden war. Hier aber hatte die historische Parallele ein Ende. Die Goulds und Harrimans, das war eine Tatsache, die er ignorierte, hatten nämlich etwas gebaut, das für ihr Land nützlich und nicht destruktiv war. Eine andere Lektion des neunzehnten Jahrhunderts, die er sich zu Herzen genommen hatte, war die Schädlichkeit des unbarmherzigen Konkurrenzkampfes, und aufgrund dieser Erkenntnis überredete er seinen Vater zu Kontakten mit seinen Konkurrenten. Geschickt hatte er einen Zeitpunkt gewählt, zu dem Druck von außen die Zusammenarbeit attraktiv machte. Lieber gemeinsam arbeiten, hatte man argumentiert, als Zeit, Geld, Energie und Blut zu vergeuden – und sich nur noch verletzlicher zu machen. Und es hatte funktioniert.

Sein Name war Ernesto Escobedo. Im Kartell war er nur einer unter vielen, doch seine Kollegen hörten auf ihn. Zwar mochten nicht alle mit ihm einig sein oder sich seinem Willen beugen, aber man schenkte seinen Ideen die gebührende Aufmerksamkeit, denn sie hatten sich oft als durchschlagend erwiesen. Das Kartell hatte keinen Führer, da es als Kollektiv handelte – fast wie ein Komitee, fast als Freunde, aber doch nicht ganz so. Der Vergleich mit der Mafia in Amerika drängte sich auf, aber das Kartell war zivilisierter und brutaler zugleich.

Escobedo war vierzig, ein Mann mit viel Energie und Selbstvertrauen. Sein Produkt hatte er nie probiert und trank höchstens einmal ein Glas Wein zum Essen. Seine Enthaltsamkeit trug ihm den Respekt seiner Geschäftsfreunde ein. Escobedo war ein ernster, nüchterner Mann, der auf sein Äußeres achtete und sich in Form hielt. Das Rauchen hatte er sich schon in der Jugend abgewöhnt. Er achtete auf seine Ernährung. Seine Mutter war trotz ihrer fünfundsiebzig Jahre rüstig; auch seine Großmutter war mit einundneunzig noch am Leben. Und sein Vater wäre letzte Woche fünfundsiebzig geworden, wenn nicht... Doch die Mörder seines Vaters hatten bitter bezahlen müssen, zusammen mit ihren Familien, und größtenteils von Escobedos Hand. Seiner Rache entsann er sich mit Stolz: Er hatte die Frau des letzten genommen, während ihr sterbender Mann zusah, um sie und die beiden Kleinen dann zu töten, ehe er die Augen schloß. Das Töten von Frauen und Kindern bereitete ihm kein Vergnügen, war aber manchmal unvermeidlich. Er hatte bewiesen, wer der Stärkere war, und von nun an war es unwahrscheinlich, daß sich jemand noch einmal an seiner Familie vergriff. Die Tatsache, daß er persönlich Rache genommen hatte, ohne sich gedungener Mörder zu bedienen, hatte ihm in der Organisation Respekt eingetragen. Escobedo galt als Denker, aber auch als ein Mann, der notfalls hinlangen konnte.

Sein Reichtum war so groß, daß Zählen sinnlos erschien. Er hatte Macht über Leben und Tod. Er hatte eine schöne Frau und drei prächtige Söhne. Als die Ehe schal wurde, standen ihm Mätressen zur Auswahl. Er hatte allen Luxus, den man mit Geld kaufen konnte. Er besaß Häuser unten in der Stadt, seine Bergfestung, Ranchos am Meer – an beiden Meeren, denn Kolumbien grenzt an Atlantik und Pazifik. In den Ställen seiner Ranchos standen arabische Pferde. Manche seiner Geschäftspartner besaßen private Stierkampfarenen, aber auch für diesen Sport hatte er sich nie interessiert. Er war ein vorzüglicher Schütze und jagte alles, was in seinem Lande kreuchte und fleuchte – Menschen eingeschlossen. Im Grunde müßtest du zufrieden sein, sagte er sich. Doch etwas ließ ihm keine Ruhe.

Die amerikanischen Großkapitalisten hatten die Welt bereist, hatten Einladungen an die Höfe von Europa erhalten und ihre Sprößlinge an den Hochadel verheiratet. Ihm aber war der Zugang zur Gesellschaft verschlossen, und obgleich die Gründe auf der Hand lagen, wurmte es ihn doch, daß einem so reichen und mächtigen Mann wie ihm etwas vorenthalten wurde. Früher war das anders gewesen. «Was schert mich das Gesetz?» hatte ein Eisenbahnkönig einmal gesagt und war nach Belieben in der Welt umhergereist, hatte als großer Mann gegolten.

Warum also nicht Escobedo? Einerseits wußte er die Antwort, andererseits wollte er sie nicht wahrhaben. Er hatte es nicht so weit gebracht, um sich an die Regeln anderer halten zu müssen. Nun gut, die anderen würden lernen müssen, sich seinen Regeln anzupassen. Und nach diesem Entschluß begann er zu überlegen, wie er auszuführen war.

Was hatte anderen geholfen, sich durchzusetzen?

Die naheliegendste Antwort lautete: Erfolg. Was man nicht besiegen konnte, mußte man anerkennen; eine der wenigen Regeln, die für Weltkonzerne ebenso galt wie in der internationalen Politik. Kein Land der Welt, das nicht mit Mördern paktierte: Die fraglichen Mörder hatten nur Durchsetzungsvermögen zu beweisen. Machte nicht jede Nation der Welt einen Kotau vor den Chinesen, die Millionen ihrer Landsleute auf dem Gewissen hatten? War Amerika nicht bemüht, zu einer Übereinkunft mit den Russen zu kommen, deren Regierung ebenfalls gegen die eigene Bevölkerung gewütet hatte? Unter Carter hatte Amerika das mörderische Pol-Pot-Regime unterstützt. Ein Land, das eine so prinzipienlose Außenpolitik führte, mußte letzten Endes auch ihn und seine Geschäftsfreunde anerkennen.

Daß Amerika korrupt war, stand für Escobedo fest, denn schließlich leistete er dem inneren Verfall des Landes Vorschub. Seit Jahren schon arbeiteten Kräfte in seinem größten und wichtigsten Abnehmerland auf die Legalisierung von Drogen hin; zum Glück ohne Erfolg. Das wäre nämlich eine Katastrophe für das Kartell gewesen. Wieder einmal ein Beweis, daß die US-Regierung unfähig war, in ihrem eigenen Interesse zu handeln. Verbrauchssteuern auf Drogen hätten dem Staat Milliarden einbringen können – die ihm und seinen Kollegen zuflossen –, aber es fehlte der Administration die Vision und Vernunft, die entsprechenden Maßnahmen zu ergreifen. Und so etwas nannte sich eine Großmacht. Trotz ihrer angeblichen Stärke mangelte es den *yanquis* an Willen, an Männlichkeit. In seinem Land bestimmte er, sie aber nicht in ihrem. Gut, sie konnten die Meere beherrschen, den Himmel mit Kriegsflugzeugen füllen – aber setzten sie diese Mittel zum Schutz ihrer eigenen Interessen ein? Er schüttelte amüsiert den Kopf.

Nein, die Amerikaner waren seines Respekts nicht würdig.

6

Abschreckung

Felix Cortez reiste mit einem costaricanischen Paß. Wenn jemandem sein kubanischer Akzent auffiel, erklärte er, seine Familie sei aus Kuba ausgewandert, als er noch ein Kind war. Cortez sprach außer Spanisch noch Englisch und Russisch. Der etwas verwegen aussehende Mann trug einen gepflegten Schnurrbart und einen Maßanzug, der ihn als erfolgreichen Geschäftsmann auswies. Er wartete in der Schlange vor der Paßkontrolle und unterhielt sich mit der Frau, die hinter ihm stand, bis er an die Reihe kam.

«Guten Tag, Sir», sagte der Beamte der Einreisebehörde und schaute kaum von seinem Paß auf. «Was führt Sie nach Amerika?»

«Eine Geschäftsreise», erwiderte Cortez.

«Aha.» Der Beamte blätterte den Paß durch und sah zahlreiche Einreisestempel. Dieser Mann reiste viel, und im Lauf der vergangenen vier Jahre war das Ziel fast der Hälfte seiner Reisen die USA gewesen. Eingereist war er in Miami, Washington und Los Angeles. «Wie lange wollen Sie diesmal bleiben?»

«Fünf Tage.»

«Haben Sie etwas zu deklarieren?»

«Nur Kleider und Geschäftsunterlagen.» Cortez hob sein Bordcase.

«Willkommen in Amerika, Mr. Diaz.» Der Beamte stempelte den Paß ab und gab ihn zurück.

«Danke.» Cortez holte an der Gepäckausgabe seinen Koffer ab und ging dann zum Hertz-Schalter, wo er einen Chevy mietete und mit seiner Visa-Karte zahlte. Pässe und Kreditkarten benutzte er aus Sicherheitsgründen nur einmal, und er zog es auch vor, außerhalb der Stoßzeiten auf amerikanischen Flughäfen einzutreffen, denn in relativ leeren Hallen konnte er leichter feststellen, ob er überwacht wurde.

Vom langen Sitzen ein wenig steif, ging er hinaus, um den Wagen abzuholen. Der warme Spätfrühlingstag erinnerte ihn an seine Heimat. Nicht daß er unter Heimweh litt, aber er war der kubanischen Regierung dankbar für seine Ausbildung, die ihm nun zugutekam. Die politische Schulung hatte lediglich den Zweck erfüllt, ihn auf die Widersprüche im real existierenden Sozialismus kubanischer Spielart hinzuweisen, und schon beim Agententraining beim Geheimdienst DGI hatte er Geschmack an Privilegien gewonnen. Er bekam beigebracht, was er wissen mußte: wie kapitalistische Gesellschaften funktionieren, wie man sie infiltriert und unterwandert, wo ihre Schwachpunkte liegen und wo ihre Stärken. Den Kontrast fand der ehemalige Oberst unterhaltsam, denn schon die relative Armut in Puerto Rico war ihm paradiesisch vorgekommen – obwohl er im Verein mit Oberst Ojeda und den Macheteros bemüht gewesen war, dieses System zu stürzen und durch den Sozialismus kubanischer Machart zu ersetzen. Auf dem Weg zu seinem gemieteten Straßenkreuzer schüttelte Cortez amüsiert den Kopf.

Sechs Meter über dem Kubaner setzte Liz Murray ihren Mann hinter einem Kleinbus voller Fluggäste ab. Es blieb kaum Zeit für einen Abschiedskuß; sie hatte Besorgungen zu erledigen, und sein Flug sollte in zehn Minuten aufgerufen werden.

«Bis morgen mittag sollte ich wieder zurück sein», meinte er beim Aussteigen.

Dan Murray betrat den Terminal durch die automatische Tür und suchte sich einen Bildschirm mit Fluginformationen. Die Akten, die von Mobile nach Washington gefaxt worden waren und im Hoover Building Gesprächsstoff abgaben, hatte er sich bereits angesehen.

Nun mußte er den Metalldetektor passieren, oder besser, ihn umgehen. «Moment, Sir», rief der Mann, und Murray hielt seinen FBI-Dienstausweis hoch, der ihn als Daniel F. Murray, Assistant Deputy Director des FBI, identifizierte. Mit der Smith & Wesson Automatic am Gürtel hätte er niemals das Magnetometer passieren können, ohne Alarm auszulösen, und das Flughafenpersonal wurde leicht nervös, wenn er vorzeigte, was er trug. Murray nahm seine Reisetasche in die linke Hand und tastete verstohlen nach der Waffe. Ohne Waffe kam er sich nackt vor, obwohl er sie noch nie hatte benutzen müssen. Das bedeutete auch nicht, daß er besonders gut damit umzugehen verstand. Er hatte noch nicht einmal seine Qualifikation erneuert; das war für nächste Woche vorgesehen. Aber in den oberen Rängen des FBI nahm man so etwas nicht so genau – das größte Risiko bei seiner Arbeit stellten inzwischen Heftklammern dar –, aber Murray, obgleich sonst kein eitler Mann, hielt viel auf seine Schießkünste, und das machte ihm Kummer. Nach vier Jahren als juristischer Attaché in London wußte er, daß er ernsthaft üben mußte, wenn er wieder wie ein Experte mit beiden Händen schießen wollte, besonders mit einer neuen Waffe. Sein geliebter Colt Python .357 aus Edelstahl war in den Ruhestand versetzt worden. Das FBI ging zu automatischen Pistolen über, und beim Betreten seines neuen Büros hatte er eine als Geschenk verpackte und gravierte Smith & Wesson auf dem Schreibtisch vorgefunden; ein Gruß von seinem Freund Bill Shaw, dem neuernannten Stellvertretenden Direktor (Ermittlungen). Nun, auf jeden Fall stellte die Waffe sicher, daß sein Flug nicht nach Kuba ging. Und mit direkter Verbrechensbekämpfung würde er von nun an ohnehin nichts mehr zu tun haben, da er inzwischen in der Verwaltung arbeitete. Auch ein Hinweis, daß ich zu alt bin, um noch für einen richtigen Fall zu taugen, sagte sich Murray und suchte sich einen Sitzplatz in der Nähe des Gate. Mit diesem Vorgang hatte er nur zu tun, weil der Direktor die Akte in die Hand bekommen und Bill Shaw, seinen Vorgesetzten, mit ihrer Erledigung beauftragt hatte. Und Bill Shaw seinerseits hatte Dan Murray beauftragt, sich die Leute einmal vorzunehmen. Der Fall versprach, heikel zu werden.

Nach einem zweistündigen und langweiligen Flug wurde Murray an der Ankunft von Special Agent Mark Bright vom FBI Mobile abgeholt.

«Sonst noch Gepäck, Mr. Murray?»

«Nur die Tasche – und Sie können ruhig Dan zu mir sagen», erwiderte Murray. «Sind die Leute schon vernommen worden?»

«Sie sind noch nicht eingelaufen.» Bright schaute auf die Uhr. «Eigentlich sollten sie um zehn hier sein, aber letzte Nacht hatten sie einen Rettungseinsatz. Ein Fischkutter explodierte, und sie mußten die Mannschaft retten. Kam in den Frühnachrichten. Offenbar haben sie gute Arbeit geleistet.»

«Ist ja toll», meinte Murray. »Jetzt sollen wir also einen echten Helden auf den Grill legen.»

«Kennen Sie den Hintergrund dieses Mannes?» fragte Bright. «Ich hatte noch keine Gelegenheit...»

«Aber ich. Wegener ist in der Tat ein Held, eine Legende. ‹Engel der

Schiffbrüchigen› nannten sie ihn. Offenbar hat die Hälfte aller Leute, die auf dem Meer rumschippern, ihr Leben ihm zu verdanken. Obendrein hat er einflußreiche Freunde.»

«Zum Beispiel?»

«Senator Billings aus Oregon.» Murray erklärte den Zusammenhang.

«Ausgerechnet der Vorsitzende des Justizausschusses.» Bright seufzte und schaute zur Decke. Der Justizausschuß des Senats beaufsichtigte das FBI.

In Brights Ford, dessen Motor schnurrte wie ein wohlgenährter Tiger, fand Murray weitere Unterlagen über Wegener auf dem Beifahrersitz, die bestätigten, was er in Washington gehört hatte.

«Eine unglaubliche Geschichte.»

«Allerdings.» Bright nickte. «Könnte da etwas Wahres dran sein?»

«Mir ist schon viel untergekommen, aber das da wäre der Gipfel.» Murray machte eine Pause. «Komisch aber ist...»

«Eben», stimmte der jüngere Agent zu. «Finde ich auch. Die Kollegen von der DEA glauben es auch, aber was dabei herausgekommen ist – will sagen, selbst wenn alle Beweise unberücksichtigt bleiben –, ist so ungeheuerlich...»

«Stimmt.» Ein weiterer Grund für Murrays Beteiligung an diesem Fall. «Wie wichtig war das Opfer?»

«Beste Verbindungen zu Spitzenpolitikern, Aufsichtsrat mehrerer Banken, Universität Alabama, die üblichen Verbands- und Vereinsmitgliedschaften – der Mann war eine Stütze der Gesellschaft. Entstammte einer alten Familie, ein Vorfahr war General im Bürgerkrieg, der Großvater Gouverneur von Georgia.»

«Wohlhabend?»

«Mehr Geld, als ich mir je wünschen könnte. Riesenpalast auf einer Plantage nördlich der Stadt. Sein Geld hat er mit Immobiliengeschäften verdient. Seine Firmen sind so verschachtelt, daß unsere Leute noch nicht durchblicken. Einige Holdings sind sogar im Ausland, und an die kommen wir wahrscheinlich nie heran.»

«‹Prominenter Geschäftsmann in Drogengeschäfte verwickelt›. Donnerwetter, diese Einnahmequelle hatte er gut getarnt. Nahm er selbst Drogen?»

«Nein», erwiderte Bright, «nie. Weder bei uns noch bei der DEA noch bei der Ortspolizei liegen Erkenntnisse vor.»

Murray klappte die Akte zu und starrte sinnend auf den Verkehr. Dies war der erste winzige Einblick in einen Fall, bei dessen Ermittlungen die

Arbeitsstunden zu Jahren kumulieren konnten – und dabei wußten sie noch nicht einmal genau, wonach sie eigentlich suchten. Fest stand nur, daß die *Empire Builder* eine Million Dollar in gebrauchten Zwanzigern und Fünfzigern an Bord gehabt hatte, und soviel Bargeld konnte nur eines bedeuten, dachte Murray. Oder doch nicht: es konnte vielmehr alles mögliche bedeuten.

«So, da wären wir.»

In den Stützpunkt kamen sie leicht herein, und Bright kannte den Weg zur Pier. Vom Auto aus nahm sich die *Panache* recht groß aus; ein turmhohes weißes Schiff mit einem hellorangen Streifen und einem Rußfleck an der Flanke. Als er und Bright ausgestiegen waren, ging am oberen Ende der Gangway jemand ans Telefon, und binnen weniger Sekunden erschien ein Mann, dessen Bild Murray schon in der Akte gesehen hatte: Wegener.

Der Mann hatte graumeliertes, ehemals rotes Haar und sah, abgesehen von einem kleinen Bauch, recht fit aus. Typisch für den Seemann die Tätowierung am Unterarm; und der leidenschaftslose Blick wies auf einen Mann hin, der es nicht gewohnt war, sich ausfragen zu lassen.

«Willkommen an Bord. Ich bin Red Wegener», sagte der Mann mit einem gerade noch höflichen Lächeln.

«Danke, Captain. Ich heiße Dan Murray, und dies ist Mark Bright.»

«Wie ich höre, kommen Sie vom FBI», merkte der Captain an.

«Ich bin Deputy Assistant Director und komme aus Washington. Mark Bright leitet die FBI-Stelle in Mobile.» Wie Murray sah, ging daraufhin in Wegeners Gesicht eine Veränderung vor.

«Nun, ich weiß, warum Sie hier sind. Besprechen wir das in meiner Kajüte.»

«Woher kommen die Brandflecken?» fragte Dan, als der Captain vorausging.

«Maschinenbrand auf einem Garnelenfischer. Brach fünf Meilen von uns aus, als wir gerade auf dem Weg zum Hafen waren. Als wir längsseits gingen, flog der Treibstofftank in die Luft. Die Besatzung hatte noch Glück: keine Toten, nur der Maat erlitt Verbrennungen.»

«Und das Schiff?» fragte Bright.

«Konnten wir nicht retten. Die Bergung der Besatzung war schon schwierig genug.» Wegener hielt seinen Gästen die Tür auf. «Mehr kann man manchmal nicht tun. Kann ich Ihnen einen Kaffee anbieten?»

Murray lehnte ab. Er musterte den Captain nun mit bohrenden Blikken und stellte so etwas wie Verlegenheit fest. Seltsam, das paßte irgendwie nicht. Wegener ließ seine Gäste Platz nehmen und setzte sich dann hinter seinen Schreibtisch.

«Ich weiß, weshalb Sie hier sind», erklärte Red. «Und das Ganze ist meine Schuld.»

«Äh, Captain, ehe Sie weiterreden ...» versuchte Bright einzuwerfen.

«Ich hab ja schon öfters mal Mist gebaut, aber das ist wirklich der Hammer», fuhr Wegener fort und zündete seine Pfeife an. «Es stört Sie doch nicht, wenn ich rauche, oder?»

«Nein, durchaus nicht», log Murray. Er wußte zwar nicht, was nun kam, aber fest stand, daß es nicht das sein würde, was Bright vermutete. Er kannte auch einige andere Aspekte, von denen Bright keine Ahnung hatte. «Bitte, klären Sie uns doch auf.»

Wegener holte etwas aus seiner Schreibtischschublade und warf es Murray zu. Es war eine Schachtel Zigaretten.

«Die verlor einer unserer Freunde an Deck, und ich ließ sie von einem Besatzungsmitglied zurückgeben, weil ich dachte – bitte, sehen Sie sich die Packung an –, daß es nur Zigaretten sind. Schließlich haben wir Anweisung, Festgenommene anständig zu behandeln. Also gab ich ihnen ihre Zigaretten zurück, die in Wirklichkeit natürlich Joints sind. Und als wir die beiden verhörten, waren sie natürlich total bekifft – besonders derjenige, der dann auspackte. Das entwertet wohl seine Aussage, nicht wahr?»

«Das ist aber noch nicht alles, Captain, oder?» fragte Murray unschuldig.

«Chief Riley griff einen der beiden an. Auch dafür bin ich verantwortlich. Der eine Gefangene – seinen Namen habe ich vergessen, er war der Unangenehmere – spuckte mich an, und da platzte Riley der Kragen, und er langte zu. Das hätte er zwar nicht tun sollen, aber wir sind hier eine militärische Organisation, und wenn jemand den Chef anspuckt, mißfällt das der Mannschaft. Riley schlug also über die Stränge –, aber das geschah auf meinem Schiff, und dafür bin ich verantwortlich.»

Murray und Bright tauschten einen Blick. Das hatten die Festgenommenen nicht erwähnt.

«Captain, deswegen sind wir eigentlich nicht hier», sagte Murray nach einem Augenblick. «Sie behaupten, Sie hätten einen von ihnen hingerichtet.»

Nun wurde es totenstill in der Kajüte. Murray hörte jemand hämmern, aber das lauteste Geräusch erzeugte die Klimaanlage.

«Sie sind doch beide am Leben, oder? Das Videoband beweist, daß wir nur zwei von Bord geholt haben. Wen sollen wir denn erschossen haben, wenn die beiden noch lebendig sind?»

«Gehenkt», meinte Murray. «Sie behaupten, Sie hätten einen von ihnen aufgehängt.»

«Augenblick bitte.» Wegener hob den Telefonhörer ab und drückte auf einen Knopf. «Brücke, hier spricht der Captain. Der IA soll in meine Kajüte kommen. Danke.» Wegener legte auf und hob den Blick. «Wenn Sie nichts dagegen haben, soll sich mein Erster Offizier das ebenfalls anhören.»

Murray verzog keine Miene. Das hättest du wissen sollen, sagte er sich; die hatten genug Zeit, sich ihre Geschichte in allen Einzelheiten zurechtzulegen, und Mr. Wegener ist nicht auf den Kopf gefallen. Erstens kann er sich hinter einem leibhaftigen Senator verstecken, zweitens hat er uns zwei kaltblütige Mörder auf dem Tablett serviert. Selbst ohne das Geständnis reichen die Beweise für eine Mordanklage aus. Die mag aber unter den Tisch fallen, wenn wir jetzt Wegener zum Sündenbock machen. Angesichts der Prominenz des Opfers würde auch kein Staatsanwalt mitmachen. Fast jeder US-Staatsanwalt hatte politische Ambitionen, und wer diese beiden auf den elektrischen Stuhl brachte, bekam dafür eine halbe Million Stimmen. Murray konnte es nicht riskieren, in diesem Fall Mist zu bauen. FBI-Direktor Jacobs war selbst einmal Anklagevertreter gewesen und verstand das.

Einen Augenblick später erschien der IA, und nach der Vorstellung gab Bright die Aussagen der beiden Festgenommenen wieder. Wegener schmauchte seine Pfeife und machte große Augen.

«Sir», sagte der IA zu Bright, als der geendet hatte, «ich habe ja schon allerhand Seemannsgarn gehört, aber diese Mär stellt alles in den Schatten.»

«Alles meine Schuld», grollte Wegener kopfschüttelnd. «Ich hätte ihnen ihr Zeug nicht zurückgeben sollen.»

«Wieso merkte eigentlich niemand, was die beiden da rauchten?» fragte Murray, der weniger neugierig auf die Antwort war als auf das Geschick, mit dem sie präsentiert wurde. Zu seiner Überraschung antwortete der IA.

«Direkt über der Haftzelle ist ein Ansaugstutzen der Klimaanlage. Die Gefangenen werden nicht dauernd überwacht – in unseren Vorschriften steht, das käme der Ausübung von psychologischem Druck gleich oder so etwas Ähnliches. Außerdem fehlen uns die Leute. Da der Rauch also abgesaugt wurde, fiel der Geruch erst am Abend auf, und da war es bereits zu spät. Als wir sie zur Vernehmung in die Messe brachten – einzeln, so wie es in den Vorschriften steht –, hatten sie beide glasige Augen. Einer schwieg, der andere redete. Das Band haben Sie ja.»

«Jawohl, ich habe es mir angesehen», erwiderte Bright.

«Dann wissen Sie auch, daß wir sie über Ihre Rechte aufklärten. Aber sie aufhängen? Das ist doch Schwachsinn, ehrlich. Das dürfen wir doch überhaupt nicht. War das denn jemals legal?»

«Der letzte mir bekannte Fall ereignete sich 1843», erklärte der Captain. «Die Marineakademie in Annapolis wurde eingerichtet, weil man auf der USS *Somers* ein paar Männer aufgehängt hatte. Einer von ihnen war der Sohn des Kriegsministers. Obwohl es um versuchte Meuterei ging, gab es gewaltigen Stunk. Jedenfalls henkt die Marine heute niemanden mehr», schloß Wegener ironisch. «Ich bin zwar schon lange dabei, aber so lange auch nun wieder nicht.»

«Wir haben noch nicht einmal mehr das Recht, ein Kriegsgericht zu halten», fügte der IA hinzu. «Bei uns an Bord gibt es höchstens einmal Disziplinarverfahren.»

«Eigentlich keine üble Idee. Die Kerle hätte ich liebend gerne aufgehängt», merkte Wegener an. Murray fand diese Bemerkung sehr seltsam und sehr geschickt. Bright tat ihm nun ein wenig leid.

«Das Ganze ist also eine reine Erfindung», sagte Murray, und zwar nicht im Frageton.

«Jawohl, Sir», erwiderte Wegener. Der IA nickte bestätigend.

«Und Sie sind bereit, das unter Eid zu wiederholen.»

«Selbstverständlich. Warum nicht?»

«Wenn Sie nichts dagegen haben, hätte ich gerne auch den Bootsmann gesprochen, der den Festgenommenen mißhandelte.»

«Ist Riley an Bord?» fragte Wegener den IA.

«Ja, er ist zusammen mit Portagee unten in seiner Kabine.»

«Gut, dann gehen wir die beiden mal besuchen.» Wegener erhob sich.

«Brauchen Sie mich noch, Sir? Ich habe zu tun.»

«Nein, IA. Vielen Dank.»

«Aye, aye», sagte der Lieutenant und verschwand um eine Ecke.

Der Weg war länger, als Murray erwartet hatte. Sie mußten sich an zwei Arbeitstrupps vorbeidrängen, die Schotts strichen. Die Kabine, die Riley und Oreza sich teilten, lag im Achterschiff. Als Wegener die Tür öffnete, quoll ihm eine Rauchwolke entgegen. Der Bootsmann hatte eine Zigarre zwischen den Zähnen und einen winzigen Schraubenzieher in seiner mächtigen Hand. Beide standen auf, als sie den Captain sahen.

«Immer mit der Ruhe. Was treiben Sie da?»

«Das hat Portagee gefunden.» Riley reichte Wegener das Objekt. «Ein ganz altes Stück, das wir zu reparieren versuchen.»

«Ein Sextant von Henry Edgworth, um 1778. Hab ich beim Trödler aufgetrieben. Wenn wir den wieder hergerichtet haben, bringt er vielleicht etwas.»

Wegener schaute sich das Instrument näher an. «1778, meinen Sie?»

«Jawohl, Sir, und damit wäre der Sextant eines der ältesten Modelle überhaupt. Das Glas ist zwar hin, aber leicht zu ersetzen. Ich kenne ein Museum, das für so etwas Spitzenpreise zahlt –, aber vielleicht behalte ich das Stück auch selbst.»

«Wir haben Besuch», sagte Wegener, um zum Thema zu kommen. «Die Herren möchten sich über die beiden Männer erkundigen, die wir festgenommen haben.»

Murray und Bright zeigten ihre FBI-Ausweise. Dan fiel auf, daß ein Telefon in der Kabine stand. Vielleicht hatte der IA die beiden vorgewarnt. Rileys Zigarre war frisch angezündet und noch nicht abgestreift worden.

«Aber klar», meinte Oreza. »Was wollt ihr denn mit den Schweinen anfangen?»

«Das wird die Staatsanwaltschaft zu entscheiden haben», erwiderte Bright. «Wir sind mit den Ermittlungen befaßt und möchten wissen, was Sie mit den beiden nach der Festnahme angestellt haben.»

«Da müssen Sie mit Mr. Wilcox reden, Sir. Der befehligte den Entertrupp», meinte Riley. »Wir taten nur, was er uns befahl.»

«Lieutenant Wilcox hat Urlaub», warf der Captain ein.

«Und was geschah, nachdem Sie die beiden an Bord gebracht hatten?» fragte Bright.

«Äh, ich weiß, was Sie meinen», gestand Riley. «Gut, das war ein Fehler von mir, aber dieses Arschloch – sorry, aber der hat den Captain angespuckt, und das gehört sich einfach nicht.»

«Darum geht es hier nicht», erklärte Murray nach einer kurzen Pause. «Der Mann behauptet, von Ihnen aufgehängt worden zu sein.»

«Aufgehängt? Wie denn? Wo denn?»

«Sie sollen ihn an eine Rah geknüpft haben.»

«So richtig gehenkt? Mit Strick um den Hals?» fragte Riley.

«Genau.»

Das Gelächter des Bootsmanns klang wie ein Grollen. «Sir, wenn ich einen aufhänge, beschwert der sich nachher nicht mehr.»

Murray gab die Geschichte fast wörtlich wieder. Riley schüttelte den Kopf.

«Unsinn. Der Kleine behauptet also, er habe seinen Freund hin und her baumeln gesehen? Völlig unwahrscheinlich.»

«Ich verstehe Sie nicht ganz.»

«Sir, wenn man an Bord jemanden aufhängt, bindet man ihm die Füße zusammen und macht sie mit einer Leine an einem Poller oder der Reling fest, damit er nicht ausschwingt. Das gehört zur Seemannschaft, daß schwere Gegenstände – ein Mensch wiegt ja an die achtzig Kilo – nicht frei herumbaumeln wie ein Lüster an einer langen Kette. So etwas hätte ja an die Radarantenne prallen und sie vom Mast reißen können. Bei mir an Bord wird alles ordentlich verzurrt und festgelascht, und wehe, wenn ich was Loses finde. Stimmt's, Portagee?»

«Er hat recht. Außerdem blies es in jener Nacht so heftig, daß niemand an Deck arbeitete. Natürlich können wir auch in einem Hurrikan an Deck sein, Sir, aber freiwillig tun wir das nicht, weil es ausgesprochen gefährlich ist. Da geht leicht einer über Bord, Sir.»

«Wie stark war der Sturm in dieser Nacht?» fragte Murray.

«Die jungen Matrosen hingen über der Pütz», erwiderte Oreza und lachte.

«Es fand in dieser Nacht also auch keine Kriegsgerichtsverhandlung statt?»

«Wie bitte?» Riley sah echt verblüfft aus; dann aber hellte sich seine Miene auf. «Sie meinen, wir hätten ihnen den Prozeß gemacht und sie dann aufgehängt? Schön wär's gewesen, aber es kam leider keiner von uns auf die Idee. Erwarten Sie bloß von uns kein Mitleid mit diesen Schweinen. Ich war an Bord der Jacht und habe das Blutbad gesehen. Sie auch, auf der Videokassette? Sehen Sie, ich habe Familie, und Oreza hier auch. Setzen Sie die beiden auf den elektrischen Stuhl, dann drücke ich mit Vergnügen auf den Knopf.»

«Sie haben den Mann also nicht aufgehängt?»

«Selbstverständlich nicht.»

Murray warf einen Blick zu Bright, der rosa angelaufen war. Alles war glatter gegangen, als selbst er erwartet hatte. Nun, man hatte ihm gesagt, der Captain sei ein schlauer Mann. Schwachköpfe erhalten im allgemeinen nicht das Kommando auf einem Schiff.

«Danke, Gentlemen, für den Augenblick haben wir keine weiteren Fragen. Ich danke Ihnen für Ihre Unterstützung.» Einen Augenblick später führte Wegener die Besucher hinaus.

Oben an Deck blieb Murray stehen. «Captain, ich will in Ihrem Interesse hoffen, daß Sie so einen Wahnsinn nicht noch einmal zulassen.»

Wegener drehte sich überrascht um. «Was wollen Sie damit sagen?»

«Das wissen wir beide ganz genau.»

«Sie glauben also, was diese zwei...»

«Jawohl. Eine Jury tut das wohl nicht – doch man weiß ja nie, was eine Jury glaubwürdig findet. Aber Sie haben getan, was Ihnen vorgeworfen wird.»

«Wie kommen Sie darauf...»

«Captain, ich bin seit sechsundzwanzig Jahren beim FBI und habe viele verrückte Geschichten gehört, wahre und erfundene. Da entwickelt man langsam ein Gefühl für das, was stimmt und was nicht. Nun, wie ich schon sagte, tun Sie so etwas nicht noch einmal. Diesmal kommen Sie davon, weil wir den Fall ohne das von Ihnen sichergestellte Beweismaterial, von dem freiwillig erpreßten Geständnis einmal abgesehen, nicht zur Anklage bringen können. Aber übertreiben Sie es bitte in Zukunft nicht. Von den Dimensionen des Falles waren Sie bestimmt überrascht.»

«Allerdings. Als ich feststellte, daß das Opfer...»

«Genau. Sie haben einen Riesenskandal aufgedeckt, ohne zu viel Dreck abzubekommen. Da hatten Sie noch einmal Glück. Aber treiben Sie es nicht zu weit», mahnte Murray.

«Vielen Dank, Sir.»

Eine Minute später saß Murray wieder im Auto. Agent Bright war immer noch irritiert.

«Vor langer Zeit», sagte Murray, «bekam ich als blutjunger Agent einmal einen Auftrag in Mississippi. Drei Bürgerrechtskämpfer waren verschwunden, und ich war ein sehr unbedeutendes Mitglied des Teams, das den Fall aufklärte. Im Grunde tat ich nicht mehr, als Inspector Fitzgerald den Mantel zu halten. Je von Big Joe gehört?»

«Mein Vater arbeitete mit ihm», erwiderte Bright.

«Dann wissen Sie ja, daß Joe eine Persönlichkeit war, ein echter Cop der alten Schule. Wie auch immer, es sprach sich herum, daß der Ku-Klux-Klan ein paar Agenten umlegen wollte – Sie kennen ja die Geschichten, es wurden zum Beispiel die Familien von FBI-Angehörigen bedroht und belästigt. Joe wurde sauer und ließ sich von mir zu einem Großmufti fahren, der die wildesten Sprüche klopfte. Da hockte der Kerl unter einem Baum in seinem Vorgarten, als wir vorfuhren. Hatte eine Schrotflinte neben seinem Sessel stehen und war schon halb besoffen. Joe ging auf ihn zu, und der Kerl griff nach der Flinte, aber Joe starrte ihn so lange an, bis er sie wieder hinstellte. Ich wurde ein bißchen unruhig und legte die Hand auf meinen Revolver, aber Joe starrte ihn nur an und sagte ganz ruhig, wenn weiter über Mord an Agenten geredet würde und die bescheuerten Anrufe bei Frauen und Kindern nicht aufhörten, käme er persönlich vorbei und legte ihn um – hier in seinem eigenen Garten. Big Joe brüllte nicht, sondern sprach ganz leise, als bestellte er sich ein Frühstück. Der Großmufti des Klans glaubte ihm. Ich übrigens auch. Und von da an war Ruhe.»

«Das war natürlich illegal», fuhr Murray fort. «Aber manchmal muß man halt fünf gerade sein lassen. Ich habe das getan; Sie auch.»

«Ich habe nie...»

«Fangen Sie bloß nicht an zu flattern, Mark. Manchmal muß unser Ermessensspielraum eben etwas weiter sein. In diesem Fall haben die Männer der *Panache* wertvolle Hinweise beschafft, die wir aber nur benutzen können, wenn wir die Methoden, mit denen sie aus den Festgenommenen herausgeholt wurden, ignorieren.»

«Na gut», meinte Bright, aber wohl schien ihm dabei nicht zu sein.

«So, dann müssen wir nur noch herausfinden, warum dieser Mann mit seiner Familie ermordet wurde. Als ich früher in New York Gangstern auf den Fersen war, vergriff sich niemand an Familien. Selbst Exekutionen wurden nur in Sonderfällen vor der Familie des Opfers ausgeführt.»

«Für die Narcos scheinen überhaupt keine Regeln mehr zu gelten», bemerkte Bright.

«Stimmt – und ich habe mal Terroristen für schlimm gehalten.»

Viel einfacher und angenehmer als bei den Macheteros, dachte Cortez. Er saß in der Ecknische eines guten und teuren Restaurants, hatte eine zehnseitige Weinkarte in der Hand – welcher Kontrast zu einer mit Ratten verseuchten Hütte in einem Elendsviertel, wo man Bohnen fraß und revolutionäre Sprüche klopfte. Er bestellte einen seltenen Wein von der Loire. Der Weinkellner nahm die Karte zurück und ließ anerkennend seinen Kugelschreiber einschnappen.

Cortez war in einem Land aufgewachsen, in dem die Armen – in diese Kategorie fiel fast jeder – mit Mühe und Not das Geld für Brot und Schuhe zusammenkratzten. In den Armenvierteln Amerikas dagegen brachten die Menschen Hunderte pro Woche für ihre Drogensucht auf. Dem ehemaligen Oberst kam das mehr als bizarr vor. In Amerika breiteten sich die Drogen von den Slums in die Vororte aus und brachten jenen Wohlstand, die besaßen, was anderen fehlte...

Und auf internationaler Ebene war das im Grunde genauso. Die *yanquis*, die mit ihrer Entwicklungshilfe für ärmere Nachbarn grundsätzlich geizten, überfluteten sie nun mit Geld –, aber auf einer nichtoffiziellen Basis. Cortez fand das zum Lachen. Er wußte zwar nicht, wieviel die *yanqui*-Regierung ihren Freunden gab; aber für ihn stand fest, daß gewöhnliche US-Bürger für ihre Sucht nach chemischen Reizen sehr viel mehr an Entwicklungsländer wie Kolumbien zahlten, ohne die Einhaltung von «Menschenrechten» zur Bedingung zu machen. Als Geheimdienstoffizier hatte er Jahre mit dem Versuch zugebracht, Amerika herabzusetzen, zu diskreditieren, seinen Einfluß zu vermindern, aber dabei die falschen Methoden angewandt. Er hatte versucht, den Kapitalismus mit dem Marxismus zu bekämpfen, obwohl doch eigentlich auf der Hand lag, welches System funktionierte und welches nicht. Es gab natürlich auch die Möglichkeit, den Kapitalismus mit seinen eigenen Widersprüchen zu bekämpfen und so seinen ursprünglichen Auftrag doch noch auszuführen – und dabei die Vorteile des Systems zu genießen, dem er Schaden zufügte. Seltsam war nur, daß seine früheren Arbeitgeber ihn nun für einen Verräter hielten, nur weil er auf ein System gestoßen war, das funktionierte...

Der Mann ihm gegenüber sah aus wie ein typischer Amerikaner, fand Cortez. Übergewichtig vom vielen guten Essen, teure, aber ungepflegte Kleidung. Cortez konnte sich entsinnen, in seiner Jugend barfuß gegangen zu sein und sich glücklich geschätzt zu haben, weil er ein Hemd besaß. Dieser Mann fuhr einen teuren Wagen, wohnte in einem Luxusappartement, bekam ein Gehalt, das für zehn Oberste des DGI ausgereicht hätte –, und doch war es ihm nicht genug. Typisch Amerika – was man auch hatte, es war nie genug.

«Nun, was haben Sie für mich?»

«Vier Möglichkeiten. Die Details habe ich in der Aktentasche.»

«Wie gut sind sie?» fragte Cortez.

«Sie entsprechen alle Ihren Richtlinien», antwortete der Mann. «Habe ich nicht immer...»

«Ja, Sie sind sehr zuverlässig. Deshalb bezahle ich Sie ja auch so gut.»

«Es freut mich, wenn Sie meine Arbeit schätzen, Sam», sagte der Mann mit einer Spur Selbstgefälligkeit.

Felix – für seinen Gast hieß er Sam – hatte die Leute, mit denen er zusammenarbeitete, immer zu schätzen gewußt. Andererseits verachtete er sie, weil sie für ihn Schwächlinge waren. Aber ein Geheimdienstoffizier – und für einen solchen hielt er sich noch immer – durfte nicht zu wählerisch sein. Leute wie diesen Mann gab es in Amerika im Überfluß. Daß auch er selbst gekauft worden war, kam Cortez nicht in den Sinn. Er hielt sich für einen Profi, eine Art Söldner vielleicht, aber das hatte schließlich Tradition. Außerdem tat er, was seine früheren Chefs immer von ihm verlangt hatten, aber wirkungsvoller, als es je beim DGI möglich gewesen war. Und obendrein wurde die Rechnung von den Opfern bezahlt, den Amerikanern nämlich.

Das Dinner verlief ohne Zwischenfall. Der Wein war vorzüglich, das Steak aber verbraten und das Gemüse fade. Washingtoner Restaurants sind überbewertet, fand er. Auf dem Weg nach draußen nahm er sich einfach die Aktentasche seines Gastes und ging zu seinem Wagen. Im Hotel sah er sich die Unterlagen mehrere Stunden lang gründlich durch. Der Mann ist zuverlässig, sagte sich Cortez: Jeder Vorschlag war solide.

Er nahm sich vor, am nächsten Tag mit dem Rekrutieren zu beginnen.

7

Bekannte und Unbekannte

Wie Julio versprochen hatte, dauerte es eine Weile, bis man sich an die Höhenluft gewöhnte. Chavez schlüpfte aus den Rucksackgurten. Noch war das Stück erst zwölf Kilo schwer, aber man steigerte das Gewicht allmählich und verzichtete bei diesem Trainingsprogramm auf radikale Methoden, was dem Sergeant, der nach einem Acht-Meilen-Lauf noch heftig schnaufte, durchaus recht war.

«Das war nicht so schlimm», meinte Julio ohne zu keuchen. «Ich sage aber nach wie vor, daß man die beste Kondition beim Bumsen kriegt.»

«Da hast du recht», stimmte Chavez lachend zu. «Beschäftigung für ungenutzte Muskelgruppen...»

Das Beste am Trainingslager war das Essen. Unterwegs gab es zu Mittag Unsägliches aus der Packung, aber Frühstück und Abendessen wurden in der überdimensionierten Küche des Lagers liebevoll zubereitet. Chavez nahm immer so viel frisches Obst wie möglich, bestreute es mit dem Energieträger Zucker und trank dazu den scheinbar besonders koffeinhaltigen Army-Kaffee, der Tote aufwecken konnte. Dann machte er sich mit Gusto über seinen Obstsalat her, während seine Kameraden fetten Frühstücksspeck und Spiegeleier verschlangen. Anschließend ging Chavez noch einmal an die Theke, um sich gebratene Kartoffeln zu holen. Er hatte gehört, daß Kohlehydrate gute Energiespender waren.

Im großen und ganzen ging es ihm nicht schlecht. Das Training war hart, aber man blieb wenigstens vor Kleinlichkeiten verschont. Alle waren jung, alle waren Profis und gingen mit Ernst an die Sache heran, obwohl niemand wußte, wofür sie eigentlich trainierten.

Chavez war zwar ungebildet, aber alles andere als dumm. Irgendwie wußte er, daß alle Spekulationen, die sie über ihre Mission anstellten, falsch waren. Der Krieg in Afghanistan war vorbei; dorthin konnte es also nicht gehen. Außerdem sprachen alle Männer hier fließend spanisch. Er ließ sich eine Kiwi schmecken und dachte dabei den ganzen Komplex noch einmal durch. Große Höhe – man bildete sie nicht zum Vergnügen hier oben aus. Damit waren Kuba und Panama aus dem Rennen. Nicaragua vielleicht? Wie hoch waren die Berge dort? In Mexiko und den anderen zentralamerikanischen Ländern gab es ebenfalls Gebirge. Alle Männer hier waren Sergeants, alle hatten einen Zug geführt und waren von der leichten Infanterie. Möglich war, daß sie andere Männer ausbilden sollten – vermutlich für den Einsatz gegen Aufständische. Probleme mit Guerillas hatte so gut wie jedes Land südlich des Rio Grande; eine Auswirkung ungerechter Regierungs- und Wirtschaftssysteme, aber Chavez hatte eine andere, simplere und treffendere Erklärung: Diese Länder bekamen allesamt nichts auf die Reihe. Wie dort gemurkst wurde, hatte er selbst mit seinem Bataillon in Honduras und Panama erlebt.

Die Städte waren dreckig und ließen ihm selbst den Slum, in dem er aufgewachsen war, wie ein Paradies erscheinen. Was die Polizei anging –, er hätte nie geglaubt, daß er die Polizei von Los Angeles einmal bewundern würde. Seine ganz besondere Verachtung aber verdienten sich die Armeen dort: ein Haufen fauler, unfähiger Rüpel, im Grunde kaum anders als die Straßenbanden in Los Angeles. Der einzige Unterschied war, daß sie die gleichen Waffen trugen; bei den Banden tendierte man eher zum Individualismus. Die Schießkünste waren ebenfalls auf vergleichbarem Niveau. Arme Teufel mit dem Gewehrkolben zusammenschlagen, das war eine Kleinigkeit. Die Offiziere – nun, er hatte keinen einzigen gesehen, der Lieutenant Jackson das Wasser reichen konnte. Jackson lief gerne mit seinen Männern, und es störte ihn nicht, wenn er so schmutzig und stinkig wurde wie ein richtiger Soldat. Die größte Verachtung aber empfand er für die Unteroffiziere. Es war Sergeant McDevitt in Korea gewesen, der Ding Chavez die Erleuchtung gebracht hatte – Kompetenz und Professionalismus gleich Stolz. Und im Grunde war wohlverdienter Stolz das, was einen Mann ausmachte. Der Stolz verhinderte, daß man beim Laufen in den verfluchten Bergen schlappmachte. Schließlich konnte man seine Kameraden nicht enttäuschen. Die Freunde durften nicht weniger in einem sehen, als man sein wollte. Und das war die Essenz von allem, was er bei der Army gelernt hatte; das galt auch für alle anderen Männer im Raum, die sich darauf vorbereiteten, diese Haltung als Ausbilder an andere weiterzugeben. Aus einem unerfindlichen, vermutlich politischen Grund war die Aktion geheim, aber darüber verlor Chavez keinen Gedanken; mit Politik kam er ohnehin nicht klar. Die verdeckten Vorbereitungen wiesen auf die CIA hin. Was dies betraf, hatte Chavez recht. In der Natur des Auftrags irrte er allerdings.

Die Männer erhoben sich nach dem Frühstück von den Tischen und stapelten ihr Geschirr auf einer Anrichte auf, ehe sie hinausgingen. Die meisten suchten die Toilette auf, und viele, darunter auch Chavez, zogen saubere, trockene T-Shirts an. Unglaublich: Hier gab es sogar eine Wäscherei! Chavez kam zu dem Schluß, daß er das Lager trotz der Höhe und des harten Trainings vermissen würde. Die Luft war zwar dünn, aber sauber und trocken. Jeden Tag hörten sie das klagende Tuten der Züge, die in den Moffat-Tunnel einfuhren, dessen Portal die Männer bei ihren Läufen zweimal am Tag sahen. Abends bekamen sie manchmal die zweistöckigen Wagen eines Amtrak-Zuges, der ostwärts nach Denver rollte, in der Ferne zu Gesicht. Wie ist hier wohl die Jagd? fragte er sich. Und was jagte man? Rotwild vielleicht? Er hatte einige gesehen, kräftige Maultierhirsche, aber auch weiße Bergziegen, die beim Herannahen der Soldaten fast senkrechte Felswände hochjagten. Die Viecher sind aber echt fit, hatte Julio am Vortag angemerkt, aber Chavez verwarf den Gedanken gleich darauf: Die Tiere, die er jagen sollte, hatten nur zwei Beine. Und schossen zurück, wenn man nicht aufpaßte.

Die vier Züge nahmen pünktlich Aufstellung. Captain Ramirez ließ sie Haltung annehmen und führte sie dann an eine Stelle östlich des Lagers, wo ein muskulöser Schwarzer in T-Shirts und schwarzen Shorts sie erwartete.

«Guten Morgen, Leute», sagte er, «ich bin Mr. Johnson. Heute beginnen wir mit einer praxisorientierten Ausbildung. Ihre Nahkampfausbildung haben Sie alle schon hinter sich. Meine Aufgabe ist es festzustellen, wie gut Sie sind, und Ihnen ein paar neue Tricks beizubringen. Jemanden lautlos zu töten, ist keine Kunst. Schwierig ist nur, nahe genug an ihn heranzukommen.» Johnson ließ beim Reden die Hand hinter dem Rükken verschwinden. «Hier ist noch etwas, mit dem man lautlos töten kann.»

Nun hielt er eine Pistole hoch, an deren Lauf ein großer, dosenförmiger Gegenstand befestigt war. Ehe sich Chavez gesagt hatte, daß das ein Schalldämpfer sein mußte, hatte Johnson die Waffe mit beiden Händen herumgerissen und dreimal abgefeuert. Der Schalldämpfer wirkte vorzüglich, wie Ding sofort feststellte. Kaum vernahm man das metallische Klacken des Mechanismus – es war sogar noch leiser als das Klirren der Flaschen, die in sechs Meter Entfernung zersplitterten –, und den Schuß selbst hörte man überhaupt nicht. Beeindruckend.

Johnson grinste ihnen zu. «Der Nahkampf ohne Waffe ist zwar lautlos, aber gefährlich. Heute lernen wir eine neue Gefechtsart kennen: den lautlosen *und* bewaffneten Nahkampf.»

Er bückte sich und riß eine Decke von einer Maschinenpistole, die ebenfalls mit einem Schalldämpfer versehen war. Chavez mußte seine frühere Vermutung korrigieren: Um Ausbildung anderer Soldaten ging es bei dieser Mission offensichtlich nicht.

Vizeadmiral James Cutter von der US Navy war ein Patrizier oder sah zumindest wie einer aus, dachte Ryan – groß und schlank, mit silbernem Haar und einem permanenten selbstbewußten Lächeln im rosa Gesicht. Ganz bestimmt verhielt er sich wie ein Patrizier – oder er tat so, korrigierte sich Jack. Cutter stammte aus einer alten neuenglischen Familie, die ihr Vermögen mit Handel erworben hatte und ihre Söhne zur See schickte. Cutter aber war ein Mann, für den die Seefahrt nur Mittel zum Zweck war. Über die Hälfte seiner Karriere hatte er im Pentagon verbracht, und das, fand Ryan, war kein Platz für einen richtigen Seemann. Auf jeden Fall hatte er die richtigen Kommandos bekommen, erst einen Zerstörer, dann einen Kreuzer, und dabei seine Sache so gut gemacht, daß er auffiel, und nur darauf kam es an. Die Karrieren vieler hervorragender Offiziere endeten abrupt beim Rang eines Captain, weil es ihnen nicht gelungen war, die Aufmerksamkeit eines Höherstehenden zu erregen. Was hatte Cutter getan, um sich aus der Menge hervorzuheben?

Wahrscheinlich hat er immer auf der Matte gestanden, sagte sich Jack und schloß seinen Vortrag bei Cutter, dem Sicherheitsbeamten des Präsidenten, ab.

Ryan mochte Cutter nicht besonders. Auch für seinen Amtsvorgänger Jeff Pelt hatte er nicht viel übrig gehabt, aber der war wenigstens fast so intelligent gewesen, wie es seiner Einschätzung entsprochen hatte. Der Drei-Sterne-Admiral Cutter hingegen war völlig überfordert und merkte das noch nicht einmal. Unangenehm für Ryan war, daß er nicht dem Präsidenten persönlich, sondern Cutter Bericht erstattete, ob es ihm nun paßte oder nicht. Und da sein Chef im Krankenhaus lag, würde er häufiger in diese Situation geraten.

«Was macht Greer?» fragte Cutter in seinem nasalen Neuengland-Akzent.

«Es liegen noch nicht alle Befunde vor.» Ryans Stimme verriet seine Besorgtheit. Es sah so aus, als litte sein Chef an Krebs der Bauchspeicheldrüse; Überlebenschancen null.

«Werden Sie seinen Posten übernehmen?» fragte Cutter.

«Das war eine taktlose Bemerkung, Admiral», warf Bob Ritter ein. «Während Admiral Greers Abwesenheit wird Dr. Ryan ihn hin und wieder vertreten.»

«Wenn Sie das so gut machen wie dieses Briefing, kommen wir bestimmt gut miteinander aus. Schade, das mit Greer. Hoffentlich kommt er durch», meinte Cutter mit so viel Gefühl in der Stimme, als habe er sich gerade nach dem Weg erkundigt.

Was für ein herzloser Mensch, dachte Ryan. Die Besatzungen seiner Schiffe mußten ihn mit Hingabe gehaßt haben.

Andererseits mußte Ryan zugeben, daß Cutter kein Narr war. Zwar fehlte ihm Ryans Fachwissen, und Pelts Instinkt für politische Ränke hinter den Kulissen ging ihm ebenfalls ab, aber er vermied es, bei seinen Unternehmungen das Außenministerium zu konsultieren. Von den inneren Mechanismen der Sowjetunion verstand er nicht die Bohne, aber er saß hinter diesem Eichenschreibtisch, weil er auf anderen Gebieten als Experte galt, Gebieten, die dem Präsidenten im Augenblick wichtig waren. Und hier wurde Ryan von seinem Intellekt im Stich gelassen. Anstatt diesen Gedanken bis zu seinem logischen Ende weiterzuverfolgen, schloß er seinen Vortrag über die Pläne des KGB in Mitteleuropa ab.

«Angenehm, Sie mal wieder gesehen zu haben, Dr. Ryan. Interessanter Vortrag. Ich werde die Angelegenheit dem Präsidenten vorlegen. Und wenn Sie uns nun entschuldigen würden: Mr. Ritter und ich haben etwas zu besprechen.»

«Wir sehen uns in Langley, Jack», sagte Ritter. Ryan nickte und ging. Die beiden anderen warteten, bis sich die Tür hinter ihm geschlossen hatte. Dann legte Ritter seine eigenen Pläne zu Operation SHOWBOAT dar. Der Vortrag dauerte zwanzig Minuten.

«Und wie koordinieren wir das?» fragte Admiral Ritter.

«Auf die übliche Weise. Das einzig Positive an dem Fiasko bei der versuchten Rettung der Geiseln im Iran war die Erkenntnis, wie sicher Satelliten-Kommunikationssysteme sind. Haben Sie die tragbaren Geräte schon einmal gesehen?» fragte Ritter. «Sie gehören zur Standardausrüstung der leichten Infanterie.»

«Nein, ich kenne nur Anlagen, wie sie auf Schiffen eingesetzt werden. Und die sind kaum tragbar.»

«Nun, das Gerät besteht aus zwei Komponenten: einer X-förmigen Antenne mit einem Drahtständer, der aussieht, als hätte man ihn aus alten Kleiderbügeln zurechtgebogen, und einem Tornistersender, der einschließlich Hörer nur sieben Kilo wiegt und sogar mit einer Morsetaste ausgerüstet ist für den Fall, daß der Funker nicht laut reden will. Die Anlage sendet auf UHF-SSB, und das Signal ist superverschlüsselt. Insgesamt die sicherste Kommunikationseinrichtung, die im Augenblick existiert.»

«Wie halten wir die Leute getarnt?» Das war eine Frage, die Cutter noch umtrieb.

«Wenn das Gebiet dicht besiedelt wäre», erklärte Ritter müde, «würde die Gegenseite es nicht benutzen. Außerdem operiert sie aus naheliegenden Gründen vorwiegend nachts. Unsere Leute werden sich also tagsüber verkriechen und nur in der Nacht in Bewegung sein. Dafür sind sie ausgebildet und ausgerüstet. Mit dieser Frage haben wir uns nun schon eine ganze Weile befaßt. Diese Männer sind bestens ausgebildet, und wir ...»

«Nachschub?»

«Käme mit Hubschrauber», erwiderte Ritter. «Das unternähmen Spezialeinheiten in Florida.»

«Ich finde immer noch, daß wir die Marines einsetzen sollen.»

«Die Marineinfanterie ist für eine andere Aufgabe ausgebildet, Admiral. Haben wir das nicht schon durchgesprochen? Diese jungen Leute hier sind besser trainiert, besser ausgerüstet, haben größtenteils Erfahrung in solchen Gebieten, und außerdem lassen sie sich sehr viel leichter unauffällig in das Programm bringen», erklärte Ritter vielleicht zum zwanzigsten Mal. Cutter war kein Mensch, der anderen zuhörte. Ritter fragte sich, ob er das beim Präsidenten auch so hielt, aber die Frage bedurfte keiner Antwort. Ein Flüstern vom Präsidenten hatte mehr Gewicht als ein Schrei aus einem anderen Quartier. Bedauerlich nur, daß sich der Präsident bei seinen Entscheidungen so oft auf Idioten wie Cutter verließ.

«Na ja, es ist schließlich Ihre Operation», meinte Cutter nach einem Augenblick. «Wann geht's los?»

«In drei Wochen. Gerade gestern abend ging die Meldung ein, daß alles vorzüglich läuft. Über die grundlegenden Fähigkeiten verfügen die Männer bereits alle. Nun geht es nur noch darum, ihnen ein paar spezielle

Tricks beizubringen. Zum Glück wurde bislang dort oben noch niemand verletzt.»

«In drei Wochen also.»

Ritter nickte. »Vielleicht auch ein bißchen später. Wir sind noch immer dabei, die über Satellit gewonnenen Erkenntnisse mit unseren Mitteln am Boden zu koordinieren.»

«Wird das auch alles funktionieren?» fragte Cutter rhetorisch.

«Ich bitte Sie, Admiral, das habe ich Ihnen doch alles schon dargelegt. Wenn Sie dem Präsidenten eine Zauberformel präsentieren wollen: die haben wir nicht. Wir können diese Kerle nur so pieksen, daß es weh tut. Das Resultat wird sich in den Medien gut machen, und vielleicht retten wir dabei noch ein paar Menschenleben. Ich persönlich bin der Ansicht, daß sich die Sache rentiert, auch wenn nicht viel dabei herauskommt.»

Angenehm an Ritter ist, dachte Cutter, daß er das Naheliegende nicht ausspricht. Selbstverständlich würde bei der Aktion etwas herauskommen. Jeder wußte, worum es in Wirklichkeit ging.

«Wie sieht es mit der Radarüberwachung aus?»

«Hierfür werden uns nur zwei Maschinen zur Verfügung gestellt. Im Augenblick testet man ein neues System, das dank hoher Frequenzbeweglichkeit, schmalem Suchstrahl und relativ niedriger Ausgangsleistung nur sehr schwer erfaßbar ist. Die ESM-Geräte, die vom Gegner inzwischen eingesetzt werden, sind gegen dieses neue System wirkungslos. Unsere Einheiten am Boden können also vier bis sechs der geheimen Landeplätze ausspähen und uns sofort Meldung machen, sobald eine Drogensendung unterwegs ist. Die modifizierten Radarflugzeuge E-2 werden die Flüge südlich von Kuba erfassen und so lange weiterverfolgen, bis der F-15-Pilot, den ich erwähnte, sie abfängt. Der Mann, ein echtes As, wie es heißt, ist schwarz und stammt aus New York. Seine Mutter wurde von einem Drogenabhängigen überfallen und so zugerichtet, daß sie ihren Verletzungen erlag. Sie können sich also vorstellen, was der Pilot von Drogenschmugglern hält. Er ist ein erstklassiger Mann, der für uns arbeiten und den Mund halten wird.»

«Nun gut», meinte Cutter skeptisch. «Was aber, wenn er später Gewissensbisse bekommt und –»

«Der Junge brennt darauf, den Tod seiner Mutter zu rächen. Er ist mit seiner Maschine für den Test des neuen Radarsystems abgestellt worden. Die beiden E-2 haben Besatzungen von der Marine, die von uns ausgewählt wurden – nach ähnlichen Kriterien wie der Pilot. Und vergessen Sie nicht, sowie die F-15 ihr Ziel erfaßt hat, schaltet die Radarmaschine ihr System aus und dreht ab. Wenn also Bronco, so heißt der Pilot, ein ankommendes Drogenflugzeug abzuschießen gezwungen ist, wird das niemand erfahren.»

«Und was kann in die Hose gehen?» fragte Cutter.

«Bei solchen Einsätzen so gut wie alles. Vor ein paar Monaten ging eine hastig angesetzte Operation schief, nur weil jemand falsch abbog...»

«Das war das KGB», sagte Cutter. «Darüber hat mich Jeff Pelt informiert.»

«Auch wir sind gegen solche Zwischenfälle nicht gefeit. Manchmal geht halt etwas schief. Wir haben auf jeden Fall getan, was wir konnten. Jeder Aspekt der Operation ist abgeschottet. Bei den Fliegern zum Beispiel kennt der Jägerpilot weder die E-2 noch ihre Besatzung – die beiden Einheiten sind füreinander nur Rufzeichen und Stimmen. Das Bodenpersonal weiß nicht, welche Flugzeuge beteiligt sind. Die Truppen, die wir am Boden einsetzen, erhalten ihre Instruktionen über Satellit – und wissen noch nicht einmal, woher. Und wer sie in das Land bringt, wird nicht wissen, wohin sie gehen und wer das Ganze angeordnet hat. Über alles wird nur eine Handvoll Leute informiert sein. Die Gesamtzahl der Menschen, die über Teilaspekte Bescheid wissen, beträgt knapp hundert. Geheimer geht es also nicht. Nun muß ich nur noch wissen, ob wir grünes Licht haben oder nicht. Und das ist Ihre Entscheidung, Admiral Cutter. Ich gehe übrigens davon aus», fügte er hinzu, «daß Sie den Präsidenten umfassend unterrichtet haben.»

Cutter mußte lächeln. Selbst in Washington kam es nur selten vor, daß man zur gleichen Zeit lügen und die Wahrheit sprechen konnte. «Selbstverständlich, Mr. Ritter.»

«Schriftlich?»

«Nein.»

«Dann sage ich die Operation ab», erklärte der Stellvertretende Direktor (Operationen) leise. «Die Verantwortung für dieses Ding lasse ich mir nicht zuschieben.»

«Bleibt es dann an mir hängen?» fragte Cutter. Zwar verriet seine Stimme keinen Zorn, aber aus seiner Miene wurde deutlich, was er empfand. Ritter flüchtete sich in das naheliegende Manöver.

«Richter Moore, der CIA-Chef, verlangt eine Ermächtigung. Oder wäre es Ihnen lieber, wenn er den Präsidenten persönlich darum bäte?»

Nun saß Cutter in der Klemme. Es war immerhin seine Aufgabe, den Präsidenten abzuschirmen. Er hatte zwar versucht, diese Bürde auf Ritter und/oder Richter Moore abzuwälzen, war aber in seinem eigenen

Büro ausmanövriert worden. Irgend jemand mußte für alles verantwortlich sein, Bürokratie hin und her. Trotz seines Geschicks war nun Vizeadmiral Cutter derjenige welcher. Bei seiner Marineausbildung hatte er natürlich gelernt, Verantwortung zu übernehmen, doch obwohl er Marineoffizier war und sich als solcher fühlte, auch wenn er nun die Uniform nicht mehr trug, war Verantwortung etwas, vor dem er sich seit Jahren gedrückt hatte. Im Pentagon war das kein Problem gewesen, und im Weißen Haus ging es noch leichter. Aber nun hatte er wieder den Schwarzen Peter in der Hand – die Verantwortung. So verwundbar war er nicht mehr gewesen, seit sein Kreuzer beim Bunkern um ein Haar einen Tanker gerammt hätte; damals hatte ihn sein Erster Offizier mit einem rechtzeitigen Befehl an den Rudergänger gerettet.

Cutter nahm einen Bogen aus dem Schreibtisch, auf dessen Briefkopf *The White House* stand. Dann zog er einen goldenen Füller aus der Tasche und stellte Ritter eine klare Ermächtigung aus. *Sie sind vom Präsidenten ermächtigt*... Der Admiral faltete den Bogen, steckte ihn in einen Umschlag und reichte ihn über den Tisch.

«Ich danke Ihnen, Admiral.» Ritter schob den Umschlag in die Innentasche seines Jacketts. «Ich werde Sie auf dem laufenden halten.»

«Seien Sie vorsichtig, wem Sie das zeigen», sagte Cutter kalt.

«Ich weiß ein Geheimnis zu wahren, Sir», gab Ritter zurück. «Schließlich ist das mein Beruf.» Er erhob sich und verließ erleichtert den Raum: Ihm konnte nun nichts mehr passieren. Der Sicherheitsberater des Präsidenten konnte das zwar nicht von sich behaupten, aber das war, wie Ritter fand, seine eigene Schuld.

Fünf Meilen entfernt stand Ryan in James Greers kaltem und leerem Dienstzimmer. Hier die Kaffeemaschine, mit der der Admiral und Stellvertretende Direktor (Nachrichten) sein starkes Marine-Gebräu produzierte, dort der hohe Richtersessel, in den der Alte sich zurückzulehnen pflegte, ehe er seine professoralen Erklärungen über Fakten und Theorien zum besten gab – oder seine Witze, denn Ryans Chef hatte Sinn für Humor.

Die Bäume vor den Fenstern im sechsten Stock waren sommergrün und versperrten die Sicht aufs Potomac-Tal. Immer, wenn es hier so richtig wild zugegangen war, waren die Äste kahl gewesen, entsann sich Ryan. Wie oft hatte er hinaus auf die Schneehaufen gestarrt und nach Antworten auf harte Fragen gesucht – manchmal mit Erfolg.

Vizeadmiral Greer würde den nächsten Winter nicht mehr erleben.

Ryans Chef lag im Marinehospital Bethesda, noch immer geistig wach, noch immer witzig, aber im Laufe der letzten drei Wochen hatte er sieben Kilo abgenommen und mußte wegen der Chemotherapie künstlich ernährt werden. Nicht zu reden von den Schmerzen: Ryan litt mit, wenn er die verkrampften Züge des Admirals sah, das Zucken der Glieder, wenn ein neuer Krampf kam.

«Scheiße!» stieß Jack leise hervor.

«Ich weiß, was Sie meinen, Dr. Ryan.»

«Hm?» Jack drehte sich um. Der Fahrer und Leibwächter des Admirals stand an der Tür und sah zu, wie Jack Dokumente einsammelte. Obwohl Jack der Assistent und praktisch der Stellvertreter Greers war, mußte er beim Sichten von Dokumenten, die nur für den Chef bestimmt waren, überwacht werden. Die Sicherheitsvorschriften der CIA sind streng und logisch.

«Ich weiß, was Sie meinen, Sir. Ich arbeite seit elf Jahren für ihn. Er ist nicht nur ein Vorgesetzter, sondern auch ein Freund. Zu Weihnachten hat er immer etwas für die Kinder und vergißt nie einen Geburtstag. Besteht denn noch Hoffnung?»

«Wohl kaum. Der Krebs hat sich zu weit verbreitet. Höchstens zwei Monate noch.» Ryan schüttelte den Kopf und ging resigniert an die Arbeit. Mit einem Schlüssel, den ihm der Leibwächter ausgehändigt hatte, öffnete er die Schreibtischschublade und griff dann, als er sie aufziehen wollte, daneben: Statt der Schublade erschien eine Schreibtischunterlage. Ihr Belag aus Löschpapier war mit braunen Ringen von Greers Kaffeetasse markiert, und ganz hinten entdeckte Ryan eine mit Klebeband befestigte Karteikarte. Darauf standen in Greers unverwechselbarer Handschrift zwei Safe-Kombinationen. Greer und Ritter, die beiden stellvertretenden Direktoren der CIA, hatten in ihren Dienstzimmern private Panzerschränke. Jack fiel nun ein, daß sein Chef schon immer ungeschickt im Umgang mit Kombinationsschlüsseln gewesen war und sich die Ziffern vermutlich für den Fall aufgeschrieben hatte, daß er sie vergaß. Seltsam fand er nur, daß Greer nicht nur die Kombination für seinen, sondern auch für Ritters Safe notiert hatte, entschied aber nach kurzem Nachdenken, daß die Maßnahme sinnvoll war. Es konnte ja sein, daß jemand ganz dringend an den Safe des Chefs Operationen mußte – für den Fall zum Beispiel, daß Ritter entführt wurde –, und dann kam nur ein hochrangiger Mann wie Greer in Frage. Vermutlich kannte Ritter auch die Kombination für Greers Safe. Und wer noch? fragte sich Ryan, verdrängte den Gedanken, schob die Schreibtischunterlage wieder hinein und zog die Schublade auf. Dort lagen die sechs Akten, die der Admiral sehen wollte – alles langfristige Prognosen. Nichts besonders Geheimes eigentlich, aber etwas, mit dem der Chief sich ablenken konnte in der kurzen Zeit, die ihm noch blieb.

Verdammt! wies Jack sich zurecht. Bloß nicht daran denken. Immerhin hat er noch eine winzige Chance. Und das ist besser als gar keine.

Mit einer Maschinenpistole war Chavez noch nie umgegangen. Seine persönliche Waffe war immer das Gewehr M-16 gewesen, oft mit einem Granatwerfer M-203 unterm Lauf. Er wußte auch die SAW zu gebrauchen, das belgische MG, das die Army erst kürzlich in ihr Inventar aufgenommen hatte, und war im Pistolenschießen ausgebildet worden. Maschinenpistolen aber waren schon vor langer Zeit ausrangiert worden; sie galten als unseriöse Waffen, die fürs Soldatenhandwerk nicht taugten.

Gefallen tat ihm das Ding, eine deutsche Heckler & Koch MP-5 SD2, trotzdem. Die Waffe war ausgesprochen unattraktiv. Dem mattschwarzen Finish fehlte die Glätte, und die MP war auch nicht so kompakt wie die israelische Uzi. Andererseits aber, sagte er sich, sollte sie nicht gut aussehen, sondern gut schießen, also zuverlässig sein. Wer dieses Teil entworfen hatte, dachte Chavez, als er die MP zum ersten Mal hob, wußte, worauf es beim Schießen ankommt. Die Waffe setzte sich, ungewöhnlich für ein deutsches Produkt, nicht aus einer Unzahl kleiner Teile zusammen, ließ sich daher rasch zum Reinigen zerlegen und in weniger als einer Minute wieder zusammensetzen. Sie lag gut an seiner Schulter, und sein Kopf senkte sich automatisch in die richtige Stellung, damit er durch das runde Visier schauen konnte.

«Feuer!» befahl Mr. Johnson.

Chavez hatte die MP auf Einzelfeuer gestellt und gab den ersten Schuß ab, um sich mit dem Abzug vertraut zu machen. Sie löste am Druckpunkt bei rund fünf Kilo sauber aus, der Rückstoß war gerade und sanft und ließ den Lauf nicht wie bei manchen anderen Waffen hoch und aus dem Ziel schnellen. Die Kugel fuhr natürlich mitten durch den Kopf des menschlichen Umrisses auf der Zielscheibe. Er gab einen weiteren ab, traf wieder, und schoß dann fünfmal in rascher Folge. Die wiederholten Schüsse ließen ihn ein wenig zurückweichen, doch die Rückstoßfeder absorbierte den größten Teil des Schlags. Er schaute auf und sah sieben Löcher in einer schön dichten Gruppe; die Silhouette hatte nun eine Nase wie ein ausgehöhlter Kürbis. Nun legte er den Wählhebel auf die Position «Feuerstoß» – Zeit, was loszumachen. Drei Kugeln in die Brust des

Zieles. Diese Gruppe war breiter gestreut, doch jeder Schuß würde tödlich gewirkt haben. Nach einem weiteren Versuch kam Chavez zu dem Schluß, daß er bei einem Dreierstoß das Ziel halten konnte. Vollautomatisches Feuer brauchte er nicht; das war ohnehin nur Munitionsverschwendung. Bei der Infanterie war Munition etwas, das man zu tragen hatte. Zuletzt schoß er sein Dreißig-Schuß-Magazin in gezielten Feuerstößen auf verschiedene Körperteile des Zieles leer und wurde mit Treffern, die genau dort saßen, wo er sie haben wollte, belohnt.

Am besten aber fand er, daß die Waffe kaum lauter war als das Rascheln trockenen Laubes. Ein Schalldämpfer fehlte; der Lauf selbst war schallgedämpft. Man vernahm nur das gedämpfte Klicken des Mechanismus und das Sausen des Geschosses. Wie der Ausbilder erklärte, benutzten sie Unterschall-Geschosse. Chavez nahm eine Patrone aus der Kiste. Die Spitze des Projektils war eingedellt und mußte sich im Körper des Getroffenen auf den Durchmesser einer mittelgroßen Münze abplatten. Augenblicklicher Tod als Folge eines Kopfschusses, fast augenblicklicher Tod nach einem Treffer in die Brust; doch wenn er mit Schalldämpfer üben sollte, erwartete man wohl von ihm, daß er sich auf Kopfschüsse konzentrierte. Er rechnete damit, daß er diese über eine Entfernung von fünfzehn bis achtzehn Meter akkurat schaffte – unter idealen Bedingungen sogar noch weiter, aber mit idealen Bedingungen rechnen Soldaten nicht. Unter normalen Umständen schlich man sich bis auf fünfzehn bis zwanzig Meter an den Gegner heran und erledigte ihn lautlos.

Das, worauf wir uns vorbereiten, dachte er, hat mit Üben bestimmt nichts zu tun.

«Nicht übel, Chavez», bemerkte der Ausbilder. Am Schießstand waren nur noch drei andere Männer. Pro Zug waren zwei MP-Schützen vorgesehen. Zwei Maschinengewehre SAW – eines hatte Julio –, und der Rest trug Gewehre M-16, zwei davon mit Granatwerfern. Alle sollten Pistolen bekommen. Das fand Chavez merkwürdig, aber abgesehen von dem zusätzlichen Gewicht nicht störend.

«Dieses Ding schießt echt gut, Sir.»

«Es gehört jetzt Ihnen. Wie gut sind Sie mit der Pistole?»

«Mittelmäßig bis gut, Sir. Ich benutze gewöhnlich ...»

«Ich weiß. Sie werden alle Gelegenheit zum Üben bekommen. Pistolen sind im Grund ziemlich nutzlos, aber manchmal ganz praktisch.» Johnson drehte sich um und wandte sich an den ganzen Zug. «So, die nächsten vier vortreten. Alle müssen wissen, wie diese Waffen hier funktionieren. Jeder muß ein Experte werden.»

Chavez gab die H & K an ein anderes Mitglied des Zuges weiter und trat zurück. Er war noch immer bemüht, herauszufinden, worum es hier eigentlich ging. Beim Infanteriekampf ging es ums direkte Töten; gewöhnlich sah man, was man anrichtete und wem man es zufügte. Die Tatsache, daß Chavez bisher noch nicht getötet hatte, war irrelevant; das Töten war trotzdem sein Geschäft, und die Art, auf die seine Einheit organisiert war, verriet ihm, welche Form der Einsatz annehmen würde. Es ging um eine Spezialoperation, kein Zweifel. Er kannte jemanden, der bei der in Fort Bragg stationierten Elitetruppe Delta Force war. Spezialoperationen waren im Grunde nur eine Verfeinerung der normalen Infanterietaktik. Man schlich sich so nahe wie möglich heran, mußte meist die Wachposten ausschalten, und dann schlug man so hart und schnell wie möglich zu, wie der Blitz. War die Aktion nicht innerhalb von zehn Sekunden oder weniger abgeschlossen, konnte das Ganze ein bißchen zu aufregend werden. Komisch fand Chavez die Ähnlichkeiten mit der Taktik, die Straßenbanden bei ihren Kriegen anwandten. Fairneß gab es im Krieg nicht. Man schlich sich an und schoß Menschen ohne Warnung in den Rücken. Man gab ihnen keine Chance. Doch was man einem Bandenmitglied als Feigheit vorwarf, galt bei einem Soldaten nur als gute Taktik. Chavez lächelte. Höchst unfair, wenn man es so betrachtete. Nun ja, die Army war halt besser organisiert als eine Bande. Außerdem wurden die Ziele von anderen ausgewählt. Der ganze Zweck einer Armee war wohl, daß ihre Aktionen für irgend jemanden einen Sinn ergaben. Das galt zwar auch für Banden, aber Armeen wurden von Hochgestellten gesteuert, Leuten, die wußten, was sie taten. Ihm mochte der Sinn des Unternehmens schleierhaft sein – Soldaten ging das oft so –, aber irgendwo saß jemand, der wußte, welchen Zweck die Sache hatte.

Chavez war zu jung, um sich an Vietnam erinnern zu können.

Die Verführung war der traurigste Aspekt des Jobs.

Auch auf diesem Gebiet seines Berufs war Cortez auf kalte Objektivität und Sachlichkeit trainiert worden, doch es war unmöglich, auf kalte Weise intim zu sein – zumindest, wenn man etwas erreichen wollte. Das hatte man selbst an der KGB-Akademie zugestanden, dachte er und lächelte ironisch, als man ihn, einen Latino, in die Irrungen und Wirrungen romantischer Liebe einzuweihen versuchte. Man paßte seine Methoden den Eigenheiten der Zielperson an, in diesem Fall einer sechsundvierzigjährigen, noch erstaunlich attraktiven Witwe. Er tat das nicht zum ersten Mal und wußte, daß solche Frauen immer ein wenig tapfer und ein wenig bemitleidenswert zugleich waren. Das sei ihr Problem und seine Chance, hatte man ihm bei der Ausbildung eingeschärft –, aber wie kann ein Mann mit einer solchen Frau intim werden, ohne ihren Schmerz zu spüren? Auf diese Frage hatten die Instruktoren vom KGB keine Antwort gewußt, ihn aber über die richtige Technik aufgeklärt: Auch er sollte erst kürzlich einen schweren Verlust erlitten haben.

Auch seine Frau sei an Krebs gestorben, erzählte er ihr. Er habe erst spät geheiratet und erst die Firma der Familie aufgebaut, ehe er vor erst drei Jahren seine Maria nahm. Sie war schwanger geworden, doch als sie sich beim Arzt den Befund abholen wollte, erfuhr sie, daß sie nur noch sechs Monate zu leben hatte. Nicht die geringste Chance für das Kind, und dann stand Cortez allein da. Vielleicht hat mich Gott gestraft, weil ich so eine junge Frau heiratete, sagte er in sein Weinglas, oder für die Ausschweifungen in meiner Jugend.

An diesem Punkt hatte Moira seine Hand berührt. Es sei gewiß nicht seine Schuld gewesen, hatte die Frau ihm gesagt. Und er hatte aufgeschaut und an ihrem mitfühlenden Blick erkannt, daß sie sich ähnliche Fragen gestellt haben mußte. Die Menschen waren so berechenbar. Man brauchte nur auf die richtigen Knöpfe zu drücken, und schon bekam man die gewünschten Reaktionen. Als ihre Hand seine berührte, war die Verführung schon gelungen. Doch wie sollte er ihre Gefühle erwidern, wenn er in ihr nichts anderes als ein Mittel zum Zweck sah? Er spürte ihren Schmerz, ihre Einsamkeit und nahm sich vor, gut zu ihr zu sein.

Und das war er auch, zwei Tage später. Rührend, komisch fast, wie nervös sie bei ihrer ersten Verabredung gewesen war. Ein hastiges Abendessen, dann die kurze Fahrt zu seinem Hotel. Noch etwas Wein, um die Spannung zu lösen, die beide empfanden, und was dann kam, war eine Entschädigung für das Warten. Sie war in ihren Reaktionen unverstellter, als er es von seinen üblichen Bettgenossinnen gewohnt war. Cortez war gut im Bett und stolz darauf; er strengte sich eine Stunde lang an, brachte sie auf den Höhepunkt und ließ die Leidenschaft so zart wie möglich ausklingen.

Nun lag ihr Kopf auf seiner Schulter; Tränen rannen langsam aus ihren Augen. Eine prächtige Frau, dachte Cortez. Ihr Mann, auch wenn er früh gestorben war, konnte von Glück sagen, eine Frau gehabt zu haben, die wußte, daß Stille die größte Leidenschaft bergen kann. Er schaute auf die Uhr auf dem Nachttisch. Zehn Minuten Schweigen; dann sprach er.

«Ich danke dir, Moira ... ich wußte ja gar nicht ...» Er räusperte sich. «Das war das erste Mal, seit ...» In Wirklichkeit war es erst eine Woche her. Dreißigtausend Pesos hatte jene Frau ihn gekostet, geschickt war sie gewesen, aber im Vergleich zu dieser hier...

Moiras Kraft verblüffte ihn. Ihre Umarmung war so heftig, daß er nur mit Mühe Atem schöpfen konnte. Der Rest seines Gewissens riet ihm, daß er sich nun eigentlich schämen sollte, aber dann sagte er sich, daß er mehr gegeben als genommen hatte.

Er nahm seine Zigaretten vom anderen Nachttisch.

«Rauchen ist ungesund», mahnte Moira Wolfe.

Er lächelte. «Ich weiß, ich muß aufhören. Aber nach dem, was du gerade mit mir angestellt hast», meinte er mit einem Zwinkern, «muß ich mich erst mal wieder fassen.» Schweigen.

«*Madre de Dios*», stieß er eine Minute später hervor.

«Was ist?»

Ein schelmisches Lachen. «Ich habe ja keine Ahnung, wer du bist.»

«Und was willst du von mir wissen?»

Ein glucksendes Lachen, ein Achselzucken. «Ach, nichts Wichtiges – was könnte schon bedeutender sein als das, was du gerade getan hast?» Ein Kuß. Eine Liebkosung. Wieder Schweigen. Er drückte die halbgerauchte Zigarette aus, um ihr zu zeigen, wie wichtig ihm ihre Meinung war. «Ich möchte gerne mehr von dir wissen, Moira, dich besser kennenlernen. Ich bin öfters geschäftlich in Washington... und ich bin die Einsamkeit müde», schloß er mit Überzeugung. Dann fügte er zögernd, stockend hinzu: «Wenn du es zuläßt.»

Sie küßte ihn sanft auf die Wange. «Gerne.»

Anstatt sie nun fest in die Arme zu nehmen, ließ Cortez seinen Körper in nicht ganz gespielter Erleichterung schlaff werden. Nach längerem Schweigen sprach er wieder. «Ich will dir von mir erzählen. Also, ich besitze zwei Fabriken, eine in Costa Rica, die andere in Venezuela. Ich stelle Werkzeugmaschinen und Autoteile her. Einfach ist das nicht; als Zulieferer hat man einen schweren Stand. Meine beiden jüngeren Brüder arbeiten auch in der Firma... So, und was machst du?»

«Ich bin seit zwanzig Jahren Chefsekretärin.»

«Ja? Ich habe auch eine.»

«Der du hinterhersteigst.»

«Consuela könnte meine Mutter sein und hat schon für meinen Vater gearbeitet. Geht das so in Amerika? Steigt dein Chef dir etwa hinterher?» fragte er mit einem Anflug von eifersüchtiger Empörung.

Sie lachte. «Unsinn. Ich arbeite für Emil Jacobs, den Direktor des FBI.»

«Der Name ist mir kein Begriff.» Eine Lüge. «Das FBI ist wie unsere *federales*, soviel ich weiß. Und du bist dort also die Vorgesetzte aller Sekretärinnen?»

«Nein, ich kümmere mich vorwiegend um Mr. Jacobs' Terminkalender. Du glaubst ja nicht, wie beschäftigt er ist – Besprechungen, Konferenzen, Tagungen. Und ich muß dafür sorgen, daß alles klappt.»

«Ja, ohne meine Consuela wäre ich auch aufgeschmissen.» Cortez lachte. «Sag mal, was ist dieser Mr. Jacobs eigentlich für ein Mann? Als kleiner Junge wollte ich immer zur Polizei, einen Revolver tragen und mit dem Auto herumfahren. Man muß sich doch toll fühlen, wenn man der oberste Polizist ist.»

«Eigentlich hat er einen reinen Verwaltungsposten. Als Mann an der Spitze beschäftigt man sich vorwiegend mit dem Etat und leitet Sitzungen.»

«Aber sicher erfährt er auch interessante Dinge, die andere nicht wissen. Über Verbrecher und Fahndungen zum Beispiel.»

«Unter anderem. Zu unseren Aufgaben gehört auch die Spionageabwehr.»

«Macht das nicht die CIA?»

«Nein. Ich darf nicht darüber reden, aber die Spionageabwehr ist eine Funktion des FBI. Ganz langweilige Sache im Grunde. Alle Berichte gehen über meinen Schreibtisch.»

«Erstaunlich», merkte Cortez scheinbar desinteressiert. «Du kennst alle Tricks einer Frau und tust obendrein noch etwas für meine Bildung.» Mit einem Lächeln munterte er sie auf, sich weiter auszulassen. Der Idiot, der ihn auf sie angesetzt hatte, war der Ansicht gewesen, sie müsse mit Geld bestochen werden. Mein Ausbildungsoffizier würde stolz auf mich sein. Mit Geld war man beim KGB immer knausrig.

«Nimmt er dich hart ran?» fragte Cortez eine Minute später.

«Manchmal komme ich erst spät aus dem Büro, aber im großen und ganzen ist er gut zu mir.»

«Wenn er dich zu viel arbeiten läßt, werde ich mir diesen Mr. Jacobs einmal vornehmen. Was, wenn ich nach Washington komme und dich nicht sehen kann, weil du arbeiten mußt?»

«Willst du wirklich...?»

«Moira.» Sein Timbre änderte sich. Cortez erkannte, daß er zum ersten Mal zu forsch gewesen war. Das Ganze war zu leicht gewesen; er hatte zu viele Fragen gestellt. Diese Frau war zwar eine einsame Witwe, hatte aber eine hohe und verantwortungsvolle Stelle und mußte demnach intelligent sein. Andererseits war sie eine Frau mit Gefühlen und Leidenschaften. Er bewegte die Hände und den Kopf, sah die Frage in ihrem Gesicht: noch mal? Er lächelte: Ja, noch mal.

Diesmal war er nicht mehr so geduldig wie ein Mann, der unbekanntes Territorium erkundet. Nun, da er wußte, was ihr gefiel, ging er zielstrebiger vor. Zehn Minuten später hatte sie alle seine Fragen vergessen; erinnern würde sie sich nur noch an seinen Geruch und seine Berührungen. Sie würde sich wieder jung fühlen und nur fragen, wo das alles hinführen sollte – aber nicht, warum und wie es begonnen hatte.

Ihre Kolleginnen und Kollegen merkten es sofort. Nach nur sechs Stunden Schlaf kam sie wie auf Wolken ins Büro und trug ein Kostüm, das sie seit einem Jahr nicht angerührt hatte, und ihre Augen funkelten. Selbst Direktor Jacobs fiel das auf, aber niemand sagte etwas. Jacobs hatte selbst wenige Monate vor Moiras Verlust seine Frau begraben müssen, und er wußte, daß sich eine solche Lücke mit Arbeit allein nicht füllen läßt. Gönne ich ihr, dachte er und nahm sich vor, sie nicht mehr so einzuspannen.

8

Aufmarsch

Verblüffend eigentlich, wie glatt alles gegangen ist, dachte Chavez. Gewiß, sie waren alle Sergeants, aber wer diese Operation geplant hatte, mußte ein kluger Mann sein, denn jedem Soldaten war seine Funktion von vornherein zugewiesen worden. In der Kompanie war zum Beispiel ein Stabs-Sergeant, der Captain Ramirez bei der Planung half. Es gab auch einen Sanitäter und einen Funker, alle natürlich mit Gefechtsausbildung; und Julio Vega und Juan Piscador waren MG-Schützen gewesen. Jedes Mitglied des Teams paßte genau auf seinen vorbestimmten Posten, und weiteres interdisziplinäres Training erhöhte nur den Respekt, den man voreinander empfand. Nach der harten Ausbildung im schweren Gelände war ihr professioneller Stolz noch größer als bei der Ankunft, und binnen zwei Wochen arbeiteten sie so reibungslos zusammen wie eine gutgeölte Maschine. Chavez, der die Ranger-Schule durchlaufen hatte, war Mädchen für alles und Späher. Seine Aufgabe war es, den anderen voraus von einer Deckung zur anderen zu schleichen, zu beobachten und zu lauschen, und dann Captain Ramirez Meldung zu machen.

«So, und wo sind sie?» fragte der Captain.

«Zweihundert Meter vor uns, gleich da um die Ecke», flüsterte Chavez. «Fünf insgesamt. Drei schlafen, zwei sind wach. Einer sitzt am Feuer. Der andere hat eine MP, er hat einmal einen Kontrollgang gemacht.»

Es war zwar Sommer, aber hier oben in den Bergen trotzdem kühl. In der Ferne heulte ein Kojote den Mond an. Hin und wieder raschelte ein Tier im Unterholz, und das einzige von Menschen erzeugte Geräusch war ferner Fluglärm. In der klaren Nacht war die Sicht erstaunlich gut, auch ohne die Infrarot-Sichtgeräte, mit denen sie normalerweise ausgerüstet waren. In der dünnen Höhenluft funkelten die Sterne nicht, sondern schienen als stetige, scharfe Lichtpunkte.

Ramirez und die anderen Männer des Teams trugen Tarnanzüge und hatten sich die Gesichter geschminkt, so daß sie mit ihrer Umgebung verschmolzen. Wichtiger noch, sie fühlten sich in der Finsternis völlig zu Hause. Die Nacht war ihr bester und mächtigster Freund. Alle Sinne, Instinkte und Empfindungen des Menschen, der von Natur aus ein Tagtier ist, funktionierten am besten im Licht, und sein Biorhythmus bewirkte auch, daß er nachts weniger einsatzfähig war – es sei denn, er hatte sich so hart bemüht, dieses Manko zu überwinden, wie diese Soldaten hier. Selbst die naturverbundenen Indianer hatten die Nacht gefürchtet und so gut wie nie im Dunkeln gekämpft; sogar ihre Lager hatten sie nachts nicht bewacht und so der alten US-Army Gelegenheit zur Entwicklung einer Nachtkampf-Doktrin gegeben. Wer nachts ein Feuer anzündet, tut das nicht nur der Wärme wegen, sondern auch, um sehen zu können; in Wirklichkeit reduziert er dabei seine Sichtweite auf wenige Meter. Das geübte menschliche Auge hingegen sieht in der Dunkelheit ziemlich gut.

«Nur fünf?»

«Mehr konnte ich nicht zählen, Sir.»

Ramirez nickte und winkte zwei weitere Männer nach vorn. Einige leise Befehle wurden gegeben. Dann schlug er sich mit den beiden anderen nach rechts, um an eine Stelle über dem Lager zu gelangen. Chavez ging wieder nach vorn. Er hatte die Aufgabe, den Wachposten auszuschalten, zusammen mit seinem am Feuer dösenden Kameraden. Geräuschloses Vorankommen ist in der Dunkelheit schwieriger als Sehen. Er trat behutsam auf, tastete nach Dingen, die abrutschen oder knacken konnten – das menschliche Gehör wird oft unterschätzt. Bei Tageslicht hätte seine Fortbewegungsweise komisch gewirkt. Am schlimmsten war, daß er nur langsam vorankam; Chavez war ein junger Mann, zu dessen Tugenden die Geduld nicht gehörte. Er ging gebückt vor, hielt die Waffe im Anschlag, um gegen Überraschungen gefeit zu sein, und als der Augenblick gekommen war, schien ein elektrischer Strom durch seine Haut zu fließen; alle seine Sinne waren gespannt. Langsam drehte er den Kopf nach rechts, dann nach links; er faßte nichts scharf ins Auge, denn Gegenstände, die man in der Dunkelheit anstarrt, haben die Neigung, nach wenigen Sekunden unsichtbar zu werden.

Etwas beunruhigte Chavez, aber er wußte nicht, was es war. Er blieb kurz stehen, schaute sich um, richtete alle seine Sinne für dreißig Sekunden nach links. Nichts. Zum ersten Mal in dieser Nacht sehnte er sich nach seinem Sichtgerät. Ding zuckte die Achseln. Vielleicht war es ein Eichhörnchen gewesen oder ein anderes Tier, das nachts auf Nahrungssuche ging. Jedenfalls kein Mensch. Niemand bewegt sich im Dunkeln so lautlos wie ein Ninja, sagte er sich mit einem Lächeln und wandte sich wieder seiner Aufgabe zu. Wenige Minuten später hatte er seine Position erreicht, hinter einer schmächtigen Tanne, und war behutsam in die Knie gegangen. Chavez klappte den Deckel vom grünen Zifferblatt seiner Digitaluhr und wartete den vereinbarten Moment ab. Da war der Wachposten, der im Kreis um das Feuer marschierte, sich nie weiter als zehn Meter von ihm entfernte und bemüht war, nicht in die Flammen zu schauen, um seine Nachtsicht nicht zu reduzieren. Doch der von Felsen und Bäumen zurückgeworfene Feuerschein mußte seine Wahrnehmungsfähigkeit doch getrübt haben, denn er blickte Chavez zweimal direkt an, ohne ihn zu sehen.

Es war soweit.

Chavez hob seine MP-5 und schoß dem Mann eine Kugel in die Brust. Der Getroffene verzog beim Einschlag das Gesicht, schlug die Hände auf die getroffene Stelle und fiel mit einem Ausruf der Überraschung zu Boden. Die MP-5 verursachte nur ein leises metallisches Klacken, als sei ein kleiner Stein gegen einen anderen gerollt, aber das Geräusch war dennoch ungewöhnlich. Der Schläfrige am Feuer begann sich umzudrehen, wurde aber getroffen, noch ehe er die Bewegung vollenden konnte. Chavez sah sich im Vorteil und legte gerade die Waffe auf einen der Schlafenden an, als das unverkennbare Rattern von Julios automatischer Waffe die drei aus ihrem Schlummer riß. Alle sprangen hoch und waren schon tot, ehe sie richtig auf die Beine kamen.

«Wo kommst du denn her?» fragte der «tote» Wachposten empört. Die Stelle an seiner Brust, wo ihn das *Wachsgeschoß* getroffen hatte, schmerzte. Als er sich wieder aufgerichtet hatte, standen Ramirez und die anderen schon im Lager.

«Gut gemacht, Junge», sagte jemand hinter Chavez, und eine Hand fiel auf seine Schulter. Chavez fuhr vor Schreck fast aus den Kleidern, als der Mann an ihm vorbei zum Lagerfeuer ging. «Kommen Sie mit.»

Ein verdatterter Chavez folgte dem Mann und sicherte dabei seine Waffe – die Wachsgeschosse konnten schwere Verletzungen anrichten, wenn sie einen Mann ins Gesicht trafen.

«Zählen wir das als Erfolg», erklärte der Mann. «Fünf Tote, keine Reaktion vom Gegner. Captain, Ihr MG-Schütze hat es etwas übertrieben. Nicht so heftig ballern; den Lärm einer automatischen Waffe hört man meilenweit. Außerdem hätte ich versucht, noch näher heranzugehen – etwa bis zu diesem Felsen da, das wäre noch besser gewesen. Na, vergessen wir das. Mein Fehler. Das Gelände kann man sich nicht immer aussuchen. Mir gefiel die Disziplin beim Anmarsch, und Sie haben sich vorzüglich ans Ziel herangeschlichen. Ihr Mann Chavez ist erstklassig. Er hätte mich beinahe ausgemacht.» Ein schwacher Trost, dachte Chavez.

«Und wer sind Sie überhaupt?» fragte Ding.

«Junge, ich habe so etwas schon im Ernst betrieben, als Sie noch mit Zündblättchen geknallt haben. Außerdem hatte ich einen unfairen Vorteil.» Clark hob sein Nachtsichtgerät. «Ich habe meinen Weg äußerst sorgfältig gewählt, bin jedesmal erstarrt, wenn Sie den Kopf gedreht haben. Was Sie hörten, war mein Atem. Fast hätten Sie mich erwischt. Ich dachte schon, ich hätte die Übung ruiniert. Verzeihung. Mein Name ist übrigens Clark.» Eine Hand erschien.

Der Sergeant ergriff sie.

«Nicht übel, Chavez. So eine gute Leistung habe ich lange nicht mehr gesehen. Die Fußarbeit gefiel mir ganz besonders. Sie hätten wir beim dritten SOG gebrauchen können.» Dieses Lob, sein höchstes, spendete Clark nur selten.

«Und was ist das?»

Ein Grunzen, ein ersticktes Gelächter. «Eine Einheit, die nie offiziell existierte – na, lassen Sie mal gut sein.»

Clark untersuchte die beiden von Chavez getroffenen Männer. Beide rieben durch ihre kugelsicheren Westen eine Stelle direkt überm Herzen.

«Und schießen können Sie auch.»

«Mit dieser Waffe trifft doch jeder.»

Clark drehte sich um und schaute den jungen Mann an. «Vergessen Sie nicht, im Ernstfall sieht das anders aus.»

Chavez erkannte, daß diese Bemerkung nicht zum Scherz gemacht worden war. «Was soll ich anders machen, Sir?»

«Jetzt wird's schwierig», gestand Clark zu, als sich der Rest des Teams dem Feuer näherte. Er sprach zu Chavez wie ein Lehrer zu einem begabten Schüler. «Einerseits müssen Sie so tun, als wäre es nur eine Übung. Andererseits muß Ihnen klar sein, daß Sie sich keine Fehler mehr leisten können. Auf jeden Fall haben Sie den richtigen Instinkt. Trauen

Sie ihm. Er wird Sie am Leben halten. Wenn Sie ein ungutes Gefühl haben, stimmt wahrscheinlich auch etwas nicht. Verwechseln Sie das nie mit Angst.»

«Wie bitte?»

«Sie werden da draußen Angst bekommen, Chavez. Mir jedenfalls ging das immer so. Gewöhnen Sie sich daran; es kann sich für oder gegen Sie auswirken. Aber schämen Sie sich deswegen bloß nicht. Das Hauptproblem draußen in der Wildnis sind Leute, die Angst vor der Angst haben.»

«Sir, wofür üben wir eigentlich?»

«Das weiß ich noch nicht. Ist nicht meine Abteilung.» Hier gelang es Clark, seine Gefühle zu verheimlichen. Die Ausbildung stand nämlich nicht ganz im Einklang mit der vorgeblichen Natur der Mission. Gut möglich, daß Ritter mal wieder superschlau war. Nichts bereitete Clark mehr Kummer als ein überschlauer Vorgesetzter.

«Sie werden aber mit uns arbeiten, oder?»

Überaus gerissene Bemerkung, dachte Clark. «Mag sein», gab er widerwillig zu. Er hatte zwar nichts dagegen, mit diesen Männern zusammenzuarbeiten, machte sich aber Sorgen wegen der Bedingungen, die später seine Teilnahme erforderlich machen konnten. Wirst du für so was nicht langsam zu alt? fragte er sich insgeheim.

«Nun?» fragte Direktor Jacobs. Auch Bill Shaw war zugegen.

«Er hat's natürlich getan, dieser Wegener», erwiderte Murray und griff nach seiner Kaffeetasse. «Es wird nur nicht einfach sein, ihn dafür vor Gericht zu stellen. Der Mann ist nicht auf den Kopf gefallen, und seine Mannschaft steht hinter ihm. Wenn Sie einmal seine Akte aufschlagen, sehen Sie den Grund. Er ist ein außergewöhnlicher Offizier. An dem Tag, an dem wir ihn aufsuchten, hatte er gerade die Besatzung eines brennenden Fischkutters gerettet und war dabei so nahe herangegangen, daß sein Schiff angekohlt wurde. Sicher, wir können alle Mann einzeln vernehmen, aber es wird nicht einfach sein herauszufinden, wer nun direkt beteiligt war. Ich würde angesichts der Tatsache, daß uns ein Senator über die Schulter schaut, den Fall lieber auf sich beruhen lassen. Bright war natürlich nicht begeistert, aber ich habe ihn etwas beruhigt.»

«Wie steht die Verteidigung der beiden Angeklagten da?» fragte Jacobs.

«Nicht sehr gut. Auf den ersten Blick liegt der Fall klar. Der ballistische Abgleich der Kugel ist positiv. Sie wurde im Deck gefunden und stammte aus einer Waffe, die die Fingerabdrücke der beiden Männer trug – ein echter Glücksfall. Blut, das in der Umgebung der Fundstelle des Geschosses gefunden wurde, war von der Gruppe AB positiv, die Blutgruppe der Ehefrau. Ein Fleck auf dem Teppich knapp einen Meter weiter bestätigte, daß sie ihre Periode hatte; im Zusammenhang mit zwei Spermaflecken ein deutlicher Hinweis auf Vergewaltigung. Im Augenblick wird unten im Labor an den Spermaproben ein Genomtest durchgeführt – wetten, daß der positiv ausfällt? Außerdem haben wir ein halbes Dutzend blutiger Fingerabdrücke, die zu den Angeklagten passen. Indizien gibt es also mehr als genug. Für eine Verurteilung reicht das bereits aus», sagte Murray zuversichtlich. «Die Staatsanwaltschaft wird die Todesstrafe anstreben und wohl auch erreichen. Die Frage ist nur, ob wir zulassen, daß die beiden auspacken und mit einer leichteren Strafe davonkommen. Nun ja, es ist halt nicht mein Fall.» Das trug Murray ein Lächeln des Direktors ein.

«Tun Sie doch mal so, als ob es Ihrer wäre», befahl Jacobs.

«In etwa einer Woche sollten wir wissen, ob wir auf die Aussagen der beiden angewiesen sind oder nicht. Mein Instinkt sagt mir, daß die beiden wertlos für uns sind. Es sollte sich doch feststellen lassen, für wen das Opfer arbeitete, und das wäre dann derjenige, der den Mord befahl. Nur das Motiv kennen wir noch nicht. Unwahrscheinlich ist, daß uns die Angeklagten etwas dazu sagen können. Eine Chance werden wir ihnen geben müssen, aber ich finde, wir sollten uns gegen eine Milderung der Strafe aussprechen. Immerhin geht es hier um vier Morde, und ekelhafte dazu. Ich finde, die Kerle gehören auf den elektrischen Stuhl.»

«Werden Sie etwa auf Ihre alten Tage noch radikal?» warf Bill Shaw, einer der führenden Köpfe des FBI, ein.

«Der Staatsanwalt ist ebenfalls dieser Ansicht, Dan», sagte Direktor Jacobs. «Diesen Männern muß ein für allemal das Handwerk gelegt werden.»

Als ob das einen großen Unterschied machte, dachte Murray. Ihm kam es nur darauf an, daß zwei Mörder den Preis für ihre Taten zahlten. Da an Bord der Jacht Drogen gefunden worden waren, kam das Gesetz, das Mord im Zusammenhang mit Rauschgift mit dem Tode bestraft, zum Tragen. Daß die Verbindung in diesem Fall nur lose war, störte die drei Männer im Raum nicht. Für sie war entscheidend, daß es um vorsätzlichen und brutalen Mord ging.

Wenn Murray, der eine humanistische Bildung genossen hatte, an den Drogenhandel dachte, fiel ihm die Hydra ein, das vielköpfige Fabelwesen. Schlug man ihr einen Kopf ab, wuchsen an seiner Stelle zwei neue nach. Mit dem Drogenhandel war es ähnlich, denn es ging um Riesensummen, um mehr Geld, als sich die Beteiligten, simple Männer zumeist, jemals erträumen konnten. Man konnte schon nach einem einzigen Deal für den Rest seines Lebens ausgesorgt haben, und es gab viele, die bewußt und bereitwillig für diesen einen Deal ihr Leben aufs Spiel setzten. Und was war jemandem, der so hoch und rücksichtslos spielte, das Leben eines anderen wert? Die Antwort lag auf der Hand. Und so töteten diese Männer so lässig und brutal wie ein Kind, das Ameisen zertritt. Sie töteten störende Konkurrenten, weil ihnen Konkurrenz nicht paßte, sie töteten auch deren Familien, um zu verhindern, daß in fünf oder zehn Jahren ein rachedurstiger Sohn auf den Plan trat. Und dann wurde auch aus Gründen der Abschreckung gemordet.

In diesem Fall hatten sie der Hydra also zwei Häupter abgeschlagen. In rund drei Monaten kam die Sache dann vor Gericht, voraussichtliche Verhandlungsdauer eine Woche. Die Verteidigung würde ihr Bestes tun, doch wenn die Anklage ihre Beweise fehlerfrei präsentierte, mußte sie siegen. Zu erwarten war, daß die Verteidigung versuchte, die Küstenwache zu diskreditieren, doch die Geschworenen würden in Captain Wegener einen Helden und in den Angeklagten nur Abschaum sehen. Dann die erschwerenden Umstände: Mord an einer ganzen Familie, vermutlich Vergewaltigung, Mord an Kindern, Drogen obendrein. Es sei aber eine Million Dollar an Bord gewesen, würde die Verteidigung kontern, der ermordete Vater sei in Drogengeschäfte verwickelt gewesen. Und welche Beweise liegen vor, würde die Anklage unschuldig fragen, und hatten Frau und Kinder etwas damit zu tun? Die Geschworenen würden sich das alles stumm und nüchtern und fast ehrfürchtig anhören und sich der Form halber lange und gründlich beraten und dann die Angeklagten für schuldig erklären: Todesstrafe. Mit Berufung war fast automatisch zu rechnen, doch wenn dem Richter keine Verfahrensfehler unterlaufen waren, konnte sie keinen Erfolg haben. Das Ganze würde sich über Jahre hinziehen, doch am Ende kamen die beiden auf hölzerne Stühle, wurden festgeschnallt, und dann legte jemand einen Schalter um.

Murray war's zufrieden. Er war zwar ein erfahrener und kultivierter Mann, aber doch vor allem nach wie vor Polizist. Nach der Absolvierung der FBI-Akademie hatten er und die anderen dieses Jahrgangs tatsächlich geglaubt, die Welt verändern zu können. Laut Statistik war ihnen das in mancher Hinsicht gelungen, aber Statistik war zu trocken, zu distanziert, zu inhuman. Für Murray war der Krieg gegen das Verbrechen eine endlose Reihe kleiner Schlachten. Opfer wurden allein beraubt, entführt oder ermordet; es waren Individuen, die von den streitbaren Priestern des FBI gerettet oder gerächt werden mußten. Auch hier prägte seine katholische Erziehung seine Auffassungen; das FBI war nach wie vor eine Bastion katholischer Amerikaner irischer Abstammung. Er mochte die Welt nicht verändert haben, aber er hatte Leben gerettet und Morde gerächt. Wie immer würden neue Kriminelle auf der Bildfläche erscheinen, aber seine Schlachten hatten alle ein siegreiches Ende gefunden, und er glaubte fest, daß am Ende unterm Strich ein Bonus für die Gesellschaft herausgekommen war. So fest wie sein Glaube an Gott war seine Überzeugung, daß jeder erwischte Straftäter irgendwo ein gerettetes Leben bedeutete.

Und auch hier hatte er dazu beigetragen.

Dem Drogengeschäft aber würde das nichts ausmachen. Sein neuer Posten zwang ihn zu einem Überblick, den sich normale Agenten nur nach Dienstschluß bei einem Glas leisten konnten. Zwei Männer waren aus dem Verkehr gezogen, aber der Hydra waren bereits zwei neue Köpfe gewachsen, wenn nicht sogar mehr. Murrays Fehler war, die Sage nicht bis zu ihrem Ende zu verfolgen; andere taten das bereits. Herkules hatte die Hydra durch Änderung seiner Taktik besiegt. Einer der Männer, die sich an diesen Ausgang erinnerten, saß in seinem Zimmer. Noch nicht gelernt hatte Murray, daß auf der Ebene, auf der Politik gemacht wird, die Perspektive allmählich die Ansichten verändert.

Cortez gefiel die Aussicht, obwohl die Luft hier in diesem Adlerhorst etwas dünn war. Sein neuer Vorgesetzter verstand es, auf oberflächliche Weise seine Macht zu demonstrieren, und saß mit dem Rücken zu dem breiten Fenster, damit jene, die vor seinem riesigen Schreibtisch Platz nahmen, seinen Gesichtsausdruck nicht lesen konnten. Er hatte den leisen, gelassenen Tonfall der Mächtigen. Seine Gesten waren knapp, seine Worte mild. In Wirklichkeit aber war er ein brutaler Mann, wie Cortez wußte, und trotz seiner Bildung nicht so weltläufig wie er selbst; aber aus diesem Grunde war er ja auch eingestellt worden. Der ehemalige Oberst, der in Moskau seine Ausbildung erhalten hatte, konzentrierte sich also auf den Blick über das grüne Tal und ließ Escobedo seine Power-Spielchen treiben. Cortez hatte sie schon mit wesentlich gefährlicheren Männern gespielt.

«Nun?»

«Ich habe zwei Personen rekrutiert», erwiderte Cortez. «Eine wird uns gegen Bezahlung Informationen liefern. Die andere wird auf andere Weise entschädigt. Zwei weitere Kandidaten habe ich mir angesehen, aber als unpassend verworfen.»

«Und wer sind die beiden, die Sie benutzen wollen?»

«Moment.» Cortez schüttelte den Kopf. «Ich sagte Ihnen bereits, daß die Identität meiner Agenten geheim bleiben muß. Das ist ein nachrichtendienstliches Prinzip. Ihre Organisation ist von Informanten durchsetzt, und unbedachtes Gerede würde unsere Fähigkeit, die von Ihnen gewünschten Informationen zu sammeln, beeinträchtigen. *Jefe*», schmeichelte er, denn diesem Mann mußte man um den Bart gehen, «*Jefe*, Sie haben mich wegen meiner Kenntnisse und Erfahrung eingestellt. Lassen Sie mich nun meine Arbeit richtig tun. Die Qualität meiner Quellen werden Sie anhand der Informationen, die ich Ihnen liefern werde, erkennen. Ich kann Sie verstehen. Selbst Castro fragte mich nach meinen Agenten und bekam dieselbe Antwort. Es geht einfach nicht anders.»

Das trug Cortez ein Grunzen ein. Escobedo ließ sich gerne mit einem Staatschef vergleichen und lieber noch mit einem, der den *yanquis* seit einer Generation so erfolgreich getrotzt hatte.

«Und was haben Sie in Erfahrung gebracht?»

«Es ist etwas im Gange», sagte er so gelassen, daß es fast überheblich klang. «Die amerikanische Regierung arbeitet an einem neuen Programm, dessen Ziel erhöhte Abfangquoten sind. Genaues wissen meine Quellen bislang nicht, haben die Information aber von mehreren verschiedenen Stellen erhalten. Quelle zwei wird bestätigen können, was ich von Quelle eins erfahre.» Escobedo erkannte die Bedeutung dieser Erklärung, die Cortez bei jedem richtigen Geheimdienst eine Belobigung eingetragen hätte, nicht: Die Rekrutierung zweier einander ergänzender Quellen war eine ganz besondere Leistung.

«Was werden uns die Informationen kosten?»

Immer denkt er nur ans Geld, dachte Cortez und unterdrückte ein Gähnen. Kein Wunder, daß er einen Profi für seinen Sicherheitsapparat braucht. Nur ein Narr glaubt, alles kaufen zu können.

«Es ist besser, viel für eine hochplazierte Quelle auszugeben, als das Geld an viele kleine Funktionäre zu vergeuden. Für eine Viertelmillion Dollar werden wir die benötigten Informationen bekommen.» Den Löwenanteil wollte Cortez, der ja auch seine Kosten hatte, für sich selbst behalten.

«Mehr nicht?» fragte Escobedo ungläubig. «Ich zahle ja mehr für...»

«Ihre Leute haben eben nie die richtigen Methoden angewandt, *jefe*. Informanten bezahlt man für das, was sie wissen; nicht für das, was sie sind. Noch nie sind Sie systematisch gegen Ihre Feinde vorgegangen. Wenn Sie über die richtigen Informationen verfügen, können Sie Ihre Mittel viel wirksamer einsetzen und strategisch handeln, nicht bloß taktisch», schloß Cortez.

«Jawohl! Die müssen lernen, daß mit uns nicht zu spaßen ist!»

Felix Cortez sagte sich nicht zum ersten Mal, daß es sein Hauptziel war, das Geld zu nehmen und zu fliehen, vielleicht ein Haus in Spanien zu kaufen – oder diesen Egomanen zu verdrängen. Keine üble Idee. Aber das mußte noch warten. Escobedo mochte ein Egomane sein, aber er war auch ein gerissener, zu blitzartigem Handeln fähiger Mann. Hier gab es keine Bürokratie, keine endlose Reihe von Schreibtischen, über die eine Meldung laufen mußte. Dafür respektierte er *El Jefe*. Der Mann verstand es wenigstens, eine Entscheidung zu treffen. Früher mochte der KGB einmal so funktioniert haben, vielleicht sogar die amerikanischen Geheimdienstorgane. Aber das war Vergangenheit.

«Noch eine Woche», meldete Ritter dem Sicherheitsberater.

«Schön zu hören, daß alles läuft», merkte der Admiral an. «Und was dann?»

«Warum entscheiden Sie das nicht? Schaffen wir doch Klarheit», schlug der Stellvertretende Direktor (Operationen) vor und erinnerte: «Immerhin war die Operation ursprünglich Ihre Idee.»

«Nun, ich konnte Direktor Jacobs überzeugen», versetzte Cutter mit einem selbstgefälligen Lächeln. «Wenn wir startbereit sind, wird Jacobs runterfliegen und Kontakt mit dem dortigen Justizminister aufnehmen. Unser Botschafter sagt, die Kolumbianer seien fast uneingeschränkt kooperationsbereit. Ihre Lage ist noch verzweifelter als unsere, und ...»

«Sie haben doch nicht etwa ...»

«Nein, Bob, der Botschafter weiß nichts. Klar?» Ich bin doch kein Idiot, sagte Cutters Blick dem CIA-Mann. «Wenn Jacobs die Kolumbianer überzeugen kann, werden wir unsere Teams so bald wie möglich absetzen. Nur eine Änderung möchte ich vornehmen.»

«Und die wäre?»

«Es geht um die Luftoperationen. Sie sagten, die Radarflugzeuge machten bereits Ziele aus?»

«Einige», gestand Ritter zu. «Zwei bis drei pro Woche.»

«Die Mittel zu ihrer Ausschaltung sind bereits an Ort und Stelle.

Warum diesen Teil des Programms nicht aktivieren? Das kann uns helfen, jene Gebiete zu identifizieren, in denen wir Teams absetzen wollen.»

«Ich ziehe es vor abzuwarten», sagte Ritter vorsichtig.

«Warum? Indem wir feststellen, welche Gebiete am häufigsten benutzt werden, ersparen wir den Teams doch lange Märsche. Und Bewegung stellt doch das größte Risiko dar, oder? Auf diese Weise gewännen wir Daten, mit denen sich das ganze Konzept der Operation verbessern ließe.»

Das Unangenehme an Cutter, sagte sich Ritter, war die Tatsache, daß der Kerl gerade genug von Operationen verstand, um gefährlich zu werden. Schlimmer noch, er besaß die Macht, seinen Willen durchzusetzen.

«Ein verfrühter Beginn ist bei Außenoperationen ein klassischer Fehler», wandte Ritter lahm ein.

«Das tun wir doch gar nicht. Im Grunde haben wir es mit zwei ganz verschiedenen Operationen zu tun», versetzte Cutter. «Eine in der Luft, die andere am Boden, und sie sind voneinander unabhängig. Haben wir hier nicht die Gelegenheit, zuerst die einfachere Hälfte des Plans zu erproben, ehe wir uns auf die heikle Hälfte festlegen? Beweisen wir damit nicht den Kolumbianern, daß wir es wirklich ernst meinen?»

Verfrüht, warnte eine Stimme in Ritters Kopf dringend, doch sein Gesicht verriet Unentschlossenheit.

«Oder soll ich das dem Präsidenten vorlegen?» fragte Cutter.

«Wo ist er denn heute – in Kalifornien?»

«Eine Wahlkampfreise, auf der ich ihn mit so einer Sache eigentlich nicht belästigen möchte, aber...»

Merkwürdige Situation, dachte Ritter. Er hatte Cutter unterschätzt; der Sicherheitsberater aber schien durchaus in der Lage, sich zu überschätzen. «Na schön, Sie haben gewonnen. EAGLE EYE beginnt übermorgen...»

«Und SHOWBOAT?»

«Wir brauchen noch eine Woche für die Vorbereitung der Teams. Dann vier Tage, um sie nach Panama zu schaffen, mit den Maschinen zusammenzubringen und die Kommunikationssysteme zu testen.»

Cutter griff grinsend nach seiner Kaffeetasse. Zeit für ein paar Streicheleinheiten, dachte er. «Wahrhaftig, es ist ein Vergnügen, mit einem richtigen Profi zusammenzuarbeiten. Bedenken Sie einmal die positive Seite, Bob. Wir haben zwei ganze Wochen, um jene zu verhören, die uns ins Luftnetz gehen, und unsere Teams wissen dann auch besser, wo sie gebraucht werden.»

Hast doch schon längst gewonnen, du Arsch, hätte Ritter am liebsten gesagt. Mußt du es mir noch unter die Nase reiben? Was wäre wohl geschehen, wenn er Cutter gezwungen hätte, seine Karten aufzudekken? Was hätte der Präsident gesagt? Ritter war verwundbar. Lange und vernehmlich hatte er in Geheimdienstkreisen gemurrt, die CIA habe schon seit fünfzehn Jahren keine ernsthafte Außenoperation mehr durchgeführt. Dabei kam es natürlich darauf an, was man unter «ernsthaft» verstand. Nun hatte man ihm die Chance gegeben, und was in Konferenzen höchster Regierungskreise ein flotter Spruch während der Kaffeepause gewesen war, hockte nun in Gestalt eines unansehnlichen grauen Huhns auf der Stange und drohte gottweißwas auszubrüten. Operationen dieser Art waren gefährlich. Gefährlich für die Teilnehmer, riskant für denjenigen, der den Befehl erteilt hatte, heikel für die Regierung, die sie unterstützte. Das hatte er Cutter oft genug gesagt, aber der Sicherheitsberater ließ sich wie so viele andere von dem Unternehmen blenden. Im Fach nannte man dies das *Mission: Impossible*-Syndrom. Selbst bei Fachleuten kam es vor, daß sie eine Fernsehserie mit der Realität verwechselten, und in der gesamten Regierung neigten die Leute dazu, nur das zu hören, was sie hören wollten, und die unangenehmen Aspekte zu ignorieren. Doch für einen Warnruf von Ritter war es nun etwas zu spät. Immerhin hatte er eine solche Mission schon seit Jahren für möglich und für eine wünschenswerte flankierende Maßnahme der Außenpolitik gehalten. Und er hatte oft genug erklärt, sein Direktorat habe nicht vergessen, wie man so etwas inszeniert. Die Tatsache, daß man Personal von Army und Air Force herangezogen hatte, war unbeachtet geblieben. Früher einmal hatte die CIA über ihre eigene Armee und Luftwaffe verfügt; und wenn diese Mission klappte, mochten diese Zeiten auch zurückkehren. Es ist im nationalen Interesse, daß die CIA über diese Mittel verfügt, dachte Ritter. Und hier bot sich vielleicht die Chance, es zuwege zu bringen. Und wenn er dazu Cutters laienhafte Allüren ertragen mußte, war der Preis nicht zu hoch.

«Nun gut, ich setze alles in Bewegung.»

«Und ich sage dem Chef Bescheid. Für wann rechnen Sie mit Resultaten?»

«Unmöglich zu sagen.»

«Aber doch hoffentlich vor der Wahl», sagte Cutter leichthin.

«Bis dahin wird wohl etwas vorliegen.» Die Politik war natürlich auch im Spiel.

Das 1. Special Operations-Geschwader war auf dem Hurlbut Field auf der Westseite des Luftstützpunkts Eglin in Florida stationiert. Es gab nur eine Einheit dieser Art, aber jeder militärische Verband, der das Etikett «Special» trägt, ist schon von Natur aus einmalig. Das Adjektiv konnte mehrere Bedeutungen haben. Mit «Special Weapons» waren meist Nuklearwaffen gemeint; hier benutzte man das Wort, um die Gefühle jener, denen bei «nuklear» pilzförmige Wolken und Millionen von Opfern einfielen, nicht zu verletzen: der für Regierungen in aller Welt typische Versuch, mit neuen Bezeichnungen über Inhalte hinwegzutäuschen. «Special Operations» bedeutete aber etwas anderes – verdeckte Einsätze nämlich, bei denen Leute an Orte gebracht wurden, an denen sie eigentlich nichts verloren hatten, während des Aufenthaltes dort versorgt und dann, nach Abschluß ihrer zweifelhaften Aktivitäten, wieder herausgeholt wurden. Dies war unter anderem die Aufgabe des 1. Geschwaders.

Colonel Paul Johns – «PJ» – war nicht über alles informiert, was das Geschwader wußte. Das 1. war ein recht merkwürdiger Verband, bei dem Autorität nicht immer mit Rang einherging, wo Truppen die Maschinen und Besatzungen unterstützten, ohne zu wissen warum, wo Flugzeuge zu allen unmöglichen Zeiten eintrafen und starteten und wo niemand zu Spekulationen oder Fragen ermuntert wurde. Das Geschwader war in einzelne Gruppen aufgeteilt, die auf Ad-hoc-Basis zusammenarbeiteten. Zu Johns' Gruppe gehörte ein halbes Dutzend Hubschrauber vom Typ MH-53J «Pave Low III». Johns war schon lange bei der Air Force und hatte es irgendwie fertiggebracht, den Großteil seiner Dienstzeit in der Luft zu verbringen, was natürlich zur Folge hatte, daß seine Chancen auf die Sterne eines Generals gleich Null waren. Aber das störte ihn nicht; schließlich war er des Fliegens wegen zur Luftwaffe gegangen, und Generale kommen nur selten an den Steuerknüppel.

Als forscher junger Captain hatte PJ den Angriff auf Song Tay mitgeflogen, als Kopilot der Maschine, die mit Absicht eine Bruchlandung in einem Gefangenenlager zwanzig Meilen westlich von Hanoi gemacht hatte – in dem Versuch, Männer zu retten, die, wie sich herausstellte, kurz zuvor verlegt worden waren. Das war einer der wenigen Mißerfolge seines Lebens gewesen. An Fehlschläge war Colonel Johns nicht gewöhnt. Wer abgeschossen wurde, den holte PJ raus. In der Geschichte der Air Force nahm er als Rettungsspezialist den dritten Rang ein. Er und seine Crews hatten dem gegenwärtigen Stabschef und zwei anderen Generälen einen Aufenthalt im Hanoi Hilton erspart.

Wie die meisten Kriegshelden war er ein stinknormaler Mensch: einssiebzig, fünfundsechzig Kilo, Brille. Er mähte seinen Rasen selbst, fuhr einen sparsamen Plymouth Horizon, hatte zwei studierende Kinder und freute sich zusammen mit seiner Frau auf den baldigen Ruhestand.

Nun aber saß er auf dem linken Sitz eines Pave-Low-Hubschraubers und prüfte einen jungen Captain, der nach allgemeiner Ansicht das Zeug zum Kommandanten hatte. Der Helikopter jagte mit knapp zweihundert Knoten über die Baumwipfel hinweg. Es war eine dunkle, bedeckte Nacht, und dieser Teil des Geländes von Eglin war nur schwach beleuchtet, aber das machte nichts. Er und der Captain trugen spezielle Helme mit eingebauten Nachtsichtbrillen und sahen aus wie Darth Vadter im «Krieg der Sterne». Die Geräte funktionierten einwandfrei und verwandelten die vage Dunkelheit vor ihnen in ein grüngraues Display. PJ hielt konzentriert Ausschau und überzeugte sich davon, daß der Captain seinem Beispiel folgte. Eine Gefahr bei diesen Geräten war, daß das von den Masken erzeugte künstliche Bild die beim Tiefflug so entscheidende Tiefenwahrnehmung herabsetzte. Ein Drittel aller Abstürze beim Geschwader war auf dieses Phänomen zurückzuführen, und noch war es den Hexenmeistern von der Technik nicht gelungen, eine vernünftige Lösung zu finden. Die Absturzquote bei Übungen und Einsätzen war beim Pave Low relativ hoch – der Preis der Mission, für die sie trainierten: die einzige Antwort auf das Problem war intensiveres Üben.

Über ihnen kreiste der sechsblättrige Rotor, angetrieben von zwei Turboshaft-Triebwerken. Der Pave Low war einer der größten Hubschrauber und hatte eine sechsköpfige Besatzung und Platz für vierzig voll ausgerüstete Soldaten. Ausbuchtungen an der Nase verbargen Radar-, Infrarot- und andere Geräte; die Maschine sah aus wie ein Insekt von einem anderen Planeten. An den Türen links und rechts befanden sich Halterungen für Schnellfeuerkanonen, und auch an der Hecktür konnte eine solche Waffe angebracht werden. Die Hauptaufgabe des Hubschraubers, das verdeckte Absetzen und Versorgen von Kommandotrupps, war gefährlich – so wie die Nebenrolle, die sie nun übten: Rettungseinsätze unter Gefechtsbedingungen. In Südostasien hatte Johns mit Jagdbombern vom Typ A-1 Skyraider zusammengearbeitet. Wer ihnen heute nacht Deckung geben sollte, war noch offen. Zu seinem eigenen Schutz hatte der Hubschrauber außer den Kanonen noch

Magnesiumbomben und Düppel, Infrarot-Störgeräte und seine verrückte Crew.

Johns lächelte unter seinem Helm. Das nannte er richtiges Fliegen, und so etwas gab es kaum noch. Sie hatten die Option, sich eines computergesteuerten Radar-Autopiloten zu bedienen, der das Heckenspringen automatisch besorgte, simulierten heute jedoch einen Ausfall dieses Systems. Autopilot hin und her, der Pilot war für die Maschine verantwortlich, und Captain Willis tat sein Bestes, ganz knapp über den Wipfeln zu fliegen. Hin und wieder mußte sich Johns beherrschen, um nicht zusammenzuzucken, wenn ein vorwitziger Ast gegen den Bauch des Hubschraubers zu klatschen drohte, doch Captain Willis, ein kompetenter junger Mann, flog tief, aber nicht zu tief. Außerdem waren die obersten Zweige eines Baumes dünn und elastisch und zerkratzten höchstens den Lack. Mehr als einmal hatte er einen Hubschrauber heimgebracht, dessen Unterseite grüne Flecken trug wie die Hosen eines Kindes.

«Distanz?» fragte Willis.

Colonel Johns schaute auf das Navigations-Display. «Zwei Meilen, null-vier-acht.»

«Roger.» Willis nahm langsam die Leistung zurück.

Für diese Übung hatte sich ein echter Kampfpilot «freiwillig» bereiterklärt, sich hinaus in die Pampa karren zu lassen, wo ein anderer Hubschrauber einen Fallschirm über einen Baum geworfen hatte, um einen Absturz vorzutäuschen. An Ort und Stelle aktivierte der «abgeschossene» Kampfpilot einen Notsender. Neu war, daß der Fallschirm eine Beschichtung trug, die in UV-Licht aufleuchtete. Johns, der Kopilot, aktivierte einen schwachen UV-Laser, dessen Strahl das Gelände vor ihnen abtastete und nach dem Rücksignal suchte. Der Erfinder hat einen Orden verdient, dachte PJ. Der schlimmste Teil einer Rettungsmission war immer das Ausmachen des Opfers. Wenn der Vietcong am Boden das Rotorgeräusch hörte, hatte er immer Lust bekommen, gleich noch eine Maschine abzuschießen...

Seine Ehrenmedaille hatte er sich bei einem derartigen Einsatz über Ostlaos verdient. Damals hatte die Crew einer F-105 Wild Weasel die Aufmerksamkeit einer Einheit der NVA erregt. Trotz aggressiver Unterstützung durch Bordwaffen hatten es die abgeschossenen Flieger nicht gewagt, ihre Position zu markieren. Johns aber beschloß, nicht leer heimzufliegen, und sein Hubschrauber war bei der Bergung der beiden Männer von zweihundert Geschossen getroffen worden. Johns fragte sich oft, ob er den Mut – oder den Wahnsinn – aufbringen würde, das noch einmal zu versuchen.

«Fallschirm in zwei Uhr.»

«X-Ray 2-6, hier Papa Lima: Fallschirm gesichtet. Können Sie Ihre Position markieren?»

«Affirmativ. Werfe grüne Rauchbombe.»

Das «Opfer» meldete vorschriftsmäßig die Farbe des Rauchs, die man in der Finsternis natürlich nicht erkennen konnte, aber auf dem Infrarotschirm funkelte die Hitze der Bombe wie ein Leuchtfeuer. Sie sahen also ihren Mann.

«Haben Sie ihn?»

«Ja», erwiderte Willis und wandte sich an den Chief der Crew. «Fertigmachen, wir haben unser Opfer.»

«Alles klar, Sir.» Hinten schaltete der Bordingenieur, Senior Master Sergeant Buck Zimmer, die Winde ein. Am Ende des Stahlseils war der sogenannte Penetrator befestigt, eine schwere Vorrichtung aus Stahl, die das Blätterdach jedes Waldes durchschlagen konnte und sich unten entfaltete wie eine Blüte – das Opfer setzte sich dann auf die metallenen «Blütenblätter» und wurde durchs Geäst hochgezogen. Wenn das Opfer verletzt war, hatten Sergeant Zimmer oder ein Sanitäter die Aufgabe, sich abzuseilen, das Opfer am Penetrator zu befestigen und sich dann mit ihm zusammen hochziehen zu lassen. Es kam manchmal vor, daß erst nach dem Opfer gesucht werden mußte, oft sogar unter Feuer. Aus diesem Grund brachten die Piloten ihrer Crew beträchtlichen Respekt entgegen, denn nichts entsetzt Flieger mehr als die Vorstellung, am Boden festzusitzen und beschossen zu werden.

Diesmal verlief die Aktion aber weniger dramatisch. Das Opfer wurde nicht aus dem dichten Wald, sondern von einer kleinen Lichtung geholt. Zimmer bediente die Winde, das Opfer klappte den Sitz des Penetrators auf und hakte sich fest. Der Bordingenieur ließ die Winde anlaufen, überzeugte sich davon, daß der Mann gut befestigt war, und meldete das dem Piloten.

Vorne im Cockpit ging Captain Willis sofort auf Volleistung und zog den Hubschrauber hoch. Binnen fünfzehn Sekunden hing der «gerettete» Flieger an einem Viertelzoll-Stahlseil hundert Meter überm Boden und fragte sich, welcher Anfall von Wahnsinn ihn bewogen hatte, sich freiwillig zu melden. Fünf Sekunden später zerrte Sergeant Zimmers massiger Arm ihn in den Hubschrauber.

«Bergung abgeschlossen», meldete Zimmer.

Captain Willis tauchte sofort wieder auf die Baumwipfel zu. Er wußte, daß er bei der Aufnahme zu hoch aufgestiegen war, und versuchte seinen Fehler zu kompensieren, indem er Colonel Johns demonstrierte, wie rasch er es zurück auf eine sichere Höhe schaffte. Dennoch spürte er Johns' Blicke. Johns tolerierte keine Fehler. Fehler kosten Menschenleben, sagte der Oberst jeden geschlagenen Tag.

«Könnten Sie mal kurz übernehmen?» fragte Willis.

«Kopilot übernimmt», bestätigte Johns, nahm den Knüppel und steuerte den Hubschrauber behutsam dreißig Zentimeter tiefer. «Beim Einholen des Mannes dürfen Sie nicht so hoch aufsteigen. Es könnten SAM in der Gegend sein.»

«Nachts rechnet man eher mit Geschossen als mit Raketen.»

«Gegen kleinere Kaliber sind wir geschützt. Die großen aber sind so gefährlich wie SAM. Halten Sie sich das nächste Mal dichter überm Boden, Captain.»

«Jawohl, Sir.»

«Sie haben übrigens bestanden.»

Captain Willis bedankte sich nicht erst großartig bei dem Colonel, sondern verkündete: «Ich übernehme.»

PJ nahm die Hand vom Knüppel. «Pilot übernimmt», bestätigte er. «Ach ja, da wäre noch etwas. In einer Woche hätte ich einen Sonderauftrag. Interesse?»

«Worum geht es?»

«Das sollten Sie mich nicht fragen», erwiderte der Colonel. «Kleine Dienstreise, nicht zu weit weg. Wir fliegen den Vogel nach Süden – zu einer Spezialoperation, sagen wir mal.»

«Gut», meinte Willis. «Ich mache mit. Wer darf davon erfahren?»

«Schlicht und einfach niemand. Wir nehmen Zimmer, Childs, Bean und ein unterstützendes Team mit. Offiziell nehmen wir an einer Übung an der kalifornischen Küste teil. Mehr brauchen Sie im Augenblick nicht zu wissen.»

Unter seinem Helm zog Willis die Brauen hoch. Zimmer hatte schon seit Thailand und Vietnam mit PJ zusammengearbeitet und war einer der wenigen Mannschaftsgrade, die noch echte Gefechtserfahrung hatten. Sergeant Bean war der beste Schütze der Staffel. Childs saß direkt hinter ihm. Was immer dieser Sondereinsatz bedeuten mochte – er war ernst. Er bedeutete auch, daß Willis noch ein wenig länger Dienst als Kopilot tun mußte, aber das störte ihn nicht. Es war immer ein Vergnügen, mit dem besten Such- und Rettungspiloten zu fliegen.

Chavez tauschte einen Blick mit Julio Vega: *Jesucristo!*

«Irgendwelche Fragen?» ließ sich der Offizier, der die Einsatzbesprechung leitete, vernehmen.

«Ja, Sir», sagte ein Funker. «Was passiert, wenn wir ein Ziel gemeldet haben?»

«Dann wird die Maschine abgefangen.»

«In echt, Sir?»

«Das hängt von der Besatzung des betreffenden Flugzeugs ab. Wenn sie unseren Anweisungen nicht folgt, landet sie im Bach. Mehr kann ich Ihnen nicht sagen, Gentlemen. Alles, was Sie bisher gehört haben, ist streng geheim. Niemand – und ich meine *niemand!* – darf erfahren, was ich gerade gesagt habe. Der Zweck der Übung ist, den Drogenschmugglern einen Dämpfer zu versetzen. Und dabei kann es hart hergehen.»

«Wurde auch langsam Zeit», bemerkte jemand leise.

«Nun, jetzt wissen Sie Bescheid. Ich wiederhole: Diese Mission wird gefährlich. Wir geben Ihnen allen Bedenkzeit. Wenn jemand aussteigen will, haben wir Verständnis. Wir haben es mit einem ziemlich üblen Gegner zu tun. Andererseits sind wir hier...» der Mann lächelte und sprach dann weiter «auch nicht von Pappe.»

«Jawoll!» rief ein anderer.

«Wie auch immer, Sie können sich das Ganze bis morgen früh durch den Kopf gehen lassen. Morgen um achtzehn Uhr geht es los. Dann gibt es kein Zurück mehr. Ist das allen klar? Gut. Das wäre alles.»

«Achtung!» schrie Captain Ramirez. Alle sprangen auf und nahmen Haltung an, als der Offizier den Raum verließ. Dann ergriff Ramirez das Wort. «So, ihr habt den Mann gehört. Überschlaft das gut, Leute. Natürlich will ich euch dabei haben – verdammt, ich brauche jeden einzelnen von euch –, aber wem nicht wohl bei der Sache ist, der soll lieber aussteigen. Noch Fragen?» Schweigen. «Gut, einige von euch kennen Leute, die von Drogen ruiniert worden sind. Freunde vielleicht oder Verwandte. Hier bietet sich uns die Chance, es den Narcos heimzuzahlen. Die Kerle versauen unser Land, und es ist an der Zeit, daß ihnen jemand eine Lektion erteilt. Überlegt euch die Sache gut. Wer Zweifel hat, soll sich sofort bei mir melden. Und wenn jemand aussteigen will, ist mir das auch recht.» Sein Gesicht und sein Tonfall drückten indes etwas ganz anderes aus. Ramirez machte kehrt und ging.

«Verdammt», bemerkte Chavez nach einer Weile. «Ich hatte ja schon ein komisches Gefühl, aber das – verdammt noch mal.»

«Ein Freund von mir ist an einer Überdosis gestorben», sagte Vega.

«Er war kein richtiger Fixer, hat nur so herumexperimentiert; muß wohl an schlechten Stoff geraten sein. Da hab ich Muffensausen gekriegt und das Zeug nie mehr angerührt. Tomás war ein guter Freund, *'mano*. Den Kerl, der ihm den Dreck verkauft hat, würde ich ganz gern mal mit meiner MP bekanntmachen.»

Chavez nickte nachdenklich. Er entsann sich der Bandenkämpfe, die schon in seiner Kindheit brutal genug gewesen waren, aber heute ging es nicht mehr um symbolisches Territorium, sondern um Marktanteile. Plötzlich waren Unsummen mit Drogen zu verdienen, und dafür tötete man ohne Zögern. Der Rauschgifthandel hatte sein Viertel von einer Slumgegend in eine Kriegszone verwandelt, in der sich viele Menschen wegen der bewaffneten Dealer nicht mehr auf die Straße trauten. Ungezielte Schüsse durchschlugen Fenster und töteten Leute vorm Fernseher, und die Polizei wagte sich nur noch in der Stärke und mit der Bewaffnung einer Invasionsarmee in das Viertel... alles nur wegen der Drogen. Und die Verantwortlichen saßen fünfzehnhundert Meilen weiter in Sicherheit und lebten im Luxus...

Chavez konnte nicht ahnen, wie geschickt er und seine Kameraden, Captain Ramirez eingeschlossen, manipuliert worden waren. Alle waren Soldaten, die unablässig übten, um ihr Land gegen Feinde zu schützen, Produkte eines Systems, das Einsatz und Leistung ohne Rücksicht auf Hautfarbe oder Akzent belohnte. Die meisten Soldaten entstammten der Unterschicht und waren mit den von Drogen ausgelösten gesellschaftlichen Problemen vertraut. Diese Männer galten als Aufsteiger und sahen hier die Chance, nicht nur ihr Land zu schützen, sondern auch die Barrios, denen sie entflohen waren. Schon ihr Stolz hätte ihnen verboten, aus der Mission auszusteigen, und unter ihnen war keiner, der nicht irgendwann erwogen hatte, einen Dealer umzulegen. Hier bei der Army aber bekamen sie die Chance, noch gründlicher hinzulangen. Es machten also alle mit.

«Holt die Scheißkerle vom Himmel!» rief der Funker. «Schießt ihm 'ne Sidewinder in den Arsch!»

«Genau», stimmte Vega zu. «Das würde ich gerne erleben. He, ich fände es gut, wenn wir sogar die Bosse ausräuchern könnten. Meinst du, das schaffen wir, Ding?»

Chavez grinste. «Soll die Frage ein Witz sein, Julio? Wer arbeitet denn für die – Soldaten vielleicht? Quatsch, das ist Abschaum mit MPs. Da unten haben die vielleicht eine Chance, aber gegen uns – niemals. Laßt mich nur ran; ich lege ganz lautlos die Wachposten um, und den Rest könnt ihr dann erledigen.»

«Er zieht mal wieder seine Ninja-Nummer ab», bemerkte ein Schütze.

Ding nahm einen Wurfstern aus der Hemdtasche und schnellte ihn aus dem Handgelenk ab: Die bösartige Nahkampfwaffe blieb fünf Meter weiter im Türrahmen stecken.

«He, Ding, zeigst du mir mal, wie du das machst?» fragte der Schütze. Von den Gefahren wurde nicht mehr geredet, nur noch von den Chancen, die sie bot.

Sie nannten ihn Bronco. In Wirklichkeit hieß er Jeff Winters und war ein frischgebackener Captain der US-Luftwaffe; den Spitznamen brauchte er, weil er als Kampfflieger ein Rufzeichen haben mußte. Seinen Spitznamen hatte er erwischt, als er vor langer Zeit in Colorado so sanft vom Pferd fiel, daß das arme Tier vor Schreck fast gestorben wäre.

Winters war ein kleiner Siebenundzwanzigjähriger, der schon siebenhundert Flugstunden in der F-15C hinter sich hatte. Manche Männer sind geborene Rennfahrer oder Schauspieler; Bronco Winters war auf die Welt gekommen, um Kampfflugzeuge zu fliegen. Seine Augen waren der Traum jedes Ophthalmologen, seine Koordinationsfähigkeit kombinierte die Bestleistungen eines Konzertpianisten mit denen eines Trapezartisten, und darüber hinaus verfügte er über eine seltene Qualität, die man im kleinen Kreis seiner Kameraden Situationsbewußtsein nannte. Winters wußte immer, was um ihn herum vorging. Seine Maschine war ein Teil seines Bewußtseins; er übertrug seine Wünsche an sie, und die F-15C gehorchte sofort, folgte sozusagen seinen Gedanken.

Im Augenblick flog er zweihundert Meilen vor der Westküste von Florida. Vor vierzig Minuten war er vom Luftstützpunkt Eglin aus gestartet, hatte sich von einer KC-135 in der Luft betanken lassen und hatte nun genug Treibstoff für fünf Stunden – vorausgesetzt, er flog gemütlich, was er auch vorhatte. Unter seinen Tragflächen hingen Zusatztreibstofftanks vom Typ FAST. Gewöhnlich waren neben ihnen auch noch Raketen montiert – die F-15 kann bis zu acht tragen –, aber heute abend bestand die einzige Munition an Bord aus 20-mm-Geschossen für die Maschinenkanone.

Er flog weite Ovale und hatte die Triebwerksleistung auf «minimal» zurückgenommen. Broncos dunkle, scharfe Augen suchten den Himmel unablässig nach den Positionslichtern anderer Flugzeuge ab, konnten zwischen den Sternen aber nichts ausmachen. Es war ihm ganz und gar nicht langweilig.

«2-6 Alpha, hier 8-3 Quebec, hören Sie mich? Over», kam es verzerrt aus seinem Funkgerät. Bronco drückte auf den Sprechknopf am Steuerknüppel.

«8-3 Quebec, hier 2-6 Alpha. Ich höre Sie laut und deutlich, over.» Das Funksignal war verschlüsselt. Nur die beiden Flugzeuge benutzten den für diese Nacht festgelegten algorithmischen Code; wer mithörte, vernahm nur ein Zwitschern.

«Wir haben ein Ziel erfaßt, Richtung eins-neun-sechs, Distanz zwei-eins-null von Ihrer Position. Geschwindigkeit zwo-sechs-fünf. Over.» Der Information folgte kein Befehl. Trotz der gesicherten Radios sollte der Funkverkehr aufs Minimum beschränkt werden.

«Roger, verstanden. Out.»

Captain Winters drückte den Knüppel nach links. Koordinaten und Geschwindigkeiten für den Abfangkurs kamen ihm automatisch in den Kopf. Sein Eagle ging auf Südkurs. Winters drückte die Nase etwas nach unten und steigerte die Leistung.

Es war eine zweimotorige Beechcraft, stellte Captain Winters fest, das bevorzugte Modell der Rauschgiftschmuggler. Die relativ kleine Maschine hatte vermutlich Kokain an Bord und nicht das relativ zum Wert sperrige Marihuana, und das kam Winters zupaß, denn der Mann, der seine Mutter überfallen hatte, war wahrscheinlich Kokser gewesen. Er ging auf gleiche Höhe und setzte sich mit seiner F-15 eine halbe Meile hinter das Ziel.

Er fing nun zum achten Mal einen Drogenschmuggler ab, hatte aber zum ersten Mal Genehmigung, konkret etwas zu unternehmen. Bei früheren Gelegenheiten war es ihm noch nicht einmal gestattet gewesen, die Information an den Zoll weiterzugeben. Bronco verifizierte noch einmal den Kurs des Zieles und überprüfte seine Systeme. Das Funkgerät mit Richtcharakteristik in der stromlinienförmigen Gondel unterm Rumpf wurde vom Suchradar auf die Beechcraft ausgerichtet. Er setzte seinen ersten Funkspruch ab und schaltete die Landescheinwerfer ein, nagelte das kleine Flugzeug in der Finsternis fest. Sofort hielt die Beechcraft im Sturzflug auf die Wellenkämme zu, verfolgt vom Eagle. Bronco funkte seine zweite Warnung, bekam aber keine Antwort. Nun aktivierte er mit dem Knopf auf dem Steuerknüppel die Bordwaffen. Seinen nächsten Ruf begleitete ein Feuerstoß aus der Kanone. Die Reaktion der Beechcraft war eine Serie abrupter Ausweichmanöver. Winters kam zu dem Schluß, daß das Ziel seine Anweisungen nicht befolgen wollte.

Nun gut.

Ein normaler Pilot wäre über die Lichter erschrocken gewesen und hätte abgedreht, um eine Kollision zu vermeiden, aber ein normaler Pilot hätte sich auch nicht auf Drogenschmuggel eingelassen. Die Beechcraft steuerte auf die Wellenkämme zu, fuhr die Landeklappen aus und flog nun mit einer so geringen Geschwindigkeit, die bei der F-15 zum Strömungsabriß und zum Abschmieren geführt hätte. Dieses Manöver zwang Maschinen der Küstenwache und der DEA oft zum Abbrechen des Kontakts. Bronco aber hatte nicht den Befehl, das unidentifizierte Flugzeug zu einem Flugplatz zu eskortieren. Als die Beechcraft abdrehte und auf die mexikanische Küste zuhielt, schaltete Captain Winters die Scheinwerfer aus, erhöhte die Leistung und zischte hoch auf fünftausend Fuß. Dort flog er elegant einen Turn, ging in den Sturzflug und suchte mit Radar die Wasseroberfläche ab. Da: auf Westkurs, Geschwindigkeit 85 Knoten, nur wenige Meter überm Wasser. Der Pilot hat Mut, dachte Bronco, so gefährlich langsam und so tief zu fliegen.

Winters fuhr nun selbst die Klappen aus und steuerte das Kampfflugzeug tiefer. Er überzeugte sich durch Tasten, daß der Selektor am Knüppel noch auf «Bordwaffe» stand und schaute dann aufs Head-Up-Display, brachte den Leuchtfleck ins Ziel und hielt ihn dort. Das wäre schwieriger gewesen, wenn die Beechcraft die Geschwindigkeit erhöht und manövriert hätte, aber das Endergebnis wäre das gleiche geblieben. Bronco war einfach zu gut und in seinem Eagle praktisch unbesiegbar. Als Bronco bis auf vierhundert Yard herangekommen war, drückte er für den Bruchteil einer Sekunde auf den Knopf.

Grüne Leuchtspurgeschosse fetzten in einer geraden Linie durch die Nacht.

Die ersten Geschosse schienen die Beechcraft zu verfehlen, der Rest aber traf das Cockpit. Es gab nur einen kurzen Lichtblitz, gefolgt von phosphoreszierendem Aufschäumen des Wassers, als die Maschine aufschlug.

Winters kam kurz in den Sinn, daß er einen, vielleicht sogar zwei Menschen getötet hatte. Aber das bedrückte ihn nicht. Auf solche Leute konnte die Welt verzichten.

9

Erste Begegnung

«Also?» Escobedo bedachte Larson mit einem kalten Blick, als wäre er ein Versuchstier im Käfig. Er hatte zwar keinen Grund, Larson irgendwie zu verdächtigen, war aber wütend, und Larson war eben jemand, an dem er seine Wut auslassen konnte.

Das war Larson indes gewohnt. «Ich weiß nichts Genaues, *jefe*. Ernesto und Cruz waren gute Piloten. Die Triebwerke der Maschinen waren so gut wie neu, hatten nur zweihundert Stunden drauf. Das Flugzeug war zwar sechs Jahre alt, aber sorgfältig gewartet. Das Wetter auf dem Weg nach Norden war gut, aufgelockerte Bewölkung über der Straße von Yucatán, sonst nichts.» Der Pilot zuckte die Achseln. «Flugzeuge verschwinden eben manchmal, *jefe*. Der Grund läßt sich nicht immer feststellen.»

«Er war mein Vetter! Was soll ich seiner Mutter sagen?»

«Haben Sie sich mit den Flugplätzen in Mexiko in Verbindung gesetzt?»

«Ja! Und in Kuba, Honduras und Nicaragua nachgefragt!»

«Kein Notruf? Keine Meldung von Schiffen oder Flugzeugen in der Gegend?»

«Nein, nichts.» Escobedo beruhigte sich etwas, als Larson die Möglichkeiten mit der Gelassenheit des Profis durchging.

«Mag sein, daß er irgendwo gelandet ist, weil die Bordelektrik versagte. Aber ich würde mir keine großen Hoffnungen machen, *jefe*. Wahrscheinlich ist er verschollen. So etwas kommt immer wieder vor.»

Eine andere Möglichkeit war, daß Ernesto und Cruz beschlossen hatten, irgendwo zu landen, ihre aus vierzig Kilo Kokain bestehende Ladung auf eigene Faust zu verkaufen und zu verschwinden, doch damit rechnete niemand ernsthaft. Die Drogen an Bord waren überhaupt nicht erwähnt worden, denn Larson, ausschließlich technischer Berater, hatte mit diesem Teil des Geschäfts nichts zu tun. Escobedo verließ sich auf Larsons Ehrlichkeit und Objektivität, denn der Pilot hatte in der Vergangenheit immer seine Arbeit diskret getan und kannte auch die Konsequenzen von Lügen und Betrügereien.

Sie saßen in Escobedos Penthaus in Medellin. Das Geschoß unter ihnen belegten Escobedos Gefolgsleute. Am Aufzug standen Männer, die genau wußten, wer passieren durfte und wer nicht. Die Straße vor dem Haus wurde überwacht. Wenigstens brauche ich keine Angst zu haben, daß mir jemand die Radkappen klaut, dachte Larson und fragte sich, was Ernesto wohl zugestoßen war. Nur ein Unfall? Aber Larson war nicht auf den Kopf gefallen. Er dachte an die Besucher der letzten Zeit und an gewisse Anweisungen aus Langley; wer auf der «Farm» der CIA ausgebildet worden war, glaubte nicht an Zufälle. Es mußte eine Operation geplant sein. Konnte der Fall Ernesto der erste Schritt gewesen sein?

«War er ein guter Pilot?» fragte Escobedo.

«Ich selbst habe ihm das Fliegen beigebracht, *jefe*. Er hatte vierhundert Flugstunden hinter sich, war technisch geschickt und verstand sich auf die Instrumente so gut, wie ein junger Pilot es nur kann. Beunruhigend fand ich nur sein Vergnügen am Tiefflug.»

«Wieso?»

«Tiefflug überm Wasser, besonders nachts, ist gefährlich, weil man dabei leicht die Orientierung verliert. Man weiß auf einmal nicht mehr, wo der Horizont ist, und wenn man dauernd aus dem Fenster schaut anstatt auf die Instrumente... Auf diese Weise haben schon erfahrene Piloten ihre Maschinen ins Wasser gebohrt. Unglücklicherweise macht Tieffliegen Spaß, und viele junge Piloten meinen, dabei ihre Männlichkeit unter Beweis stellen zu können. Das ist dumm, wie man im Lauf der Zeit lernt.»

Darüber dachte Escobedo einige Sekunden lang nach.

«Ernesto hatte viel Stolz.»

Larson klang das wie ein Nachruf.

«Ich werde mir das Wartungsbuch der Maschine noch einmal ansehen», bot Larson an, «und die meteorologischen Daten für den fraglichen Tag prüfen.»

«Vielen Dank, daß Sie so rasch gekommen sind, Señor Larson.»

«Ich stehe Ihnen zu Diensten, *jefe.* Sowie ich etwas in Erfahrung bringe, sage ich Bescheid.»

Escobedo brachte ihn zur Tür und ging dann zurück an seinen Schreibtisch. Durch eine Seitentür trat Cortez ein.

«Nun?»

«Larson gefällt mir», meinte Cortez. «Er spricht die Wahrheit und hat seinen Stolz, aber nicht zu viel.»

Escobedo nickte zustimmend. «Wohl ein gekaufter Mann, aber ein guter.»

«Wie viele Maschinen sind über die Jahre verschollen?» fragte Cortez.

«Bis vor achtzehn Monaten gab es bei uns noch nicht einmal schriftliche Unterlagen. Seitdem verschwanden neun. Aus diesem Grund konsultierten wir Larson. Ich hatte nämlich das Gefühl, daß die Abstürze auf Pilotenfehler und mangelhafte Wartung zurückzuführen waren. Wie sich erwiesen hat, ist Carlos ein guter Lehrer.»

«Aber selbst wollte er sich nie am Geschäft beteiligen?»

«Nein. Larson ist ein einfacher Mann, der ein angenehmes Leben führt und es genießt», bemerkte Escobedo. «Haben Sie seinen Hintergrund überprüft?»

«*Si.* Alles in Ordnung, aber...»

«Was aber?»

«Wenn er ein anderer wäre, als er zu sein vorgibt, würde ebenfalls alles seine Ordnung haben.» In Geheimdienstdingen unerfahrene Leute pflegten an diesem Punkt zu sagen: *Aber man kann doch nicht alle und jeden verdächtigen.* Escobedo verkniff sich diesen Kommentar und demonstrierte damit seine Erfahrung. Mein Arbeitgeber ist zwar kein Profi, dachte Cortez, aber trotzdem nicht auf den Kopf gefallen.

«Meinen Sie etwa...»

«Nein. Er war weit vom fraglichen Flugplatz entfernt und konnte auch nicht wissen, daß die Maschine in dieser Nacht starten sollte. Ich habe das überprüft: Er war bei seiner Freundin in Bogotá. Die beiden aßen zusammen zu nacht und zogen sich früh zurück. Vielleicht ist die Maschine verunglückt, aber angesichts der Tatsache, daß wir gerade erst von Plänen der Amerikaner erfahren haben, glaube ich das nicht. Ich finde, ich sollte zurück nach Washington fliegen.»

«Was wollen Sie dort in Erfahrung bringen?»

«Ich will versuchen herauszubekommen, was sie treiben.»

«Nur versuchen?»

«Señor, das Sammeln geheimer Informationen ist eine Kunst...»

«Sie können sich doch kaufen, was Sie brauchen!»

«Da sind Sie im Irrtum», erwiderte Cortez und sah ihn fest an. «Die besten Informationsquellen sind nie von Geld motiviert. Die Annahme, daß man sich Treue kaufen kann, ist gefährlich und töricht.»

«Und wie verläßlich sind dann Sie?»

«Das müssen Sie selbst beurteilen.» Das Vertrauen dieses Mannes gewann man am ehesten, indem man ihm sagte, daß es kein Vertrauen gab. Escobedo war der Auffassung, daß man sich Treue, die mit Geld allein nicht zu kaufen war, mit Furcht sichern konnte. Das war ein schwerer Fehler. Er nahm einfach an, daß er mit seinem gewalttätigen Ruf jeden einzuschüchtern in der Lage war, und bedachte selten, daß es Leute gab, die ihm auf dem Gebiet der Gewalt noch etwas vormachen konnten. Im Grunde brauchte Escobedo weniger einen Sicherheitsberater, sondern einen Mann, der sich auf verdeckte Operationen verstand, aber auf diesem Gebiet wollte keiner der Drogenfürsten auf fremden Rat hören. Sie stammten aus Familien, die sich schon seit Generationen als Schmuggler betätigt hatten und sich vorzüglich auf Korruption und Bestechung verstanden. Nur hatten sie es noch nie mit einem starken und wohlorganisierten Gegner aufnehmen müssen, die kolumbianische Regierung zählte da nicht. Daß die *yanquis* noch nicht den Mut aufgebracht hatten, ihre ganze Macht einzusetzen, war nicht mehr als ein Glücksfall. Und das war eine der Lehren, die man Cortez beim KGB eingebleut hatte: Auf das Glück darf man sich nicht verlassen.

Captain Winters sah sich mit den Männern aus Washington das über die Kamera am Visier seiner Bordwaffe aufgenommene Videoband an.

«Gut getroffen», bemerkte ein Lieutenant Colonel.

«Er hätte es mir auch schwerer machen können», erwiderte Bronco ziemlich ungerührt.

«Gab es Verkehr in der Gegend?»

«Im Umkreis von dreißig Meilen nicht.»

«Legen Sie das Band von der Hawkeye ein», befahl der ranghöchste Offizier. Das Band zeigte die anfliegende Beechcraft als Nummer XXI unter den zahlreichen anderen Kontakten, zumeist Verkehrsflugzeugen, auf dem alphanumerischen Display. Es stellte auch viele Oberflächenkontakte dar, die aber alle weit von der Stelle entfernt waren, und endete vor dem Abschuß. Die Besatzung der Hawkeye war nicht direkt über das, was sich nach der Übergabe des Kontakts an das Kampfflugzeug zugetragen hatte, informiert gewesen. Das Abfanggebiet hatte man bewußt abseits vielbefahrener Schiffahrtswege plaziert. Günstig war auch die niedrige Flughöhe der Drogenschmuggler gewesen, da sie die Distanz, über die eine Explosion auszumachen gewesen wäre, verringerte.

«Nun gut», meinte der ranghöchste Offizier. «Das hielt sich im vorgegebenen Rahmen der Mission.» Es wurde ein neues Band eingelegt.

«Wieviel Schuß wurden abgegeben?» fragte der andere Offizier Winters.

«Einhundertacht», erwiderte der Captain. «Bei der Vulcan geht das ziemlich schnell.»

«Stimmt, sie hat die Maschine zerteilt wie eine Motorsäge.»

«Das ist auch der Zweck der Übung. Ich hätte zwar ein bißchen früher abdrücken können, aber ich hatte ja Anweisung, nach Möglichkeit nicht die Treibstofftanks zu treffen.»

«Genau.» Die Legende für den Fall, daß jemand einen Explosionsblitz gesehen hatte, waren «Übungen mit scharfer Munition», aber wenn niemand etwas mitbekam, war das natürlich um so besser.

Die Geheimniskrämerei mißfiel Bronco. Was ihn anging, machte das Abknallen der Kerle durchaus Sinn. Bei der Rekrutierung hatte man ihm gesagt, die Operation sei notwendig, weil der Drogenschmuggel eine Bedrohung der Sicherheit des Landes darstelle. Als Kampfpilot war er darauf trainiert worden, mit Bedrohungen der nationalen Sicherheit auf eine ganz bestimmte Weise fertigzuwerden –, indem er sie abschoß. Seltsam fand er nur, daß die Öffentlichkeit nichts davon erfahren durfte. Aber er war nur ein Captain, und Captains sollen handeln, nicht denken.

«Irgendwelche Probleme, Captain?»

«Womit, Sir?» Blöde Frage.

Das Flugfeld, auf dem sie angekommen waren, war zu klein für ein Transportflugzeug. Die vierundvierzig Männer der Operation SHOWBOAT wurden deshalb mit dem Bus zum Luftstützpunkt Peterson gebracht. Es war dunkel. Die Soldaten, die einen letzten harten Trainingstag hinter sich hatten, schliefen zumeist. Der Rest hing seinen Gedanken nach. Chavez sah die Berglandschaft an sich vorbeigleiten, als sich der Bus die Paßstraße am Hang der letzten Kette hinunterwand.

«Hübsche Berge», bemerkte Julio Vega verschlafen. «Irgendwann komme ich mal wieder hierher zum Skifahren.» Der MG-Schütze machte es sich auf seinem Sitz bequem und döste ein.

Fünfunddreißig Minuten später hielt der Bus an der hinteren Laderampe einer Transportmaschine vom Typ C-141 Starlifter. Die Soldaten erhoben sich, griffen nach Gepäck und Ausrüstung und marschierten zum Flugzeug. An diesem Flug schien nichts ungewöhnlich zu sein; es waren keine speziellen Wachposten zu sehen, sondern nur die Boden-Crew, die die Maschine betankte und startklar machte. In der Ferne hob ein Tankflugzeug KC-135 ab. Noch konnten die Männer nicht wissen, daß sie diesen Vogel bald treffen würden. Ein Sergeant der Air Force, der als Lademeister fungierte, brachte sie an Bord so bequem unter, wie es die spartanische Ausstattung zuließ – im Grunde waren Ohrenschützer der einzige Komfort.

Nachdem die Besatzung die üblichen Checks erledigt hatte, begann sich die Starlifter in Bewegung zu setzen. Zwar war der Lärm trotz der Ohrenschützer nervtötend, aber die Crew bestand aus Reservisten der Air Force, allesamt im Zivilflug tätig, die ihnen einen ruhigen, anständigen Flug bescherten – abgesehen von dem Lufttankmanöver. Sobald die C-141 ihre normale Flughöhe erreicht hatte, traf sie sich mit der KC-135, um den beim Aufsteigen verbrauchten Treibstoff zu ersetzen. Für die Passagiere bedeutete das das übliche Achterbahn-Gefühl, und einigen wurde es mulmig, aber niemand ließ sich etwas anmerken. Eine halbe Stunde nach dem Start ging die C-141 auf Südkurs, und die Soldaten schliefen vor Erschöpfung oder Langeweile wieder ein.

Der MH-53J hob ungefähr zur gleichen Zeit vom Luftstützpunkt Eglin ab. Seine Tanks waren nach dem Warmlaufenlassen der Triebwerke noch einmal aufgefüllt worden. Colonel Johns brachte ihn auf tausend Fuß und Kurs zwei-eins-fünf Richtung Straße von Yucatán. Nach drei Flugstunden holte ein Tanker MC-130E Combat Talon den Pave Low ein, und Johns beschloß, den Captain das Lufttankmanöver ausführen zu lassen. Es standen ihnen noch drei solcher Manöver bevor, und der Tanker, der auch Wartungspersonal und Ersatzteile an Bord hatte, würde sie bis zu ihrem Bestimmungsort begleiten.

«Fertig zum Einstöpseln», meldete PJ der Kommandantin des Tankers.

«Roger», erwiderte Captain Montaigne im Cockpit der MC-130E und hielt die Maschine waagrecht und auf geradem Kurs.

Johns sah zu, wie Willis die konische Spitze des Schlauchs in den Schlepptrichter bugsierte. «Okay, eingestöpselt.»

Captain Montaigne in der MC-130E sah die Kontrolleuchte aufflammen und drückte auf die Sprechtaste. *«Aaahhh!»* flötete sie hingerissen. «So wie Sie macht's keiner, Colonel!»

Johns lachte laut, drückte zweimal auf die Sprechtaste und erzeugte ein Klicken, das «affirmativ» bedeutete. Dann schaltete er auf die Bordsprechanlage um. «Warum soll ich ihr den Spaß verderben?» fragte er Willis, der bedauerlicherweise keinen Sinn für solche Scherze hatte. Das Umpumpen des Treibstoffs nahm sechs Minuten in Anspruch.

«Wie lange wird das da unten wohl dauern?» fragte Captain Willis anschließend.

«Das habe ich nicht erfahren, aber wenn es sich zu lange hinzieht, werden wir abgelöst, sagte man mir.»

«Angenehm», meinte der Captain. Sein Blick schweifte zwischen den Fluginstrumenten und der Welt außerhalb des gepanzerten Cockpits hin und her. Der Hubschrauber hatte mehr als seine volle Gefechtsladung an Bord – Johns glaubte fest an Feuerkraft –, und die Konsolen für elektronische Gegenmaßnahmen waren ausgebaut worden. Wegen feindlicher Radarüberwachung würden sie sich also keine Sorgen zu machen brauchen, womit Kuba und Nicaragua als Einsatzorte ausschieden.

«Wie heiß wird die Operation eigentlich?» fragte er den Colonel.

«Heiß genug. Ich sorge immer dafür, daß sich meine Männer schon vorher in Gedanken mit den Gefahren eines Einsatzes befassen –, dann finden sie die Sache nicht so aufregend, wenn es wirklich losgeht. Und haarig wird es werden, darauf können Sie sich verlassen.»

Eine andere Stimme kam über den Bordkreis. «Wenn Sie so weiterreden, Sir, kriegen wir hier hinten auch noch Schiß.»

«Wie sieht's bei Ihnen aus, Sergeant Zimmer?» fragte Johns. Zimmer hatte seinen Platz hinter den beiden Piloten und vor einem beeindrukkenden Instrumentengewirr.

«Kaffee, Tee oder Milch, Sir? Auf dem Menü für diesen Flug stehen Huhn à la Kiew, Roast Beef au Jus und verschiedene Gemüse für die Figurbewußten. Warum haben wir eigentlich keine Stewardeß dabei?»

«Weil wir beide für solche Mätzchen zu alt sind, Zimmer», rief PJ lachend.

«Im Hubschrauber muß das ganz interessant sein, Sir, von wegen Vibration und so.»

«Ich bemühe mich schon seit Korea, ihn dazu zu bringen, sich zu bessern», sagte Johns erklärend zu Willis. «Wie alt sind Ihre Kinder jetzt, Buck?»

«Siebzehn, fünfzehn, zwölf, neun, sechs, fünf und drei, Sir.»

«Himmel noch mal», merkte Willis an, «Sie müssen eine erstaunliche Frau haben, Sergeant.»

«Sie nimmt mich halt ran, damit ich nicht auf dumme Gedanken komme», erklärte Zimmer. «Fliegen tu ich nur, um ab und zu mal von ihr wegzukommen. Das ist meine einzige Rettung.»

«Ihrer Uniform nach zu schließen muß sie auch eine gute Köchin sein.»

«Muß der Colonel denn wieder auf seinem Sergeant rumhacken?» fragte Zimmer.

«Ganz und gar nicht. Ich will nur, daß Sie so gut wie Ihre Carol aussehen.»

«Das schaff ich nie und nimmer, Sir.»

«Na schön. Kaffee wäre ganz angenehm.»

«Schon unterwegs, Sir.» Keine Minute später war Zimmer im Cockpit. Die Instrumentenkonsole des Pave Low war groß und komplex, aber Zimmer hatte schon vor langer Zeit kardanisch aufgehängte Halter für die überlaufsicheren Tassen angebracht. PJ trank einen Schluck.

«Einen anständigen Kaffee kocht Ihre Carol auch, Buck.»

Carol Zimmer stammte aus Kambodscha. Als einzige Überlebende einer zehnköpfigen Familie war sie 1972 während eines nordvietnamesischen Sturmangriffs von PJ und Buck von einem Hügel evakuiert worden. Buck hatte sich auf der Stelle in sie verliebt, und man war sich allgemein einig, daß die beiden die hübschesten Kinder von ganz Florida hatten.

Es war schon spät in Mobile. In Südstaatengefängnissen gelten strenge Regeln, aber für Anwälte machte man Ausnahmen, und im Fall dieser beiden Sträflinge war man seltsamerweise ganz besonders nachsichtig. Die beiden hatten einen noch nicht feststehenden Termin mit «Old Sparky», dem elektrischen Stuhl im Gefängnis Admore, und die Wärter waren aus diesem Grunde bemüht, den Gefangenen ihre vom Gesetz garantierten Rechte nicht zu beschneiden. Edward Stuart, ihr Anwalt, war vor seinem Besuch umfassend informiert worden und sprach fließend spanisch.

«Wie haben sie es gemacht?»

«Das weiß ich nicht.»

«Du hast gebrüllt und um dich getreten, Ramón», sagte Jesús.

«Weiß ich. Und du hast gesungen wie ein Kanarienvogel.»

«Das ist unwesentlich», sagte der Anwalt. «Sie werden nur des Mordes im Zusammenhang mit Drogen und der Seeräuberei bezichtigt. Jesús' Aussagen werden in diesem Fall nicht verwertet.»

«Dann servieren Sie gefälligst Ihren legalen Scheiß und holen Sie uns hier raus!»

Stuarts Miene war den beiden Antwort genug.

«Richten Sie unseren Freunden aus, daß wir zu reden anfangen, wenn wir nicht rauskommen.»

Die Gefängniswärter hatten die beiden schon in allen Einzelheiten über das Schicksal aufgeklärt, das ihnen winken konnte. Ramón war zwar ein gefühlloser und brutaler Mann, aber bei der Vorstellung, auf einen harten Holzstuhl geschnallt zu werden, ein Kupferband am linken Bein befestigt und eine kleine Metallkappe auf eine kahlgeschorene Stelle seines Schädels gesetzt zu bekommen, bei dem Gedanken an die zur Verbesserung der Leitfähigkeit mit Salzlösung getränkten Schwämme und die lederne Gesichtsmaske, die verhindern sollte, daß ihm die Augen aus den Höhlen flogen ... Ramón war mutig, wenn er die Oberhand hatte, bewaffnet einer wehrlosen Person gegenüberstand. Daß einmal er hilflos sein könnte, das war ihm nie eingefallen. Ramón hatte in der letzten Woche zweieinhalb Kilo und den Appetit verloren und legte ein übertriebenes Interesse an Glühbirnen und Steckdosen an den Tag.

«Ich weiß aber eine ganze Menge.»

«Unwesentlich. Ich habe mit den *federales* gesprochen, und denen ist gleichgültig, was Sie wissen. Auch die Staatsanwaltschaft interessiert sich nicht für Ihre Aussagen.»

«Ist doch lächerlich. Man bekommt doch immer Strafmilderung gegen Informationen, das geht doch ...»

«In diesem Fall nicht. Es gelten neue Regeln.»

«Was wollen Sie damit sagen?»

«Daß ich für Sie mein Bestes tun will.» Was Stuart eigentlich sagen sollte – *sterbt mannhaft* –, das brachte er nicht über die Lippen. «In den nächsten Wochen kann noch viel passieren.»

Der Anwalt sah ihre skeptischen, aber nicht ganz hoffnungslosen Mienen. Er selbst hegte keinerlei Hoffnung. Der Staatsanwalt, der sich um einen Sitz im Senat bewerben wollte, hatte den Fall persönlich übernommen, um in die Fernsehnachrichten zu kommen und an seinem Image in der Öffentlichkeit zu arbeiten. Und die Hinrichtung zweier Drogenhändler, Piraten und Vergewaltiger würde bei den Bürgern von Alabama sehr gut ankommen. Stuart war aus Prinzip gegen die Todesstrafe und hatte viel Zeit und Geld für den Kampf gegen sie verwandt. Einen Fall hatte er mit Erfolg bis vor das Oberste Bundesgericht gebracht und eine knappe Entscheidung für eine Neuverhandlung erreicht, bei der sein Mandant zu lebenslang plus neunundneunzig Jahre verurteilt wurde. Für Stuart war das ein Sieg, obwohl sein Mandant im Gefängnis nur vier Monate lang überlebte, weil ihm ein Mithäftling, der Kindermörder haßte, einen Stahldorn ins Rückgrat gerammt hatte. Zu mögen brauchte er seine Mandanten nicht –, und meist waren sie ihm auch zuwider, ganz besonders die Drogenschmuggler, die einfach erwarteten, daß er sie gegen Geld freibekam, auch wenn sie schuldig waren. Daß diese beiden schuldig waren, stand außer Zweifel. Den Tod aber hatten sie nicht verdient. Es war Stuarts Überzeugung, daß sich die Gesellschaft nicht auf das Niveau von Bestien wie seine beiden Mandanten begeben durfte. Im Süden der USA war das kein populärer Standpunkt, aber es war auch nicht Stuarts Absicht, sich um ein öffentliches Amt zu bewerben.

Auf jeden Fall aber war er ihr Anwalt, und es war seine Aufgabe, sie so gut wie möglich zu verteidigen. Die Chancen auf Umwandlung des Todesurteils gegen Informationen hatte er bereits sondiert und sich die Anklageschrift genau angesehen. Es stand ein reiner Indizienprozeß bevor – die einzigen Zeugen waren seine beiden Mandanten –, aber das Material war überaus belastend, und die Küstenwache war bei der Spurensicherung mit peinlicher Sorgfalt vorgegangen. Auf diesem Gebiet war also nichts zu machen. Er konnte nur hoffen, die Glaubwürdigkeit der Besatzung des Kutters zu erschüttern. Ein nur schwacher Hoffnungsschimmer, aber seine beste Chance.

Auch Special Agent Mark Bright arbeitete zu dieser späten Stunde noch. Sein Team war sehr beschäftigt gewesen. Zuerst waren ein Büro und eine Wohnung zu durchsuchen gewesen, eine langwierige Prozedur, die nur den Auftakt zu monatelanger Ermittlungsarbeit darstellte. Alle Dokumente, Telefonnummern und Fotos mußten überprüft, die Geschäftsfreunde, Nachbarn und Bekannten des Verstorbenen befragt werden. Der erste wirkliche Durchbruch in diesem Fall war aber erst einen Monat später bei der vierten Hausdurchsuchung erzielt worden. Irgendwie hatten sie alle gewußt, daß es noch etwas Entscheidendes geben mußte. Im Arbeitszimmer des Verstorbenen waren sie auf einen Fußbodensafe unter dem Teppichboden gestoßen. Ihn zu entdecken, hatten sie zweiunddreißig Tage gebraucht. Ein erfahrener Agent knackte dann in knapp neunzig Minuten die Zahlenkombination, indem er erst mit den Geburtstagen der ganzen Familie des Verstorbenen experimentierte und dann Variationen durchspielte. Wie sich herausstellte, erhielt man die dreiteilige Kombination, indem man den Geburtsmonat des Mannes nahm und eins addierte, dem Wochentag seiner Geburt zwei hinzufügte und dem Geburtsjahr drei hinzuzählte. Die Tür des teuren Mosler-Safes rieb sich leise an dem Teppichbodenausschnitt, als sie sich öffnete.

Der Safe hatte weder Geld, Juwelen oder Briefe an den Anwalt enthalten, sondern fünf Disketten für den IBM-Personalcomputer des toten Geschäftsmannes. Bright hatte die Disketten sofort mit in sein Büro genommen, wo IBM-kompatible Maschinen standen. Mark Bright war ein guter, also geduldiger Ermittler. Er hatte sich sofort an einen Computerexperten gewandt, der dem FBI hin und wieder half. Der Mann, ein selbständiger Software-Berater, hatte zunächst eingewandt, er habe zuviel zu tun, doch als er erfuhr, daß es um Ermittlungen in einem bedeutenden Kriminalfall ging, wich sein Widerstand der Neugierde. Auf seine erste Anweisung hatte sich Bright schon eingestellt: Bringen Sie den Computer des Mannes und die Festplatte mit.

Nachdem der Software-Experte mit Hilfe eines Programms namens CHASTITY BELT (Keuschheitsgürtel) Kopien der fünf Disketten hergestellt hatte, übergab er Bright die Originale zur Verwahrung und begann die Arbeit an den Kopien. Die Disketten waren natürlich mit einem Code gesichert. Deren gab es viele, aber der Computerfachmann kannte sie alle. Wie Bright und er erwartet hatten, befand sich der Verschlüsselungs-Algorithmus auf der Festplatte. Nun ging es nur noch um die Frage, mit welcher Methode und mit welchem Code die Daten auf den Disketten gesichert waren. Das dauerte neun geschlagene Stunden. Bright versorgte seinen Freund mit Kaffee und belegten Broten und fragte sich, warum der Mann das eigentlich umsonst tat.

«Na also!» Eine ungepflegte Hand drückte auf die PRINT-Taste und der Laserdrucker im Büro begann zu summen und Papier auszuspucken. Alle fünf Disketten waren mit Daten vollgepackt, insgesamt siebenhundert einzeilig bedruckte Seiten. Als die dritte ausgedruckt wurde, war der Software-Experte bereits gegangen. Bright verbrachte Tage mit der Lektüre des Printouts und ließ dann sechs Fotokopien für die anderen mit dem Fall befaßten Agenten anfertigen, die nun das Material am Konferenztisch vor sich hatten.

«Donnerwetter, Mark, dieses Zeug ist Spitze!»

«Hab ich's nicht gesagt?»

«Dreihundert Millionen Dollar!» rief ein anderer aus. «Und dort kaufe ich selbst ein!»

«Um welche Summe geht es insgesamt?» fragte ein dritter nüchterner.

«Ich habe das Ganze nur überflogen», erwiderte Bright, «und bin bei knapp siebenhundert Millionen angekommen – in Form von acht Einkaufszentren von Atlanta bis Fort Worth. Die Investitionen liefen über acht verschiedene Aktiengesellschaften, dreiundzwanzig Banken, und ...»

«Da ist ja auch meine Lebensversicherungsgesellschaft dabei! Die erledigt meine Steuer, und ...»

«So wie das Ganze eingerichtet war, hatte er als einziger den Überblick. Ein richtiges Kunstwerk, diese Verschachtelung ...»

«Er trieb es mit seiner Geldgier aber zu weit. Wenn ich das hier richtig interpretiere, sahnte er dreißig Millionen ab. Himmel noch mal ...»

Der Plan war wie alle großen Pläne von genialer Einfachheit. Es existierten acht Bauprojekte. In jedem Fall war der Verstorbene als Komplementär aufgetreten, der ausländisches Kapital repräsentierte – angeblich aus dem Persischen Golf oder aus Japan stammend –, das in einem unglaublichen Labyrinth nichtamerikanischer Banken gewaschen worden war. Mit dem «Ölgeld» hatte der Komplementär Grundstücke erworben und das Projekt in Gang gesetzt, um dann Kommanditisten zu werben, die Kapital einschossen, die auf die Geschäftsführung bei den einzelnen Projekten zwar keinen Einfluß hatten, aber auf der Basis der bisherigen Firmenergebnisse ihre Profite so gut wie garantiert bekamen. Selbst das Zentrum in Fort Worth hatte trotz der Rezession in der Ölindustrie einen Gewinn abgeworfen. Weitere Einlagen von Banken, Versicherungen und wohlhabenden Privatinvestoren verschleierten die tatsächlichen Besitzverhältnisse noch mehr; und ein Großteil des ursprünglichen Kapitals floß zurück an die Bank von Dubai und zahlreiche andere Geldinstitute – doch eine Sperrminorität verblieb in dem Projekt selbst. Auf diese Weise erhielt der ausländische Investor sein Kapital rasch zurück und strich weiterhin einen Gutteil der Gewinne aus dem Betrieb des Unternehmens ein. Außerdem konnte er sich auf weitere Profite freuen, wenn das Projekt schließlich an amerikanische Käufer veräußert wurde. Für hundert Millionen investierte Dollar, schätzte Bright, flossen hundertfünfzig Millionen reingewaschene zurück: also ein blitzsauberer Profit von fünfzig Millionen.

Wären da nicht diese Computerdisketten gewesen.

«Alle diese Projekte, jeder investierte Cent, waren den Finanzbehörden, der Börsenaufsicht und ganzen Armeen von Anwälten bekannt, aber kein Mensch roch Lunte. Er bewahrte diese Disketten wohl nur für den Fall auf, daß er in die Klemme geriet, um sich dann als Kronzeuge aus der Affäre zu ziehen.»

«Aber dann bekamen die falschen Leute Wind», bemerkte Mike Schatz. «Wer gab ihnen wohl den Tip? Was sagen unsere Freunde dazu?»

«Von den Hintergründen wissen sie nichts. Sie bekamen nur den Auftrag, den Mann zu ermorden und einen Unfall vorzutäuschen.»

«Macht Sinn. Weiß die Zentrale schon Bescheid?»

«Nein, Mike, ich wollte die Sache erst euch vorlegen», sagte Bright. «Ihre Vorschläge, meine Herren?»

«Wenn wir sofort zugreifen, können wir einen ganzen Berg Geld beschlagnahmen, es sei denn, man hätte es schon abgezogen», dachte Schatz laut. «Gerissen genug wäre die Bande ja. Ich wette einen Dollar, daß es noch da ist. Wer setzt etwas dagegen?»

«Ich nicht», verkündete ein anderer Agent, ein vereidigter Betriebsprüfer und Anwalt. «Warum sollten sie sich die Mühe machen? Ein perfekterer Plan ist mir noch nie unter die Augen gekommen. Wir sollten den Herren dankbar sein, denn sie haben uns sehr beim Ausgleich unseres Etats geholfen. Wie auch immer, dieses Geld ist eindeutig heiß. Wir können alles abräumen.»

«Damit wäre der Haushalt des FBI für die nächsten zwei Jahre abgedeckt...»

«Und eine Staffel Kampfflugzeuge für die Air Force käme auch noch dabei heraus. Hm, das wird die Kerle schmerzen. Mark, Sie sollten den Direktor anrufen», schloß Schatz. Alle waren einverstanden. Bright schloß die Akte. Sein Ticket für den Frühflug nach Washington hatte er bereits gebucht.

Die C-141 landete zehn Minuten verfrüht auf dem Militärflugplatz Howard. Nach der sauberen, trockenen Luft in Colorado schlug ihnen die Schwüle über dem Isthmus von Panama entgegen wie eine Wand. Die Männer waren ernst und schweigsam. Der Klimawechsel war ein deutlicher Hinweis, daß es nun ernst wurde. Die Mission hatte begonnen. Sie bestiegen sofort einen grünen Bus, der sie zu einer heruntergekommenen Kaserne auf dem Gelände von Fort Kobbe brachte.

Der Hubschrauber MH-53J landete mehrere Stunden später auf demselben Flugplatz und wurde ohne Umschweife in einen von Bewaffneten umstellten Hangar geschleppt. Colonel Johns und die Crew brachte man in eine nahegelegene Unterkunft und wies sie an, dort zu warten.

Kurz vor Tagesanbruch startete ein anderer Hubschrauber, ein CH-53E Super Stallion der Marines, vom Deck der USS *Guadalcanal* und ging auf Westkurs in Richtung Corezal, eine kleine militärische Einrichtung am Panamakanal. Die Decksmannschaft des Hubschrauberträgers hatte ein schweres, massiges Objekt an einer vom Helikopter baumelnden Trageschlaufe befestigt, und der CH-53E quälte sich nun mit seiner Last auf die Küste zu. Fünfundzwanzig Minuten später ging der Hubschrauber über seinem Ziel in den Schwebeflug. Mit Hilfe der Anweisungen seines Crew Chiefs setzte der Pilot seine Ladung, einen mit Fernmeldeeinrichtungen vollgepackten Lkw, behutsam auf einem betonierten Platz ab. Die Trageschlinge wurde gelöst, und der Hubschrauber flog sofort ab, um einer zweiten Maschine Platz zu machen, einem kleineren Helikopter CH-46 für den Truppentransport, der vier Männer absetzte und dann zu seinem Schiff zurückflog. Die vier nahmen das Fernmeldefahrzeug sofort in Betrieb.

Der mit einem Tarnanstrich versehene Lkw mit Kastenaufbau sah ganz normal aus – bis die Fernmeldetechniker verschiedene Funkantennen aufzubauen begannen, darunter eine 120 cm messende Parabolantenne für den Satellitenempfang. Die Anlage wurde an die Stromkabel eines bereitstehenden Generator-Lkw angeschlossen, und dann schaltete man die Klimaanlage des Fernmelde-Lkw ein, weniger für die Besatzung als zum Schutz der empfindlichen Kommunikationseinrichtungen. Nun war alles an Ort und Stelle.

Oder fast alles. Auf Kap Canaveral ging der Countdown für eine Rakete Titan-III D zu Ende. Drei hohe Offiziere und ein halbes Dutzend Zivilisten sahen rund hundert Technikern bei der Startprozedur zu. Sie waren ungehalten, denn ihre Nutzlast hatte im letzten Augenblick einer anderen und, wie sie glaubten, weniger wichtigen weichen müssen. Die Erklärung dafür war wenig zufriedenstellend gewesen, und man fand auch allgemein, daß für solche Spiele nicht genug Trägerraketen zur Verfügung standen. Aber niemand hatte es für nötig gehalten, ihnen zu sagen, welches Spiel hier begann.

«*Tallyho, tallyho.* Ziel in Sicht», meldete Bronco und fing seine F-15 eine halbe Meile hinter und knapp unter dem Kontakt ab. Es schien sich um eine viermotorige Douglas zu handeln, DC-4, DC-6 oder DC-7. Ein dicker Vogel also, der größte, den er bisher abgefangen hatte. Als Douglas identifiziert hatte er sie anhand der vier Kolbenmotoren und nur einem Seitenruder; das Modell war älter als er selbst. Winters sah die blauen Auspuffflammen der großen Sternmotoren und die Propeller im Mondlicht.

Das Fliegen wurde nun schwieriger. Er näherte sich seinem Ziel und mußte die Geschwindigkeit verringern, um nicht über es hinauszuschießen. Bronco drosselte seine Triebwerke und fuhr die Klappen aus, um Auftrieb und Luftwiderstand zu erhöhen. Seine Fahrt fiel auf kärgliche zweihundertvierzig Knoten.

Hundert Yard hinter dem Ziel paßte er seine Geschwindigkeit an. Das schwere Kampfflugzeug schaukelte leicht in den vom Luftschraubenstrahl der größeren Maschine erzeugten Turbulenzen. Er holte tief Luft und ließ die Finger am Knüppel spielen. Dann schaltete er seine starken Landescheinwerfer ein. Der andere Pilot war geschickt, wie er sah. Kurz, nachdem sein Licht die ehemalige Passagiermaschine am Nachthimmel festgenagelt hatte, wackelte sie mit den Flügeln.

«Bitte identifizieren», rief er über die Wachfrequenz.

Die andere Maschine begann abzudrehen. Es war eine DC-7B, wie er nun erkannte, einer der letzten großen Kolben-Airliner, die Ende der fünfziger Jahre so rasch von den Strahlflugzeugen verdrängt worden waren. Die Auspuffflammen leuchteten heller, als der Pilot die Leistung erhöhte.

«Sie befinden sich in gesperrtem Luftraum», rief Bronco nun. «Bitte sofort identifizieren.» *Sofort* hat für Flieger eine ganz besondere Bedeutung.

Die DC-7B tauchte nun auf die Wellenkämme zu. Der Eagle folgte ihr fast wie von selbst.

«Ich wiederhole – Sie befinden sich in einem Sperrgebiet. *Identifizieren Sie sich auf der Stelle!*»

Die Douglas drehte nun ab und hielt auf Florida zu. Captain Winters zog leicht den Knüppel zurück und entsicherte das Bordwaffensystem, suchte dann die Meeresoberfläche ab, um sicherzustellen, daß keine Schiffe oder Boote in der Nähe waren.

«Wenn Sie sich nicht identifizieren, eröffne ich das Feuer!» Keine Reaktion.

Das Problem war nun, daß das Bordwaffensystem des Eagle ganz darauf eingerichtet war, ein Ziel zu zerstören. Bronco aber hatte den Auftrag, nach Möglichkeit einen Drogenschmuggler lebend zur Aufgabe zu bewegen, und aus diesem Grund mußte er sich aufs Danebenschießen konzentrieren. Für den Bruchteil einer Sekunde drückte er den Abzug.

Das Magazin war zur Hälfte mit Leuchtspurgeschossen geladen, und die sechsläufige Bordkanone spie hundert Schuß pro Sekunde aus. Das Resultat war ein gelblichgrüner Lichtstreifen, der an die Laserstrahlen aus Science-Fiction-Filmen erinnerte.

«Halten Sie die Höhe und identifizieren Sie sich, oder der nächste Feuerstoß trifft. Over.»

«Wer sind Sie? Was, zum Teufel, soll das?» Die DC-7B ging in den Waagrechtflug.

«Identifizieren Sie sich!» befahl Winters knapp.

«Carib Cargo – Sonderflug aus Honduras.»

«Sie befinden sich in gesperrtem Luftraum. Gehen Sie auf Kurs drei-vier-sieben.»

«Also bitte, von der Sperrung wußten wir nichts. Sagen Sie uns, wo wir langfliegen sollen, und dann verschwinden wir hier, klar?»

«Gehen Sie auf neuen Kurs drei-vier-sieben. Ich werde Ihnen folgen. Carib, Sie werden einiges zu erklären haben. War dumm von Ihnen, in diesem Gebiet ohne Positionslichter zu fliegen. Hoffentlich haben Sie eine gute Ausrede, denn der Colonel ist stocksauer. Und jetzt gehen Sie sofort auf neuen Kurs!»

Zuerst einmal passierte nichts. Winters zog seine Maschine leicht nach rechts und ließ eine weitere Garbe los, um dem Ziel Beine zu machen.

Und da ging die Douglas tatsächlich auf Kurs drei-vier-sieben und schaltete die Positionsleuchten ein.

«Okay, Carib, halten Sie Kurs und Höhe. Wahren Sie Funkstille. Ich wiederhole: Bleiben Sie vom Funkgerät weg, bis Sie eine anderslautende Anweisung bekommen. Machen Sie es nicht noch schlimmer, als es schon ist. Ich werde Sie im Auge behalten. Out.»

Es dauerte eine Stunde, und jede Minute kam Winters vor, als säße er mit einem Ferrari im Stoßverkehr fest. Von Norden her zog eine Wolkenwand heran, als sie sich der Küste näherten, in der Blitze zuckten. Der Kerl soll zuerst landen, dachte Winters. Und wie auf ein Stichwort hin flammten Landebahnfeuer auf.

«Carib, setzen Sie auf die Landebahn direkt vor Ihnen. Halten Sie sich genau an die Anweisungen vom Boden. Out.» Bronco sah auf den Treibstoffanzeiger. Genug für mehrere Stunden. Er gönnte sich einen donnernden Steigflug auf zwanzigtausend und sah zu, wie die Blinklichter der DC-7 sich in das bläuliche Rechteck der alten Landebahn bewegten.

«Alles klar, jetzt gehört er uns», teilte die Bodenstation dem Jägerpiloten mit.

Bronco gab keine Bestätigung, sondern drehte ab, hielt auf den Luftstützpunkt Eglin zu und hoffte, ihn noch vor der Wetterfront zu erreichen. Wieder einmal eine Nachtarbeit getan.

Die DC-7B rollte am Ende der Landebahn aus. Als sie zum Stillstand gekommen war, gingen zahlreiche Lichter an. Ein Jeep fuhr direkt vor die Nase des Flugzeugs. Hinten im Jeep war ein MG montiert, das auf das Cockpit zielte.

«Raus aus der Maschine, *amigo*», herrschte eine zornige Stimme über Lautsprecher.

Die linke vordere Tür des Flugzeugs ging auf. Der Mann, der herausschaute, war weiß und über vierzig. Die grellen Lichter blendeten und verwirrten ihn, aber das gehörte zum Plan.

«Runter auf den Boden, *amigo*», erklang es hinter den Lichtern.

«Was ist denn los? Ich...»

«Runter auf den Boden, hab ich gesagt! Und zwar sofort!»

Es gab keine Leiter. Neben den Piloten trat ein zweiter Mann, und die beiden setzten sich einer nach dem anderen auf die Schwelle und ließen sich dann eineinhalb Meter tief auf den rissigen Beton fallen. Dort wurden sie von kräftigen Armen gepackt.

«Gesicht zum Boden, ihr Commie-Spione!» schrie eine junge Stimme.

«Endlich haben wir eins erwischt», rief ein anderer. «Ein richtiges kubanisches Spionageflugzeug!»

«Was soll denn...» stammelte einer der Männer am Boden, verstummte aber, als ihm der Mündungsfeuerdämpfer eines Gewehrs M-16 ins Genick gedrückt wurde. Dann spürte er heißen Atem an der Wange.

«Bloß keine Sprüche, *amigo*, sonst knallt's», herrschte die andere Stimme, die älter als die erste klang. «Sonst noch wer in der Maschine, *amigo*?»

«Nein. So hören Sie doch, wir sind...»

«Sehen Sie mal nach», fügte der Sergeant am MG hinzu. «Aber seien Sie vorsichtig.»

«Aye, aye», erwiderte der Corporal von den Marines. «Decken Sie die Tür ab.»

«Hast du vielleicht einen Namen?» fragte der Sergeant und drückte dem Piloten zum Nachdruck den Lauf noch fester ins Genick.

«Bert Russo. Ich bin...»

«Ungünstige Zeit für Spionage gegen unsere Übung, *Roberto*. Wir haben nämlich schon die ganze Zeit auf euch gewartet. Ich frag mich, ob Fidel euch zurückhaben will...»

«Der kommt mir aber nicht wie ein Kubaner vor, Sergeant», bemerkte eine junge Stimme. «Ist das vielleicht ein Russe?»

«Ich habe keine Ahnung, wovon Sie da reden», protestierte Russo.

«Wer's glaubt, *Roberto* – hier, Captain!» Schritte näherten sich, eine neue Stimme erklang.

«Tut mir leid, daß ich erst jetzt komme, Sergeant Black.»

«Alles unter Kontrolle, Sir. Wir schicken gerade Leute in die Maschine. Endlich haben wir diesen kubanischen Schnüffler im Kasten. Der hier heißt *Roberto*. Mit dem anderen hab ich mich noch nicht unterhalten.»

«Drehen Sie ihn mal um.»

Eine grobe Hand riß den Piloten herum wie eine Stoffpuppe, und nun stellte sich auch heraus, woher der heiße Atem gekommen war. Der größte Schäferhund, den der Pilot jemals gesehen hatte, starrte ihn ganz aus der Nähe an und begann zu knurren, als sich ihre Blicke begegneten.

«Mach bloß meinen Hund nicht nervös, *Roberto*», warnte Sergeant Black überflüssigerweise.

«Name?»

Bert Russo war vom Licht geblendet und konnte keine Gesichter erkennen. Er sah nur die Waffen und die Hunde; einer stand neben seinem Kopiloten. Als er zu sprechen begann, machte der Hund über ihm eine Bewegung, und sein Atem stockte.

«Ihr Kubaner seid unverbesserlich. Wir haben euch doch schon beim letzten Mal davor gewarnt, bei unserer Übung zu schnüffeln. Aber jetzt seid ihr trotzdem wieder da», sagte der Captain.

«Ich bin nicht aus Kuba, sondern Amerikaner. Und ich weiß nicht, wovon Sie reden», brachte der Pilot endlich heraus.

«Können Sie sich ausweisen?» fragte der Captain.

Bert Russo wollte nach seiner Brieftasche greifen, aber der Hund knurrte nun wirklich drohend.

«Machen Sie dem Hund keine Angst», warnte der Captain. «Der ist nämlich ein bißchen nervös.»

«Scheiß-Spione», ließ sich Sergeant Black vernehmen. «Legen wir sie doch einfach um. Wen juckt das schon?»

«He, Sergeant!» rief eine Stimme vom Flugzeug. «Das sind keine Spione, sondern Drogenschmuggler!»

«Verdammt noch mal!» Der Sergeant klang enttäuscht.

Der Captain lachte nur. «Mister, da waren Sie heute nacht aber wirklich am falschen Platz. Was ist an Bord, Corporal?»

«Unmengen, Sir. Gras und Koks. Der ganze Vogel ist voll, Sir.»

«Scheißkerle!» grollte der Sergeant, schwieg kurz und wandte sich dann an den Captain. «Sir, es ist doch immer so, daß diese Drogenflugzeuge landen und die Crew sich einfach absetzt.»

Wie auf ein Stichwort hin drang ein heiseres Bellen aus dem Sumpf, der den alten Flugplatz umgab. Albert Russo stammte aus Florida und wußte, was das für ein Geräusch war.

«Will sagen, Sir, wer würde da schon einen Unterschied merken? Die Maschine ist hier gelandet, und die Besatzung machte sich dünne, ehe wir sie erwischen konnten, geriet in den Sumpf da drüben, und wir hörten bloß ein paar komische Schreie...» Eine Pause. «Sind ja doch bloß Drogenschmuggler. Wer schert sich schon um die? Und die Alligatoren haben Kohldampf, wie ich höre.»

«Hm, keine Beweise...» sagte der Captain sinnend.

«Da hakt bestimmt niemand nach», beharrte der Sergeant. «Außer uns wüßte niemand was.»

«Nein!» schrie der Kopilot auf.

«Schnauze, wir haben über wichtige Dinge zu reden», rief der Sergeant.

«Meine Herren, ich finde, der Sergeant hat recht», meinte der Captain nach kurzem Nachdenken. «Und die Alligatoren scheinen in der Tat Hunger zu haben. Töten Sie sie erst, Sergeant. Es besteht kein Anlaß zur Grausamkeit, und den Alligatoren ist das sowieso egal.»

«Aye, aye, Skipper», erwiderte Sergeant Black. Er und die anderen sieben Männer gehörten zu einem Spähtrupp der Marines, bei dem ungewöhnliche Aktivitäten die Regel darstellten, nicht die Ausnahme.

«So, Freundchen», meinte Black, bückte sich und riß Russo brutal auf die Beine. «Hast dir für deinen Rauschgifttransport aber auch wirklich die falsche Zeit ausgesucht.»

«Moment!» schrie Russo. «Wir... ich meine, wir können ja aussagen.»

«Kannst reden, soviel du willst. Ich hab meinen Befehl. Los, mitkommen. Wenn du beten willst, ist jetzt die Zeit dafür.»

«Wir kamen aus Kolumbien...»

«Ist ja toll», bemerkte Black, drehte dem Mann den Arm auf den Rücken und führte ihn auf die Bäume zu. «Das kannst du alles gleich dem lieben Gott erzählen.»

«Ich sage Ihnen alles!» rief Russo.

«Kein Interesse.»

«Aber Sie können uns doch nicht einfach...»

«Aber klar. Ist doch mein Geschäft», versetzte Black amüsiert. «Keine Angst, das geht ganz rasch und schmerzlos. Ich lasse keine Menschen leiden wie ihr mit euren Drogen. Bei mir ist das im Nu erledigt.»

«Ich hab Familie...» jammerte Russo.

«Wie die meisten anderen Leute auch», stimmte Black zu. «Die kommt schon zurecht. Sie sind bestimmt versichert. Ei, wen haben wir denn da?»

Ein anderer Marinesoldat leuchtete mit seiner Taschenlampe ins Gebüsch. Dort saß ein über drei Meter langer Alligator, dessen Augen in der Dunkelheit gelb glühten.

«Das ist nahe genug», schätzte Black. «Verdammt, haltet die Hunde!»

Der Alligator, den sie Nicodemus nannten, riß das Maul auf und zischte; ein ausgesprochen scheußliches Geräusch.

«Bitte...» flehte Russo.

«Ich kann Ihnen alles sagen!» rief der Kopilot.

«Na, was denn zum Beispiel?» fragte der Captain angewidert.

«Wo wir herkommen. Von wem wir die Ladung haben. Wo wir hin wollten. Funk-Codes. Wer uns empfangen sollte. Alles!»

«Ach, wirklich?» meinte der Captain. «Nehmt ihnen alles ab, ehe ihr sie erschießt.»

«Ich weiß alles!» kreischte Russo.

«Na so was, er weiß alles», merkte Black an. «Ist ja toll. Los, ausziehen.»

«Was hätten Sie uns denn Interessantes zu sagen?» Eine neue Stimme, die sie bisher noch nicht gehört hatten. Der Mann trug einen Kampfanzug, war aber nicht von den Marines.

Zehn Minuten später war alles auf Band. Die meisten Namen waren ihnen natürlich schon bekannt gewesen, aber die Position des Landestreifens und die Funk-Codes stellten neue Informationen dar.

«Verzichten Sie auf einen Anwalt?» fragte der Zivilist.

«Ja!»

«Werden Sie mit uns zusammenarbeiten?»

«Ja!»

«Gut.» Russo und Bennett, der Kopilot, bekamen die Augen verbunden und wurden zu einem Hubschrauber gebracht. Am nächsten Tag sollten sie einem Richter vorgeführt und dann in ein abgelegenes Gebäude auf dem Luftstützpunkt Eglin verlegt werden.

Die beiden wußten nicht, daß sie noch Glück gehabt hatten. Nach fünf Abschüssen galt ein Pilot als As, und Bronco war von diesem Status nicht mehr weit entfernt.

10

Trockene Füße

Mark Bright meldete sich vor seinem Termin mit dem Direktor aus Höflichkeit bei Dan Murray.

«Na, Sie müssen ja die erste Maschine genommen haben. Wie entwikkelt sich der Fall?»

«Die Sache mit den Piraten läuft prächtig. Hier bin ich wegen Informationen, die sich in diesem Zusammenhang ergeben haben. Das Opfer hatte mehr Dreck am Stecken, als wir dachten.» Bright erklärte kurz die Lage und nahm einen Ringhefter aus der Aktentasche.

«Um welche Summen geht es?»

«Das können wir noch nicht genau sagen, weil das Ganze erst von Finanzexperten analysiert werden muß, aber... nun, es geht um rund siebenhundert Millionen.»

Murray brachte es fertig, seine Tasse abzustellen, ohne den Kaffee zu verschütten. «Habe ich recht gehört?»

«Jawohl. Erfahren habe ich das erst vorgestern, und mit der Lektüre des Materials war ich erst vor vierundzwanzig Stunden durch. Meine Schätzung ist wohl eher zurückhaltend. Auf jeden Fall fand ich, daß der Direktor das sofort sehen muß.»

«Vom Justizminister und dem Präsidenten ganz zu schweigen. Wann haben Sie Ihren Termin bei Emil?»

«In einer halben Stunde. Wollen Sie mitkommen? Sie kennen sich mit diesem internationalen Finanzkram besser aus als ich.»

Murrays Funktion beim FBI wurde manchmal scherzhaft als «Libero» umschrieben. Er war nicht nur der Top-Experte für Terrorismus, sondern galt im Haus auch als Fachmann für die Methoden, mit denen verschiedene internationale Gruppen Menschen, Waffen und Geld bewegten. Dank dieser Fähigkeiten und seiner Erfahrung als Außenagent erhielt er gelegentlich die Aufgabe, im Auftrag des Direktors wichtige Ermittlungen zu überwachen. Bright hatte sich also nicht zufällig an ihn gewandt.

«Wie solide sind die Informationen?»

«Wie ich sagte, ist noch nicht alles verarbeitet, aber ich habe eine Menge Kontonummern, Daten von Transaktionen, Summen und eine deutliche Spur, die bis zurück zum Ausgangspunkt führt.»

«Und das alles nur, weil diese Offiziere von der Küstenwache...»

«Nein, Sir.» Bright zögerte. «Na ja, vielleicht. Als wir erfuhren, daß das Opfer nicht ganz sauber war, überprüften wir seine Verhältnisse etwas gründlicher. Wir wären vermutlich sowieso an das Material herangekommen. Aber ich ließ halt nicht locker und ging immer wieder in das Haus zurück. Sie wissen ja, wie das ist.»

«Allerdings.» Murray nickte. Eine Eigenschaft eines guten Agenten war Hartnäckigkeit; eine andere ein guter Instinkt. Bright war immer wieder in das Haus der Opfer zurückgekehrt, weil er das Gefühl gehabt hatte, es müsse dort noch etwas anderes zu entdecken geben. «Wie haben Sie den Safe gefunden?»

«Der Mann hatte eine Gummimatte unter den Rollen seines Drehsessels. Sie wissen ja, wie die sich verschieben, wenn man mit dem Stuhl vor- und zurückfährt. Ich hatte wohl eine geschlagene Stunde auf diesem Stuhl gesessen, als mir auffiel, daß die Matte verrutscht war. Ich rollte den Stuhl beiseite, zog die Matte weg... und da fiel es mir ein: das perfekte Versteck. Und ich hatte recht.» Bright grinste mit Recht selbstzufrieden.

«Am besten schreiben Sie einen Artikel für den *Investigator*» – die Hauszeitschrift des Justizministeriums – «damit alle Kollegen erfahren, worauf man achten muß.»

«Wir haben einen guten Safe-Spezialisten im Büro. Anschließend mußten nur noch die Codes auf den Disketten geknackt werden. Dabei half uns ein Kontaktmann in Mobile – nein, er weiß nicht, was auf den Disketten ist. Er weiß schon, daß er nicht zu genau hinschauen darf, und für diesen Kram interessiert er sich sowieso nicht. Die Sache bleibt wohl besser geheim, bis wir das Geld beschlagnahmen.»

«Hm, es ist wohl das erste Mal, daß sich das FBI im Besitz eines Einkaufszentrums sieht. Allerdings kann ich mich entsinnen, daß wir früher sogar mal eine Oben-ohne-Bar beschlagnahmt haben.» Murray griff lachend nach dem Hörer und wählte das Vorzimmer des Direktors an. «Guten Morgen, hier Dan Murray. Richten Sie dem Chef aus, daß wir etwas ganz Heißes für ihn haben. Bill Shaw wird sich das auch anhören wollen. Ich komme in zwei Minuten rüber.» Murray legte auf. «Kennen Sie den Direktor persönlich?»

«Ich habe ihm nur mal auf einem Empfang die Hand gegeben.»

«Er ist ein anständiger Kerl», versicherte ihm Murray auf dem Weg zur Tür. Im Korridor trafen sie Bill Shaw, den für Ermittlungen zuständigen Stellvertreter des Direktors.

«Bill, freuen Sie sich auf einen Leckerbissen», bemerkte Murray beim Öffnen der Tür. Er ließ seine Kollegen hinein und blieb wie angewurzelt stehen, als er die Sekretärin des Direktors erblickte. «Donnerwetter, Moira, Sie sehen ja umwerfend aus!»

«Nehmen Sie sich in acht, Mr. Murray, oder ich schwärze Sie bei Ihrer Frau an!» Aber Murray hatte recht, das ließ sich nicht bestreiten. Ihr Kostüm war schick, ihr Make-up perfekt, und ihr strahlendes Gesicht verriet, daß sie frisch verliebt war.

«Bitte vergeben Sie mir», meinte Murray. «Dieser hübsche junge Mann hier ist Mark Bright.»

«Sie sind fünf Minuten zu früh dran, Agent Bright», sagte Mrs. Wolfe, ohne auf ihren Terminkalender geschaut zu haben. «Kaffee?»

«Danke, nein, Madam.»

«Gut.» Sie stellte mit einem Blick auf die Telefonanlage sicher, daß der Direktor kein Gespräch führte. «Sie können gleich reingehen.»

Das Büro des Direktors war groß genug für Konferenzen. Emil Jacobs war nach einer distinguierten Karriere als US-Staatsanwalt in Chicago zum FBI gekommen und hatte wegen dieser Stelle eine Berufung ans dortige Appellationsgericht abgelehnt. Es verstand sich von selbst, daß er in jede Anwaltskanzlei in Amerika als Partner hätte eintreten können, aber Emil Jacobs hatte es sich schon seit dem Examen zur Lebensaufgabe gemacht, Kriminelle ins Gefängnis zu bringen. Ein Grund waren die Leiden seines Vaters während der Alkoholkriege der Prohibition. Nie konnte Jacobs die Narben vergessen, die sein Vater trug, weil er einem Bandenmitglied widersprochen hatte. Der Schutz der Schwachen vor den Bösen war Emil Jacobs' Lebenszweck. Wie sein Vater ein kleinwüchsiger Mann, widmete er sich dieser Aufgabe mit fast religiöser Leidenschaft, die er mit seinem brillanten Intellekt kaschierte. Er war in der vorwiegend irisch-katholischen Behörde als einer der wenigen Juden

Ehrenmitglied von siebzehn irischen Logen. Im Gegensatz zu der legendären Grauen Eminenz J. Edgar Hoover, der für seine Untergebenen immer nur «Direktor Hoover» gewesen war, nannten die Agenten ihn liebevoll «Emil».

«Ihr Vater hat einmal für mich gearbeitet», sagte Jacobs und reichte Agent Bright die Hand. «Sitzt er immer noch auf seiner Insel Marathon Key und fischt Tarpon?»

«Jawohl, Sir. Woher wissen Sie das?»

«Weil er mir jedes Jahr eine Chanukka-Karte schickt.» Jacobs lachte. «Aber das ist eine lange Geschichte. Es wundert mich, daß er sie noch nicht zum besten gegeben hat.»

«Nun, was liegt an?»

Bright nahm Platz, öffnete seine Aktentasche und teilte die gebundenen Kopien seiner Dokumente aus. Dann begann er seinen Vortrag, stockend zuerst, aber nach zehn Minuten hatte er sich ganz für sein Thema erwärmt. Jacobs blätterte rasch den Hefter durch, ließ sich aber kein gesprochenes Wort entgehen.

«Es geht um eine gute halbe Milliarde», schloß Bright.

«Nach dem, was ich hier sehe, ist es sogar noch mehr.»

«Zu einer eingehenden Analyse kam ich noch nicht, Sir. Ich dachte mir aber, daß Sie das sofort sehen wollen.»

«Richtig gedacht», erwiderte Jacobs, ohne aufzuschauen. «Bill, welchen Mann vom Justizministerium ziehen wir da am besten zu?»

«Ich denke da an einen Marty – wie hieß er noch mal? –, der die Ermittlungen im Sparkassenskandal leitete», sagte Shaw. «Ein junger Kerl, der die richtige Nase für so was hat. Ich finde, Dan sollte auch beteiligt werden.»

Jacobs schaute auf. «Nun?»

«Soll mir recht sein. Schade nur, daß wir für beschlagnahmtes Geld keine Provision kriegen. Hier müssen wir aber rasch zugreifen. Wenn die Kerle Wind bekommen ...»

«Das wird ihnen wohl auch nicht mehr helfen», meinte Jacobs sinnend. «Aber es besteht kein Anlaß zum Zaudern. Diesen Verlust werden sie nicht so schnell verkraften. Und mit den anderen Maßnahmen bringen wir ihnen ... Verzeihung, darüber kann ich noch nicht reden. Dan, setzen wir diese Sache rasch in Gang. Gibt es im Fall der beiden Piraten Komplikationen?»

«Nein, Sir. Die Indizien reichen für eine Verurteilung aus. Als die Verteidigung etwas von unter Druck gemachten Geständnissen zu reden begann, verzichtete die Staatsanwaltschaft ganz auf ihre Verwendung. Der Prozeß soll sehr bald beginnen.»

«Hört sich an, als wollte hier jemand eine Karriere in der Politik starten», merkte Jacobs an. «Was ist daran Schau und was Substanz?»

«Uns in Mobile behandelt er jedenfalls gut, Sir», meinte Bright.

«Im Kongreß kann man nie zu viele Freunde haben», stimmte Jacobs zu. «Sind Sie mit dem Fall auch ganz zufrieden?»

«Jawohl, Sir. Er ist bombensicher. Und was nebenbei noch anfiel, reichte allein schon aus.»

«Warum war eigentlich so viel Geld an Bord, wenn die beiden nur vorhatten, den Geschäftsmann zu ermorden?» fragte Murray.

«Das Geld war nur ein Köder», antwortete Agent Bright. «Dem Geständnis zufolge, auf dessen Verwendung wir verzichteten, sollten die beiden es bei einem Kontaktmann auf den Bahamas abliefern. Wie Sie aus diesem Dokument ersehen, erledigte das Opfer große Bargeldtransaktionen gelegentlich selbst. Daher kaufte er auch vermutlich die Jacht.»

Jacobs nickte. «Logisch. Dan, haben Sie diesem Captain die Leviten gelesen?»

«Jawohl, Sir. Der tut so etwas nicht wieder.»

«Gut. Zurück zum Geld. Dan, koordinieren Sie die Sache mit dem Justizministerium und halten Sie mich über Bill auf dem laufenden. Ich will einen Stichtag für die Beschlagnahmungen haben – ich gebe Ihnen drei Tage Zeit, ihn festzulegen. Nun brauchen wir nur noch ein Codewort für den Fall. Vorschlag, Mark?»

«*Tarpon*. Ein Fisch mit Kampfgeist und die Lieblingsbeute meines Vaters.»

«Muß ich mir eines Tages in Florida mal selbst ansehen. Ich ziehe höchstens gelegentlich einen Hecht an Land.» Jacobs verfiel kurz in Schweigen, schien nachzudenken und zog eine verschmitzte Miene. «Der Zeitpunkt könnte nicht günstiger sein. Warum, darf ich Ihnen leider nicht sagen. Mark, einen schönen Gruß an Ihren Vater.» Der Direktor erhob sich und beendete die Besprechung.

Mrs. Wolfe fiel auf, daß alle beim Verlassen des Chefzimmers lächelten. Shaw zwinkerte ihr sogar zu. Zehn Minuten später hatte sie eine neue Geheimakte angelegt; auf dem noch leeren Hefter stand in Maschinenschrift TARPON. Abgelegt wurde sie unter «Drogen», und Jacobs kündigte für die nächsten Tage weitere Dokumente an.

Murray und Shaw begleiteten Agent Bright zu seinem Wagen und verabschiedeten ihn.

«Was ist eigentlich mit Moira los?» fragte Dan, als das Auto anfuhr.

«Ich glaube, sie hat einen Freund.»

«Wurde auch Zeit.»

Um 4 Uhr 45 legte Moira Wolfe die Plastikhaube über das Tastenfeld ihres Computers und deckte auch ihre Schreibmaschine ab. Ehe sie das Büro verließ, überprüfte sie ein letztes Mal ihr Make-up und ging dann mit federnden Schritten hinaus. Sie holte ihren Wagen von ihrem reservierten Parkplatz und fuhr nicht wie üblich nach Hause, sondern nach Arlington, wo sie vor einem kleinen italienischen Restaurant anhielt. Vor dem Aussteigen sah sie sich im Rückspiegel noch einmal ihr Make-up an.

Felix Cortez – Juan Díaz – saß in einer Ecknische hinten im Restaurant. Moira war sicher, daß er den schummrigen Platz aus Gründen der Diskretion gewählt hatte und mit dem Rücken zur Wand saß, um sie gleich beim Hereinkommen ausmachen zu können. In beiden Punkten lag sie teilweise richtig. Cortez fühlte sich hier nicht ganz sicher, denn die CIA-Zentrale war weniger als fünf Meilen entfernt, Tausende von FBI-Leuten wohnten in der Umgebung, und wer konnte schon sagen, ob nicht auch ein hoher Abwehroffizier ein Faible für dieses Restaurant hatte? Cortez glaubte zwar nicht, daß sein Gesicht bekannt war, aber mit Vermutungen verdienen sich Geheimdienstoffiziere ihre Pensionen eben nicht. Seine Nervosität war also nicht ganz gespielt.

Felix erhob sich, als Moira näherkam. Die Kellnerin entfernte sich sofort diskret, als sie erkannte, daß sich hier ein Liebespärchen, das sie insgeheim «süß» fand, traf. Cortez ließ seine Dame Platz nehmen, schenkte ihr ein Glas Weißwein ein und setzte sich ihr dann gegenüber. Seine ersten Worte kamen verlegen und zerknirscht heraus.

«Ich hatte schon Angst, du würdest nicht kommen.»

«Wie lange wartest du denn schon?» fragte Moira. Im Aschenbecher lag ein halbes Dutzend Kippen.

«Fast eine Stunde», erwiderte er mit einem schelmischen Blick. Er macht sich über sich selbst lustig, dachte sie.

«Dabei bin ich zu früh dran.»

«Ich weiß.» Nun lachte er. «Du machst einen Narren aus mir, Moira. Daheim benehme ich mich nie so.»

Das faßte sie falsch auf. «Entschuldige, Juan, ich wollte nicht...»

Perfekte Reaktion, dachte Cortez. Das hat gesessen. Er ergriff ihre Hand und ließ seine Augen strahlen. «Laß nur, manchmal ist es ganz gut, wenn ein Mann den Kopf verliert. Und verzeih, daß ich dich so kurzfristig angerufen habe. Ich mußte ganz plötzlich geschäftlich nach Detroit, und da ich nun schon einmal in der Gegend war, wollte ich mich vor dem Rückflug mit dir treffen. Ich freue mich ja so, dich wiederzusehen, Moira.»

«Ich hatte schon befürchtet...»

Seine Gefühlsbewegung war ihm am Gesicht abzulesen. «Nein, Moira, Befürchtungen hatte ich. Ich bin ein Ausländer, der nur selten hier ist, und es gibt bestimmt viele Männer, die...»

«Juan, wo bist du untergekommen?» fragte Mrs. Wolfe.

«Im *Sheraton*.»

«Gibt es dort Zimmerservice?»

«Ja, aber warum...»

«Ich bin noch nicht hungrig», erklärte sie und trank ihren Wein aus. «Können wir gleich gehen?»

Felix warf zwei Zwanziger auf den Tisch und führte sie hinaus. Der Kellnerin ging ein Lied aus *Der König und ich* durch den Kopf. Knapp sechs Minuten später gingen die beiden durch die Hotelhalle auf die Aufzüge zu und schauten sich, in der Hoffnung, nicht erkannt zu werden, argwöhnisch um –, aber aus verschiedenen Gründen. Moira merkte gar nicht, daß er im neunten Stock eine teure Suite bewohnte, und konzentrierte sich für die nächste Stunde nur auf den Mann, den sie für Juan Díaz hielt.

«Was bin ich froh, daß es dieses dumme Vergaserproblem gibt», sagte er endlich.

«Juan! Was soll das heißen?»

«Ich werde jetzt immer neue Probleme arrangieren, damit ich jede Woche nach Detroit muß», sagte er und streichelte ihr dabei den Arm.

«Bau dir doch hier eine Fabrik.»

«Hier sind mir die Löhne zu hoch», erwiderte er ernsthaft. «Andererseits wäre die Drogenbeschaffung kein großes Problem.»

«Gibt es das in deiner Heimat denn auch?»

«Sicher. *Basuco* nennt man dieses dreckige Zeug, das nicht gut genug für den Export ist. Viele meiner Arbeiter nehmen es.» Er schwieg kurz. «Moira, ich wollte nur einen Witz machen, und du bringst mich dazu, vom Geschäft zu reden. Hast du das Interesse an mir verloren?»

«Hast du denn diesen Eindruck?»

«Ich finde, ich muß zurück nach Venezuela, solange ich noch laufen kann.»

Ihre Finger gingen auf Entdeckungsreise. «Es hat den Anschein, als würdest du dich bald wieder erholen.»

«Das hört man gern.» Er wandte sich ihr zu, um sie zu küssen, und bewunderte im durch die Fenster flutenden Schein der untergehenden Sonne ihren Körper. Als sie seinen Blick bemerkte, griff sie nach der Bettdecke, aber er hielt ihre Hand fest.

«Ich bin nicht mehr jung», sagte sie.

«Jedes Kind sieht in seiner Mutter die schönste Frau der Welt. Weißt du warum? Das Kind schaut mit Liebe und sieht sie erwidert. Liebe ist es, die Schönheit ausmacht, Moira. Und für mich bist du wunderschön.»

Endlich war das Wort ausgesprochen. Er sah, wie ihre Augen sich weiteten, wie ihre Lippen sich bewegten, wie ihr Atem für einen Augenblick schwerer ging. Zum zweiten Mal schämte sich Cortez und versuchte, das Gefühl zu verdrängen. Natürlich tat er so etwas nicht zum ersten Mal, aber bisher waren seine Ziele immer junge, ungebundene und abenteuerlustige Frauen gewesen. Diese aber war in so vielen Beziehungen anders. Wie auch immer, sagte er sich, es liegt Arbeit an.

«Verzeihung. Ist dir das peinlich?»

«Nein», erwiderte sie leise. «Jetzt nicht mehr.»

Er lächelte zu ihr hinab. «So, hast du jetzt Lust, etwas zu essen?»

«Ja.»

Cortez stand auf und holte Bademäntel aus dem Bad. Der Service in diesem Hotel war vorzüglich. Eine halbe Stunde später zog sich Moira ins Schlafzimmer zurück, während der Servierwagen in den Wohnraum gerollt wurde. Sobald der Kellner gegangen war, öffnete Cortez die Verbindungstür.

«Ich komme mir ganz verrucht vor! Du hättest den Blick des Kellners sehen sollen.»

Sie lachte. «Weißt du, wie lange es her ist, daß ich mich im Nebenzimmer verstecken mußte?»

«Du hast dir nicht genug bestellt. Wie willst du von so einem winzigen Salat leben?»

«Wenn ich dick werde, kommst du nicht wieder.»

«Bei uns zählt man die Rippen einer Frau nicht», sagte Cortez. «Wenn mir jemand zu dünn vorkommt, gebe ich gleich dem *basuco* die Schuld. Wer das Zeug nimmt, vergißt sogar das Essen.»

«Ist es bei euch denn so schlimm?»

«Weißt du, was *basuco* ist?»

«Kokain, steht in den Berichten, die ich zu sehen bekomme.»

«Ja, Kokain von schlechter Qualität, versetzt mit Chemikalien, die das Gehirn vergiften. Es ist zur Geißel meines Landes geworden.»

«Wir haben hier auch ein ernstes Rauschgiftproblem», meinte Moira und spürte, daß diese Sache ihrem Liebhaber Sorgen machte. Da ist er wie der Direktor, dachte sie.

«Ich habe zu Hause mit der Polizei gesprochen. Wie sollen meine Arbeiter etwas leisten, wenn dieses Zeug ihnen die Köpfe vergiftet? Und was tut die Polizei? Sie macht Ausflüchte und zuckt die Achseln. Inzwischen sterben die Menschen – am *basuco* und an den Kugeln der Dealer. Und niemand gebietet dem Einhalt.» Cortez machte eine hilflose Geste. «Eines Tages werden die Rauschgifthändler kommen und mir meine Fabrik abnehmen. Dann kann ich zur Polizei gehen, aber die Polizei wird nichts unternehmen. Dann gehe ich zur Armee, aber auch die wird nichts tun. Du arbeitest doch bei euren *federales*, nicht wahr? Sag mal, kann denn da niemand etwas ausrichten?» Cortez hielt den Atem an und war auf die Antwort gespannt.

«Du solltest die Berichte sehen, die ich für den Direktor schreiben muß.»

«Berichte!» schnaubte er. «Die kann jeder schreiben. Bei uns verfaßt die Polizei auch ein Protokoll nach dem anderen, und die Richter ermitteln –, aber passieren tut nichts. Wenn ich meine Fabrik so führen würde, wäre ich schon längst pleite! *Tun* eure *federales* denn etwas?»

«Mehr als du glaubst. Im Augenblick gehen Dinge vor, über die ich nicht reden darf. Im Büro heißt es, daß die Regeln geändert werden, aber was das bedeutet, weiß ich nicht. Der Direktor fliegt bald zu Gesprächen mit dem Justizminister nach Kolumbien – oh, auch das darf ich eigentlich niemandem sagen. Das muß streng geheim bleiben.»

«Ich verrate es bestimmt nicht», versicherte Cortez.

«Viel weiß ich ohnehin nicht», fuhr sie vorsichtiger fort. «Irgend etwas Neues fängt an. Was, weiß ich nicht. Auf jeden Fall scheint es dem Direktor zu mißfallen.»

«Warum sollte es ihm mißfallen, wenn es den Kriminellen schadet?» fragte Cortez verwundert. «Meinetwegen könnt ihr sie alle auf der Straße abknallen. Dann würde ich eure *federales* nachher zum Essen einladen!»

Moira lächelte nur. «Ich werd's weitersagen. Was du vorgeschlagen hast, steht auch in den Briefen, die wir aus der Bevölkerung bekommen.»

«Dein Direktor sollte auf die Leute hören.»

«Das tut er, und der Präsident auch.»
«Vielleicht unternimmt er etwas», meinte Cortez. Immerhin ist Wahljahr, dachte er.
«Mag sein, daß er schon dabei ist. Was die Veränderungen auch sein mögen, der Anstoß kam von ihm.»
«Und die Sache gefällt deinem Direktor trotzdem nicht?» Er schüttelte den Kopf. «Ach, ich verstehe ja meine eigene Regierung nicht. Wie soll ich da bei deiner durchblicken?»
«Irgendwie ist die Sache komisch. Zum ersten Mal weiß ich nicht – ach, das darf ich dir nicht sagen.» Moira aß den Rest ihres Salats auf und warf einen Blick auf ihr leeres Weinglas. Cortez schenkte nach.
«Kannst du mir eines verraten?»
«Was denn?»
«Wann fährt dein Direktor nach Kolumbien?»
«Wieso willst du das wissen?» Sie war zu verdutzt, um die Antwort zu verweigern.
«Ein Staatsbesuch dauert doch mehrere Tage, oder?»
«Das nehme ich an. Genau weiß ich es nicht.»
«Wenn dein Direktor fort ist, hast du als seine Sekretärin wohl nicht viel zu tun, oder?»
«Stimmt.»
«Gut, dann komme ich natürlich nach Washington.» Cortez stand auf und ging um den Tisch herum. Moiras Bademantel war offen, und er nutzte das aus. «Morgen früh fliege ich zurück. Ein Tag mit dir ist mir nicht mehr genug. Hmmm, ich glaube, du willst schon wieder.»
«Und du?»
«Mal sehen. Eines kapiere ich nie», meinte er und zog sie hoch.
«Und was wäre das?»
«Warum holen sich diese Narren ihr Vergnügen aus einem blöden Pulver, wo es doch Frauen gibt?» Das verstand Cortez in der Tat nicht, aber es war nicht seine Aufgabe, darüber nachzudenken.
«Frauen im allgemeinen?» fragte sie auf dem Weg zur Tür.
Cortez zog ihr den Bademantel von den Schultern. «Nein, ich dachte nur an dich.»
«Mein Gott!» stieß Moira eine halbe Stunde später hervor. Ihre Brust glänzte vor Schweiß.
«Ich hab einen Fehler gemacht», keuchte er neben ihr ins Kissen.
«Welchen?»
«Ruf mich lieber nicht, wenn dein Direktor nach Kolumbien fliegt!»

Er lachte, um ihr zu zeigen, daß er es nicht ernst meinte. «Moira, das schaff ich höchstens einmal im Monat!»

Sie kicherte. «Vielleicht solltest du dich nicht so anstrengen, Juan.»

«Ich kann nicht anders.» Er wandte den Kopf und schaute sie an. «So habe ich mich nicht mehr gefühlt, seit ich ein junger Mann war. Wie bringt ihr Frauen es nur fertig, so jung zu bleiben?» Sie lächelte. Er hatte ihr großes Vergnügen bereitet.

«Ich kann dich gar nicht anrufen, weil ich deine Nummer nicht habe.»

Cortez sprang aus dem Bett, zog seine Brieftasche aus dem Jackett und murmelte eine Verwünschung.

«Ich habe meine Visitenkarten nicht dabei – ah!» Er nahm einen Block vom Nachttisch und schrieb eine Nummer darauf. «Das ist mein Büro. Wenn ich nicht da bin, weiß Consuela, wo man mich erreichen kann.»

«Und ich muß jetzt fort», sagte Moira.

«Sag deinem Direktor, er soll übers Wochenende fahren; dann können wir zwei Tage auf dem Land verbringen. Ich kenne da ein stilles Plätzchen in den Bergen...»

«Meinst du, daß du das überlebst?» fragte sie und umarmte ihn.

«Ich werde ordentlich essen und Sport treiben», versprach er. Nach einem letzten Kuß ging sie.

Cortez machte hinter ihr die Tür zu und ging ins Bad. Viel hatte er zwar nicht erfahren, aber eine Information konnte entscheidend sein: Die Regeln wurden geändert. Direktor Jacobs mißfiel das zwar, aber er spielte mit und reiste nach Kolumbien, um die neuen Maßnahmen mit dem Justizminister zu besprechen. Und die Sache trug auch das Siegel des Präsidenten. Nun denn. Zwei von Cortez' Mitarbeitern waren in New Orleans, um mit dem Anwalt der beiden Tölpel, die die Exekution auf der Jacht vermurkst hatten, zu verhandeln. Und da das FBI in diesem Fall mit Sicherheit einen Part gespielt hatte, konnte er auf Hinweise hoffen.

Der Schuß ging um 23 Uhr 41 los. Die beiden mächtigen Feststoffraketen der Titan III D zündeten zum exakten Zeitpunkt, und das ganze Gebilde hob sich mit einem Lichtschein von der Startrampe, der von Savannah bis Miami zu sehen war. Nach einer Brennzeit von 120 Sekunden wurden die Feststoffraketen abgestoßen, und dann zündete das Haupttriebwerk und beschleunigte das Trägersystem noch weiter. Bordinstrumente sendeten Daten nicht nur an die Bodenstation auf Kap Canaveral, sondern auch zu einem sowjetischen Horchposten an der Nordspitze Kubas und einem vor dem Kap liegenden «Fischkutter» unter sowjetischer Flagge. Die

Titan III D wurde nur für militärische Zwecke eingesetzt, und das Interesse der Sowjets an diesem Start rührte von einer unbestätigten GRU-Meldung her, derzufolge ein speziell zum Auffangen sehr schwacher elektronischer Signale modifizierter Satellit in eine Umlaufbahn gebracht werden sollte.

Schneller, höher: Die zweite Stufe wurde abgestoßen, die dritte gezündet. Auf Kap Canaveral stellten die Ingenieure und Techniker in den Kontrollbunkern zufrieden fest, daß alles wie geplant verlief. Die dritte Stufe brannte zur vorgesehenen Zeit und in der korrekten Höhe aus. Nun warteten Satellit und vierte Stufe auf den Zündzeitpunkt und den Transport in eine geosynchrone Bahn über einer bestimmten Stelle des Äquators. In der Atempause hatte die Bodenmannschaft Gelegenheit, Kaffee nachzuschenken, auszutreten und sich die Daten dieses perfekten Starts noch einmal anzusehen.

Die Probleme traten eine halbe Stunde später auf. Die vierte Stufe zündete zu früh und scheinbar von selbst; sie trug den Satelliten zwar auf die vorgesehene Höhe, aber nicht in die richtige Position, sondern auf eine exzentrische, einer krummen Acht ähnelnde Bahn, aus der eine Überwachung höherer Breitengrade nur ganz kurz möglich war. Es hatte soweit alles geklappt, Tausende von Teilen hatten wie vorgesehen funktioniert, aber der Start mußte dennoch als Fehlschlag gelten. Ingenieure, die die unteren Stufen gemanagt hatten, schüttelten vor Mitleid mit ihren für die vierte Stufe verantwortlichen Kollegen die Köpfe. Man hatte ein nutzloses Stück Schrott ins All geschossen.

Der Satellit aber verhielt sich, als sei nichts geschehen. Zur vorbestimmten Zeit trennte er sich von der vierten Stufe und begann mit vorprogrammierten Manövern. Zehn Meter lange Arme wurden ausgefahren. Die Gravitation der über dreißigtausend Kilometer entfernten Erde sollte auf sie wirken und den Satelliten permanent nach unten schauen lassen. Dann wurden die Sonnensegel entfaltet und begannen, die Bordbatterien zu laden. Und schließlich formte sich eine gewaltige Parabolantenne mit einem Rahmen in Gemischtbauweise aus Metall, Kunststoff und Keramik, der sich an seine vorbestimmte Form «erinnerte» und sich bei der Erwärmung durch die Sonne über einen Zeitraum von drei Stunden zu einem Durchmesser von dreißig Metern ausdehnte.

Der Satellit vom Typ Rhyolite-J war eigentlich technisch überholt und seit seinem Bau 1981 für über hunderttausend Dollar im Jahr eingemottet gewesen – in Erwartung eines Starts, der eigentlich nie geplant gewesen war, denn CIA und die nationale Sicherheitsbehörde NSA hatten inzwischen modernere, weniger schwerfällige elektronische Aufklärungssatelliten entwickelt. Die Aufgabe des Rhyolite-J war das Belauschen sowjetischer elektronischer Emissionen gewesen: Telemetrie von Raketentests, Luftabwehrradar, Mikrowellen-Kommunikation und sogar Signale von Spionagegeräten, die Offiziere und Agenten der CIA in der Nähe von geheimen Einrichtungen der Sowjetunion zurückgelassen hatten.

Auf Kap Canaveral verlas ein Presseoffizier der Air Force eine Erklärung, derzufolge der Satellit die vorgesehene Umlaufbahn verfehlt hatte. Dies konnten die Sowjets, die damit gerechnet hatten, daß er einen Platz über dem Indischen Ozean einnehmen würde, verifizieren. Merkwürdig fanden sie nur, daß die Amerikaner den Späher, der sich nun in Schlangenlinien über der Grenze zwischen Brasilien und Peru bewegte und die Sowjetunion noch nicht einmal «sehen» konnte, überhaupt eingeschaltet hatten. Über einen weiteren Fischdampfer vor Kalifornien hörten sie gelegentlich verschlüsselte Funksprüche vom Satelliten an eine Bodenstation ab. Was der Trabant da sendete, war für die Sowjetunion von geringem Interesse.

Die fraglichen Signale wurden in Fort Huachuca in Arizona empfangen, wo Techniker in einem unauffälligen Kommunikations-Lkw ihre Instrumente zu kalibrieren begannen. Daß der Start angeblich ein Fehlschlag war, wußten sie nicht. Für sie stand nur fest, daß alles daran geheim war.

Das ist also der Urwald, dachte Chavez. Es stank, aber der Geruch störte ihn nicht so sehr wie die Schlangen. Chavez hatte bisher noch niemandem verraten, wie sehr er Schlangen aller Art haßte und fürchtete. Den Grund kannte er nicht, aber schon beim bloßen Gedanken an die sich ringelnden Viecher mit zuckenden Zungen und lidlosen Augen bekam er eine Gänsehaut. Sie hingen an Ästen und versteckten sich unter umgestürzten Bäumen, um zuzuschlagen, wenn er vorbeikam. Und da er überzeugt war, an einem Biß sterben zu müssen, blieb er äußerst wachsam.

Endlich hatte er sich zu einer Straße durchgeschlagen. Eigentlich hätte er im Schlamm bleiben sollen, aber er wollte sich an einer freien, trockenen Stelle hinlegen, die er erst mit seinem Nachtsichtgerät AN/PVS-7 auf Schlangen absuchte. Er holte tief Luft und nahm dann die Feldflasche aus dem Halter. Sie waren seit sechs Stunden unterwegs und hatten acht Kilometer zurückgelegt, was einen ziemlichen Gewaltmarsch darstellte –, aber sie sollten diese Straße vom Gegner unentdeckt vor Tagesanbruch erreichen. Zweimal hatte Chavez OPFOR – feindliche Kräfte – entdeckt, und beide Male waren es Militärpolizisten gewesen, seiner Auffassung nach also keine richtigen Soldaten. Chavez hatte seinen Zug lautlos um sie herumgeführt. Er hätte sie alle vier mit Leichtigkeit ausschalten können, aber das war nicht sein Auftrag.

«Gut gemacht, Ding.» Captain Ramirez legte sich neben ihn. Beide unterhielten sich im Flüsterton.

«Kleinigkeit. Die haben ja gepennt.»

Der Captain grinste. «Ich hasse den Dschungel. Wimmelt nur so vor Insekten.»

«Die Schlangen find ich schlimmer, Sir.»

Beide suchten die Straße in beiden Richtungen ab. Nichts. Ramirez schlug dem Sergeant auf die Schulter und ging nach dem Rest des Zuges sehen. Kaum hatte er sich entfernt, da kam dreihundert Meter weiter eine Gestalt aus dem Wald und ging direkt auf Chavez zu.

Ding zog sich unter einen Busch zurück und legte seine ungeladene Maschinenpistole auf den Boden. Ein zweiter Mann tauchte auf, ging aber in die entgegengesetzte Richtung. Miese Taktik, dachte Chavez. Paare sollten einander unterstützen. Der letzte Teil des Mondes versank hinter der obersten Ebene des dreischichtigen Blätterdaches, und Chavez war mit seinem Nachtsichtgerät dem auf ihn zukommenden Mann gegenüber im Vorteil. Der Mann schritt leise – wenigstens konnte er das – und langsam, behielt den Straßenrand im Auge und lauschte. Chavez schaltete das Nachtsichtgerät aus und nahm es vom Kopf. Dann zog er sein Kampfmesser aus der Scheide. Nun war der Mann nur noch fünfzig Meter entfernt; der Sergeant ging in die Hocke und zog die Knie an die Brust. Dreißig Meter; er hielt den Atem an. Dies war eine Übung; im Ernstfall hätte der andere schon eine 9-mm-Kugel im Kopf gehabt.

Der Wachposten ging direkt an Ding vorbei, ohne ihn zu sehen. Er machte noch einen Schritt und hörte dann ein zischendes Geräusch, aber da war es schon zu spät. Er fiel mit dem Gesicht in den Kies und spürte den Griff eines Dolches im Genick.

»Ninja gehört die Nacht, Junge! Dich gibt's schon nicht mehr.»

«Mich hat's in der Tat erwischt», flüsterte der Mann zurück.

Chavez drehte ihn um. Es war ein Major, der ein Barett trug.

«Wer sind Sie?» fragte das Opfer.

«Sergeant Domingo Chavez, Sir.»

«Sie haben gerade einen Dschungelkampf-Ausbilder getötet, Chavez. Gute Arbeit. Darf ich einen Schluck trinken? War eine lange Nacht.»

Chavez ließ den Mann in die Büsche rollen, wo er nach seiner Feldflasche griff. «Von welcher Einheit sind Sie – Moment, 3. Kompanie, 17. Bataillon?»

«Die Nacht ist unser, Sir», stimmte Chavez zu. «Kommen Sie von dort?»

«Nein, da will ich hin.» Der Major wischte sich Blut aus dem Gesicht. Er war etwas heftig auf die Straße gefallen.

«Tut mir leid, Sir.»

«Meine Schuld, Sergeant. Wir haben zwanzig Mann draußen. Ich hätte nie erwartet, daß Sie es unentdeckt so weit schaffen würden.»

Motorengeräusch kam näher. Eine Minute später wurden die weit auseinanderstehenden Scheinwerfer eines Hummer – der größere, weitaus schwerere Nachfolger des guten alten Jeep – sichtbar. Die Übung war zu Ende. Der «tote» Major und Captain Ramirez gingen ihre Männer einsammeln.

«So, Leute, das war die Abschlußprüfung», sagte er seiner Kompanie. «Ruht euch gut aus. Morgen nacht geht's los.»

«Das ist doch unglaublich», sagte Cortez. Er war mit der ersten Maschine nach Atlanta gekommen und von einem Mitarbeiter mit einem Mietwagen abgeholt worden. Nun fuhren sie über den mehrspurigen Ring von Atlanta und besprachen die neuen Informationen.

«Nennen Sie es psychologische Kriegführung», erwiderte der Mann. «Keine Strafminderung gegen Aussagen, nichts. Es wird ein ganz klarer Mordprozeß. Mit Milde können Ramón und Jesús nicht rechnen.»

Cortez schaute versonnen auf die vorbeiziehenden Autoschlangen. Die beiden *sicarios* waren entbehrlich wie jeder andere Terrorist auch; den Grund für den Mordauftrag hatten sie nicht gekannt. Was ihn nun beschäftigte, waren scheinbar zusammenhanglose Informationen über Versuche der Amerikaner, Drogensendungen abzufangen. Eine ungewöhnlich hohe Zahl von Kurierflugzeugen verschwand. Die Amerikaner behandelten diesen Mordfall auf ungewöhnliche Weise. Der Direktor des FBI tat etwas, das ihm mißfiel, etwas, über das seine Sekretärin noch nicht informiert war. Es sollten «neue Regeln» gelten. Das konnte alles mögliche bedeuten.

Etwas von grundlegender Wichtigkeit. Aber was?

Seine Organisation hatte eine Reihe gutbezahlter und sehr zuverlässiger Informanten in der amerikanischen Regierung sitzen; beim Zoll, in der DEA und bei der Küstenwache, aber keiner hatte etwas gemeldet.

Die Rechtsorgane tappten im dunkeln – abgesehen vom FBI-Direktor, der «etwas gegen die neuen Maßnahmen» hatte, aber bald nach Kolumbien reisen wollte...

Stand eine Geheimdienstoperation bevor? Nein. Oder etwa aktive Operationen? Das war ein KGB-Begriff und konnte alles mögliche bedeuten; vom Versorgen von Reportern mit Desinformation bis zu «nasser» (also blutiger) Arbeit. War den Amerikanern so etwas zuzutrauen? Was trieben sie im Augenblick?

Cortez mußte sich eingestehen, daß er das nicht wußte. Und die Vorstellung, daß er in sechs Stunden seinem Arbeitgeber sein Unwissen eingestehen mußte, gefiel ihm ganz und gar nicht.

Es ging um etwas Grundlegendes. Neue Regeln: Dem Direktor mißfiel das; seine Sekretärin war nicht informiert; und die Reise nach Kolumbien sollte geheim bleiben.

Cortez entspannte sich. Was immer es auch sein mochte, eine unmittelbare Bedrohung stellte es nicht dar. Das Kartell war zu gut abgesichert. Es würde ausreichend Zeit für Analysen und Reaktionen bleiben. In der Schmugglerkette gab es viele, die geopfert werden konnten, sogar viele, die bereit waren, für eine solche Chance zu kämpfen. Und nach einer Weile würde sich das Kartell wie schon immer den veränderten Bedingungen anpassen. Nur diesen Punkt mußte er seinem Arbeitgeber klarmachen. Welches Interesse hatte *el jefe* schon an Ramón und Jesús und den anderen Befehlsempfängern, die die Drogen transportierten und die notwendigen Morde ausführten? Entscheidend war doch nur, daß die Versorgung der Drogenkonsumenten nicht abriß.

Er dachte wieder an die verschwundenen Flugzeuge. In der Vergangenheit war es den Amerikanern trotz Radar und ihrer vielen Maschinen nur gelungen, eines oder zwei pro Monat abzufangen. Im Lauf der beiden letzten Wochen aber waren vier verschollen. Was hatte das zu bedeuten? Warum der plötzliche Anstieg der Verluste? Wenn sie von den Amerikanern abgefangen worden waren, mußten ihre Besatzungen doch in Gerichtssälen und Gefängnissen aufgetaucht sein, oder? Cortez mußte diesen Gedanken beiseite schieben.

Sabotage vielleicht? Was, wenn jemand Sprengladungen in die Flugzeuge schmuggelte? Unwahrscheinlich... oder? War denn nach so etwas gesucht worden? Schon eine winzige Sprengkapsel konnte ein niedrig fliegendes Flugzeug so beschädigen, daß der Pilot keine Zeit mehr zum Abfangen hatte. Das mußte er überprüfen. Doch wer könnte so etwas tun? Die Amerikaner vielleicht? Welch ein Aufruhr, wenn bekannt wurde, daß die USA Sprengladungen in Flugzeuge schmuggelten! Würden sie dieses politische Risiko eingehen? Vermutlich nicht. Gut, wer sonst? Die Kolumbianer womöglich. Einem hohen, ganz unabhängig operierenden kolumbianischen Offizier war so etwas schon zuzutrauen. Es konnte keine Aktion der Regierung sein, schloß Cortez. Dort hatte das Kartell zu viele Informanten.

Mußten es denn Bomben sein? Warum nicht kontaminierter Treibstoff? Es konnten kleine Manipulationen am Motor vorgenommen, ein wichtiges Kabel durchgescheuert worden sein. Hatte ein Mechaniker die Einstellung des künstlichen Horizonts verändert oder nur dafür gesorgt, daß er ausfiel? Wie leicht ließ sich eine kleine Maschine fluguntüchtig machen? Wo konnte er sich erkundigen? Bei Larson?

Cortez murrte in sich hinein. Ziellose Spekulationen, völlig unprofessionell. Es gab zahllose Möglichkeiten. Fest stand nur, daß etwas im Gange war. Die ungewöhnlich große Zahl verschollener Flugzeuge mochte ein Zufall sein, eine statistische Anomalie – das glaubte er zwar nicht, zwang sich aber, die Möglichkeit in Erwägung zu ziehen.

«Die Regeln ändern sich», murmelte er.

«Wie bitte?» fragte der Fahrer.

«Zurück zum Flughafen. Meine Maschine nach Caracas geht in einer knappen Stunde.»

«Si, jefe.»

Cortez' Maschine startete pünktlich. Aus naheliegenden Gründen mußte er zuerst nach Venezuela. Moira konnte neugierig werden, sein Ticket sehen oder seine Flugnummer wissen wollen, und außerdem interessierten sich amerikanische Agenten mehr für Leute, die direkt nach Bogotá flogen. Vier Stunden später nahm er den Anschlußflug der Avianca zum Flughafen El Dorado International. Von dort aus machte er in einer Privatmaschine den letzten Sprung über die Berge.

Die Ausrüstung wurde ausgegeben wie üblich, aber es gab eine Ausnahme: Der Empfang mußte nicht durch Unterschrift bestätigt werden. Gewöhnlich hatte jeder Soldat, der Ausrüstungsgegenstände verlor oder zerstörte, Rechenschaft über den Verbleib abzulegen.

Die Ausrüstung unterschied sich von Mann zu Mann. Chavez, der Späher des Zuges, hatte am wenigsten zu tragen; Julio Vega, der MG-Schütze, am meisten. Ding bekam elf Magazine für seine MP-5, insgesamt dreihundertdreißig Schuß. Zwei Soldaten wurden mit Gewehrgranaten ausgerüstet; diese stellten die größte Feuerkraft des Zuges dar.

Seine Uniform hatte nicht das übliche Tarnmuster, sondern bestand aus Khaki, damit der Träger dem zufälligen Beobachter nicht sofort als Amerikaner erkennbar war. Dazu ein weicher grüner Hut statt eines Helms, ein Halstuch, eine kleine Sprühdose mit graugrüner Farbe und zwei Schminkstifte fürs Gesicht. Ferner eine wasserdichte Kartentasche mit mehreren Karten, vier Meter Seil mit Bajonetthaken, ein UKW-Funkgerät mit geringer Reichweite, ein japanisches Fernglas mit siebenfacher Vergrößerung, zwei Feldflaschen für den Gürtel, eine dritte, die in den Rucksack – ein Zivilmodell, kein Army-Tornister – kam.

Ding erhielt eine Blinklampe mit Infrarot-Filter, denn zu seinen Aufgaben gehörte die Auswahl und Markierung von Hubschrauber-Landezonen. Hinzu kamen ein Signalspiegel (Metall, unzerbrechlich) für Situationen, in denen der Einsatz des Funkgerätes nicht ratsam war, eine kleine Taschenlampe, ein Gasfeuerzeug, starke Paracetamol-Tabletten, eine Flasche Hustensaft mit Kodein, Vaseline, eine Spritzflasche mit konzentriertem Reizgas, ein Waffenreinigungs-Set, eine Zahnbürste, Ersatzbatterien und eine Gasmaske.

Chavez hatte nur vier Handgranaten – holländische des Typs NR-20 C1 – zu tragen, dazu zwei Nebelgranaten, die ebenfalls aus den Niederlanden stammten. Der Rest des Zuges bekam Splittergranaten und CS-Reizstoffgranaten, ebenfalls aus Holland. Die gesamte Bewaffnung und Munition des Zugs war in Colón, Panama, eingekauft worden, das sich zum günstigsten Waffenmarkt der Hemisphäre entwickelt hatte. Für Bargeld war hier praktisch alles zu haben.

Zur Verpflegung gab es die üblichen Rationssätze. Hygienisches Trinkwasser sollten Reinigungstabletten sicherstellen; wer diese vergaß, konnte auf ein Mittel gegen Durchfall zurückgreifen. Alle Männer hatten schon in Colorado Auffrischungsimpfungen gegen alle im Einsatzgebiet auftretenden Tropenkrankheiten bekommen. Der Sanitäter trug eine volle medizinische Ausrüstung, jeder Schütze Morphiumspritzen und eine IV-Flasche Blutersatz.

Chavez hatte eine rasiermesserscharfe Machete, ein zwanzig Zentimeter langes Klappmesser und seine drei vorschriftswidrigen Wurfsterne, von denen Captain Ramirez nichts wußte, dabei; insgesamt waren dreißig Kilo zu schleppen. Vega mußte sich mit knapp vierzig abplagen. Ding rückte die Ladung auf seinen Schultern herum, um ein Gefühl für sie zu bekommen, und stellte dann die Gurte nach, aber bequemer hatte er es dann auch nicht. Immerhin trug er ein Drittel seines Körpergewichts, also ungefähr das Maximum, das ein Mann über längere Strecken schleppen kann, ohne zusammenzubrechen. Seine Stiefel waren eingelaufen, und er hatte zwei Paar trockene Socken dabei.

«Ding, hilfst du mir mal kurz?» bat Vega.

«Klar, Julio», meinte Ding und zog dem MG-Schützen einen Schultergurt nach. «Besser so?»

«Genau richtig, *'mano*. Hat schon seinen Preis, wenn man so gut bewaffnet ist.»

«Stimmt, *Oso*.» Julio, der von allen am meisten zu schleppen vermochte, hatte einen neuen Spitznamen eingefangen: *Oso*, der Bär.

Captain Ramirez schritt die Reihe ab, prüfte die Ladung der Männer auf richtigen Sitz und ihre Waffen auf Sauberkeit. Dann stellte er sich vor dem Zug auf.

«So, hat jemand Schmerzen oder Blasen an den Füßen?»

«Nein, Sir!» schallte es zurück.

«Sind wir bereit?» fragte Ramirez mit einem breiten Grinsen, das über die Tatsache, daß er so nervös war wie alle anderen, hinwegtäuschen sollte.

«Ja, Sir!»

Nun mußte nur noch eines erledigt werden. Ramirez nahm allen ihre Hundemarken, Brieftaschen und alles ab, was sie identifizieren konnte, und tat es in Klarsichtbeutel. Dann legte er seine eigene Erkennungsmarke ab, zählte die Beutel noch einmal und ließ sie auf einem Tisch liegen. Draußen bestieg jeder Zug einen Fünftonner. Der Zug war nun ein Team, ein einziger komplexer Organismus. Jeder wußte alles vom anderen, von den Geschichten über sexuelle Heldentaten bis zu den Fähigkeiten als Scharfschütze. Einige feste Freundschaften und auch mehrere noch wertvollere Rivalitäten hatten sich entwickelt. Die Männer waren sich bereits näher, als Freunde es jemals sein können. Jeder wußte, daß sein Leben vom Können des anderen abhing, und keiner wollte vor seinen Kameraden Schwächen zeigen. Ramirez stellte das Gehirn dar, Chavez die Augen, Julio Vega und der andere MG-Schütze die Fäuste, und auch die anderen waren lebenswichtige Organe. Für ihren Auftrag waren sie so gut wie möglich vorbereitet.

Die Laster trafen dicht aufeinander hinter dem Hubschrauber ein, und die Soldaten gingen in Zügen an Bord. Zuerst fiel Chavez die 7,62 mm Minikanone an der rechten Seite der Maschine auf. Neben der Waffe befand sich ein Sergeant der Air Force in grünem Overall und Fliegerhelm mit Tarnmuster; ein breiter Patronengürtel verband den Verschluß mit einem großen Geschoßbehälter. An der linken Tür war eine zweite, unbemannte Kanone montiert, und hinten gab es eine Vorrichtung für eine dritte. Der Flugingenieur, der laut Schild auf seiner Brust Zimmer hieß, brachte sie alle an ihre Plätze und stellte sicher, daß jeder Mann richtig angeschnallt war. Chavez sprach nicht mit ihm, spürte aber, daß dieser Mann so einiges erlebt hatte. Etwas verspätet stellte er fest, daß er in dem größten Hubschrauber saß, den er je gesehen hatte.

Nach einem letzten prüfenden Blick ging Zimmer nach vorne und stöpselte sein Helmkabel in die Bordsprechanlage ein. Einen Augenblick später setzte das Pfeifen der beiden Turbinen ein.

«Sieht gut aus», bemerkte PJ über die Sprechanlage. Die Triebwerke waren vorgewärmt, die Tanks aufgefüllt. Zimmer hatte eine kleine Fehlfunktion in der Hydraulik behoben, und nun war der Pave Low III startklar. Colonel Johns schaltete sein Funkgerät ein.

«Tower, hier Night Hawk 2-5. Erbitte Rollerlaubnis. Over.»

«2-5, hier Tower. Erlaubnis erteilt. Wind aus eins-null-neun, sechs Knoten.»

«Roger. 2-5 rollt. Out.»

Johns erhöhte die Leistung und drückte den Knüppel sanft nach vorne. Wegen der Größe und Triebwerksleistung des großen Sikorsky war es üblich, die Maschine auf die Startbahn rollen und erst dort abheben zu lassen. Captain Willis drehte den Kopf und hielt nach anderen Flugzeugen Ausschau, aber zu dieser Nachtzeit herrschte sonst kein Verkehr.

«Ab die Post!» meinte PJ, ging auf volle Leistung und prüfte dabei ein letztes Mal die Triebwerksinstrumente. Alles klar. Der Hubschrauber hob erst die Nase und senkte sie dann, als der Vorwärtsflug begann. Dann gewann er an Höhe und erzeugte dabei einen kleinen Staubtornado.

Captain Willis aktivierte die Navigationssysteme und justierte das elektronische Terrain-Display, eine auf dem Bildschirm dahingleitende Landkarte, die an das Gerät in James Bonds Aston Martin in *Goldfinger* erinnerte. Pave Low konnte mit Hilfe eines Doppler-Radar-Systems, das den Boden abtastete, mit einem Trägheitssystem, das Laser-Gyroskopen benutzte, oder über Satellit navigieren. Anfangs folgte der Helikopter dem Verlauf des Kanals und ahmte den Kurs einer normalen Patrouillenmaschine nach. Daß sie ganz dicht an dem Kommunikationsknotenpunkt für SHOWBOAT bei Corezal vorbeikamen, wußten sie nicht.

«Muß eine Riesenarbeit gewesen sein, dieser Kanal», merkte Willis an.

«Sind Sie zum ersten Mal hier?»

«Ja. Erstaunliche technische Leistung», erwiderte Willis beim Überfliegen eines großen Containerschiffs. Als sie in von den heißen Schornsteingasen erzeugte Turbulenzen gerieten, wich PJ nach rechts aus. Kein Grund, die Passagiere heftiger als nötig durchzuschütteln. Der Flug sollte zwei Stunden dauern. In einer Stunde würde ihr Tanker MC-130E aufsteigen, um sie für den Rückflug zu betanken.

«Gewaltige Erdbewegungen», sagte Johns zustimmend. Zwanzig Minuten später bekamen sie «nasse Füße», was bedeutete, daß sie lange Zeit auf Kurs null-neun-null übers Karibische Meer flogen.

«Sehen Sie sich das mal an», sagte Willis eine halbe Stunde darauf. Durch die Nachtsichtgeräte machten sie ein zweimotoriges Flugzeug aus, das sich rund sechs Meilen von ihnen entfernt auf Nordkurs befand. Seine beiden Kolbenmotoren erzeugten im Infrarotgerät helle Flecken.

«Hm, keine Positionslichter», meinte PJ.

«Was der wohl an Bord hat?»

«Postpakete bestimmt nicht.»

«Wir sollten auf Parallelkurs gehen und ihn mit den Minikanonen...»

«Heute nicht.»

«Was haben unsere Passagiere wohl für einen Auftrag?»

«Wenn wir das wissen sollten, Captain, hätte man uns sicher informiert», versetzte Johns. Aber auch er machte sich natürlich seine Gedanken. Die Männer trugen keine vorschriftsmäßigen Uniformen und gingen auf einen verdeckten Einsatz, der allem Anschein nach länger dauern sollte. Soweit Johns wußte, hatte die Regierung so etwas noch nie angeordnet. Spielen die Kolumbianer da mit? fragte er sich. Vermutlich nicht. Wir sollen rund einen Monat hier unten bleiben, dachte er, also werden wir den Trupp versorgen und nötigenfalls evakuieren. Verdammt, wie damals in Laos, schloß er. Gut, daß Buck dabei ist. Wir sind die einzigen im aktiven Dienst, die sich auf so was noch verstehen.

«Schiff am Horizont in zirka elf Uhr», sagte der Captain und steuerte leicht nach rechts. Ihre Instruktionen waren eindeutig gewesen: Niemand durfte sie sehen oder hören. Das bedeutete, daß sie Schiffen, Fischerbooten und neugierigen Delphinen auszuweichen, sich fern der Küste und in einer Maximalhöhe von tausend Fuß zu halten hatten. Die Positionslichter mußten ausgeschaltet bleiben. Insgesamt also ein Missionsprofil, das Kriegsbedingungen entsprach und sich über einige Regeln der Flugsicherheit hinwegsetzte. Der letztere Aspekt war selbst für Spezialoperationen ungewöhnlich.

Die kolumbianische Küste erreichten sie ohne weitere Vorkommnisse. Sobald sie in Sicht gekommen war, alarmierte Johns seine Crew. Sergeant Zimmer und Sergeant Bean schalteten den elektrischen Antrieb der Minikanonen ein und schoben die Seitentüren auf.

«So, und jetzt hat unsere Invasion eines befreundeten Landes begonnen», konstatierte Willis, als sie «trockenen Fußes» das Land nördlich von Tolú überflogen. Mit Nachtsichtgeräten hielten sie nach Fahrzeugverkehr Ausschau, den sie ebenfalls zu meiden hatten. Ihr Kurs war so gewählt, daß er in sicherem Abstand an menschlichen Ansiedlungen vorbeiführte. Der sechsblättrige Rotor erzeugte nicht das für Hubschrauber typische klatschende Geräusch, sondern klang aus der Ferne fast wie ein Turboprop. Nachdem sie die Carretera Panamericana hinter sich gelassen hatten, flogen sie im weiten Bogen nach Norden und ließen Plato im Osten liegen.

«Zimmer, LZ 1 in fünf Minuten.»

«Okay, PJ», erwiderte der Bordingenieur. Man hatte beschlossen, Bean und Childs an den Kanonen zu lassen, während Zimmer das Absetzmanöver leitete.

Muß ein Gefechtsauftrag sein, dachte Johns lächelnd. PJ sagt nur Buck zu mir, wenn er erwartet, beschossen zu werden.

Hinten wies Sergeant Zimmer die ersten beiden Züge an, ihre Gurte zu lösen, und hob die Hand, um mit den Fingern anzuzeigen, wie viele Minuten es noch waren. Die beiden Captains nickten.

«LZ 1 in Sicht», meldete Willis kurz darauf.

«Ich übernehme.»

«Pilot übernimmt.»

Colonel Johns umkreiste das Gebiet und näherte sich der mittels Satellitenfotos ausgewählten Lichtung. Willis suchte den Boden nach Lebenszeichen ab, konnte aber keine entdecken.

«Scheint alles klar zu sein, Colonel.»

«Ich fliege an», sagte Johns in die Bordsprechanlage.

«Bereitmachen!» brüllte Zimmer, als die Nase des Hubschraubers sich hob.

Chavez stand mit dem Rest seines Zuges auf und wandte sich der hinteren Frachttür zu. Er knickte leicht in den Knien ein, als der Sikorsky aufsetzte.

«Los!» Zimmer winkte sie hinaus und schlug jedem Mann auf die Schulter.

Chavez sprang hinter seinem Captain auf den Boden und wandte sich nach links, um dem Heckrotor auszuweichen, tat zehn Schritte und warf sich dann auf den Bauch. Über ihm drehte sich der Hauptrotor mit Volleistung.

«Alles klar!» rief Zimmer, als alle draußen waren.

«Roger», versetzte Johns und gab Gas.

Chavez wandte den Kopf, als das Heulen der Triebwerke lauter wurde, sah den verdunkelten Hubschrauber abheben wie ein Schemen und spürte ein Brennen von fliegenden Staubpartikeln im Gesicht, als der vom Rotor erzeugte Hundert-Knoten-Sturm sich gelegt hatte. Die Maschine war fort.

Er hätte auf die Reaktion gefaßt sein sollen, war aber doch überrascht, als sie kam. Er war auf feindlichem Territorium. Dies war keine Übung. Die einzige Verbindung mit der Außenwelt, die einzige Fluchtmöglichkeit war gerade verschwunden und kaum noch zu hören. Obwohl zehn Männer um ihn waren, überfiel ihn jäh ein Gefühl der Einsamkeit. Doch er war ein trainierter Mann, ein Berufssoldat. Chavez packte seine Waffe, und das gab ihm Kraft. Ganz allein war er nicht.

«Los», sagte Captain Ramirez leise.

Chavez hielt auf den Waldrand zu und wußte, daß die anderen ihm folgen würden.

11

Im Land

Dreihundert Meilen von Sergeant Ding Chavez entfernt saß Felix Cortez, der ehemalige Oberst des kubanischen DGI, in *el jefes* Büro und döste. *El jefe*, hatte er bei seiner Ankunft erfahren, war im Augenblick beschäftigt – wahrscheinlich mit einer seiner Mätressen, womöglich sogar mit seiner Frau. Cortez hatte zwei Tassen Kaffee getrunken – Kolumbiens Hauptexportartikel –, war aber immer noch müde von den Anstrengungen der vergangenen Nacht, dem Flug und nun von der Umstellung auf die Höhenlage. Er war bettreif, mußte aber wachbleiben, um seinem Chef Bericht zu erstatten. Rücksichtsloser Kerl, dachte er. Beim DGI hätte er eine kurze schriftliche Meldung verfassen und sich dann ein paar Stunden aufs Ohr legen können. Aber der DGI wurde halt von Profis geführt, und er hatte sich einen Amateur als Arbeitgeber ausgesucht.

Kurz nach halb zwei Uhr früh hörte er Schritte im Korridor. Cortez stand auf und schüttelte den Schlaf ab. Die Tür ging auf, und da stand mit entspanntem, glücklichem Gesicht *el jefe*. Mußte wohl doch eine Mätresse gewesen sein.

«Was haben Sie erfahren?» fragte Escobedo ohne Umschweife.

«Bislang noch nichts Spezifisches», erwiderte Cortez und gähnte. Dann gab er wieder, was er herausbekommen hatte.

«Oberst, Sie werden für Resultate bezahlt», rügte Escobedo.

«Gewiß, aber auf höchster Ebene braucht so etwas seine Zeit. Mit den Methoden, die Sie vor meinem Eintreffen anwandten, hätten Sie bislang nur erfahren, daß einige Flugzeuge vermißt werden und zwei Ihrer Kuriere von den *yanquis* verhaftet worden sind.»

«Was halten Sie von dieser Geschichte über das Verhör auf dem Schiff?»

«Höchst ungewöhnlich, vielleicht sogar ein Hirngespinst.» Cortez rutschte tiefer in seinen Sessel und sehnte sich nach einer Tasse Kaffee. «Vielleicht stimmt es auch, aber das bezweifle ich. Da mir die beiden Männer unbekannt sind, kann ich ihre Zuverlässigkeit nicht beurteilen.»

«Die beiden sind aus Medellin. Ramóns älterer Bruder war ein treuer Diener, der im Kampf gegen die Armee fiel. Auch Ramón hatte für mich gearbeitet. Ich mußte ihm eine Chance geben», sagte Escobedo. «Besonders intelligent ist er nicht, aber treu.»

«Und sein Tod würde Sie nicht besonders treffen?»

Escobedo schüttelte ohne Zögern den Kopf. «Nein. Er wußte, was er riskierte. Er wußte nicht, warum der Amerikaner getötet werden mußte, und kann daher nichts aussagen. Was den Amerikaner angeht – der war ein Dieb, und ein dummer dazu, der sich einbildete, wir würden von seinen Machenschaften nichts merken. Ein Irrtum. Wir mußten ihn liquidieren.»

Und seine Familie, dachte Cortez. Töten war eine Sache, das Vergewaltigen von Frauen und Kindern aber ... Doch das ging ihn nichts an.

«Sie sind also sicher, daß sie den Amerikanern nichts verraten können?» fragte Cortez.

«Sie hatten Anweisung, an Bord der Jacht zu gehen, sich als Geldkuriere auszugeben und ihre Drogenladung zu verstecken. Nach der Aktion sollten sie die Bahamas anlaufen, das Geld einem meiner Banker aushändigen, die Jacht diskret versenken und dann die Drogen auf die übliche Weise über Philadelphia in die USA schmuggeln. Sie wußten nur, daß der Amerikaner meinen Unmut erregt hatte, aber nicht wie.»

«Sie müssen aber gewußt haben, daß er Geld wusch, und darüber auch mit ihm gesprochen haben», gab Cortez geduldig zu bedenken.

«*Si.* Zum Glück ging der Amerikaner bei seinen Betrügereien sehr geschickt vor. Und wir waren sehr vorsichtig und stellten von vornherein sicher, daß niemand erfahren konnte, was er getan hatte.» Escobedo lächelte. «Der Mann war wirklich clever.»

«Was, wenn er doch Unterlagen hinterließ?»

«Das tat er nicht. Ein Polizist in dieser Stadt durchsuchte in unserem Auftrag sein Büro – so vorsichtig, daß die *federales* nichts merkten. Erst dann gab ich die Genehmigung, den Amerikaner zu töten.»

Cortez holte tief Luft. «*Jefe,* ist Ihnen denn nicht klar, daß Sie mir so etwas *vorher* sagen müssen? Wozu beschäftigen Sie mich eigentlich, wenn Sie sich meines Wissens nicht bedienen?»

«Das haben wir schon immer so gemacht, und wir kommen auch zurecht, ohne ...»

«Für eine solche Idiotie würde man beim KGB nach Sibirien geschickt!»

«Sie werden anmaßend, Señor Cortez!» fauchte Escobedo zurück.

Felix verkniff sich seine Erwiderung und bemühte sich um einen sachlichen Tonfall. «Sie halten die *norteamericanos* für dumm, weil sie nicht in der Lage sind, den Rauschgiftschmuggel zu stoppen. Ihre Schwäche ist politischer Natur und hat nichts mit ihren Fähigkeiten zu tun. Der amerikanischen Polizei sind die Hände gebunden, weil die politische Führung sie nicht so vorgehen läßt, wie sie möchte – und könnte, sowie diese Restriktionen fallen. Das FBI – die *federales* – verfügt über Ressourcen, die über Ihre Vorstellungskraft hinausgehen. Das weiß ich aus Erfahrung, denn ich selbst wurde zusammen mit Ojeda in Puerto Rico vom FBI gejagt und um ein Haar erwischt.»

«Ja, ja», meinte Escobedo ungeduldig. «Was wollen Sie mir sagen?»

«Was genau tat dieser tote Amerikaner für Sie?»

«Er wusch für uns Riesensummen. Dazu ersann er eine Methode, derer wir uns noch bedienen ...»

«Ziehen Sie Ihr Geld auf der Stelle ab. Wenn dieser *yanqui* so tüchtig war, wie Sie behaupten, hat er höchstwahrscheinlich Hinweise hinterlassen. Und wenn das der Fall ist, sind sie vermutlich schon gefunden worden.»

«Warum haben die *federales* dann nicht gehandelt?» Escobedo drehte sich um und griff nach einer Flasche Cognac. Er trank zwar nur selten, war aber nun in Laune: Pinta, seine Mätresse, war besonders gut gewesen, und außerdem genoß er es, Cortez seine Entbehrlichkeit unter die Nase zu reiben.

«*Jefe*, vielleicht kommen Sie diesmal noch davon, aber eines Tages werden Sie lernen, daß solche Risiken töricht sind.»

Escobedo hielt sich den Schwenker unter die Nase. «Wie Sie meinen, Oberst. So, und nun zu diesen neuen Regeln, die Sie erwähnt haben.»

Chavez war selbstverständlich umfassend informiert. Bei der Einsatzbesprechung hatte man die Mission im Sandkasten durchgespielt, und jeder Mann der Einheit hatte sich das Gelände und ihren Weg hindurch eingeprägt. Ihr Ziel war ein Flugplatz, der den Codenamen RENO trug. Er hatte Luft- und Satellitenaufnahmen der Anlage gesehen, die aus einer fünfzehnhundert Meter langen, geschotterten Landebahn bestand. Seinen Weg fand der Sergeant mit Hilfe eines Kompasses, den er am Handgelenk trug. Alle fünfzig Meter sah er auf das Instrument, peilte einen Baum oder ein anderes Objekt in der entsprechenden Richtung an und hielt dann darauf zu, um die Prozedur nach dem Eintreffen wieder zu beginnen. Er bewegte sich langsam und leise, lauschte auf menschliche Geräusche und schaute sich durch sein Nachtsichtgerät um. Seine Waffe war geladen und gesichert. Vega war hinter ihm und stellte das Bindeglied zum Rest der Einheit dar, die in fünfzig Meter Abstand folgte. Sein MG stellte einen nicht zu verachtenden Schutz dar. Falls sie Kontakt bekamen, sollten sie nach Möglichkeit ausweichen, im Notfall aber alles, was ihnen im Weg stand, so rasch wie möglich ausschalten.

Nach zwei Stunden und zwei Kilometern wählte Ding einen Rastplatz auf einer kleinen, trockenen Anhöhe. Ein letztes Mal spähte er durch das Nachtsichtgerät in die Runde und schaltete es dann ab, um die Batterien zu schonen. Dann griff er nach der Feldflasche. Es war heiß und schwül; so um die dreißig Grad, schätzte er.

«Nun, Chavez, wie kommen wir voran?»

«Muy bien, Capitan», erwiderte Chavez. «Zweieinhalb bis drei Kilometer haben wir geschafft, schätze ich. Da drüben ist Checkpoint SCHRAUBENSCHLÜSSEL, Sir.»

«Haben Sie etwas gesehen?»

«Negativ. Nur Vögel und Insekten. Noch nicht mal ein Wildschwein. Ob hier wohl gejagt wird?»

«Sehr wahrscheinlich», meinte Ramirez nach kurzem Nachdenken. «Diese Möglichkeit müssen wir berücksichtigen, Ding.»

Chavez sah sich um. Einen Mann konnte er erkennen, aber die anderen verschmolzen mit dem Gelände. Ihre Khakikleidung tarnte zwar nicht so effektiv, wie die Camouflage-Anzüge, an die er gewöhnt war, schien aber hinzureichen. Er machte sich bereit zum Aufbruch.

«Nächster Halt am Checkpoint MOTORSÄGE. Captain, wer denkt sich eigentlich diese bescheuerten Namen aus?»

Ramirez lachte leise. «Ich, Sergeant. Macht nichts. Meiner Frau hat mein Sinn für Humor so gestunken, daß sie ging und einen Immobilienmakler heiratete.»

Selbst der Captain, dachte Chavez. Es hatte also keiner von ihnen eine Familie oder Freundin zurückgelassen. Irgendwie beunruhigte ihn der Gedanke, aber im Augenblick kam es darauf an, innerhalb von zwei Stunden MOTORSÄGE zu erreichen.

Mit dem nächsten Sprung überquerte er eine Straße – oder das, was man hier eine solche nannte. Es war ein schnurgerader, gekiester Waldweg, der sich in der Ferne verlor. Chavez ließ sich beim Herangehen und Überqueren Zeit. Der Rest des Zuges machte fünfzig Meter vor der Straße Halt und gab dem Späher Gelegenheit, sie beiderseits der Übergangsstelle abzusuchen.

Nachdem das erledigt war, setzte er einen kurzen Funkspruch auf spanisch an Ramirez ab: «Übergang frei.» Zur Antwort kam ein zweimaliges Klicken; der Captain drückte auf die Sprechtaste, ohne etwas zu sagen. Chavez bestätigte auf die gleiche Weise und wartete, daß der Zug die Straße überquerte.

Das Terrain hier war angenehm flach, und er wunderte sich, weshalb sie eigentlich im Hochgebirge und in dünner Luft trainiert hatten. Wahrscheinlich, weil das Lager so versteckt lag, sagte er sich. Der Wald oder Dschungel war dicht, aber nicht so unwegsam wie in Panama. Es gab zahlreiche Hinweise, daß hier einmal Landwirtschaft betrieben worden war; die vielen kleinen Lichtungen wiesen auf Brandrodung hin. Er hatte ein halbes Dutzend verfallende Hütten gesehen, wo irgendein armer Teufel erfolglos versucht hatte, seine Familie zu ernähren. Chavez fand die Armut, von der diese Überreste zeugten, deprimierend. Die Menschen, die in dieser Gegend lebten, hatten Namen wie er, und ihre Sprache unterschied sich nur durch ihren Akzent von der, die in seinem Elternhaus benutzt worden war.

Wäre ich womöglich hier aufgewachsen, wenn mein Großvater nicht beschlossen hätte, nach Kalifornien zu gehen und sich als Salatpflücker zu verdingen? fragte er sich. Was wäre dann aus mir geworden? Ein Drogenschmuggler oder ein Revolverheld der Kartellbosse? Ein beunruhigender Gedanke. Er war zu stolz, um ernsthaft an diese Möglichkeit zu denken, ahnte aber, daß hier eine tiefe Wahrheit verborgen lag. Die Menschen hier waren bitterarm und ergriffen jede Chance. Wie gestand man seinen Kindern, daß man sie nur ernähren konnte, indem man etwas Illegales tat? Nein, das brachte kein Mensch fertig. Mehr als ihren Hunger verstanden die Kinder nicht. Arme Leute haben nur wenige Optionen. Chavez war fast aus Zufall zur Army gekommen und hatte dort Sicherheit, Chancen, Kameradschaft und Respekt gefunden. Was aber hätte ihm hier unten geblüht...?

Arme Teufel. Doch was wurde aus den Leuten seines Barrios? Ihr Leben war vergiftet, das Viertel ruiniert. Wer war daran schuld?

Solltest mehr arbeiten und weniger grübeln, *'mano,* sagte er sich und schaltete sein Nachtsichtgerät für die nächste Marschetappe ein.

Sie drangen wieder in den Dschungel ein, der hier nicht so dicht war wie in Panama.

Er ging aufrecht und nicht gebückt, wie man erwartet hätte, tastete den Boden mit den Füßen nach trockenen Zweigen ab, die knacken konnten. Büsche, die rascheln konnten, mied er, und auf Lichtungen hielt er sich am Waldrand, damit seine Silhouette sich nicht gegen den bewölkten Himmel abhob. Der größte Feind aber waren Geräusche; erstaunlich, wie scharf das Gehör im Busch wurde. Chavez glaubte, jedes Insekt, jede Vogelstimme, jeden Windhauch hoch oben in den Baumkronen vernehmen zu können, doch es gab kein Geräusch, das von Menschen stammte. Er ging zwar nicht gerade entspannt, aber doch selbstsicher vor und fühlte sich wie auf einer Feldübung. Alle fünfzig Meter blieb er stehen und lauschte auf Geräusche der Männer hinter ihm. Kein Flüstern, und selbst von *Oso*, der die schwere MG schleppte, kam kein Ton.

Wie gut ist der Gegner? fragte sich Ding. Vielleicht so gut wie die Mitglieder seiner alten Bande. Sie kultivierten körperlich Härte, aber nicht auf geordnete Weise. Schlägertypen, die brutal waren, wenn sie in der Zahl oder Bewaffnung im Vorteil waren. Mit ihren soldatischen Fähigkeiten war es demnach nicht weit her; sie operierten durch Einschüchterung und würden große Augen machen, wenn jemand sich nicht einschüchtern ließ. Manche mochten gute Jäger sein, es aber nicht verstehen, als Team vorzugehen. Überwachung, Erkundung und Feuerschutz mußten ihnen fremde Begriffe sein. Mit einem Hinterhalt mochten sie sich auskennen, aber die Feinheiten des Spähens mußten ihnen ein Rätsel sein. Richtige Disziplin mußte ihnen fehlen. Chavez war sicher, an ihrem Angriffsziel Männer vorzufinden, die beim Wachdienst rauchten. Das Soldatenhandwerk zu erlernen, braucht Zeit – Zeit, Disziplin und Willen. Nein, er hatte es nur mit groben Schlägern zu tun. Und solche Typen waren im Grund feige. Hier waren Söldner, die nur für Geld töteten. Auf der anderen Seite stand Chavez, der freudig seine Pflicht für sein Land und seine Kameraden tat. Die Unruhe, die er nach dem Abflug des Hubschraubers empfunden hatte, legte sich. Obwohl seine Aufgabe nur Aufklärung war, wünschte er sich insgeheim, seine MP einmal benutzen zu können.

MOTORSÄGE erreichte er zum vorgesehenen Zeitpunkt. Nachdem sich der Zug dort erneut kurz ausgeruht hatte, führte Chavez die Männer zum Ziel des Nachtmarsches, Checkpoint RASPEL. Hier sah er sich gründlich nach Spuren jagdbarer Tiere und möglicher Jäger um, fand aber nichts. Kurz darauf traf der Zug ein, der einen Haken geschlagen hatte, um etwaige Verfolger zu stellen. Ramirez untersuchte den Rastplatz so genau wie Chavez und kam zu dem gleichen positiven Schluß. Die Männer suchten sich paarweise Plätze zum Essen und Schlafen. Ding tat sich mit Sergeant Vega zusammen und ging im Nordwesten des Lagers – der Richtung, aus der eine Bedrohung am wahrscheinlichsten war – mit einem MG auf Posten. Sergeant Olivero, der Sanitäter, nahm einen Mann mit zu einem nahen Bach, um die Feldflaschen aufzufüllen. Man hob eine Latrine aus, die auch als Abfallgrube diente. Dann reinigten die Soldaten ihre Waffen, obwohl sie nicht gebraucht worden waren.

«Das war nicht so übel», meinte Vega, als die Sonne über die Wipfel stieg.

«Ja», bestätigte Chavez gähnend. «Gibt aber bestimmt eine Bullenhitze.»

«Da, *'mano.*» Vega reichte ihm einen Beutel mit Pulver für einen Fitness-Drink.

«Spitze!» Chavez mochte das Zeug. Er riß den Beutel auf, kippte den Inhalt in seine Feldflasche und schüttelte sie. «Weiß der Captain, daß du das dabei hast?»

«Nee – geht ihn nichts an.»

«Genau.» Chavez steckte den leeren Beutel ein. «Schade, daß es kein Instant-Bier gibt.» Die beiden lachten.

«Knobeln wir um die erste Wache», sagte Vega dann; er gewann und rollte sich zum Schlafen zusammen.

Ding legte sich hinter das MG, das günstig hinter einem breiten Busch und einer kleinen Erhöhung stand, die Schutz gab, ohne den Blick zu versperren. Er stellte sicher, daß eine Patrone in der Kammer war und der Hebel auf «gesichert» stand. Dann suchte er mit dem Fernglas die Umgebung ab.

«Nun, Sergeant, wie sieht's aus?» fragte Captain Ramirez leise.

«Da rührt sich nichts, Sir. Warum legen Sie sich nicht aufs Ohr? Wir bewachen Sie schon.» Auf Offiziere mußte man aufpassen, das wußte Chavez, und das war die Aufgabe eines Sergeants.

Ramirez betrachtete sich die Position. Sie war gut gewählt. Die beiden Männer hatten gegessen und sich erfrischt und würden in zehn Stunden bei Sonnenuntergang ausgeruht sein. Der Captain klopfte Chavez auf die Schulter und ging dann an seinen Platz zurück.

«Alles bereit, Sir», sagte Sergeant Ingeles, der Funker. Die Satellitenantenne, ein schlichtes Metallkreuz mit einem Drahtständer, war aufgebaut. Ramirez schaute auf die Uhr. Zeit zum Senden.

«VARIABEL, hier MESSER, over.» Das Signal jagte über dreißigtausend Kilometer hoch zu einem Satelliten in einer geostationären Bahn und wurde zurück nach Panama gefunkt. Das nahm eine Drittelsekunde in Anspruch, und zwei weitere Sekunden vergingen, ehe die Antwort einging. Die Verbindung war angenehm störungsfrei.

«MESSER, hier VARIABEL. Wir empfangen Sie klar und deutlich. Over.»

«Wir sind an Checkpoint RASPEL. Alles ruhig, nichts zu melden. Over.»

«Roger, verstanden. Out.»

In dem Fernmelde-Lkw auf dem Berggipfel saß Mr. Clark auf einem Stuhl in der Ecke an der Tür. Für die Leitung der Operation war er zwar nicht verantwortlich, aber Ritter wollte sich, falls erforderlich, seiner taktischen Erfahrung bedienen. An der Wand gegenüber den Regalen mit dem Kommunikationsgerät hing ein Meßtischblatt, auf dem die Positionen der Züge und ihre Checkpoints eingezeichnet waren. Alle hatten die Ziele der ersten Etappe planmäßig erreicht. Wer dieses Unternehmen zusammengestellt hatte, mußte gewußt haben, was Männer im Busch schaffen konnten und was nicht. Die Zeit- und Distanzvorgaben waren realistisch.

Das ist zur Abwechslung mal ganz angenehm, dachte Clark und sah sich im Fahrzeug um. Abgesehen von den beiden Fernmeldetechnikern waren zwei hohe Beamte vom Operationsdirektorat anwesend, die auf diesem Gebiet längst nicht so erfahren waren wie Clark, aber Ritters Vertrauen hatten.

Clark war in Gedanken draußen im Gelände. Er war zwar noch nie im amerikanischen Urwald im Einsatz gewesen, wußte aber, was es bedeutete, ganz auf sich allein gestellt und nur über Funk mit den eigenen Leuten und einem Hubschrauber, der kommen mochte oder nicht, verbunden zu sein. Inzwischen waren die Funkgeräte zuverlässiger; ein Fortschritt. Doch mit Kampfflugzeugen wie früher einmal, die mit Nachbrenner angedonnert kamen und fünfzehn Minuten nach einem Hilferuf über Funk mit ihren Bomben den Boden erbeben ließen, konnten sie hier nicht rechnen. *Verdammt, weiß man da oben eigentlich Bescheid, was das bedeutet?*

Nein, sagte er sich, das sind alles grüne Jungs, die keine Ahnung haben.

Clark war in Nord- und Südvietnam und in Kambodscha eingesetzt gewesen, immer mit kleinen Teams, die bemüht gewesen waren, sich versteckt zu halten, Informationen zu sammeln und nach Möglichkeit unbemerkt wieder zu verschwinden – meist mit Erfolg.

«So weit, so gut», meinte der ranghöhere Mann vom Operationsdirektorat und griff nach einem Becher Kaffee. Sein Kollege nickte zustimmend.

Clark zog nur die Augenbrauen hoch. *Und was versteht ihr zwei Affen schon davon?* dachte er.

Der Direktor fand TARPON hochinteressant, wie Moira feststellte, und das war auch kein Wunder. Schon wurden Beschlagnahmungen gemeldet, und vier Spezialisten vom Justizministerium hatten einen Tag lang über Mark Brights Bericht gesessen. Der elektronische Zahlungsverkehr hatte die Aktion sehr erleichtert. Irgendwo im Justizministerium saß ein Mann, der die Computer jeder Bank auf der Welt anzapfen konnte. Vielleicht war es auch jemand vom Geheimdienst oder gar eine Privatperson; was auf diesem Gebiet als legal gelten konnte, war noch sehr unklar. Auf jeden Fall hatte man durch Vergleichen von Unterlagen der Börsenaufsicht mit zahlreichen Banktransaktionen das Drogengeld, mit dem die Unternehmen des «Opfers» finanziert worden waren, identifiziert. Sechshundert Millionen Dollar standen kurz vor der Beschlagnahmung, nicht mitgerechnet der Verkaufserlös der Tarnfirmen.

Was für eine Unverfrorenheit, das schmutzige Geld einfach hier zu waschen und zu investieren! Juan hat sie mit Recht arrogant geheißen, dachte Moira. Na, jetzt würde ihnen das Grinsen vergehen. Die Regierung konnte nun mindestens sechshundert Millionen Dollar beschlagnahmen, nicht gerechnet den Profit beim Verkauf der Liegenschaften. Sechshundert Millionen Dollar! Eine unglaubliche Summe. Gewiß, sie hatte gehört, daß im Drogengeschäft «Milliarden» aus dem Land flossen, aber diese Schätzungen waren ungefähr so akkurat wie der Wetterbericht. Fest stand, sagte der Direktor in seinem Diktat, daß das Kartell mit seiner bisherigen Geldwaschmethode unzufrieden gewesen war oder festgestellt hatte, daß der Kapitalfluß zurück in sein Land ebensoviele Probleme erzeugte, wie er löste. Es hatte daher den Anschein, als sei das einmal gewaschene Einstandskapital – plus der dabei entstandenen Profite – in einen riesigen Investmentfonds eingebracht worden, der dann ganz legal Firmen in Kolumbien oder jedem anderen Land übernehmen konnte, in denen das Kartell eine politische oder wirtschaftliche Basis aufbauen wollte. Interessant dabei war, fuhr Emil fort, daß dies nur das Vorspiel zu dem Versuch sein konnte, die gesamte Operation legal und im lateinamerikanischen Kontext akzeptabel zu machen.

«Wann brauchen Sie das, Sir?» fragte Mrs. Wolfe ihren Chef.

«Ich habe morgen früh einen Termin beim Präsidenten.»

«Kopien?»

«Fünf, alle numeriert. Moira, dieses Material ist streng geheim», erinnerte er.

«Sowie ich fertig bin, freß ich die Diskette», versprach sie. «Sie sind mit Assistant Director Grady zum Mittagessen verabredet, und der Justizminister hat das Abendessen morgen abgesagt, weil er nach San Francisco muß.»

«Was will er denn dort?»

«Sein Sohn hat ganz kurzfristig beschlossen, sich zu verheiraten.»

«Das geht ja hopplahopp. Wie weit sind Sie von einem solchen Schritt entfernt?»

«Ich stehe kurz davor. Wissen Sie schon, wann Sie nach Kolumbien fliegen? Ich möchte gerne Ihren Terminkalender entsprechend ändern.»

«Das kann ich leider noch nicht sagen. Auf meine Termine sollte die Reise aber keine große Auswirkung haben, denn ich fahre übers Wochenende.»

«Sehr gut», meinte Moira und ging lächelnd hinaus.

«Guten Morgen.» Der US-Staatsanwalt war siebenunddreißig und hieß Edwin Davidoff. Es war sein Ehrgeiz, seit Menschengedenken der erste jüdische Senator aus Alabama zu werden. Der hochgewachsene, massive Mann, der an der Universität Ringer gewesen war, hatte es verstanden, sich auf seinem Posten den Ruf eines zupackenden, tüchtigen und grundehrlichen Streiters für die Interessen des Volkes zu erwerben. In Bürgerrechtsfällen sprach er bei seinen Presseerklärungen immer vom geltenden Gesetz und all den Dingen, für die Amerika steht. Hatte er es mit einem großen Strafprozeß zu tun, beschwor er Law and Order und den Schutz, den die Bürger erwarteten. Davidoff redete überhaupt viel. In Alabama gab es keinen Rotarierclub oder Optimistenverband, vor dem er im Lauf der letzten drei Jahre nicht gesprochen hatte, und auch von den Organisationen der Polizei hatte er keine einzige ausgelassen. Seine Stelle als Hauptankläger der Bundesregierung im Staat war vorwiegend administrativer Natur, aber hin und wieder übernahm er einen Fall, und zwar grundsätzlich solche, die großes Aufsehen erregten. Ganz besonders war er hinter politischer Korruption her, wie drei Abgeordnete des Staatsparlaments zu ihrem Leidwesen feststellen mußten. Die Gesetzgeber harkten nun den Sand auf dem Golfplatz des Luftstützpunkts Eglin.

Edward Stuart nahm vor dem Schreibtisch Platz. Davidoff war ein höflicher Mann, der aufgestanden war, als Stuart eintrat. Höfliche Staatsanwälte beunruhigten Stuart.

«Wir konnten die Identität Ihrer Mandanten endlich bestätigen», begann Davidoff sachlich. «Wie sich herausstellte, handelt es sich um Bürger von Kolumbien, die zusammen schon mindestens ein Dutzendmal verhaftet waren. Sagten Sie nicht, sie stammten aus Costa Rica?»

Stuart versuchte, ihn hinzuhalten. «Warum hat das so lange gedauert?»

«Kann ich auch nicht sagen. Aber das ist jetzt unwichtig. Ich setze mich für einen baldigen Verhandlungstermin ein.»

«Und das Geständnis, das von der Küstenwache vorgelegt wurde?»

«Interessiert mich nicht. Dies ist ein reiner Mordfall.»

«Das entspricht aber nicht der üblichen Prozedur», wandte Stuart ein.

«Das war vielleicht bislang der Haken. Wir wollen in diesem Fall gewissen Leuten einen Wink geben.»

«Und zu diesem Zweck wollen Sie meine Mandanten hinrichten lassen.» Das war keine Frage.

«Ich weiß, daß wir über die abschreckende Wirkung der Todesstrafe unterschiedlicher Ansicht sind.»

«Ich bin bereit, Ihnen für Umwandlung auf Lebenslang Geständnisse und Informationen zu bieten.»

«Kommt nicht in Frage.»

«Sind Sie denn so sicher, daß Sie den Prozeß gewinnen?»

«Die Beweislage kennen Sie ja», versetzte Davidoff. Ein Gesetz verpflichtete die Anklage, der Verteidigung Einsicht in ihre Akten zu gewähren. Umgekehrt galt die Regel indessen nicht. Auf diese Weise sollte dem Angeklagten ein fairer Prozeß garantiert werden, doch nicht alle Polizisten und Staatsanwälte waren mit der Vorschrift einverstanden. Davidoff aber hielt sich grundsätzlich an die Regeln, und das machte ihn in Stuarts Augen so gefährlich. Davidoff, ein brillanter Taktiker, hatte noch nie einen Prozeß oder eine Berufsverhandlung wegen eines Verfahrensfehlers verloren.

«Wenn wir diese beiden Menschen töten, begeben wir uns auf ihre Ebene.»

«Ed, wir leben in einer Demokratie. Letztendlich entscheidet das Volk über die Gesetze, und das Volk ist für die Todesstrafe.»

«Ich werde alles tun, um das zu verhindern.»

«Sie würden mich enttäuschen, wenn Sie das nicht täten.»

Das wird ein guter Senator, dachte Stuart. Fair und tolerant auch gegenüber Leuten, die im Prinzip anders denken. Kein Wunder, daß die Presse ihn liebt.

«So, und das wäre die Lage in Osteuropa in dieser Woche», bemerkte Richter Moore. «Scheint sich zu beruhigen.»

«Jawohl, Sir», erwiderte Ryan. «Es hat im Augenblick den Anschein.»

CIA-Direktor Moore nickte und wechselte das Thema. «Waren Sie gestern bei James?»

«Ja, Sir. Er hat noch Mut, weiß aber jetzt Bescheid.» Ryan haßte diese medizinischen Statements. Schließlich war er kein Arzt.

«Ich will ihn heute abend besuchen», sagte Ritter. «Kann ich ihm etwas mitbringen?»

«Höchstens Arbeit. Er will immer noch weitermachen.»

«Er soll bekommen, was er will», entschied Moore. Dann fuhr er fort: «Dr. Ryan, Sie leisten vorzügliche Arbeit. Was, wenn ich Sie dem Präsidenten als nächsten DDI vorschlüge – ich weiß, was Sie für James empfinden; vergessen Sie nicht, daß ich viel länger mit ihm zusammengearbeitet habe als Sie und immerhin ...»

«Sir, Admiral Greer ist noch nicht tot», wandte Jack ein und bereute sofort das *noch*.

«Er wird aber nicht durchkommen, Jack», sagte Moore sanft. «Das tut mir sehr leid. Er ist auch mein Freund. Aber wir haben hier unserem Land zu dienen, und das ist wichtiger als Einzelpersonen, James eingeschlossen.»

Ryan nahm die Zurechtweisung äußerlich gelassen hin, fühlte sich aber getroffen – der Richter hatte nämlich recht. Jack holte tief Luft und nickte.

«James sagte mir letzte Woche, daß er sich Sie als Nachfolger wünscht. Und ich finde, daß Sie das Zeug dazu haben. Was meinen Sie?»

«Was Fachkompetenz angeht, bin ich wohl der richtige Mann, aber mir fehlt noch die politische Erfahrung für dieses Amt.»

«Die erwirbt man sich nur in der Praxis. Und außerdem hat die Politik im Geheimdienst eigentlich nichts verloren.» Moore lächelte, um die Ironie dieser Erklärung zu unterstreichen. «Der Präsident mag Sie, und im Kapitol sind Sie auch beliebt. Ab sofort sind Sie kommissarischer DDI. Offiziell wird der Posten erst nach der Wahl besetzt werden, aber fürs erste haben Sie ihn auf provisorischer Basis. Sollte James genesen, wäre mir das nur recht. Es könnte Ihnen nicht schaden, weiter unter ihm zu arbeiten. Doch selbst in diesem Fall müßte er bald in Pension gehen. Keiner von uns ist unersetzlich, und James ist der Ansicht, daß Sie reif für die Beförderung sind. Ich übrigens auch.»

Ryan wußte nicht, was er sagen sollte. Mit knapp vierzig hatte er nun einen der wichtigsten Geheimdienstposten der Welt. Bislang hatte er seinen Vorgesetzten Analysen und Optionen präsentiert. Von nun an stand er selbst in der Verantwortung und würde den höchsten Entscheidungsträgern fertige Beschlüsse zur Genehmigung unterbreiten. Die Last der Verantwortung war sehr viel schwerer geworden.

«Es gilt aber nach wie vor das Prinzip, daß Sie nur erfahren, was Sie für Ihre Arbeit unbedingt wissen müssen», betonte Ritter.

«Selbstverständlich», erwiderte Ryan.

«Ich werde Nancy und Ihren Abteilungsleitern Bescheid sagen», meinte Moore. «James hat einen Brief aufgesetzt, den ich verlesen werde. Hier ist Ihre Kopie.»

Ryan stand auf und nahm das Schreiben entgegen.

«Sie haben nun wohl zu tun, Dr. Ryan», sagte Moore.

«Jawohl, Sir.» Jack machte kehrt und verließ den Raum. Eigentlich hätte er nun triumphieren sollen, aber er hatte eher das Gefühl, in einer Falle zu sitzen, und er wußte auch, warum.

«Das kommt zu früh, Arthur», meinte Ritter, der die ganze Zeit mit im Raum gewesen war.

«Ich weiß, was Sie sagen wollen, Bob, aber wir können nicht zulassen, daß die Nachrichtenabteilung führerlos dahintreibt, nur weil Sie ihn von SHOWBOAT fernhalten wollen. Isolieren wir ihn davon, zumindest von den operativen Aspekten. Zu den Informationen, die wir gerade zusammentragen, sollten wir ihm aber Zugang gewähren. Mit Finanzen kennt er sich aus. Nur wie die Informationen uns erreichen, braucht er nicht zu wissen. Außerdem: Wenn der Präsident uns grünes Licht gibt und die Zustimmung des Kongresses erhält, sind wir aus dem Schneider.»

«Wann gehen Sie ins Kapitol?»

«Vier Abgeordnete kommen morgen nachmittag hierher. Wir berufen uns auf die gefährliche oder Spezialoperationen betreffende Richtlinie.»

Hierbei handelte es sich um ein inoffizielles Kodizill zum Überwachungsmodus. Laut Gesetz hatte der Kongreß zwar das Recht, alle Geheimdienstoperationen zu überwachen, doch zwei Jahre zuvor hatte eine undichte Stelle in einem der Komitees zum Tod eines CIA-Stationschefs und eines hohen Überläufers geführt. Anstatt an die Öffentlichkeit zu gehen, war Richter Moore an die Mitglieder beider Komitees herangetreten und hatte sich schriftlich versichern lassen, daß in besonderen Fällen nur dem Vorsitzenden eines Komitees und seinem Stellvertreter Zugang zu den nötigen Informationen gewährt werden sollte. Die Entscheidung, ob sie dieses Wissen mit dem gesamten Komitee teilen wollten, lag dann bei ihnen. Da Mitglieder beider Parteien vertreten waren, hoffte man, parteipolitischen Manövern weitgehend einen Riegel vorzuschieben. Mehr noch, Richter Moore hatte allen eine raffinierte Falle gestellt. Wer Geheiminformationen streute, mußte damit rechnen, als reiner Parteiopportunist gebrandmarkt zu werden. Außerdem fühlten sich die vier ausgewählten Abgeordneten privilegiert, was ihrer Verschwiegenheit förderlich war. Solange die Operation nicht politisch als sehr empfindlich aussah, war praktisch garantiert, daß sich der Kongreß nicht einmischte. Erstaunlich war nur, daß Moore überhaupt die Zustimmung der Komitees bekommen hatte. Nützlich war natürlich gewesen, daß er die Witwe und die Kinder des toten CIA-Beamten zu den Anhörungen mitgebracht hatte. Es ist eine Sache, abstrakt von der Macht des Gesetzes zu faseln, aber eine andere, dem Resultat eines Fehlers ins Gesicht sehen zu müssen – in diesem Fall einem zehnjährigen Mädchen ohne Vater. Politisches Theater ist nicht ausschließlich die Domäne gewählter Offizieller.

«Und die Entschließung des Präsidenten?»

«Liegt bereits vor. ‹Der Drogenschmuggel stellt eine eindeutige und unmittelbare Gefahr für die nationale Sicherheit der USA dar. Zum Schutz der Bürger autorisiert der Präsident die abgewogene Ausübung militärischer Gewalt im Einklang mit den üblichen Richtlinien für den Einsatz ...› und so weiter.»

«Der innenpolitische Aspekt mißfällt mir.»

Moore lachte in sich hinein. «Den Kongreßabgeordneten wird er auch sauer aufstoßen. Aus diesem Grund muß die Sache geheim bleiben. Wenn der Präsident publik macht, daß er endlich etwas Konkretes unternimmt, wird die Opposition schreien, das sei nur ein wahltaktisches Manöver. Sabotiert die Opposition das Unternehmen aber, kann der Präsident den Spieß umkehren. Der Wahlkampf wirkt sich also zu unseren Gunsten aus. Cleverer Bursche, dieser Admiral Cutter.»

«Der ist längst nicht so clever, wie er meint», schnaubte Ritter. «Und da steht er auch nicht allein.»

«Ich weiß, was Sie meinen», versetzte Moore. «Früher oder später müssen wir Ryan einweihen.»

«Das mißfällt mir.»

«Sie stört doch nur, daß Ryan an zwei höchst erfolgreichen Außenoperationen beteiligt war und dabei auf Ihrem Territorium gewildert hat. Aber er hatte in beiden Fällen Ihre Unterstützung. Wäre es Ihnen denn lieber gewesen, wenn er versagt hätte? Robert, ich wünsche nicht, daß sich die Chefs meiner Direktorate auf Wettpissen einlassen wie Cutter und diese Typen vom Kongreß.»

Ritter blinzelte irritiert. «Ich habe schon immer gesagt, daß wir ihn zu rasch haben hochkommen lassen. Gewiß, er ist ein tüchtiger Mann, aber für solche Dinge fehlt ihm einfach das politische Gespür. Den Weitblick eines Mannes an der Spitze muß er sich erst noch erwerben. Er muß ja ohnehin nach Europa, um uns bei der NATO-Nachrichtendienstkonferenz zu vertreten. Da ist es doch überflüssig, ihm SHOWBOAT vor dem Abflug auf die Nase zu binden.»

Moore hätte beinahe erwidert: Admiral Greer sei nicht nur aus Gesundheitsgründen nicht eingeweiht worden. Die Präsidentenorder sah nur eine sehr kleine Gruppe von Leuten vor, die wirklich wußte, worum es bei der Anti-Drogen-Operation ging. Beim Geheimdienst war das eine alte Geschichte: Manchmal waren die Geheimhaltungsmaßnahmen so streng, daß Leute, die etwas Wichtiges beizutragen haben mochten, ausgeschlossen blieben. Es kam sogar vor, daß Männer, die für den erfolgreichen Ausgang des Unternehmens entscheidende Informationen hatten, ausgesperrt wurden. Andererseits wimmelt es in der Geschichte nur so von Beispielen für Katastrophen, ausgelöst von einer zu breiten, den Entscheidungsprozeß lähmenden Operationsbasis und unzulänglicher Geheimhaltung. Das Definieren der Grenze zwischen operativer Geheimhaltung und operativer Effizienz war notorisch die schwerste Aufgabe eines leitenden Geheimdienstmannes. Feststehende Regeln gab es nicht, das wußte Richter Moore; nur die Bedingung, daß solche Unternehmen erfolgreich zu verlaufen hatten. Ein immer wieder auftauchendes Element von Spionageromanen ist die Annahme, daß Geheimdienstchefs einen untrüglichen sechsten Sinn für das Führen von Operationen hatten. Doch wenn selbst den größten Chirurgen der Welt Kunstfehler unterliefen, wenn selbst die besten Testpiloten abstürzen konnten – oder ein Verteidiger ein Eigentor schoß –, warum sollte es einem Spionagechef dann anders ergehen? Der einzige Unterschied zwischen einem Weisen und einem Narren war, daß der Weise dazu neigte, die schwereren Fehler zu machen – und nur, weil niemand geneigt war, einen Narren mit einer wichtigen Entscheidung zu betrauen; nur Weise bekamen Gelegenheit, Schlachten oder Länder zu verlieren.

«Gut, Bob, Sie haben gewonnen... fürs erste.» Richter Moore runzelte die Stirn und starrte auf seinen Schreibtisch. «Wie läuft die Sache?»

«Alle vier Teams sind nur noch wenige Marschstunden von ihren Beobachtungspunkten entfernt. Wenn alles nach Plan verläuft, sind sie morgen bei Tagesanbruch in Position und werden am folgenden Tag beginnen, uns Informationen zu liefern. Alle vorläufigen Hinweise, die wir brauchen, spuckte die Flugzeugbesatzung aus, die wir gestern erwischt haben. Mindestens zwei der Landestreifen, die wir überwachen, sind ‹heiß›.»

«Der Präsident will mich morgen sprechen. Es sieht so aus, als wäre das FBI auf etwas Wichtiges gestoßen. Emil ist ganz aufgeregt. Offenbar hat man eine riesige Geldwäscherei entdeckt.»

«Eine Sache, die wir ausnutzen können?»

«So sieht es aus. Emil behandelt sie als streng geheim.»

«Was dem einen recht ist...», merkte Ritter mit einem Lächeln an. «Vielleicht machen wir den Drogenbossen bald wirklich das Leben sauer.»

Eine Stunde vor Sonnenuntergang erwachte Chavez aus seiner zweiten Schlafperiode. Die Tageshöchsttemperaturen hatten knapp unter vierzig Grad gelegen, und die hohe Luftfeuchtigkeit machte aus dem Dschungel selbst im Schatten einen Backofen. Als erstes trank er einen Schluck von seinem Isogetränk, um den Flüssigkeitsverlust durch Schwitzen im Schlaf wettzumachen. Dann nahm er zwei Paracetamol-Tabletten. Die Kämpfer der leichten Infanterie leben praktisch von diesen Pillen, um die schmerzlichen Begleiterscheinungen der extremen Anstrengung zu mildern. In diesem Fall litt Chavez unter von der Hitze ausgelösten Kopfschmerzen, die an einen milden Kater erinnerten.

«Sollen die mit diesem Scheißland doch machen, was sie wollen», knurrte er Julio zu.

«Find ich auch, *'mano*», erwiderte Vega lachend.

Sergeant Chavez setzte sich mühsam auf und schüttelte sich. Dann fuhr er sich übers Gesicht. Er hatte einen starken Bartwuchs, beschloß aber, sich heute nicht zu rasieren. Normalerweise wurde bei der Army sehr auf Hygiene geachtet, und die leichte Infanterie sollte als Elitetruppe besonders «hübsch» aussehen. Jetzt stank er schon wie ein Basketballteam nach zwei Verlängerungen, konnte sich aber trotzdem nicht waschen oder seine Uniform reinigen. Gesäubert wurde nur die Waffe. Nachdem er sicher war, daß Julio sein MG bereits gewartet hatte, zerlegte Chavez seine MP-5 in sechs Teile, die er inspizierte. Die mattschwarze Oberfläche war rostresistent, aber er wischte trotzdem alles mit Öl ab, fuhr mit der Zahnbürste über alle beweglichen Teile, prüfte alle Federn und sah nach, daß in den Magazinen kein Schmutz oder Sand war. Zufrieden baute er die Waffe wieder zusammen und betätigte leise den Mechanismus, um sicherzustellen, daß alles glatt funktionierte. Schließlich steckte er ein Magazin auf und legte den Sicherungshebel um. Anschließend überprüfte er seine Messer und die Wurfsterne.

«Der Captain rastet aus, wenn er die sieht», merkte Vega leise an.

«Die bringen Glück», erwiderte Chavez und steckte sie zurück in die Tasche. «Außerdem weiß man nie...» Dann kümmerte er sich um den Rest seiner Ausrüstung. Alles war so, wie es sein sollte. Er war bereit. Nun holte er die Karten heraus.

«Wo geht's hin?»

«RENO.» Chavez legte den Zeigefinger auf das Meßtischblatt. «Sind knapp fünf Kilometer.» Er sah sich die Karte genau an und prägte sich eine Reihe von Details ein. Eingetragen war auf der Karte natürlich nichts, denn wenn sie verlorenging oder erbeutet wurde, konnte sie nichts verraten.

«Hier.» Captain Ramirez gesellte sich zu den beiden und reichte ihnen ein Satellitenfoto.

«Diese Karten müssen neu sein, Sir.»

«Stimmt. Sie wurden von der kartographischen Anstalt im Verteidigungsministerium mit Hilfe neuer Satellitenfotos erstellt. Rechnen Sie mit Problemen?»

«Nein, Sir.» Chavez schaute lächelnd auf. «Das Gelände ist flach und mit lichtem Wald bestanden – sollte uns leichter fallen als letzte Nacht, Captain.»

«Der erste Rastplatz ist hier – Checkpoint BOLZEN.»

«Klar.»

Ramirez hob den Kopf und musterte das Gelände. «Erinnern Sie sich an die Einsatzbesprechung. Die Sicherheitsvorkehrungen dieser Kerle können sehr ausgefuchst sein. Achten Sie besonders auf Fallen. Wenn Sie etwas entdecken, sagen Sie mir sofort Bescheid – wenn Sie sich dabei nicht gefährden. Im Zweifelsfall vergessen Sie nicht, daß die Mission geheim sein soll.»

«Ich bringe uns schon hin.»

«Tut mir leid, Ding», entschuldigte sich Ramirez, «ich muß mich anhören wie eine nervöse Jungfer.»

«Die hätte aber schönere Beine als Sie, Sir», gab Chavez grinsend zurück.

«Können Sie das MG noch eine Nacht lang tragen, *Oso?*» fragte der Captain dann Vega.

«Ich hab schon schwerere Zahnstocher geschleppt, *jefe.*»

Ramirez lachte und begab sich weiter zum nächsten Paar.

«Ich hab schon schlimmere Captains als den da erlebt», bemerkte Vega, als Ramirez fort war.

«Der nimmt seine Arbeit ernst», gestand Chavez zu. Dann tauchte Sergeant Olivero auf.

«Wie sieht's mit eurem Wasser aus?» fragte der Sanitäter.

«Je ein Liter zuviel», antwortete Vega.

«Dann trinkt ihr euren Liter jetzt auf der Stelle.»

«Ehrlich, Sani ...», protestierte Chavez.

«Mach mir keinen Quatsch. Wenn jemand einen Hitzschlag kriegt, bin ich dran. Wer nicht pissen muß, hat nicht genug getrunken. Bildet euch einfach ein, es wär ein Bier», riet Olivero, als die beiden nach ihren Feldflaschen griffen.

Olivero hatte natürlich recht. Chavez leerte die Feldflasche mit drei tiefen Zügen. Vega folgte dem Sanitäter zum nahen Bach, um dort die Wasserbehälter wieder aufzufüllen. Wenige Minuten später kam er wieder zurück. *Oso* überraschte seinen Freund mit zwei weiteren Beuteln Iso-Konzentrat. Der Sanitäter hatte, wie er erklärte, seinen eigenen Vorrat dabei. Unangenehm war nur, daß die Wassertabletten nicht besonders zum Geschmack des Fitneß-Drinks passen wollten.

Bei Sonnenuntergang versammelte Captain Ramirez seine Männer. Alle waren schmutzig und stoppelbärtig, was den Gebrauch von Tarnschminke überflüssig machte. Einige hatten Wehwehchen, die überwiegend auf das unbequeme Nachtlager zurückzuführen waren, aber ansonsten gab sich alles fit und ausgeruht. Der Müll wurde gesammelt und vergraben. Im letzten Tageslicht inspizierte Ramirez den Lagerplatz noch einmal. Olivero ließ Tränengaspulver über den Abfall rieseln, ehe die Grube zugeschüttet wurde, um zu verhindern, daß Tiere ihn ausgruben. Als Chavez als erster aufbrach, verriet nichts, daß hier ein Zug gelagert hatte.

Ding überquerte die Lichtung so rasch wie möglich und hielt durch sein Nachtsichtgerät Ausschau. Er benutzte Kompaß und Markierungspunkte und kam nun, da er ein besseres Gefühl fürs Gelände hatte, rascher voran. Wie zuvor erreichten nur die Geräusche der Natur sein Ohr, und zum Glück war der Wald nun nicht mehr so dicht. Er schaffte über vier Kilometer in der Stunde. Und am schönsten war, daß er bisher noch keine einzige Schlange entdeckt hatte.

Checkpoint BOLZEN erreichte er in knapp zwei Stunden und fühlte sich entspannt und sicher. Der Marsch durch den Dschungel hatte seine Muskeln gelockert. Zweimal war er unterwegs stehengeblieben, um zu trinken, öfter noch, um zu lauschen, aber er hatte nie etwas Unerwartetes vernommen. Alle dreißig Minuten hatte er kurz über Funk Kontakt mit Captain Ramirez aufgenommen.

Zehn Minuten nachdem Chavez einen Rastplatz aufgesucht hatte, traf der Zug ein. Zehn Minuten später brach er zum nächsten und letzten Checkpoint auf: HOLZHAMMER.

Nun war er vorsichtiger. Er hatte sich die Karte eingeprägt, und je weiter er sich dem Ziel näherte, desto größer wurde die Wahrscheinlichkeit, daß er auf jemanden stieß. Fast unwillkürlich verlangsamte er seine Schritte. Einen halben Kilometer nach BOLZEN hörte er, wie sich rechts von ihm etwas entfernte. Er gab dem Zug einen Wink und ging mit Vega nachsehen, aber das Geräusch entfernte sich in südwestlicher Richtung. Muß wohl ein Tier gewesen sein, dachte Ding; er wartete aber trotzdem noch ein paar Minuten, ehe er weiterging.

HOLZHAMMER erreichte er ohne weitere Vorkommnisse und war nun einen Kilometer vom Ziel entfernt. Wieder sammelte sich der Zug. Fünfzig Meter vom Checkpoint floß ein Bach, an dem ihre Feldflaschen wieder gefüllt wurden. Nächstes Ziel war nun der Sammelpunkt, zu dem Ding sie in weniger als einer Stunde führte. Man stellte Wachen auf, während Zugführer und Späher sich besprachen.

Ramirez holte seine Karte hervor. Chavez und sein Captain schalteten die Infrarotleuchten an ihren Nachtsichtgeräten an und studierten die Karten und dazugehörigen Fotos. Ebenfalls dabei war Guerra, der Operations-Sergeant. Die Straße zum Flugfeld kam aus der entgegengesetzten Richtung und machte einen Bogen um den Bach, dem sie gefolgt waren. Das Foto stellte nur ein Gebäude dar, und das lag jenseits des Zieles.

«Ich würde hier entlang herangehen, Sir», meinte Chavez.

«Da haben Sie wahrscheinlich recht», erwiderte Ramirez. «Was meinen Sie, Sergeant Guerra?»

«Sieht gut aus, Sir.»

«Gut, Leute, wenn es zu Feindberührung kommt, dann in dieser Gegend. Chavez, ich gehe mit Ihnen voraus. Guerra, Sie folgen mit dem Rest des Zuges für den Fall, daß es Ärger geben sollte.»

«Jawohl, Sir», antworteten die beiden Sergeants.

Aus Gewohnheit holte Ding seinen Schminkstift heraus und schmierte sich Grün und Schwarz ins Gesicht. Dann zog er seine Handschuhe an. Schweißnasse Hände waren zwar störend, aber die dunklen Lederhüllen tarnten seine helle Haut. Ramirez und er setzten ihre Nachtsichtgeräte auf und schlichen los.

Der Bach, dem sie gefolgt waren, entwässerte das Gebiet und sorgte für festen, trockenen Untergrund; deshalb hatte hier auch jemand einen Landestreifen planiert. Nun achtete Chavez besonders argwöhnisch auf Fallen. Vor jedem Schritt suchte er den Boden nach Drähten ab und ließ auch die Hüft- und Augenhöhe nicht außer acht. Außerdem hielt er nach Stellen Ausschau, an denen gegraben worden war.

Immer mit der Ruhe, *mano*, sagte er sich.

Endlich ein Geräusch, das der schwache Wind ihnen zutrug: entferntes Gemurmel menschlicher Stimmen.

Kontakt.

Chavez drehte sich zu seinem Captain um, wies in die Richtung, aus der er etwas gehört hatte, und hielt sich den Finger ans Ohr. Ramirez nickte und bedeutete ihm weiterzugehen.

Dann ein Trampelpfad.

Chavez ging in die Knie und suchte nach Fußspuren. Jawohl, da waren sie, in beide Richtungen. Er machte einen langen Schritt über den schmalen Pfad hinweg und blieb stehen. Ramirez und Chavez bildeten nun eine Zwei-Mann-Formation: Weit genug voneinander entfernt, um nicht von einem Feuerstoß erwischt zu werden, eng genug beisammen, um sich gegenseitig Feuerschutz geben zu können. Captain Ramirez war ein erfahrener Offizier, der gerade achtzehn Monate lang eine Kompanie der leichten Infanterie kommandiert hatte, aber selbst er hatte für Chavez' Geschick im Wald nur Bewunderung. Sie waren nun ganz auf sich gestellt, wie er vor ein paar Minuten verkündet hatte, und in der Einheit war er derjenige, der sich die größten Sorgen machen mußte. Er hatte den Befehl, was bedeutete, daß er allein für den Erfolg der Mission verantwortlich war. Außerdem trug er die Verantwortung für das Leben seiner Männer. Mit zehn Mann war er in ein fremdes Land eingedrungen; zehn sollte er wieder heimbringen. Als einziger Offizier sollte er auch auf jedem Spezialgebiet so gut sein wie jeder seiner Männer – wenn nicht noch besser. Diese Erwartung war zwar nicht realistisch, aber allgemein gültig. Auch Ramirez hegte sie, obwohl er alt genug war, um es besser zu wissen. Doch als er durch sein Nachtsichtgerät Chavez beobachtete, der sich zehn Meter vor ihm wie ein Gespenst und leise wie ein Windhauch bewegte, mußte er sich eines Gefühls der Unzulänglichkeit erwehren, das kurz darauf der Begeisterung wich. Das hier gefiel ihm besser als der Befehl über eine Kompanie. Zehn Spezialisten, Elitesoldaten, die jeder zu den Besten der Army gehörten, und sie unterstanden ihm... Ramirez erkannte vage, daß er das bei Gefechtsoperationen häufige Auf und Ab mitmachte, eine Art Achterbahn der Emotionen. Der intelligente junge Mann lernte nun, daß es eine Sache ist, über so etwas zu reden, zu lesen oder nachzudenken, aber eine andere, sie zu erleben. Intensives Üben konnte den Streß einer Gefechtsoperation mildern, aber nie ganz ausschalten. Die Klarheit, mit der er das alles sah, verblüffte den jungen Captain, und mit dieser Erkenntnis kam ein Hochgefühl; die Fahrt auf der Achterbahn ging weiter. Sein Intellekt überwachte und schätzte seine Leistung ab, stellte dabei fest, daß wie beim Kampfsport jedes Mitglied der Mannschaft erst den Schock des körperlichen Kontakts erfahren muß, ehe ein gutes Zusammenspiel möglich ist. Ihr Problem war lediglich, daß sie Kontakte dieser Art zu vermeiden hatten.

Chavez hob die Hand, wie Ramirez sah, und dann duckte sich der Späher hinter einen Baum. Der Captain umrundete ein Gebüsch und sah dann, warum der Sergeant angehalten hatte.

Vor ihnen lag der Landestreifen.

Besser noch: Rund zweihundert Meter von ihnen entfernt stand ein Flugzeug, dessen Motore in den Nachtsichtgeräten leuchteten, also warm waren.

Ramirez und Chavez schwärmten in sicherer Distanz zum Waldrand nach links und rechts aus, um nach Wachposten zu suchen, fanden aber keine. Ziel RENO war angenehmerweise so, wie es bei ihrer Einsatzbesprechung dargestellt worden war. Zuerst aber überzeugten sie sich gründlich von dieser Tatsache, und dann ging Ramirez zurück zum Sammelpunkt und ließ Chavez als Beobachter zurück. Zwanzig Minuten später hatte der Zug seine Position auf einem kleinen Hügel nordwestlich des Landestreifens eingenommen; seine Front war 200 Meter breit. Alle konnten den Landestreifen überschauen. Chavez bildete mit Vega den rechten Flügel, Guerra mit dem anderen MG-Schützen den linken, und Ramirez blieb mit seinem Funker, Sergeant Ingeles, in der Mitte.

12

SHOWBOAT: Der Vorhang hebt sich

«VARIABEL, hier MESSER. Funkspruch folgt. Over.»

Das Signal über den Satellitenkanal klang so sauber wie eine UKW-Radiosendung. Der Fernmeldetechniker drückte seine Zigarette aus und schaltete den Kopfhörer ein.

«MESSER, hier VARIABEL, wir empfangen Sie klar und deutlich. Over.» Hinter ihm drehte Clark sich um und schaute auf die Karte.

«Wir sind an Ziel RENO, und raten Sie mal: Da steht eine zweimotorige Maschine und wird mit Pappkartons beladen. Over.»

«Können Sie die Nummer am Seitenruder lesen? Over.»

«Negativ, falscher Blickwinkel. Maschine wird uns aber beim Start passieren. Sicherheitsmaßnahmen sind nicht auszumachen.»

«Mist», kommentierte ein Mann der CIA-Operationsabteilung und griff nach einem Hörer. «Hier VARIABEL. RENO meldet Vogel im Nest, Zeit null-drei-eins-sechs Zulu. Roger, werde Meldung machen. Out.» Er wandte sich an seinen Kollegen. «Kräfte in den Staaten bei plus eine Stunde.»

Haut genau hin, dachte der andere.

Ramirez und Chavez beobachteten durchs Fernglas, wie zwei Männer die letzten Kartons in die Maschine, eine Piper Cheyenne, luden. Dann gingen die Piloten, die sich beim Bodenpersonal mit Händedruck bedankt hatten, an Bord und ließen die Triebwerke an.

«Verdammt», flüsterte Sergeant Vega, «den Vogel könnt ich glatt abfackeln.»

«Dann wäre hier der Teufel los», meinte Chavez. Die Wächter standen alle beim Flugzeug und verteilten sich jetzt wieder. Er griff nach seinem Funkgerät. «Captain...»

«Ich hab's gesehen. Aufgepaßt für den Fall, daß wir uns zurückziehen müssen.»

Die Piper rollte schaukelnd und rumpelnd zum Ende des nur von einer Handvoll kleiner Leuchtfeuer markierten Landestreifens. Der Pilot ging auf volle Leistung, um die Triebwerke zu prüfen, nahm die Leistung dann zurück, löste die Bremsen und gab wieder Gas. Chavez setzte das Fernglas ab. Das mit Treibstoff schwer beladene Flugzeug rollte an, hob ab und glitt knapp über die Baumwipfel hinweg.

«Flugzeug hat gerade abgehoben. Es ist eine Piper Cheyenne», funkte Ramirez und las die Nummer am Seitenruder ab. Die Maschine war in den USA zugelassen. «Kurs ungefähr drei-drei-null.» Richtung Kanal von Yucatán also, zwischen Kuba und Mexiko. Der Fernmeldetechniker machte sich Notizen. «Was können Sie über RENO melden?»

«Ich zähle sechs Männer, vier mit Gewehren. Ein Pickup, ein Schuppen, genau wie auf den Satellitenfotos. Der Pickup hat sich in Bewegung gesetzt, und die Leuchtfeuer werden jetzt gelöscht – man erstickt sie mit Erde. Moment, da kommt ein Fahrzeug in unsere Richtung.»

Links von Ramirez hatte Vega sein Maschinengewehr aufs Zweibein gestützt und den Pickup ins Visier genommen. Sein Daumen lag auf dem Sicherungshebel, sein Zeigefinger auf dem Abzugsbügel, nicht dem Abzug selbst.

Nacheinander verloschen die Leuchtfeuer. Einmal war der Pickup nur noch hundertfünfzig Meter von den beiden Soldaten entfernt, hielt aber nie direkt auf sie zu. Vega behielt ihn im Visier und war fast enttäuscht, als er endlich wegfuhr.

«Scheiße!» flüsterte er in gespielter Enttäuschung.

Chavez mußte ein Kichern unterdrücken. Ist doch verrückt, dachte er. Da standen sie bis an die Zähne bewaffnet in feindlichem Territorium und spielten Verstecken wie früher als Kinder. Alle wußten selbstverständlich, wie gefährlich dieses Spiel war, aber die Form, die es annahm, war fast lächerlich. Ihnen war auch klar, daß sich das im Handumdrehen ändern konnte. Es war überhaupt nicht komisch, mit einem MG auf zwei Männer in einem Auto zu zielen. Oder?

Nun schaltete Chavez wieder sein Nachtsichtgerät ein. Am Ende des Landestreifens steckten sich Männer Zigaretten an. An den schwachen

Umrissen auf dem Display glühten Hitzepunkte auf. Das beeinträchtigt ihre Nachtsicht, sagte sich Ding. An ihren Bewegungen erkannte er, daß sie jetzt nur noch rumalberten. Der Pickup fuhr weg und ließ zwei Mann zurück, wohl die Wachposten. Nur zwei also, die obendrein noch nachts rauchten. Die beiden waren zwar bewaffnet – mit AK-47 oder Kopien dieser Waffe –, stellten aber keine ernst zu nehmenden Gegner dar.

«Was die wohl rauchen?» fragte Vega.

«Daran hab ich noch gar nicht gedacht», räumte Chavez ein und grunzte. «Meinst du, die sind so blöd, sich zu bekiffen?»

«Das sind doch keine richtigen Soldaten, Mann. Die hätten wir ohne weiteres umlegen können. Ein Feuergefecht von zehn Sekunden, und Sense.»

«Trotzdem müssen wir aufpassen», flüsterte Chavez zurück.

«MESSER, hier sechs», rief Ramirez über Funk. «Zurückziehen zum Sammelpunkt.»

«Geh du zuerst, ich gebe dir Deckung», sagte Chavez zu Vega.

Julio stand auf und nahm seine Waffe auf die Schulter. Ein leises, aber störendes metallisches Klingeln – wohl der Patronengürtel, dachte Ding. Darauf mußte in Zukunft geachtet werden. Er wartete mehrere Minuten ab und brach dann auf.

Der Sammelpunkt befand sich an einem besonders hohen Baum nicht weit vom Bach. Wieder füllte man auf Oliveros Ermahnungen hin die Feldflaschen. Wie sich herausstellte, hatte sich ein Mann an einem niedrigen Ast das Gesicht aufgekratzt und mußte vom Sanitäter versorgt werden, ansonsten aber war der Zug unversehrt. Sie beschlossen, fünfhundert Meter vom Landestreifen entfernt zu lagern und einen vorgeschobenen Beobachtungspunkt rund um die Uhr zu bemannen. Ding und Vega übernahmen die erste Wache und sollten dann von Guerra und einem anderen Mann abgelöst werden.

Erstaunlich, wie schnell so etwas zur Routine wird, dachte Chavez später. Eine Stunde vor Sonnenaufgang saß er mit Vega auf einer kleinen Anhöhe und beobachtete den Landestreifen. Nur einer der beiden Wächter marschierte umher. Der andere saß an den Schuppen gelehnt und qualmte.

«Was tut sich, Ding?» fragte der Captain.

«Ich hab Sie kommen gehört, Sir», meinte Chavez.

«Tut mir leid, bin gestolpert.»

Chavez schilderte kurz die Lage. Ramirez richtete kurz sein Fernglas auf den Feind. «Sieht so aus, als könnten wir uns auf einen längeren Aufenthalt einrichten.» Eine Pause. «Sowie sich etwas tut...»

«Melden wir uns sofort, Sir», versprach Vega.

«Habt ihr Schlangen gesehen?» fragte Ramirez.

«Nein, zum Glück nicht.» Die Zähne des Captains blitzten in der Dunkelheit auf. Er klopfte Chavez auf die Schulter und verschwand im Gebüsch.

«Was regt ihr euch so über Schlangen auf?» fragte Vega.

Captain Winters sah enttäuscht zu, wie die Piper aufsetzte. Der zweite Vogel schon, den sie erwischt hatten. Die große DC-7 von gestern war bereits fort. Wohin man die Vögel brachte, wußte er nicht – vielleicht auf einen großen Flugzeugfriedhof in der Wüste, wo eine alte Kolbenmaschine mehr kaum auffiel. So eine Piper aber konnte man leicht abstoßen.

Das MG vom Kaliber 50 mm wirkte auf Augenhöhe noch beeindrukkender, aber die Scheinwerfer waren im ersten Licht der Morgendämmerung nicht ganz so überwältigend wie in der Nacht. Mit den Schmugglern gingen die Marines genauso grob um wie zuvor und erzielten die gewünschte Wirkung. Beide Piloten waren Kolumbianer und ausgemachte Machos, aber ein Blick auf den Alligator Nicodemus brachte sie zur Besinnung. Schon nach vier Stunden hatten sie ihre Aussagen gemacht und waren unterwegs in die Haft.

«Wie viele Flugzeuge schaffen es wohl nicht bis zu uns?» fragte Sergeant Black, als die Piloten weggebracht worden waren.

«Wie meinen Sie das?»

«Ich habe das Kampfflugzeug gesehen, Sir. Offenbar sagt sein Pilot diesen Kerlen: ‹Entweder fliegt ihr in diese Richtung, oder es knallt.› Und da wir einige Male hierherbestellt wurden, ohne daß ein Flugzeug auftauchte, nehme ich an, daß ein paar Kerle nicht reagierten und vom Piloten abgeschossen wurden.»

«Sergeant Black, das brauchen Sie nicht zu wissen», mahnte der CIA-Offizier.

«Na schön. Aber ich habe sowieso nichts dagegen, Sir. Vor ein paar Jahren habe ich in meinem Zug mal einen beim Dealen erwischt und fast totgeschlagen. Gab bösen Ärger von oben.»

Der CIA-Offizier tat so, als überraschte ihn das. «Diskretion, Sergeant Black», mahnte er noch einmal.

«Aye aye, Sir.» Black rief seine Männer zusammen und ging zu dem wartenden Hubschrauber.

Und das ist das Problem bei «schwarzen» Operationen, dachte der CIA-Offizier, als die Marines abmarschierten. Für ein solches Unternehmen wünschte man sich gute, zuverlässige und aufgeweckte Leute, doch diese hatten leider auch Grips und Phantasie, und deshalb fiel es ihnen nicht zu schwer, sich ein Bild von der Sache zu machen. Dann wurde aus einer schwarzen Operation auf einmal eine graue – als begänne gerade die Morgendämmerung. Tageslicht war nicht immer ein positiver Faktor.

Admiral Cutter traf sich in der Halle des Verwaltungsflügels mit den Direktoren Moore und Jacobs und nahm sie gleich mit zum Oval Office, wo sie im Vorzimmer von den Agenten Connor und Agostino überprüft und dann sofort zu WRANGLER vorgelassen wurden.

«Guten Tag, Mr. President», sagten die drei nacheinander.

Der Präsident erhob sich von seinem Schreibtisch und nahm auf einem antiken Sessel am Kamin Platz. «Ich nehme an, daß Sie mir einen Tätigkeitsbericht geben wollen. Richter Moore, möchten Sie beginnen?»

«SHOWBOAT ist angelaufen, Sir, und wir hatten sofort Glück: Es gelang unserem Überwachungsteam gleich nach dem Eintreffen, ein Flugzeug beim Start zu beobachten.» Moore bedachte alle mit einem Lächeln. «Alles lief genau nach Plan. Zwei Schmuggler sind in Haft. Das war natürlich ein reiner Glücksfall, mit dem wir nicht oft rechnen können, aber wir haben immerhin neunzig Kilo Kokain beschlagnahmt; keine Kleinigkeit. Alle vier Beobachtungsteams sind unbemerkt an Ort und Stelle eingetroffen.»

«Wie funktioniert der Satellit?»

«Einige Funktionen werden noch eingestellt, aber das ist hauptsächlich ein Computerproblem. Gebraucht wird Rhyolite erst in einer Woche. Wie Sie wissen, wurde dieser Teil des Planes relativ spät ausgearbeitet; im Augenblick improvisieren wir noch. Nun geht es nur noch um die Software, und die sollte in zwei Tagen soweit sein.»

«Und der Kongreß?»

«Mit dessen Vertretern spreche ich heute nachmittag», meinte Moore. «Die werden keine Schwierigkeiten machen.»

«Das höre ich von Ihnen nicht zum ersten Mal», warf Cutter ein.

Moore wandte den Kopf und bedachte ihn mit einem müden Blick. «Wir haben umfangreiche Vorarbeit geleistet. In Fragen der nationalen Sicherheit hatte ich noch nie Probleme mit dem Kongreß.»

«Aus dieser Richtung erwarte ich keinen aktiven Widerstand, Jim», stimmte der Präsident Moore zu. «Auch ich habe vorgefühlt. Emil, Sie sind ja heute so still.»

«Wir haben diesen Aspekt der Operation geprüft, Mr. President. Da es zu diesem Thema keine Gesetze gibt, kann ich auch keine rechtlichen Einwände haben. Die Verfassung ermächtigt Sie, das Militär einzusetzen, wenn Sie der Auffassung sind, daß die Sicherheit des Landes bedroht ist. Präzedenzfälle finden sich bis zurück zur Amtszeit von Präsident Jefferson. Die politischen Implikationen fallen nicht in meinen Zuständigkeitsbereich. Wie auch immer, das FBI ist auf eine riesige Geldwasch-Operation gestoßen, und wir sind im Begriff zuzuschlagen.»

«Wie groß ist diese Operation?» wollte Cutter wissen und verärgerte den Präsidenten, der diese Frage gerade selbst hatte stellen wollen.

«Wir haben bislang insgesamt fünfhundertachtzig Millionen Dollar aus Drogengeschäften entdeckt, verteilt auf zweiundzwanzig verschiedene Banken von Kalifornien bis Liechtenstein und investiert in Immobilien hier in den Vereinigten Staaten. Seit einer Woche arbeitet ein Team rund um die Uhr an diesem Fall.»

«Und was wollen Sie unternehmen?» fragte der Präsident.

«Bis heute abend werden wir alle Konten komplett dokumentiert haben. Morgen werden unsere Botschaften und Teams im Ausland die Beschlagnahmung der Konten beantragen, und ...»

«Spielen die Europäer da mit?» unterbrach Cutter.

«Jawohl. Der Mythos von den Nummernkonten ist längst nicht mehr das, was er mal war, wie Präsident Marcos vor ein paar Jahren feststellen mußte. Wenn wir beweisen können, daß die Einlagen aus kriminellen Aktivitäten stammen, werden die fraglichen Regierungen die Konten einfrieren. Der Totalverlust für das Kartell wird sich auf rund eine Milliarde Dollar belaufen. Unsere Operation trägt den Namen TARPON. Ich nehme an, Sie wollen den Schlag vom Justizminister bekanntgeben lassen», schloß Jacobs mit einem Lächeln.

Die Augen des Präsidenten funkelten. Die Presseerklärung würde aus dem Presseraum des Weißen Hauses kommen. Selbstverständlich mußte er die Sache dem Justizministerium überlassen, aber da die Erklärung aus dem Weißen Haus kam, würden die Journalisten den richtigen Eindruck gewinnen. *Guten Morgen, meine Damen und Herren. Ich habe gerade dem Präsidenten mitgeteilt, daß uns im Kampf gegen den internationalen Drogenhandel ein entscheidender ...*

«Wie schwer ist dieser Schlag für das Kartell?» fragte der Präsident.

«Sir, über welche Summen es verfügt, war für uns schon immer ein Anlaß zu Spekulationen. Besonders interessant an diesem Fall ist, daß man hier vermutlich versucht hat, Geld zu waschen und dann ganz legal zurück nach Kolumbien zu bringen. Der Zweck der Übung ist nicht ganz klar, aber es hat den Anschein, als wollte das Kartell die kolumbianische Volkswirtschaft auf verdeckte Art unterwandern. Die Operation hat also vermutlich eher politische Ziele. Um Ihre Frage zu beantworten: Der Verlust wird empfindlich sein, das Kartell aber in keiner Weise in seiner Aktionsfähigkeit behindern. Die politischen Folgen jedoch können ein Vorteil für uns sein, dessen Ausmaß wir noch nicht abschätzen können.»

«Eine Milliarde...», sagte der Präsident. «Dann werden Sie ja in Kolumbien etwas vorzuweisen haben, oder?»

«Man wird sich nicht beklagen. Man fand die politischen Signale aus dem Umfeld des Kartells sehr beunruhigend.»

«Aber offenbar nicht beunruhigend genug für konkrete Maßnahmen», bemerkte Cutter.

Das gefiel Jacobs überhaupt nicht. «Admiral, der kolumbianische Justizminister ist ein persönlicher Freund von mir. Seine Sicherheitseskorte ist doppelt zu groß wie die des Präsidenten. Kolumbien bemüht sich um Demokratie in einer Region, in der Demokratien eher die Ausnahme darstellen. Was soll der Staat denn tun? Die Institutionen zerschlagen, den argentinischen Weg beschreiten? Soll er etwa faschistisch werden, nur weil es uns in den Kram paßt? In diese Falle sind die USA seit über hundert Jahren immer wieder getappt, und was hat uns das eingebracht?» Und dieser Clown will Lateinamerika-Experte sein, fügte Jacobs im stillen hinzu.

Entscheidend ist wohl, dachte Richter Moore, daß Emil diese ganze Operation mißfällt.

«Damit wollen Sie uns etwas sagen, Emil», meinte der Präsident leichthin. «Heraus damit.»

«Blasen Sie die ganze Operation ab», riet der FBI-Direktor. «Machen Sie Schluß, ehe die Sache zu weit geht. Wenn Sie mir die Leute geben, die ich brauche, kann ich hier und ganz im Rahmen der Gesetze mehr ausrichten als dieser ganze verdeckte Mumpitz. Der Beweis ist TARPON: reine polizeiliche Ermittlungsarbeit und unser bisher größter Erfolg.»

«Der Ihnen in den Schoß fiel, weil ein Skipper der Küstenwache ein wenig über die Stränge schlug», stellte Richter Moore fest. «Hätte dieser Offizier nicht gegen die Vorschriften verstoßen, sähe der Fall nur wie Mord und Seeräuberei aus.»

«So etwas passiert nicht zum ersten Mal. Der Unterschied ist, Arthur, daß es nicht in Washington geplant wurde.»

«Dieser Captain wird doch keine Nachteile haben, oder?» fragte der Präsident besorgt.

«Nein, Sir, dafür ist bereits gesorgt worden», versicherte Jacobs.

«Gut. Emil, ich respektiere Ihren Standpunkt», sagte der Präsident, «aber wir müssen einfach etwas anderes versuchen. Sie wissen genau, daß ich beim Kongreß mit einer Verdoppelung der Mittel für FBI oder DEA nicht durchkomme.»

Hast es doch gar nicht erst versucht, hätte Jacobs am liebsten gesagt, nickte aber nur gehorsam.

«Ich dachte, wir seien uns über diese Operation einig.»

«Das stimmt auch, Mr. President.» Warum habe ich mich überhaupt in diesen Unfug hineinziehen lassen? fragte sich Jacobs. Was sie taten, war nicht völlig illegal; es war wie beim Fallschirmspringen, das auch nicht lebensgefährlich ist – solange alles nach Plan geht.

«Wann fliegen Sie nach Bogotá?»

«Nächste Woche, Sir. Ich habe den Justizminister über unsere Botschaft verständigen lassen; die Sicherheitsvorkehrungen werden gut sein.»

«Gut. Seien Sie vorsichtig, Emil. Ich brauche Sie und ganz besonders Ihren Rat», sagte der Präsident freundlich. «Auch wenn ich ihn nicht immer befolge. Noch etwas?»

«Ich habe Jack Ryan zum kommissarischen DDI gemacht», erklärte Moore. «James schlug ihn vor. Ich glaube, er ist der Aufgabe gewachsen.»

«Soll er über SHOWBOAT informiert werden?» fragte Cutter sofort.

«So weit ist er sicherlich noch nicht», war die Meinung des Präsidenten.

«Nein, Sir. Sie hatten Anweisung gegeben, das auf den engsten Kreis zu beschränken.»

«Was hört man von Greer?»

«Es sieht schlecht aus, Mr. President», erwiderte Moore.

«Schade. Ich muß nächste Woche ins Bethesda, um mich checken zu lassen. Da schaue ich bei ihm herein.»

«Das wäre sehr nett von Ihnen, Sir.»

Alle waren so hilfsbereit wie möglich, stellte Ryan fest. Er kam sich in diesem Büro wie ein Unbefugter vor, aber Nancy Cummings, Greers langjährige Sekretärin, behandelte ihn nicht wie einen Dahergelaufenen, und die Leibwächter redeten ihn mit «Sir» an, obwohl zwei von ihnen älter waren als er. Angenehm überrascht war er auch von der Tatsache, daß ihm nun ein Fahrer zustand, der eine Beretta 92-F in der linken Achselhöhle trug – und unterm Armaturenbrett hing etwas noch Massiveres. Für Ryan entscheidend aber war, daß er während der achtundfünfzigminütigen Fahrt ins Büro nun nicht mehr selbst am Steuer zu sitzen brauchte und sich seiner Arbeit widmen oder schlicht die Zeitung lesen konnte. Für seinen Dienstwagen war auch ein Platz in der CIA-Tiefgarage nahe dem Aufzug für die hohen Beamten reserviert, so daß er direkt in den sechsten Stock fahren konnte, ohne sich unten der lästigen Sicherheitskontrolle unterziehen zu müssen. Und sein Mittagessen nahm er von nun an im Speisesaal für die Spitzenleute ein.

Auch die Gehaltserhöhung war eindrucksvoll, kam aber immer noch nicht an das heran, was seine Frau Cathy als Augenärztin verdiente. Ryan hatte nun den Rang eines Drei-Sterne-Admirals oder Generals, wenngleich nur provisorisch.

Die erste Aufgabe des Tages war das Öffnen des Safes. Er war leer. Ryan prägte sich die Kombination ein und stellte wieder fest, daß die Ziffernfolge für Ritters Panzerschrank auf demselben Stück Papier stand. Sein Büro hatte die bei der Regierung begehrteste Sonderausstattung: Eine eigene Toilette, einen hochauflösenden TV-Monitor, auf dem er sich eingehende Satellitenbilder betrachten konnte, ohne erst in den TV-Raum im neuen Nordflügel gehen zu müssen, ein gesichertes Computerterminal, über das er mit anderen Büros Verbindung aufnehmen konnte – die Tasten waren verstaubt, denn Greer hatte das Gerät so gut wie nie benutzt. Vor allem aber gab es *Platz*. Wenn er wollte, konnte er aufstehen und auf und ab gehen. Der Job verschaffte ihm unbeschränkten Zugang zum Direktor, und wenn Richter Moore außer Haus war, konnte Ryan im Weißen Haus um einen Soforttermin beim Präsidenten bitten.

Ryan setzte sich auf den Sessel mit der hohen Rücklehne vorm Fenster, und ihm wurde plötzlich bewußt, daß er es geschafft hatte. Mit knapp vierzig war er am Ziel. Sein Geld hatte er sich als Börsenmakler verdient, und das Vermögen wuchs weiter; auf sein CIA-Gehalt war er angewiesen wie auf einen dritten Schuh; er hatte seinen Doktor gemacht, Bücher geschrieben, sich als Geschichtsdozent betätigt, eine neue, aufregende Karriere aufgebaut und sich weit nach oben gearbeitet. Er hätte sich nun im satten Selbstbewußtsein sonnen können, wäre da nicht ein väterlicher alter Mann gewesen, der im Krankenhaus einen langsamen Tod starb. Nur deshalb saß Ryan hier.

Ein Duft weckte seine Aufmerksamkeit. Er drehte sich um und stellte fest, daß jemand die Kaffeemaschine auf dem Ecktisch angestellt hatte. Das mußte Nancy gewesen sein. Aber Admiral Greers spezielle Marinebecher waren fort und durch Haustassen ersetzt worden, auf denen «CIA» stand. Es klopfte an; Nancy steckte den Kopf herein.

«Dr. Ryan, die Besprechung mit den Abteilungsleitern beginnt in zwei Minuten.»

«Vielen Dank, Mrs. Cummings. Wer hat für Kaffee gesorgt?»

«Der Admiral rief heute früh an und meinte, Sie würden ihn an Ihrem ersten Tag nötig haben.»

«Ach so. Dann werde ich mich bei ihm bedanken, wenn ich ihn heute abend besuche.»

«Er hörte sich heute etwas besser an», meinte Nancy hoffnungsvoll.

«Hoffen wir, daß Sie recht haben.»

Die Abteilungsleiter trafen pünktlich ein. Er schenkte sich eine Tasse ein, bot seinen Besuchern Kaffee an und begann sofort mit der Arbeit. Der erste Bericht betraf wie üblich die Sowjetunion; dann folgten Meldungen aus anderen Regionen rund um den Globus. Jack hatte seit Jahren an diesen Besprechungen teilgenommen, aber nun war er der Mann hinterm Schreibtisch. Er wußte, wie man solche Sitzungen leitete, und wich nicht von der Prozedur ab. Dienst mußte Dienst bleiben. Anders hätte der Admiral es nicht gewollt.

Mit der Genehmigung des Präsidenten ging alles zügig voran. Die Kommunikation mit dem Ausland übernahm wie immer die Nationale Sicherheitsbehörde NSA. Es war schon eine Vorwarnung an die Justizattachés in mehreren europäischen Botschaften hinausgegangen, und zur festgesetzten Zeit, zuerst in Bern, begannen die satellitenverbundenen Fernschreiber Papier auszuspucken. In den Kommunikationsräumen aller Botschaften stellten die Techniker fest, daß der sicherste Übertragungsmodus gewählt worden war. Das erste Registerblatt kündigte die verschlüsselte Nachricht an, zu deren Entzifferung ein Schlüssel aus dem Safe geholt werden mußte.

Für besonders geheime Meldungen wie die vorliegende waren konventionelle Chiffriermaschinen nicht sicher genug. Jede Botschaft verfügte über einen Panzerschrank – im Grund ein Safe innerhalb eines größeren

Safes –, der eine Anzahl ganz gewöhnlich aussehender Audiokassetten enthielt. Jede war in farbige, durchsichtige Kunststoffolie eingeschweißt und jede trug zwei Nummern. Eine Nummer – in diesem Fall 342 – stellte die Registrierung der Kassette dar. Die andere – in der Berner Botschaft lautete sie 68 – bedeutete die laufende Nummer innerhalb der 342er Serie. Für den Fall, daß die Plastikhülle einer Kassette, ganz gleich, wo auf der Welt, aufgeplatzt, zerkratzt oder auch nur verzogen war, zerstörte man alle Bänder dieser Serie in der Annahme, daß sie nicht mehr sicher waren.

Im vorliegenden Fall nahm der Kommunikationstechniker die Kassette aus ihrer Box, prüfte die Nummer und ließ diese Tatsache vom Aufseher vom Dienst bestätigen. «Ich lese die Nummer als drei-vier-zwo.»

«Korrekt», bestätigte der Aufseher. «Drei-vier-zwo.»

«Ich öffne nun die Verpackung der Kassette», sagte der Techniker und schüttelte dabei den Kopf über die umständliche Prozedur.

Die Kunststoffolie kam in den Papierkorb neben dem Schreibtisch, und dann legte der Techniker die Kassette in ein ganz normal aussehendes Abspielgerät, das mit einem anderen, in der Nähe stehenden Fernschreiber verbunden war.

Der Techniker legte den ursprünglichen Ausdruck auf den Vorlagenhalter seiner Maschine und begann zu tippen.

Die Nachricht, im NSA-Hauptquartier in Ford Meade, Maryland, bereits mit Hilfe der Master-Kassette 342 verschlüsselt, war noch einmal mit dem gegenwärtigen Hochsicherheitsschlüssel STRIPE des Außenministeriums für die Satellitenübertragung codiert worden, doch selbst wenn jemand über den Schlüssel für STRIPE verfügte, bekam er wegen der übergelagerten Kassettenverschlüsselung nur etwas wie DEERAMO WERAC KEWJRT und so weiter heraus.

Jeder Buchstabe ging in das Abspielgerät, das ihn als Ziffer von 1 (A) bis 26 (Z) behandelte und dann die Zahl auf der Kassette addierte. Wenn zum Beispiel 1 (A) im Originaltext mit 1 (A) auf der Kassette korrespondierte, wurden 1 und 1 addiert, was im Klartext 2 ergab. Die Vertauschungen auf dem Band waren völlig wahllos und von einem Computer nach der Vorlage atmosphärischer Störungen erzeugt worden. Ein ganz und gar unknackbares System, denn der pure Zufall läßt sich nicht voraussagen. Solange niemand an die Bänder herankam, war der Code nicht zu knacken.

Die Nachricht bestand aus siebzehntausend Zeichen, also rund zweitausendfünfhundert Wörtern. Der Techniker hackte sie herunter, so schnell er konnte.

«Alles klar?» fragte er den Attaché am anderen Gerät.

«Ja», kam die Antwort.

Der Techniker warf das Telex, das er gerade abgeschrieben hatte, in den Reißwolf. Dann nahm er die Kassette aus dem Abspielgerät, löschte sie mit einem Magneten und warf sie dann in den Sack für zum Verbrennen bestimmtes Geheimmaterial. Inzwischen hatte Chuck Bernardi, der Attaché, den Text überflogen und schaute auf.

«Ich wollte, meine Sekretärin könnte so schnell tippen, Charlie. Sie haben sich nur zweimal verschrieben.» Bernardi gab dem Mann fünf Franken. «Gehen Sie einen trinken.»

«Danke, Mr. Bernardi.»

Chuck Bernardi war ein hoher FBI-Agent und ehemaliger Infanterieoffizier, der für das Direktorat «Organisiertes Verbrechen» des FBI arbeitete und sich auf das Aufspüren von Mafia-Geld spezialisiert hatte. Durch seinen Beruf – halb Polizist, halb Diplomat – hatte er engen Kontakt zur Schweizer Polizei, die er für sehr tüchtig hielt.

In seinem Zimmer knipste Bernardi die Leselampe an und nahm sich eine Zigarre. Noch ehe er sie einmal abgeklopft hatte, lehnte er sich zurück und starrte an die Decke.

«Verdammt!» Er griff nach dem Hörer und rief den höchsten Polizisten an, den er kannte.

«Bernardi. Könnte ich bitte Dr. Lang sprechen? Vielen Dank ... Hallo Karl, hier Chuck. Ich muß Sie sprechen, und zwar sofort, wenn's geht ... es ist ziemlich wichtig, Karl ... In Ihrem Büro wäre es mir lieber ... Nein, nicht am Telefon ... Gut, vielen Dank. Glauben Sie mir, die Sache ist es wert. Ich bin in fünfzehn Minuten drüben.»

Er legte auf, ging an den Kopierer, lichtete das Dokument ab und bestätigte das mit seiner Unterschrift. Vorm Gehen legte er das Original in seinen Panzerschrank und steckte die Kopie in die Tasche. Karl wird wegen des verpaßten Abendessens sauer sein, dachte er, aber es kam nicht jeden Tag vor, daß jemand die Schweizer Volkswirtschaft um zweihundert Millionen Dollar bereicherte. Die Regierung würde die Konten sperren, was bedeutete, daß die sechs betroffenen Banken die Zinsen und vielleicht sogar auch das Kapital behalten konnten –, denn wenn sich die Identität des rechtmäßigen Konteninhabers nicht feststellen ließ, waren die Schweizer «gezwungen», das Geld, das am Ende an den Kanton fiel, zu behalten.

Innerhalb einer Stunde waren sechs Botschaften verständigt worden, und als es in Amerika hell wurde, statteten FBI-Agenten auch den Vorstandsetagen einiger amerikanischer Großbanken einen Besuch ab und ließen eine Reihe von Konten sperren. Alles ging ganz unauffällig vonstatten. Niemand brauchte Bescheid zu wissen, und die Wichtigkeit völliger Geheimhaltung wurde den überaus entgegenkommenden Bankdirektoren von hohen Regierungsbeamten eingeschärft. In fast allen Fällen erfuhr das FBI, daß sich auf den Konten nicht viel bewegte; höchstens zwei oder drei Transaktionen im Monat, aber dann natürlich große. Einzahlungen und Gutschriften wurden noch entgegengenommen, um die Einleger nicht zu warnen. Ein belgischer Regierungsbeamter schlug vor, Überweisungen von überwachten Konten auf andere zuzulassen – selbstverständlich nur innerhalb eines Landes –, um zu verhindern, daß die Einleger Lunte rochen. Immerhin, meinte er, seien Drogen der gemeinsame Feind aller zivilisierten Menschen und ganz besonders aller Polizisten. Diesen Vorschlag ratifizierte Direktor Jacobs mit Zustimmung des Justizministers sofort. Selbst die Holländer, die sonst den freien Verkauf weicher Drogen duldeten, machten mit. Insgesamt war das Unternehmen ein klares Beispiel für Kapitalismus in Aktion. Es war schmutziges Geld im Umlauf, das nicht auf rechtmäßige Weise verdient worden war, und das sah keine Regierung gern. Die Geldinstitute allerdings nahmen das Bankgeheimnis sehr ernst.

Am Freitag bei Geschäftsschluß war alles erledigt. Die Computer der Banken arbeiteten weiter. Das FBI hatte nun zwei Tage Zeit, die Geldspuren weiter zu untersuchen. Bis Sonntag waren weitere sechs «schmutzige» Konten identifiziert und hundertfünfunddreißig Millionen zusätzliche Dollar per Computer gesperrt worden. Sollten mit den bereits gesperrten Konten im Zusammenhang stehende weitere Gelder entdeckt werden, würde man diese einfrieren oder im Fall der europäischen Banken beschlagnahmen. Der erste solche Treffer wurde in Luxemburg erzielt. Die Banken der Schweiz sind zwar weltweit für ihre Geheimhaltungspolitik bekannt, aber der einzige wirkliche Unterschied zwischen ihren Geschäftsmethoden und denen anderer europäischer Banken liegt in der Tatsache, daß zum Beispiel Belgien nicht in den Alpen liegt und daß die Schweiz nicht so oft wie ihre europäischen Nachbarländer von fremden Armeen überrannt worden ist. Ansonsten waren alle Banken gleich integer, und die Nichtschweizer ärgerten sich, weil die Alpen ihren eidgenössischen Kollegen einen so unfairen Geschäftsvorteil verschafften. In diesem Falle aber war internationale Kooperation die Regel.

In Washington verließen Direktor Jacobs, Vizedirektor Murray und die Spezialisten vom Direktorat «Organisiertes Verbrechen» und vom Justizministerium ihre Büros, um sich zu einem wohlverdienten Abendessen im *Jockey Club* zu treffen. Unter der Hut der Leibwächter des Direktors leisteten sich die zehn Männer auf Regierungskosten ein erstklassiges Mahl. Operation TARPON war der bislang größte Erfolg im Krieg gegen die Drogen. Man kam überein, ihn am Ende der Woche an die Öffentlichkeit zu geben.

«Gentlemen», sagte Dan Murray, stand auf und hob sein Glas. «Ein Toast auf die Küstenwache!»

Alle erhoben sich unter lautem Gelächter. «*Semper paratus* – allzeit bereit!»

Um zehn trennte man sich. Die Leibwächter des Direktors tauschten Blicke. Emil vertrug keinen Alkohol und würde sich morgen früh benehmen wie ein übellauniger, verkaterter kleiner Bär.

«Am Freitagnachmittag fliegen wir nach Bogotá», sagte er ihnen in seinem Dienstwagen. «Richten Sie sich darauf ein, aber informieren Sie die Air Force erst am Mittwoch. Ich möchte nicht, daß etwas durchsikkert.»

«Jawohl, Sir», sagte der Chef der Leibwächter, der sich nicht gerade auf die Reise freute. Offiziell sollte es heißen, daß Jacobs übers Wochenende in Washington blieb, um an dem Fall zu arbeiten. Es würde also niemand damit rechnen, daß er in Kolumbien auftauchte. Dennoch wurden scharfe Sicherheitsmaßnahmen getroffen. Die Leibwächter hatten zusätzliche Zeit am Schießstand des Hoover Building zu verbringen, um mit automatischen Pistolen und MPs zu trainieren. Emil durfte nichts zustoßen.

Am Dienstag vormittag wußte Moira Bescheid. Inzwischen war sie natürlich auch eingehend über TARPON informiert. Sie wußte, daß die Reise geheim bleiben mußte und wohl auch gefährlich war. Deshalb nahm sie sich vor, Juan erst am Donnerstagabend Bescheid zu sagen. Schließlich mußte sie vorsichtig sein. Den Rest der Woche stellte sie Spekulationen über die Unterkunft an, die Juan in den Blue Ridge Mountains gefunden hatte.

Es kam nun nicht mehr darauf an, ob sie Khaki oder getarnte Kampfanzüge trugen. Schweißflecke und Schmutz hatten dafür gesorgt, daß ihre Kleidung sich von der Erde, auf der sie Deckung suchten, nicht mehr unterschied. Einmal hatten sie sich in dem Bach, aus dem sie ihr Wasser holten, gewaschen, aber ohne Seife, um zu vermeiden, daß Lauge oder der Geruch stromab jemanden warnte. Dabei waren sie zwar nicht sauber geworden, hatten sich aber abgekühlt – für zehn Minuten. Dann schwitzten sie wieder. Das Klima war scheußlich; die Temperatur stieg an einem klaren Nachmittag auf über vierzig Grad. Zum Glück brauchten sie sich nicht viel zu bewegen. Die beiden Typen, die den Landestreifen bewachten, verbrachten die meiste Zeit mit Schlafen oder Rauchen – vermutlich Gras, dachte Chavez – und allgemeinem Herumgammeln. Einmal allerdings hatten sie ihn aufgeschreckt, als sie auf Blechdosen zu ballern begannen. Das hätte gefährlich werden können, aber der Beobachtungsposten lag nicht in der Schußrichtung, und Chavez hatte die Gelegenheit zur Einschätzung der Schießkünste der Gegenseite genutzt. Miserabel, hatte er sofort zu Vega gesagt. Nun waren sie schon wieder zugange. Hundert Meter vom Schuppen entfernt stellten sie drei große Konservendosen auf und knallten los, aus der Hüfte schießend wie Filmschauspieler.

Chavez schaute durchs Fernglas. «Was sind das für Nullen!» bemerkte er.

«Laß mich mal.» Vega schaute durchs Glas, als es einem gelang, beim dritten Versuch eine Büchse zu treffen. «Das Ding könnte ich ja von hier aus abschießen ...»

«Punkt, hier ist sechs. Was ist los?» krächzte das Funkgerät einen Augenblick darauf. Vega antwortete.

«Sechs, hier Punkt. Unsere Freunde veranstalten wieder Zielübungen auf Blechdosen. Wir sind nicht gefährdet. Schießen können die Kerle überhaupt nicht, Captain.»

«Ich komme rüber.»

«Roger.» Ding legte das Gerät hin. «Der Captain kommt. Der Krach hat ihn wohl nervös gemacht.»

Drei Minuten später erschien Ramirez. Chavez wollte ihm sein Fernglas reichen, aber der Captain hatte diesmal sein eigenes mitgebracht. Er warf sich auf den Bauch und setzte das Glas gerade rechtzeitig an, um den Abschuß einer weiteren Büchse mitzubekommen.

«Für zwei Dosen haben die zwei volle Magazine verballert», erklärte Chavez. «Munition muß hier spottbillig sein.»

Die beiden Wachposten rauchten immer noch. Der Captain und der Sergeant sahen zu, wie sie beim Schießen lachten und herumalberten. Denen ist es wahrscheinlich ebenso langweilig wie uns, dachte Ramirez.

Nach dem Start des Flugzeuges war hier auf RENO überhaupt nichts mehr passiert. Einer der beiden schob ein frisches Magazin in seine AK-47 und gab einen Feuerstoß ab. Erdfontänen wanderten auf die letzte Konservendose zu, erreichten sie aber nicht.

«Daß es so einfach wird, hatte ich mir nicht vorgestellt», bemerkte Vega. «Was sind das für Idioten!»

«Wenn Sie so denken, *Oso*, werden Sie selber so», sagte Ramirez ernst.

«Klar, Captain, aber ich sehe halt, was ich sehe.»

Ramirez milderte den Rüffel mit einem Lächeln ab. «Da haben Sie recht.»

Endlich flog die dritte Büchse durch die Gegend. Die beiden brauchten im Durchschnitt für einen Treffer dreißig Schuß. Nun stießen die Wachposten mit ihren Waffen die Büchsen auf der Landepiste herum.

«Die haben noch nicht mal ihre Waffen gereinigt», sagte Vega nach einem Augenblick. Für die Männer des Teams war das Waffenreinigen so selbstverständlich wie das Amen in der Kirche.

«Die AK-47 hält allerhand aus. Das ist ihre Stärke», meinte Ramirez.

«Stimmt, Sir.»

Endlich wurde es den Wachposten langweilig. Einer sammelte die Dosen ein. In diesem Augenblick tauchte ohne Warnung ein Laster auf. Zwei Männer saßen vorne, einer auf der Ladefläche. Der Fahrer stieg aus, ging zu den Wachposten, wies auf den Boden und brüllte.

«Was will er denn?» fragte Vega.

Captain Ramirez lachte leise. «Er ist sauer wegen der herumliegenden Patronenhülsen.»

«Wieso denn das?» erkundigte sich Vega.

«Wenn eine Flugzeugturbine eine Patronenhülse ansaugt, gibt es Schaufelsalat. Na bitte – jetzt müssen sie ihre Hülsen auflesen.»

Chavez richtete sein Fernglas wieder auf den Laster. «Ich sehe Kisten, Sir. Vielleicht gibt es heute nacht wieder einen Start. Es fehlen aber Treibstoffkanister. Vor dem letzten Start wurde die Maschine allerdings auch nicht aufgetankt, oder?»

«Vielleicht steht im Schuppen ein Tank...?» spekulierte Vega.

Captain Ramirez grunzte. Am liebsten hätte er zwei Männer losgeschickt und die Gegend näher inspizieren lassen, aber das ließen seine Befehle nicht zu. Ihre Streifen sollten nur in der Umgebung des Flugfeldes nach weiteren Wachposten suchen. Dabei gingen sie nie näher als vierhundert Meter an die Freifläche heran und ließen die beiden Wachen nicht aus den Augen. Aufklären war ihnen also nicht gestattet, obwohl ihnen das wichtige Hinweise auf bislang unbekannte Aktivitäten des Gegners gebracht hätte. Ein blödsinniger Befehl, dachte er, der uns ebenso viele Risiken einträgt, wie er zu vermeiden versucht. Doch Befehl war Befehl. Wer ihn formuliert hatte, konnte nicht viel vom Soldatenhandwerk verstehen. Dies war Ramirez' erste Erfahrung mit diesem Phänomen. Auch er war zu jung, um Vietnam miterlebt zu haben.

«Wie auch immer, die hängen jetzt bestimmt den ganzen Tag herum», meinte Chavez. Anscheinend zwang der Fahrer nun die beiden Posten, ihre Patronenhülsen zu zählen. Vega schaute auf die Uhr. «Noch zwei Stunden bis Sonnenuntergang. Wetten, daß es heute abend hier Betrieb gibt?»

«Da mach ich nicht mit», sagte Ramirez. «Der Große da beim Laster hat gerade eine Kiste mit Leuchtfeuer geöffnet.»

In Corezal war es zwei Tage lang ruhig gewesen. Clark war gerade von einem späten Mittagessen im Kasino von Fort Amador zurückgekehrt und hatte sich eine kurze Siesta gegönnt. Die Eiseskälte im Lkw – die Klimaanlage war vornehmlich installiert worden, um die Elektronik vor der Luftfeuchtigkeit zu schützen – machte ihn hellwach.

Das Team MESSER hatte schon in der ersten Nacht eine Maschine entdeckt. Zwei der anderen Teams hatten ebenfalls Erfolg gehabt, doch eines der identifizierten Flugzeuge war zum allgemeinen Bedauern durchgekommen, weil die F-15 zehn Minuten nach dem Start den Radarkontakt verloren hatte.

«VARIABEL, hier MESSER, over», kam es unvermittelt aus dem Lautsprecher.

«MESSER, hier VARIABEL. Wir empfangen Sie laut und deutlich.»

«Aktivität auf RENO. Es scheint heute abend wieder einen Start zu geben. Wir halten Sie auf dem laufenden. Over.»

«Roger, verstanden. Out.»

Ein Mann von der CIA griff nach dem Hörer eines anderen Funkgerätes. «ADLERHORST, hier VARIABEL ... Halten Sie sich in Bereitschaft ... Roger. Wir halten Sie auf dem laufenden. Out.» Er legte auf und drehte sich um. «Sie lassen alles aufsteigen. Der Jäger ist wieder einsatzbereit; es sieht so aus, als sei der Austausch eines Teils der Radaranlage überfällig gewesen.»

«Sind Sie eigentlich mal auf den Gedanken gekommen, daß eine Operation auch *zu glatt* gehen kann?» fragte Clark aus seiner Ecke.

Der CIA-Mann wollte eine unverschämte Antwort geben, verkniff sie sich aber.

«Die Gegenseite muß doch ahnen, daß hier etwas nicht stimmt. Sie dürfen das nicht so auffällig machen», erklärte Clark dem anderen CIA-Mann. Dann lehnte er sich zurück und schloß die Augen. Kann mir ruhig noch eine kleine Siesta gönnen, dachte er. Die Nacht kann lang werden.

Kurz nach Sonnenuntergang ging Chavez' Wunsch in Erfüllung. Es begann leicht zu regnen, und im Westen aufziehende Wolken versprachen einen heftigeren Guß. Die Leute auf dem Landestreifen legten die Leuchtfeuer aus – mehr als beim letzten Mal –, und kurz darauf landete die Maschine.

Der Regen verschlechterte die Sichtverhältnisse. Für Chavez sah es so aus, als zöge jemand einen Treibstoffschlauch aus dem Schuppen. Der Laster fuhr den Landestreifen entlang und markierte dessen Mitte mit mindestens zehn zusätzlichen Leuchtfeuern. Zwanzig Minuten später, als die Maschine wieder startete, war Ramirez schon an seinem Satelliten-Funkgerät.

«Haben Sie die Nummer am Seitenruder gesehen?» fragte VARIABEL.

«Negativ», erwiderte der Captain. «Es regnet stark. Er ist aber um zwanzig Uhr einundfünfzig Lima-Zeit gestartet und nach Nordnordwest geflogen.»

«Roger, verstanden. Out.»

Ramirez mißfiel die Auswirkung, die reduzierte Sichtverhältnisse auf seine Einheit haben mochte. Er führte zwei weitere Soldaten nach vorne zum Überwachungsposten, aber diese Maßnahme erwies sich als überflüssig. Diesmal machten sich die Wachposten erst gar nicht die Mühe, die Leuchtfeuer zu löschen, sondern überließen diese Aufgabe dem Regen. Kurz nach dem Start der Maschine fuhr der Pickup weg, und die beiden gescholtenen Posten zogen sich in den trockenen Schuppen zurück. Alles in allem, dachte er, hätte es nicht einfacher sein können.

Auch Bronco langweilte sich. Er hatte zwar nichts gegen seinen Auftrag, vermißte aber die Herausforderung dabei. Außerdem hing er bei vier Abschüssen fest; er brauchte nur noch einen, um ein As zu werden. Er wußte, daß es für die Mission besser war, wenn er Gefangene machte, aber es gab ihm ein Gefühl der Befriedigung, wenn er die Kerle abschoß, obwohl das eigentlich viel zu einfach war. Er flog eine Maschine, die es mit den besten russischen Kampfflugzeugen aufnehmen konnte. Das

Herunterholen einer Beechcraft war dagegen ein Klacks. Vielleicht bekam er heute etwas Spannenderes zu tun. Aber was?

Mit diesen Gedanken beschäftigte er sich, als er hinter der E-2C über dem Kanal von Yucatán kreiste. Die Kontaktmeldung kam gerade im richtigen Augenblick. Er drehte nach Süden ab und hatte das Ziel zehn Minuten später erreicht.

«Tallyho!» meldete er der Hawkeye. «Ziel in Sicht.»

Wieder eine Zweimotorige, also wieder ein Kokainschmuggler. Sah aus wie eine Beechcraft King Air, die unbeleuchtet weit unter ihrer Dienstflughöhe dahinzog.

Na denn, dachte Bronco, flog langsamer, schaltete seine Lichter ein und setzte den ersten Funkspruch ab.

Natürlich ein Koksbomber. Er machte das übliche schwachsinnige Manöver, fuhr die Klappen aus, nahm die Leistung zurück und tauchte weg. Okay, versuchen wir mal was Spannenderes.

Er ließ die Maschine wegtauchen, blieb auf seiner Höhe und Leistung, um weit über sie hinwegzuschießen. Dann schaltete er die Lichter aus und zog den Eagle in eine scharfe Linkskurve. Nun war sein Feuerleitradar auf das Ziel gerichtet, und das erlaubte ihm, die King Air mit dem Infrarot-Scanner auszumachen, der wie seine Bordkanonen mit einer Videokamera gekoppelt war.

Glaubst wohl, du hättest mich abgeschüttelt...

Jetzt kam der Spaß. Es war eine stockfinstere Nacht. Dichte Bewölkung in zehn- bis zwölftausend Fuß, kein Mond, keine Sterne. Bronco war mit seinem blaugrauen Eagle unsichtbar. Die Besatzung der King Air würde überall nach ihm Ausschau halten – aber eben nicht direkt voraus.

Sie flogen in fünfzig Fuß Höhe, und Captain Winters konnte auf seinem Display sehen, daß der Luftschraubenstrahl Gischt von den Wellenkämmen riß. Er hielt auf hundert Fuß und mit fünfhundert Knoten direkt auf die King Air zu und schaltete eine Meile vorm Ziel die Landescheinwerfer wieder ein.

Es kam genau wie erwartet. Der Pilot der Beechcraft sah die grellen Lichter direkt auf sich zukommen und reagierte instinktiv wie jeder andere Flugzeugführer in dieser Situation. Er legte seine Maschine in eine scharfe Rechtskurve – *in fünfzig Fuß Höhe* – und stürzte ins Meer. Vermutlich hat er seinen Fehler gar nicht mehr erkannt, dachte Bronco und lachte dann laut auf, als er den Knüppel anzog und den Eagle schräg legte, um einen letzten Blick auf die Szene zu werfen. Dann drehte er ab in Richtung Stützpunkt.

13

Das blutige Wochenende

Eigentlich unfair, ihn warten zu lassen, dachte Moira am Mittwoch auf der Heimfahrt von der Arbeit. Was, wenn er nicht kommen konnte? Was, wenn er eine Vorwarnung brauchte? Was, wenn er am Wochenende etwas Wichtiges vorhatte?

Sie mußte ihn einfach anrufen.

Mrs. Wolfe langte in ihre Handtasche auf dem Beifahrersitz und tastete nach dem Fetzen Hotelbriefpapier, auf dem die Nummern standen. Sie mußte ihn unbedingt anrufen.

Der Verkehr war wieder einmal chaotisch. Auf der Brücke der 14th Street hatte jemand einen Platten; ihre Hände am Lenkrad waren schweißnaß. Und wenn er nun nicht kommen konnte?

Und die Kinder? Sie waren zwar alt genug, um sich selbst versorgen zu können; das war kein Problem. Aber wie sollte sie ihnen beibringen, daß ihre Mutter übers Wochenende wegfuhr, um zu – wie sagten sie doch noch? – zu bumsen. Ihre Mutter! Wie würden sie reagieren? Ihr war noch nicht aufgegangen, daß ihr gräßliches Geheimnis überhaupt keines war, weder für ihre Kinder noch für ihre Kollegen und ihren Chef, und sie wäre wie vor den Kopf geschlagen gewesen, wenn sie erfahren hätte, daß alle ihr sogar die Daumen drückten. Moira Wolfe hatte die sexuelle Revolution um nur ein oder zwei Jahre verpaßt und ihre ängstlich gehütete Jungfernschaft mit ins Ehebett gebracht – in der Überzeugung, daß das bei ihrem Mann ebenso war. Es mußte wohl tatsächlich so gewesen sein, sagte sie sich damals und auch später, denn beim ersten Mal hatte es überhaupt nicht geklappt. Drei Tage später aber hatten sie die

Sache in ihren Grundzügen begriffen – jugendliche Energie und Liebe überwinden fast alle Hemmnisse – und waren im Lauf der nächsten zweiundzwanzig Jahre zusammengewachsen.

Die Lücke, die der Verlust ihres Mannes gerissen hatte, war eine offene Wunde, die nicht heilen wollte. An ihrem Bett stand ein Bild von ihm, das ihn ein Jahr vor seinem Tod bei der Arbeit an seinem Segelboot zeigte. Ganz jung war er nicht mehr gewesen, hatte einen Bauchansatz und eine Glatze, aber sein Lächeln war unverändert. Wie hatte sich Juan ausgedrückt? Wer mit Liebe schaut, erhält Liebe zurück. Schön gesagt, dachte Moira.

Mein Gott, was würde Rich sagen? Diese Frage stellte sie sich mehr als einmal: immer dann, wenn sie sich vorm Einschlafen sein Bild ansah. Immer wenn sie ihre Kinder anschaute und hoffte, daß sie nichts ahnten, und dabei doch unbewußt erkannte, daß sie Bescheid wissen mußten. Doch welche Wahl blieb ihr? Sollte sie für den Rest ihres Lebens Witwentracht tragen? Das gehörte der Vergangenheit an. Schließlich hatte sie angemessen lange getrauert. Sie weinte allein in ihrem Bett, wenn sie an ihre vielen Jubiläen dachte oder Rich mit seinem Boot sah, für das sie so lange gespart hatten...

Was erwarten die Leute denn von mir? fragte sie sich gequält. Ich habe doch noch ein Leben vor mir, ich habe meine Bedürfnisse.

Was würde Rich sagen?

Er hatte keine Zeit mehr gehabt, etwas zu sagen. Rich war auf dem Weg zur Arbeit gestorben, zwei Monate nach einer Routineuntersuchung, die ergeben hatte, daß er etwas übergewichtig war, leicht erhöhten Blutdruck hatte, einen für einen Mann seines Alters akzeptablen Cholesterinspiegel – kein Grund zur Sorge also; er solle im folgenden Jahr wiederkommen, meinte der Arzt. Dann, um sieben Uhr neununddreißig in der Frühe, war sein Wagen von der Fahrbahn abgekommen, gegen die Leitplanke geprallt und stehengeblieben. Ein Polizist war an die Unfallstelle gekommen und hatte zu seiner Überraschung festgestellt, daß der Fahrer noch am Steuer saß. Ist der Mann etwa am frühen Morgen betrunken? fragte er sich, merkte aber dann, daß der Puls fehlte. Ein Krankenwagen wurde gerufen; der Polizist hatte, da er einen Herzanfall vermutete, bei seinem Eintreffen schon mit der Herzmassage begonnen; aber obwohl man tat, was man konnte, war es zu spät. Krankhafte Arterienerweiterung im Gehirn, Schwächung eines Blutgefäßes, hatte der Arzt nach der Obduktion erklärt. Man hätte ihm nicht mehr helfen können. Der Grund? Eine vererbte Schwäche vielleicht, wahrscheinlich aber nicht.

Nein, der Blutdruck hatte nichts damit zu tun gehabt. So etwas war selbst unter günstigsten Bedingungen fast unmöglich zu diagnostizieren. Hatte er über Kopfschmerzen geklagt? War selbst dieses Warnsignal ausgeblieben? Der Arzt hatte sich leise entfernt und sich gewünscht, mehr sagen zu können. Er war nicht zornig, sondern eher traurig über die Tatsache, daß die Medizin nicht auf alles eine Antwort hatte und daß man in einem solchen Fall eigentlich nicht viel sagen konnte. (So was passiert eben, meinten die Ärzte, wenn sie unter sich waren, aber das konnte man schließlich den Hinterbliebenen nicht als Trost anbieten.) Der Tod mußte schmerzlos gewesen sein, erklärte der Arzt. Dann die Beerdigung. Emil Jacobs, der sich schon auf den Tod seiner Frau gefaßt machte, war gekommen und hatte seine Frau aus dem Krankenhaus mitgebracht. Die vielen Tränen, die an diesem Tag vergossen wurden ... Es war ungerecht. Es war nicht recht, daß er ohne ein Wort des Abschieds gehen mußte. Noch ein Kuß auf dem Weg zur Tür, der nach Kaffee schmeckte, eine kurze Bemerkung, er müsse auf dem Heimweg beim Supermarkt vorbeifahren, und dann hatte sie sich abgewandt, ohne zu sehen, wie er zum letzten Mal in sein Auto stieg. Deswegen hatte sie sich noch monatelang Vorwürfe gemacht.

Was würde Rich sagen?

Aber Rich war tot, und zwei lange Jahre waren genug.

Als sie nach Hause kam, hatten die Kinder schon das Essen aufgestellt. Moira ging nach oben, um sich umzuziehen, und ertappte sich immer wieder dabei, daß sie zum Telefon auf dem Nachttisch schaute. Sie setzte sich aufs Bett. Nach einer Minute holte Moira den Zettel aus der Handtasche, atmete tief ein und wählte.

Nach den bei internationalen Gesprächen üblichen Pieptönen meldete sich eine Frau. «Diaz y Diaz.»

«Könnte ich bitte Juan Diaz sprechen?»

«Wen darf ich melden?» fragte die Frau auf englisch.

«Moira Wolfe.»

«Ah, Señora Wolfe! Ich bin Consuela. *Momento.*» Eine Minute Rauschen in der Leitung. «Señora Wolfe, er ist irgendwo in der Fabrik. Ich kann ihn im Augenblick nicht finden. Soll er zurückrufen?»

«Ja, ich bin zu Hause.»

«*Si*, ich will es ausrichten – Señora?»

«Ja?»

«Verzeihung, aber ich muß Ihnen unbedingt etwas sagen. Seit dem Tod seiner Maria war mir Señor Juan wie ein Sohn. Seit er Ihnen begegnet ist,

Señora, ist er wieder glücklich. Ich fürchtete schon, er würde nie wieder – bitte verraten Sie nicht, daß ich das gesagt habe, aber ich möchte Ihnen für alles, was Sie getan haben, danken. Wir hier in der Firma wünschen Ihnen und Juan alles Gute.»

Genau, was sie hören wollte. «Consuela, Juan hat mir so viel Gutes über Sie erzählt...»

«Ach, ich habe schon viel zuviel geredet. Jetzt gehe ich Señor Juan suchen.»

«Vielen Dank, Consuela.»

Consuela, die in Wirklichkeit Maria hieß, war eine fünfundzwanzigjährige Sekretärin, die einmal mehr Geld verdienen wollte und deshalb ein halbes Dutzendmal Drogen nach Amerika geschmuggelt hatte. Nachdem sie einmal nur knapp der Verhaftung entgangen war, hatte sie sich für eine neue Karriere entschieden und erledigte in ihrem kleinen Sekretariats-Service bei Caracas gelegentlich kleine Aufträge für ihre früheren Arbeitgeber. Allein für den Telefondienst bekam sie fünftausend Dollar pro Woche. Nun wählte sie und hörte eine Reihe ungewöhnlicher Zwitschertöne; offenbar wurde das Gespräch zu einem anderen Anschluß automatisch durchgestellt.

«Ja?»

«Señor Diaz? Hier Consuela. Moira war gerade am Telefon und möchte zurückgerufen werden.»

«Danke.» Es wurde aufgelegt.

Cortez schaute auf seine Schreibtischuhr und beschloß, Moira warten zu lassen – dreiundzwanzig Minuten lang. Er befand sich in einem luxuriösen Apartmenthaus in Medellin, nur zwei Häuser von seinem Boss entfernt. Ist das der entscheidende Anruf? fragte er sich.

Zwanzig Minuten später schaute er erneut auf die Uhr und steckte sich eine Zigarette an. Er lächelte und stellte sich vor, wie sie jetzt zweitausend Meilen entfernt wartete. Was sie wohl dachte? Einige Züge später war es soweit. Er hob ab und wählte. «Moira? Hier Juan.»

«Bist du dieses Wochenende frei?» fragte sie.

«Hast du wirklich Zeit?»

«Ja, von Freitag nachmittag bis Montag früh.»

«Hm... laß mich mal nachdenken...» Cortez starrte aus dem Fenster auf das Haus gegenüber. Konnte das eine Falle sein? Ach was. «Moira, ich muß hier mit jemandem reden. Kannst du am Apparat bleiben?»

«Natürlich!»

Die Begeisterung in ihrer Stimme war unüberhörbar. Er schaute auf die Uhr, ließ sie zwei Minuten warten und meldete sich dann wieder. «Ich komme Freitag nachmittag nach Washington.»

«Dann kommst du genau um die Zeit – äh, zur richtigen Zeit, meine ich.»

«Wo treffen wir uns? Kannst du mich am Flughafen abholen?»

«Sicher.»

«Ich weiß noch nicht, welchen Flug ich nehme. Treffen wir uns um drei am Hertz-Schalter?»

«Alles klar. Ich freue mich schon.»

«Und ich auch, Moira. Bis dann.»

Cortez erhob sich von seinem Schreibtisch und verließ den Raum. Der Wachposten im Gang stand auf, als er aus der Tür kam.

«Ich gehe jetzt zu *el jefe*», sagte er. Der Posten hob sein Funktelefon, um ihn anzumelden.

Die technischen Probleme waren knifflig, und das grundlegendste stellte die Senderleistung dar. Die festen Stationen funkten mit fünfhundert Watt, die mobilen Sender hatten knapp sieben, und die kleinen, batteriebetriebenen Handgeräte, die jeder so gerne benutzte, schafften gerade dreihundert Milliwatt. Trotz der riesigen Parabolantenne waren die eingehenden Signale nur ein Flüstern. Der Rhyolite-J aber, das Resultat zahlloser Forschungsmilliarden, war ein hochempfindliches, komplexes Instrument. Ein Teil des Empfangsproblems wurde mit supertiefgekühlter Elektronik gelöst, und am Rest arbeiteten mehrere Computer. Eingehende Signale wurden von einem relativ simplen Computer digitalisiert und zurück auf die Erde zu Fort Huachuca gefunkt, wo ein anderer, sehr viel leistungsfähigerer Rechner die Rohdaten verarbeitete, mit Hilfe eines algorithmischen Verfahrens neunzig Prozent der atmosphärischen Störungen eliminierte und so das Signal in eine verständliche Konversation verwandelte. Doch das war erst der Anfang.

Das Kartell benutzte für die Alltagskommunikation aus Gründen der Sicherheit Funktelefone, die auf rund sechshundert Frequenzen des UHF-Bands (825–845 und 870–890 MHz) arbeiteten. Ein kleiner Computer in der Zentrale wählte aufs Geratewohl eine Frequenz für ein Gespräch und schaltete automatisch auf eine günstigere um, wenn es Empfangsschwierigkeiten gab. Außerdem konnte die entsprechende Frequenz für Gespräche in benachbarten «Zellen» (daher der Name

Zellulartelefon) benutzt werden. Wegen dieser Funktionsweise gab es keine Polizei auf der Welt, die solche Funktelefone abzuhören in der Lage war. Gespräche konnten unverschlüsselt geführt werden.

So glaubte man jedenfalls allgemein.

Die Regierung der Vereinigten Staaten war schon seit den Tagen von Yardleys berühmter Schwarzer Kammer mit dem Abhören des ausländischen Funkverkehrs befaßt gewesen. Comint oder Sigint (*Communications* oder *Signal Intelligence*), wie es in Fachkreisen heißt, ist die beste Form der Nachrichtenbeschaffung, denn man hört den Feind in seinen eigenen Worten reden. Auf diesem Gebiet glänzte Amerika schon seit Generationen. Ganze Geschwader von Satelliten wurden in Umlaufbahnen gebracht, um fremde Länder zu belauschen, Fetzen vom Funk- und Mikrowellenverkehr zu erfassen. Die oft verschlüsselten Signale wurden in der Zentrale der NSA in Fort Meade zwischen Washington und Baltimore verarbeitet, einer Behörde, in deren Keller die meisten Supercomputer der Welt stehen.

Hier mußten nun konstant die vom Kartell in Medellin benutzten sechshundert Telefonfrequenzen überwacht werden. Was jeder Polizei der Welt unmöglich war, stellte für die NSA, die ständig buchstäblich Zehntausende von Kanälen abhörte, nur ein leichtes Training dar. Die NSA ist weitaus größer als die CIA, viel strenger auf Geheimhaltung bedacht und auch besser mit Mitteln ausgestattet. Eine ihrer Anlagen befand sich auf dem Gelände von Fort Huachuca in Arizona. Dort stand sogar ein Supercomputer, ein ganz neuer Cray, der über ein Glasfaserkabel mit einem der vielen Fernmelde-Lkw verbunden war.

Das nächste Problem war, dem Computer seine Aufgabe zu stellen. Selbstverständlich waren die Namen und Stimmen vieler Figuren des Kartells der US-Regierung bekannt. Man hatte ihre Stimmen aufgezeichnet, und an diesem Punkt setzten die Programmierer an und gaben einen Algorithmus ein, der diese Stimmen identifizierte, ganz gleich, welche Frequenz auch benutzt wurde. Als nächstes identifizierte man dann elektronisch das Stimmprofil der Angerufenen. Bald schaltete sich der Computer zu und begann, eine Aufzeichnung zu machen, wenn eine von den über dreißig bereits erfaßten Stimmen erklang, und diese Zahl wurde täglich größer. Hin und wieder erschwerte schwache Senderleistung die Identifikation, so daß einige Gespräche verlorengingen, doch der Cheftechniker schätzte, daß sie über sechzig Prozent der Gespräche auffingen, ein Wert, der mit wachsender Datenbasis auf fünfundachtzig Prozent ansteigen sollte.

Stimmen, denen noch kein Name zugeordnet werden konnte, erhielten Nummern. Stimme 23 hatte gerade Stimme 17 angerufen. Dreiundzwanzig war ein Mann der Sicherheitskräfte, der identifiziert worden war, weil er 17 angerufen hatte, der als Leibwächter von Subjekt ECHO bekannt war, wie Escobedo bei dem Comint-Team hieß. «Er kommt rüber, um ihn zu sprechen», das war alles, was das aufgezeichnete Signal verriet. Wer mit «er» genau gemeint war, wurde nicht klar, aber die Spezialisten vom Nachrichtendienst hatten viel Geduld. Innerhalb eines Monats würde das Comint-Team mit den nichtsahnenden überwachten Personen so vertraut sein, daß taktisch nutzbare Informationen abfielen.

«Was gibt's?» fragte Escobedo, als Cortez eintrat.

«Der Direktor des FBI fliegt morgen zu einem Geheimbesuch nach Bogotá. Er wird Washington um die Mittagszeit verlassen. Ich nehme an, daß er eine Regierungsmaschine benutzen wird. Ein Geschwader solcher Flugzeuge steht auf dem Luftstützpunkt Andrews. Mit dem Start ist morgen zwischen vier am Nachmittag und acht am Abend zu rechnen. Ich erwarte einen zweistrahligen Busineß-Jet. Er will sich mit dem Justizminister treffen und zweifellos etwas von großer Wichtigkeit besprechen. Ich fliege sofort nach Washington, um nach Möglichkeit mehr herauszufinden.»

«Ihre Quelle ist gut», bemerkte Escobedo, der zur Abwechslung einmal beeindruckt war.

Cortez lächelte. *«Si, jefe.* Selbst wenn Sie nicht erfahren sollten, was hier zwischen den Amerikanern und Kolumbianern besprochen wird, will ich versuchen, das übers Wochenende herauszufinden. Ich kann nichts versprechen, will aber mein Bestes tun.»

«Eine Frau», kommentierte Escobedo. «Bestimmt jung und schön.»

«Wie Sie meinen. So, ich muß jetzt fort.»

«Angenehmes Wochenende, Oberst. Ich werde meins auch genießen.»

Cortez war erst eine Stunde fort, als das Fernschreiben einging, in dem mitgeteilt wurde, daß die vergangene Nacht gestartete Kuriermaschine nicht an ihrem Ziel im Südwesten von Georgia eingetroffen war. *El jefe* wurde wütend und erwog schon, Cortez über Funktelefon anzurufen, aber dann fiel ihm ein, daß sein Mann sich weigerte, wichtige Dinge über eine, wie er sich ausdrückte, «ungesicherte» Leitung zu besprechen. Escobedo schüttelte den Kopf. Dieser Oberst vom DGI benahm sich wie ein altes Weib! *El jefe* begann zu wählen.

«Na also!» rief ein Mann, der zweitausend Meilen entfernt in einem Lkw saß.

VOX IDENT, verkündete sein Computerbildschirm: SUBJEKT BRAVO INITIIERT GESPRÄCH AN SUBJEKT ECHO FREQ 848.970 MHz GESPRÄCH INITIIERT 2349Z INTERZEPTION NR 345.

«Tony, das ist vielleicht unser erster dicker Fisch.»

Der angesprochene Techniker setzte den Kopfhörer auf. Das Gespräch wurde von vier Sony-Geräten auf Videoband des professionellen Dreiviertelzoll-Formats aufgenommen.

«Ha! Señor Bravo ist sauer!» bemerkte Tony beim Mithören. «Melden Sie Fort Meade, daß wir etwas Wichtiges erwischt haben.»

«Wie ist das Signal?»

«Kristallklar. Himmel, hat der Kerl einen Rochus!»

Eine Minute später endete das Gespräch. Tony schaltete seinen Kopfhörereingang auf eine der Bandmaschinen um, rollte mit seinem Stuhl an einen Teleprinter und begann zu tippen.

BLITZ
TOP SECRET ***** CAPER
2358Z
SIGINT-MELDUNG
INTERZEPT NR 345 INIT FREQ 836.970 MHZ
INIT: SUBJEKT BRAVO
EMPF: SUBJEKT ECHO
B: SCHON WIEDER EINE LIEFERUNG VERLOREN. (ERREGT)
E: WAS IST PASSIERT?
B: DAS VERDAMMTE DING IST NICHT AUFGETAUCHT. WAS MEINST DU DAZU? (ERREGT)
E: DIE HABEN WAS NEUES DRAUF. HAB ICH DOCH GESAGT! WIR WOLLEN JETZT RAUSKRIEGEN, WAS.
B: UND BIS WANN WEISST DU DAS?
E: WIR SIND DABEI. UNSER MANN FLIEGT NACH WASHINGTON, UM WAS RAUSZUKRIEGEN. ES SIND AUCH NOCH ANDERE SACHEN AM KOCHEN.
B: WAS DENN? (ERREGT)
E: ICH SCHLAGE VOR, DASS WIR DAS MORGEN BESPRECHEN.
B: SITZUNG IST DOCH ERST AM DIENSTAG.
E: DAS IST SO WICHTIG, DASS ES ALLE HÖREN MÜSSEN, PABLO.

B: KANNST DU MIR DENN GAR NICHTS SAGEN?
E: DIE NORDAMERIKANER ÄNDERN DIE REGELN. GENAU WIE WISSEN WIR ABER NOCH NICHT.
B: FÜR WAS BEZAHLEN WIR EIGENTLICH DIESEN KUBANISCHEN RENEGATEN? (ERREGT)
E: ER LEISTET VORZÜGLICHE ARBEIT. VIELLEICHT WISSEN WIR NACH SEINEM BESUCH IN WASHINGTON MEHR. ABER WAS WIR BISLANG ERFAHREN HABEN, WIRD THEMA UNSERER BESPRECHUNG SEIN.
B: NA SCHÖN, ICH ORGANISIERE DAS.
E: DANKE, PABLO.
GESPRÄCH ENDE. VERBINDUNG UNTERBROCHEN. INTERZEPT ENDE.

«Was soll das heißen: ‹erregt›?»

«In einer offiziellen Meldung kann ich nicht ‹stocksauer› schreiben», erklärte Tony. «Das ist eine heiße Sache; wichtige Informationen für die Operation.» Er drückte auf seinem Terminal die Sendetaste. Das Signal ging an eine Stelle, die das Codewort CAPER trug. Mehr wußten die Leute in dem Fernmelde-Lkw nicht.

Bob Ritter war gerade nach Hause aufgebrochen und befand sich auf dem George Washington Parkway, als sein Autotelefon ging. Er nahm ab. «Ja?»

«Meldung an CAPER», sagte eine Stimme.

«Gut», sagte der Vizedirektor (Operationen) mit einem unterdrückten Seufzer und wandte sich an seinen Fahrer. «Bringen Sie mich zurück.»

Umkehren bedeutete selbst für einen hohen CIA-Beamten die Suche nach einer Gelegenheit zum Wenden und dann den Kampf durch den späten Washingtoner Berufsverkehr, der Arme, Reiche und Einflußreiche ohne Unterschied zwingt, im Schneckentempo zu fahren. Der Posten am Tor winkte den Wagen durch, und fünf Minuten später war Ritter wieder in seinem Büro. Richter Moore war schon heimgegangen. Nur vier wachhabende Offiziere waren für diese Operation zugelassen, also die Mindestzahl nur für die Auswertung der Meldung. Der im Augenblick Wachhabende hatte seinen Dienst gerade angetreten und reichte Ritter die Meldung.

«Das ist ganz heiß», meinte der Offizier.

«Allerdings. Das muß Cortez sein», merkte Ritter an, nachdem er die

Meldung überflogen hatte. «Und er kommt hierher... nur wissen wir nicht, wie er aussieht. Wenn das FBI den Kerl doch nur fotografiert hätte, als er noch in Puerto Rico war. Die Personenbeschreibung kennen Sie ja.» Ritter schaute auf.

«Schwarze Haare, dunkle Haut, mittelgroß, durchschnittlich gebaut, keine besonderen Kennzeichen», zitierte der Offizier aus dem Gedächtnis.

«Wer ist Ihr Kontaktmann beim FBI?»

«Tom Burke aus der mittleren Ebene der Nachrichtendienstabteilung. Ganz guter Mann, der am Fall Henderson mitarbeitete.»

«Gut, geben Sie das an ihn weiter. Vielleicht fällt dem FBI ein, wie der Kerl zu erwischen ist. Sonst noch etwas?»

«Nein, Sir.»

Ritter nickte und machte sich wieder auf den Heimweg. Paul Hooker, der Wachhabende, kehrte in sein Zimmer im vierten Stock zurück, ging ans Telefon und erreichte Burke noch. Am Telefon konnten sie den Fall natürlich nicht besprechen; Hooker fuhr also zum FBI Building, in der Pennsylvania Avenue.

«In ein paar Tagen trifft ein neuer Tourist in Washington ein», verkündete Hooker, nachdem er die Tür hinter sich geschlossen hatte.

«Ach ja? Wer denn?» fragte Burke und wies auf die Kaffeemaschine.

Hooker lehnte ab. «Felix Cortez», antwortete er und reichte dem FBI-Mann eine Fotokopie des Fernschreibens.

«Sie nehmen an, daß es sich um Cortez handelt», betonte der FBI-Agent und lächelte dann. «Aber ich würde nicht wetten. Wenn wir ein Bild von diesem Kerl hätten, stünden unsere Chancen, ihn zu schnappen, nicht schlecht. Aber so...» Er seufzte. «Na gut, ich stelle auf den Flughäfen Leute auf. Wir wollen alles versuchen, aber Sie wissen ja, wie die Chancen stehen. Ich nehme an, daß er im Lauf der kommenden vier Tage eintrifft. Wir werden alle Flüge von dort unten und auch alle Verbindungsflüge überprüfen.»

Das Problem war vorwiegend mathematischer Natur. Die Anzahl der Direktflüge von Kolumbien, Venezuela, Panama und anderen Ländern der Region nach Washington war relativ leicht abzudecken. Wenn der Gesuchte aber in Puerto Rico, den Bahamas, Mexiko oder einer Reihe anderer Städte umstieg, erhöhte sich die Zahl der möglichen Verbindungen um das Zehnfache. Machte er nur einen weiteren Zwischenstop in den Vereinigten Staaten, ging die Zahl der vom FBI zu überwachenden Flüge in die Hunderte. Cortez war ein vom KGB ausgebildeter Profi, der darüber ebensogut Bescheid wußte wie diese beiden Männer. Ganz hoffnungslos war der Fall nicht. Die Polizei hofft immer auf einen Glücksfall, denn selbst der geschickteste Gegenspieler ist manchmal sorglos oder hat Pech. Und auf einen solchen Glücksfall mußten Hooker und Burke hoffen.

Leider traf er nicht ein. Cortez flog mit Avianca nach Mexico City und von dort aus mit American Airlines weiter zum Flughafen Dallas – Fort Worth, wo er durch den Zoll ging und dann einen Flug nach New York nahm. Dort stieg er im Hotel *St. Moritz* ab. Inzwischen war es drei Uhr früh, und er brauchte Schlaf. Er wies die Rezeption an, ihn um zehn zu wecken, und ließ sich eine Fahrkarte Erster Klasse für den Metroliner nach Washington buchen. In diesen Zügen gab es Telefon. Er konnte sie also verständigen, falls etwas nicht klappte. Oder vielleicht... nein, er beschloß, sie lieber nicht am Arbeitsplatz anzurufen; das FBI hörte sicher seine eigenen Leitungen ab. Ehe er sich aufs Bett fallen ließ, zerriß Cortez noch seine Flugscheine und den Gepäckanhänger.

Um 9 Uhr 56 wurde er vom Telefon geweckt. Fast sieben Stunden Schlaf, dachte er. Es kam ihm zwar eher wie ein paar Minuten vor, aber nun war keine Zeit zum Trödeln. Eine halbe Stunde später erschien er am Empfang, zahlte und nahm seinen Eisenbahnfahrschein entgegen. Bald darauf saß er im Zug und bekam ein Frühstück serviert. Als der Zug in Philadelphia hielt, schlief er schon wieder.

Um ein Uhr, als sich der Metroliner 111 Baltimore näherte, flammten im Presseraum des Weißen Hauses die Scheinwerfer auf. Die Reporter hatten bereits die «Hintergrundinformationen ohne Quellenangabe» erhalten, der Justizminister werde eine wichtige Erklärung zum Thema Drogen abgeben. Die großen Fernsehanstalten unterbrachen ihr Nachmittagsprogramm nicht – es war schließlich keine Kleinigkeit, die Zuschauer um ihre Seifenopern zu bringen –, aber CNN blendete wie gewöhnlich «Special Report» ein. Im Pentagon, wo Offiziere vom Dienst in der höchsten Befehlszentrale das CNN-Programm sahen, fiel das sofort auf. Dies war der vielleicht vielsagendste Kommentar zur Fähigkeit der amerikanischen Nachrichtendienste, ihre Regierung informiert zu halten, aber über diesen Punkt verbreiteten sich die großen Anstalten aus naheliegenden Gründen natürlich nie.

Der Justizminister ging zögernd ans Rednerpult, denn er war trotz seiner Erfahrung als Anwalt kein guter Redner. Andererseits kleidete er sich gut, war fotogen und bei den Medien beliebt, weil er hin und wieder einmal etwas durchsickern ließ.

«Meine Damen und Herren», begann er und fingerte an seinem Manuskript, «Sie werden gleich eine Presseerklärung zum Unternehmen TARPON erhalten, der bisher wirksamsten Aktion gegen das internationale Drogenkartell.» Er schaute auf und versuchte, gegen die grellen Scheinwerfer die Gesichter der Reporter zu erkennen.

«Im Auftrag des Justizministeriums vom FBI geführte Ermittlungen haben eine Reihe von Bankkonten in den USA und im Ausland identifiziert, die in einem bisher unbekannten Ausmaß zur Geldwäsche benutzt wurden. Betroffen sind Konten bei Banken von Liechtenstein bis Kalifornien, und die Einlagen betragen laut unserer gegenwärtigen Schätzung über sechshundertfünfzig Millionen Dollar.» Er hob wieder den Kopf, als er erstaunte Ausrufe der Anwesenden vernahm, und lächelte. Das Pressekorps im Weißen Haus ließ sich nicht so leicht beeindrucken.

«In Zusammenarbeit mit sechs ausländischen Regierungen haben wir alle zur Beschlagnahmung dieser Gelder erforderlichen Schritte unternommen und auch acht Immobilienprojekte hier in den Vereinigten Staaten, über die das illegale Geld floß, konfisziert. Investoren, die ihr Geld gutgläubig in diese Unternehmen einbrachten, werden durch die Beschlagnahmung aber keine – ich wiederhole, *keine* – Nachteile erleiden.»

«Verzeihung», unterbrach jemand von AP, «sagten Sie sechshundertfünfzig *Millionen*?»

«Jawohl, über eine *halbe Milliarde* Dollar.» Der Justizminister beschrieb allgemein, wie man auf die Informationen gestoßen war, verschwieg aber den ersten, entscheidenden Hinweis und die Methode, mit der man dem heißen Geld auf die Spur gekommen war. «Wie Sie wissen, haben wir für Fälle wie diesen Abkommen mit einer Reihe ausländischer Regierungen. Gelder, die aus Drogengeschäften stammen und bei ausländischen Banken deponiert wurden, können von den fraglichen Regierungen beschlagnahmt werden. Auf Schweizer Konten zum Beispiel befinden sich ungefähr ...» Er schaute auf seine Unterlagen. «Zweihundertsiebenunddreißig Millionen Dollar, die nun der Schweizer Regierung gehören.»

«Was kommt dabei für uns heraus?» fragte jemand von der *Washington Post*.

«Das läßt sich noch nicht genau sagen. Es ist schwer, die Komplexität dieser Operation zu beschreiben – die Berechnung allein wird Wochen dauern.»

«Werden wir von den anderen Regierungen unterstützt?» wollte ein anderer Reporter wissen.

«Jawohl, auf vorbildliche Art und Weise.» Der Justizminister strahlte.

Die Nachrichten-Kabelstation CNN, die die Pressekonferenz übertrug, kann weltweit empfangen werden. In Kolumbien sahen zwei Männer, deren Aufgabe die Überwachung der amerikanischen Medien war, die Sendung. Es handelte sich um Journalisten des kolumbianischen Fernsehens Inravision. Einer der beiden verließ den Raum, um heimlich zu telefonieren.

Tony und sein Partner hatten gerade ihren Dienst im Lkw wieder angetreten, und an der Wand hing ein Telex, das Aktivität im kolumbianischen C-Netz um 18 Uhr Zulu-Zeit ankündigte. Sie wurden nicht enttäuscht.

«Können wir dazu Direktor Jacobs befragen?» sagte ein Reporter.

«Direktor Jacobs befaßt sich zwar persönlich mit dem Fall, ist aber im Augenblick für Fragen nicht verfügbar. Sie werden ihn nächste Woche sprechen können», sagte der Justizminister. Die Journalisten nahmen an, daß sich Emil in der Stadt aufhielt und mit Ermittlungen beschäftigt war. In Wirklichkeit aber war seine Maschine vor fünfundzwanzig Minuten vom Luftstützpunkt Andrews gestartet.

«Madre de Dios!» rief Escobedo. Die Besprechung hatte gerade erst begonnen, und alle Mitglieder des Kartells waren in einem Raum versammelt, was selten genug vorkam. Obwohl das Gebäude mit einem Wall von Sicherheitsleuten umgeben war, waren sie nervös. Auf dem Dach des Gebäudes befand sich eine Satellitenantenne, über die man nun die Nachrichten von CNN empfing. Eigentlich sollte über unvorhergesehene Störungen des Kokaintransports gesprochen werden, aber nun ergab sich plötzlich ein viel besorgniserregenderer Aspekt. Besonders beunruhigt war Escobedo, da er zu jenen drei Kartellmitgliedern gehörte, die den anderen seine Methode der Geldwäsche aufgedrängt hatten.

«Können wir denn überhaupt nichts tun?» fragte einer.

«Das läßt sich noch nicht sagen», erwiderte der Finanzchef des Kartells. «Im Grunde haben wir eigentlich nur die Rendite aus unserer Investition verloren.» Diese Erklärung fand er selbst lahm.

«Ich finde, wir haben uns genug bieten lassen», erklärte Escobedo heftig. «Heute kommt der Direktor der amerikanischen *federales* nach Bogotá.»

«Wirklich? Und woher wissen Sie das?»

«Von Cortez. Sagte ich bei seiner Einstellung nicht, daß er uns nützlich werden würde? Ich habe diese Besprechung angesetzt, um seine Erkenntnisse bekanntzugeben.»

«Es muß etwas geschehen!» rief ein anderes Kartellmitglied. «So kann das nicht weitergehen. Wir müssen hart zurückschlagen!»

Damit waren alle einverstanden. Das Kartell hatte noch nicht gelernt, daß man wichtige Entscheidungen nicht im Zorn trifft. Zur Mäßigung aber riet niemand.

Der Metroliner 111 aus New York lief um 13 Uhr 48 ein. Cortez stieg aus und ging mit seinen beiden Koffern zum Taxistand vor dem Bahnhof. Der Taxifahrer freute sich über die Fahrt zum Flughafen Dulles International und über das Trinkgeld. Eine gute halbe Stunde später betrat Cortez die obere Ebene des Empfangsgebäudes, fuhr mit der Rolltreppe nach unten und suchte den Hertz-Schalter. Er mietete einen großen Chevy und legte sein Gepäck hinein. Als er wieder zurückkam, war Moira zur Stelle. Sie umarmten sich.

«Wo steht dein Auto?»

«Im Parkhaus für Langzeitparker. Dort ist auch mein Gepäck.»

«Dann gehen wir es holen.»

«Wo fahren wir hin?»

«In ein Hotel am Skyline Drive, wo General Motors gelegentlich wichtige Konferenzen abhält. In den Zimmern gibt es weder Fernsehen noch Telefon oder Zeitungen.»

«Klingt perfekt...» Moira drückte seinen Arm.

Vier Sicherheitsbeauftragte der Botschaft in Overalls sahen sich die Umgebung ein letztes Mal an. Dann zog einer ein Satelliten-Sprechfunkgerät aus der Tasche und gab das Signal.

Die VC-20A, eine Militärversion des Geschäftsflugzeugs G-III, setzte um 17 Uhr 39 auf dem El Dorado International Airport bei Bogotá auf. Anders als die anderen VC-20A des 89. Lufttransportgeschwaders war diese Maschine speziell für Flüge in gefährliche Gebiete ausgerüstet und hatte ein Störgerät an Bord, wie es die Israelis gegen Luftabwehrraketen von Terroristen einsetzten. Das Flugzeug rollte zu einer entfernten Ecke des Frachtabfertigungsgebäudes, auf die nun auch die Autos und Jeeps zuhielten. Kaum war es zum Stillstand gekommen, da hielten an seiner linken Seite auch schon die Jeeps. Soldaten sprangen ab und schwärmten mit schußbereiten Waffen aus. Die Tür wurde heruntergeklappt. In sie war zwar eine Treppe integriert, aber der erste Mann, der die Maschine verließ, kümmerte sich nicht darum und sprang, die Hand unterm Mantel versteckt, einfach. Ihm folgte ein zweiter Leibwächter. Die beiden für die Sicherheit des FBI-Direktors verantwortlichen Männer nahmen im Ring der kolumbianischen Soldaten Aufstellung.

Dann trat Jacobs ins Freie, begleitet von seinem Assistenten und Harry Jefferson, dem Chef der Drogenbehörde DEA. Als der letzte der drei das Rollfeld betreten hatte, fuhr die Limousine des Botschafters vor. Sie hielt nicht lange. Zwar stieg der Botschafter aus, um seine Gäste zu begrüßen, doch nach einer knappen Minute saßen alle im Wagen. Die Soldaten stiegen wieder auf ihre Jeeps, die die Eskorte des Botschaftswagens bildeten. Der Bordmechaniker der Gulfstream schloß die Tür, und dann rollte die Maschine, deren Triebwerke weitergelaufen waren, wieder an den Start. Ihr Ziel war ein Flugplatz auf Grenada, wo sie leichter zu bewachen war.

«Wie war der Flug, Emil?» fragte der Botschafter.

«Nicht übel, gute fünf Stunden hat er gedauert», erwiderte der Direktor und lehnte sich in die Polster der nun voll besetzten extralangen Limousine. Insgesamt befanden sich vier Maschinenpistolen im Fahrzeug, und der Direktor war auch sicher, daß Harry Jefferson seine Dienstpistole trug. Er selbst war nicht bewaffnet und seit den Tagen, da die Gangster von Chicago einmal sein Leben bedroht hatten, an das Risiko gewöhnt.

«Also morgen um neun?» fragte Jacobs den Botschafter.

«Ja. Ich rechne damit, daß man auf fast alle unsere Vorschläge eingeht.»

«Darum geht es eigentlich weniger», warf Jefferson ein. «Ihren guten Willen bezweifle ich nicht – immerhin haben sie schon genug Polizisten und Richter verloren. Aber werden sie auch mitspielen?»

«Würden wir das denn unter ähnlichen Umständen tun?» fragte Jacobs nachdenklich und steuerte die Unterhaltung dann in eine weniger verfängliche Richtung. «Besonders gute Nachbarn waren wir ja nicht.»

«Wie meinen Sie das?»

«Wenn es uns zupaß kam, daß diese Länder von Gangstern regiert wurden, ließen wir es einfach zu. Und als die Demokratie dann endlich Fuß faßte, blieben wir oft passiv und meckerten, weil ihre Ideen nicht ganz mit unseren übereinstimmten. Und nun, da die Rauschgifthändler ihre Regierungen bedrohen wegen Drogen, die unsere eigenen Bürger konsumieren, da geben wir diesen Regierungen die Schuld.»

«Mit der Demokratie tut man sich hier schwer», betonte der Botschafter. «Schon die Spanier...»

«Hätten wir vor hundert oder auch nur vor fünfzig Jahren hier ordentliche Arbeit geleistet, gäbe es die Hälfte der heutigen Probleme nicht. Nun ja, was damals versäumt wurde, muß eben heute erledigt werden.»

«Falls Sie irgendwelche Vorschläge haben, Emil...»

Jacobs lachte. «Ach was, Andy, ich bin Anwalt und kein Diplomat. Wie geht's Kay?»

«Bestens.» Der Botschafter Andrew Westerfield erkundigte sich nicht nach Mrs. Jacobs, denn er wußte, daß sie vor neun Monaten an Krebs gestorben war.

Im Abfertigungsgebäude hatte ein Mann mit einer Nikon samt Teleobjektiv seit zwei Stunden Aufnahmen gemacht. Als die Limousine mit ihrer Eskorte vom Flughafengelände fuhr, schraubte er das Objektiv vom Gehäuse, legte beide Teile in seine Kameratasche und ging zu den Münzfernsprechern.

Die Limousine rollte zwischen zwei Jeeps rasch dahin. Teure, gepanzerte Wagen mit bewaffneten Eskorten waren in Kolumbien keine Seltenheit, und man mußte schon genau auf das Kennzeichen achten, um zu sehen, daß es sich um ein amerikanisches Fahrzeug handelte. Die insgesamt acht Männer in den beiden Jeeps hatten erst fünf Minuten vor der Abfahrt von dem Auftrag erfahren, und die Route war kurz. Niemand konnte die Zeit gehabt haben, einen Hinterhalt zu legen.

Die Botschafterlimousine war ein Cadillac Fleetwood mit dicken Scheiben aus Lexan, die ein MG-Geschoß stoppen konnten, und Kevlar-Panzerung um die Passagierzelle herum. Die Reifen waren mit einer Schaumfüllung gegen einen Platten geschützt, und der Tank war wie der eines Militärflugzeugs gegen Explosion gesichert. Kein Wunder, daß die Fahrer der Botschaft den Cadillac «Panzer» nannten.

Der Chauffeur verfügte über das Geschick eines Berufsrennfahrers. Er konnte auf über hundertsechzig beschleunigen und das drei Tonnen schwere Fahrzeug wie ein Stunt-Fahrer im Film in vollem Tempo um hundertachtzig Grad wenden. Sein Blick zuckte zwischen Straße und Rückspiegel hin und her. Zwei oder drei Meilen weit war ihnen ein

Wagen gefolgt, um dann abzubiegen. Vermutlich nichts, dachte er, jemand, der wie sie vom Flughafen kam. Die Limousine war auch mit einem Funkgerät ausgerüstet, über das Hilfe herbeigerufen werden konnte. Sie hielten auf die Botschaft zu, die wie die meisten amerikanischen Vertretungen im Ausland aussah – eine Kreuzung zwischen einem niedrigen Bürogebäude und einem Teil des Westwalls.

VOX IDENT, hieß es auf dem Monitor des Computers zweitausend Meilen entfernt: STIMME 34 INITIIERT GESPRÄCH MIT UNBEKANNTEM EMPFÄNGER FREQ 889.980 GESPRÄCH INITIIERT 2258Z INTERZEPT NR 281.

Tony setzte den Kopfhörer auf und lauschte über Hinterbandkontrolle.

«Nichts», sagte er einen Augenblick später. «Da fährt wer spazieren.»

In der Botschaft ging der Justizattaché, Special Agent Pete Morales vom FBI, nervös auf und ab. Es war *sein* Direktor, der eintraf, aber die Typen von der Sicherheit hatten gemeint, für einen Überraschungsbesuch genügte ein Fahrzeug –, und Überraschung, das wußten alle, war besser als massive Machtdemonstrationen. Nur Morales war anderer Meinung und glaubte an Machtdemonstrationen. Dieses Land war gefährlich; gefährlich für seine Bürger, gefährlich für Amerikaner und ganz besonders gefährlich für amerikanische Polizisten.

Morales schaute auf die Uhr. Noch rund zwei Minuten. Er wandte sich zur Tür.

«Genau pünktlich», stellte ein Mann drei Straßen vor der Botschaft fest und sprach in ein tragbares Funkgerät.

Bis vor kurzem war die RPG-7D die sowjetische Standard-Panzerabwehrwaffe gewesen. Es handelte sich um eine Weiterentwicklung der alten deutschen Panzerfaust, die gerade erst von der RPB-18, einer Kopie der amerikanischen Rakete M-72 LAW, abgelöst worden war. Die Einführung des neuen Systems brachte Millionen alter RPGs auf die bereits überfüllten Waffenmärkte der Welt. Da die panzerbrechende RPG nicht sehr einfach zu handhaben war, hatte man gleich vier auf die Limousine des Botschafters gerichtet.

Der Wagen fuhr auf der Carrera 13 durch das Viertel Palermo nach Süden, des Verkehrs wegen nun langsamer. Der zähe Verkehr hier in der

Stadt machte alle nervös, besonders die Soldaten in den Jeeps, die die Hälse verdrehten und zu den Fenstern aufschauten. Aber in Fenster kann man von draußen gemeinhin nicht hineinsehen; selbst wenn sie offen stehen, sind sie doch nur ein Rechteck, das dunkler ist als die Hauswand. Es gab keine Warnung.

Etwas so Prosaisches wie eine Verkehrsampel machte den Tod der Amerikaner unvermeidlich. Ein Techniker arbeitete an dem schadhaften Relais und schaltete die Anlage kurz auf Rot. Fast in Sichtweite der Botschaft kam der gesamte Verkehr zum Stillstand. Aus Fenstern im zweiten Stock in Gebäuden links und rechts der Straße jagten vier RPG-Projektile nach unten. Drei trafen den Wagen, zwei davon am Dach.

Der Blitz reichte schon. Morales stürmte los, noch ehe der Lärm das Tor der Botschaft erreichte, und wußte dabei genau, wie nutzlos das war. Mit der rechten Hand riß er seine Smith & Wesson Automatic aus dem Halfter und war zwei Minuten später an der Unfallstelle.

Der Chauffeur war herausgeschleudert worden und lebte noch, verblutete aber aus Wunden, die kein Arzt mehr rechtzeitig schließen konnte. Von den Soldaten im vorderen Jeep war nirgends etwas zu sehen – abgesehen von Blutspuren auf einem Rücksitz. Der Fahrer des folgenden Jeeps saß noch am Steuer und hatte die Hände vor das von Glassplittern zerfetzte Gesicht geschlagen, der Mann neben ihm war tot, die anderen beiden auf dem Rücksitz aber ebenfalls einfach verschwunden.

Dann erkannte Morales den Grund. In einem Gebäude zu seiner Linken ratterte automatisches Feuer los. Aus einem Fenster drang ein Schrei und brach dann ab. Morales wäre am liebsten in das Haus geeilt, war aber hier zum Eingreifen nicht befugt und auch zu sehr Profi, um auf so törichte Weise sein Leben zu riskieren. Er ging auf die zerfetzte Limousine zu. Auch das war nutzlos, wie er wußte.

Alle Insassen waren sofort tot gewesen. Die beiden Leibwächter des Direktors hatten Kevlar-Westen getragen, die zwar Kugeln, aber nicht dem Explosionsdruck eines Sprengkopfes standhielten. Morales wußte nun, was die Limousine getroffen hatte – panzerbrechende Waffen. Erstaunlich war nur, daß man noch erkennen konnte, daß die Insassen einmal Menschen gewesen waren. Hier konnte niemand mehr helfen, höchstens ein Priester ... oder Rabbi. Morales wandte sich nach ein paar Sekunden ab.

Er stand allein auf der Straße und handelte so, wie er es bei der Ausbildung gelernt hatte. Der einzige noch lebende Soldat war zu schwer verletzt, um sich bewegen zu können, und wußte wahrscheinlich überhaupt nicht, was passiert war. Vom Bürgersteig kam niemand zur Hilfe; doch nun erkannte Morales, daß mehrere Passanten verletzt waren. Der Agent suchte die Straße ab. Den Techniker an der Ampel sah er nicht. Der Mann war längst verschwunden.

Zwei Soldaten kamen aus dem Haus, einer mit einem RPG-7-Werfer in der Hand. Morales erkannte Hauptmann Edmundo Garza. Der Kolumbianer hatte Blut an der Khakiuniform und einen wilden Ausdruck in den Augen, den Morales seit seiner Zeit bei den Marines nicht mehr gesehen hatte. Hinter ihm schleppten zwei Soldaten einen Mann heraus, der in die Arme und den Unterleib getroffen worden war. Morales steckte seine Automatic ins Halfter, ehe er hinüberging, langsam und mit deutlich sichtbaren Händen, bis er sicher war, daß man ihn erkannte.

«*Capitán ...*» sagte Morales.

«Oben liegt noch ein Toter und einer von meinen Männern. Insgesamt vier Teams. Fluchtfahrzeuge in den Hintergassen.» Garza starrte erst gereizt und dann besorgt auf das Blut an seinem Oberarm. Schließlich fiel sein Blick auf die Überreste der Limousine. Er schaute den Amerikaner flehend an und bekam zur Antwort ein Kopfschütteln. Garza war ein stolzer Mann und vorzüglicher Soldat, der wegen seines Geschicks und seiner Integrität den Auftrag erhalten hatte, den Konvoi zu schützen. Und dabei hatte er versagt.

Garza ignorierte weiterhin seine Wunden und wandte sich nun an ihren einzigen Gefangenen. «Wir unterhalten uns noch», versprach der Hauptmann, ehe er Morales in die Arme fiel.

«Tag, Jack!» Dan und Liz Murray waren gerade bei den Ryans eingetroffen. Dan hatte sein Schulterhalfter mit der Automatic ablegen müssen.

«Ihnen hätte ich eher einen Revolver zugetraut.» Die Murrays waren zum ersten Mal bei den Ryans eingeladen.

«Meine Python fehlt mir, aber das FBI geht jetzt zu Automatics über. Außerdem jage ich keine Verbrecher mehr, sondern Aktennotizen, Positionspapiere und Haushaltsansätze.» Ein bedauerndes Kopfschütteln. «Ganz schön öde.»

«Das Gefühl kenne ich», stimmte Ryan zu und ging mit Murray in die Küche. «Ein Bier?»

«Hört sich gut an.»

«Erzählen Sie doch mal von Ihrem großen Erfolg.»

«Meinen Sie TARPON? Das Kartell ermordete einen Mann, der in seinem Auftrag Unmengen Geld wusch und nebenbei kräftig absahnte. Dieser Mann hinterließ Unterlagen, die wir fanden. Mit der Verfolgung aller Spuren hatten wir während der letzten zwei Wochen alle Hände voll zu tun.»

«Es geht um sechshundert Millionen, wie ich höre.»

«Das wird noch mehr. Gerade heute nachmittag haben die Schweizer ein neues Konto geknackt.»

«Donnerwetter.» Ryan machte zwei Dosen Bier auf. «Das wird das Kartell schmerzen.»

«Allerdings», meinte Murray. «Wie ich höre, haben Sie einen neuen Job.»

«Stimmt. Nur die Begleitumstände der Beförderung sind traurig.»

«Ich weiß. Ich bin Admiral Greer zwar noch nie begegnet, aber der Direktor hält viel von ihm.»

«Die beiden sind vom selben Kaliber: Gentlemen der alten Schule», merkte Ryan an. «Eine gefährdete Spezies.»

«Allerdings», bestätigte Murray. «Ich ...» Da begann sein Rufgerät zu piepen. Er nahm es vom Gürtel. Kurz darauf erschien auf der LCD-Anzeige die Nummer, die er anrufen sollte. «Den Kerl, der diese Dinger erfunden hat, würde ich am liebsten umlegen. Darf ich Ihr Telefon benutzen?»

«Aber sicher.»

Murray ließ die angezeigte Nummer unbeachtet und wählte Shaws Büro an. «Hier Murray. Haben Sie telefoniert, Alice? Gut... Hallo, Bill, was gibt's?»

Eine Eiseskälte schien sich über den Raum zu legen. Ryan spürte sie, ehe er die Veränderung in Murrays Gesicht verstand.

«Besteht auch nicht die Chance, daß – klar, Pete.» Murray schaute auf die Uhr. «In vierzig Minuten bin ich da.» Er legte auf.

«Was ist passiert?»

«Jemand hat den Direktor umgebracht», erwiderte Dan schlicht.

«Was? Wo denn...?»

«In Bogotá. Er war dort zusammen mit dem Chef der DEA zu einem informellen Besuch.»

«Besteht auch nicht die Chance, daß...»

Murray schüttelte den Kopf. «Der Attaché dort unten ist Peter Morales, ein guter Agent, den ich persönlich kenne. Er sagt, sie seien alle auf der Stelle tot gewesen. Emil, Harry Jefferson, der Botschafter, alle Leibwächter.» Er hielt inne und las Ryans Miene. «Tja, da muß jemand vorzüglich informiert gewesen sein.»

«Darum muß ich mich jetzt kümmern...»

«Emil war bei allen im FBI beliebt.» Murray stellte sein Bier auf die Küchenplatte.

«Mein Beileid.»

«Was sagten Sie gerade? Gefährdete Spezies?» Murray schüttelte den Kopf und ging seine Frau holen. Ryan hatte kaum die Tür zu seinem Arbeitszimmer hinter sich zugemacht, als sein Geheimtelefon schon ging.

Das Hydeaway, nur wenige Meilen von den Luray-Höhlen entfernt, war ein modernes Gebäude, obwohl ihm ein gewisser Komfort mit Absicht abging. Auf den Zimmern gab es weder Kabelfernsehen noch kostenlose Zeitungen am Morgen, dafür aber Klimaanlage, fließendes Wasser und ein umfangreiches Zimmerservice-Menü, ergänzt durch eine zehnseitige Weinliste. Das Hotel war vorwiegend für Frischvermählte eingerichtet, die wenig Ablenkung brauchten. Vom Gast wurde eigentlich nur erwartet, daß er aß, trank und das Bett zerwühlte, aber zur Not gab es auch noch Reitpferde, einen Tennisplatz und einen Pool. Moira sah zu, wie ihr Freund dem Pagen zehn Dollar Trinkgeld gab, und stellte dann die naheliegende Frage.

«Wie hast du uns angemeldet?»

«Als Mr. und Mrs. Juan Diaz.» Ein verlegener Blick. «Verzeih mir, aber mir fiel nichts anderes ein», log er stockend. «Was hätte ich denn sonst schreiben sollen? Das wäre doch peinlich gewesen.»

«Nun denn, ich muß unter die Dusche. Und da wir nun Mann und Frau sind, kannst du ruhig mitkommen.» Sie ging aus dem Raum und ließ dabei ihre Seidenbluse aufs Bett fallen.

Fünf Minuten später kam Cortez zu dem Schluß, daß in der Dusche leicht Platz für vier war. Und wie sich herausstellte, war das auch gut so.

Der Präsident war übers Wochenende nach Camp David geflogen und gerade aus der Dusche gekommen, als sein Adjutant, ein Lieutenant der Marines, ihm das schnurlose Telefon brachte.

«Ja, was gibt's?»

Als der Lieutenant die Miene des Präsidenten sah, dachte er zuerst einmal an seine Pistole.

«Der Justizminister, Admiral Cutter, Richter Moore und Bob Ritter sollen auf der Stelle hierher geflogen werden», befahl der Präsident. «Der Pressesprecher soll mich in fünfzehn Minuten anrufen, damit wir eine Erklärung ausarbeiten können. Ich bleibe fürs erste hier. Wann werden die Leichen zurückgebracht? Gut – darüber können wir noch nachdenken. Für den Augenblick gilt das übliche Protokoll. Genau. Nein, nichts vom Außenministerium. Erst erledige ich das von hier aus, dann kann der Außenminister seinen Senf dazugeben. Danke.» Der Präsident schaltete das Telefon ab und gab es dem Marinesoldaten zurück.

«Sir, muß Ihre Wache informiert...?»

«Nein.» Der Präsident erklärte kurz, was geschehen war. «Weitermachen, Lieutenant.»

«Aye aye, Sir.» Der Marine ging.

Der Präsident schlüpfte in seinen Bademantel und trat vor den Spiegel, um sich zu kämmen. «So», sagte der Präsident der Vereinigten Staaten zum Spiegel, «ihr Dreckskerle wollt also was anfangen...»

Für den Flug vom Luftstützpunkt Andrews nach Camp David benutzte man einen Hubschrauber des neuen Typs VH-60 Blackhawk, den das 89. Lufttransportgeschwader gerade in Dienst gestellt hatte. Die Maschine war zwar für den Transport von VIPs komfortabel eingerichtet, aber immer noch zu laut, um eine annähernd normale Unterhaltung möglich zu machen. Die vier Passagiere starrten durch die Fenster in den Schiebetüren auf die Hügel des westlichen Maryland, und jeder war mit seiner Trauer und seinem Zorn allein. Der Flug dauerte zwanzig Minuten. Den Piloten hatte man angewiesen, sich zu beeilen.

Nach der Landung bestiegen die vier Männer einen Wagen und wurden zur Hütte des Präsidenten auf dem Gelände gebracht. Dort fanden sie ihn am Telefon vor. Die Tatsache, daß sein Pressesprecher erst nach einer halben Stunde ausfindig gemacht werden konnte, hatte seine Stimmung nicht verbessert.

Admiral Cutter wollte erklären, wie leid ihnen allen die Sache täte, verzichtete aber darauf, als er die Miene des Präsidenten sah.

Der Präsident saß auf einer Couch gegenüber dem Kamin. Vor ihm stand ein Möbelstück, das wie ein normaler Couchtisch aussah, doch nun war die Platte entfernt worden und ließ eine Reihe von Computerbildschirmen und leisen Thermaldruckern sichtbar werden, die an die Leitungen der großen Nachrichtenagenturen und anderer Informationskanäle der Regierung angeschlossen waren. Im Nebenzimmer liefen auf vier Fernsehgeräten die Nachrichten von CNN und der drei anderen großen TV-Netze.

«Diesmal werden wir nicht untätig dastehen und den Vorfall nur verurteilen», sagte der Präsident leise und schaute auf. «Sie haben meinen Freund ermordet. Sie haben meinen Botschafter ermordet. Das ist eine direkte Herausforderung an die Vereinigten Staaten von Amerika. Wenn diese Kerle mit den großen Jungen spielen wollen», fuhr der Präsident in seltsam gelassenem Ton fort, «werden für die auch die Spielregeln der Großen gelten. Peter», sagte er zum Justizminister, «das Drogenkartell hat einen unerklärten Krieg gegen die Vereinigten Staaten begonnen, sich verhalten wie eine feindliche Macht. Also werden wir es behandeln wie eine feindliche Macht. Als Präsident bin ich entschlossen, den Kampf auf das Territorium des Feindes zu tragen.»

Das gefiel dem Justizminister zwar nicht, aber er nickte trotzdem zustimmend. Nun wandte sich der Präsident an Moore und Ritter.

«Jetzt ziehen wir die Glacéhandschuhe aus. Ich habe zwar gerade die übliche schlaffe Erklärung abgegeben, die mein Pressesprecher verlesen wird, aber damit hat es jetzt ein Ende. Lassen Sie sich einen Plan einfallen. Keine Winke mit dem Zaunpfahl mehr, sondern Schläge mit harten Bandagen. Mr. Ritter, Sie haben Ihren Jagdschein, und die Strecke ist unbegrenzt. Ist das klar?»

«Jawohl, Sir», erwiderte der DDO. Klar war die Sache aber längst nicht. «Töten» hatte der Präsident kein einziges Mal befohlen, wie sich den Bändern, die irgendwo in diesem Raum mit Sicherheit liefen, entnehmen lassen würde. Aber wenn der Präsident einer eindeutigen Erklärung aus dem Weg gehen wollte, durfte ihn niemand um Klarstellung bitten.

«Suchen Sie sich eine Hütte und stellen Sie einen Plan auf. Peter, Sie bleiben noch eine Weile bei mir.» Der nächste Wink: Der Justizminister, der einer Aktion gerade zugestimmt hatte, brauchte nicht zu wissen, was konkret geschehen sollte. Cutter, der sich in Camp David besser auskannte als die beiden anderen, ging voraus zu einem Gästehaus. Und da er vor ihnen lief, konnten Moore und Ritter sein Lächeln nicht sehen.

Als Ryan im CIA-Gebäude aus dem Aufzug trat, wurde er schon vom Diensthabenden erwartet. Nach einem Briefing, das ganze vier Minuten dauerte, saß Ryan in seinem Zimmer und hatte nichts zu tun. Seltsam. Er war nun über alles informiert, was die Regierung über das Attentat wußte. DCI und DDO waren, wie er sofort erfahren hatte, beim Präsidenten.

Warum nicht ich? fragte sich Jack überrascht.

Die Antwort hätte ihm natürlich sofort einfallen sollen, aber er war an seine Rolle als Mann an der Spitze noch nicht gewöhnt. Und da er nichts weiter zu tun hatte, dachte er über diesen Aspekt nach und kam zu dem naheliegenden Schluß, daß er das, was besprochen wurde, nicht zu wissen brauchte – doch das mußte bedeuten, daß bereits etwas geschah... Gut, aber was? Und seit wann schon?

Am nächsten Tag um die Mittagszeit war ein Starlifter C-141B der Air Force auf dem Flughafen El Dorado International gelandet. Die Sicherheitsvorkehrungen waren so umfassend wie seit Sadats Beerdigung nicht mehr. In der Luft kreisten bewaffnete Hubschrauber, am Boden bildeten Panzerfahrzeuge einen Schutzring. Ein ganzes Bataillon Fallschirmjäger hatte den für drei Stunden geschlossenen Flughafen umzingelt.

Vor den Särgen stand betend Esteban Kardinal Valdéz, begleitet vom Oberrabbi der kleinen jüdischen Gemeinde von Bogotá. Die US-Regierung wurde vom Vizepräsidenten vertreten, und man hielt die üblichen Reden. Am bewegendsten sprach der kolumbianische Justizminister, der um seinen Freund und ehemaligen Kommilitonen Tränen vergoß, ohne sich zu schämen. Dann flog der Vizepräsident in seiner Maschine wieder ab. Anschließend startete die große Lockheed.

Die bereits verlesene Erklärung des Präsidenten sprach von der Aufrechterhaltung der Gesetze, der Emil Jacobs sein Leben gewidmet hatte. Doch jenen, die nicht besser Bescheid wußten, klang das so dünn wie die Luft in Bogotá.

In Eight Mile im Staat Alabama, einem Vorort von Mobile, saß ein Polizeisergeant namens Ernie Braden auf seinem Rasentraktor und mähte. Als Spezialist für Einbruch kannte er alle Tricks der Leute, die er verfolgte; zum Beispiel, wie man komplexe Alarmanlagen ausschaltet. Diese Fertigkeit, zusammen mit Informationen, die er von den Rauschgiftermittlern aufschnappte, versetzten ihn in die Lage, seine Dienste Leuten mit Geld anzubieten, die dafür seinen Kindern die Zahnregulierung und die Schulbildung finanzierten. Korrupt war Braden im Grunde nicht; nach zwanzig Jahren im Dienst war ihm halt alles wurst. Wer Drogen nehmen wollte, sollte das seinetwegen tun und zum Teufel gehen. Wenn die Dealer sich gegenseitig abknallen wollten – fein, um so besser für die Gesellschaft. Und wenn so ein arrogantes Arschloch von Banker sich auch noch als Gauner entpuppte, dann war das halt Pech;

Braden war nur gebeten worden, das Haus des Mannes zu durchsuchen und sicherzustellen, daß er keine Unterlagen hinterlassen hatte.

Der Lärm des Rasentraktors sägte durch die heiße, schwüle Luft der Straße, in der er mit seiner Familie wohnte. Er wischte sich mit einem Taschentuch die Stirn, konzentrierte sich aufs Mähen und freute sich schon auf ein Bier nach getaner Arbeit. Den Plymouth Minivan auf der Straße sah er nicht, und ihm war auch nicht bekannt, daß die Leute, von denen er sein Zusatzeinkommen bezog, mit ihm unzufrieden waren.

Braden hatte mehrere Eigenheiten: Zum Beispiel war er nie unbewaffnet, selbst beim Rasenmähen nicht. Unter seinem schmierigen Hemd steckte ein Smith & Wesson «Chief's Special», ein fünfschüssiger Revolver aus Edelstahl. Als er endlich bemerkte, daß ein Minivan hinter seinem Chevy Citation anhielt, fiel ihm nur auf, daß zwei Männer darin saßen und ihn anschauten.

Sein Polizeiinstinkt ließ ihn allerdings nicht ganz im Stich. Die beiden musterten ihn sehr scharf. Er schaute neugierig zurück. Wer sollte sich am Samstag nachmittag für ihn interessieren? Als die Beifahrertür aufging und er eine Waffe sah, erledigte sich die Frage.

Als Braden sich vom Mäher warf und dabei den Fuß vom Fahrpedal nahm, blieb der Traktor nach einem halben Meter mit laufendem Motor und rotierendem Mähmesser stehen. Braden kam neben den Grasauswurf zu liegen und spürte, wie seine Knie mit Sand und Steinchen bombardiert wurden, aber auch das war im Augenblick unwichtig. Er hatte seinen Revolver schon gezogen, als der Mann aus dem Plymouth den ersten Schuß abgab.

Er benutzte ein Ingram Mac-10, Kaliber 9 mm, wußte aber nicht richtig mit der Waffe umzugehen. Sein erster Schuß lag knapp im Ziel, die nächsten acht aber fuhren gen Himmel, eine Auswirkung des Rückstoßes der notorisch instabilen Waffe. Sergeant Braden schoß zweimal zurück, aber die Distanz zum Ziel betrug über zehn Meter, und der Lauf des Chief's Special, einer Nahkampfwaffe, ist nur fünf Zentimeter lang. Der jähe und unerwartete Streß der Situation bewirkte zusammen mit der ungeeigneten Waffe, daß Braden mit nur einem Schuß den hinter seinem Ziel parkenden Minivan traf.

Automatisches Feuer jedoch erzeugt ein unverkennbares Geräusch. Die Nachbarschaft erkannte sofort, daß sich etwas sehr Ungewöhnliches abspielte. Im Haus auf der anderen Seite der Straße reinigte ein Fünfzehnjähriger sein Gewehr, ein altes Marlin .22 mit Repetieraktion, das einmal seinem Großvater gehört hatte. Erik Sanderson, der junge Mann, ging ans Fenster und sah den Nachbarn hinter seinem Mäher liegen und auf jemanden schießen. Erik wurde klar, daß jemand versuchte, den Polizeibeamten umzulegen, und daß er selbst ein Gewehr und Munition griffbereit hatte.

Während draußen weiter die Schüsse peitschten, schnappte er sich das Gewehr und eine Handvoll Patronen und rannte hinaus auf die Veranda. Dort lud er mit schweißnassen, zitternden Fingern vierzehn Patronen in das Gewehr und spannte es.

Da sich ihm zu seiner Überraschung kein Ziel bot, lief er über den Gehsteig auf die Straße und ging hinter der Motorhaube des Pickups seines Vaters in Stellung. Von hier aus konnte er zwei Männer sehen, die aus der Hüfte Maschinenpistolen abfeuerten. Sergeant Braden verschoß gerade seine letzte Kugel, die ebenso danebenging wie die ersten vier. Der Polizist wollte sich in seinem Haus in Sicherheit bringen, stolperte aber über die eigenen Füße und hatte Mühe beim Aufstehen. Die beiden Männer gingen auf Braden zu und schoben neue Magazine in ihre Waffen. Erik Sandersons Hände zitterten, als er das Gewehr anlegte. Es hatte ein altmodisches Stahlvisier, und er mußte sich erst ins Gedächtnis rufen, wie man Kimme und Korn ausrichtete.

Nun aber stellte er zu seinem Entsetzen fest, daß er zu spät kam. Die beiden Männer gaben aus nächster Nähe lange Feuerstöße auf den Liegenden ab. In diesem Augenblick brannte bei Erik eine Sicherung durch. Er zielte auf den Kopf eines Schützen und drückte ab.

Wie die meisten jungen und unerfahrenen Schützen hob er sofort den Kopf, um nachzusehen, ob er getroffen hatte. Nichts – daneben. Dabei hatte die Entfernung nur dreißig Meter betragen. Verdutzt legte er noch einmal an und drückte ab – aber es passierte nichts. Er hatte vergessen, das Gewehr zu spannen. Mit einer Verwünschung holte er das nach, zielte sorgfältig und schoß.

Die Mörder, denen die Ohren von ihrem eigenen Lärm klangen, hatten weder den ersten noch den zweiten Schuß gehört, aber nun riß ein Mann den Kopf zur Seite, als er den wespenstichartigen Einschlag des kleinen Geschosses spürte. Der Mann wußte, was geschehen war, wandte sich nach links und gab trotz der heftigen Schmerzen in seinem Kopf einen langen Feuerstoß ab. Der andere hatte Erik ausgemacht und schoß ebenfalls.

Der Junge aber spannte und feuerte nun, so schnell er konnte, versuchte, die beiden Männer zu töten, ehe sie ihr Fahrzeug erreichen konnten. Zu seiner Befriedigung sah er einen in Deckung gehen, aber dann verschwendete er seine drei letzten Patronen mit Schüssen auf die Karosserie des Plymouth, die ein 22er Geschoß nicht durchschlagen kann. Der Minivan fuhr an.

Der junge Mann brachte nicht den Mut auf nachzusehen, was aus Sergeant Braden geworden war. Er stützte sich auf den Pickup und verfluchte sich, weil er die beiden hatte entkommen lassen. Daß er sich besser gehalten hatte als mancher Polizist, kam ihm nicht in den Sinn.

Im Minivan schenkte einer der Mörder der Kugel in seiner Brust mehr Aufmerksamkeit als der Kopfwunde. Als er sich vorbeugte, platzte eine verletzte Arterie ganz auf und überschüttete das Wageninnere mit dem Blut des Sterbenden.

Ein weiterer Flug der Air Force, ebenfalls eine C-141B, brachte Mr. Clark von Panama zum Luftstützpunkt Andrews, wo hastige Vorbereitungen für die Empfangszeremonie getroffen wurden. Noch ehe der Leichentransport eintraf, war Clark schon in Langley und sprach mit seinem Chef, Bob Ritter. Zum ersten Mal seit Generationen hatte das Direktorat Operationen vom Präsidenten die Erlaubnis zur freien Jagd bekommen, und Clark war der beste Jäger der CIA.

«Schauen wir uns den Vorschlag noch einmal an, den Sie in St. Kitts unterbreitet haben», meinte der DDO.

«Welches Ziel soll die Operation haben?» fragte Clark vorsichtig. Es war nicht schwer zu erraten, was hier geschah und woher die Anweisung kam. Daher Clarks Vorsicht.

«Kurz gesagt: Rache», erwiderte Ritter.

«‹Vergeltung› wäre das treffendere Wort», gab Clark zurück.

«Die Ziele stellen eine eindeutige und unmittelbare Gefahr für die Sicherheit der Vereinigten Staaten dar.»

«Das hat der Präsident gesagt?»

«In diesen Worten», bestätigte Ritter.

«Fein. Damit ist alles legal. Zwar nicht weniger gefährlich, aber immerhin legal.»

«Schaffen Sie es?»

Clark lächelte distanziert und vage. «Meinen Teil einer Operation führe ich so aus, wie ich es für richtig halte. Wenn das nicht angenehm ist, steige ich aus. Ich habe nämlich keine Lust, an einem Versehen zu sterben. Also bitte keine Einmischung von Ihrer Seite. Geben Sie mir eine Liste der Ziele und die Mittel, die ich brauche. Ich erledige dann den Rest – auf meine Weise, nach meinem Zeitplan.»

«Einverstanden.» Ritter nickte.

Davon war Clark mehr als überrascht. «Gut, dann schaffe ich es auch. Was wird aus den Jungs, die wir im Dschungel rumlaufen haben?»

«Die holen wir heute nacht heraus.»

«Und wo sollen sie dann abgesetzt werden?»

Ritter sagte es ihm.

«Das ist aber sehr gefährlich», bemerkte Clark, obwohl die Antwort ihn nicht überraschte. Vermutlich war das Ganze schon lange geplant worden. Doch wenn das der Fall war...

«Das wissen wir.»

«Gefällt mir nicht», meinte Clark nach kurzem Nachdenken. «Das kompliziert die Sache nur.»

«Für Aufträge, die Ihnen gefallen, werden Sie nicht bezahlt.»

Dem mußte Clark zustimmen. «Kann ich wenigstens noch ein paar Tage meine Familie besuchen?»

«Aber sicher, es wird eine Weile dauern, bis alles soweit ist. Ich schicke Ihnen alle notwendigen Informationen durch Boten.»

«Wie heißt die Operation?»

«REZIPROZITÄT.»

«Also Wurst wider Wurst. Paßt ja bestens.» Clark grinste und verließ den Raum. Draußen auf dem Korridor sah er Dr. Ryan, der gerade zu Richter Moores Büro unterwegs war. Clark und Ryan waren einander noch nie richtig vorgestellt worden – und nun war auch nicht der passende Augenblick. Doch zweimal hatten ihre Karrieren sich schon berührt.

14

Schneller Zugriff

«Ich muß deinem Direktor Jacobs danken», sagte Juan. «Na, vielleicht begegnen wir uns ja eines Tages.» Mit dieser Frau hatte er sich Zeit gelassen. Bald, schätzte er, würde er mit ihr ein Vertrauensverhältnis wie zwischen Eheleuten haben und ihr alles entlocken können. Wahre Liebe kennt keine Geheimnisse.

«Ja, vielleicht», erwiderte Moira nach einem Moment. Insgeheim fragte sie sich schon, ob der Direktor zu ihrer Hochzeit kommen würde.

«Was will er eigentlich in Kolumbien?» fragte er und erkundete dabei mit den Fingerspitzen ein mittlerweile recht vertrautes Territorium.

«Nun, das ist jetzt allgemein bekannt. TARPON hieß das Unternehmen», begann Moira und sprach mehrere Minuten lang, in deren Verlauf Juan bei seinen Liebkosungen nicht einmal aus dem Takt kam.

Was nur auf seine Erfahrungen als Geheimdienstoffizier zurückzuführen war. Cortez lächelte träge zur Decke und dachte verächtlich an seinen so von sich selbst eingenommenen Arbeitgeber. Nun, dachte er, von jetzt ab wird dieser Schwachkopf auf mich hören... Und nach einer Weile fragte er sich, wie Escobedo wohl reagieren würde. Dabei kam ihm ein so gräßlicher Gedanke, daß sein Lächeln verflog und seine Liebkosungen abrupt endeten.

«Ist was, Juan?»

«Dein Direktor hat sich für seine Reise nach Bogotá einen sehr heiklen Zeitpunkt ausgesucht. Das Kartell wird wütend sein. Wenn es herausbekommt, daß er dort ist...»

«Die Reise ist geheim. Der Justizminister und der Direktor sind schon seit vierzig Jahren befreundet.»

Die Reise sollte geheim sein. Cortez fragte sich, ob man den Irrwitz begangen haben konnte – ja, das war ihnen zuzutrauen. Zu seiner Überraschung spürte Moira den Schauer nicht, der ihn durchlief. Doch was konnte er jetzt noch tun?

Ähnlich wie die Familien von Soldaten und Vertretern war auch Clarks Familie daran gewöhnt, daß der Vater kurzfristig und in unregelmäßigen Zeitabständen verreiste. Sie fand es auch nicht überraschend, daß er manchmal ohne Vorwarnung wieder auftauchte. Das Ganze war fast wie ein Spiel, gegen das seine Frau überraschenderweise nichts einzuwenden hatte. Diesmal nahm er sich ein Auto aus dem Wagenpark der CIA und fuhr die Zweieinhalb-Stunden-Strecke nach Yorktown in Virginia selbst, um die bevorstehende Operation zu überdenken. Als er die Interstate 64 verließ, hatte er Antworten auf die meisten Verfahrensfragen gefunden; nur die exakten Details mußten noch warten, bis er das von Ritter versprochene Aufklärungs-Paket erhalten hatte.

Clark hatte ein Haus wie der typische mittlere Kader in Amerika: vier Schlafzimmer, Wohnraum auf zwei Ebenen, ein viertausend Quadratmeter großes, mit den für den Süden der USA typischen Langnadelkiefern bestandenes Grundstück. Das Anwesen war mit dem Auto zehn Minuten von dem Trainingszentrum der CIA, auch als «die Farm» bekannt, entfernt. Die Postanschrift der Anlage lautet zwar Williamsburg, Virginia, aber in Wirklichkeit liegt sie dichter bei Yorktown und grenzt an ein Raketen- und Atomsprengkopflager der Marine an. In seinem Viertel wohnten vorwiegend CIA-Instruktoren, was umständliche Legenden für die Nachbarschaft überflüssig machte. Seine Familie wußte natürlich so ziemlich, was er beruflich tat. Seine beiden Töchter – Maggie, 17, und Patricia, 14 – nannten ihn zwar im Scherz «Secret Agent Man» nach dem Helden einer TV-Serie, hüteten sich aber, mit ihren Schulkameraden darüber zu sprechen. Nur ihren Verehrern schärften sie ein, sich in Gegenwart ihres Vaters ordentlich zu benehmen; eine im Grunde überflüssige Warnung, denn bei Mr. Clark nahmen sich die meisten Männer instinktiv in acht. John Clark hatte zwar weder Hörner noch Hufe, brauchte aber meist nur einen Blick zu werfen, um klarzustellen, daß mit ihm nicht zu spaßen war. Sandy, seine Frau, wußte auch, was er vor seinem Eintritt bei der CIA gemacht hatte. Als Krankenschwester, die in einer Klinik am Ort Schwesternschülerinnen ausbildete, auch im Operationssaal, war sie es gewohnt, mit dem Tod umzugehen, und es war ihr ein Trost, daß ihr Mann zu den wenigen «Laien» gehörte, die das verstanden – wenn auch aus einer ganz anderen Perspektive. John Terence Clark war ein fürsorglicher Ehemann und Vater, der manchmal einen übertriebenen Beschützerinstinkt an den Tag legte. Maggie hatte ihn einmal beschuldigt, einen festen Freund mit nur einem Blick verjagt zu haben. Daß der junge Mann später wegen Trunkenheit am Steuer festgenommen worden war, bewies zu ihrem Verdruß nur, daß der Vater wieder einmal recht gehabt hatte. Er war auch, was Vergünstigungen anging, nachsichtiger als die Mutter, und wenn er zu Hause war, konnte man sich bei ihm immer ausweinen. Daheim waren sein Rat vernünftig und überlegt, seine Ausdrucksweise sanft und seine Haltung entspannt, doch seine Familie wußte, daß er außerhalb des Hauses ein ganz anderer Mensch war. Das gefiel ihr allerdings nicht so sehr.

Kurz vor dem Abendessen kam er in die Einfahrt und trug seinen Reisekoffer in die Küche, wo es nach gutem Essen roch. Sandy war so oft überrascht worden, daß sie aus Gewohnheit immer etwas mehr zubereitete.

«Na, und wo kommst du her?» war ihre erste, mehr rhetorische Frage, und dann begann sie mit dem üblichen Ratespiel. «Besonders braun bist du nicht. War es wolkig oder kalt?»

«Die meiste Zeit habe ich im Haus verbracht», antwortete Clark aufrichtig und fügte insgeheim hinzu: mit zwei Clowns in einem Laster auf einem Hügel im Urwald. Fast wie in der bösen alten Zeit. Trotz ihrer Intelligenz erriet Sandy nie, wo er gewesen war. Aber das sollte sie ja auch nicht wissen.

«Wie lange...?»

«Nur zwei Tage, dann muß ich wieder weg. Es ist sehr wichtig.»

«Hat es etwas damit zu tun?» Sie machte eine Kopfbewegung zum Küchenfernseher hin.

Clark lächelte nur und schüttelte den Kopf.

«Was meinst du, ist da passiert?»

«Die Narcos haben wohl Schwein gehabt», bemerkte er leichthin.

Sandy wußte, was ihr Mann von Drogenhändlern hielt, und den Grund kannte sie auch. Jeder hat seine spezielle Abneigung; diese war ihnen gemein. Sie hatte in ihrem Beruf zu oft die Folgen des Rauschgiftmißbrauchs gesehen, um anders zu empfinden. So hielt sie den Mädchen zu diesem Thema immer wieder Vorträge, und dieses Verbot wagten die ansonsten recht rebellischen Teenager auch nicht zu übertreten.

«Der Präsident klingt zornig.»

«Wie würdest du denn reagieren? Der Direktor des FBI war sein Freund, soweit Politiker überhaupt Freunde sein können.» Clark empfand das Bedürfnis, diese Einschränkung zu machen, denn Politiker betrachtete er grundsätzlich mit Argwohn – selbst jene, für die er gestimmt hatte.

«Was wird er unternehmen?»

«Keine Ahnung, Sandy», meinte er und dachte: Darüber bin ich mir noch nicht ganz klar. «Wo sind die Kinder?»

«Mit Freunden im Vergnügungspark. Es soll eine neue Achterbahn geben; mit der fahren sie bestimmt, bis ihnen schlecht wird.»

«Habe ich noch Zeit für eine Dusche? Ich war den ganzen Tag unterwegs.»

«Das Essen ist in dreißig Minuten fertig.»

«Bestens.» Er gab ihr einen Kuß und ging mit seinem Koffer ins Schlafzimmer. Vor dem Duschen warf er seine schmutzigen Sachen in den Wäschekorb. Clark hatte vor, sich einen ruhigen Tag mit seiner Familie zu gönnen, ehe er sich wieder an die Planung der Mission machte. Große Eile bestand nicht. Bei Unternehmungen dieser Art ist Hast tödlich. Er hoffte nur, daß die Politiker das verstanden.

Kaum zu erwarten, sagte er sich, als er in die Dusche trat. Die kapieren nie etwas.

«Mach dir nichts draus», sagte Moira später zu ihm. «Meine Schuld, daß du so erschöpft bist.» Sie drückte seinen Kopf an ihre Brust. Schließlich war ein Mann keine Maschine, und fünfmal in einem guten Tag..., was konnte sie von ihrem Geliebten mehr erwarten? Jetzt mußte er sich ausruhen. Und ich auch, dachte Moira, und schlief ein.

Minuten später löste sich Cortez sanft von ihr, betrachtete ihr entspanntes Gesicht und fragte sich verzweifelt, was er überhaupt noch tun konnte. Einfach anrufen und für ein Gespräch über eine ungesicherte Leitung alles riskieren? Die Leitungen waren bestimmt angezapft, entweder von der kolumbianischen Polizei oder von den Amerikanern oder von sonst jemandem. Nein, das war riskanter als Nichtstun.

Sein professioneller Instinkt riet ihm zum Abwarten. Cortez schaute an sich hinab. Daß er im Bett versagt hatte wie eben, das war ihm schon seit einer Ewigkeit nicht mehr passiert.

Zum Glück wußte das Team MESSER nichts von dem, was sich am Vortag zugetragen hatte. Im Dschungel gab es keine Nachrichten, und die Funkgeräte waren nur für den Dienstgebrauch. Das machte den neuen Befehl noch überraschender. Chavez und Vega saßen wieder auf ihrem Beobachtungsposten und ertrugen die schwüle Hitze, die einem heftigen Gewitter gefolgt war. Im Lauf der vergangenen Stunde waren fünfundzwanzig Millimeter Regen gefallen, und ihre Position war nun eine seichte Pfütze.

Captain Ramirez erschien, diesmal ohne Vorwarnung.

«Hallo, Captain!» begrüßte Vega den Offizier.

«Tut sich was?» fragte Ramirez.

Chavez, der durchs Fernglas schaute, antwortete. «Unsere beiden Freunde gönnen sich ihre Morgensiesta.» Beim nächsten Satz des Captains setzte er das Glas mit einem Ruck ab.

«Hoffentlich genießen sie sie. Es ist nämlich ihre letzte.»

«Wie war das, Captain?» fragte Vega.

«Der Hubschrauber holt uns heute nacht raus. Und das Flugfeld hier ist unsere LZ. Wir lassen es hochgehen, ehe wir abziehen.»

Chavez wägte diese Erklärung kurz ab. Gegen Narcos hatte er schon immer etwas gehabt, und hier sitzen und den faulen Säcken zusehen zu müssen, hatte ihn auch nicht freundlicher gestimmt.

Ding nickte. «Gut, Captain. Und wie machen wir das?»

«Sowie es dunkel ist, schlagen wir beide einen Bogen zur Nordseite. Der Rest des Zuges bildet zwei Feuerschutzteams für den Fall, daß wir ihn brauchen. Vega, Sie bleiben mit Ihrem MG hier. Das andere geht vierhundert Meter weiter unten in Stellung. Wenn die beiden Posten ausgeschaltet sind, bauen wir als Abschiedsgeschenk eine Sprengfalle im Schuppen mit den Treibstoffässern. Der Hubschrauber nimmt uns um dreiundzwanzig Uhr am Ende des Landestreifens auf. Die Leichen nehmen wir mit und schmeißen sie ins Meer.»

Na so was, dachte Chavez. «Lassen wir uns sicherheitshalber dreißig bis vierzig Minuten Zeit, um ihnen in den Rücken zu kommen, aber ein Problem stellen diese Säcke nicht dar.» Der Sergeant wußte, daß das Töten seine Aufgabe sein würde. Er hatte nämlich die schallgedämpfte Waffe.

«Gut, wenn's dunkel ist, legen wir los.» Der Captain schlug den beiden auf die Schultern und zog sich zum Sammelpunkt zurück. Chavez schaute ihm nach, schraubte dann seine Feldflasche auf und nahm einen langen Zug, ehe er Vega einen Blick zuwarf.

«Scheiße!» bemerkte der MG-Schütze leise.

«Auf einmal haben die Kerle da oben den Mut, mal zuzuschlagen», kommentierte Ding.

«Wär auch angenehm, wieder wo zu sein, wo es Duschen und Klimaanlagen gibt», meinte Vega dann. Daß deswegen zwei Menschen sterben mußten, war von geringer Bedeutung, nachdem die Entscheidung erst einmal gefallen war. Nachdenklich machte die beiden Soldaten, daß sie nach jahrelangem Dienst in Uniform nun endlich den Befehl bekamen, das zu tun, was sie endlos geübt hatten. Moralische Fragen kamen ihnen gar nicht erst in den Sinn. Sie waren Soldaten ihres Landes, und dieses Land war zu dem Schluß gekommen, daß die beiden in zweihundert Meter Entfernung dösenden Männer Feinde waren, die den Tod verdient hatten. Und das war's. Chavez und Vega fragten sich nur, wie es sein würde, den Befehl auch auszuführen.

«Planen wir das gründlich», sagte Chavez und setzte sein Fernglas wieder an. «Sei vorsichtig mit dem MG, *Oso*.»

Vega schätzte die Lage ein. «Auf das Gebiet links vom Schuppen halte ich erst, wenn du es sagst.»

«Gut. Ich schleiche mich von diesem dicken Baum da an. Sollte eine Kleinigkeit sein», dachte er laut.

«Klar, nichts Besonderes.»

Aber diesmal war es ernst. Chavez hielt das Fernglas auf die Männer gerichtet, die er in wenigen Sekunden töten sollte.

Colonel Johns bekam fast zur gleichen Zeit den Befehl, sich bereitzuhalten, und einen neuen Satz topographischer Karten. Zusammen mit Captain Willis zog er sich in sein Zimmer zurück, um den Plan für die Nacht in aller Ruhe zu studieren. Die Truppen, die sie abgesetzt hatten, sollten sehr viel früher als geplant herausgeholt werden. PJ bildete sich ein, den Grund zumindest teilweise zu kennen.

«Direkt auf den Landeplätzen?» wunderte sich der Captain.

«Tja, entweder waren alle Fehlanzeige, oder unsere Freunde müssen sie erst einnehmen, ehe wir landen.»

«So ist das also ...» Captain Willis verstand erst nach einigem Nachdenken.

«Machen Sie Buck ausfindig und lassen Sie ihn die Minikanonen noch einmal überprüfen. Dann kapiert er schon, was ansteht. Und ich will jetzt mal nachsehen, wie heute nacht das Wetter wird.»

«Wird gemacht.» Willis ging hinaus, um Sergeant Zimmer zu suchen.

PJ begab sich zur Wetterstation des Stützpunkts. Die Vorhersage war enttäuschend: Schwache Winde, klarer Himmel, eine Mondsichel. Eigentlich vorzügliches Flugwetter, aber eben nicht die Bedingungen, die man sich für Spezialeinsätze wünscht.

Um die Mittagszeit verließen sie das Hotel und fuhren wie immer schweigend nach Washington zurück. Cortez hatte einen Wagen mit durchgehender Sitzbank gemietet, und Moira saß in der Mitte und kuschelte sich an ihn. Doch diesmal barg das Schweigen keine Leidenschaft; Cortez' Gedanken rasten schneller als das Auto. Was war geschehen? Natürlich hätte er das Autoradio einschalten können, aber das wäre untypisch gewesen. Liebende kümmern sich nicht um Nachrichten. Wenn mein Chef sich intelligent verhalten hat, dachte Cortez – und an Intelligenz mangelte es Escobedo nicht –, dann sitzt jetzt eine noch immer überaus wertvolle Nachrichtenquelle neben mir. Sollte er aber seiner kindischen Rachsucht erlegen sein...

Sie erreichten den Flughafenparkplatz rechtzeitig. Er hielt neben Moiras Wagen an und stieg aus, um ihr Gepäck umzuladen.

«Juan...»

«Ja?»

«Mach dir keine Sorgen wegen gestern abend. Das war meine Schuld», sagte sie leise.

Er rang sich ein Grinsen ab. «Ich sagte ja schon, daß ich kein junger Mann mehr bin. Da hast du den Beweis. Nächstes Mal sorge ich dafür, daß ich ausgeruhter bin.»

«Wann...?»

«Das weiß ich noch nicht. Ich melde mich.» Er küßte sie sanft. Eine Minute darauf fuhr sie weg, und er blieb stehen und schaute ihr nach, wie es sich gehörte. Dann stieg er in seinen Mietwagen. Es war kurz vor vier; er schaltete das Radio an, um Nachrichten zu hören. Zwei Minuten später hatte er den Wagen auf den Rückgabeparkplatz gestellt, sein Gepäck herausgeholt und war ins Abfertigungsgebäude gegangen, um sich nach dem nächstverfügbaren Flug zu erkundigen. Der ging nach Atlanta; Cortez wußte, daß er dort umsteigen konnte. Mit dem letzten Aufruf ging er an Bord.

Moira Wolfe fuhr mit einem etwas schuldbewußten Lächeln nach Hause. Was Juan in der vergangenen Nacht passiert war, mußte sehr demütigend gewesen sein, und daran war nur sie schuld, weil sie ihn, der nun wirklich nicht mehr ganz jung war, überbeansprucht hatte. Fest aber stand nun für sie, daß sie ihn liebte. Moira hatte geglaubt, dieses Gefühl nie mehr empfinden zu können, aber da war es, so sorglos und herrlich wie in ihrer Jugend. Sie stellte im Radio ein UKW-Programm mit Oldies ein und freute sich für den Rest der Fahrt an Nummern, zu denen sie vor dreißig Jahren getanzt hatte.

Zu ihrer Überraschung sah sie gegenüber von ihrem Haus einen Wagen parken, der vom FBI zu sein schien; das ansonsten unauffällige Fahrzeug hatte eine Funkantenne. Seltsam, dachte sie. Sie hielt am Randstein, nahm ihr Gepäck und ging auf ihre Haustür zu – die geöffnet wurde, und da stand Frank Weber, einer der Leibwächter des Direktors.

«Tag, Frank.» Special Agent Weber nahm ihr die Taschen ab, aber seine Miene blieb ernst. «Stimmt was nicht?»

Es war unmöglich, ihr die Hiobsbotschaft schonend beizubringen, und Weber bedauerte, ihr nach dem bestimmt sehr schönen Wochenende die Laune verderben zu müssen.

«Emil ist am Freitagabend ermordet worden. Wir haben seitdem versucht, Sie zu erreichen.»

«Was?»

«Sie erwischten ihn auf der Fahrt zur Botschaft. Die ganze Gruppe ist tot. Emil wird morgen beerdigt, die anderen am Dienstag.»

«Mein Gott.» Moira ließ sich auf den nächstbesten Stuhl sinken. «Eddie und Leo auch?» Die beiden jungen Leibwächter waren ihr wie ihre eigenen Söhne gewesen.

«Alle miteinander.»

«Ich hatte keine Ahnung», sagte sie. «Seit Freitag habe ich weder ferngesehen noch eine Zeitung aufgemacht.» Es dauerte eine Weile, bis sie wieder aufstehen konnte. Die Tränen begannen erst zu fließen, als sich die Nachricht gegen ihre neuen und starken Gefühle durchgesetzt hatte.

Captain Ramirez wollte Chavez nicht begleiten. Der Grund war natürlich nicht Feigheit, sondern seine Funktion. Seine Verantwortung als Kommandeur war in mancher Beziehung etwas unklar. Als Captain, der bis vor kurzem eine Kompanie befehligt hatte, wußte er, daß Befehlen etwas anderes ist als Führen. Ein Kompaniechef hatte die Aufgabe, knapp hinter der Front zu bleiben und das Gefecht zu «managen» – die Army mochte dieses Wort nicht –, also seinen Einheiten Stellungswechsel zu befehlen und den Überblick über das Gefecht zu behalten, dessen Führung Aufgabe der Zugführer war. Nachdem er als Lieutenant die

Führung an der Front gelernt hatte, sollte er die Lektion nun auf der nächsthöheren Ebene anwenden. Es konnte allerdings auch Situationen geben, in denen der Captain die Führung übernahm. Im vorliegenden Fall jedoch befehligte er nur einen Zug. Obwohl sein Auftrag Umsicht und Urteilsvermögen verlangte, erforderte die Größe seiner Einheit persönliche Führung. Außerdem konnte er kaum zwei Männer mit ihrem ersten Tötungsauftrag losschicken, ohne selbst dabeizusein, auch wenn Chavez' Geschick im Gelände viel größer war als seines. Der Widerspruch zwischen seiner Befehls- und Führungsfunktion beunruhigte den jungen Offizier, aber er entschied sich dann doch für die Führungsrolle. Schließlich konnte er nicht den Befehl übernehmen, wenn seine Männer kein Vertrauen in seine Fähigkeit zu führen hatten. Wenn diese Aktion klappte, so ahnte er, würde er in dieser Hinsicht nie mehr Probleme haben. Wahrscheinlich läuft das immer so, sagte er sich.

Am Flugfeld hatte Captain Ramirez zwei Feuerschutz-Teams in Stellung gebracht und schlich nun hinter Chavez im weiten Bogen zur Nordseite des Landestreifens. Alles ging glatt. Die beiden Wächter lungerten noch herum, rauchten und unterhielten sich so laut, daß man sie selbst im Wald über hundert Meter Entfernung hörte.

Chavez ging voran. Der schmale Pfad, den die Pickups benutzten, war eine günstige Leitlinie. Sie hielten sich nördlich von ihr, um nicht in den Feuerbereich der beiden MG des Zuges zu geraten. Zur vorbestimmten Zeit kam der Schuppen in Sicht. Wie geplant, wartete Chavez, bis sein Offizier aufgeschlossen hatte. Sie verständigten sich durch Handsignale. Chavez sollte geradeaus vorgehen, Ramirez würde sich zu seiner Rechten halten. Das Schießen war die Aufgabe des Sergeants, aber wenn etwas schiefging, konnte Ramirez ihn sofort unterstützen. Der Captain drückte viermal kurz auf die Sendetaste seines Funkgeräts und bekam zwei Signale zur Antwort. Der Zug war auf der anderen Seite des Streifens in Stellung und bereit, falls erforderlich, seinen Part zu spielen.

Ramirez gab Ding das Zeichen.

Chavez holte tief Luft und stellte überrascht fest, daß sein Herz kaum schneller schlug. Er schlenkerte mit den Armen, um sich zu lockern, rückte den Gurt der Waffe zurecht und stellte sie auf eine Drei-Schuß-Garbe ein. Das Visier war mit Tritium beschichtet und leuchtete gerade hell genug, um in der fast totalen Finsternis des Urwalds noch sichtbar zu sein. Sein Nachtsichtgerät hatte Chavez in seiner Tasche verstaut; das wäre ihm jetzt nur im Weg.

Nun ging er ganz langsam vor, schlich sich um Baumstämme und Büsche herum, suchte sich festen, freien Untergrund zum Auftreten oder schob Laub mit der Stiefelspitze weg, ehe er einen Fuß vor den anderen setzte. Alles ganz normale Arbeit. Die Anspannung in seinem Körper verflog; nur eine Art Summen in seinen Ohren verriet ihm, daß dies keine Übung war.

Da!

Sie standen im Freien, vielleicht zwei Meter auseinander und zwanzig Meter von dem Baum entfernt, an den Chavez sich lehnte. Sie sprachen noch immer miteinander, aber obwohl Chavez ihre Sprache gut verstand, klangen ihm ihre Worte so fremd wie Hundegebell. Ding hätte sich noch näher heranarbeiten können, wollte aber das Risiko vermeiden. Außerdem reichten ihm zwanzig Meter. Das Schußfeld war frei.

Also gut.

Er hob langsam die Waffe und brachte den schwarzen, runden Schemen, der den Hinterkopf eines Menschen darstellte, nun aber nur noch ein Ziel war, ins Visier, und drückte sanft ab.

Die Waffe bäumte sich in seinen Händen leicht auf, doch die Doppelschlaufe des Gurts hielt sie in Position. Das Ziel ging zu Boden. Chavez bewegte die Waffe nach rechts. Das zweite Ziel fuhr überrascht herum; nun konnte Chavez auf ein vom Mondschein erhelltes Gesicht zielen. Ein zweiter Feuerstoß. Chavez wartete, richtete die Waffe erst auf den einen, dann auf den anderen, aber es rührte sich nichts.

Nun spurtete er aus dem Wald. Einer der Toten hatte noch eine AK-47 in den Händen. Chavez stieß sie mit dem Fuß weg, nahm eine kleine Taschenlampe aus der Brusttasche und leuchtete die beiden Ziele an. Einer hatte alle drei Geschosse in den Hinterkopf bekommen. Den anderen hatten nur zwei getroffen, aber in die Stirn. Das Gesicht des zweiten verriet Überraschung. Der erste hatte kein Gesicht mehr. Der Sergeant kniete bei den Leichen nieder und hielt nach Bewegung in der Umgebung Ausschau. Chavez' erste Reaktion war ein Hochgefühl. Alles, was er gelernt und geübt hatte, hatte nun geklappt. Einfach war es nicht gewesen, aber im Grund auch kein großer Umstand.

Die Nacht ist unser!

Kurz darauf kam Ramirez zu ihm. «Gut gemacht, Sergeant. Durchsuchen Sie den Schuppen.» Er schaltete sein Funkgerät ein. «Hier ist sechs. Ziele ausgeschaltet. Kommen.»

Zwei Minuten später stand der Zug am Schuppen und umringte die toten Wächter. Zum erstenmal sahen die Männer, was Krieg wirklich bedeutet. Der Feindlage-Spezialist durchsuchte die Taschen der Toten. «Nichts Besonderes, Captain», erklärte er.

«Sehen wir uns den Schuppen an.» Chavez hatte sichergestellt, daß kein weiterer Wächter in der Gegend war, den sie übersehen haben mochten. Ramirez fand vier Benzinfässer und eine Handpumpe. Auf einem Regal aus ungehobelten Brettern lagen Konserven und zwei Rollen Toilettenpapier. Keine Bücher, Dokumente oder Landkarten. Nur ein abgegriffenes Kartenspiel fand er noch.

«Sollen wir eine Sprengfalle stellen?» fragte der Feindlage-Spezialist, der bei den Fallschirmjägern gewesen war und sich auf so etwas verstand.

«Ja, mit drei Auslösern.»

«Wird gemacht.» Der Mann grub mit den Händen ein kleines Loch in den Boden und stützte die Seiten mit Holzabfällen. Ein halbes Kilo Plastiksprengstoff C-4 wurde in die Vertiefung gepreßt; da hinein drückte der Experte zwei elektrische Zünder und einen Druckschalter des Typs, der bei Landminen benutzt wird. Die Kabel zog er zu Schaltern an der Tür und am Fenster und deckte sie mit Erde ab. Zuletzt rollte er ein Faß auf den Druckschalter. Wenn nun jemand Tür oder Fenster öffnete, ging das C-4 direkt unter dem Zweihundert-Liter-Faß Benzin los – mit den entsprechenden Folgen. Besser noch, wenn jemand sehr schlau war und die Sprengschalter an Tür und Fenster ausschaltete, dem Kabel bis zu dem Faß folgte und versuchte, sich den Sprengstoff zu späterer Verwendung zu holen ... ja, dann war die Gegenseite um eine schlaue Person ärmer. Dumme Feinde kann jeder töten. Gewitzte ausschalten, verlangt Kunstfertigkeit.

«Alles klar, Sir. Sorgen wir dafür, daß sich von nun an niemand mehr dem Schuppen nähert», meldete der Feindlage-Spezialist seinem Captain.

«Roger.» Zwei Männer schleiften die Leichen mitten auf den Landestreifen, und dann begann das Warten auf den Hubschrauber. Ramirez ließ alle ihre Ausrüstung auf Vollständigkeit überprüfen, damit nichts zurückblieb.

Das Tankmanöver in der Luft übernahm PJ. Die guten Sichtverhältnisse waren günstig, konnten aber auch etwaigen Beobachtern am Boden helfen, sie auszumachen. Der verstärkte Gummischlauch mit dem Trichter am Ende lief vom Tragflächentank der MC-130E Combat Talon aus, der Tankstutzen des Pave Low wurde hydraulisch ausgefahren und bohrte sich in den Trichter. Es war zwar schon geäußert worden, das

Betanken eines Hubschraubers in der Luft sei der reinste Wahnsinn – Stutzen und Trichter trafen sich gerade vier Meter unter dem Rand des Rotorkreises, und Berührung zwischen Rotorblättern und dem Treibstoffschlauch bedeutete für die Besatzung des Helikopters den sicheren Tod –, aber für die Crews der Pave Low war das ein ganz normales Manöver, das sie allerdings gründlich geübt hatten. Das änderte allerdings nichts an der Tatsache, daß Colonel Johns und Captain Willis sich scharf konzentrierten und während der ganzen Prozedur kein überflüssiges Wort sagten.

«Trennung, Trennung», sagte PJ, als er sich nach rückwärts vom Trichter löste und den Stutzen einfuhr. Dann zog er die Maschine in sichere Höhe. Auf einen Befehl hin stieg die MC-130E auf, um zu kreisen, bis der Hubschrauber wieder zum Auftanken zurückkehrte. Der Pave Low III hielt nun auf einen unbesiedelten Abschnitt der Küste zu.

«Oh, oh», flüsterte Chavez, als er das Geräusch hörte. Offenbar näherte sich ein Fahrzeug mit überholungsbedürftigem V-8-Motor und kaputtem Auspuff.

«Sechs, hier Punkt, over», rief er hastig.

«Hier sechs. Was ist?» antwortete Captain Ramirez.

«Wir bekommen Besuch. Klingt wie ein Pickup, Sir.»

«MESSER, hier sechs», war Ramirez' augenblickliche Reaktion. «Ziehen Sie sich nach Westen zurück!»

«Schon unterwegs.» Chavez verließ seinen Beobachtungsposten am Fahrweg, rannte in weitem Bogen am Schuppen vorbei und über den Landestreifen. Dort fand er Ramirez und Guerra, die die toten Wächter zum Waldrand schleiften. Er half dem Captain und lief dann zurück, um Guerra zu unterstützen. Im letzten Augenblick erreichten sie den Schutz der Bäume.

Der Pickup näherte sich mit brennenden Scheinwerfern. Der Schein wand sich den Weg entlang durch den Wald, schimmerte durchs Unterholz und kam dann gleich neben dem Schuppen ins Freie. Das Fahrzeug hielt an, und die Insassen, wieder zwei Mann vorne und zwei hinten, stiegen aus. Sowie die Scheinwerfer nicht mehr brannten, schaltete Chavez sein Nachtsichtgerät ein. Der Fahrer, offenbar der Boß, sah sich wütend um. Kurz darauf schrie er etwas und wies auf einen Mann, der von der Pritsche des Pickup gesprungen war. Dieser ging auf den Schuppen zu.

«Scheiße!» zischte Ramirez und drückte auf die Sendetaste. «Alles in Deckung!» befahl er überflüssigerweise.

Der Mann riß die Tür auf.

Ein Benzinfaß donnerte los wie eine Raumrakete, durchbrach das Dach des Schuppens und zog einen weißen Feuerschweif hinter sich her. Die Flammen von den anderen Fässern breiteten sich horizontal aus. Der Mann, der die Tür geöffnet hatte, war als schwarzer Umriß sichtbar, als hätte er gerade die Tür zur Hölle aufgemacht, wurde aber gleich darauf von den sich ausbreitenden Flammen verschlungen. Auch zwei seiner Kumpane verschwanden in der gelblich-weißen Masse. Der dritte versuchte wegzulaufen, wurde aber vom umherspritzenden Benzin erreicht, fing Feuer und brach nach zehn Schritten zusammen. Der Flammenring hatte einen Durchmesser von vierzig Metern, und in seiner Mitte lagen vier Männer, deren Schreie das dumpfe Grollen des Brandes übertönten. Als nächstes ging der Tank des Pickups hoch. Vielleicht neunhundert Liter Benzin brannten nun und ließen eine pilzförmige, vom Feuerschein erhellte Rauchwolke aufsteigen. Eine knappe Minute darauf begann die Munition in verschiedenen Feuerwaffen zu detonieren. Nur die Feuchtigkeit nach dem Regen des Nachmittags verhinderte, daß der Brand auf den Wald übergriff.

Chavez stellte fest, daß er neben dem Feindlage-Spezialisten lag.

«Die Falle hat ja bestens funktioniert.»

«Klar, aber meinetwegen hätten die Kerle warten können.» Die Schreie waren inzwischen verstummt.

«Alles melden!» befahl Ramirez über Funk. Niemand war verletzt worden, alle antworteten.

Die Flammen erstarben rasch. Nach drei Minuten war nur noch ein weiter versengter Kreis übrig, an dessen Rand Gras und Gebüsch brannte. Der Pickup war nur noch ein schwarzes Gerippe; auf der Ladefläche brannten noch Leuchtfeuer.

«Was zum Teufel war das?» fragte Captain Willis vom linken Sitz des Hubschraubers. Sie hatten gerade das erste Team aufgenommen und wieder an Höhe gewonnen. In ihren Infrarot-Sichtgeräten nahm sich der Feuerschein am Horizont wie der Sonnenaufgang aus.

«Vielleicht ein Flugzeugabsturz – liegt genau in der Richtung der letzten Aufnahmestelle», erkannte Colonel Johns etwas verspätet.

«Ist ja toll.»

«Buck, mögliche Feindaktivität an Aufnahmestelle vier.»

«Verstanden, Colonel», erwiderte Sergeant Zimmer knapp.

Und nach dieser Bemerkung konzentrierte sich Colonel Johns wieder auf seine Mission. Was er wissen mußte, würde er bald genug erfahren. Immer eins nach dem anderen.

Dreißig Minuten nach der Explosion hatte sich der Brand soweit gelegt, daß der Feindlage-Spezialist Handschuhe anzog und versuchte, seine Zünder zurückzuholen. Er fand zwar den Teil einer Vorrichtung, aber ansonsten war das Unterfangen hoffnungslos. Man ließ die Leichen liegen und unternahm nicht den Versuch, sie zu durchsuchen. Man hätte zwar Ausweise finden können – Lederbrieftaschen halten dem Feuer recht gut stand –, aber ihr Fehlen hätte auffallen können. Nun wurden die beiden toten Wächter wieder zurück in die Mitte des Nordendes des Landestreifens geschleift, wo die geplante Aufnahmestelle war. Ramirez gruppierte seine Leute um für den Fall, daß jemand das Feuer gesehen und weitergemeldet hatte. Die nächste Sorge war die Kuriermaschine, die heute nacht fällig sein mußte. Aus Erfahrung nahmen sie an, daß sie erst in zwei Stunden landen würde.

Was wird, wenn die Maschine jetzt anfliegt? fragte sich Ramirez. Er hatte diese Möglichkeit zwar erwogen, aber nun stellte sie eine unmittelbare Bedrohung dar.

Die Crew des Drogenflugzeuges durfte keine Chance bekommen, die Sichtung eines großen Hubschraubers zu melden. Andererseits aber wären Einschüsse in der Kuriermaschine ebenso verräterisch.

Ihm fiel keine Lösung ein. Ohne die Leuchtfeuermarkierung konnte die Maschine nicht landen. Zudem war bei einem der Neuankömmlinge ein UKW-Sprechfunkgerät gefunden worden. Offenbar waren die Narcos so schlau, der Flugzeugbesatzung über Funk mitzuteilen, daß der Landeplatz sicher war. Was, wenn die Kuriermaschine nun einfach kreiste? Konnte der Hubschrauber sie abschießen? Was, wenn er danebenschoß? Unangenehme Unsicherheitsfaktoren.

Was ist eigentlich mit dir los? fragte er sich. Seine Männer schauten zu ihm auf, wollten geführt und ermuntert werden. Er mußte so tun, als sei alles in Ordnung, als habe er die Lage unter Kontrolle.

«MESSER, hier NACHTSCHWÄRMER, over», kam es über sein Hochfrequenzfunkgerät.

«NACHTSCHWÄRMER, hier MESSER. LZ ist das Nordende von RENO. Halten uns zur Aufnahme bereit, over.»

«Bravo X-Ray, over.»

Colonel Johns erkundigte sich nach eventuellen Problemen. *Juliet Zulu* bedeutete, daß sie sich in Feindeshand befanden und daß eine Aufnahme unmöglich war. *Charlie Foxtrot* signalisierte, daß Feindberührung bestand, man aber trotzdem herausgeholt werden konnte. *Lima Whiskey* stand für «alles klar».

«*Lima Whiskey*, over.»

«Bitte wiederholen, MESSER, over.»

«*Lima Whiskey.*»

«Roger. In drei Minuten sind wir da.»

«Bordwaffen klar», befahl PJ seiner Crew. Sergeant Zimmer verließ seine Instrumententafel, um seinen Platz an der rechten Kanone einzunehmen. Der Lauf der neuesten Version der alten Gatling begann zu rotieren.

«Rechts bereit», meldete er über die Sprechanlage.

«Links bereit», sagte Bean auf der anderen Seite.

Beide Männer suchten durch ihre Nachtsichtgeräte den Wald nach allem ab, was feindselig sein konnte.

«Blinklicht in drei Uhr», sagte Willis zu PJ.

«Seh ich. Verdammt, was ist denn da passiert?»

Als der Sikorsky langsamer flog, waren die vier Leichen an den Überresten des Schuppens und der Pickup deutlich zu erkennen. Das Team MESSER aber war an seiner vorbestimmten Stelle. Und hatte zwei Leichen dabei.

«Sieht klar aus, Buck.»

«Roger, PJ.» Zimmer ließ seine Kanone feuerbereit und ging nach hinten. Sergeant Bean konnte falls erforderlich an die rechte Waffenstation springen, aber es war Zimmers Aufgabe, bei der Aufnahme die Männer zu zählen. Auf dem Weg bemühte er sich, nicht auf Soldaten zu treten, die am Boden saßen, was ihm aber nicht ganz gelang. Doch Soldaten sehen Männern, die sie aus feindlichem Gebiet holen, viel nach.

Chavez ließ sein Blinklicht leuchten, bis der Hubschrauber aufgesetzt hatte, und eilte dann zu seinem Zug. Captain Ramirez stand an der Laderampe und zählte seine Männer, die an Bord hasteten. Ding wartete, bis er an der Reihe war, und dann fiel die Hand des Captains schwer auf seine Schulter.

«Zehn!» hörte er, als er über mehrere Körper auf der Rampe sprang. Der massige Sergeant der Air Force wiederholte die Zahl und rief dann: «Elf! Los!» als der Captain an Bord kam.

Der Hubschrauber hob sofort ab. Chavez fiel schwer auf das stählerne Deck und wurde von Vega gepackt. Ramirez stürzte neben ihn, erhob sich dann und folgte Zimmer nach vorne.

«Was war denn da unten los?» erkundigte sich PJ eine Minute später bei Ramirez. Der Offizier der Infanterie informierte ihn rasch. Colonel Johns erhöhte die Triebwerksleistung etwas und blieb in geringer Höhe, was er ohnehin geplant hatte. Er befahl Zimmer, noch zwei Minuten auf der Rampe zu bleiben und nach einem Flugzeug Ausschau zu halten, aber es tauchte keines auf. Buck kam zurück nach vorne, sicherte die Kanone und überwachte wieder seine Instrumente. Binnen zehn Minuten waren sie überm Meer und suchten nach dem Tankflugzeug, das sie für den Rückflug nach Panama mit Treibstoff versorgen sollte. Hinten schnallten sich die Infanteristen an und schliefen sofort ein.

Nicht nur Chavez und Vega, die an der Rampe neben sieben Leichen saßen; selbst Berufssoldaten bot sich ein grausiger Anblick. So schlimm wie die Opfer der Benzinexplosion sahen diese jedoch nicht aus. Keiner der beiden hatte bisher einen zu Tod verbrannten Menschen gesehen, und sie waren sich einig, daß selbst ein Narco ein solches Ende nicht verdient hatte.

Der Hubschrauber begann sich aufzubäumen, als er in die Propellerturbulenz des Tankflugzeugs geriet, aber das ging rasch vorbei. Wenige Minuten später kam Sergeant Bean nach hinten, trat an die Rampe und bat Chavez, ihn am Gürtel festzuhalten. Dann stieß er die Leichen mit den Füßen hinaus. Irgendwie pietätlos, sagte sich Ding, aber die Narcos spürten ja sowieso nichts mehr. Er steckte den Kopf nicht hinaus, um sie aufs Wasser aufschlagen zu sehen, sondern machte es sich zum Schlafen bequem.

Hundert Meilen hinter ihnen kreiste eine zweimotorige Privatmaschine über dem Landestreifen, den die Besatzung nur als Nummer 6 kannte. Nur ein Kreis aus Flammen markierte ihn. Sie konnten zwar die Lichtung sehen, aber angesichts des Fehlens der Befeuerung wäre eine Landung der reinste Wahnsinn gewesen. Frustriert, aber auch erleichtert, denn sie wußten, was im Lauf der vergangenen Wochen mit einer Reihe von Flügen geschehen war, drehten sie ab und kehrten zu ihrem Ausgangspunkt zurück. Nach der Landung erledigten sie einen Anruf.

Cortez hatte einen Direktflug von Panama nach Medellin riskiert, das Ticket aber mit einer bisher noch nie benutzten Kreditkarte bezahlt. Er fuhr mit seinem eigenen Wagen nach Hause und versuchte sofort, Escobedo zu erreichen, erfuhr aber, daß dieser sich auf seiner Berghacienda aufhielt. Felix fehlte die Energie, so spät an diesem langen Tag so weit zu fahren, und er wollte auch dem C-Netz keine wichtige Konversation anvertrauen – trotz aller Beteuerungen, wie sicher es sei. Müde, wütend und frustriert, goß er sich einen kräftigen Schluck ein und ging zu Bett. Alle Mühe vergebens, fluchte er in der Dunkelheit; nun konnte er Moira nie mehr benutzen. Er durfte sie nie wieder anrufen, sprechen oder sehen.

Vor Tagesanbruch fuhr ein halbes Dutzend Pickups auf sechs verschiedene Landeplätze. Zwei Trupps starben den Feuertod; ein dritter betrat einen Schuppen und fand nichts. Die drei anderen stellten fest, daß auf den Flugfeldern alles seine Ordnung hatte. Als zwei Pickups nicht zurückkehrten, sandte man andere nach ihnen aus; und die entsprechenden Informationen fanden rasch ihren Weg nach Medellin. Cortez wurde vom Telefon geweckt und erhielt neue Anweisungen.

In Panama schliefen alle Infanteristen noch. Nach einer heißen Dusche und einer ordentlichen Mahlzeit hatte man ihnen eine vierundzwanzigstündige Ruhepause in einem klimatisierten Quartier verordnet. Die vier Offiziere jedoch wurden früher geweckt und zu einer neuen Einsatzbesprechung gebracht. Unternehmen SHOWBOAT, erfuhren sie, hatte eine ernste Wendung genommen. Den Grund nannte man ihnen auch, und die Quelle der neuen Befehle erzeugte Spannung und Besorgnis zugleich.

Der neue Operationsoffizier des 3. Bataillons des 17. Infanterieregiments, das zur 1. Brigade der 7. Infanteriedivision (leicht) gehörte, saß mit dem Personaloffizier, mit dem zusammen er in Deutschland gedient hatte, in seinem Büro beim Kaffee. Auf seinem Schreibtisch lag ein Helm aus Kevlar, das wegen seiner Ähnlichkeit mit dem alten deutschen Wehrmachtshelm «Fritz» genannte Modell Mark-2. Beim 17. Regiment der leichten Infanterie war dieser Kopfschutz nicht nur mit dem üblichen Tarn-Überzug versehen, sondern auch mit lose hängenden verknoteten Streifen aus Uniformstoff, die den Umriß des Helmes verwischen sollten.

«Na, wie war's in Panama?»

«Eine Bullenhitze, ekelhafte Verhältnisse und politisch das übliche

Chaos. Komisch – kurz vor der Abreise kam mir einer Ihrer Ninjas in die Quere.»

«Wirklich? Welcher denn?»

«Sergeant Chavez. Der Kerl erledigte mich bei einer Übung.»

«An den erinnere ich mich noch. Guter Mann, wurde nach Fort Benning versetzt, ganz plötzlich. Was treibt der in der Kanalzone?» fragte der Operationsoffizier. «Na, morgen sehe ich Lieutenant Jackson, bei dem er früher war. Der weiß vielleicht, was hier vorgeht.»

«Sieht so aus, als wären unsere Freunde ein bißchen vergrätzt», meinte Admiral Cutter und hielt ein Telex hoch, das von der CAPER-Seite der Gesamtoperation stammte. «Wer kam auf die Idee, ihre Telefone anzuzapfen?»

«Mr. Clark», erwiderte Ritter.

«Was können Sie mir über ihn sagen?»

«Ehemalige SEAL der Navy, diente neunzehn Monate lang in Südostasien bei einem jener Spezialtrupps, die offiziell nicht existierten. Wurde ein paarmal verwundet», erklärte Ritter. «Musterte mit achtundzwanzig als Oberbootsmannsmaat ab. Einer der besten Leute, die die Einheit je hatte. Er war derjenige, der Dutch Maxwells Sohn aus dem Schlamassel holte.»

Nun wurden Cutters Augen wach. «Wirklich? Ich kenne Dutch Maxwell persönlich. Erzählen Sie mir die ganze Geschichte.»

«Admiral Maxwell ernannte ihn auf der Stelle zum Chief. Wie auch immer, Clark, er musterte ab und heiratete, machte eine Tauchfirma auf; auf diesem Gebiet kennt er sich aus. Doch als seine Frau in Mississippi bei einem Autounfall ums Leben kam, begann für ihn eine Pechsträhne. Er lernte ein neues Mädchen kennen, aber das wurde von einem Drogenring entführt und ermordet; anscheinend war sie Rauschgiftkurier, ehe sie Clark kennenlernte. Unser ehemaliger SEAL beschloß, auf eigene Faust auf Großwildjagd zu gehen. Dabei hatte er einigen Erfolg, aber die Polizei kam ihm auf die Spur. Admiral Maxwell war inzwischen Marineoberbefehlshaber Pazifik. Er hörte von der Sache, und da er James Greer von früher kannte, führte eins zum anderen. Wir kamen zu dem Schluß, daß Mr. Clark über Talente verfügte, die wir gebrauchen konnten. Die CIA setzte seinen ‹Tod› bei einem Bootsunfall in Szene, wir änderten seinen Namen, und jetzt arbeitet er für uns.»

«Sie haben seine Identität geändert? Wie …?»

«Ganz einfach. Seine Personalakte bei der Navy ist schlicht verschwunden. Bei den Leuten, die an SHOWBOAT teilnehmen, haben wir das auch so gemacht. Seine Fingerabdrücke in der FBI-Kartei wurden ebenfalls geändert – damals, unter Hoover, gab es Mittel und Wege. Er starb und wurde als John Clark wiedergeboren.»

«Und was hat er seitdem getan?» fragte Cutter, der den verschwörerischen Aspekt der Geschichte genoß.

«Vorwiegend arbeitet er nun für uns als Ausbilder, aber hin und wieder haben wir einen Auftrag, der besondere Talente erfordert», erklärte Ritter. «Er war zum Beispiel der Mann, der Gerasimows Frau und Tochter aus der Sowjetunion holte.»

«Wirklich? Und begonnen hat das alles, weil er einen Haß auf Drogenhändler hat?»

«Ja, was das angeht, ist er sehr emotional. Ansonsten aber ist er ein äußerst fähiger Mann mit Intelligenz und vorzüglichen Instinkten, der sich auf die Planung und Ausführung einer Operation versteht.»

«Und was ist sein Plan?»

«Der wird Ihnen bestimmt gefallen.» Ritter schlug seine Dokumentenmappe auf, die, wie Cutter sah, vorwiegend Satellitenfotos enthielt.

«Lieutenant Jackson?»

«Guten Morgen, Sir», sagte Tim zu dem neuen Operationsoffizier, nachdem er vorschriftsmäßig gegrüßt hatte.

«Ich habe Gutes über Sie gehört.» So etwas vernahm ein Lieutenant immer gern. «Und ich bin einem Ihrer Zugführer begegnet.»

«Welchem denn, Sir?»

«Ich glaube, er hieß Chavez.»

«Ah, dann kommen Sie wohl von Fort Benning?»

«Nein, ich war Ausbilder für Dschungelkrieg in Panama.»

«Was hat Chavez wohl da unten zu tun?» fragte Lieutenant Jackson.

«Mich umbringen, zum Beispiel», versetzte der Major grinsend. «Sind denn alle Ihre Leute so gut?»

«Er war mein bester Zugführer. Komisch, er sollte doch eigentlich Ausbilder werden.» Jackson fand die Sache mit Chavez höchst seltsam und nahm sich vor, sie von Sergeant Mitchell überprüfen zu lassen. Immerhin war Ding nach wie vor einer «seiner» Männer.

«Clark.» So meldete er sich am Telefon. Und dieser Anruf kam über seinen Dienstanschluß.

«Die Sache läuft an. Seien Sie morgen früh um zehn hier.»

«Gut.» Clark legte auf.

«Wann?» fragte Sandy.

«Morgen.»

«Für wie lange?»

«Zwei Wochen. Nicht ganz ein Monat.» *Voraussichtlich*, fügte er nicht hinzu.

«Ist es ...?»

«Gefährlich?» John Clark lächelte seine Frau an. «Schatz, wenn ich meine Arbeit richtig erledige, ist sie nicht gefährlich.»

«Wie kommt es eigentlich», fragte sich Sandra Burns Clark laut, «daß mir die grauen Haare wachsen und nicht dir?»

«Weil ich nicht zum Friseur gehen kann, um sie färben zu lassen.»

«Es geht um diese Kokaingeschichte, nicht wahr?»

«Du weißt, daß ich darüber nicht reden kann. Du würdest dir doch nur Sorgen machen, und dazu gibt es keinen Grund», log er seine Frau an. Clark tat das oft. Sie wußte das natürlich und hatte auch meist nichts dagegen. Diesmal war das anders.

Clark wandte seine Aufmerksamkeit wieder dem Fernseher zu. Innerlich lächelte er. Es war schon sehr lange her, daß er Jagd auf Drogenhändler gemacht hatte, und auf so dicke Fische hatte er es noch nie abgesehen gehabt; damals hatte er nicht über die richtigen Informationen verfügt. Nun aber besaß er, was er brauchte, einschließlich der Ermächtigung des Präsidenten. Es hatte seine Vorteile, wenn man für die CIA arbeitete.

Cortez sah sich auf dem Flugfeld die Trümmer mit einem Gemisch aus Zorn und Befriedigung an. Bislang waren weder Polizei noch Armee aufgetaucht. Hier hatte jemand ganz gründlich und professionell zugeschlagen.

Und was soll ich davon halten? fragte er sich. Hatten die Amerikaner ihre Green Berets eingesetzt? Er war heute mit dem Hubschrauber unterwegs und inspizierte gerade das letzte von fünf Flugfeldern. Cortez verstand sich auf Sprengfallen und wußte genau, wonach er zu suchen hatte.

Wie an den beiden anderen Stätten der Verwüstung waren die Wächter verschwunden, was natürlich bedeutete, daß sie tot waren. Vermutlich sollte er denken, daß sie die Sprengladung selbst gelegt hatten, aber das waren vom Kartell bezahlte Bauernburschen, die vermutlich noch nicht einmal in der Umgebung Streife gegangen waren, um sicherzustellen, daß ...

«Kommen Sie mit.» Mit einem seiner Assistenten, einem ehemaligen Polizisten, der über rudimentäre Intelligenz verfügte und wenigstens Befehle befolgen konnte, verließ Cortez den Hubschrauber.

Wenn ich diesen Platz beobachten wollte, sagte sich Cortez, würde ich an Deckung denken, an den Wind und eine Möglichkeit zur raschen Flucht.

Eine Grundeigenschaft aller Militärs war Berechenbarkeit.

Sie brauchten eine Stelle, von der aus sie die Landebahn auf der ganzen Länge und auch den Treibstoffschuppen sehen konnten. Es kamen also nur zwei Ecken in Frage, schloß Cortez und setzte sich in Bewegung, um eine halbe Stunde lang schweigend das Gebüsch zu durchstöbern – gefolgt von einem verwirrten Mann.

«Ah, hier waren sie», sagte Felix zu sich selbst. Hinter einer kleinen Erhebung war der Boden plattgedrückt. Hier hatten Männer gelegen. Er entdeckte auch den Abdruck eines MG-Zweibeins.

Wie lange der Landestreifen beobachtet worden war, konnte er nicht beurteilen, doch er vermutete, daß hier die Lösung des Rätsels der verschwundenen Flugzeuge lag. Amerikaner? Wenn ja, welche Organisation? CIA? DEA? Eliteeinheiten der Streitkräfte vielleicht?

Und warum waren sie abgezogen worden?

Und warum hatten sie sich so auffällig verabschiedet?

Was, wenn die Wächter nicht tot waren? Wenn die Amerikaner sie gekauft hatten?

Cortez stand auf und klopfte sich die Hose ab. Ein deutlicher Wink aus den USA. Nach dem Mord am Direktor des FBI – er hatte noch keine Gelegenheit gehabt, mit *el jefe* über diese Irrsinnstat zu reden – wollte man ihnen klarmachen, daß so etwas nicht noch einmal passieren durfte.

Cortez fand die Tatsache, daß die Amerikaner überhaupt etwas unternommen hatten, erstaunlich. US-Bürger waren Freiwild für Terroristen. Die CIA hatte zugelassen, daß einer ihrer höchsten Beamten im Libanon zu Tode gefoltert wurde – und nichts getan. Ganz anders die Russen: Als einer der Ihren im Libanon entführt worden war, hatten Männer des Ersten Direktorats des KGB selbst Mitglieder einflußreicher Clans als Geiseln von der Straße geholt und dann wieder zurückgeschickt – ohne Kopf, ging eine Version; die andere besagte, es hätten intimere Körperteile gefehlt – woraufhin die abgängigen Russen sehr rasch und mit einer Art Entschuldigung freigelassen worden waren. Die Russen mußte man also ernst nehmen.

Anders die Amerikaner. Cortez hatte seinen Chef zwar vor ihnen gewarnt, war aber andererseits sicher, daß sie selbst den Mord an einem ihrer höchsten Regierungsbeamten unbeantwortet lassen würden.

Eigentlich schade, sagte sich Cortez. Einen Gegenschlag hätte er zu seinen Gunsten ausnutzen können.

«Guten Abend, Boß», sagte Ryan und setzte sich.

«Hallo, Jack.» Admiral Greer rang um ein Lächeln. «Wie gefällt Ihnen die neue Arbeit?»

«Na ja, ich halte nur Ihren Stuhl warm.»

«Der gehört jetzt Ihnen», verbesserte der DDI. «Selbst, wenn ich hier noch einmal herauskommen sollte, ist es Zeit, daß ich in Pension gehe.»

«Ich bin dem Posten noch nicht gewachsen, Sir.»

«Unsinn. Wenn ich bei der Marine endlich gelernt hatte, meine Arbeit richtig zu tun, wurde ich schon wieder versetzt, und das Ganze ging von vorne an. So ist das im Leben, Jack.»

Ryan dachte darüber nach und schaute sich im Raum um. Admiral Greer wurde über durchsichtige Kunststoffschläuche künstlich ernährt. Ein blaugrünes Ding, das wie eine Schiene aussah, deckte die Nadeln in seinem Arm ab, aber er konnte sehen, daß sich an früheren Einstichstellen häßliche Blutergüsse gebildet hatten; kein gutes Zeichen. Neben dem Tropf hing die Flasche mit dem Medikament, das er im Rahmen der Chemotherapie erhielt. Im Grund ein Gift, denn es handelte sich um ein Biozid, das die Krebszellen nur ein wenig rascher tötete als den Patienten. Greer sah aus wie das Opfer eines grausamen Experiments.

Doch das stimmte nicht. Die besten Leute auf diesem Gebiet taten alles, um ihn am Leben zu halten – und schafften es nicht. Noch nie hatte Ryan seinen Chef so abgemagert gesehen. Bei jedem Besuch – er kam mindestens dreimal in der Woche zu ihm – schien er weiter abgenommen zu haben. In seinen Augen funkelte trotzige Energie, aber das Licht am Ende dieses Tunnels der Schmerzen war nicht die Genesung, sondern der Tod. Das wußten beide. Jack öffnete seinen Aktenkoffer.

«Sie wollten sich das ansehen.» Ryan reichte ihm die Papiere.

Dabei verhedderten sie sich beinahe in den Schläuchen, und Greer grummelte über die «Plastik-Spaghetti».

«Sie fliegen morgen nach Belgien, nicht wahr?»

«Ja, Sir.»

«Schöne Grüße an Rudi und Franz vom BND. Und nehmen Sie sich vor dem belgischen Bier in acht. Das hat's in sich.»

Ryan lachte. «Jawohl, Sir.»

Admiral Greer überflog die erste Akte. «In Ungarn gärt es noch immer, wie ich sehe.»

«Man hat den Ungarn zu verstehen gegeben, daß sie ein wenig langsamer tun sollen, aber das Grundproblem verschwindet dadurch nicht. Es ist aber in unser aller Interesse, daß die Entwicklung nicht aus dem Ruder läuft. Unser Freund Gerasimow hat uns Tips gegeben, wie man bestimmte Leute erreicht.»

Darüber hätte Greer beinahe gelacht. «Typisch. Wie hat sich der frühere KGB-Direktor in Amerika zurechtgefunden?»

«Nicht so gut wie seine Tochter. Wie sich herausstellte, wollte sie sich schon immer die Nase richten lassen. Nun, wir haben ihr den Wunsch erfüllt.» Jack grinste. «Als ich sie zuletzt sah, schmorte sie in der Sonne. Nächsten Herbst beginnt sie ihr Studium. Frau Gerasimowa ist immer noch nervös, und Gerasimow unterstützt uns nach wie vor. Was aus ihm wird, wenn wir mit ihm fertig sind, wissen wir noch nicht.»

«Arthur soll ihm mein altes Haus in Maine zeigen. Das Klima wird ihm zusagen, und das Haus ist leicht zu bewachen.»

«Gut, ich werde es ausrichten.»

«Gefällt es Ihnen, über die ganze operative Seite informiert zu werden?» fragte James Greer.

«Was mir bis jetzt unter die Augen gekommen ist, war interessant genug, aber ich bekomme bisher nur zu sehen, was ich unbedingt wissen muß.»

«Wer hat das angeordnet?» fragte Greer überrascht.

«Richter Moore», erwiderte Jack. «Da sind ein paar Sachen am Dampfen, über die ich nicht informiert sein soll.»

«Ach, wirklich?» Greer schwieg einen Augenblick lang. «Jack, nur für den Fall, daß Ihnen das noch niemand gesagt hat: Als Chef eines Direktorats sind Sie für alles zugelassen. Sie *müssen* sogar alles wissen, denn es ist Ihre Aufgabe, den Kongreß zu informieren.»

Ryan tat das als unwichtig ab. «Na ja, vielleicht sieht der Richter das anders ...»

Der DDI versuchte, sich im Bett aufzusetzen. «Jetzt hören Sie mal zu. Was Sie da gerade gesagt haben, ist Quatsch! Sie *müssen* Bescheid wissen, und Sie können Arthur ruhig ausrichten, daß ich das gesagt habe.»

«Jawohl, Sir.» Ryan wollte seinen Chef nicht aufregen. Immerhin war er nur der provisorische Leiter des Direktorats und war es gewohnt, von operativen Dingen ausgeschlossen zu sein.

15

Boten

Clark flog nach San Diego und fuhr mit einem Mietwagen zu dem nahegelegenen Marinestützpunkt. Auf USS *Ranger* ging es geschäftig zu. Clark parkte seinen Wagen auf einem für Matrosen reservierten Platz und ging zu Fuß zum Kai, vorbei an Lastern, Kränen und anderem rollenden Gerät. Der Flugzeugträger sollte in acht Stunden auslaufen und wurde von seiner zweitausendköpfigen Besatzung mit Vorräten beladen. Abgesehen von einer alten F-4 Phantom, die keine Triebwerke mehr hatte und als Demonstrationsobjekt bei der Ausbildung der Flugdeck-Crew diente, waren keine Maschinen an Bord. Der fliegende Verband des Trägers war über drei verschiedene Luftstützpunkte der Marine verteilt und sollte erst nach dem Auslaufen zum Schiff stoßen, eine Maßnahme, die den Piloten den normalen Tumult des In-See-Stechens ersparte. Allen außer einem.

Clark ging die für Offiziere reservierte Gangway hinauf, an der ein Corporal der Marines Wache stand. Der Soldat fand Clark auf seiner Liste der autorisierten Besucher und fragte, wie es die Vorschrift verlangte, noch einmal telefonisch nach. Clark marschierte einfach weiter, betrat den Träger auf der Ebene des Hangardecks und sah sich nach einem Weg nach oben um. Für Uneingeweihte ist es nicht einfach, sich auf einem Träger zurechtzufinden, aber wer immer der Nase lang geht, kommt am Ende auch aufs Flugdeck. Dort angelangt, hielt Clark auf den Steuerbordaufzug zu. Dort stand ein Offizier, dessen Rangabzeichen ihn als Commander der US-Navy auswiesen. Ein goldener Stern über der Brusttasche signalisierte das Kommando auf See. Clark stand vor dem

Kommandanten eines Geschwaders Jagdbomber Grumman A-6E Intruder.

«Sind Sie Jensen?» fragte er.

«Der bin ich, Sir. Roy Jensen. Und Sie sind wohl Mr. Carlson?»

Clark lächelte. «So ungefähr.» Mit einer Geste forderte er den Offizier auf, ihm nach vorne zu folgen. Hier lag das Flugdeck verlassen da; geladen wurde vorwiegend achtern. Über das asphaltierte Deck gingen sie in Richtung Bug und mußten laut sprechen, um sich zu verständigen. Vom Dock kam allerhand Lärm, und von See wehte eine Fünfzehn-Knoten-Brise herein. Mehrere Leute konnten die beiden Männer zwar reden sehen, aber die Chance, daß das Gespräch auffiel, war gering. Zudem ließ sich ein Flugdeck nicht verwanzen. Clark reichte Jensen einen Umschlag, ließ ihn den Inhalt lesen und nahm ihn dann wieder an sich. Inzwischen hatten sie den Bug fast erreicht und standen zwischen den beiden Katapultschienen.

«Ist das ernst?»

«Ja. Schaffen Sie das?»

Jensen dachte kurz nach und starrte hinüber auf den Stützpunkt. «Sicher. Wer wird am Boden sein?»

«Eigentlich darf ich Ihnen das nicht sagen – ich.»

«Der Schlachtverband sollte eigentlich nicht dort unten...»

«Der Einsatzbefehl ist bereits geändert.»

«Und die Waffen?»

«Werden morgen auf die *Shasta* geladen. Sie sind blau und leicht...»

«Ich weiß. Vor ein paar Wochen habe ich erst einen Abwurf gemacht.»

«Ihr Chef wird den Befehl in drei Tagen erhalten, aber nicht wissen, worum es geht. Auch sonst ist niemand informiert. Wir lassen zusammen mit den Waffen einen Spezialisten einfliegen, der sich von hier aus um die Mission kümmert. Ihre BDA-Kassetten gehen an ihn. Sonst bekommt sie niemand zu sehen. Er bringt seinen eigenen Satz mit, der mit orangem und lila Band gekennzeichnet ist, damit nichts durcheinandergerät. Haben Sie einen vertrauenswürdigen Bootsmann, der den Mund halten kann?»

«Kein Problem», erwiderte Commander Jensen.

«Gut. Der Spezialist wird sich zwar bei Ihrem Chef melden, wenn er an Bord kommt, aber nur mit Ihnen zusammenarbeiten. Ihrem Vorgesetzten, der übrigens nur weiß, daß es sich um eine geheime Mission handelt, können Sie sagen, es sollte bei der Abwurfübung eine neue

Waffe getestet werden.» Clark zog eine Braue hoch. «Es handelt sich doch nur um eine Abwurfübung, nicht wahr?»

«Die Leute, von denen wir...»

«Leute? Was für Leute? Das brauchen Sie nicht zu wissen. Das wollen Sie überhaupt nicht wissen», sagte Clark streng. «Und wenn Ihnen das Schwierigkeiten bereitet, sagen Sie es mir lieber gleich.»

«Moment, ich sagte doch, daß wir das schaffen. Ich war halt nur neugierig.»

«Neugierde tut nicht gut», meinte Clark milde. Er wollte den Mann nicht beleidigen, mußte ihm aber ganz deutlich klarmachen, wie geheim die Sache war.

«Verstanden.»

USS *Ranger* war im Begriff, zu einer ausgedehnten Übung im Indischen Ozean auszulaufen. Nun aber sollte diese, wie Commander Jensen gerade erfahren hatte, dreihundert Meilen vor Panama, also viel weiter östlich, stattfinden. Wer darf es sich erlauben, insgesamt einunddreißig Kriegsschiffe, darunter unverschämte Ölfresser, einfach umzuleiten? fragte sich der Commander. Nun war der Ursprung des Befehls, den er gerade erhalten hatte, bestätigt.

«Das wär's dann. Wenn es soweit ist, bekommen Sie rechtzeitig Bescheid. Reichen Ihnen acht Stunden Vorwarnzeit?»

«Kein Problem. Ich werde die Waffen leicht erreichbar lagern lassen. Und passen Sie am Boden auf sich auf, Mr. Carlson.»

«Man gibt sich Mühe.» Clark schüttelte dem Piloten die Hand und ging nach achtern, um sich den Weg von Bord zu suchen. In zwei Stunden mußte er wieder ein Flugzeug besteigen.

Die Polizisten von Mobile waren übelster Laune. Nicht nur, weil ein Kollege am hellichten Tag brutal ermordet worden war, sondern auch, weil Mrs. Braden vor die Tür getreten war, um nachzusehen, und dabei selbst zwei Kugeln abbekommen hatte. Die Ärzte hatten zwar versucht, sie zu retten, nach sechsunddreißig Stunden aber aufgeben müssen, und nun hatte die Polizei nicht mehr vorzuweisen als einen Jugendlichen unterm Führerscheinalter, der behauptete, einen der Mörder mit einem uralten Kleinkalibergewehr getroffen zu haben, und Blutflecke, die seine Behauptungen bestätigten oder auch nicht. Die Polizei nahm lieber an, daß Braden sich mit Erfolg gewehrt hatte, aber die Experten von der Mordkommission wußten, daß ein Revolver mit Zwei-Zoll-Lauf nur bei einer Schießerei in einem überfüllten Aufzug von Nutzen sein konnte. In

Mississippi, Alabama, Florida und Louisiana hielt jeder Polizist nach einem blauen Plymouth Voyager und zwei weißen Männern, Haarfarbe schwarz, Größe mittel, Körperbau mittel, bewaffnet und gefährlich, Ausschau.

Am Montag nachmittag wurde der Minivan in Alabama gefunden. «Der Kleine hatte recht», bemerkte der die Ermittlungen leitende Lieutenant. Die Leiche hinten im Fahrzeug bot nach zwei Junitagen einen abstoßenden Anblick, aber der Einschuß an der Schädelbasis stammte eindeutig von einem 22er Geschoß. Klar war auch, daß der Mörder auf dem Beifahrersitz an einer jähen Blutung gestorben war. Und ein weiterer Aspekt ergab sich.

«Den kenne ich. Das ist ein Dealer», sagte ein anderer Beamter.

«In was war Ernie denn verwickelt?»

«Weiß der Himmel. Was soll aus seinen Kindern werden? Die haben doch Vater und Mutter verloren. Sollen wir nun in die ganze Welt hinaustrompeten, daß ihr Vater korrupt war?»

Nein, beschlossen die beiden mit einem Blick. Statt dessen wollten sie dafür sorgen, daß Ernie als Held begraben wurde und daß man dem jungen Sanderson ein Lob aussprach.

«Ist Ihnen eigentlich klar, was Sie angestellt haben?» fragte Cortez, der sich eisern vorgenommen hatte, die Beherrschung nicht zu verlieren.

«Ich habe den *norteamericanos* eine Lektion erteilt», erwiderte Escobedo mit einer arroganten Geduld, die Felix' Selbstdisziplin hart auf die Probe stellte.

«Und was haben sie daraufhin getan?»

Escobedo machte eine weitausholende, selbstzufriedene Geste. «Ach was, nur ein Insektenstich.»

«Ihnen ist natürlich auch klar, daß Sie meine mühsam erworbene, wertvolle Informationsquelle ausgeschaltet haben.»

«Welche Informationsquelle?»

«Die Sekretärin des FBI-Direktors», antwortete Cortez. Nun konnte er selbstzufrieden lächeln.

«Und jetzt können Sie sie nicht mehr benutzen?» Escobedo war verblüfft.

Schwachkopf! dachte Cortez. «Nein, es sei denn, Sie wollten, daß ich verhaftet werde, *jefe*. Jammerschade. Die Informationen von dieser Frau hätten wir über Jahre hinweg nutzen können. Wir wären in der Lage gewesen, Versuche, die Organisation zu infiltrieren, aufzudecken. Wir hätten herausfinden können, welche neuen Pläne die *norteamericanos* haben.» Fast hätte Cortez hinzugefügt, daß er nun den Grund für das Verschwinden der Flugzeuge erkannt hatte, doch er schwieg. Felix Cortez wurde erst langsam klar, daß er sich an die Stelle des Mannes hinterm Schreibtisch setzen konnte. Doch erst mußte er diesen Kriminellen seinen Wert demonstrieren und beweisen, daß er nützlicher war als dieser aufgeblasene Pavian. So beschloß er, sie erst einmal im eigenen Saft schmoren zu lassen, damit sie dann später den Unterschied zwischen einem ausgebildeten Geheimdienstprofi und einem Haufen laienhafter, viel zu reicher Schmuggler noch besser zu schätzen wußten.

Ryan schaute hinab aufs Meer. An die VIP-Behandlung gewöhnte man sich rasch; als Chef eines Direktorats stand ihm auch eine Sondermaschine vom Luftstützpunkt Andrews zu einem Militärflugplatz beim Nato-Hauptquartier in Belgien zu.

Er vertrat die CIA auf einer zweimal im Jahr stattfindenden Konferenz mit seinen Kollegen von den europäischen Nachrichtendiensten und plante eine eindrucksvolle Darbietung zu geben. Ryan hatte eine Rede zu halten und einen guten Eindruck zu machen. Zwar kannte er viele der Teilnehmer, war aber bisher nur ein besserer Büchsenspanner für James Greer gewesen. Nun mußte er sich bewähren.

Bill Shaw war als stellvertretender Direktor der höchste Beamte im FBI, der bis zur Ernennung durch den Präsidenten und Bestätigung durch den Kongreß die Amtsgeschäfte übernahm. Das mochte in einem Wahljahr wie diesem einige Zeit dauern, was Shaw durchaus recht war. Angesichts der Tragweite des Falles war ein erfahrener Polizist an der Spitze besser als ein Politiker. Auf die Nachricht vom Tode des Direktors hin hatte er sich sofort an seinen Freund Dan Murray gewandt, der die Ermittlungen überwachen sollte. Murray betrat an diesem Morgen um sieben Shaws Büro. Beide hatten während der vergangenen zwei Tage kaum geschlafen, aber ausruhen konnten sie sich später im Flugzeug: Direktor Jacobs sollte heute in Chicago beerdigt werden, und sie flogen in der Maschine mit dem Sarg.

«Nun?»

Dan schlug seine Akte auf. «Ich habe gerade mit Morales in Bogotá gesprochen. Der festgenommene Schütze ist Zuträger für M-19 und hat von nichts eine Ahnung. Hector Buente, 20 Jahre alt, abgebrochenes Studium. Man scheint ziemlichen Druck gemacht zu haben, aber der

Junge weiß wirklich nicht viel. Den Schützen wurde vor ein paar Tagen mitgeteilt, es stünde ein wichtiger Job an, aber worum es ging, erfuhren sie erst vier Stunden vor Beginn der Aktion. Eine zweite Gruppe von Attentätern lauerte übrigens auf einer anderen Route. Die Polizei kennt einige Namen und stellt bei der Fahndung die Stadt auf den Kopf. Aber das ist eine Sackgasse. Man kennt nur die gedungenen Mörder; diejenigen, die wirklich etwas wissen, sind längst über alle Berge.»

«Und die Wohnungen, aus denen sie schossen?»

«Wurden beide aufgebrochen und zweifellos schon vorher ausgesucht. Als es soweit war, drangen die Täter ein, fesselten die Mieter und legten sich auf die Lauer. Das Ganze war von Anfang bis Ende professionell inszeniert.»

«Und nur vier Stunden Vorwarnung?»

«Korrekt.»

«Das Signal kam also zu dem Zeitpunkt, zu dem die Maschine des Direktors startete», meinte Shaw.

Murray nickte. «Damit ist die undichte Stelle klar auf unserer Seite. Laut Flugplan war der Bestimmungsort der Maschine Grenada. Geändert wurde sie erst nach zweistündiger Flugzeit. In Kolumbien wußte nur der Justizminister von Emils Kommen, und er gab es erst *drei* Stunden vor der Landung bekannt. Andere hohe Regierungsbeamte wußten zwar, daß sich etwas tat, und damit mag das Signal an unsere Freunde von M-19 erklärt sein, aber der Zeitfaktor stimmt nicht. Entweder war das Leck hier, oder der kolumbianische Justizminister selbst hat geschwatzt. Der Mann soll aber so streng und aufrecht sein wie Oliver Cromwell und noch nicht einmal eine Mätresse haben. Nein, Bill, die undichte Stelle war hier.»

Shaw rieb sich die Augen und dachte an eine weitere Tasse Kaffee, hatte aber schon so viel Koffein im Körper, daß er eine Statue in einen Zustand von Hyperaktivität versetzt hätte. «Weiter.»

«Wir haben jeden, der von der Reise wußte, vernommen. Natürlich behaupten alle, Stillschweigen gewahrt zu haben. Ich habe inzwischen eine Prüfung aller Telefongespräche angeordnet, verspreche mir aber nicht viel davon.»

«Und wie sieht es ...»

«Bei den Jungs vom Luftstützpunkt Andrews aus?» Dan lächelte. «Die stehen auf der Liste. Insgesamt höchstens vierzig Leute können gewußt haben, daß der Direktor eine Maschine nehmen wollte. Darunter sind auch solche, die erst *nach* dem Start etwas erfuhren.»

«Indizien?»

«Nun, wir haben ein RPG und diverse andere Waffen. Die kolumbianische Armee griff beherzt ein. Es gehört allerhand Mumm dazu, in ein Gebäude einzudringen, in dem sich der Gegner mit schweren Waffen verschanzt hat. Die Attentäter trugen leichte Waffen aus dem Ostblock, vermutlich aus Kuba. Ich möchte die Sowjets bitten, Seriennummer und Verschiffungsdatum der RPG festzustellen.»

«Gut, tun Sie das.»

«Die restlichen Beweise sind eindeutig und bestätigen lediglich, was wir bereits wissen. Mag sein, daß es den Kolumbianern gelingt, M-19 aufzurollen, aber das bezweifle ich, denn an dieser Gruppe, einer harten Nuß, beißen sie sich schon seit einer Weile die Zähne aus», meinte Murray und fügte hinzu: «Bill, Sie sehen erschöpft aus. Wir haben doch junge Agenten, die durcharbeiten können. Wir alten Knacker sollten gelernt haben, mit unseren Kräften hauszuhalten.»

«Schön, aber ich muß diesen ganzen Kram da aufarbeiten.» Shaw wies auf einen Aktenstapel.

«Wann geht die Maschine?»

«Um halb elf.»

«Gut, dann gehe ich jetzt in mein Büro und lege mich auf die Couch. Und Sie sollten das ebenfalls tun.»

Keine üble Idee, erkannte Shaw. Zehn Minuten später war er trotz des vielen Kaffees, den er getrunken hatte, eingeschlafen. Eine Stunde darauf erschien Moira vor seiner Tür und klopfte an, erhielt aber keine Antwort.

«Tag, Moira», sagte Shaws Sekretärin, als sie wieder gehen wollte. «Stimmt was nicht?»

«Ich wollte Mr. Shaw nur etwas sagen, aber er scheint zu schlafen. Er hat durchgearbeitet seit ...»

«Ich weiß. Sie sehen auch aus, als hätten Sie Schlaf nötig.»

«Na, dann sage ich es ihm halt heute abend ...»

«Soll ich ihm etwas ausrichten?»

«Nein, ich treffe ihn ja im Flugzeug.»

Mit einem richterlichen Durchsuchungsbefehl bewaffnet, erschien ein Agent des FBI bei der Telefongesellschaft Bell und ließ sich die Unterlagen aller Gespräche geben, die die über hundert Personen auf seiner Liste zur fraglichen Zeit geführt hatten. Nach einer guten Stunde hielt er den Ausdruck mit allen Daten in der Hand und überflog ihn kurz, um zu prüfen, daß die ausgewerteten Nummern auch mit denen auf seiner Liste übereinstimmten. Der Agent war noch jung und unerfahren und wußte nicht, daß die Vorwahl 58 ein internationales Gespräch mit Venezuela bedeutete.

Die Maschine war eine VC-135, die Militärversion der alten Boeing 707, und hatte eine große Frachttür, durch die Direktor Jacobs' Sarg für die letzte Reise nach Chicago eingeladen wurde. Der Präsident kam mit einem anderen Flugzeug, das kurz vor der VC-135 auf dem Flughafen O'Hare International landen sollte. Es war vorgesehen, daß er in der Synagoge und am Grab eine Ansprache hielt.

Shaw, Murray und einige führende FBI-Offizielle saßen in der fensterlosen Frachtmaschine und mußten den ganzen Flug über den polierten Eichensarg anstarren. Das Flugzeug gehörte zur Flotte des Präsidenten und war deshalb mit den modernsten Kommunikationseinrichtungen ausgestattet. Ein Lieutenant der Air Force kam nach hinten, fragte nach Murray und führte ihn dann an eine Konsole.

Mrs. Wolfe saß am Mittelgang zehn Meter hinter den hohen Beamten. Tränen strömten ihr übers Gesicht, und sie wußte, daß sie Mr. Shaw etwas sagen sollte..., aber war das nun der richtige Augenblick? Und kam es überhaupt darauf an? Eigentlich hatte sie nur am gestrigen Nachmittag bei der Vernehmung durch einen Agenten einen Fehler gemacht...

Das Gespräch dauerte kaum länger als eine Minute. Murray kam aus der engen Funkerkabine und wirkte so beherrscht wie immer, als er an dem Sarg vorbeiging, ohne ihn anzuschauen, und sich dann wieder neben seine Frau setzte.

«Ach, du Scheiße!» murmelte er. Seine Frau drehte sich entsetzt um und berührte ihn am Arm, aber er schüttelte nur den Kopf. Als er sie anschaute, verriet seine Miene Niedergeschlagenheit, nicht Trauer.

Der Flug dauerte eine gute Stunde. Die Ehrengarde kam in Paradeuniform von hinten, um den Sarg zu übernehmen. Nach ihrem Abmarsch stiegen die Passagiere aus und fanden auf dem Rollfeld den Rest der Versammlung wartend vor. In der Ferne standen Fernsehkameras. Die Ehrengarde marschierte mit ihrer Bürde hinter zwei Fahnen her, der US-Flagge und dem Banner des FBI mit dem aufgestickten Motto der Behörde: «Treue – Tapferkeit – Integrität». Murray sah zu, wie der Wind mit dem Fahnentuch spielte, wie die Wörter sich wanden, und erkannte, wie abstrakt diese Begriffe eigentlich waren. Noch konnte er Bill nichts davon sagen. Es wäre zwangsläufig aufgefallen.

«Na, jetzt wissen wir wenigstens, warum wir den Flugplatz kaputtgemacht haben.» Chavez saß in der Kaserne vor dem Fernseher und betrachtete sich die Beisetzungszeremonie. Nun war ihm alles klar.

«Und warum haben sie uns dann rausgeholt?» fragte Vega.

«Wir müssen wieder raus, *Oso*. Und am Ziel wird die Luft dünn sein.»

Larson brauchte sich die Fernsehübertragung nicht anzusehen. Er beugte sich über eine Landkarte und zeichnete bekannte und vermutete Anlagen zur Herstellung von Kokain südwestlich von Medellin ein. Wo sie ungefähr lagen, wußte er zwar – wer war darüber nicht informiert? –, aber die Bestimmung der exakten Position war nicht so einfach. Hier kam nun die Aufklärungstechnologie der USA ins Spiel. Larson hielt sich in Florida auf und war unter dem Vorwand, ein neues Flugzeug abholen zu müssen, in die Staaten geflogen.

«Wie lange machen Sie das schon?» fragte er.

«Erst seit zwei Monaten», antwortete Ritter.

Trotz der dünnen Daten war es gar nicht so schwer. Alle Städte und Dörfer des Gebiets waren eingezeichnet, selbst freistehende Häuser. Da fast alle Strom hatten, waren sie leicht auszumachen. Waren sie erst einmal identifiziert, löschte der Computer sie einfach elektronisch, und dann blieben nur Energiequellen übrig, die keine Städte, Dörfer oder Gehöfte darstellten. Von diesen wurden alle, die öfter als zweimal in der Woche erschienen, ebenfalls gelöscht. Dann blieben rund sechzig Stellen, deren Aktivität auf einer Tabelle neben der Karte und den Satellitenfotos festgehalten worden war. Hier wurden vermutlich Cocablätter zu Kokain verarbeitet.

«Mit chemischen Methoden läßt sich das nicht erfassen», erklärte Ritter. «Die Mengen an Äther und Azeton, die in die Atmosphäre entweichen, sind zu gering, von den normalen biochemischen Prozessen in dieser Dschungellandschaft ganz zu schweigen. Organisches Material verfault und setzt alle möglichen Substanzen frei. Es bleibt uns also nur die Infrarot-Überwachung. Ich frage mich nur, aus welchem Grund nur nachts raffiniert wird.»

«Das ist ein Überbleibsel aus der Zeit, zu der sie noch von der Armee gejagt wurden», meinte Larson. «Sie tun das wohl aus Gewohnheit.»

«Nun, da haben wir wenigstens einen Hinweis.»

«Und was wollen wir damit anfangen?»

Murray, der noch nie auf einer jüdischen Beerdigung gewesen war, stellte fest, daß sie sich nicht wesentlich von einer katholischen unterschied. Die Gebete konnte er zwar nicht verstehen, aber der Inhalt war ähnlich: *«Herr, wir schicken einen guten Menschen zu Dir zurück. Wir danken Dir, daß er eine Zeit unter uns weilen durfte.»* Besonders eindrucksvoll war die vom besten Speechwriter des Weißen Hauses verfaßte Grabrede des Präsidenten, in der die Thora, der Talmud und das Neue Testament zitiert wurden. Dann sprach der Präsident von der Gerechtigkeit, der weltlichen Göttin, der Emil Jacobs sein ganzes Erwachsenenleben lang gedient hatte. Als er am Schluß jedoch sagte, man solle sein Herz von der Rache wenden, hörte Murray einen falschen Zungenschlag. Die Rede war poetisch geschrieben, aber an diesem Punkt begann der Präsident, wie ein Politiker zu klingen. Spricht da mein eigener Zynismus? fragte sich der Agent. Er war Polizist, und für ihn bedeutete Gerechtigkeit, daß Verbrecher für ihre Taten zu zahlen hatten. Offenbar war der Präsident trotz seiner staatsmännischen Töne seiner Auffassung. Und das war Murray ganz recht.

Die Soldaten saßen einsilbig vorm Fernseher. Ein paar Männer schärften ihre Messer mit Wetzsteinen, die meisten aber lauschten der Lobesrede, die ihr Präsident auf einen Mann hielt, dessen Namen nur wenigen unter ihnen ein Begriff gewesen war. Chavez hatte das Ereignis als erster richtig interpretiert. Sie nahmen die noch unausgesprochene Neuigkeit gelassen hin. Hier war nur ein Beweis mehr, daß der Feind einen Schlag gegen einen der wichtigsten Männer des Landes geführt hatte. Die US-Flagge bedeckte seinen Sarg. Als die Übertragung zu Ende war, ging die Tür auf, und ihr Captain erschien.

«Heute nacht geht's wieder raus. Die gute Nachricht ist, daß es am Ziel kühler ist», verkündete Ramirez seinen Männern. Chavez warf Vega einen vielsagenden Blick zu.

Die USS *Ranger* lief mit der Flut aus und wurde von einer Flottille von Schleppern vom Kai bugsiert, während sich draußen in der breiten pazifischen Dünung ihre Geleitschiffe formierten. Binnen einer Stunde hatte sie den Hafen hinter sich gelassen und lief zwanzig Knoten. Nach einer weiteren Stunde begannen die Flugoperationen. Als erste trafen die Hubschrauber ein. Einer wurde aufgetankt und hob wieder ab, um an Steuerbord achteraus auf Station zu gehen. Die ersten Starrflügler an Bord waren Jagdbomber vom Typ Intruder unter dem Befehl von Commander Jensen. Auf dem Weg hatte Jensen das Munitionsschiff *Shasta* überflogen, das die Bomben an Bord hatte, die er abwerfen sollte. Welche Ziele er angreifen würde, wußte er schon.

Am Spätnachmittag traf Clark in Bogotá ein. Niemand holte ihn vom Flughafen ab; er nahm sich wie üblich einen Mietwagen. Nach einstündiger Fahrt hielt er auf einer Verbindungsstraße an und mußte mehrere Minuten warten, bis ein anderer Wagen neben seinem zum Stehen kam. Der Fahrer, ein CIA-Mann vom örtlichen Büro, reichte ihm ein Paket und fuhr wortlos weiter. Clark legte das rund zehn Kilo schwere Bündel vorsichtig auf den Boden vor den Rücksitzen und ließ den Motor an.

Zwei Stunden nach der Beerdigung hob die VC-135 ab. Schade nur, daß es in Chicago keine Totenwache gab. Das war zwar eine irische Sitte, keine jüdische, aber Murray war sicher, daß Emil sich nicht daran gestoßen hätte, wenn zum Andenken an ihn die Gläser erhoben worden wären. Dan Murray hatte seine Frau bewogen, Mrs. Shaw auf die andere Seite der Kabine zu bugsieren, damit er sich neben Bill setzen konnte. Shaw fiel das natürlich auf, aber er wartete, bis die Maschine auf Reisehöhe war, ehe er die naheliegende Frage stellte.

«Was ist?»

Murray reichte ihm den Bogen, der vor einigen Stunden aus dem Faxgerät des Flugzeugs gekommen war.

«Scheiße!» fluchte Shaw leise. «Doch nicht Moira!»

16

Zielliste

«Irgendwelche Vorschläge?» meinte Murray und bereute das sofort.

«Also ehrlich, Dan!» Shaws Gesicht war für einen Moment grau geworden; nun sah er zornig drein.

«Tut mir leid, aber – gehen wir die Sache direkt an oder mit Glacéhandschuhen?»

«Direkt.»

«Bei ihrer Vernehmung erklärte sie, niemandem etwas gesagt zu haben ... mag ja sein, aber wen hat sie in Venezuela angerufen? Die Telefongesellschaft hat alle Gespräche festgehalten, die sie im letzten Jahr führte; Venezuela tauchte nie auf. Ich habe die Sache inzwischen weiter nachprüfen lassen. Der Anschluß, den sie anwählte, ist in einer Wohnung, und von diesem Telefon aus wurde wenige Minuten nach Moiras Anruf ein Gespräch mit Kolumbien geführt.»

«Mein Gott.» Shaw schüttelte den Kopf. Auf einen anderen Menschen wäre er nur wütend gewesen, aber Moira arbeitete schon seit Jahren für den Direktor.

«Vielleicht ist das nur ein harmloser Zufall», räumte Murray ein, aber das verbesserte Bills Laune auch nicht.

«Wenn wir zurück sind, hole ich sie in mein Büro», erklärte Bill Shaw, «und stelle sie zur Rede.»

In Sergeant Bradens Haus wurden die durchsuchenden Kriminalbeamten fündig. Viel war es im Grunde nicht, nur eine Kameratasche; aber sie enthielt eine Nikon F-3 mit mehreren Objektiven. Das Ganze mußte acht- oder neuntausend Dollar wert sein; also mehr, als sich ein Polizeisergeant leisten konnte. Während die anderen Beamten weitersuchten, rief der leitende Mann bei der Nikon-Vertretung an und ließ die Seriennummer der Kamera abgleichen für den Fall, daß der Besitzer sie zwecks Garantie hatte registrieren lassen. So war es auch; doch als dem Beamten der Name vorgelesen wurde, wußte er, daß er das FBI verständigen mußte.

Der Anwalt verstieß gegen ein Bundesgesetz, war aber der Ansicht, daß das Wohl seiner Mandanten wichtiger war. Er befand sich in einer jener Grauzonen, die weniger in juristischen Lehrbüchern als in den Urteilssammlungen der oberen Gerichte behandelt werden. Er war sicher, daß ein Verbrechen begangen worden war, auch überzeugt, daß man in diesem Fall nicht ermittelte und daß seine Offenlegung für die Verteidigung seiner Mandanten entscheidend sein konnte. Er rechnete nicht damit, erwischt zu werden, doch wenn man ihn schnappte, war das höchstens ein Fall für die Anwaltskammer.

Am Spätnachmittag wurde in der Unteroffiziersmesse des Stützpunkts wie üblich getrunken. Stuart hatte auf einem Flugzeugträger als Rechtsoffizier gedient – selbst die Navy brauchte auf einer schwimmenden Stadt mit sechstausend Einwohnern ein paar Anwälte – und kannte die Bräuche der Seeleute. So erstand er die Uniform eines Coast-Guard-Mannes komplett mit den passenden Ordensbändern und marschierte einfach auf den Stützpunkt und in die Unteroffiziersmesse, wo sich niemand groß um ihn kümmern würde, solange er seine Getränke bezahlte. Nun brauchte er nur noch ein Mitglied der Besatzung des Kutters *Panache* zu finden. Er kannte die Namen und hatte sich bei einer Fernsehstation Bänder aus dem Archiv angesehen, um mit den Gesichtern vertraut zu werden. Und zu seinem Glück traf er Bob Riley, über den er mehr wußte als über die anderen Chiefs.

Der Oberbootsmannsmaat hatte zehn heiße Stunden lang die Arbeiten an Deck beaufsichtigt und kam nun um halb fünf hereingeschlendert. Die Bardame sah ihn kommen und hatte schon ein Bier bereit, als er sich einen Hocker wählte. Ein halbes Glas und eine Minute später stand Edward Stuart neben ihm.

«Sind Sie nicht Bob Riley?»

«Der bin ich. Und Sie?»

«Sie erinnern sich bestimmt nicht mehr an mich. Ich bin Matt Stevens, den Sie auf der *Mellon* mal so zusammengeschissen haben. Aus mir würde nie was, haben Sie gesagt.»

«Sieht aus, als hätte ich mich geirrt», stellte Riley fest und versuchte, sich an das Gesicht zu erinnern.

«Nein, damals hatten Sie schon recht, aber inzwischen, und das ist auch Ihr Verdienst, habe ich mich zusammengerissen.» Stuart streckte die Hand aus. «Darf ich Ihnen ein Bier spendieren?»

Riley grunzte zustimmend. «Für wen arbeiten Sie jetzt?»

«Für Admiral Hally, den ich hierher begleitet habe. Und Sie sind auf der *Panache*, nicht wahr?»

«Ja.»

«Captain Wegener?»

«Stimmt.» Riley leerte sein Glas; Stuart gab der Bardame einen Wink.

«Ist er wirklich so gut, wie man hört?»

«Red ist ein besserer Seemann als ich», erwiderte Riley ehrlich.

«So gut ist keiner. He, ich war doch dabei, als Sie diesen Kasten rüberbrachten. Wie hieß dieses Containerschiff noch, das auseinanderbrach?»

«Arctic Star», erwiderte Riley und mußte bei der Erinnerung lächeln. «An diesem Nachmittag haben wir uns wirklich unsere Heuer verdient.»

«Ich habe zugesehen und gedacht, der Mann spinnt. Na ja, jetzt sitze ich für den Admiral an einem Wortprozessor, aber ehe ich Chief wurde, war ich wenigstens noch mal auf einem Kutter, der in Norfolk stationiert war. Mit der *Atlanctic Star* natürlich nicht zu vergleichen.»

«Berufen Sie es nicht, Matt. Ein solcher Vorfall liefert das Material für zwei Jahre Seemannsgarn. Ich nehme jederzeit einen leichten Job an. Für Abenteuer komme ich mir ein bißchen zu alt vor.»

«Wie ist hier das Essen?»

«Annehmbar.»

«Darf ich Sie einladen?»

«Matt, ich weiß noch nicht mal mehr, warum ich Sie zusammengeschissen und was ich dabei gesagt habe.»

«Ich weiß es noch genau», versicherte Stuart. «Wer weiß, was aus mir geworden wäre, wenn Sie mir nicht den Kopf zurechtgerückt hätten. Kommen Sie, ich bin Ihnen etwas schuldig.» Er winkte Riley zu einer Nische an der Wand.

Nach weiteren Gesprächen über gemeinsame Erlebnisse von früher, an die sich Riley nicht so recht erinnern konnte, lud Stuart den Chief zum Abendessen ein. Die beiden saßen gerade bei ihrem dritten Bier, als Chief Oreza erschien.

«He, Portagee!» rief Riley.

«Das Bier ist kalt, wie ich sehe, Bob.»

Riley wies auf seinen Tischgenossen. «Das ist Matt Stevens, mit dem ich auf der *Mellon* war.»

Binnen einer Stunde waren zwei weitere Runden geschluckt, und die drei Männer aßen nun Knackwurst mit Sauerkraut. Stuart beschränkte sich auf Geschichten von seinem Admiral, der bei der Küstenwache für rechtliche Angelegenheiten zuständig war.

«Sagt mal, wie war das eigentlich mit diesen beiden Drogenschmugglern?» fragte der Anwalt schließlich.

«Wie bitte?» fragte Oreza, der noch einigermaßen nüchtern war, argwöhnisch.

«Na ja, das FBI war bei meinem Admiral, und ich mußte den Bericht schreiben.»

«Was haben die Meister vom FBI denn gesagt?»

«Das darf ich eigentlich nicht – ach was! Paßt auf, euch kann keiner was wollen. Das FBI rührt keinen Finger und hat dem Skipper nur gesagt, er soll so etwas nicht noch mal tun. Wißt ihr eigentlich, daß der Erfolg der Operation TARPON nur euch zuzuschreiben ist?»

«Was?» Riley hatte seit Tagen weder ferngesehen noch Zeitung gelesen. Er war zwar über den Tod des FBI-Direktors informiert, wußte aber nicht, daß dieser in Beziehung zu der Scheinexekution stand.

Stuart gab wieder, was er wußte.

«Eine halbe Milliarde?» meinte Oreza leise. «Damit könnten wir uns ein paar neue Schiffe bauen lassen.»

«Und die bräuchten wir auch», stimmte Stuart zu. «Und ihr habt diese Kerle tatsächlich aufgehängt?» Stuart griff in die Tasche und schaltete ein kleines Tonbandgerät auf Aufnahme.

«Im Grunde war es Portagees Idee», sagte Riley.

«Ach was, ohne dich hätte ich das nie geschafft, Bob», versetzte Oreza großzügig.

«Na ja, das mit dem Aufhängen war knifflig», erklärte Riley. «Es mußte nämlich ganz echt aussehen. Nachdem wir uns einen geschnappt hatten, ließ ich ihn vom Apotheker mit Äther betäuben und schnallte ihm einen Gurt mit einer Öse auf dem Rücken um. Wir brachten ihn an Deck, und die Schlinge, die ich ihm um den Hals legte, hatte einen Bajonetthaken, den ich in die Öse schnappen ließ. Als wir ihn dann hochzogen, hing er am Gurt und nicht am Hals.» Der Bootsmann grinste den Steuermannsmaat an.

«Und der andere glaubte den ganzen Mummenschanz und pißte sich sogar in die Hosen. Sang wie ein Kanarienvogel, als sie ihn zurück in die Messe brachten. Sowie er weg war, holten wir den ersten wieder runter und weckten ihn auf. Die beiden hatten den ganzen Tag Gras geraucht und waren so bekifft, daß sie bestimmt keine Ahnung hatten, was mit ihnen passiert war.»

Stimmt, dachte Stuart. «Was war das mit dem Gras?»

«Das war Reds Idee. Die beiden hatten Joints dabei, die wie richtige Zigaretten aussahen. Die gaben wir ihnen einfach, und darauf rauchten sie sich die Köpfe zu. Dazu noch der Äther und der ganze Zirkus –, die haben überhaupt nicht gemerkt, was eigentlich los war.»

Fast korrekt, dachte Stuart und hoffte nur, daß sein Bandgerät das alles aufnahm.

«Am liebsten hätten wir sie richtig gehenkt», meinte Riley nach ein paar Sekunden. «Matt, Sie hätten die Jacht mal sehen sollen. Vier Menschen hingeschlachtet wie Vieh. Die Frau und das kleine Mädchen haben sie vergewaltigt und dann zerstückelt – davon träume ich heute noch. Aber wir sollen ja sachlich und unbeteiligt an solche Sachen herangehen, wie richtige Polizisten, oder?»

«So steht es im Gesetz», bestätigte Stuart.

«Für solche Sachen wurde das Gesetz nicht geschrieben», sagte Portagee. «Wer so was tut, ist doch kein Mensch mehr. Ich weiß nicht, was das für Schweine sind, aber Menschen sind sie für mich nicht.»

«Was soll ich dazu sagen?» fragte Stuart, der nun keine Rolle mehr spielte, abwehrend. «Auch für solche Fälle gibt es Gesetze.»

«Tja, die Gesetze taugen aber nichts mehr», bemerkte Riley.

Der Unterschied zwischen den Leuten, die er verteidigen mußte, und jenen, die er beschuldigte, sagte sich der inzwischen ziemlich besäuselte Stuart, ist, daß die Bösen seine Mandanten waren und die Guten halt nicht. Nun gab er sich als Offizier der Küstenwache aus und verstieß selbst gegen ein Gesetz –, aber so wie diese Männer für einen guten Zweck. Wer ist also im Recht? fragte er sich. Was wirklich recht war, fand sich weder in Gesetzbüchern noch in religiösen Texten. Stuart war Anwalt und beschäftigte sich mit dem Gesetz, nicht mit der Gerechtigkeit. Über das, was Recht war, hatten Richter und Geschworene zu entscheiden. So ungefähr lief das jedenfalls. Stuart nahm sich vor, nicht mehr so viel zu trinken. Alkohol machte komplizierte Dinge klar und klare Dinge kompliziert.

Diesmal war der Flug unangenehm. Ein Westwind vom Pazifik traf auf die Anden und wurde nach oben abgelenkt, was zu heftigen Turbulenzen in der Luft führte, die schon in dreißigtausend Fuß Höhe zu spüren waren. Hier aber, nur dreihundert Fuß überm Boden und mit geländeabtastendem Autopiloten fliegend, wurde der Hubschrauber heftig durchgeschüttelt. Johns und Willis hatten sich fest angeschnallt und wußten beide, daß es den Männern hinten übel gehen mußte, als die Maschine mindestens zehnmal pro Minute sechs Meter hohe Sätze machte. PJ hatte die Hand am Knüppel und folgte den Bewegungen des Autopiloten, war aber bereit, sofort das Steuer selbst zu übernehmen, falls das System erste Anzeichen eines Versagens zeigen sollte.

Und beim Überfliegen dieses Passes, der eher ein Bergsattel war, wurde es noch unangenehmer. Im Norden hatten sie einen Dreitausender, im Süden einen Gipfel von 2400 m Höhe, und durch den Zwischenraum strömten die Luftmassen vom Pazifik wie durch einen Trichter. Der frisch betankte und daher schwere Pave Low dröhnte mit zweihundert Knoten dahin.

«Da liegt Mistrato», sagte Colonel Johns. Das Computer-Navigationssystem hatte schon einen Bogen nach Norden gesteuert, um die Stadt und die Straßen zu meiden. Die beiden Piloten achteten auch auf Häuser, Menschen oder Autos am Boden. Man hatte die Route zwar anhand von bei Tageslicht und nachts mit Infrarot aufgenommenen Satellitenfotos ausgewählt, aber Überraschungen waren nie auszuschließen.

«Buck, LZ eins in vier Minuten», rief PJ über die Sprechanlage.

«Roger.»

Sie überflogen die zwischen zwei gewaltigen Gebirgsketten gelegene Provinz Risaralda.

«LZ eins in Sicht», meldete Captain Willis.

«Ich übernehme.» Captain Johns griff nach dem Knüppel und schaltete sein Mikrophon ein. «Noch eine Minute. Kanonen bemannen.»

«Wird gemacht.» Sergeant Zimmer verließ seinen Platz und ging nach hinten. Sergeant Bean aktivierte vorsorglich die Minikanone. Zimmer glitt auf Erbrochenem aus und wäre um ein Haar hingefallen. Ungewöhnlich war das nicht. Inzwischen lag die Maschine auf der windabgewandten Seite der Berge zwar ruhiger, aber hinten gab es viele junge Männer, denen es speiübel war und die sich nach festem Boden unter den Füßen sehnten. Zimmer verstand das nicht ganz. Am Boden war es doch gefährlich.

Der erste Zug stand schon, als der Hubschrauber zur ersten Landung ansetzte, und sprang bei Bodenberührung sofort hinaus. Zimmer zählte ab, stellte sicher, daß alle wohlbehalten nach draußen gekommen waren, und gab dann dem Piloten das Zeichen zum Start.

Beim nächsten Mal, sagte sich Chavez, geh ich zu Fuß, verflucht nochmal. Einen so schlimmen Hubschrauberflug hatte er noch nie erlebt. Er ging voraus zum Waldrand und wartete, bis der Rest des Zuges aufgeschlossen hatte.

«Na, froh, daß du wieder am Boden bist?» fragte Vega.

«Ich wußte gar nicht, daß man so viel kotzen kann», stöhnte Ding. Alles, was er im Lauf der letzten Stunden gegessen hatte, war im Hubschrauber zurückgeblieben. Er schraubte seine Feldflasche auf und spülte den ekelhaften Geschmack aus dem Mund.

«Früher bin ich gern Achterbahn gefahren», meinte *Oso.* «Darauf hab ich jetzt keinen Bock mehr, *'mano!*»

«Alles klar, Ding?» fragte Captain Ramirez.

«Tut mir leid, Sir. So etwas ist mir noch nie passiert. Mir geht's aber gleich wieder besser.»

«Lassen Sie sich ruhig Zeit. Wir haben uns einen schönen ruhigen Landeplatz ausgesucht», beruhigte Ramirez und fügte insgeheim hinzu: hoffentlich.

Chavez schüttelte den Kopf und atmete tief durch, um die Übelkeit zu vertreiben. «Wo geht's hin, Captain?»

«Sie sind schon in die richtige Richtung marschiert.» Ramirez schlug ihm auf die Schulter. «Nur weiter.»

Chavez setzte sein Nachtsichtgerät auf und drang in den Wald ein. Verflucht, das war peinlich gewesen. So was Blödes leiste ich mir nie wieder, sagte sich der Sergeant. Noch immer wacklig, konzentrierte er sich aufs Gelände und setzte sich rasch zweihundert Meter vor den Zug. Die erste Mission im sumpfigen Tiefland war nicht ernst, sondern nur eine Übung gewesen. Nun aber wurde es ernst. Von diesem Gedanken beherrscht, kämpfte er die letzten Reste der Übelkeit nieder und machte sich an die Arbeit.

An diesem Abend waren alle noch spät im Büro. Ermittlungen mußten geführt und Routinevorgänge auf dem laufenden gehalten werden. Als Moira in Mr. Shaws Zimmer kam, hatte sie bereits alles zur Vorlage geordnet und auch beschlossen, ihm nun etwas zu sagen. Zu ihrer Überraschung war auch Mr. Murray anwesend. Merkwürdig fand sie auch, daß er als erster sprach.

«Moira, wurden Sie über Emils Reise befragt?» begann Dan.

Sie nickte. «Ja, und dabei habe ich etwas vergessen. Eigentlich wollte ich es Ihnen schon heute vormittag sagen, Mr. Shaw, aber als ich ganz früh vorbeikam, schliefen Sie gerade. Ihre Sekretärin hat mich aber gesehen», versicherte sie.

«Nur weiter», sagte Bill und fragte sich, ob er ihre Erklärung beruhigend finden durfte.

Mrs. Wolfe setzte sich, drehte sich dann um und warf einen Blick zur offenen Tür. Murray stand auf und schloß sie. Auf dem Rückweg legte er ihr die Hand auf die Schulter.

«Keine Angst, Moira.»

«Ich habe einen Freund, der in Venezuela wohnt. Wir haben uns ... na ja, wir haben uns vor sechs Wochen kennengelernt, und ... tja, das ist schwer zu erklären.» Sie zögerte und starrte kurz zu Boden. «Wir haben uns verliebt. Er kommt alle paar Wochen in die Staaten, und da der Direktor fort war, wollten wir das Wochenende zusammen verbringen. Kennen Sie das Hideaway in den Bergen?»

«Ja», erwiderte Shaw. «Angenehmer Platz zum Ausspannen.»

«Nun, da ich wußte, daß der Direktor verreisen wollte, rief ich meinen Freund an. Er hat zwei Fabriken, eine in Venezuela und eine in Costa Rica, und stellt Autoersatzteile her.»

«Haben Sie bei ihm zu Hause angerufen?» fragte Murray.

«Nein, in seiner Fabrik, weil er immer so lange im Büro ist. Hier habe ich die Nummer.» Sie reichte Murray den Fetzen Hotelbriefpapier, auf den Cortez die Nummer geschrieben hatte. «Ich erreichte nur Consuela, seine Sekretärin – er war nämlich in der Fabrikhalle –, und er rief mich zurück. Ich sagte, ich hätte Zeit, und dann trafen wir uns am Freitag nachmittag auf dem Flughafen.»

«Auf welchem?»

«Dulles International.»

«Wie heißt der Mann?» fragte Shaw.

«Diaz. Juan Diaz. Rufen Sie ihn doch in seiner Fabrik an und ...»

«Dieser Anschluß ist in einer Wohnung, Moira, nicht in einer Fabrik», sagte Murray.

«Aber ... aber er hat doch ...» Sie hielt inne. «Nein, das kann doch nicht ...»

«Moira, wir brauchen eine komplette Personenbeschreibung.»

«Nein, das darf nicht wahr sein.» Ihr Mund öffnete sich und wollte sich nicht wieder schließen. Sie schaute von Shaw zu Murray und zurück zu Shaw, als ihr der Horror der Situation zu dämmern begann. Die beiden FBI-Männer spürten ihren Schmerz und bedauerten, ihr weh tun zu müssen. Auch Moira war ein Opfer, aber auch eine Spur. Und Spuren brauchten sie jetzt.

Moira Wolfe nahm den Rest ihrer Würde zusammen und gab ihnen mit brüchiger Stimme die genaueste Beschreibung eines Mannes, die sie je gehört hatten. Dann brach sie weinend zusammen. Shaw ließ sie von seinem Assistenten nach Hause fahren.

«Cortez», meinte Murray, als sich die Tür hinter ihr geschlossen hatte.

«Ziemlich wahrscheinlich», stimmte der stellvertretende Direktor zu. «In seiner Akte steht, er verstünde es vorzüglich, Menschen zu kompromittieren. Das hat er jetzt wirklich unter Beweis gestellt.» Shaw griff kopfschüttelnd nach einer Kaffeetasse. «Er konnte aber nicht gewußt haben, was sie taten, oder?»

«Nein, wenn er Bescheid gewußt hätte, wäre sein Besuch hier überflüssig gewesen», sagte Murray. «Aber seit wann handeln Kriminelle logisch? Gut, überprüfen wir Paßkontrollstellen, Hotels, Fluggesellschaften. Sehen wir zu, daß wir diesem Kerl auf die Spur kommen. Ich will mich drum kümmern. Was fangen wir mit Moira an?»

«Sie hat gegen kein Gesetz verstoßen.» Seltsam, das. «Besorgen wir ihr einen Arbeitsplatz, an dem sie kein Geheimmaterial zu sehen bekommt, vielleicht bei einer anderen Behörde. Dan, wir dürfen sie nicht vernichten.»

«Finde ich auch.»

Moira Wolfe kam kurz vor elf nach Hause. Ihre Kinder waren noch auf und deuteten ihre Tränen als verspätete Reaktion auf die Beerdigung. Auch sie hatten Emil Jacobs gekannt und trauerten um ihn wie alle, die für das FBI arbeiteten. Moira sagte nicht viel, sondern ging gleich nach oben, um sich ins Bett zu legen; die Kinder blieben vorm Fernseher sitzen. Allein im Bad starrte sie im Spiegel die Frau an, die sich hatte verführen und ausnutzen lassen. Wie eine dumme Gans kam sie sich nun vor; schlimmer noch, blöde, eitle, alte Frau, die noch einmal jung sein wollte. So sehr hatte sie sich nach Liebe gesehnt, daß sie sieben Menschen zum Tode verurteilt hatte.

Alles meine Schuld. Ich habe mitgeholfen, sie zu töten.

Sie öffnete den Spiegelschrank. Wie die meisten Leute warf sie alte

Medikamente nicht weg, und da stand das Fläschchen Placidyl. Es waren noch sechs Schlaftabletten drin. Das sollte reichen.

«Was führt dich diesmal zu uns?» fragte Timmy Jackson seinen großen Bruder.

«Ich muß raus zur *Ranger*, um eine Flottenübung zu beobachten. Wir üben eine neue Abfangtaktik, an der ich mitgearbeitet habe. Wie läuft's bei der leichten Infanterie?»

«Wir schleppen noch immer unseren Kram die Berge rauf und runter. Zuletzt ist mir eine Übung total in die Hose gegangen. Da hat mir Chavez sehr gefehlt.»

«Wer?» fragte Robby Jackson.

«Ein Zugführer, den sie mir abgenommen haben. Seltsam ist nur, daß er irgendwie verschütt gegangen ist. Eigentlich sollte er Ausbilder werden, aber inzwischen höre ich, daß er in Panama aufgetaucht ist. Wie auch immer, seine Akte fehlt, und auf der Schreibstube springen sie im Dreieck, weil sie sie nicht finden können. Fort Benning, wo er eigentlich hinsollte, erkundigt sich, wo er abgeblieben ist, aber kein Mensch weiß, wo Ding steckt. Kommt so was bei der Navy auch vor?»

«Wenn ein Mann verschollen ist, ist das im allgemeinen sein Wunsch.»

Tim schüttelte den Kopf. «Ding nicht. Der reißt seine zwanzig Jahre ab und bleibt vielleicht noch länger. Das ist kein Deserteur.»

«Vielleicht hat jemand seine Akte falsch abgelegt», schlug Robby vor.

«Kann sein. Ich bin in solchen Dingen noch unerfahren», gestand Tim. «Trotzdem komisch, daß er so einfach da unten im Dschungel auftaucht. Na, genug davon. Was macht unsere Schwester?»

Positiv war nur das kühle Wetter. Die Höhe war etwas geringer als jene, auf der sie geübt hatten, aber das lag nun Wochen hinter ihnen, und es würde ein paar Tage dauern, bis die Soldaten sich reakklimatisiert hatten.

Die Berge waren steil und dicht bewaldet – günstig, weil das die Sichtweite begrenzte. Das Nachtsichtgerät, das auf seinem Kopf hing wie eine schlechtsitzende Mütze, ließ ihn höchstens hundert Meter weit sehen, und das dichte Blätterdach schloß das Licht praktisch aus. Eine furchteinflößende Umgebung, in der sich Chavez aber zu Hause fühlte.

Er hielt nicht geradewegs auf ihr Ziel in dieser Nacht zu, sondern in Schlangenlinien. Jede halbe Stunde machte er halt, schlich zurück und wartete, bis der Rest des Zuges in Sicht kam. Dann machten die Männer kurz Rast und prüften nach, ob jemand Interesse an ihnen zeigte.

Der Gurt seiner MP-5 hatte zwei Schlaufen, so daß er sie in Feuerposition tragen konnte. Die Mündung war mit Isolierband verklebt, um zu verhindern, daß Schmutz sie verstopfte, und auch die Gurthaken waren mit Band umwickelt, damit sie so wenig Geräusch wie möglich machten. Lärm war ihr ärgster Feind.

Nach einem sechsstündigen Marsch kam ihr Ziel in Sicht.

Chavez drückte fünfmal auf die Sendetaste seines Funkgeräts, das Zeichen für den Zug abzuwarten, bis er die Stelle erkundet hatte. Ein richtiger Adlerhorst war für sie ausgesucht worden, von dem aus sie bei Tag einen kilometerlangen Abschnitt der Straße, die sich von Manizales nach Medellin wand, überblicken konnten. Abseits dieser Straße lagen die Anlagen zur Weiterverarbeitung der Cocablätter; sechs sollten nur einen Nachtmarsch von dieser Position entfernt sein. Chavez ging aufmerksam um die Stelle herum und suchte nach Fußspuren, Abfall und anderen Hinweisen auf menschliche Aktivität. Nach einer halben Stunde drückte er wieder auf die Sendetaste: alles klar. Der Rest des Zuges hatte inzwischen genug Zeit gehabt, das Gelände hinter sich nach Verfolgern abzusuchen. Als Captain Ramirez eintraf, hob sich der Berg im Osten schon gegen den roten Morgenhimmel ab.

Wie zuvor ließ Ramirez seine Männer sich zu zweit verteilen. In der Nähe floß ein Bach, aber diesmal hatte niemand Durst. Chavez und Vega gingen auf einer der beiden Seiten des Lagers in Position, aus denen sich Fremde am wahrscheinlichsten nähern würden: einem nicht sehr steilen Hang mit wenigen Bäumen und freiem Schußfeld.

«Na, wie steht's, *Oso*?»

«Wann schicken sie uns endlich mal in eine kühle, ebene Gegend, in der man genug Luft zum Atmen hat?» stöhnte Sergeant Vega, setzte seinen Tornister ab und stellte ihn so hin, daß er eine bequeme Rückenstütze hatte. Chavez folgte seinem Beispiel.

«In solchen Gegenden werden keine Kriege geführt, sondern Golfplätze angelegt.»

«Wie recht du hast!» Vega baute sein MG neben einer Felsnase auf und warf ein Tarnnetz über die Mündung. Er hätte auch einen Busch ausreißen können, um die Waffe zu kaschieren, wollte aber nach Möglichkeit nichts in der Landschaft durcheinanderbringen. Diesmal gewann Ding beim Knobeln um die erste Wache und schlief wortlos ein.

«Mama?» Es war kurz nach sieben, und um diese Zeit machte Moira gewöhnlich schon das Frühstück für ihre Frühaufsteher. Dave klopfte an die Schlafzimmertür, hörte aber nichts. Nun bekam er Angst. Er hatte bereits den Vater verloren und stellte sich wie seine Geschwister immer wieder die bange, unausgesprochene Frage: Was wird, wenn Mutter etwas passiert? Noch ehe er nach dem Türknopf tastete, traten ihm Tränen in die Augen.

«Mama?» Seine Stimme klang nun zittrig, und deshalb schämte er sich, befürchtete, seine Geschwister könnten ihn hören. Er drehte am Knopf und öffnete langsam die Tür.

Die Vorhänge waren zurückgezogen, die Morgensonne fiel ins Zimmer. Moira lag auf dem Bett, hatte noch ihr Trauerkleid an und rührte sich nicht.

Dave blieb reglos stehen. Die Tränen rannen ihm über die Wangen, als sein wahr gewordener Alptraum ihn traf wie ein körperlicher Schlag.

«... Mutter?»

Dave Wolfe war ein tapferer Junge, der an diesem Morgen seinen ganzen Mut brauchte. Er raffte sich auf, ging ans Bett und ergriff die Hand seiner Mutter. Sie war noch warm. Dann tastete er nach dem Puls – schwach und langsam, aber vorhanden. Das ließ ihn aktiv werden. Er griff nach dem Telefon auf dem Nachttisch und wählte den Notruf.

«Ich brauche einen Krankenwagen. Meine Mutter will nicht aufwachen.»

«Ihre Adresse?» fragte die Stimme. Dave nannte sie. «Gut, nun beschreiben Sie den Zustand Ihrer Mutter.»

«Sie schläft und wacht nicht auf und ...»

«Trinkt Ihre Mutter stark?»

«Nein!» erwiderte er empört. «Sie arbeitet beim FBI. Gestern abend kam sie spät von der Arbeit heim und ging sofort ins Bett. Sie ...» Und da stand etwas auf dem Nachttisch. «Mein Gott, da stehen ja Pillen ...»

«Buchstabieren Sie, was auf dem Etikett steht.»

«*P-l-a-c-i-d-y-l.* Das nahm mein Vater, aber der ist ...» Mehr brauchte die Frau am anderen Ende nicht zu hören.

«In fünf Minuten kommt der Krankenwagen.»

In Wirklichkeit war er schon nach vier Minuten da, denn die Wolfes wohnten nur drei Straßen von einer Feuerwache entfernt. Die Sanitäter standen schon im Wohnzimmer, ehe der Rest der Familie merkte, daß etwas nicht stimmte.

Sie rannten nach oben, wo David zitternd die Hand seiner Mutter hielt. Der erste Feuerwehrmann schob ihn beiseite, prüfte erst die Luftröhre, dann die Augen, schließlich den Puls.

«Vierzig und schwach, Atem acht und flach. Placidyl», erklärte er.
«Ausgerechnet dieses Dreckszeug!» Der zweite Mann wandte sich an Dave. «Wie viele Tabletten waren in der Packung?»
«Das weiß ich nicht. Sie gehörten meinem Vater, und der ist...»
«Los, Charlie.» Der erste Sanitäter hob sie an den Armen hoch. «Platz, Junge, das ist eilig.» Der große, massige Mann hielt sich gar nicht erst mit einer Bahre auf, sondern nahm Moira auf den Arm wie ein Kind und trug sie hinaus. «Sie können mit ins Krankenhaus kommen.»
«Wie geht es...»
«Sie atmet noch. Mehr kann ich im Augenblick nicht sagen», meinte der zweite Sanitäter beim Hinausgehen.

Was ist denn hier los? wunderte sich Murray, der bei Moira vorbeifahren und sie abholen wollte, um die Schuldgefühle, die sie sicherlich empfand, etwas lindern zu helfen. Gewiß, sie hatte gegen die Sicherheitsvorschriften verstoßen und etwas sehr Dummes getan, aber andererseits war sie auch das Opfer eines Mannes, der sie mit fachmännischem Geschick ausgewählt hatte, um dann ihre Schwächen auszunutzen. Und Schwachstellen hatte jeder Mensch, wie Murray im Lauf der Jahre beim FBI gelernt hatte.
Er kannte Moiras Kinder nicht, hatte aber viel von ihnen gehört, so daß er sofort wußte, wer da dem Sanitäter aus dem Haus folgte. Murray ließ seinen Dienstwagen in zweiter Reihe stehen und sprang hinaus.
«Was ist hier los?» fragte er den zweiten Sanitäter und wies seinen Dienstausweis vor.
«Selbstmordversuch mit Tabletten. Wollen Sie sonst noch was wissen?» fragte der Mann und setzte sich ans Steuer.
«Nein, fahren Sie los.» Murray drehte sich um, um sicherzugehen, daß sein Auto dem Krankenwagen nicht den Weg blockierte. Als er sich wieder zu den Kindern umdrehte, wurde ihm klar, daß das häßliche Wort «Selbstmord» noch nicht ausgesprochen worden war.
Cortez, du Schwein! Hoffentlich krieg ich dich nie in die Finger!
«Hört mal, ich bin Dan Murray und ein Kollege eurer Mutter. Soll ich euch ins Krankenhaus fahren?» Der Fall konnte warten. Die Toten waren tot und konnten sich Geduld leisten. Emil verstand das bestimmt.
Er setzte sie vor dem Eingang zur Notaufnahme ab und fuhr weiter, um sich einen Parkplatz zu suchen und sein Autotelefon zu benutzen. «Geben Sie mir Shaw», sagte er zum Wachoffizier.
«Dan, hier Bill. Was gibt's?»

«Moira hat letzte Nacht versucht, sich mit Tabletten umzubringen.»

«Was tun Sie?»

«Jemand muß bei den Kindern bleiben. Hat sie Freunde, die wir verständigen können?»

«Ich will mich erkundigen.»

«Bis jemand hier ist, bleibe ich bei ihnen. Ich meine...»

«Alles klar. Halten Sie mich auf dem laufenden.»

«Gut.» Murray legte auf und ging hinüber zum Krankenhaus. Die Kinder saßen im Wartezimmer. Dave kannte sich hier schon aus. Er wußte auch, daß die goldene Dienstmarke eines FBI-Agenten fast alle Türen öffnete. Das war auch diesmal der Fall.

«Bei Ihnen ist gerade eine Frau eingeliefert worden», sagte Murray zum ersten Arzt, der ihm in die Quere kam. «Moira Wolfe.»

«Ach ja, die Überdosis.»

Verflucht noch mal, das ist ein Mensch und keine Überdosis! hätte Murray am liebsten gebrüllt, nickte aber nur und sagte: «Wo liegt sie?»

«Da können Sie jetzt nicht...»

Murray hielt ihm seine goldene Dienstmarke hin. «Und ob. Sie ist in einen hochwichtigen Fall verwickelt. Ich muß wissen, was vorgeht.»

Der Arzt führte ihn in eine Behandlungskabine. Moira bot keinen schönen Anblick. Sie hatte bereits den Schlauch des Beatmungsgerätes im Hals und Infusionsschläuche in beiden Armen; bei näherem Hinsehen stellte sich heraus, daß ihr Blut durch einen der Schläuche entnommen, durch ein Gerät gepumpt und dann wieder in ihren Körper zurückgeführt wurde. Sie war ausgezogen und hatte mit Klebeband befestigte EKG-Sensoren auf der Brust. Murray schämte sich, sie so anzustarren.

«Kommt sie durch?» fragte er.

«Wer sind Sie eigentlich?» knurrte der Arzt, ohne sich umzudrehen.

«FBI, und ich verlange eine Antwort. Ich muß das wissen.»

Der Doktor drehte sich immer noch nicht um. «Ich auch. Sie hat Placidyl genommen, ein starkes Schlafmittel, das wegen seiner Gefährlichkeit heute kaum noch verschrieben wird. LD 50, das ist die letale Dosis bei fünfzig Prozent der Personen, die das Medikament nehmen, liegt zwischen fünf und zehn Kapseln. Wieviel sie genommen hat, kann ich nicht sagen. Ihre Werte sind bedenklich niedrig. Wir schicken ihr Blut durch den Dialyseapparat, um zu verhindern, daß sie noch mehr von dem Zeug aufnimmt, und geben ihr hundert Prozent Sauerstoff. Sie wird noch mindestens vierundzwanzig Stunden bewußtlos bleiben, vielleicht auch noch zwei oder drei Tage. Wie ihre Chancen stehen, kann ich Ihnen nicht sagen. Fest steht nur, daß sie keine bleibenden Schäden erleiden wird, falls sie durchkommt. Und jetzt verschwinden Sie. Ich habe zu tun», fügte der Arzt hinzu.

Murray bedankte sich und wartete schweigend, bis ein anderer Agent eintraf, um im Wartezimmer Wache zu halten. Moira stellte ihre einzige Verbindung zu Cortez dar, was bedeutete, daß nicht nur das Medikament ihr Leben bedrohte. Kurz nach neun Uhr kam Murray in sein Büro und wurde von drei Agenten erwartet, die ihn über die neuesten Erkenntnisse informieren wollten.

«Mr. ‹Diaz› bezahlte im Hideaway mit einer American-Express-Karte, die er auch bei zwei Fluggesellschaften für Tickets benutzte. Nachdem er sich von Mrs. Wolfe getrennt hatte, setzte er sich sofort in eine Maschine nach Atlanta und flog von dort aus nach Panama weiter. Dort verliert sich seine Spur. Den nächsten Flugschein muß er bar bezahlt haben, denn in den Unterlagen findet sich kein Hinweis, daß ein Mr. Diaz an diesem Abend abgeflogen ist. Die Frau am Schalter im Dulles Airport kann sich noch an ihn erinnern – er schien es sehr eilig gehabt zu haben. Die Personenbeschreibung stimmt mit der hier vorliegenden überein. Wie er ins Land gekommen ist, wissen wir allerdings noch nicht. Wir überprüfen nun die Buchungscomputer und hoffen, später am Vormittag Resultate zu haben. Ich wette, daß er eine der großen Drehscheiben benutzt hat – Dallas-Fort Worth, Kansas City oder Chicago. Wir haben aber noch etwas Interessanteres entdeckt. American Express hat gerade herausgefunden, daß man eine ganze Reihe Karten an Juan Diaz ausgegeben hat. Einige wurden erst kürzlich ausgestellt, aber Amexco weiß nicht, wo und wie.»

«Wirklich?» Murray goß sich Kaffee ein. «Warum fiel das nicht auf?»

«Weil die Auszüge fristgerecht und voll bezahlt wurden. Die Adressen unterschieden sich alle ein wenig, und weil Diaz kein ungewöhnlicher Name ist, schöpfte niemand Verdacht. Es hat den Anschein, als sei es jemandem gelungen, das Computersystem von American Express anzuzapfen – bis hoch zu den Programmen der Geschäftsleitung, und das mag eine weitere Spur sein, die wir verfolgen können. Den Namen hat er wohl beibehalten für den Fall, daß Moira seine Kreditkarte zu Gesicht bekam. Bei der Sache kam heraus, daß er im Lauf der letzten vier Monate fünfmal in Washington war. Jemand, der über das Geschick verfügt, komplexe Kreditlinien zu erzeugen, spielt erfolgreich mit Amexcos Computern herum. Wir sollten in der Lage sein, die Identität des Betreffenden festzustellen, aber ich bezweifle, daß uns das so schnell gelingt.»

Es klopfte, und ein weiterer junger Agent kam herein. «Das stammt aus

Dallas-Fort Worth», sagte er und überreichte ein Telefax. «Die Unterschriften stimmen überein. Er kam dort an, nahm einen Nachtflug nach New York–La Guardia und landete nach Mitternacht Ortszeit am Freitag. Von dort aus nahm er vermutlich eine Maschine nach Washington, um sich mit Moira zu treffen. Das wird noch überprüft.»

«Großartig», meinte Murray. «Der Kerl kennt jeden Trick. Woher kam er?»

«Wir sind noch immer am Suchen. Den Flugschein nach New York kaufte er am Schalter. Wir haben Kontakt mit den Einreisebehörden, um festzustellen, wann er durch die Zollkontrolle ging.»

«Gut. Was noch?»

«Inzwischen liegen Fingerabdrücke von ihm vor. Wir haben auf dem Stück Briefpapier, das er Mrs. Wolfe gab, einen linken Zeigefinger gefunden und mit einem Abdruck auf der Kreditkartenquittung vom Flughafen Dulles verglichen. Einfach war das nicht, aber unsere Leute im Labor machen schwache Abdrücke mit Laser sichtbar. Ein Team ist im Hideaway, hat aber noch nichts gefunden. Das Reinigungspersonal dort ist offenbar leider sehr gründlich. Aber unsere Jungs sind noch an der Arbeit.»

«Jetzt fehlt uns bloß noch ein Bild von dem Kerl», meinte Murray. «Was machte er nach Atlanta?»

«Wie ich sagte, er flog nach Panama.»

«Welche Adresse steht auf dem Kreditkartenkonto?»

«Eine Anschrift in Caracas, vermutlich nur eine Tarnadresse.»

«Warum hat die Einwanderungsbehörde nichts – ach so.»

Murray zog eine Grimasse. «Sein Paß ist natürlich auf einen anderen Namen ausgestellt, oder er hat eine ganze Sammlung von Pässen für die jeweiligen Kreditkarten.»

«Wir haben es hier mit einem echten Profi zu tun. Unser Glück, daß wir ihm überhaupt so schnell auf die Spur gekommen sind.»

«Was gibt's Neues in Kolumbien?» fragte ein anderer Agent.

«Nicht viel. Das Labor kommt gut voran, aber neue Fakten sind bislang noch nicht ans Licht gekommen. Den Kolumbianern liegen nun die Namen der Hälfte der Attentäter vor –, der Gefangene behauptet, sie nicht alle gekannt zu haben, und das ist wahrscheinlich auch die Wahrheit. Man hat eine Großfahndung nach ihnen gestartet, aber sehr optimistisch ist Morales nicht, denn es sind alles Leute, die schon seit langem gesucht werden. Alles Leute von M-19; also gedungene Mörder, wie wir vermuteten.»

Murrays Telefon ging.

«Hier Mark Bright, Mobile. Es gibt neue Entwicklungen.»

Murray nickte. «Ich höre.»

«Am Samstag wurde hier ein Polizist erschossen. Wohl eine bestellte Hinrichtung, aber ein junger Mann aus der Nachbarschaft schoß mit seinem Kleinkalibergewehr und fügte einem Täter eine Kopfverletzung zu, an der er später starb. Seine Leiche und das Fahrzeug wurden gestern gefunden. Der Tote kam nach Erkenntnissen der Ortspolizei aus Drogenkreisen. Bei einer Durchsuchung des Hauses des Opfers – ein Sergeant Braden von der Kriminalpolizei – fand man eine Kamera, die dem Opfer in dem Piratenfall gehörte. Sergeant Braden war vom Einbruchsdezernat. Ich spekuliere, daß er für die Narcos arbeitete und in ihrem Auftrag das Haus des toten Geschäftsmannes vor den Morden auf See nach Unterlagen durchsuchte, die wir dann später fanden.»

Murray nickte nachdenklich. In der Tat eine wichtige Erkenntnis. Man hat also sicherstellen wollen, daß keine Unterlagen existierten, ehe man den Geschäftsmann und seine Familie ermorden ließ. Doch da die Leistungen des Mannes, den die Rauschgifthändler bei der Polizei hatten, unzureichend gewesen waren, wurde auch er umgebracht. Wie der Mord an Direktor Jacobs war auch dies eine Nebenwirkung der Operation TARPON. Die Kerle lassen die Muskeln spielen, dachte Murray. «Gut. Sonst noch etwas?»

«Die hiesige Polizei ist aufgebracht. Erstens wurde einer der Ihren von gedungenen Mördern erschossen, zweitens bekam seine Frau etwas ab und erlag ihren Verletzungen. Resultat: Gestern wurde ein Dealer bei dem Versuch, sich der Festnahme zu widersetzen, erschossen; meiner Ansicht nach kein Zufall. Das wäre vorerst alles.»

«Danke, Mark.» Murray legte auf. «Die Kerle haben uns doch tatsächlich den Krieg erklärt», murmelte er.

«Wie bitte, Sir?»

«Ach, nichts. Haben Sie Cortez' Aktivitäten auf seinen früheren Reisen zurückverfolgt – Hotels, Autovermietungen?»

«Daran arbeiten im Augenblick zwanzig Leute. In zwei Stunden sollten vorläufige Resultate vorliegen.»

«Halten Sie mich auf dem laufenden.»

Der erste Besucher des Staatsanwalts an diesem Morgen war Stuart, der, wie die Sekretärin fand, ungewöhnlich munter wirkte. Den Kater, an dem er litt, konnte sie nicht sehen.

«Morgen, Ed», sagte Davidoff, ohne sich zu erheben. Auf seinem Schreibtisch stapelten sich die Akten. «Was kann ich für Sie tun?»

«Auf die Todesstrafe verzichten», erwiderte Stuart und setzte sich. «Ich schlage zwanzig Jahre vor; das ist das höchste der Gefühle.»

«Wir sehen uns vor Gericht, Ed», versetzte Davidoff und wandte sich wieder seinen Akten zu.

«Wollen Sie denn nicht wissen, was ich habe?»

«Wenn es etwas taugt, informieren Sie mich zum angemessenen Zeitpunkt darüber.»

«Es kann zu einem Freispruch für meine Mandanten reichen. Wollen Sie das hinnehmen?»

«Das glaube ich erst, wenn ich es sehe», meinte Davidoff, schaute nun aber auf. Er hielt Stuart für einen übereifrigen, aber ehrlichen Verteidiger.

Stuart trug aus Gewohnheit eine altmodische, keilförmige Aktentasche aus Leder anstelle der schmalen Koffer, wie sie heute die meisten Anwälte bevorzugten. Aus diesem Stück holte er nun ein Tonbandgerät hervor. Davidoff sah schweigend zu. Beide waren Prozeßanwälte und in der Lage, ihre Gefühle zu verbergen, nur zu sagen, was sie sagen mußten. Da aber beide über diese Fähigkeiten verfügten, kannten sie wie berufsmäßige Pokerspieler die kleinen Anzeichen, die andere übersahen. Als Stuart das Gerät anlaufen ließ, wußte er, daß sein Gegenspieler besorgt war. Die Aufnahme war mehrere Minuten lang und von miserabler Qualität, aber verständlich. Nach Aufarbeitung in einem Audio-Laboratorium – die Angeklagten konnten sich das leisten – würde sie so klar wie erforderlich sein.

Davidoff setzte das naheliegende Strategem ein: «Das ist für den vorliegenden Fall irrelevant. Wir hatten beschlossen, den Inhalt des Geständnisses nicht in das Verfahren einzubringen.»

Nun, da er die Oberhand hatte, schlug Stuart einen verbindlicheren Ton an. «Das hatten Sie beschlossen. Ich sagte nichts dazu. Die Regierung hat die von der Verfassung garantierten Rechte meiner Mandanten grob verletzt. Eine simulierte Hinrichtung stellt zumindest eine Form der seelischen Folter dar und ist somit illegal. Sie werden diese beiden Männer der Küstenwache in den Zeugenstand rufen müssen, um ihren Fall zu präsentieren, und ich werde sie dann kreuzigen. Das kann alle ihre Aussagen entwerten. Man weiß ja nie, was eine Jury denkt.»

«Es kann auch sein, daß sie aufsteht und in Jubel ausbricht», gab Davidoff argwöhnisch zurück.

«Tja, das ist das Risiko, nicht wahr? Testen läßt sich das nur, indem man den Fall zur Verhandlung bringt.» Stuart legte das Bandgerät zurück in die Aktentasche. «Sind Sie nun immer noch an einem baldigen Termin interessiert? Mit diesen Hintergrundinformationen kann ich Ihre gesamte Beweiskette entwerten. Wer verrückt genug ist, eine gespielte Hinrichtung zu inszenieren, dem ist auch zuzutrauen, wie meine Mandanten behaupten könnten, daß er sie zum Masturbieren zwang, um sich die Samenproben zu verschaffen, von denen Sie der Presse erzählt haben, oder ihnen die Tatwaffen in die Hände drückte, um ihre Fingerabdrücke daraufzubringen –, über diese Möglichkeit habe ich übrigens noch nicht mit ihnen gesprochen. Und wenn ich nun noch alles hinzufüge, was ich über das Opfer weiß? Meine Chance, einen Freispruch für die beiden zu erwirken, steht nicht übel.» Stuart beugte sich vor und legte die Arme auf Davidoffs Schreibtisch. «Andererseits läßt sich, wie Sie sagten, die Reaktion der Geschworenen schwer vorausbestimmen. Ich biete Ihnen also folgendes an: Meine Mandanten erklären sich in einem Anklagepunkt, dessen Wahl ich Ihnen überlasse, schuldig und bekommen zwanzig Jahre – was bedeutete, daß sie nach acht Jahren freikommen. Der Presse können Sie sagen, es hätte Schwierigkeiten bei der Beweisführung gegeben. Meine Mandanten werden für eine ziemlich lange Zeit aus dem Verkehr gezogen, Sie haben einen Schuldspruch erreicht, und es muß niemand mehr sterben. Das ist mein Angebot. Ich gebe Ihnen zwei Tage Bedenkzeit.» Stuart erhob sich, nahm seine Aktentasche und ging wortlos hinaus. Er war sicher, richtig gehandelt zu haben. Die Verbrecher – und das waren sie in der Tat – würden schuldig gesprochen, aber nicht hingerichtet werden – und vielleicht, dachte er, bessern sie sich dann sogar. Solche Dinge redeten sich Anwälte gern ein. Es war dann überflüssig, die Karriere einiger Offiziere der Küstenwache zu ruinieren, die nur einmal über die Stränge geschlagen hatten und das vermutlich nie wieder tun würden. Zu diesem Schritt war er bereit, aber nur mit unguten Gefühlen. So aber, dachte er, hat jeder ein bißchen gewonnen, und für einen Anwalt war das ein Erfolg. Dennoch verspürte er das Bedürfnis, sich die Hände zu waschen.

Edwin Davidoff fiel die Sache schwerer, denn für ihn ging es nicht nur um einen Strafprozeß. Der elektrische Stuhl nämlich, der die beiden Piraten in die Hölle schicken sollte, würde ihn in den Senat katapultieren. Davidoff hatte schon als Gymnasiast die juristische Wochenschrift gelesen und sich vorgenommen, Senator zu werden. Und er hatte hart gearbeitet, um ans Ziel zu kommen: Jahrgangsbester der Duke Law

School, viele Überstunden für wenig Geld beim Justizministerium, Vorträge überall im Staat, die fast sein Familienleben ruiniert hatten. Er hatte sein Leben auf dem Altar des Rechts geopfert – und des Ehrgeizes, wie er sich eingestand. Und nun, wo sein Ziel greifbar nahe war, wo er ganz legal diesen beiden Menschen das Leben nehmen konnte, das sie verspielt hatten ... da konnte dieses eine Tonband alles zunichte machen. Wenn er als Ankläger einen Rückzieher machte und sich auf kümmerliche zwanzig Jahre Freiheitsstrafe einließ, war sein ganzer Einsatz, waren alle Reden über Recht und Gerechtigkeit schlicht vergessen.

Wenn er sich aber andererseits über Stuarts Informationen hinwegsetzte und den Fall zur Verhandlung brachte, riskierte er, als der Mann in Erinnerung zu bleiben, der den Prozeß mit Pauken und Trompeten verloren hatte. Gewiß, er konnte die Männer der Küstenwache beschuldigen – doch auf welchem Altar opferte er dann ihre Karrieren und vielleicht sogar ihre Freiheit? War dieser Altar dem Recht geweiht, dem Ehrgeiz oder gar der Rache? Ob er diesen Fall nun gewann oder verlor, die Piraten würden auf jeden Fall leiden müssen, auch wenn sie der Regierung die bislang schärfste Waffe gegen das Kartell in die Hand gegeben hatten.

Drogen – der springende Punkt. Nichts korrumpierte so abgrundtief wie Drogen. Drogen verdarben Menschen, trübten ihren Realitätssinn und setzten schließlich ihrem Leben ein Ende. Drogen erzeugten Profite, mit denen auch solche korrumpiert wurden, die sie nicht nahmen. Drogen führten zur Korruption auf allen Ebenen und auf alle denkbaren Arten. Drogen korrumpierten ganze Regierungen. Was war da zu tun? Davidoff wußte keine Lösung, aber für ihn stand jetzt schon fest, daß er im Wahlkampf um den Senatssitz vor den Kameras behaupten würde, sie zumindest teilweise zu kennen. Die Bürger von Alabama sollten ihm nur trauen und ihn zu ihrem Vertreter wählen.

Verdammt noch mal, dachte er, was mache ich jetzt?

Fest stand für ihn, daß die Piraten den Tod verdient hatten. Bin ich das nicht den Opfern schuldig? fragte er sich, und das war nicht ganz gelogen. Davidoff glaubte an die Gerechtigkeit, glaubte, daß das Recht etwas war, das sich der Mensch zum Schutz gegen Raubtiere geschaffen hatte. Ein Instrument dieses Rechts zu sein, war seiner Auffassung nach seine Lebensaufgabe. Warum hatte er sich für so geringen Lohn abgerakkert? Doch nicht nur seiner Ambitionen wegen.

Nein.

Ein Opfer hatte Dreck am Stecken gehabt, aber die anderen? Die hatten als Unbeteiligte Schaden genommen. So etwas kam auch vor, wenn der Staat im Krieg ein Ziel angriff und dabei Unschuldige tötete, die sich zufällig in der Nähe aufhielten. In diesem Fall aber ging es schlicht um Mord.

Nun, ganz simpler Mord war es auch nicht gewesen. Die Kerle hatten sich Zeit gelassen und die Sache auch noch genossen. Sind dafür acht Jahre genug?

Was aber, wenn ich den Prozeß ganz verliere? sann er weiter. Und wenn ich siege? Kann ich diese Männer der Küstenwache der Gerechtigkeit opfern?

Es mußte einen Ausweg geben. Fast immer existierte eine Lösung. Und er hatte zwei Tage Zeit, sie zu finden.

Sie hatten gut geschlafen und weniger als erwartet unter der dünnen Höhenluft gelitten. Chavez trank seinen Pulverkaffee, sah sich dabei die Landkarte an und fragte sich, an welche der markierten Stellen sie sich heute nacht heranschleichen würden. Den ganzen Tag über hatten Männer des Zuges die Straße beobachtet und so ziemlich gewußt, wonach sie Ausschau zu halten hatten: Laster mit Säurebehältern, gefolgt von Leuten mit Rucksäcken voller Cocablätter und leichtem Gerät. Bei Sonnenuntergang hielt ein Lkw an, aber es wurde dunkel, ehe sie alles sehen konnten, und ihre Nachtsichtgeräte hatten keine Telelinsen. Das Fahrzeug setzte sich aber bald wieder in Bewegung und befand sich nur drei Kilometer von HOTEL entfernt, einem der Ziele auf ihrer Liste.

Zeit für Aktion. Die Männer rieben sich mit Insektenschutzmittel ein und halfen einander beim Auftragen der Tarnschminke. Die dunklen Töne kamen auf Stirn, Nase und Backenknochen, die hellen auf die normalerweise schattigen Stellen unter den Augen und an den Wangen. Der Zweck der Übung war keine Kriegsbemalung wie in Rambo-Filmen, sondern Unsichtbarkeit: Die Gesichter der Männer sahen mit verdunkelten hellen Stellen und den aufgehellten dunklen gar nicht mehr wie Gesichter aus.

Nun wurde es ernst. Anmarschwege und Sammelpunkte wurden festgelegt und jedem Mitglied des Zuges mitgeteilt. Fragen wurden gestellt und beantwortet, Pläne für den Notfall durchgegangen, Alternativen ausgedacht, und als der Osthang des Tales noch erhellt war, gab Ramirez das Zeichen zum Aufbruch.

17

Ausführung

Die Standardprozedur der US Army für Gefechtseinsätze folgt dem Akronym SMESSCS: *Situation* (Lage); *Mission* (Auftrag); *Execution* (Durchführung); *Service and Support* (Wartung und Nachschub); *Command and Signal* (Führung und Fernmeldewesen).

Lage liefert Hintergrundinformationen für den Auftrag, also Vorgänge, die die Soldaten kennen müssen.

Auftrag beschreibt in einem Satz die zu lösende Aufgabe.

Durchführung bezeichnet die Methode, mit der der Auftrag ausgeführt werden soll.

Wartung und Nachschub sind Funktionen, die den Männern bei ihrer Aufgabe helfen.

Führung definiert jedes Glied der Befehlskette, die im Pentagon beginnt und beim rangniedrigsten Mitglied der kleinsten Einheit endet; im äußersten Notfall erteilt sich dieses selbst die Befehle.

Fernmeldewesen ist der Oberbegriff für Kommunikationsprozeduren.

Über die Gesamtlage waren die Soldaten bereits informiert worden, was eigentlich überflüssig gewesen war. Inzwischen hatten sich die Lage und auch ihr gegenwärtiger Auftrag leicht verändert, aber auch das wußten sie bereits, denn Captain Ramirez hatte mit ihnen die Ausführung des derzeitigen Auftrags besprochen und ihnen auch andere Informationen gegeben, über die sie an diesem Abend verfügen mußten. Mit Hilfe von außen war nicht zu rechnen; sie waren also auf sich allein gestellt. Ramirez führte den Befehl; für den Fall seiner Kampfunfähigkeit waren Stellvertreter benannt worden. Funkcodes waren ausgegeben.

Seine letzte Handlung, ehe er seine Männer von der Höhe führte, war ein Funkspruch, in dem er die Stelle VARIABEL, deren Position er nicht kannte, über seine Absichten informierte und eine zustimmende Antwort erhielt.

Sergeant Domingo Chavez, der wie üblich voranging, lag nun hundert Meter vor Julio Vega, der seinerseits einen Abstand von fünfzig Metern zur Hauptstreitmacht hielt. Alle paar hundert Meter suchte sich Chavez einen freien Platz, von dem aus er das Ziel überblicken konnte. Durch sein Fernglas sah er den schwachen Schein von Primuslampen. Die Lage war genau wie auf der Karte eingezeichnet – er fragte sich, wie man zu dieser Information gekommen war – und sie befolgten exakt die Prozedur, die bei der Einsatzbesprechung festgelegt worden war. Da hat jemand gründliche Arbeit geleistet, dachte er. Sie rechneten bei HOTEL mit zehn bis fünfzehn Männern. Er hoffte, daß auch diese Einschätzung korrekt war.

Sie kamen recht gut voran, denn der Wald war nicht zu dicht, und es gab auch weniger Insekten. Vogelrufe übertönten die wenigen Geräusche, die seine Einheit verursachte. Chavez hatte gehört, wie einer hundert Meter hinter ihm ausgerutscht und hingefallen war, aber das wäre nur einem Ninja aufgefallen. Er legte die Hälfte der Entfernung in einer knappen Stunde zurück und machte an einem vorbestimmten Sammelpunkt halt, um auf den Rest des Zuges zu warten.

«So weit so gut, *jefe*», sagte er zu Ramirez. «Ich habe nichts gesehen, noch nicht einmal ein Lama», fügte er hinzu, um zu beweisen, wie locker er war. «Nun sind es noch dreitausend Meter.»

«Gut. Machen Sie am nächsten Sammelpunkt halt. Kann sein, daß dort jemand spazieren geht.»

«Roger, Captain.» Chavez setzte sich sofort in Bewegung. Der Rest brach zwei Minuten später auf.

Ding ging nun langsamer, denn mit jedem Schritt, den er in Richtung HOTEL machte, nahm die Wahrscheinlichkeit einer Begegnung zu. Ganz auf den Kopf gefallen konnten die Narcos nicht sein, sagte er sich. Sie mußten Leute dabei haben, die in diesem Tal aufgewachsen waren und sich auskannten. Und viele mußten bewaffnet sein.

Verflucht noch mal, dachte er, das gibt ein richtiges Gefecht, und ich habe keinen blassen Schimmer, mit wem wir es zu tun bekommen. Aber für so was sind die Ninja ja da.

Es kam zu seltsamen Zeitdehnungen. Jeder Schritt schien eine Ewigkeit zu dauern, doch als er den letzten Sammelpunkt erreicht hatte, kam ihm der Weg auf einmal gar nicht mehr so lang vor. Nun sah er das Ziel deutlich in Form eines schwachen grünen Halbkreises auf dem Display seines Nachtsichtgeräts, konnte aber noch immer keine Bewegung ausmachen. Allerdings glaubte er, hin und wieder Geräusche aus der Richtung des Ziels zu vernehmen.

«Gibt's was?» flüsterte Ramirez.

«Hören Sie mal.»

«Ah», sagte der Captain gleich darauf.

Die Männer setzten ihre Tornister ab und verteilten sich, wie es der Plan vorsah. Chavez, Vega und Ingeles sollten direkt gegen HOTEL vorgehen, der Rest einen Bogen nach links schlagen. Ingeles, der Funker, trug einen Granatwerfer M-203 am Gewehr, Vega hatte das MG, und Chavez war mit seiner schallgedämpften MP-5 ausgerüstet. Ihre Aufgabe war es, so dicht wie möglich heranzugehen und dem Team bei seinem Angriff Feuerschutz zu geben. Wer ihnen in die Quere kam, sollte von Chavez lautlos ausgeschaltet werden. Ding brach als erster mit seiner Gruppe auf; Ramirez folgte eine Minute später.

Für die letzten fünfhundert Meter brauchten sie eine gute halbe Stunde. Dings Überwachungsposition hatte sich auf der Karte klar ausgenommen, sah im nächtlichen Wald aber ganz anders aus. Ding spürte, daß er das Zipperlein bekam; weniger Angst als Unsicherheit. Alle zwei, drei Minuten redete er sich ein, er wüßte ja genau, was er täte, was jedesmal wirkte – aber nur ein paar Minuten lang; dann schlichen sich die Zweifel wieder ein.

Er sah eine Bewegung und erstarrte. Er hielt die linke Hand mit vertikaler Handfläche auf den Rücken, um die beiden anderen zu warnen. Er hielt den Kopf hoch und vertraute auf seine Ausbildung. Nachts nimmt das menschliche Auge nur Bewegung wahr; das war seine Erfahrung, und so hatte es auch in den Lehrbüchern gestanden. Es sei denn, der Gegner trug Nachtsichtgeräte...

Dieser aber nicht. Der menschliche Schemen lief langsam und locker zwischen Chavez' Position und seinem Ziel vorbei, und das war sein Todesurteil. Ding bedeutete Ingeles und Vega, sie sollten abwarten, und schlug sich nach rechts, um hinter den Feind zu gelangen. Eigenartigerweise bewegte er sich nun rasch. Mit Hilfe des Nachtsichtgeräts machte er freie Stellen am Boden aus, trat so leicht wie möglich auf und kam mit fast normaler Schrittgeschwindigkeit voran. In fünfzehn Minuten mußte er seine vorbestimmte Position eingenommen haben. Er bewegte sich geräuschlos, ging in die Hocke, schaute erst seinen Pfad entlang, dann auf sein Opfer. Binnen einer Minute hatte er eine günstige Stelle, einen

Trampelpfad, erreicht. Ein Wachposten, der sich an einen Pfad hält, dachte Ding. Idiot.

Der Mann hatte nun kehrtgemacht und kam mit langsamen Schritten zurück. Sein Gesicht war zum Hang gewandt, aber seine Waffe trug er über der Schulter. Chavez ließ ihn herankommen und setzte das Infrarotgerät ab, als der Mann einmal wegschaute. Auf den plötzlichen Verlust des Displays hin verlor er sein Ziel für ein paar Sekunden aus den Augen, und erste Ansätze von Panik schlichen sich ein, doch Ding riß sich zusammen. Der Mann würde schon wieder auftauchen, wenn er sich zurück nach Süden wandte.

Und da kam er, eine dunkle Masse, die sich den tunnelähnlichen Trampelpfad entlangbewegte. Ding hockte sich an einen Stamm und zielte auf den Kopf des Gegners. Seine Waffe war auf Einzelfeuer eingestellt. Der Mann war noch zehn Meter entfernt. Chavez hielt den Atem an und drückte ab.

Das metallische Klicken des Verschlusses der Heckler & Koch kam ihm unglaublich laut vor, aber das Ziel ging sofort zu Boden. Chavez sprang auf den Mann zu und richtete die MP auf ihn, aber er rührte sich nicht mehr. Nachdem Chavez das Nachtsichtgerät wieder aufgesetzt hatte, konnte er den Einschuß in der Nasenwurzel erkennen. Die Kugel war schräg nach oben durch den Hirnstamm gefahren und hatte den Mann sofort und geräuschlos getötet.

Chavez blieb neben der Leiche stehen und gab mit erhobener Waffe das Zeichen: *Alles klar.*

Gleich darauf erschienen die Umrisse von Vega und Ingeles, die den Hang herunterkamen, auf dem grünen Display. Chavez wandte sich ab, suchte sich einen Platz, von dem aus er das Ziel beobachten konnte, und wartete auf sie.

Und da lag es, siebzig Meter entfernt vor ihm. Die Benzinlampen wirkten in seinem Nachtsichtgerät so grell, daß er es nun endgültig absetzen konnte. Inzwischen hörte er weitere Stimmen und konnte sogar vereinzelte Worte verstehen; eine gelangweilte Unterhaltung bei der Arbeit. Etwas plätscherte. Die Position, von der aus sie Feuerschutz geben sollten, kam in Sicht. Es gab nur ein Problem: Sie war zur falschen Seite hin offen. Die Bäume, die ihnen hätten Deckung geben sollen, versperrten ihnen das Schußfeld auf den Feind. Fehlplanung. Chavez zog eine Grimasse und suchte sich einen anderen Platz. Dann schaute er auf die Uhr. Es war fast soweit. Zeit für die letzte und entscheidende Inspektion des Zieles.

Er zählte zwölf Männer. In der Mitte stand etwas, das wie eine Badewanne aussah. Darin zwei trampelnde Männer, die eine Masse aus Cocablättern – und Schwefelsäure? – durchkneteten. Oder mit Wasser verdünnte Schwefelsäure? Verflucht noch mal, dachte er, die laufen in der Säure rum! Die Männer, die diese widerliche Aufgabe hatten, wechselten sich ab. Einer stieg aus der Wanne und goß sich Wasser über Füße und Waden. Muß teuflisch brennen, schloß Ding. Doch aus dreißig Meter Entfernung klang ihre Unterhaltung gutgelaunt. Einer prahlte, was er alles mit seiner Freundin anstellte.

Sechs Männer, alle mit AK-47 bewaffnet. Sie standen am Rand der Anlage, schauten aber nach drinnen, nicht nach draußen. Einer rauchte. Neben einer Lampe lag ein Rucksack. Ein Träger wandte sich an einen der Bewaffneten und holte dann zwei Flaschen Bier heraus; eine für sich selbst, eine für den Mann, der ihm die Erlaubnis gegeben hatte.

Schwachköpfe! dachte Ding. In seinem Ohrhörer knackte es dreimal. Ramirez war in Position und wollte wissen, ob Ding bereit war. Zur Antwort drückte er zweimal auf die Sprechtaste, schaute dann nach rechts und nach links. Vegas MG lag auf dem Zweibein, daneben die geöffnete Leinwandtasche mit Munition. Zweihundert Schuß waren bereit, und neben der ersten Tasche lag eine zweite.

Chavez schmiegte sich so eng wie möglich an einen dicken Stamm und wählte sich das am weitesten entfernte Ziel. Die Entfernung schätzte er auf achtzig Meter; ein wenig zu groß für einen Kopfschuß, entschied er. Er stellte auf Dauerfeuer um, legte die Waffe an und zielte sorgfältig.

Die MP warf drei Patronenhülsen aus. Das Gesicht des Mannes verriet Überraschung, als zwei Geschosse in seine Brust einschlugen. Er stieß einen heiseren Schrei aus, der die Köpfe der anderen herumfahren ließ. Chavez legte auf einen weiteren Schützen an, der im Begriff war, die Waffe von der Schulter zu reißen. Auch dieser bekam zwei oder drei Kugeln ab, was ihn aber nicht hinderte, seine AK in Anschlag zu bringen.

Sowie sich abzeichnete, daß zurückgeschossen wurde, eröffnete Vega das Feuer, nagelte erst den Mann mit Leuchtspurgeschossen aus seinem MG fest und hielt dann auf zwei andere Bewaffnete. Einer gab noch zwei Schüsse ab, die aber viel zu hoch lagen. Die Unbewaffneten reagierten langsamer als die Wächter. Zwei ergriffen die Flucht, wurden aber von Vega niedergemäht. Die anderen warfen sich zu Boden und versuchten, sich kriechend zu entfernen. Zwei weitere Bewaffnete – oder eher das Mündungsfeuer ihrer Waffen – erschienen auf Bäumen. Sie schossen auf das Überwachungsteam – genau wie geplant.

Nun eröffnete der Sturmtrupp unter Captain Ramirez von ihrer rechten Flanke das Feuer. Das unverkennbare Rattern der M-16 fetzte durch die Bäume, als Chavez, Vega und Ingeles auf weitere Ziele schossen. Einer der Schützen auf den Bäumen mußte getroffen worden sein, denn das Mündungsfeuer seiner Waffe flammte jäh nach oben. Zwei andere aber beschossen den angreifenden Zug, bis sie zum Schweigen gebracht wurden. Die Soldaten feuerten nun auf alles, was sich bewegte. Einer der Männer, die in der Wanne gestanden hatten, griff nach einem weggeworfenen Gewehr, schaffte es aber nicht. Einer stand auf und wollte sich wohl ergeben, hob aber die Hände nicht rasch genug und wurde vom MG des Zuges in die Brust getroffen.

Chavez und sein Team stellten das Feuer ein, um dem Zug das ungefährdete Betreten des Zielgebietes zu ermöglichen. Zwei gaben Männern, die sich trotz ihrer Verletzungen noch bewegten, den Gnadenschuß. Dann wurde es still. Nur die Lampen zischten noch und erhellten die Umgebung, und der Wald hallte wider vom Echo der Rufe aufgebrachter Vögel.

Vier Soldaten durchsuchten die Toten. Der Rest des Teams hatte das Zielgebiet inzwischen umstellt. Chavez, Vega und Ingeles sicherten ihre Waffen, sammelten ihre Ausrüstung ein und kamen ins Freie.

Der Anblick, der sich Chavez bot, war gräßlich. Zwei Feinde lebten immer noch. Einem hatte Vegas MG-Garbe den Leib aufgerissen. Dem anderen waren praktisch beide Beine abgeschossen worden, er verblutete rasch. Der Sanitäter schaute mitleidslos zu. Beide waren innerhalb einer Minute tot. Was Gefangene betraf, waren die Befehle des Zuges etwas vage. Niemand konnte nach dem Gesetz amerikanischen Soldaten befehlen, keine Gefangenen zu machen, und es war Captain Ramirez nicht leichtgefallen, die entsprechende Formulierung zu finden, aber die Männer hatten verstanden. Pech für die Kerle. Aber das Vergiften amerikanischer Jugendlicher mit Drogen stand ja schließlich auch nicht im Einklang mit der Genfer Konvention. Außerdem hatten die Männer andere Sorgen.

Kaum hatte Chavez den Platz betreten, da hörte er ein Geräusch. Alle anderen vernahmen es ebenfalls. Jemand floh bergab. Ramirez wies auf Ding, der sofort hinterherrannte.

Ding griff nach seinem Nachtsichtgerät und versuchte, es beim Sprinten in der Hand zu halten, erkannte aber dann, daß Rennen wahrscheinlich ein Fehler war. Er hielt inne, setzte das Sichtgerät an und machte den Flüchtenden und einen Pfad aus. Manchmal mußte man vorsichtig sein, manchmal kühn. Sein Instinkt riet ihm zur Kühnheit. Chavez rannte den Weg hinunter und holte rasch auf. Nach drei Minuten hörte er den Mann durch Unterholz brechen und stolpern. Ding blieb stehen und setzte wieder das Sichtgerät auf. Nur noch hundert Meter Abstand. Er rannte weiter. Noch fünfzig Meter. Der Mann stürzte wieder. Ding wurde langsamer und achtete nun mehr auf die Geräusche, die er verursachte. Dieser Mann konnte ihm nicht entkommen. Er verließ den Weg und schlug sich schräg nach links in den Wald. Alle fünfzig Meter blieb er stehen und benutzte sein Sichtgerät. Der Mann ermüdete rasch und kam nun langsamer voran. Ding hatte ihn überholt, wandte sich nach rechts und lauerte ihm am Pfad auf.

Fast hätte er sich verkalkuliert. Der Sergeant hatte gerade erst die Waffe gehoben, als der Schemen erschien, und er feuerte instinktiv aus einem Abstand von drei Metern in die Brust. Der Flüchtige stürzte mit einem verzweifelten Stöhnen gegen Chavez. Ding stieß die Leiche von sich und jagte ihr einen weiteren Feuerstoß in die Brust. Kein anderes Geräusch.

«Himmel noch mal!» keuchte der Sergeant und ging in die Knie, um zu Atem zu kommen. Wen hatte er da erschossen? Er setzte das Sichtgerät auf und schaute zu Boden.

Der Mann war barfüßig und trug ein einfaches Baumwollhemd und Hosen wie ein... Chavez hatte gerade einen Bauern getötet, einen der dummen armen Teufel, die in der Coca-Suppe herumgestampft waren. Darauf konnte er wirklich stolz sein.

Das Hochgefühl, das oft einem siegreichen Gefecht folgt, verließ ihn jäh. Der arme Kerl hatte nicht mal Schuhe. Vermutlich hatten ihn die Narcos angeheuert, um für einen Hungerlohn die Drecksarbeit zu tun.

Sein Gürtel war offen. Anscheinend war er im Gebüsch dabeigewesen, sich zu erleichtern, als das Schießen losging, und hatte die Flucht mit den Hosen auf Halbmast geschafft. Er war in Dings Alter und unbewaffnet; hatte sterben müssen, weil er sich zur falschen Zeit am falschen Ort aufgehalten hatte.

Chavez empfand keinen Stolz, als er auf die Sprechtaste drückte. «Sechs, hier Punkt. Ich hab ihn erwischt. War nur einer.»

«Brauchen Sie Hilfe?»

«Negativ. Schaff ich allein.» Chavez nahm die Leiche auf den Rücken und schleppte sie zurück. Blut sickerte aus den sechs Einschußlöchern und durchnäßte Chavez' Khakihemd.

Am Ziel waren die Leichen nebeneinander auf den Boden gelegt und durchsucht worden. Gefunden hatte man mehrere Säcke Cocablätter, einige Säurebehälter und zwei Funkgeräte. Keine sensationelle Ausbeute. Nur die fünfzehn Toten boten einen traurigen Anblick.

Der Zug hatte keine Verluste erlitten. Ramirez schloß die Inspektion des Platzes ab und ließ seine Männer zum Rückmarsch antreten. Chavez ging wieder voraus.

Während des steilen Abstiegs hatte Ramirez Zeit zum Nachdenken. Was haben wir mit der Aktion eigentlich erreicht? fragte er sich. Das Überwachen der Flugplätze und das Weitermelden der Kuriermaschinen waren sinnvoll gewesen und hatten den Drogenfluß in die USA gestört. Das perfekt ausgeführte Kommandounternehmen dieser Nacht hatte indes nur bewirkt, daß ein paar hundert Kilo Cocablätter vorerst nicht weiterverarbeitet werden konnten. Das war alles. Erreicht hatten sie im Grunde nichts. Es mußte in diesem Land Hunderte, Tausende von Tonnen Coca und ähnliche Plätze zu seiner Verarbeitung zu Kokain geben. Das einzige Ergebnis der Aktion war wohl, daß der Feind nur gewarnt und in Zukunft besser gerüstet war. Wozu setzen wir dann unser Leben aufs Spiel? fragte sich Ramirez. Und was haben wir überhaupt hier verloren?

Diese Frage hätte er sich in Panama stellen sollen, doch dort hatte ihm und seinen drei anderen Offizierskollegen der Zorn über das Attentat auf den Direktor des FBI das Urteilsvermögen beeinträchtigt. Außerdem war er nur ein Captain, der eher Befehle auszuführen als zu erteilen hatte. Als Berufssoldat war er gewohnt, Befehle von Bataillons- oder Brigadeführern zu erhalten, rund vierzigjährigen erfahrenen Offizieren, die meistens wußten, was sie taten. Im Augenblick kamen seine Befehle aber von einer anderen, mysteriösen Stelle. Und nun begann er sich zu fragen, ob man dort eigentlich wußte, was man tat.

Warum hast du keine Fragen gestellt?

Ramirez hatte den Einsatz dieses Abends für einen Erfolg gehalten. Bislang waren seine Gedanken auf ein festumrissenes Ziel gerichtet gewesen. Nun, da dieses Ziel erreicht war, sah er darüber hinaus – nichts. Daran hätte ich früher denken sollen, erkannte er nun. Aber jetzt war es zu spät.

Die andere Seite der Falle war noch beunruhigender. Er mußte seinen Männern sagen, daß alles in Ordnung war. Sie hatten sich prächtig gehalten; mehr konnte kein Kommandeur verlangen. Aber...

Was zum Teufel tun wir eigentlich hier? Er konnte nicht wissen, daß er nicht der erste junge Captain war, der sich diese Frage viel zu spät gestellt hatte. Beim amerikanischen Militär war es schon fast Tradition, daß sich intelligente junge Offiziere Gedanken über scheinbar sinnlose Aufträge machten – aber fast immer erst dann, wenn es längst zu spät war.

Ihm blieb natürlich keine andere Wahl. Aufgrund seiner Ausbildung und Erfahrung war er zu der Annahme gezwungen, daß der Auftrag sinnvoll war. Obwohl ihm die Vernunft sagte, daß das Gegenteil der Fall war – Ramirez war alles andere als dumm – zwang er sich Selbstvertrauen auf. Seine Männer verließen sich auf ihn. Und so mußte er sich auch auf seine Vorgesetzten verlassen. Anders konnte eine Armee nicht funktionieren.

Zweihundert Meter voraus spürte Chavez das klebrige Blut am Rükken und war mit einem anderen Problem beschäftigt. Er hatte einen unbewaffneten Bauern getötet, einen armen Teufel, der nur einen Job auf der falschen Seite angenommen hatte, um seine Familie zu ernähren. Doch was hätte Chavez sonst tun sollen? Ihn entkommen lassen?

Für den Sergeant war das Ganze einfacher. Er hatte einen Offizier, der ihm sagte, was zu tun war. Das war ihm ein kleiner Trost, als er sich mit dem Toten auf dem Rücken bergan kämpfte, doch das blutige Hemd haftete so hartnäckig an seinem Rücken wie die Fragen in seinem Gewissen.

In Lieutenant Tim Jacksons Dienstzimmer ging das Telefon. Er meldete sich beim zweiten Läuten.

«Lieutenant, hier Colonel O'Mara, Kommandostelle Spezialoperationen. Ich höre, daß Sie sich nach einem Sergeant Chavez erkundigt haben. Stimmt das?» Jackson hob den Kopf und sah Sergeant Mitchell hereinkommen.

«Jawohl, Sir. Er wurde versetzt, tauchte aber nicht an der vorgesehenen Stelle auf. Und da er zu meinen Männern gehört...»

»Irrtum, Lieutenant! Er gehört jetzt zu meinen und tut etwas, von dem Sie nichts zu wissen brauchen. Und Sie hören jetzt sofort mit Ihrer Herumtelefoniererei auf. Chavez geht Sie nichts mehr an. IST DAS KLAR?»

«Verzeihung, aber ich wollte nur...»

«Hören Sie schlecht?» Die Stimme war nun ruhiger und klang erst recht bedrohlich. «Sergeant Chavez ist nun bei uns. Ich verbitte mir weitere Nachforschungen. Ist das nun endlich klar?»

«Jawohl, Sir.»

Es wurde aufgelegt.

«Scheiße!» Sergeant Mitchell hatte einen Teil des Gesprächs mitbekommen. «Ging es um Chavez?»

«Ja. Ein Colonel von Spezialoperationen – Fort McDill wahrscheinlich – hat mich angeschissen und mir befohlen, die Finger von der Sache zu lassen.

«Quatsch», meinte Mitchell, nahm auf dem Stuhl vor dem Schreibtisch des Lieutenants Platz und fragte erst dann: «Darf ich mich setzen, Sir?»

«Was geht Ihrer Meinung nach hier vor?»

«Keine Ahnung, Sir. Aber ich kenne jemanden in McDill, den will ich morgen mal anrufen. Die ganze Sache ist sehr ungewöhnlich. Es geht doch nicht an, daß einer meiner Männer einfach verlorengeht. Und dieser Oberst hatte auch nicht das Recht, Sie so anzupfeifen. Sie tun doch nur Ihren Job und kümmern sich um Ihre Leute; das kann Ihnen niemand vorwerfen. Nur für den Fall, daß Sie das nicht wissen, Sir», fügte Mitchell erklärend hinzu, «in einer solchen Situation staucht man keinen armen Lieutenant zusammen, sondern ruft mal ganz kurz den Bataillonschef an und läßt die Sache ganz unauffällig von ihm regeln. Lieutenants werden schon von ihren eigenen Colonels genug geschurigelt; da brauchen nicht noch fremde auf ihnen herumzuhacken. Dazu gibt es schließlich den Dienstweg... da weiß man wenigstens, wer einen zur Sau macht.»

«Danke, Sergeant», sagte Jackson und lächelte. «Das hat mir gutgetan.»

«Ich habe Ozkanian angewiesen, sich mehr um seine Funktion als Zugführer zu kümmern und nicht dauernd den Helden zu spielen. Diesmal wird er sich das hinter die Ohren schreiben. Im Grunde ist der Junge in Ordnung. Es fehlt ihm noch die Erfahrung.» Mitchell stand auf. «Wir sehen uns dann morgen beim Frühsport, Sir.»

«Gute Nacht, Sergeant.» Tim Jackson kam zu dem Schluß, daß Schlafen sinnvoller war als Lesen, und begab sich zu seinem Wagen. Auf der Fahrt zu seinem Quartier sann er weiter über den Anruf des Colonel O'Mara nach. Lieutenants hatten normalerweise mit Colonels nur wenig zu tun – er selbst war, wie es von ihm erwartet wurde, am Neujahrstag bei seinem Brigadekommandeur erschienen, aber damit erschöpfte sich der Kontakt auch schon. Frischgebackene Lieutenants hatten sich zurückzuhalten. Andererseits aber hatte er an der Militärakademie West Point gelernt, daß er für seine Männer verantwortlich war. Die Tatache, daß Chavez nicht in Fort Benning eingetroffen war, sein merkwürdiger Abschied von Fort Ord, der Rüffel wegen seiner Nachforschungen machten den jungen Offizier nur noch neugieriger. Er beschloß, Mitchell telefonieren zu lassen, sich selbst aber aus der Sache herauszuhalten, bis er wußte, was eigentlich zu tun war. Und hier war Tim Jackson gut dran, denn er hatte einen großen Bruder im Pentagon sitzen, der durchblickte und auf den Rang 0-6 (Captain oder Colonel) hinarbeitete. Robby konnte ihm geben, was er jetzt brauchte – gute Ratschläge.

«Ich hasse diese Kisten», sagte der Mann auf dem Nebensitz zu Robby Jackson.

«Na ja, in Transportmaschinen gibt's halt keine First Class», meinte Jackson und steckte die Aktenmappe zurück in seine Tasche. Den neuen taktischen Plan kannte er auswendig, was auch kein Wunder war, da er vorwiegend von ihm stammte.

Sein Nachbar trug eine Khakiuniform mit den Buchstaben «US» am Kragen und war somit ein technischer Berater, ein Zivilist, der einen Auftrag für die Navy erledigte. Diese Leute – Elektroniker oder andere Ingenieure – waren auf Flugzeugträgern häufig anzutreffen und wurden während ihres Aufenthalts an Bord wie Offiziere behandelt.

«Und was führt Sie hinaus auf die *Ranger*?»

«Ich teste einen Munitionstyp. Mehr darf ich leider nicht sagen. Und was tun Sie?»

«Normalerweise bin ich Pilot, arbeite aber im Augenblick im Pentagon.»

«Ich habe noch nie eine Trägerlandung mitgemacht», sagte der Mann nervös.

«Halb so schlimm», beruhigte Robby. «Nur nachts ist das ein bißchen ungemütlich.»

«So?» Der Mann hatte vor lauter Angst vergessen, daß es draußen dunkel war.

«Am Tag sucht man sich wie bei einer normalen Landebahn einen Aufsetzpunkt. Nachts kann man nicht sehen, wo man Berührung mit dem Deck bekommt. Aber keine Angst, die Kleine am Knüppel ist ...»

«Der Pilot ist eine Frau?»

«Sicher. Viele Versorgungsmaschinen für Träger werden von Frauen geflogen. Unsere Pilotin ist sehr gut und, wie ich höre, Fluglehrerin. Ihr Kopilot ist heute ein junger Ensign, der unter ihrer Aufsicht seine erste Landung auf einem Träger macht», fügte Jackson boshaft hinzu. Er genoß es, Leute, die Angst vorm Fliegen hatten, zu nerven. Auch seinen Freund Jack Ryan ärgerte er gern.

«Wie ermutigend.»

«Haben Sie mit der Schießübung zu tun? Wir sollen mit scharfen Raketen auf unbemannte Flugzeuge schießen.»

«Nein, ich glaube nicht.»

«Schade, ich hoffte schon, Sie wären der Mann von Hughes. Wir wollen nämlich ausprobieren, ob das neue Lenksystem für die Phoenix wirklich funktioniert.»

«Bedaure, aber ich arbeite für eine andere Firma.»

«Na gut.» Robby holte ein Taschenbuch hervor und begann zu lesen.

Nun, da er sicher war, daß sich jemand in der Maschine noch unbehaglicher fühlte als er, konnte er sich auf sein Buch konzentrieren. Richtige Angst hatte er natürlich nicht. Er hoffte nur, daß der Grünschnabel auf dem rechten Sitz den Vogel bei der Landung nicht plättete.

Der Zug war erschöpft, als er zum Sammelpunkt zurückkehrte. Die Männer gingen in ihre Stellungen, der Captain ans Funkgerät. Sie zerlegten sofort ihre Waffen und begannen sie zu reinigen – auch die wenigen, die keinen Schuß abgegeben hatten.

«Na, *Oso* und sein MG haben heute Punkte geholt», bemerkte Vega und zog einen Lappen durch den einundzwanzig Zoll langen Lauf. «Saubere Arbeit, Ding.»

«Besonders gut war der Gegner nicht.»

«He, *'mano*, wenn wir alles richtig machen, kriegen die überhaupt keine Gelegenheit, sich zu bessern.»

«Bislang war alles viel zu einfach. Das kann sich ändern.»

Vega schaute kurz auf. «Stimmt.»

In einer geosynchronen Umlaufbahn hing ein Wettersatellit und hatte seine niedrigauflösende Kamera auf die Erdoberfläche gerichtet. Zu seiner Ausstattung gehörten zwar noch eine Reihe andere Instrumente, aber diese Farbfernsehkamera hatte eine ganz einfache Aufgabe: Sie überwachte die Wolken, die in der Ferne wie weiße Wattebäusche in der Luft schwebten. Dieser Satellit und seine Vorgänger hatten Tausenden von Menschen das Leben gerettet und gehörten zum wohl nützlichsten Teil des amerikanischen Raumfahrtprogramms. Nutznießer waren Seeleute, deren Schiffe ohne Warnung aus dem All in Stürme geraten konnten. Der Satellit konnte von der Antarktis bis übers Nordkap hinaussehen, und kein Sturm entging ihm.

Fast direkt unter dem Späher führten noch nicht ganz erforschte

Bedingungen zur Entstehung von Wirbeln über dem weiten, warmen Südatlantik vor Westafrika. Diese zogen dann zur Neuen Welt hinüber, wo sie unter dem westindischen Namen Hurrikan bekannt waren. Die Daten des Satelliten wurden an den Hurrikan-Center Coral Gables in Florida gefunkt und von Meteorologen mit Computern analysiert. Hundert Leute, die teils ihren Doktor schon vor Jahren gemacht hatten und teils nur für den Sommer von einer Universität hierhergekommen waren, untersuchten die Bilder des ersten Sturms der Saison. Manche hofften auf viele Stürme, um Gelegenheit zum Studieren zu bekommen. Die erfahrenen Wissenschaftler verstanden das, wußten aber auch, daß diese ozeanischen Stürme die gewaltigsten und zerstörerischsten Naturkräfte bargen und in Küstennähe regelmäßig Tausende von Menschen töteten. Was zu ihrer Entstehung führte, wußte niemand genau. Der Mensch konnte sie nur ausmachen, ihren Weg verfolgen und jene warnen, die sich auf ihrem Pfad befanden. Hurrikane bekamen von den Meteorologen Namen verpaßt, die in jedem Jahr mit den ersten Buchstaben des Alphabets begannen. Der erste Sturm dieses Jahres sollte, das stand schon fest, *Adele* heißen.

Unter dem Auge der Kamera quollen fünfhundert Meilen vor den Kapverdischen Inseln, der Wiege der Hurrikane, Wolken auf. Ob sich aus ihnen nun ein Hurrikan oder nur ein großer Regensturm entwickeln würde, konnte niemand sagen. Man stand noch am Anfang der Saison, doch alle Anzeichen deuteten darauf hin, daß es eine aktive werden würde. In der westafrikanischen Wüste war es für die Jahreszeit ungewöhnlich heiß, und zwischen Hitze und der Geburt von Hurrikanen bestand ein eindeutiger Zusammenhang.

Der Lkw-Fahrer erschien zur abgemachten Zeit, um die Männer und die Cocapaste abzuholen, fand aber niemanden vor. Nachdem er eine Stunde gewartet hatte, schickte er die zwei Männer, die mit ihm gekommen waren, zum Verarbeitungsplatz hinauf. Der Lkw-Fahrer war der «Leiter» der Gruppe und hatte keine Lust auf den beschwerlichen Aufstieg.

Während er eine Zigarette rauchte, kraxelten seine Männer. Er wartete eine weitere Stunde. Auf der Landstraße herrschte viel Verkehr, besonders schwere Diesellaster, deren Einspritzpumpen und Auspuffanlagen nicht ganz so perfekt waren wie in reicheren Ländern und die deshalb lärmten und qualmten, aber auch weniger Treibstoff verbrauchten. Es donnerten zahlreiche Sattelschlepper vorbei und ließen den Boden erzittern. Deshalb überhörte er das Geräusch. Nachdem er insgesamt hundertzwanzig Minuten gewartet hatte, wurde ihm klar, daß er nun selbst nachsehen mußte. Er schloß den Lkw ab, steckte sich noch eine Zigarette an und begann, auf dem Pfad bergan zu marschieren.

Der Fahrer fand den Anstieg beschwerlich. Er war zwar in den Bergen aufgewachsen und konnte sich entsinnen, mit seinen Spielkameraden beim Fangspiel dreihundert Meter lässig überwunden zu haben, doch inzwischen saß er fast nur noch am Steuer, und seine Beinmuskulatur war eher ans Pedaltreten gewöhnt. Was er früher in vierzig Minuten geschafft hatte, dauerte nun eine Stunde, und als die Stelle endlich in Sicht kam, war er so gereizt und erschöpft, daß er die Hinweise übersah. Noch immer hörte er den Verkehr auf der Straße, hörte die Vögel in den Bäumen zwitschern, aber sonst nichts. Das erste Warnzeichen entdeckte er, als er anhielt, um wieder zu Atem zu kommen, und sich vorbeugte. Ein dunkler Fleck auf dem Weg. Etwas hatte die braune Erde schwarz verfärbt, aber das konnte alles Mögliche gewesen sein, und da er unbedingt herausfinden wollte, was oben nicht stimmte, eilte er weiter, ohne lange darüber nachzudenken. Mit der Polizei oder der Armee hatte es schon seit langem keine Probleme mehr gegeben. Warum müssen dann die Verarbeitungsplätze so hoch und abgelegen sein? fragte er sich. Das war doch nicht mehr erforderlich.

Fünf Minuten später kam die kleine Lichtung in Sicht, und erst jetzt fiel ihm die Stille dort auf und ein beißender Geruch. Muß die Säure sein, sagte er sich. Dann kam er um die letzte Wegbiegung und sah die Bescherung.

Der Lkw-Fahrer hatte an den Kämpfen, die letztendlich zur Bildung des Kartells führten, teilgenommen und war an Gewalt gewöhnt.

Aber nicht an so einen Anblick. Alle vierzehn Männer, die er am Vorabend gebracht hatte, lagen in einer Reihe auf dem Boden. Die Leichen waren bereits aufgetrieben. Auch die beiden Männer, die er hochgeschickt hatte, waren tot – zerrissen von Sprengsätzen, die sie beim Durchsuchen der Leichen ausgelöst hatten.

Der Fahrer blieb etwa eine Minute reglos stehen und griff mit zitternden Händen nach einer Zigarette. Dann machte er kehrt und lief ganz vorsichtig über den Pfad zurück. Nach hundert Metern rannte er um sein Leben, denn jede Vogelstimme und jeder Windhauch in den Bäumen schien einen herannahenden Soldaten anzukündigen. Daß es Soldaten gewesen sein mußten, stand für ihn fest: Nur Soldaten töteten mit solcher Präzision.

«Ihr Vortrag heute nachmittag war erstklassig. So gründlich wie Sie hatten wir die Nationalitätenfrage in der Sowjetunion bisher nicht analysiert.» Sir Basil Charleston hob sein Glas. «Sie haben die Beförderung verdient. Gratuliere, Sir John.»

«Danke. Wenn sie doch nur unter anderen Umständen gekommen wäre...», sagte Ryan.

«Ist es denn so ernst?»

Jack nickte. «Leider ja.»

«Und dann noch Emil Jacobs. Eine schlimme Zeit für euch.»

Ryan lächelte grimmig. «Das kann man wohl sagen.»

«Und was werden Sie jetzt unternehmen?»

«Dazu kann ich leider nicht viel sagen», erwiderte Jack vorsichtig. Schließlich konnte er hier nicht verraten, daß er überhaupt nichts wußte.

«Verständlich.» Der Chef des britischen Geheimdienstes nickte weise. «Aber Ihre Reaktion wird bestimmt angemessen sein.»

In diesem Augenblick erkannte Ryan, daß Greer recht gehabt hatte. Er *mußte* einfach Bescheid wissen – oder riskieren, daß ihn seine Kollegen für einen Narren hielten. Er beschloß, das Thema nach seiner Rückkehr bei Moore anzuschneiden.

Commander Robby Jackson erwachte nach sechs Stunden Schlaf. Dank seines Ranges genoß er den größten Luxus, den ein Kriegsschiff zu bieten hat: die Abgeschiedenheit einer eigenen Kabine. Die nötigen Höflichkeitsbesuche hatte er gleich nach dem Eintreffen erledigt, und sein Dienst begann erst in drei Stunden. So beschloß er nach dem Morgenkaffee, sich einmal auf eigene Faust umzusehen, und ging zum Magazin des Trägers.

Dies war ein großer, relativ niedriger Raum, in dem die Bomben und Raketen aufbewahrt wurden. Im Grunde eigentlich mehrere Räume mit Werkstätten, in denen die «Smart»-Waffen getestet und repariert wurden. Jackson interessierte sich hauptsächlich für die Luftkampfrakete AIM-54C Phoenix, bei der es Probleme mit dem Lenkkopf gegeben hatte. Bei der bevorstehenden Übung wollte man unter anderem feststellen, ob das System nach den Änderungen durch den Hersteller nun richtig funktionierte. Das Magazin war natürlich nur einem bestimmten Personenkreis zugänglich. Robby meldete sich bei einem Offizier, der, wie sich herausstellte, vor einigen Jahren zur gleichen Zeit wie er auf der *Kennedy* gedient hatte. Gemeinsam betraten sie einen Raum, in dem Waffentechniker an den Raketen arbeiteten. An der Spitze eines Flugkörpers hing ein merkwürdig aussehender Kasten.

«Na, was meinst du?» fragte einer.

«Die Werte sehen gut aus, Duke», erwiderte ein anderer am Oszilloskop. «Laß mich mal simuliertes Stören versuchen.»

«Diese Raketen werden für die Schießübung vorbereitet», erklärte der Offizier. «Bisher scheinen sie zu funktionieren, aber...»

«Waren Sie nicht derjenige, der das Problem als erster identifizierte?» fragte Robby.

«Ja, ich und Lieutenant Frederickson.» Aufgrund seiner Entdeckung hatte der Hersteller eine Vertragsstrafe in Millionenhöhe aufgebrummt bekommen, und alle Flugkörper vom Typ AIM-54C waren für Monate aus dem Verkehr gezogen worden – die angeblich wirksamste Luftkampfrakete der Navy.

Jackson war froh über die Nachricht, daß die Modifikation offenbar Erfolg gehabt hatte, und sagte dem Offizier, es sollten zwischen zehn und zwanzig Phoenix-C abgeschossen werden, dazu eine größere Zahl Sparrow und Sidewinder. Dann wandte er sich zum Gehen. Er hatte gesehen, was ihn interessierte, und die Waffentechniker hatten alle zu tun.

«Das klingt ja, als wollten Sie uns hier den ganzen Laden ausräumen. Haben Sie schon von den neuen Bomben gehört, die wir testen sollen?»

«Nein, aber auf dem Flug hierher lernte ich einen Zivilberater kennen, der damit zu tun hat. Der Mann sagte aber nicht viel. Was ist denn so Besonderes an diesen Dingern?»

Der Offizier lachte. «Kommen Sie mit, ich zeige Ihnen mal die große Geheimwaffe.»

Der Offizier öffnete die Tür zum Bombenmagazin. Die stromlinienförmigen Waffen – Leitflossen und Zünder wurden erst an Deck angebracht – ruhten auf Paletten. Auf einem Holzrost in der Nähe des Aufzugs sah Jackson eine Gruppe blau lackierter Bomben. Blau bedeutete Übungsmunition, aber das Etikett an der Palette verriet, daß sie die normale Sprengstoffladung enthielten. Robby hatte als Jagdflieger bisher nur wenige Bomben abgeworfen, konnte die Waffen aber als normale Tausend-Kilo-Hüllen identifizieren – knapp tausend Kilo Sprengstoff, gut tausend Kilo Stahlhülle. Der einzige Unterschied zwischen einer «dummen» normalen und «smarten» gesteuerten Bombe bestand in der Montierung zweier Zusatzeinheiten: eines Lenkkopfes an der Spitze und beweglicher Schwanzflossen. Ansonsten kamen ihm die Bomben ganz normal vor.

«Und?» fragte er.

Der Offizier klopfte mit dem Fingerknöchel gegen eine Bombenhülle. Es gab ein seltsames Geräusch. Robby folgte seinem Beispiel.

«Das ist doch kein Stahl!» rief er.

«Nein, Sir, Zellulose. Die Dinger sind praktisch aus Papier. Was sagen Sie dazu?»

«Ah!» Jetzt verstand Robby. «Stealth-Technologie.»

«Sie müssen aber ins Ziel gesteuert werden, weil so gut wie keine Splitter anfallen.» Es ist natürlich der Zweck einer Bombenhülle, sich bei der Detonation in Tausende von rasiermesserscharfen Fragmenten zu verwandeln. Tödlich wirkt weniger der Explosionsdruck als die Splitter. «Das Ding macht einen Riesenknall, aber wenn sich der Rauch verzogen hat, weiß kein Mensch, was das eigentlich war. Keine Überreste.»

«Mal wieder ein Wunder der Waffentechnik», bemerkte Robby. Was mit der Bombe bezweckt werden sollte, wußte er nicht –, aber vielleicht war sie für den neuen Tarnbomber gedacht. Robby ging zu einer Besprechung mit dem Kommandanten der Lufteinheiten. Der erste Teil der Übungen sollte in vierundzwanzig Stunden beginnen.

Die Nachricht erreichte Medellin natürlich rasch. Um die Mittagszeit war bekannt, daß zwei Verarbeitungsplätze ausgeschaltet und insgesamt einunddreißig Männer getötet worden waren.

Am besorgniserregendsten aber war die Tatsache, daß niemand wußte, was vor sich ging. Operierte die kolumbianische Armee wieder in den Bergen? Waren M-19 oder FARC wortbrüchig geworden? Steckte sonst jemand dahinter? Niemand wußte etwas. Das war besonders ärgerlich, denn das Kartell gab viel Geld für Informationen aus. Man kam zu dem Schluß, daß ein Treffen stattfinden mußte. Doch einige Mitglieder wandten ein, das sei gefährlich. Immerhin habe man es mit bewaffneten Männern zu tun, denen ein Menschenleben offenbar nicht viel bedeutete, und auch dieser Aspekt machte den Spitzen des Kartells zu schaffen. Entscheidender noch: Diese Leute verfügten über schwere Waffen und verstanden sie auch zu gebrauchen.

Das Kartell beschloß, eine Sitzung einzuberufen – am sichersten Platz, der ihm zur Verfügung stand.

BLITZ
TOP SECRET***** CAPER
1941Z
SIGINT-MELDUNG

INTERZEPT NR 1993 INIT FREQ 887.020 MHZ
INIT: SUBJEKT FOXTROT
EMPF: SUBJEKT UNIFORM
F: ABGEMACHT, WIR TREFFEN UNS MORGEN ABEND UM (2000L) IN IHREM HAUS.
U: WER KOMMT ALLES?
F: (SUBJEKT ECHO) KANN NICHT, ABER FÜR DIE PRODUKTION IST ER JA SOWIESO NICHT ZUSTÄNDIG. (SUBJEKT ALPHA), (SUBJEKT GOLF) UND (SUBJEKT WHISKEY) KOMMEN MIT MIR. WIE SIEHT'S MIT DER SICHERHEIT AUS?
U: IN MEINER BURG? (LACHT) WIR KÖNNEN HIER EIN GANZES REGIMENT ABHALTEN, UND MEIN HUBSCHRAUBER IST IMMER STARTKLAR. WOMIT KOMMT IHR?
F: HABEN SIE MEINEN NEUEN WAGEN SCHON GESEHEN?
U: DEN GROSSFUSS (BEDEUTUNG UNKLAR)? NEIN, DAS NEUE SPIELZEUG HABE ICH NOCH NICHT BEWUNDERN KÖNNEN.
F: DAS HABE ICH NUR IHRETWEGEN GEKAUFT. WANN LASSEN SIE ENDLICH DIE STRASSE ZU IHRER BURG RICHTEN, PABLO?
U: DER REGEN WÄSCHT SIE IMMER WIEDER AUS. GUT, ICH SOLLTE SIE ASPHALTIEREN LASSEN, ABER ICH BENUTZE JA MEIST DEN HUBSCHRAUBER.
F: UND SIE REGEN SICH ÜBER MEINE SPIELZEUGE AUF! (LACHEN) BIS MORGEN DANN.
U: WIEDERHÖREN.
GESPRÄCH ENDE. VERBINDUNG UNTERBROCHEN. INTERZEPT ENDE.

Das Abhörprotokoll wurde Minuten nach dem Eingang zu Bob Ritter gebracht. Nun war die Chance da, der ganze Zweck der Übung. Ritter gab sofort Befehle aus, ohne bei Cutter oder dem Präsidenten rückzufragen. Aber schließlich war er derjenige, dem man die Jagd freigegeben hatte.

Der technische Berater an Bord der *Ranger* erhielt die verschlüsselte Meldung eine Stunde später. Er ließ sich sofort mit Commander Jensen verbinden und arrangierte ein Treffen. Als er in seiner Kajüte eintraf, war auch der Bombardier/Navigator schon zur Einsatzbesprechung zugegen.

Fast zur gleichen Zeit erhielt auch Clark sein Signal. Er tat sich mit Larson zusammen und arrangierte sofort einen letzten Aufklärungsflug über dem Ziel in einem Tal südlich von Medellin.

Die restlichen Gewissensbisse wusch Ding zusammen mit den Flecken auf seinem Hemd weg. Hundert Meter von ihrem Lager entfernt floß ein hübscher kleiner Bach, und die Männer wuschen einer nach dem anderen sich und ihre Kleider so gut, wie sie es ohne Seife vermochten. Immerhin, sagte sich Chavez, hatte der arme Teufel etwas Illegales getan. Wichtiger war für ihn, daß er anderthalb Magazine Munition verschossen hatte und daß dem Zug nun eine Mine fehlte, die vor wenigen Stunden wie geplant detoniert war. Ihr Feindlagemann war ein echter Hexenmeister, wenn es um Sprengfallen ging. Nach seiner Katzenwäsche ging Ding zurück auf seinen Posten. Sie planten, in der kommenden Nacht an Ort und Stelle zu bleiben, stellten einige hundert Meter entfernt einen Horchposten auf und gingen Streife, um sicherzustellen, daß niemand ihnen nachstellte. Ansonsten aber sollten sie sich in der Nacht ausruhen. Captain Ramirez hatte erklärt, er wolle in diesem Gebiet nicht aktiv werden, um zu vermeiden, daß das Wild verfrüht aufgescheucht wurde.

18

Höhere Gewalt

Für Sergeant Mitchell war es eine Kleinigkeit, seinen Freund in Fort McDill anzurufen, denn er hatte mit Ernie Davis in der 101. Luftlandedivision gedient, neben ihm gewohnt und mit ihm bei Grillfesten so manche Bierdose zerquetscht. Er erreichte Ernie auf Anhieb, erkundigte sich nach seiner Familie und kam dann bald zur Sache: War in Fort McDill ein Sergeant Domingo Chavez eingetroffen?

«Auf Anhieb fällt mir zu dem Namen nichts ein», meinte Davis. «Moment, ich gehe mal an den anderen Apparat.» Einen Augenblick später war er wieder an der Leitung, und das typische Geräusch verriet, daß er am Tastenfeld eines Computers saß. «Wie war das noch mal?»

«Chavez, Domingo, Dienstgrad E-sechs.» Mitchell las die mit der Sozialversicherungsnummer identische Dienstnummer vor.

«Mitch, den haben wir hier nicht.»

«Wie bitte? Ein Colonel O'Mara von euch hat aber bei uns angerufen und meinen Lieutenant angepflaumt.»

«O'Mara? Nie gehört. Vielleicht hast du die Kaserne verwechselt.»

«Kann sein, daß der Lieutenant nicht richtig hingehört hat. Na ja, trotzdem vielen Dank, Ernie, und einen Gruß an Hazel.»

«Mach ich, Mitch. Alles Gute.»

«Hmmm ...» Mitchell legte auf und starrte den Apparat an. Was ging hier vor? Ding war weder in Fort Benning noch in Fort MacDill. Wo steckte er also? Mitchell griff nach dem Army-Telefonbuch und suchte sich die Nummer seines Freundes Peter Stankowski heraus, der in der Personalzentrale der Army in Alexandria, Virgina, arbeitete.

Er erreichte ihn erst beim zweiten Versuch.

«Hallo Stan! Hier Mitch.»

«Suchst du einen neuen Job?» Stankowski teilte Unteroffizieren Posten zu und war daher ein einflußreicher Mann.

«Unsinn, mir gefällt's bei der leichten Infanterie. Stimmt das... du willst zu den Panzern?» Mitchell hatte kürzlich erfahren, daß Stankowski zur 1. Kavalleriedivision in Fort Hood sollte, um seinen Zug von einem M-2 Bradley aus zu führen.

«Mitch, meine Knie gehen langsam kaputt. Ist doch ganz angenehm, zur Abwechslung mal im Sitzen zu kämpfen. Außerdem ist die 25-mm-Kanone ein hübscher Friedensstifter. So, und was kann ich für dich tun?»

«Ich versuche, jemanden ausfindig zu machen. Einer meiner Sergeants wurde vor zwei Wochen versetzt. Nun soll ich ihm ein paar Sachen nachschicken, kann ihn aber dort, wo er eigentlich sein sollte, nicht finden.»

«Alles klar. Laß mich mal meine schlaue Maschine fragen. Den Burschen finden wir schon. Wie heißt er?» fragte Stankowski. Mitchell nannte den Namen.

«Elf-Bravo, ja?» 11-B war Chavez' Funktionsbezeichnung, die ihn als Leichtinfanteristen identifizierte. Die mechanisierte Infanterie hieß 11-Mike.

«Stimmt.» Mitchell hörte Tippen.

«C-h-a-v-e-z?»

«Korrekt.»

«Ah, der sollte in Fort Benning Ausbilder werden...»

Da ist er aber nicht! wäre Mitchell beinahe herausgeplatzt.

«Das ist ein komischer Verein. Frag doch mal bei Ernie Davis nach, der arbeitet dort unten.»

«Gut», erwiderte Mitchell verdutzt. Das Ganze wurde immer sonderbarer. «Vielen Dank, und schönen Gruß an die Familie.»

Nach dem Auflegen stieß er eine Verwünschung aus. Er hatte gerade den Beweis erbracht, daß Chavez nicht mehr existierte. So einfach durften Leute bei der Armee nicht verschwinden. Der Sergeant war nun am Ende seines Lateins und beschloß, noch einmal mit dem Lieutenant zu reden.

«Letzte Nacht haben wir wieder zugeschlagen», sagte Ritter zu Admiral Cutter. «Und wieder Glück gehabt. Einer unserer Männer bekam einen Kratzer ab, aber nichts Ernstes. Drei Verarbeitungsplätze ausgeschaltet, vierundvierzig Feinde tot...»

«Und?»

«Und heute nacht treffen sich vier Spitzen des Kartells an dieser Stelle.» Ritter reichte Cutter ein Satellitenfoto und eine Kopie des Abhörprotokolls. «Alles Leute, die sich um die Produktion kümmern: Fernandez, d'Alejandro, Wagner und Untiveros. Die haben wir im Visier.»

«Phantastisch. Schlagen Sie zu», sagte Cutter.

Zum selben Zeitpunkt betrachtete Clark sich jenes Satellitenbild, einige Luftaufnahmen, die er selbst gemacht hatte, und einen Plan des Hauses.

«Sie meinen, die Besprechung findet in diesem Raum statt?»

«Ich habe ihn zwar noch nie betreten, aber es sieht mir nach Konferenzzimmer aus», meinte Larson. «Wie nahe müssen Sie herangehen?»

«Ich ziehe knapp viertausend Meter vor, aber das GLD funktioniert auch über sechstausend noch.»

«Wie wäre es mit dieser Kuppe hier? Von dort aus können wir das Anwesen einsehen.»

«Wie lang ist der Weg dorthin?»

«Drei Stunden. Zwei mit dem Auto, eine zu Fuß. Wissen Sie, das ließe sich fast vom Flugzeug aus erledigen...»

«Ihrem etwa?» fragte Clark und lächelte verschmitzt.

«Ach was!» Sie einigten sich schließlich darauf, einen Subaru mit Allradantrieb zu benutzen. Larson hatte mehrere verschiedene Kennzeichen, und das Fahrzeug war nicht auf ihn zugelassen. «Ich habe auch die Nummer und ein mobiles Telefon.»

Clark nickte. Auf diese Aktion freute er sich richtig. Er hatte zwar schon öfters Aktionen gegen solche Leute ausgeführt, aber noch nie mit offizieller Billigung. «Gut, ich muß mir noch die endgültige Genehmigung holen. Kommen Sie um drei bei mir vorbei.»

Auf die Nachricht hin eilte Murray sofort ins Krankenhaus. Moira schien um zehn Jahre gealtert zu sein. Da sie als selbstmordgefährdet galt, hatte man ihr die Hände ans Bett gefesselt.

Überall im Raum Blumen. Nur wenige FBI-Leute wußten, was wirklich geschehen war; der Rest nahm an, sie habe sich Emils Tod zu sehr zu Herzen genommen, was ja in gewisser Hinsicht auch stimmte.

«Da haben Sie uns ja einen schönen Schrecken eingejagt, Moira», bemerkte er.

«Es ist alles meine Schuld.» Sie brachte es nicht fertig, ihm länger als für ein paar Sekunden in die Augen zu schauen.

«Sie sind einem ganz raffinierten Spezialisten zum Opfer gefallen. So etwas kann selbst Fachleuten passieren, glauben Sie mir.»

«Ich habe mich von ihm benutzen lassen und mich benommen wie eine Hure...»

«So etwas will ich nicht hören. Sie haben einen Fehler gemacht. Das kommt vor. Sie haben niemandem etwas zuleide tun wollen und auch gegen kein Gesetz verstoßen.»

«Aber ich bin schuld an Emils Tod!»

«Nein, Moira, Sie sind einfach von diesem Felix Cortez überfahren worden.»

«Ist das sein richtiger Name?»

«Er war früher Oberst beim DGI, wurde an der KGB-Akademie ausgebildet und ist auf seinem Gebiet Spitze. Sie suchte er aus, weil Sie verwitwet sind und jung und hübsch dazu. Er kundschaftete Sie aus, stellte fest, daß Sie einsam waren, und ließ seinen Charme auf Sie los. Sie hatten keine Chance. Wir schicken Ihnen einen Psychiater vorbei, Dr. Lodge von der Temple University, und der wird Ihnen das gleiche erzählen, aber mehr berechnen. Keine Angst, dafür kommt die Krankenversicherung auf.»

«Beim FBI kann ich nicht bleiben.»

«Richtig, Moira. Sie werden Ihre Sicherheitseinstufung aufgeben müssen», sagte Dan. «Aber das ist kein großer Verlust. Sie bekommen eine Stelle beim Landwirtschaftsministerium, gleicher Dienstrang, gleiches Gehalt», fügte er sanft hinzu. «Bob hat das schon alles arrangiert.»

«Mr. Shaw? Aber – warum?»

«Weil Sie unschuldig sind, Moira.»

«So, und was genau passiert jetzt?» fragte Larson.

«Abwarten», sagte Clark und sah sich die Straßenkarte an. «Was ist Ihre Legende für den Fall, daß man uns zusammen sieht?»

«Sie sind Geologe, der hier in der Gegend herumfliegt und nach Gold sucht.»

«Gut.» Das war eine der Standardlegenden, die Clark verwendete. Geologie war sein Hobby, und er kannte sich auf diesem Gebiet gut genug aus, um einen Geologieprofessor täuschen zu können. Mit dieser Story waren auch die Ausrüstungsgegenstände hinten im Geländewagen erklärt. Das GLD konnte er als Vermessungsinstrument ausgeben.

Die Fahrt war nicht besonders ungewöhnlich. Die Straßen waren nicht so ausgebaut wie in Amerika und hatten kaum Leitplanken, aber gefährlich war eigentlich nur der leidenschaftliche Fahrstil der Einheimischen. Clark mochte Südamerika. Trotz aller sozialen Probleme waren die Menschen offen und voller Lebenslust. Vielleicht war das Klima in den Vereinigten Staaten vor hundert Jahren einmal so gewesen, dachte Clark. Er entstammte der Arbeiterklasse und war der Ansicht, daß die arbeitende Bevölkerung überall die gleichen Interessen hat. Die normalen Menschen in diesem Land hatten auf jeden Fall nichts für die Narcos übrig. Niemand mag Kriminelle, und schon gar nicht solche, die mit ihrer Macht protzen. Die Menschen hier waren bestimmt empört, weil weder die Polizei noch die Armee etwas gegen die Drogenbarone ausrichten konnten. Die einzige «Volks»-Bewegung, die versucht hatte, etwas zu unternehmen, war die marxistische Guerillagruppe M-19 gewesen, im Grunde nicht mehr als ein elitärer Verein von Intellektuellen. Nachdem die Schwester eines großen Kokainhändlers entführt worden war, hatten sich die anderen zusammengetan, um sie zu befreien. Dabei hatten sie zweihundert Kämpfer von M-19 getötet und das Medellin-Kartell ins Leben gerufen.

Mit einer revolutionären Gruppe sind sie also fertiggeworden, dachte Clark. Respektabel. Doch nun hatten sie den Fehler begangen, sich mit einem neuen, sehr viel mächtigeren Feind einzulassen. Ihr werdet euch wundern, dachte er, und lehnte sich zurück, um ein Nickerchen zu halten.

Dreihundert Meilen vor der kolumbianischen Küste ging USS *Ranger* in den Wind, um mit den Flugoperationen zu beginnen. Der Gefechtsverband bestand aus dem Träger, dem Raketenkreuzer der Aegis-Klasse *Thomas M. Gates*, einem weiteren Kreuzer mit Lenkwaffen, vier Zerstörern und Fregatten und zwei Zerstörern für die U-Abwehr. Die Versorgungsgruppe aus einem Tanker, dem Munitionsschiff *Shasta* und drei Begleitschiffen lag fünfzig Meilen dichter vor der südamerikanischen Küste. Fünfhundert Meilen weiter auf See kehrte ein ähnlich zusammengesetzter Flottenverband von einem langen Einsatz auf «Station Camel» im Indischen Ozean zurück. Die zurückkehrende Flotte spielte bei der Übung die Rolle des Feindes.

Als erste starteten Abfangjäger F-14 Tomcat, wie Robby Jackson vom Beobachtungsposten hoch auf der Insel des Trägers beobachtete. Das Manöver war wie immer eindrucksvoll. Wie bei einem Panzerballett wurden die mächtigen, schwerbeladenen Maschinen von jungen Choreographen in schmutzigen, farbcodierten T-Shirts mit Gesten auf dem sechzehntausend Quadratmeter großen Flugdeck herumdirigiert. Besatzungsmitglieder in lila Hemden betankten die Maschinen, und junge Leue in roten T-Shirts beluden sie mit blauer Übungsmunition. Die eigentliche Schießübung sollte erst morgen beginnen; heute sollten Abfangmanöver gegen andere Maschinen der Navy geübt werden. Morgen stiegen dann C-130 der Air Force von Panama aus auf und starteten in der Luft eine Reihe von unbemannten und ferngelenkten Kleinflugzeugen, die dann, wie alle hofften, von den Tomcat-Piloten mit den verbesserten Phoenix-Raketen vom Himmel geholt wurden.

Robby sah zwölf Maschinen starten und begab sich dann nach unten aufs Flugdeck. Er trug bereits seine olivgrüne Kombination und hatte seinen Helm in der Hand. Heute sollte er in einem Radarüberwachungsflugzeug E-2C Hawkeye mitfliegen, einer kleineren Version der E-3A AWACS, um von diesem fliegenden Gefechtsstand aus zu überprüfen, ob seine neuen taktischen Maßnahmen besser klappten als die bisher bei der Flotte gültigen.

Die Besatzung der E-2C begrüßte ihn an der Tür zum Flugdeck. Einen Augenblick später erschien ein Mann vom Bodenpersonal, um sie übers Flugdeck zu geleiten. Auf dem Weg fiel Robby eine A-6E Intruder auf, die mit einer einzigen blauen Bombe, an der Lenkvorrichtungen befestigt waren, beladen wurde. Es war das Flugzeug des Geschwaderchefs, stellte er fest; offenbar stand ein Übungsabwurf bevor. Robby fragte sich kurz nach dem Ziel – vermutlich ein Floß –, mußte sich dann aber um andere Dinge kümmern. Eine Minute später hatte er die Hawkeye bestiegen und schnallte sich nun im Radarraum an.

Nach den üblichen Startvorbereitungen spürte Commander Jackson Vibrationen, als die Turboprob-Triebwerke angelassen wurden. Dann rollte die Hawkeye langsam und ruckend auf eines der Katapulte zu. Nach der Befestigung des Bugrades wurden die Triebwerke auf Volleistung gebracht, und der Pilot warnte übers Bordsprechgerät die Besatzung. Innerhalb von drei Sekunden wurde das von Grumman gebaute Flugzeug von null auf hundertvierzig Knoten, also 260 km/h, beschleunigt. Der Schwanz senkte sich, als es vom Schiff freikam, dann ging es kurz in den Horizontalflug und stieg dann allmählich auf zwanzigtausend Fuß. Fast augenblicklich begannen die Operatoren an den Radargeräten mit der Überprüfung ihrer Systeme, und zwanzig Minuten später war die E-2C achtzig Meilen von dem Träger entfernt mit rotierendem Radardom auf Station. Jackson saß so, daß er die gesamte «Luftschlacht» auf den Radarschirmen beobachten konnte, und hatte sich in den Befehlskreis eingeschaltet, um zu sehen, wie exakt die Maschinen der *Ranger* seinen Plan ausführten. Derweil flog die Hawkeye lange Ovale.

Von ihrer Position konnten sie natürlich auch den Schlachtverband sehen. Eine halbe Stunde nach dem Abheben beobachtete Robby einen Doppelstart vom Träger aus. Das computergestützte Radarsystem an Bord erfaßte die beiden neuen Kontakte natürlich. Die beiden Maschinen stiegen auf dreißigtausend Fuß und trafen sich dort. Eine Lufttankübung, erkannte er sofort. Ein Flugzeug kehrte sofort zum Träger zurück, das andere ging auf Ostsüdostkurs. In diesem Augenblick begann zwar das Abfangmanöver, aber Robby prüfte alle paar Sekunden den Kurs des neuen Kontaktes, bis er vom Radarschirm verschwand, noch immer auf das südamerikanische Festland zuhaltend.

«Ja, ja, ich fahr ja schon», sagte Cortez. «Ich bin noch nicht soweit, aber ich komme.» Er legte mit einer Verwünschung auf und griff nach dem Wagenschlüssel. Felix hatte noch nicht einmal Gelegenheit gehabt, einen der zerstörten Verarbeitungsplätze zu inspizieren, sollte aber trotzdem vor dem «Produktionskomitee», wie *el jefe* es nannte, Vortrag halten. Auf dem Weg nach draußen fluchte er noch einmal, weil er bis hinaus zu der Burg dieses fetten, aufgeblasenen Idioten fahren mußte. Er schaute auf die Uhr. Zwei Stunden Fahrzeit, und er würde zu spät kommen. Und nicht in der Lage sein, ihnen etwas Konkretes zu sagen, weil er keine Zeit gehabt hatte, etwas in Erfahrung zu bringen. Darüber würde man ungehalten sein. Und er würde sich wieder erniedrigen müssen. Zeit, daß das ein Ende findet, sagte sich Cortez, als er den Motor anließ, und fluchte noch einmal.

Der neueste CAPER-Mitschnitt trug die laufende Nummer 2091 und betraf einen Anruf von einem mobilen Telefon bei Subjekt ECHO zu Hause. Der Text kam aus Ritters Computerdrucker. Gleich darauf erschien Interzept 2091. Ritter gab seinem Assistenten die beiden Ausdrucke.

«Cortez kommt auch? Das ist ja wie Weihnachten und Ostern an einem Tag!»

«Wie geben wir das an Clark durch?» fragte Ritter.

Der Assistent dachte kurz nach. «Das geht nicht.»

«Wieso nicht?»

«Weil uns kein sicherer Sprechfunkkanal zur Verfügung steht – es sei denn, wir bekämen einen sicheren VOX-Kreis zum Träger, von dort aus zur A-sechs, und von der A-sechs zu Clark.»

Nun stieß Ritter eine Verwünschung aus. Nein, das war ausgeschlossen. Das schwache Glied dieser Kette war der Träger. Ihr Mann dort mußte beim Kapitän die Genehmigung einholen, einen Funkraum ganz allein belegen zu dürfen. Hier war das Risiko zu groß, selbst wenn man voraussetzte, daß der Kapitän mitspielte. Zu viele Fragen, zu viele neue Leute in der Informationsschleife. Ritter fluchte noch einmal und beruhigte sich dann wieder. Vielleicht kam Cortez ja doch rechtzeitig an. Was für ein Coup, wenn er dem FBI melden konnte, daß der Kerl erledigt worden war! Oder eher, daß jemand ihn ausgeschaltet hatte. Oder vielleicht auch nicht. Da er Bill Shaw nicht sehr gut kannte, wußte er nicht, wie er reagieren mochte.

Larson hatte den Subaru hundert Meter abseits der Landstraße an einer vorher ausgewählten versteckten Stelle geparkt. Der Anstieg zu ihrem Beobachtungsposten war so leicht, daß sie lange vor Sonnenuntergang an Ort und Stelle waren. Und nun bot sich ihnen der Blick auf ein Haus, das ihnen den Atem verschlug. Eine Villa mit zweitausendzweihundert Quadratmeter Wohnfläche, zweistöckig, auf einem umzäunten Grundstück von zweieinhalb Hektar gelegen, vier Kilometer entfernt und etwa hundert Meter unter ihnen. Clark nahm sein Fernglas mit siebenfacher Vergrößerung und sah sich die Wachen an, solange die Lichtverhältnisse es zuließen. Er zählte zwanzig Mann mit automatischen Waffen. Auf der Mauer zwei befestigte Maschinengewehrnester. Ritter hat auf St. Kitts die richtige Bezeichnung für dieses Monstrum gefunden, dachte er: *Gebaut von Frank Lloyd Wright für Ludwig II. von Bayern.* Im Grunde kein häßlicher Bau, wenn man die neoklassizistische spanische Moderne, befestigt auf Hi-Tech-Art, mochte. Auf dem obligatorischen Hubschrauberlandeplatz stand ein Sikorsky S-76.

«Was muß ich sonst noch über das Haus wissen?» fragte Clark.

«Massive Betonkonstruktion. Ich würde mich darin nicht wohlfühlen; immerhin ist das hier ein Erdbebengebiet. Ein Holzgebäude fände ich sicherer. Aber dieser Kasten hier soll wohl Kugeln und Mördergranaten abhalten.»

«Wird ja immer besser», bemerkte Clark und griff in seinen Rucksack. Erst zog er ein schweres Stativ heraus und baute es rasch und geschickt auf ebenem Boden auf. Dann kam das GLD, das er aufschraubte und justierte. Zuletzt holte er ein Nachtsichtgerät Varo Noctron-V hervor. Das GLD war zwar ebenfalls mit einem Infrarotvisier ausgestattet, aber nachdem es einmal justiert war, wollte er es nicht mehr berühren. Das

Noctron hatte nur fünffache Vergrößerung, war aber klein, leicht und handlich und verstärkte verfügbares Licht fünftausendfach. Larson sollte den Funkverkehr übernehmen und hatte seine Ausrüstung schon aufgebaut. Nun brauchten sie nur noch abzuwarten. Larson holte etwas zu essen heraus, und die beiden Männer machten es sich bequem.

«Na, jetzt wissen Sie wenigstens, was ‹Großfuß› bedeutet», meinte Clark eine Stunde später lachend und reichte Larson das Noctron.

«Ist ja ein geiles Teil...»

Die Straße hoch kam ein Ford-Pickup mit riesigen Reifen, der zwar nicht ganz so grotesk aussah wie jene «Bigfoot»-Monster, die bei Vorführungen Schrottautos plattwalzen, aber einen ähnlichen Effekt hatte. Außerdem kam das Gefährt auf der miserablen Straße zur *casa* gut voran.

«Ich möchte wissen, was das Ding an Sprit schluckt», bemerkte Larson und gab das Nachtsichtgerät zurück.

«Der kann sich's leisten.» Clark beobachtete, wie das Fahrzeug oben auf dem Gelände rangierte, und wollte seinen Augen nicht trauen: Der Holzkopf parkte es doch tatsächlich direkt neben dem Haus, vor den Fenstern des Konferenzzimmers. Offenbar wollte er sein neues Spielzeug nicht aus den Augen lassen.

Zwei Männer stiegen aus und wurden an der Terrasse vom Gastgeber mit Händedruck und Umarmungen begrüßt. Ringsum standen Bewaffnete und schauten sich so nervös um wie die Leibwächter des Präsidenten. Sie entspannten sich sichtlich, als ihre Schutzbefohlenen hineingingen.

«Ah, da kommt der letzte.» Larson wies auf Scheinwerfer auf der Schotterstraße.

Es war ein Mercedes, gepanzert wie ein Tank – *genau wie die Limousine des Botschafters*, dachte Clark. Auch dieser VIP wurde mit Pomp empfangen. Inzwischen waren mindestens fünfzig Wächter sichtbar. Die Mauer war voll bemannt; andere Teams gingen auf dem Gelände Streife. Seltsam fand Clark nur, daß außerhalb der Einfriedung keine Wächter postiert waren. In dem Raum hinter dem Pickup ging das Licht an.

«Sieht so aus, als hätten Sie richtig geraten.»

«Dafür werde ich bezahlt», versetzte Larson. «Wie groß ist die Entfernung zwischen dem Pickup...»

Clark hatte die Distanz zwischen dem Fahrzeug und dem Haus bereits mit dem Laser gemessen. «Drei Meter von der Mauer entfernt. Das reicht.»

Commander Jensen schloß das Tankmanöver ab und löste sich von der KA-6, sobald seine Kraftstoffmesser «voll» anzeigten. Er ging tiefer, damit der Tanker das Gebiet verlassen konnte, zog den Knüppel nach rechts. Sein neuer Kurs war eins-eins-fünf; auf dreißigtausend Fuß ging er in den Horizontalflug. Noch war sein IFF-Transponder (Identifikation Freund/Feind) abgeschaltet; er konnte sich also entspannen und den Flug genießen. Aus Gründen der Sicht bei Bombenangriffen sitzt der Pilot in der A-6 relativ hoch – man kam sich ein wenig exponiert vor, wenn man beschossen wurde, entsann sich Jensen, der kurz vor dem Ende des Vietnamkrieges einige Einsätze geflogen hatte. Heute aber kam ihm der Pilotensitz vor wie ein Thron. Die Sterne funkelten hell. Bald würde der abnehmende Mond aufgehen. Die Welt war in Ordnung. Dazu noch eine angenehme Mission; besser konnte es gar nicht werden.

Im Schein der Sterne konnten sie die Küste schon über gut zweihundert Meilen ausmachen. Die Intruder glitt mit knapp fünfhundert Knoten dahin. Sowie sie den Radarüberwachungsbereich der E-2C verlassen hatten, zog Jensen den Knüppel nach rechts und hielt nun auf Ecuador zu. Beim Überfliegen der Küste drehte er nach links ab und folgte der Andenkette. An diesem Punkt schaltete er den IFF-Transponder ein. Weder Ecuador noch Kolumbien leisteten sich den Luxus eines Luftabwehr-Radarsystems, und auf den ESM-Monitoren der Intruder erschienen daher nur die Radarsignale der zivilen Luftüberwachung. Ein wenig bekanntes Paradox der Radartechnologie ist die Tatsache, daß moderne Anlagen keine Flugzeuge, sondern nur Radartransponder erfassen. Jede Zivilmaschine hat ein solches Gerät an Bord, das Radarsignale auffängt und mit seinem eigenen Signal beantwortet, welches dann auf dem Bildschirm des Fluglotsen als Datengruppe erscheint.

Die Intruder drang bald in den Überwachungsbereich des Flughafens El Dorado International bei Bogotá ein. Als der alphanumerische Code der Intruder auf dem Radarschirm auftauchte, rief ein Fluglotse die Maschine an.

«Roger, El Dorado», antwortete Commander Jensen sofort. «Hier vier-drei-Kilo. Wir sind Inter-America Cargo Flug sechs aus Quito, Destination LAX. Höhe drei-null-null, Kurs drei-fünf-null, Geschwindigkeit vier-neun-fünf. Over.»

Der Lotse verglich die Angaben mit seinen Radardaten und erwiderte: «Vier-drei-Kilo, Roger. Kein Flugverkehr in Ihrem Gebiet. Wetter CAVU. Halten Sie Kurs und Höhe. Over.»

«Roger. Vielen Dank.» Jensen schaltete das Funkgerät ab und wandte sich über die Bordsprechanlage an seinen Navigator und Bombenschützen. «Das war ganz einfach, was? So, gehen wir an die Arbeit.»

Auf dem rechten Sitz, etwas tiefer und hinter dem Piloten eingebaut, aktivierte ein Offizier der Marineflieger sein Funkgerät und die unter dem Rumpf montierte TRAM-Kapsel.

Bei T minus fünfzehn griff Larson nach seinem Mobiltelefon und wählte eine Nummer. *«Señor Wagner, por favor.»*

«Momento.»

«Wagner», meldete sich kurz darauf eine Stimme. «Wer spricht?»

Larson riß das Zellophan von einer Zigarettenschachtel und zerknüllte es über der Muschel, sprach dabei zusammenhangslose Wortfetzen. «Ich kann Sie nicht verstehen, Carlos», sagte er schließlich. «Ich rufe in ein paar Minuten zurück.» Dann unterbrach er die Verbindung.

«Gut gemacht», bemerkte Clark. «Wer ist Wagner?»

«Sein Vater war Unterführer bei der SS, arbeitete in Sobibor, kam 1946 hierher, heiratete eine Einheimische und betätigte sich als Schmuggler. Starb, ehe man ihm auf die Spur kam. Carlos Wagner ist sein Sohn. Ein unangenehmer Typ, der gerne Frauen mißhandelt, aber bei seinen Kollegen wegen seiner Tüchtigkeit beliebt ist.»

«Ende der Fahnenstange, Carlos», merkte Clark an. Fünf Minuten später kam ein Funkspruch.

«Bravo Whiskey, hier Zulu X-Ray, over.»

«Zulu X-Ray, hier Bravo Whiskey. Ich empfange Sie klar und deutlich. Over», antwortete Larson sofort. Sein Funkgerät arbeitete auf einer verschlüsselten UHF-Frequenz.

«Statusmeldung, over.»

«Wir sind an Ort und Stelle. Alles klar. Ich wiederhole: Alles klar.»

«Roger. Alles klar zum Einsatz. Wir sind noch zehn Minuten entfernt. Lassen Sie die Musik spielen.»

Larson wandte sich an Clark. «Iluminieren.»

Das GLD stand bereits unter Strom. Mr. Clark legte den Schalter von «bereit» auf «aktiv» um. Das GLD war ein Bodenlaser-Designator, ein Zielgerät, das eigentlich für den Einsatz auf dem Gefechtsfeld gedacht war und durch ein komplexes, aber robustes System von Linsen einen unsichtbaren Infrarot-Lasterstrahl projizierte. Parallel zu diesem System war ein Infrarot-Sensor montiert, der dem Bedienenden sagte, in welche Richtung er zielte. «Großfuß» hatte einen Fiberglasaufbau über der Ladefläche, und diesen nahm Clark jetzt ins Visier, um den Infrarot-

Punkt genau in seiner Mitte zu positionieren. Dann schaltete er noch den mit dem GLD verbundenen Videorekorder ein. Die Bosse in Washington wollten sehen, wie dieser Coup in allen seinen Einzelheiten abgelaufen war.

«Ziel illuminiert», sagte er leise.

«Die Musik spielt und klingt großartig», meldete Larson über Funk.

Cortez fuhr die Steigung zum Haus hoch und hatte bereits einen Kontrollpunkt passiert, an dem die Wächter zu seiner Mißbilligung Bier tranken. Die Straße war so schlecht, wie er es aus Kuba gewohnt war, und er kam nur langsam voran.

Klingt alles viel zu einfach, dachte Jensen, als er die Antwort empfing. So einfach in dreißigtausend Fuß dahinsegeln, eine klare Nacht, weder Flak noch Abwehrraketen. Simpler als eine Übung.

«Ich hab's», stellte der Navigator und Bombenschütze nach einem Blick auf seinen Schirm fest. Aus dreißigtausend Fuß Höhe sieht man in einer klaren Nacht sehr weit, besonders, wenn man durch ein Millionen Dollar teures System guckt. Das unten am Rumpf der Intruder montierte Zielkennungs- und Angriffssensorgerät TRAM erfaßte über sechzig Meilen hinweg den Laserpunkt. Nun war das Ziel eindeutig identifiziert.

«Zulu X-Ray bestätigt: Musik klingt großartig», sagte Jensen über Funk und sprach dann in die Bordsprechanlage: «Nächster Schritt.»

Die an der linken inneren Bordwaffenmontierung befestigte Bombe erhielt Strom für den Suchkopf. Auch dieser stellte sich sofort auf den Laserpunkt ein. Ein Bordcomputer verfolgte Position, Höhe, Kurs und Geschwindigkeit des Flugzeugs, und der Navigator/Bombenschütze gab die Position des Zieles bis auf zweihundert Meter exakt ein. Der Bombenabwurf sollte dann vollautomatisch erfolgen, und der Laser-«Korb», in den die Bombe geworfen werden mußte, war in dieser Höhe Meilen weit. Der Computer hielt alle diese Fakten fest und entschied sich für den optimalen Abwurfpunkt in der Mitte des Korbes.

Clarks Blick war nun nur noch auf das GLD gerichtet. Er stützte sich auf die Ellbogen und berührte das Instrument nun nur noch mit den Augenbrauen an der Okularmuschel.

«Jeden Augenblick!» sagte der Navigator.

Jensen hielt die Maschine horizontal und folgte dem von den diversen

Bordcomputern vorgegebenen Pfad. Der ganze Vorgang war nun Menschenhänden entzogen. An der Abwurfpalette ging ein Signal vom Computer ein. Mehrere Schrotpatronen wurden gezündet und preßten die «Ejektorfüße» nach unten gegen kleine Stahlplatten an der Oberseite der Bombenhülse. Die Bombe löste sich sauber vom Flugzeug.

«Bombe frei!» meldete Jensen.

Endlich kam die Mauer in Sicht. Die Räder von Cortez' Wagen drehten auf dem losen Schotter zwar immer noch durch, aber es war nicht mehr weit bis zum Tor, und von dort an war der Weg ordentlich asphaltiert, wenn er sich recht entsann.

«Sie ist auf dem Weg», sagte Larson zu Clark.

Die Geschwindigkeit der Bombe betrug noch fünfhundert Knoten. Nachdem sie sich von dem Flugzeug gelöst hatte, wurde sie von der Schwerkraft erfaßt und flog im weiten Bogen dem Boden entgegen, beschleunigte dabei in der dünnen Luft leicht. Der Suchkopf, der einem stumpfen Geschoß aus Fiberglas mit Lenkflossen ähnelte, korrigierte leicht die Bahn, um Windabtrift zu kompensieren. Als der Laserpunkt, auf den er zuhielt, aus der Mitte seines Gesichtsfeldes rückte, bewegte sich die ganze Einrichtung einschließlich der Schwanzflossen aus Kunststoff, bis er wieder dort war, wo er hingehörte. Die Bombe hatte noch exakt zweiundzwanzigtausend Fuß zu fallen, und das Mikrochip-Gehirn des Lenksystems versuchte, das Ziel genau zu treffen. Für die Korrektur eventueller Irrtümer war noch genug Zeit.

Clark wußte nicht genau, womit er zu rechnen hatte. Es war schon lange her, seit er Luftunterstützung angefordert hatte, und einige Details waren ihm in Vergessenheit geraten; wer um Luftunterstützung bitten muß, hat meist keine Zeit, sich um die Details zu kümmern. Er fragte sich, ob er ein Pfeifen vernehmen würde – bei seinen Einsätzen im Krieg hatte er das nie gehört. Er behielt das Ziel im Auge und war noch immer sorgfältig bedacht, das GLD nicht zu berühren. Mehrere Männer standen an dem Pickup und unterhielten sich offenbar. Das Ganze schien sich endlos hinzuziehen. Als es aber passierte, kam es ohne jede Warnung.

Cortez spürte einen Ruck, als die Vorderräder seines Wagens auf die feste Fahrbahn rollten.

Die lasergesteuerte Bombe GBU-15 hat eine «garantierte» Zielgenauigkeit von unter drei Metern, doch dieser Wert galt für Gefechtsbedingungen. Dieser Einsatz stellte das System längst nicht so auf die Probe. Die Bombe landete nur Zentimeter von ihrem lasermarkierten Ziel entfernt und traf das Dach des Pickup. Anders als bei den Übungsabwürfen detonierte sie beim Aufschlag. Zwei Zünder, einer in der Spitze, einer im Schwanz, eine Mikrosekunde nach dem Aufprall des Suchkopfes auf das Dach von einem Computerchip ausgelöst. Selbst hochexplosiver Sprengstoff braucht seine Zeit zur Detonation, und während des Prozesses der Auslösung fiel die Bombe weitere fünfundsiebzig Zentimeter. Geladen war sie mit Octol, einem sehr teuren chemischen Sprengstoff, mit dem auch Kernwaffen gezündet werden; seine Detonationsgeschwindigkeit beträgt über 8000 m/s. Die brennbare Bombenhülle wurde in Mikrosekunden vaporisiert. Dann schleuderte sich ausdehnendes Explosionsgas Fetzen der Karosserie in alle Richtungen; dicht dahinter folgte die steinharte Druckwelle. Nach einer Tausendstelsekunde trafen Fragmente und Druckwelle mit dem vorhersehbaren Effekt die Betonmauer des Hauses, die sich in Millionen winziger, mit Gewehrkugelgeschwindigkeit fliegende Splitter auflöste. Die nachfolgende Druckwelle zerstörte weitere Teile des Gebäudes.

Das Display des Nachtsichtgeräts am GLD wurde weiß mit einem Grünstich. Clark verzog das Gesicht, schaute weg und sah im Zielgebiet einen noch grelleren Blitz. Sie waren zu weit entfernt, um die Detonation sofort hören zu können. Es kam nicht oft vor, daß man Schall *sehen* konnte, aber große Bomben ermöglichten das. Die komprimierte Luft der Druckwelle sah aus wie eine gespenstische weiße Wand, die sich mit einer Geschwindigkeit von über 300 m/s radial vom Standort des Pickups ausbreitete. Der Schall erreichte Clark und Larson erst nach zwölf Sekunden. Zu diesem Zeitpunkt waren alle, die sich im Konferenzsaal befunden hatten, natürlich tot.

«Donnerwetter», sagte Larson beeindruckt.

Clark hingegen konnte nicht vergessen, daß bei diesem Streich über zwanzig Menschen umgekommen waren; nur vier hatten auf der Liste gestanden. Das war kein Scherz. Das Lachen erstarb ihm in der Kehle. Er war ein Profi, kein Psychopath.

Cortez war keine zweihundert Meter von der Explosionsstelle entfernt gewesen, aber die Tatsache, daß er sich tiefer befand, rettete ihm das Leben, denn die meisten Fragmente flogen über seinen Kopf hinweg. Die

Druckwelle aber war schon schlimm genug und schleuderte ihm die Windschutzscheibe ins Gesicht. Zu seinem Glück bestand sie aus Sicherheitsglas. Sein Wagen wurde umgeworfen und blieb auf dem Dach liegen, aber Cortez brachte es fertig, sich kriechend ins Freie zu retten, noch ehe sein Verstand verarbeiten konnte, was seine Augen aufgenommen hatten. Erst nach sechs Sekunden kam ihm «Explosion» in den Sinn. Dann waren seine Reaktionen schneller als die der Wächter, die ohnehin zur Hälfte tot waren oder im Sterben lagen. Seine erste bewußte Handlung war, daß er die Pistole zog und auf das Haus zuging.

Von dem Gebäude war so gut wie nichts mehr übrig. Er war noch zu taub, um die Schreie der Verletzten hören zu können. Mehrere Wächter liefen mit Waffen im Anschlag ziellos umher. Am wenigsten betroffen waren die Männer, die jenseits des Hauses an der Mauer postiert gewesen waren. Das Gebäude hatte die größte Wucht der Druckwelle aufgenommen und sie vor allem geschützt außer den Projektilen, aber die waren an sich schon tödlich genug gewesen.

«Bravo Whiskey, hier Zulu X-Ray, erbitte BDA.» BDA war die Einschätzung des von der Bombe angerichteten Schadens. Larson drückte ein letztes Mal auf die Sprechtaste an seinem Mikrophon.

«Detonationspunkt auf null geschätzt, wiederhole: null. Hohe Sprengleistung. Einschätzung vierzehn Komma null. Over.»

«Roger. Out.» Jensen schaltete das Funkgerät wieder ab. «Auf der *Kennedy* trauten wir Offiziere uns nicht in bestimmte Räume, weil dort Soldaten mit Drogen hantierten.»

«Scheißdrogen», antwortete der Navigator über die Bordsprechanlage. «Keine Angst, Skipper. Dieser Angriff macht mir bestimmt keine Gewissensbisse. Wenn das Weiße Haus sagt, daß das klargeht, dann geht es auch klar.»

«Genau.» Jensen verfiel in Schweigen und blieb auf Kurs, bis er den Überwachungsraum von El Dorado verlassen hatte. Dann drehte er ab in Richtung *Ranger*. Es war eine wunderschöne Nacht.

Cortez hatte wenig Erfahrung mit Explosionen, und die dabei auftretenden seltsamen Phänomene waren ihm fremd. Zum Beispiel lief der Springbrunnen vor dem Haus noch. Die Stromleitungen zur *casa* waren unterm Schutt begraben, aber unversehrt, und auch der Sicherungskasten war nicht ganz zerstört. Er wusch sich im Becken das Gesicht, und als er sich wieder aufrichtete, fühlte er sich, abgesehen von dem Schädelbrummen, fast normal.

Zum Zeitpunkt der Explosion hatte ungefähr ein Dutzend Fahrzeuge innerhalb der Mauer gestanden. Die Hälfte war zerfetzt, und brennende Benzintanks erhellten die Szene. Untiveros' neuer Hubschrauber lag als plattgedrücktes Wrack an der bröckelnden Mauer. Menschen hasteten hin und her. Cortez blieb stehen und begann zu denken.

Er konnte sich entsinnen, einen Pickup mit riesigen Reifen vorm Konferenzzimmer gesehen zu haben, und ging hinüber. Das ganze Grundstück war mit Trümmern übersät, aber an dieser Stelle sah es wie leergefegt aus. Dann entdeckte er den zwei Meter tiefen und sechs Meter breiten Krater.

Eine Autobombe, dachte er. Vielleicht tausend Kilo. Er wandte sich von dem Krater ab.

«So, jetzt haben wir genug gesehen», meinte Clark, schaute noch einmal durchs Okular des GLD und schaltete das Gerät dann aus. Drei Minuten später war es verpackt.

«Und wer ist das wohl?» fragte Larson beim Anlegen seines Rucksackes und reichte Clark das Noctron.

«Muß der Mann sein, der verspätet mit dem BMW kam. Ist der wichtig?»

«Keine Ahnung. Den erwischen wir beim nächsten Mal.»

«Genau.» Clark ging voran den Hügel hinunter.

Es waren natürlich die Amerikaner gewesen, zweifellos die CIA. Irgendwie mußte eine Tonne Sprengstoff in Fernandez' Pickup geschmuggelt worden sein. Fernandez hatte das gute Stück gehütet wie seinen Augapfel und vor dem Konferenzzimmer abgestellt. So mußte es gewesen sein.

Die Amerikaner hatten Glück gehabt. Gut, dachte er, wie haben sie das geschafft? Selbst hatten sie sich die Finger natürlich nicht schmutzig gemacht, sondern eher arrangiert, daß jemand anders ... aber wer? Jemand ... nein, mindestens vier oder fünf von M-19 oder FARC, oder? Klang logisch. Konnte es eine indirekte Aktion gewesen sein? Arrangiert von Kuba oder dem KGB? Angesichts der Veränderung im Osten und der Entspannung zwischen den Blöcken konnte es der CIA gelungen sein, eine solche Zusammenarbeit zustande zu bringen. Sehr unwahrscheinlich zwar, dachte Felix, aber nicht ausgeschlossen. Eine direkte Attacke auf hohe Regierungsbeamte, so wie sie das Kartell geführt hatte, konnte zur Bildung der merkwürdigsten Koalitionen führen.

War die Bombenexplosion ein Zufall? Konnten die Amerikaner von dem Treffen erfahren haben?

Aus dem Schutthaufen, der einmal Untiveros' Burg gewesen war, drangen Stimmen. Wachen stöberten herum, und Cortez gesellte sich zu ihnen. Untiveros' Familie war im Haus gewesen, zusammen mit dem achtköpfigen Hauspersonal, die vermutlich wie Leibeigene behandelt wurden, dachte Cortez. So sprangen alle Kartellbosse mit ihren Dienstboten um. Womöglich hatte Untiveros einen schwer beleidigt – zum Beispiel einer Tochter nachgestellt. Das taten die Herren nämlich alle. *Droit de seigneur* – so viel Französisch verstanden die Häuptlinge. Narren, sagte sich Cortez. Schreckten sie denn vor keiner Perversion zurück?

Wächter wühlten in den Trümmern. Langsam kehrte Cortez' Gehör zurück. Nun hörte er die schrillen Schreie eines armen Teufels und fragte sich nach der Zahl der Opfer. Cortez wandte sich ab und ging zu seinem umgestürzten BMW. Aus dem Tankverschluß rann Benzin, aber er griff ins Innere und holte sein Telefon heraus, entfernte sich zwanzig Meter vom Wagen und schaltete es erst dann ein.

«*Jefe*, hier Cortez. Es hat eine Explosion gegeben.»

Ausgerechnet ein weiteres CAPER-Abhörprotokoll unterrichtete Ritter zuerst vom Erfolg der Operation. Und besonders günstig sei, meldeten die Leute vom NSA, daß sie nun Cortez' Stimme identifiziert und auf Band hatten. Damit standen ihre Chancen, ihn auszumachen, nicht schlecht. Besser als nichts, dachte Ritter, als zum zweiten Mal an diesem Tag ein Besucher kam.

«Cortez ist uns durch die Lappen gegangen», teilte er Admiral Cutter mit. «Aber wir haben d'Alejandro erwischt, Fernandez, Wagner, Untiveros plus die üblichen Ausfälle.»

«Was soll das heißen?»

Ritter betrachtete sich noch einmal das Satellitenfoto des Hauses. «Es waren ein Haufen Wächter zugegen, die wir wahrscheinlich auch erwischten. Bedauerlicherweise war auch Untiveros' Familie dort – die Frau, zwei Kinder, eine Reihe Hausangestellte.»

Cutter setzte sich kerzengerade auf. «Davon haben Sie nichts gesagt! Der Schlag sollte mit chirurgischer Präzision geführt werden!»

Ritter schaute recht ungehalten auf. «Verdammt, Jimmy, was haben Sie denn erwartet? Sie waren doch mal Marineoffizier! Es stehen eben immer Unbeteiligte herum. Und wir haben eine *Bombe* abgeworfen. Chirurgische Präzision ist da nicht drin!»

«Ich habe dem Präsidenten aber gesagt...»

«*Mir* sagte der Präsident, ich hätte freie Jagd und unbegrenzte Strecke. Und ich leite die Operation, vergessen Sie das nicht.»

«Was, wenn die Presse davon Wind bekommt? Das ist kaltblütiger Mord!»

«Das ist das Abknallen der Narcos und ihrer Wächter auch. Zur Kriegshandlung wurde es erst, als der Präsident erklärte, die Glacéhandschuhe würden nun ausgezogen. Ich bedaure, daß Unbeteiligte in der Nähe waren. Wenn es einen Weg gäbe, diese Kerle direkt zu erwischen, ohne daß Unschuldige verletzt werden, können Sie sicher sein, daß wir ihn wählen würden. Es gibt aber leider keinen.» Ritter war fassungslos. Cutter war angeblich Marineoffizier; ein Beruf, bei dem das Töten zum Geschäft gehört. Natürlich hatte er den größten Teil seiner Karriere im Pentagon verbracht und nichts als einen Schreibtisch kommandiert, und Blut hatte er vermutlich seit seinen ersten Rasierversuchen nicht mehr gesehen. Ein Schaf im Wolfspelz also. Nein, verbesserte sich Ritter, schlicht ein Schaf. Der Mann steckte dreißig Jahre in Uniform und hatte vergessen, daß echte Waffen nicht ganz so präzise töten wie im Film. Und ausgerechnet dieser Held beriet den Präsidenten in Fragen der nationalen Sicherheit. Großartig.

«Ich mache Ihnen einen Vorschlag, Admiral. Wenn Sie den Medien nichts sagen, schweige ich auch. Hier ist das Interzept. Cortez meint, es sei eine Autobombe gewesen. Clark muß die Sache so gedeichselt haben, wie wir hofften.»

«Und wenn die lokale Polizei ermittelt?»

«Erstens wissen wir nicht, ob die überhaupt auf das Grundstück gelassen wird. Zweitens, wie kommen Sie darauf, daß sie über die erforderlichen Mittel verfügt. Ich habe mich sehr bemüht, eine Autobombe vorzutäuschen, und selbst Cortez ist darauf hereingefallen. Drittens: Glauben Sie denn, daß das die Polizei auch nur einen Dreck schert?»

«Aber die Medien!»

«Sie haben nichts als die Medien im Kopf. Sie haben sich dafür ausgesprochen, daß wir diesen Narcos auf den Pelz rücken. Und jetzt wollen Sie es sich auf einmal anders überlegen? Zu spät», meinte Ritter angewidert. Das war die erfolgreichste Operation seines Direktorats seit Jahren gewesen, und ausgerechnet der Mann, der die Idee gehabt hatte, machte sich jetzt in die Hosen.

Der Admiral war viel zu sehr mit seinen Gedanken beschäftigt, um sich über Ritters Beschimpfungen aufzuregen. Er hatte dem Präsidenten zwar die präzise Auslöschung der für den Anschlag auf Direktor Jacobs Verantwortlichen vorgeschlagen, mit dem Tod «Unschuldiger» aber nicht gerechnet. Und, was noch wichtiger war, WRANGLER auch nicht.

Chavez war zu weit im Süden und hörte die Explosion nicht. Der Zug belauerte einen weiteren Verarbeitungsplatz. Gerade stellten zwei Männer unter der Aufsicht mehrerer Bewaffneter die Wanne auf, und er konnte das Ächzen und Murren anderer hören, die den Berg hochkletterten. Vier Bauern erschienen und trugen Rucksäcke mit Säurekanistern. Zwei Schützen begleiteten sie.

Die Nachricht hat sich offenbar noch nicht herumgesprochen, dachte Ding, der damit gerechnet hatte, daß die Aktivitäten des Zuges gewisse Leute davon abhalten würden, ihr Einkommen auf diese Weise aufzubessern. An die Möglichkeit, daß diese Männer nur so ihre Familien ernähren konnten, dachte der Sergeant nicht.

Zehn Minuten später schleppten sechs Mann die Cocablätter an, eskortiert von fünf Bewaffneten. Die Arbeiter gingen mit Leinwandeimern an einen nahen Bach, um Wasser zu holen. Der Chef der Wächter befahl zwei seiner Leute als Wachposten in den Wald, und nun ging die Sache schief. Einer der beiden lief geradewegs auf das fünfzig Meter entfernte Angriffsteam zu.

«Verflucht», meinte Vega.

Chavez drückte viermal auf die Sprechtaste – das Signal für Gefahr.

Hab's gesehen, bestätigte der Captain mit zweimaligem Druck auf die Taste. Dann drei Signale: *Bereitmachen.*

Oso baute sein MG auf und entsicherte es.

Chavez hoffte nur, daß sie den Mann lautlos ausschalten konnten.

Die Männer mit den Eimern kamen gerade zurück, als Chavez von links einen Schrei hörte. Die Bewaffneten unter ihm reagierten sofort. Dann eröffnete Vega das Feuer.

Die plötzlichen Schüsse aus einer anderen Richtung lösten bei den Wächtern Konfusion aus, aber sie reagierten so, wie es Leute mit automatischen Waffen unweigerlich tun – sie schossen in alle Richtungen.

«Scheiße!» zischte Ingeles und feuerte seine Gewehrgranate aufs Ziel. Sie landete zwischen den Säurebehältern, explodierte und besprühte alle in der Umgebung mit Schwefelsäure. Überall Leuchtspurgeschosse,

Männer fielen, aber das Ganze war so wirr und ungeplant, daß die Soldaten die Übersicht verloren. Nach einigen Sekunden wurde das Feuer eingestellt. In Sichtweite lagen alle am Boden. Kurz darauf erschien das Angriffsteam, und Chavez hastete zu ihm hinunter. Er zählte die Leichen und stellte fest, daß drei Männer fehlten.

«Guerra, Chavez, hinterher!» befahl Captain Ramirez.

Doch sie erwischten nicht alle. Guerra fand einen und erschoß ihn auf der Stelle. Dann suchten die beiden Soldaten eine halbe Stunde lang den Wald ab, aber die beiden anderen Männer waren entkommen.

Als sie zurückkehrten, erfuhren sie, daß dies noch nicht das Schlimmste war. Rocha, einer ihrer Schützen, hatte einen Feuerstoß in die Brust bekommen und war auf der Stelle tot gewesen. Der Zug war sehr still.

Auch Jackson war übler Laune, denn die Angreifer hatten ihn geschlagen. Sein taktischer Plan war gescheitert, als ein Geschwader in die falsche Richtung abgedreht war und eine meisterhafte Falle in eine breite Angriffsbahn für die Feinde verwandelt hatte, die nahe genug an den Träger herangekommen waren, um Raketen auf ihn abzuschießen. Peinlich, aber nicht ganz unerwartet. Eine erfolgreiche Computersimulation bedeutete noch nicht, daß ein Manöver auch in Wirklichkeit klappte. Jackson starrte auf den Radarschirm und versuchte, sich an die Manöver der Verbände zu erinnern. Am Rand des Schirms tauchte ein Leuchtfleck auf, der sich von Nordosten her auf den Träger zubewegte. Wer ist das? fragte er sich, als die Hawkeye zur Landung ansetzte.

Die E-2C setzte perfekt auf und erwischte Fangseil Nr. 3, rollte dann nach vorne, um das Deck für die nächste Maschine freizumachen. Es war eine Intruder, das Flugzeug, das Robby Jackson vor einigen Stunden von der Hawkeye ausgemacht hatte. Die Maschine des Kommandanten, der Vogel, der aufs Land zugehalten hatte.

Commander Jensen machte den Landestreifen frei. Die Flügel der Intruder wurden zwecks Platzersparnis hochgeklappt, als sie sich auf ihren Abstellplatz auf dem Vorderdeck bewegte. Als er und sein Navigator ausstiegen, stand schon sein Vorgesetzter da, der das Videoband aus der Instrumentenkapsel in der Nase der Maschine genommen hatte. Zusammen gingen sie zur Insel, wo der Zivilberater wartete und das Band entgegennahm.

«Vier-null», meldete der Pilot. Jensen ging einfach weiter.

Der technische Berater nahm das Band mit in seine Kabine und legte es dort in einen verschließbaren Metallbehälter, den er mit farbigem Klebeband versiegelte und mit einem Aufkleber TOP SECRET versah. Das Ganze kam in eine Kiste, die der Mann in einen Raum auf Deck 0-3 trug. In dreißig Minuten sollte ein Versorgungsflug zurück an Land starten. Die Kiste kam in eine Kuriertasche und an Bord, um über Panama und den Luftstützpunkt Edwards nach Langley gebracht zu werden.

19

Fallout

Nachrichtendienste sind stolz auf ihre Fähigkeit, Informationen mit hoher Geschwindigkeit von Punkt A zu den Punkten B, C, D und so weiter zu befördern, und wenn es um hochsensitive oder um mit verdeckten Mitteln gewonnene Daten geht, tun sie das auch sehr effektiv. Bei Nachrichten aber, die für alle zugänglich sind, erreichen sie die Leistungen der kommerziellen Medien nicht – und das erklärt die Faszination, mit der die amerikanische «Geheimdienst-Gemeinschaft» Ted Turners Cable Network verfolgt.

Jack Ryan war nicht überrascht, als er die erste Nachricht von der Explosion südlich von Medellin nicht über Geheimkanäle, sondern durch die Nachrichtenstation CNN erhielt, die er im amerikanischen VP-Quartier in Belgien über Satellit empfing. Er schaltete das Gerät beim Frühstück ein und sah eine Aufnahme, die offenbar von einem Hubschrauber aus gemacht worden war. Eingeblendet wurde MEDELLIN, COLOMBIA.

«Mein Gott», hauchte Jack und stellte die Kaffeetasse ab. Der Hubschrauberpilot war nicht zu nahe herangegangen, weil er wohl befürchtete, vom Boden beschossen zu werden, aber das Bild war auch so klar: Wo ein massives Haus gestanden hatte, lag nun ein Wirrwarr von Trümmern neben einem Loch. Die Bodensignatur war unverwechselbar: *Autobombe*, sagte Ryan zu sich selbst, noch ehe der Reporter aus dem Off die gleiche Diagnose stellte. Die CIA hatte also nichts damit zu tun, schloß Jack. Amerikaner bevorzugten gezielte Einzelschüsse. Präzise Feuerkraft war eine amerikanische Erfindung.

Doch nach einiger Überlegung begann sich ein anderes Gefühl einzuschleichen. Erstens mußte die CIA das Kartell inzwischen überwachen, und Überwachung war eine Stärke der Firma. Zweitens: Wenn überwacht wurde, hätte er von der Explosion über CIA-Kanäle erfahren müssen. Hier paßte etwas nicht zusammen.

Was hatte Sir Basil gesagt? *Ihre Reaktion wird sicherlich angemessen sein.*

Der Stil der Geheimdienste war im Lauf der vergangenen Dekade recht zivilisiert geworden. Noch in den fünfziger Jahren war das Stürzen von Regierungen als Mittel der Außenpolitik eine ganz normale Praxis gewesen; Attentate eine zwar seltene, aber ganz reale Alternative zur Ausübung diplomatischen Drucks. Im Fall der CIA hatten das Schweinebucht-Fiasko und eine schlechte Presse wegen einiger Operationen in Vietnam – das war immerhin ein Krieg gewesen, und Kriege sind nun mal gewalttätig – solchen Übungen weitgehend ein Ende gesetzt. Seltsam, aber wahr: Selbst das KGB befaßte sich nur noch selten mit «nasser» Arbeit – einem Ausdruck aus den Dreißigern, der auf der Tatsache beruht, daß Blut nasse Hände macht – und überließ sie lieber Hilfskräften wie den Bulgaren oder, häufiger noch, Terroristengruppen, die solche Dienste als Gegenleistung für Waffen und Hilfe bei der Ausbildung übernahmen. Und, erstaunlich genug, selbst diese Praxis war im Aussterben begriffen. Sonderbar war nur, daß Ryan ein derart energisches Vorgehen gelegentlich für notwendig erachtete – und zwar in zunehmendem Maße, denn die Welt wandte sich von offener Kriegsführung ab und dem Zwielicht staatlich geförderten Terrorismus zu. Einheiten für «Spezialoperationen» stellten eine echte und halbzivilisierte Alternative zu den organisierteren und destruktiveren Formen der Gewalt dar, wie konventionelle Streitkräfte sie ausüben. Wenn der Krieg schon nicht mehr als sanktionierter Mord im industriellen Maßstab ist, argumentierte Ryan, war es dann nicht humaner, Gewalt konzentrierter und diskreter anzuwenden? Das war eine ethische Frage, die nicht unbedingt beim Frühstück erwogen werden mußte.

Doch was ist hier Recht und was Unrecht? fragte sich Ryan. Laut Rechtswissenschaft, Ethik und Religion ist ein Soldat, der im Krieg tötet, kein Mörder. Aber wie war der Begriff «Krieg» zu definieren? Vor einer Generation noch war das einfach gewesen. Nationalstaaten mobilisierten ihre Armeen und Marinen und schickten sie wegen irgendeiner lächerlichen Streitfrage in den Kampf – nachträglich stellte sich meist heraus, daß es eine friedliche Alternative gegeben hätte –, und das war moralisch akzeptabel. Doch inzwischen nahm der Krieg andere Formen an, und wer sollte da entscheiden, was Krieg war und was nicht? Nationalstaaten. Konnte ein Nationalstaat also seine vitalen Interessen definieren und dementsprechend handeln? Und wie war der Aspekt «Terrorismus» in die Gleichung einzubringen? Vor Jahren, als er selbst das Ziel eines terroristischen Akts gewesen war, hatte Ryan entschieden, daß es sich beim Terrorismus um eine moderne Manifestation der Piraterie handelte, und Seeräuber waren schon immer als Feinde der ganzen Menschheit gesehen worden. Konnte das auch für internationale Rauschgifthändler gelten? Was, wenn sie einen Staat unterwanderten? Wurde dieses Land dann zum Feind der gesamten Menschheit – so wie die alten Seeräuber?

«Verdammt», brummte Ryan. Er wußte nicht, was im Gesetzbuch stand. Und da er Historiker war, nützten ihm auch seine akademischen Grade nichts. Den einzigen Präzedenzfall stellte der Opiumkrieg dar, in dem ein mächtiger Nationalstaat einen echten Krieg geführt hatte, um sein «Recht», den Chinesen gegen den Willen ihrer Regierung Rauschgift zu verkaufen, durchzusetzen. Doch in diesem Fall hatte die chinesische Regierung den Krieg und damit das Recht verloren, seine Bürger vor illegalem Drogenkonsum zu schützen.

Ein beunruhigender Präzedenzfall.

Sein akademischer Hintergrund zwang Jack zur Suche nach einer Rechtfertigung. Er glaubte nämlich, daß Gut und Böse als festumrissene und definierbare Kategorien existierten. Doch da das Gesetz nicht auf alle Fragen eine Antwort liefern konnte, mußte er sich manchmal anderswo umsehen. Als Vater verabscheute er Rauschgifthändler. Wer konnte garantieren, daß sich nicht eines Tages seine eigenen Kinder versucht fühlten, das Teufelszeug zu probieren? War er nicht zum Schutz seiner Kinder verpflichtet? Als Vertreter des Nachrichtendienstes seines Landes hatte er diesen Schutz auf alle amerikanischen Kinder auszudehnen.

Und was, wenn dieser Feind begann, einen Nationalstaat herauszufordern? Was den Terrorismus anging, hatten die Vereinigten Staaten ihre Haltung bereits klargemacht: Wer uns herausfordert, geht ein gewaltiges Risiko ein. Nationalstaaten wie die USA verfügten über fast unvorstellbare Fähigkeiten. Sie hielten sich Männer in Uniform, die unablässig die hohe Kunst des Tötens übten. Und das Spektrum ihrer Fähigkeiten reichte von einer Kugel in die Brust eines bestimmten Mannes bis zum Wurf einer Smart-Bombe von tausend Kilo in ein bestimmtes Schlafzimmerfenster...

«Mein Gott.»

Es klopfte an. Draußen stand ein Assistent von Sir Basil, der einen Umschlag überreichte und wieder ging.

Wenn Sie wieder daheim sind, richten Sie Bob aus, das sei saubere Arbeit gewesen. Basil.

Jack faltete den Brief, schob ihn zurück in den Umschlag und ließ ihn in seiner Jackentasche verschwinden. Sir Basils Einschätzung war korrekt, dessen war sich Ryan nun sicher. Blieb nur noch die Frage, ob es *recht* war oder nicht. Er sollte bald lernen, daß es einfacher ist, Kritik an Entscheidungen zu üben, wenn sie von anderen getroffen worden sind.

Natürlich mußten sie weiter. Ramirez hielt sie alle beschäftigt. Je mehr zu tun ist, desto weniger Zeit bleibt zum Grübeln. Sie mußten alle Spuren ihrer Anwesenheit tilgen und Rocha begraben. Wenn die Zeit gekommen war, würde seine Familie einen verlöteten Zinksarg mit fünfundsiebzig Kilo Ballast erhalten.

Sie gruben wie üblich sechs Fuß tief und empfanden Widerwillen, weil sie einen Kameraden einfach zurücklassen mußten. Es bestand natürlich die Hoffnung, daß jemand zurückkommen würde, um die Leiche zu bergen, doch irgendwie erwartete keiner, daß man sich die Mühe machen würde. Obwohl sie in Friedenszeiten als Soldaten dienten, war ihnen der Tod kein Fremder. Chavez entsann sich der zwei in Korea und anderer junger Männer, die bei Manöverunfällen und Hubschrauberabstürzen ums Leben gekommen waren. Auch wenn kein Krieg herrscht, ist das Soldatenleben gefährlich. So versuchte Chavez, den Todesfall als eine Art Unfall zu rationalisieren. Rocha war aber nicht bei einem Unfall gestorben. Er hatte sein Leben im Dienst seines Landes gelassen, dessen Uniform er mit Stolz trug. Er hatte die Risiken gekannt, sich mannhaft auf sie eingelassen, und lag nun in fremder Erde.

Chavez wußte, daß seine Annahme, so etwas würde schon nicht vorkommen, irrational gewesen war. Überraschend war nur, daß es einen echten Profi erwischt hatte: Rocha war gewitzt gewesen, hart im Nehmen, gut an den Waffen, lautlos im Dschungel; ein stiller, ernster Soldat, der aus Gründen, über die er nie gesprochen hatte, mit besonderem Vergnügen Narcos jagte. Und das war seltsamerweise ein Trost. Rocha hatte seine Pflicht getan und war dabei gestorben. Ein guter Grabspruch, fand Ding. Als das sechs Fuß tiefe Loch fertig war, senkten sie die Leiche so behutsam wie möglich ab, und Captain Ramirez sagte ein paar Worte. Dann schüttete man das Grab zu, und Olivero streute wie üblich CS darauf, damit die Tiere es nicht aufwühlten. Zuletzt legte man die Grasnarbe wieder auf. Ramirez zeichnete die Position des Grabes auf der Karte ein, nur für den Fall, daß man Rochas Leiche später herausholen wollte. Dann war es Zeit zum Aufbruch.

Sie marschierten bis nach Sonnenaufgang zu einer fünf Meilen entfernten Alternativposition. Ramirez plante, seine Männer ausruhen zu lassen und sie dann so bald wie möglich in einen neuen Einsatz zu führen.

Ein Flugzeugträger ist nicht nur ein Kriegsschiff, sondern auch eine Gemeinde mit über sechstausend Einwohnern samt Krankenhaus, Einkaufszentrum, Kirche und Synagoge, Polizei und Videothek; er hat sogar eine Zeitung und einen Fernsehsender.

Robby Jackson stand auf und ging unter die Dusche, begab sich dann in die Messe, um Kaffee zu trinken. Er war heute beim Kapitän zum Frühstück eingeladen und wollte hellwach sein, wenn er dort eintraf. An der Wand in der Ecke hing ein Fernseher, und der Sprecher des Schiffssenders las gerade die Nachrichten.

«Eine Bombe zerstörte gestern abend um neun Uhr das Haus eines Esteban Untiveros, eines wichtigen Mitglieds des Medellin-Kartells. Offenbar war dieser Mann bei seinen Freunden doch nicht so beliebt, wie er glaubte, denn Meldungen zufolge wurde sein Haus mit allen, die sich darin aufhielten, von einer Autobombe völlig zerstört.

In den USA beginnt nächste Woche in Chicago die erste Parteiversammlung des Wahljahres. Gouverneur J. Robert Fowler fehlen noch hundert Delegiertenstimmen zur Mehrheit. Heute trifft er mit Vertretern der Partei aus Kalifornien zusammen...»

Jackson schaute sich um. Commander Jensen saß zehn Meter von ihm entfernt, wies auf den Fernseher, lachte in sich hinein und sagte etwas zu einem seiner Männer, der in seine Tasse grinste und schwieg.

Und da ging Robby etwas auf.

Eine Abwurfübung.

Ein sehr verschwiegener technischer Berater.

Eine A-6E, die auf Kurs eins-eins-fünf in Richtung Ecuador flog und auf Kurs zwei-null-fünf zur *Ranger* zurückkehrte. Die andere Seite des Dreiecks mußte... konnte... Kolumbien berührt haben.

Die Nachrichten sprachen von einer Autobombe.

Eine Bombe mit einer brennbaren Hülle, die keine Spuren hinterließ. Eine *Smart*-Bombe, korrigierte sich Jackson. *Sieh mal einer an...*

Er fand die Sache in mancherlei Hinsicht amüsant. Die Ausschaltung eines Drogenhändlers belastete sein Gewissen nicht sonderlich. Verdammt, fragte er sich, warum knallt man diese Kuriermaschinen nicht einfach ab? Das ganze Gerede der Politiker von einer Bedrohung der nationalen Sicherheit und einem chemischen Krieg gegen die Vereinigten Staaten – verflucht, warum veranstaltete man keine richtige Schießübung? Dabei sparte man sogar noch das Geld für unbemannte Zielflugzeuge. Kein Mann beim Militär hätte sich gegen die Ausschaltung von ein paar Narcos gesperrt. Der Feind ist, wo man ihn findet – das heißt dort, wo er nach Auffassung des nationalen Oberkommandos steht. Und es war Commander Robert Jefferson Jacksons Beruf, sich mit den Feinden seines Landes auseinanderzusetzen. Sie mit einer Smart-Bombe auszulöschen und den Eindruck zu erwecken, es sei etwas anderes gewesen – nun, das war schon die reinste Kunst.

Noch interessanter war die Tatsache, daß Robby zu wissen glaubte, was geschehen war. Das ist der Haken bei Geheimnissen: Sie sind so gut wie unmöglich zu wahren. So oder so, sie kamen immer heraus. Selbstverständlich würde er niemand etwas verraten. Und das war natürlich auch schade.

Aber warum die Sache überhaupt geheimhalten? Das Attentat auf den FBI-Direktor war einer Kriegserklärung gleichgekommen. Warum gehen wir nicht an die Öffentlichkeit und sagen: *So, jetzt gehen wir auf euch los!* Dazu in einem Wahljahr. Wann war ein US-Präsident je vom Volk enttäuscht worden, wenn er es für notwendig erklärte, gewisse Leute anzugreifen?

Doch Jacksons Aufgabe war nicht politischer Natur.

Nun war es Zeit, dem Skipper einen Besuch abzustatten. Zwei Minuten später stand er vor der Kajüte des kommandierenden Offiziers. Der Posten öffnete ihm, und Robby fand den Kapitän bei der Lektüre von Meldungen vor.

«Ihre Uniform ist nicht korrekt!» sagte der Mann streng.

«Wie bitte... Verzeihung, Captain?» Robby blieb verdutzt stehen.

«Hier.» Der Kapitän der *Ranger* stand auf und reichte ihm einen Bogen. «Sie sind befördert worden, Robby – Korrektur: Captain Jackson. Gratuliere.»

«Vielen Dank, Sir.»

«Sie können ruhig Ritchie zu mir sagen.»

«Okay. Ritchie.»

«Auf der Brücke und in der Öffentlichkeit bin ich aber nach wie vor

‹Sir›», warnte der Kapitän. Frisch beförderte Offiziere wurden immer aufgezogen. Außerdem mußten sie Einstand zahlen.

Die Teams von verschiedenen Fernsehanstalten trafen früh am Morgen ein und kamen mit ihren Fahrzeugen nur mühsam die Straße zu Untiveros' Haus hoch. Die Polizei war bereits anwesend, aber es kam keinem der TV-Reporter in den Sinn, sich zu fragen, ob diese Beamte womöglich vom Kartell gekauft waren. Die richtige Suche nach Überlebenden war unter Cortez' Leitung schon längst abgeschlossen worden. Man hatte zwei Verletzte und alle Wächter, die noch lebten, samt ihren Waffen abtransportiert. Leibwächter waren an sich in Kolumbien nichts Ungewöhnliches, wohl aber vollautomatische Waffen und schwere Maschinengewehre. Auch Cortez war schon fort, als das Fernsehen eintraf und zu filmen begann.

Die spektakulärsten Bilder fingen die Videokameras bei den Überresten des Konferenzzimmers, einem neunzig Zentimeter hohen Trümmerfeld, ein. Von Carlos Wagner (daß er mit für die Kokainproduktion verantwortlich gewesen war, enthielt man den Medienleuten vor) war nur ein Unterschenkel mit Fuß und Schuh übriggeblieben. Untiveros' Frau hatte mit zwei kleinen Kindern auf der anderen Seite des Hauses vorm Fernseher gesessen. Den Videorecorder, noch angeschlossen und auf PLAY gestellt, fand man vor den Leichen. Eine andere Fernsehkamera folgte einem Leibwächter (ausnahmsweise ohne AK-47), der die blutverschmierte, schlaffe Leiche eines Kindes zu einem Krankenwagen trug.

«Mein Gott», stieß der Präsident, der auf einen der zahlreichen Fernsehschirme im Oval Office starrte, hervor. «Wenn das herauskommt...»

«Mr. President, solche Dinge haben wir schon in der Vergangenheit geregelt», gab Cutter zu bedenken. «Den Bombenangriff auf Libyen unter Reagan, die Lufteinsätze im Libanon...»

«Und bekamen jedesmal die Hölle heiß gemacht! Für den Grund einer Aktion interessiert sich keiner. Entscheidend ist nur, daß wir die falschen Leute umgebracht haben. Himmel noch mal, Jim, das war ein Kind! Was sollen wir da sagen? ‹Bedauerlich, aber der Kleine war halt am falschen Platz?›»

«Der Besitzer des Hauses soll angeblich zum Medellin-Kartell gehört haben», sagte ein TV-Reporter auf dem Bildschirm, «doch laut Auskunft der hiesigen Polizei ist er noch nie verhaftet oder angeklagt worden. Wie auch immer...» Der Reporter legte vor der Kamera eine Pause ein. «Sie haben gesehen, wie diese Autobombe seine Frau und seine Kinder zugerichtet hat.»

«Wunderbar», grollte der Präsident, griff nach der Fernbedienung und stellte das Gerät ab. «Diese Kerle können unseren Kindern antun, was sie wollen, aber wenn wir einmal zurückschlagen, sind *sie* die Opfer! Hat Moore den Kongreß schon informiert?»

«Nein, Mr. President. Die CIA braucht ihn erst achtundvierzig Stunden nach Beginn einer solchen Operation zu unterrichten. Offiziell startete das Unternehmen erst gestern nachmittag», gab Cutter zu bedenken.

«Das dürfen sie nicht erfahren», befahl der Präsident. «Es wird bestimmt durchsickern. Richten Sie das Moore und Ritter aus.»

«Mr. President, ich kann doch nicht einfach...»

«Und ob! Ich habe Ihnen gerade einen Befehl erteilt, Cutter!» Der Präsident trat ans Fenster. «So hätte es nicht kommen dürfen», murmelte er.

Cutter wußte natürlich, worum es in Wirklichkeit ging. Der Konvent der Oppositionspartei stand bevor. Ihr Kandidat, Gouverneur Bob Fowler von Missouri, lag in den Meinungsumfragen vor dem Präsidenten und behauptete wie jeder Bewerber seit Nixon und dem ersten Drogenkrieg, der Präsident habe sein Versprechen, den Drogenhandel einzuschränken, nicht eingelöst. Das klang dem gegenwärtigen Mann im Oval Office vertraut. Er selbst hatte diese Behauptung vor vier Jahren aufgestellt und mit diesem und anderen Themen den Sieg errungen. Nun, da er endlich einmal etwas Radikales versucht hatte, war ein derartiges Resultat herausgekommen. Die Regierung der Vereinigten Staaten hatte ihre modernsten Waffen eingesetzt, um zwei Kinder und ihre Mutter zu ermorden. So würde es jedenfalls Fowler darstellen. Immerhin war Wahljahr.

«Mr. President, es wäre unklug, das Unternehmen zu diesem Zeitpunkt abzubrechen. Wenn Sie tatsächlich Vergeltung für den Mord an Direktor Jacobs üben und den Drogenschmuggel empfindlich treffen wollen, dürfen Sie jetzt nicht aufgeben. Wir beginnen gerade erst, Resultate zu erzielen. Die Kurierflüge in dieses Land sind um zwanzig Prozent zurückgegangen», gab Cutter zu bedenken. «Nimmt man die Beschlagnahmung der Drogen-Millionen hinzu, haben wir einen wirklichen Sieg errungen.»

«Und wie erklären wir die Bombe?»

«Darüber habe ich mir bereits Gedanken gemacht, Sir. Sollen wir einfach sagen, genau wüßten wir es nicht, aber zwei Erklärungen können wir uns vorstellen – entweder ein Anschlag von M-19 oder das Werk einer rivalisierenden Gruppe im Kartell selbst?»

«Warum?» fragte der Präsident, ohne sich umzudrehen. Es war kein gutes Zeichen, wenn WRANGLER einem nicht in die Augen sah, das wußte Cutter, und das machte ihm ernsten Kummer. Die Politik ist so ein Krampf, dachte der Admiral, aber zugleich auch das spannendste Spiel.

«Das Attentat auf Jacobs und sein Gefolge war unverantwortlich. Wir können die Informationen streuen, Teile des Kartells wollten andere für diese radikale Handlung, die die gesamte Operation gefährdet, bestrafen.» Cutter war ziemlich stolz auf dieses Argument. Es stammte zwar von Ritter, aber das wußte der Präsident nicht. «Wir wissen, daß diese Leute nicht viel Federlesens machen. Wenn wir diese Erklärung unter die Leute bringen, stehen wir bestens da», schloß er und lächelte den Rücken des Präsidenten an.

Der Präsident wandte sich vom Fenster ab. Seine Miene war skeptisch. «Meinen Sie, daß man Ihnen das abnimmt?»

«Jawohl, Sir. Die Hinhaltetaktik würde uns auch noch einen weiteren Vergeltungsangriff ermöglichen.»

«Ich muß beweisen, daß ich etwas, *irgend etwas* unternehme», meinte der Präsident leise. «Was treiben unsere Soldaten da unten im Dschungel?»

«Sie haben insgesamt fünf Verarbeitungsplätze ausgeschaltet. Dabei gab es auf ihrer Seite zwei Tote und zwei Leichtverletzte. Aber das ist der Preis für ein solches Unternehmen. Keine Angst, diese Männer sind Berufssoldaten und verstehen das. Sie werden Ihnen keine Probleme machen. Bald wird es sich bei den Bauern herumsprechen, daß sich die Arbeit für die Narcos nicht lohnt. Das wird die Produktion behindern, wenn auch nur für ein paar Monate. Auf jeden Fall wird der Straßenverkaufspreis für Kokain bald steigen. Auch darauf können Sie hinweisen. Und die Presse wird es noch vor unserer Erklärung bringen.»

«Um so besser», bemerkte der Präsident und lächelte zum ersten Mal an diesem Tag. «Gut, aber seien wir von jetzt an etwas vorsichtiger.»

«Selbstverständlich, Mr. President.»

Nach dem Frühsport saßen die Offiziere der 7. Division beim Frühstück und unterhielten sich über das Thema des Tages.

«War auch Zeit», kommentierte ein Captain.

«Es heißt, es sei eine Autobombe gewesen», meinte ein anderer.

«Mit so was kennt sich die CIA bestimmt aus», erklärte ein Kompaniechef. «Konnte ja im Libanon genug Erfahrungen sammeln.»

«So einfach ist das auch wieder nicht», gab der Geheimdienstoffizier eines Bataillons zu bedenken, der bei den Rangers gedient hatte und sich mit Bomben und Sprengfallen auskannte. «Sieht aber so aus, als habe jemand die Sache elegant gedreht.»

«Schade, daß wir nicht da unten eingreifen können», meinte ein Lieutenant. Die niederen Ränge grunzten zustimmend, die höheren schwiegen. Entsprechende Pläne wurden schon seit Jahren in Divisions- und Korpsstäben diskutiert. Es fällt schwer, die Abscheu, die man in der Army gegenüber Drogen empfindet, zu übertreiben. Die höheren Offiziere vom Major an aufwärts konnten sich noch der Drogenprobleme der siebziger Jahre entsinnen; damals war die Army tatsächlich so ausgehöhlt gewesen, wie ihre Kritiker behauptet hatten, und es war vorgekommen, daß Offiziere bestimmte Orte nur mit einer bewaffneten Eskorte aufsuchten. Der Sieg über diesen Feind hatte jahrelange Anstrengungen gekostet. Selbst heute noch muß sich jedes Mitglied des amerikanischen Militärs ohne Vorwarnung und willkürlich ausgewählt, Drogentests unterziehen. Wurden Offiziere oder Unteroffiziere erwischt, gab es keine Gnade. Ein positiver Test, und man war erledigt. Vom Dienstgrad E-5 an abwärts gab es mehr Spielraum: Ein positiver Test hatte eine strenge Verwarnung zur Folge; nach dem zweiten flog der Betreffende hinaus. Der offizielle Slogan lautete ganz schlicht: NICHT IN MEINER ARMEE! Und dann gab es noch eine weitere Dimension. Die meisten Männer am Tisch waren verheiratet und hatten Kinder, an die sich Dealer heranmachen konnten, um sie als potentielle Kunden zu keilen. Es bestand die allgemeine Übereinkunft, daß ein Dealer, der dem Kind eines Berufssoldaten Drogen verkaufte, in Lebensgefahr schwebte. Es passierte zwar nur selten etwas, weil Soldaten disziplinierte Menschen sind, aber die Bereitschaft zum Handeln war da. Und die Fähigkeit auch.

Es war schon hin und wieder einmal ein Rauschgifthändler einfach verschwunden, Opfer der Konkurrenz, wie es unweigerlich hieß. Viele dieser Mordfälle blieben ungelöst.

Man durfte zwar Kriegseinsätze – und darum ging es im Grunde – nicht auf die leichte Schulter nehmen, aber man war allgemein der Ansicht, ein solches Unternehmen sei durchführbar – sofern sich die Regierung des fraglichen Landes einverstanden erklärte. Und damit war natürlich nicht zu rechnen.

Jäh erkannte Timothy Jackson, wo Chavez sich befand und was er tat. Es kamen einfach zu viele Zufälle zusammen. Chavez, Munoz und Leon hatten Spanisch als Muttersprache. Alle hatten die Einheit am selben Tag verlassen. Sie nahmen also an einer verdeckten Operation teil, vermutlich auf Anforderung der CIA. Gewiß eine gefährliche Aufgabe, aber sie waren eben Soldaten. Nun, da Lieutenant Jackson wußte, was er nicht wissen durfte, konnte er freier atmen. Was immer Chavez auch treiben sollte, es ging in Ordnung.

Nachdem sich die Fernsehteams entfernt hatten, um ihre Kommentare zu verfassen und aufzuzeichnen, setzte sich Cortez in einen Jeep und fuhr zurück auf den Hügel. Er war übermüdet und gereizt, vor allem aber neugierig. Etwas sehr Merkwürdiges war geschehen, und er konnte keine Ruhe finden, bis er wußte, was es war. Die beiden Überlebenden waren nach Medellin zur Behandlung gebracht worden und sollten später verhört werden. Erst aber mußte Cortez mit dem Polizeihauptmann sprechen, der den Polizeitrupp an der Explosionsstelle befehligte, einem Mann, der schon vor langem zu einer Übereinkunft mit dem Kartell gekommen war. Der Kubaner parkte den Jeep und ging zu dem Beamten hinüber.

«Guten Morgen, *Capitán*. Haben Sie den Typ der Bombe schon feststellen können?»

«Eindeutig eine Autobombe», erwiderte der Mann ernsthaft.

«Das vermutete ich auch schon», erwiderte Cortez geduldig. «Und der Sprengstoff?»

Der Mann zuckte die Achseln. «Keine Ahnung.»

«Vielleicht sollten Sie versuchen, das im Zuge Ihrer Ermittlungen festzustellen», schlug Cortez vor und verabschiedete sich. Eine lokal hergestellte Bombe konnte Dynamit enthalten haben – das gab es in den Bergwerken der Umgebung zuhauf – Plastiksprengstoff oder gar eine Mixtur mit nitrathaltigem Düngemittel. Steckte aber M-19 dahinter, erwartete Cortez den tschechischen Plastiksprengstoff Semtex, der von Terroristen in aller Welt bevorzugt wurde. Die Art des Sprengstoffs war also ein wichtiger Hinweis für ihn, und den sollte ihm nun ausgerechnet die Polizei besorgen; ein Gedanke, der Cortez auf der Fahrt bergab lächeln ließ.

Es gab auch noch andere positive Aspekte. Die Ausschaltung der vier Kartellhäuptlinge betrübte ihn nicht mehr als den Polizisten. Immerhin waren sie nur Geschäftsleute gewesen und hatten einer Klasse angehört, die Cortez nicht sonderlich hoch einschätzte. Er nahm ihr Geld, und damit hatte es sich. Diese Bombe war ein Meisterstück gewesen, dachte er und fragte sich nun, weshalb es eigentlich nicht die CIA gewesen sein konnte. Nein, vom Töten verstanden diese Leute nicht viel. Über die Tatsache, daß er beinahe mit umgekommen wäre, war Cortez weniger empört, als man hätte annehmen sollen. Immerhin waren verdeckte Operationen sein Geschäft, und er kannte die Risiken. Außerdem – wäre er das Hauptziel dieses eleganten Plans gewesen, würde er jetzt wohl kaum Gelegenheit haben, ihn zu analysieren. Wie auch immer, die Eliminierung von Untiveros, Wagner, Fernandez und d'Alejandro bedeutete vier freie Plätze an der Kartellspitze und vier Männer mit Macht und Prestige weniger, die ihm im Weg stehen konnten, falls er... Falls es soweit kommt, sagte er sich. Warum eigentlich nicht? Das mindeste war ein Sitz am Tisch. Vielleicht sogar mehr. Doch nun hatte er seine Arbeit zu tun und ein «Verbrechen» aufzuklären.

Als er wieder in Medellin eintraf, waren die beiden Überlebenden aus Untiveros' Haus verarztet und bereit zum Verhör, zusammen mit sechs Bediensteten aus dem Stadthaus des toten Drogenbarons. Alle waren mit Handschellen an Stühle gefesselt.

«Wer von euch wußte über das Treffen gestern abend Bescheid?» fragte er freundlich.

Nicken. Sie hatten es natürlich alle gewußt. Untiveros war gesprächig gewesen, und Dienstboten sind unweigerlich gute Lauscher.

«Nun gut. Wer von euch hat es weitergesagt, und wem?» fragte er weiter. «Niemand verläßt den Raum, bis ich das weiß.»

Zur Antwort bekam er eine Flut von Unschuldsbeteuerungen. Damit hatte er gerechnet. Die meisten stimmten auch. Das wußte Cortez ebenfalls. Zu schade.

Felix schaute einen Wächter an und wies auf ein Mädchen am linken Ende der Stuhlreihe. «Fangen wir mit ihr an.»

Gouverneur Fowler verließ die Hotelsuite mit dem Bewußtsein, daß das Ziel, dem er die letzten drei Jahre seines Lebens gewidmet hatte, nun in Reichweite lag. Ein Kongreßabgeordneter aus Kentucky hatte seine an ihn gebundenen Delegierten gegen einen Kabinettsposten eingetauscht und Fowler damit eine sichere Mehrheit verschafft.

Nun stand der Gouverneur vor den Fernsehkameras und gab sechs Minuten lang Worthülsen und Leerformeln von sich. Es habe einen «interessanten Meinungsaustausch» über «große Fragen, die unser Land bewegen» gegeben; er und der Kongreßabgeordnete «stünden vereint in dem Wunsch nach einem Neubeginn an der Spitze» des Landes. Dann kamen die Fragen der Reporter.

Von den ersten war Fowler überrascht. Die Scheinwerfer und Blitze blendeten ihn so, daß er nicht sehen konnte, wer sie gestellt hatte, aber er glaubte, daß der Frager von einer großen überregionalen Zeitung kam.

«Gouverneur, Berichten aus Kolumbien zufolge wurde ein wichtiges Mitglied des Medellin-Kartells zusammen mit seiner Familie bei einem Sprengstoffanschlag getötet. Dies folgte knapp auf das Attentat, bei dem der Direktor des FBI und unser Botschafter in Kolumbien ums Leben kamen. Haben Sie einen Kommentar?»

«Wegen des Treffens mit dem Kongreßabgeordneten bekam ich heute vormittag leider keine Gelegenheit, mir die Nachrichten anzusehen. Worauf wollen Sie hinaus?» Fowler hatte sich jäh vom optimistischen Kandidaten in einen vorsichtigen Politiker verwandelt, der hoffte, bald Staatsmann zu werden – was immer das sein sollte, dachte er.

«Es wird spekuliert, die USA hätten die Hand im Spiel gehabt», erläuterte der Reporter.

«Wie Sie wissen, haben der Präsident und ich viele Differenzen, und manche sind sehr ernst, aber ich kann mich nicht entsinnen, daß dieses Land jemals einen Präsidenten hatte, der zu kaltblütigem Mord bereit war. Diesen Vorwurf möchte ich gegen unseren Präsidenten nicht erheben», erklärte Fowler in seinem schönsten staatsmännischen Tonfall. Eigentlich hatte er vorgehabt, überhaupt nichts zu sagen. Fowler, der selbst bei seinen Gegnern als ehrenhafter, bedächtiger Mann galt, hatte sich in seinem Wahlkampf auf die Sachfragen konzentriert und auf Polemik verzichtet, und seine Erklärung reflektierte diese Haltung. Es war nicht seine Absicht gewesen, die Politik der US-Regierung zu beeinflussen oder seinem zukünftigen Opponenten eine Falle zu stellen. Doch er hatte unwissentlich beides getan.

Der Präsident hatte schon lange geplant, sich während der Konvention der Oppositionspartei nach Camp David zurückzuziehen. Auf dem Rasen vor dem Weißen Haus stand der Hubschrauber bereit, aber um ihn zu erreichen, mußte er ein Spießrutenlaufen bestehen. Als der Präsident mit der First Lady und zwei Assistenten aus der Tür trat, erwartete ihn eine Phalanx aus Reportern und Kameras. Wissen die Russen eigentlich, worauf sie sich mit ihrer Glasnost eingelassen haben? fragte er sich ironisch.

«Mr. President!» rief ein bekannter TV-Reporter. «Gouverneur Fowler hofft, daß wir nichts mit dem Bombenanschlag in Kolumbien zu tun haben. Könnten Sie dazu eine Erklärung abgeben?»

Der Präsident ging auf die Journalisten hinter der Seilabsperrung zu und war sich bewußt, daß es ein Fehler war, überhaupt auf die Frage einzugehen. Andererseits durfte er nicht den Eindruck erwecken, als wiche er ihr aus. Er war ohnehin im Begriff, das Rampenlicht für eine Woche der Opposition zu überlassen, und wollte vermeiden, daß das Thema in der Schwebe blieb und womöglich ausgeschlachtet wurde.

«Die Vereinigten Staaten», erklärte der Präsident, «töten keine unschuldigen Frauen und Kinder, sondern *bekämpfen* Leute, die so etwas tun. Wir sinken nicht auf diese bestialische Ebene hinab. Ist Ihnen diese Antwort klar genug?»

Sie wurde in einem ruhigen, vernünftigen Ton gegeben, aber der Blick des Präsidenten ließ den erfahrenen Journalisten zusammenzucken. Gut, dachte der Präsident, daß die Kerle manchmal meine Macht zu spüren bekommen.

Es war die zweite große politische Lüge des ansonsten ereignisarmen Tages. Gouverneur Fowler wußte wohl, daß John und Robert Kennedy mit großem Einsatz und in James-Bond-Manier Attentate auf Castro und andere geplant hatten, nur um lernen zu müssen, daß politischer Mord ein schmutziges Geschäft ist. Sehr schmutzig sogar, denn es standen meist Menschen in der Nähe, die man nicht unbedingt töten wollte. Der gegenwärtige Präsident kannte sich mit «Kollateralschaden» genau aus, einem Begriff, den er zwar widerwärtig fand, aber auch bezeichnend für etwas, das Menschen, die es nicht verstanden, unmöglich zu erklären war: die Tatsache, daß Terroristen und Verbrecher, im Grunde alles Feiglinge, sich grundsätzlich hinter oder unter den Unschuldigen versteckten, die Mächtigen zum Handeln herausforderten, den Altruismus ihrer Feinde als Waffe gegen sie einsetzten. Ihr könnt uns nichts anhaben, ging das Argument. Ihr seid die «Guten», wir sind die «Bösen». Ihr könnt uns nicht angreifen, ohne euer positives Selbstwertgefühl zu ruinieren. Das war das widerwärtigste Attribut dieser widerwärtigen Menschen, und manchmal, wenngleich nur selten, mußte man ihnen zeigen, daß das Argument nicht zog. Und so eine Aktion war dann unschön, wie eine Art internationaler Verkehrsunfall.

Aber wie mache ich das dem amerikanischen Volk klar? fragte sich der Präsident. In einem Wahljahr? Bestätigt einen Präsidenten in seinem Amt, der gerade eine Mutter, zwei Kinder und mehrere Hausangestellte getötet hat, um eure Kinder vor Drogen zu schützen? Der Präsident fragte sich, ob Gouverneur Fowler wohl verstand, daß die Macht des Präsidenten weitgehend Illusion war – und ob er auch wußte, was es für einen scheußlichen Lärm gab, wenn Prinzipien hart aufeinanderprallten. Noch schlimmer als der Krach der Reporter, dachte er und ging kopfschüttelnd hinaus zu seinem Hubschrauber. An der Treppe stand ein Posten der Marines und salutierte. Der Präsident erwiderte den Gruß – eine Tradition trotz der Tatsache, daß kein amtierender Präsident je Uniform getragen hatte. Er schnallte sich an und schaute zurück zu dem versammelten Mob. Die Kameras waren noch auf ihn gerichtet, nahmen den Start auf. Die Fernsehanstalten würden diese Einstellung natürlich nicht senden, aber für den Fall, daß der Hubschrauber explodierte oder abstürzte, mußten die Kameras laufen.

Die Nachricht drang mit einiger Verspätung zur Polizei von Mobile durch. Ein Verwaltungsbeamter beim Gericht bearbeitete die Akten und war empört. Wie konnte Staatsanwalt Davidoff, ein aufrechter Streiter für die Gerechtigkeit, sich auf einen solchen Kuhhandel einlassen und die beiden Seeräuber, Mörder und Vergewaltiger mit Haft davonkommen lassen? Dieser Abschaum sollte seiner gerechten Strafe entgehen?

Er sah die Fälle kommen und gehen. Er war Mitte fünfzig, hatte seine Kinder durchs College gebracht und von der Drogenepidemie ferngehalten. Doch nicht jedes Kind in seiner Nachbarschaft war dieser Gefahr entgangen. Der Jüngste der Familie im Nebenhaus zum Beispiel hatte sich einen «Rock» Crack gekauft und war prompt mit Tempo hundertsechzig gegen eine Brückenmauer geprallt. Der Justizbeamte hatte das Kind aufwachsen gesehen, es ein- oder zweimal in die Schule gefahren und sich von ihm gegen Bezahlung den Rasen mähen lassen. Vor der Zeremonie in der Baptistenkirche Cypress Hill hatte man den Sarg schließen müssen, und er hatte gehört, die Mutter, die die Überreste hatte identifizieren müssen, stünde noch unter dem Einfluß von Beruhigungsmitteln. Der Geistliche hatte Drogen eine Geißel genannt und mit der Versuchung Christi verglichen. Er war ein guter Geistlicher und machtvoller Redner in der Tradition der Südstaaten-Baptisten, und als er das Gebet für die Seele des toten Jungen sprach, verstärkte sein persönlicher und aufrichtiger Zorn nur die Empörung, die seine Gemeinde bereits empfand.

Der Verwaltungsbeamte war Bars nicht gewöhnt. Als Baptist, der seinen Glauben ernst nahm, trank er nie Spirituosen und hatte Bier nur als Junge einmal auf eine Wette hin probiert; seitdem plagten ihn Schuldgefühle. Dies war ein Charakterzug des anständigen und ehrbaren Bürgers. Der andere war sein Gerechtigkeitsgefühl. Er glaubte ans Recht, so wie er an Gott glaubte, und diesen Glauben hatte er sich während seiner dreißigjährigen Dienstzeit an Bundesgerichten irgendwie bewahrt. Die Gerechtigkeit, glaubte er, kam von Gott, nicht vom Menschen. Und die Gesetze auch. Basierten nicht alle Gesetze der westlichen Welt auf der Heiligen Schrift? Die Verfassung seines Landes verehrte er als von Gott inspiriertes Dokument, denn ein Leben in Freiheit für den Menschen entsprach sicher dem Willen des Herrn, damit der Mensch nicht als Sklave seinen Gott fand und ihm diente, sondern sich aus freiem Willen zum Guten entschied. Schlimm war nur, daß das Gute nicht immer siegte. Im Lauf der Jahre hatte er sich daran gewöhnt. Die Sache war zwar frustrierend, aber er wußte, daß beim Jüngsten Gericht die Gerechtigkeit siegen würde. Nur manchmal mußte der Gerechtigkeit des Herrn ein wenig nachgeholfen werden, und es war gut gefügt, daß Gott sich seine Instrumente durch den Glauben wählte. Und so geschah es an diesem heißen schwülen Nachmittag in Alabama. Der Justizbeamte hatte seinen Glauben, und Gott sein Instrument.

Der Beamte befand sich in einer von Polizisten frequentierten Bar, nur einen halben Block vom Präsidium entfernt, und trank ein Mineralwasser. Die Polizisten wußten natürlich, wer er war. Immer, wenn ein Polizist beerdigt wurde, war er zur Stelle. Er stand einem Bürgerkomitee vor, das für die Familien von im Dienst ums Leben gekommenen Polizisten und Feuerwehrleuten sorgte. Und nie hatte er eine Gegenleistung verlangt, niemals gebeten, einen Strafzettel verschwinden zu lassen – er hatte in seinem ganzen Leben keinen bekommen.

«Tag, Bill», sagte er zu einem Mann von der Mordkommission.

«Na, wie geht's?» fragte der Lieutenant, dem der religiöse Fundamentalismus des Verwaltungsbeamten nicht ganz geheuer war.

«Ich habe etwas erfahren, das auch Sie angeht.»

«So?» Der Lieutenant schaute von seinem Bier auf und hoffte nur, daß jetzt keine Predigt kam.

«Die ‹Piraten› sollen mit einer Haftstrafe davonkommen.»

«Wie bitte?» Er hatte mit dem Fall zwar nichts zu tun gehabt, sah in dieser Eröffnung aber ein Beispiel für alles, was im Staat nicht stimmte. Die Piraten saßen in dem Gefängnis, in dem auch seine Gefangenen «zu Gast» waren.

Der Justizvollzugsbeamte gab wieder, was er wußte, und das war nicht viel. Irgendeine technische Kleinigkeit, eine Verfahrensfrage war dazwischengekommen. Sehr genau hatte der Richter es nicht erklärt. Davidoff war aufgebracht, konnte aber nichts tun. «Die Wege des Herrn sind wundersam», schloß der fromme Beamte und setzte noch eine Lüge obendrauf: «Die Männer, die Sergeant Braden und seine Frau ermordeten, bekamen den Auftrag dazu von den Piraten, wie das FBI vermutet.»

«Sind Sie da ganz sicher?» fragte der Kriminalbeamte.

«Absolut.» Der Beamte trank sein Mineralwasser aus und stellte das Glas ab.

«Gut», meinte der Polizist. «Vielen Dank. Von Ihnen haben wir natürlich nichts erfahren.»

Der Justizbeamte ging, und der Lieutenant setzte sich in eine Nische zu ein paar Kollegen. Bald kam man überein, daß die Piraten nicht so einfach davonkommen durften. Sie waren des Mordes und der Vergewaltigung schuldig und vermutlich auch mitschuldig an einem Mord, der die Polizei von Mobile direkt betraf. Schon ging auf den Straßen die Parole um, daß die Polizei bei Dealern von nun an erst schoß und dann Fragen stellte.

«Und wer soll das erledigen?» fragte ein anderer Polizist.

«Wie wär's mit den Patterson-Boys?» fragte der Lieutenant.

«Ah», meinte der Captain, dachte kurz nach und erklärte dann: «Gut.»

Die beiden Bauern trafen in der Abenddämmerung in Medellin ein. Cortez war mittlerweile gründlich frustriert. Acht Leichen, die beseitigt werden mußten – in Medellin stellte das kein großes Problem dar – und ganz umsonst, dessen war er sich jetzt sicher. Wo also war die undichte Stelle? Drei Frauen und fünf Männer hatten gerade mit ihrem Tod bewiesen, daß sie es nicht gewesen waren. Die beiden letzten hatte man mit Kopfschüssen getötet; die anderen waren unter weniger gnädigen Umständen gestorben. Der Rest sah furchtbar aus; Cortez fühlte sich beschmutzt.

Mit den beiden Bauern traf er sich in einem anderen Zimmer auf einem anderen Stockwerk, nachdem er sich die Hände gewaschen und sich umgezogen hatte. Die beiden hatten Angst, aber zu Cortez' Verwunderung nicht vor ihm. Erst nach mehreren Minuten verstand er den Grund. Nachdem sie hastig und unzusammenhängend ihre Geschichte erzählt hatten, begann er ihnen gezielte Fragen zu stellen.

«Ihre Waffen waren keine AK-47», erklärte einer ganz sicher. «Sie klangen anders.» Der zweite Mann zuckte die Achseln; er konnte eine Waffe nicht von der anderen unterscheiden.

«Habt ihr jemanden gesehen?»

«Nein. Als der Krach losging und geschossen wurde, sind wir weggelaufen.»

Sehr vernünftig, dachte Cortez. «Krach? Haben Sie Stimmen gehört? In welcher Sprache?»

«In unserer natürlich. Sie rannten hinter uns her, kriegten uns aber nicht. In den Bergen kennen wir uns nämlich aus», fügte der Waffenexperte hinzu.

«Und sonst habt ihr nichts gesehen oder gehört?»

«Nur Schüsse, Explosionen und das Mündungsfeuer.»

«Wart ihr schon oft an dem Ort, an dem es passierte?»

«Ja, Señor, dort machen wir immer die Paste.»

«Stimmt, da gehen wir schon seit einem Jahr hin», bestätigte der andere.

«Sie werden niemandem sagen, daß Sie hier waren. Sie werden niemandem erzählen, was Sie wissen», befahl Cortez.

«Und die Familien von...»

«Ihr sagt keinen Ton», wiederholte Cortez ernst und leise. Die beiden spürten die Gefahr. «Ihr werdet belohnt, und die Familien der anderen bekommen eine Entschädigung.»

Cortez hielt sich für einen fairen Mann. Diese beiden Bergbauern hatten ihm einen guten Dienst geleistet und sollten angemessen entlohnt werden. Er wußte zwar noch immer nicht, wo die undichte Stelle war, aber wenn es ihm gelang, sich ein Mitglied dieser Bande M-19 zu schnappen... Doch irgendwie hatte er das Gefühl, daß Gefahr aus einer anderen Richtung drohte.

Amerikaner?

Chavez wußte, daß Rochas Tod sie nur noch entschlossener gemacht hatte. Captain Ramirez nahm es schwer, aber das war von einem guten Offizier zu erwarten. Ihre neue Position war nur zwei Meilen von einer Kaffeeplantage und zwei Meilen von einem weiteren Verarbeitungsplatz entfernt.

Ramirez saß allein. Sein Verstand konnte akzeptieren, daß der Tod eines seiner Männer zum Berufsrisiko gehörte, aber sein Gefühl redete ihm ein, versagt zu haben. Ramirez hatte einen für Truppenführer im Gefecht typischen Fehler begangen: Er war ihnen zu nahe gekommen. Er sah in ihnen nicht mehr entbehrliches Menschenmaterial, sondern Persönlichkeiten. Rocha war kein grüner Rekrut gewesen, sondern ein erfahrener und geschickter Berufssoldat. Also habe ich versagt, dachte Ramirez und nahm sich vor, in Zukunft besser aufzupassen.

Die Videokassetten trafen kurz nach dem Mittagessen ein. In Ritters Büro standen zwei Fernsehgeräte und zwei Videorecorder. Er sah sich die beiden Bänder allein an und drückte auf die Suchlauftaste, bis sie einigermaßen synchron liefen. Das Band aus dem Flugzeug gab nicht viel her. Man sah nur den Laserpunkt und den schwachen Umriß des Hauses, zuletzt den Explosionsblitz. Clarks Band war viel besser. Da stand das Haus mit den hellen Fenstern, umstanden von Wächtern – jene, die rauchten, sahen aus wie Glühwürmchen. Dann die Bombe. Wie ein Hitchcock-Film, dachte Ritter. Der Zuschauer weiß, was gleich passieren wird, aber die Personen auf der Leinwand nicht. Sie liefen ziellos umher, ohne zu ahnen, daß sie in einem Drama agierten, dessen Drehbuch der Stellvertretende Direktor (Operationen) der Central Intelligence Agency verfaßt hatte. Aber...

«Komisch», sagte Ritter und ließ das Band zurücklaufen. Sekunden vor der Detonation war ein neuer Wagen am Tor aufgetaucht. «Und wer bist du wohl?» fragte er den Bildschirm. Dann ließ er das Band bis zu einem Punkt nach der Explosion vorlaufen. Das Auto, ein BMW, war von der Druckwelle umgeworfen worden, aber der Fahrer kletterte Sekunden später heraus und zog eine Pistole.

«Cortez...» Ritter schaltete auf Standbild. Viel konnte er nicht erkennen. Während alle anderen ziellos umherrannten, blieb dieser Mann von durchschnittlichem Körperbau eine Weile ruhig stehen, trank dann am Springbrunnen und schaute sich die Explosionsstelle an. Anders als die Männer des Kartells, die in Panik in den Trümmern wühlten, wollte dieser offenbar schon herausfinden, was geschehen war. Kurz vor dem Ende der Aufnahme bekam Ritter das beste Bild von Cortez zu sehen – das muß er sein, dachte er. Denkt nach, schaut sich prüfend um. Ein Profi.

«Verflucht, das war knapp!» hauchte Ritter. «Eine Minute noch, und du hättest dein Auto bei den anderen abgestellt. Eine Minute nur!» Ritter nahm die Bänder aus den Geräten und legte sie in seinen Panzerschrank, der auch alles Material zu EAGLE EYE, SHOWBOAT und REZIPROZITÄT enthielt. Beim nächsten Mal erwischen wir dich... doch dann kamen ihm Zweifel. Hatte Cortez denn überhaupt etwas mit dem Attentat zu tun?

«Himmel noch mal!» sagte Ritter laut. Er war davon ausgegangen, daß... warum aber den Anschlag planen und dann nach Amerika kommen? Laut Aussage der Sekretärin hatte er sich nicht ernsthaft bemüht, Informationen aus ihr herauszuholen. Die Taktik war klassisch. Erstens: Zielperson verführen. Zweitens: Feststellen, ob ihr Informationen zu entlocken sind. Drittens: die Beziehung festigen – und dann ausnutzen. Wenn Ritter die Indizien richtig interpretierte, war Cortez bei Punkt drei noch gar nicht angelangt gewesen...

Denkbar also, daß Cortez mit dem Attentat nichts zu tun gehabt hatte. Vermutlich hatte er seine Informationen automatisch weitergegeben, ohne von der Aktion des FBI gegen die Finanzen des Kartells zu wissen. Und er war nicht in Kolumbien gewesen, als die Entscheidung zum Schlag gegen den Direktor fiel. Mit Sicherheit hätte sich Cortez dagegen ausgesprochen. Warum zuschlagen, wenn man gerade auf eine vorzügliche Informationsquelle gestoßen ist?

Cortez mußte also wütend auf das Kartell sein. So wütend wie Ritter auf Admiral Cutter.

Zum ersten Mal stellte sich Ritter die Frage, was Cortez eigentlich wirklich im Schild führte. Hatte er sich einfach aus Kuba abgesetzt, um Söldner zu werden? Vermutlich; das Kartell hatte ihn angeheuert, um sich seine Erfahrungen zunutze zu machen, und sah in ihm nicht mehr als einen Söldner. Genauso, wie sie kolumbianische und sogar amerikanische Polizisten kauften. Ein in Moskau ausgebildeter Geheimdienstmann aber fiel in eine andere Kategorie als ein Polizist. Cortez beriet sie und mußte sie nun des Vertrauensbruchs bezichtigen. Zumindest hatten sie in seinen Augen sehr unklug gehandelt, denn der Mord an Emil Jacobs war eine nicht von der Vernunft, sondern von Emotionen diktierte Handlung gewesen.

«Warum ist mir das nicht früher eingefallen?» grollte Ritter vor sich hin. Die Antwort: Weil er die Augen verschlossen hatte, hatte er Gelegenheit bekommen, etwas zu tun, was er schon immer hatte tun wollen. Er hatte nicht nachgedacht, weil er geahnt hatte, daß Denken ihn am Handeln hindern würde.

Cortez war also kein Terrorist, sondern ein Geheimdienstoffizier, der mit den Macheteros zusammengearbeitet hatte, weil es ihm befohlen worden war. Zuvor war er mit reiner Geheimdienstarbeit befaßt gewesen, und nur, weil er mit dieser wirren puertoricanischen Gruppe kooperiert hatte, hatten sie einfach angenommen, er... vermutlich war diese Erfahrung der Grund für sein Überlaufen gewesen.

Nun sah Ritter die Sache klarer. Das Kartell hatte Cortez seiner

Kenntnisse und Erfahrungen wegen eingestellt, sich dabei aber einen Wolf als Haustier zugelegt. Und Wölfe sind gefährliche Haustiere.

Im Augenblick blieb Ritter nur eine Möglichkeit. Er rief einen Assistenten und wies ihn an, das beste von Cortez vorliegende Einzelbild vom Computer aufarbeiten zu lassen und ans FBI zu schicken. Das war ein nützlicher Schritt, solange man den Hintergrund ausblendete, und das schaffte der Computer mit Leichtigkeit.

Admiral Cutter blieb während der Abwesenheit des Präsidenten in seinem Büro im Weißen Haus und flog nur vormittags nach Camp David, um wie üblich Vortrag zu halten. Den Rest der Zeit widmete er seinen Pflichten, zu denen das gezielte Streuen von Informationen unter dem Etikett «Erklärung eines hohen Regierungsbeamten» gehörte. Wenn der Präsident eine neue Idee hatte, sich aber noch nicht ganz sicher war, ließ er Cutter oder das entsprechende Kabinettsmitglied ein informelles Interview geben und wartete dann ab, wie der Kongreß oder andere auf den Versuchsballon reagierten.

Bob Holtzman, der für eine Washingtoner Zeitung aus dem Weißen Haus berichtete, machte es sich in seinem Sessel gegenüber Cutter bequem. Die Regeln eines solchen Hintergrund-Interviews waren beiden Seiten klar. Cutter konnte sagen, was er wollte, und dabei sicher sein, daß weder sein Name, sein Titel oder sein Büro in dem Artikel erwähnt wurden. Holtzman konnte seine Story nach Gutdünken verfassen, solange er die Identität der Quelle nur seinem Chefredakteur offenlegte.

Besonders grün waren sich die beiden Männer nicht. Cutter empfand eine tiefe Verachtung für Journalisten; er hielt sie für faule, dumme Leute, die weder schreiben noch denken konnten. Holtzman hielt Cutter für den falschen Mann am falschen Platz. Erstens störte ihn die Tatsache, daß ein Militär als so enger Berater des Präsidenten fungierte. Zweitens, und das war wichtiger, sah er in Cutter einen seichten, selbstgefälligen Radfahrer mit Anwandlungen von Größenwahn und ein arrogantes Arschloch. Resultat dieser Empfindungen war, daß die beiden gut miteinander auskamen.

«Haben Sie vor, nächste Woche die Parteikonvention zu beobachten?» fragte Holtzman.

«Ich bin bemüht, mich nicht mit Politik zu befassen», erwiderte Cutter. «Kaffee?»

«Danke, lieber nicht. Sagen Sie, was spielt sich eigentlich in Kolumbien ab?»

«Darüber bin ich genausowenig informiert wie Sie... Moment, das stimmt nicht ganz. Wir überwachen die Kerle seit einer Weile, und meiner Meinung nach wurde Emil von einer Fraktion ohne Billigung des Gesamtkartells getötet. Der Bombenanschlag der vergangenen Nacht mag einen Hinweis auf interne Kämpfe darstellen.»

«Fest steht jedenfalls, daß jemand stinksauer ist», bemerkte Holtzman und machte sich Notizen. «Gerüchten nach ließ das Kartell den Anschlag von M-19 ausführen, und die kolumbianische Polizei hat die Festgenommenen mächtig in die Mangel genommen.»

«Das mag sein.»

«Woher wußten sie eigentlich, daß Direktor Jacobs nach Kolumbien wollte?»

«Das weiß ich nicht», erwiderte Cutter.

«Wirklich? Seine Sekretärin unternahm einen Selbstmordversuch. Das FBI gibt zwar keine Auskünfte, aber ich finde dieses Zusammentreffen schon erstaunlich.»

«Wer bearbeitet drüben den Fall? Ob Sie es nun glauben oder nicht, ich bin nicht informiert.»

«Dan Murray, ein stellvertretender Direktor, der Shaw Bericht erstattet.»

«Nun, das sind innere Angelegenheiten, für die ich nicht zuständig bin», erklärte Cutter und errichtete so eine Mauer, die Holtzman nicht durchbrechen konnte.

«Das Kartell war also wütend über die Operation TARPON, und ein paar hohe Leute schalteten Jacobs ohne Zustimmung des ganzen Vereins aus. Andere Mitglieder des Kartells, sagen Sie, hielten die Aktion für überstürzt und beschlossen, die Auftraggeber des Attentats zu liquidieren.»

«So sieht es im Augenblick aus. Sie müssen verstehen, daß unsere Erkenntnisse in diesem Fall recht dünn sind.»

«Unsere Erkenntnisse sind immer dünn», versetzte Holtzman.

«Sie können sich mit dieser Frage ja an Bob Ritter wenden.» Cutter stellte seine Kaffeetasse ab.

«Das werde ich auch tun.» Holtzman lächelte. Zwei Leute in Washington ließen nie etwas durchsickern: Bob Ritter und Arthur Moore. «Und Jack Ryan?»

«Ryan arbeitet sich noch ein und war die ganze Woche bei einer Nato-Konferenz in Brüssel.»

«Im Kongreß geht die Rede, es solle endlich etwas gegen das Kartell unternommen werden. Das Attentat auf Jacobs sei ein direkter Angriff gegen ...»

«Ich sehe mir die Magazinsendungen auch an. Reden schwingen kann jeder.»

«Und Gouverneur Fowlers heutige Erklärung ...»

«Die Politik überlasse ich den Politikern.»

«Wissen Sie, daß der Straßenverkaufspreis von Kokain gestiegen ist?»

«So? Da ich kein Konsument bin, kümmere ich mich nicht um diesen Markt. Wirklich?» So schnell? Erstaunlich, dachte Cutter. «Das hört man gern.»

«Aber nach wie vor kein Kommentar?» fragte Holtzman. «Sie waren doch derjenige, der erklärte, dies sei praktisch ein echter Krieg, und wir sollten entsprechend handeln.»

Cutters Lächeln erstarrte. «So etwas kann nur der Präsident entscheiden.»

«Und der Kongreß?»

«Im Prinzip schon, aber seit ich im Dienst der Regierung stehe, gab es von dort noch keine Kriegserklärung.»

«Was würden Sie empfinden, wenn wir mit diesem Bombenanschlag etwas zu tun hatten?»

«Das kann ich nicht sagen. Wir hatten nichts damit zu tun.» Das Interview verlief nicht wie geplant. Was wußte Holtzman?

«Eine rein hypothetische Frage», räumte der Journalist ein.

«Also ganz im Vertrauen, und da möchte ich nicht zitiert werden: Meinetwegen könnten wir – theoretisch – die Schweine allesamt umbringen. Ich würde ihnen keine Träne nachweinen. Und Sie?»

«Ganz im Vertrauen: Ich stimme mit Ihnen überein. Ich bin hier aufgewachsen und kann mich noch an eine Zeit erinnern, zu der die Straßen sicher waren. Heutzutage sehe ich mir jeden Morgen die Liste der Opfer an und frage mich, ob ich in Washington bin oder in Beirut. Gut, wir waren es also nicht?»

«Nein. Es sieht eher nach internen Machtkämpfen des Kartells aus. Das ist zwar auch nur Spekulation, aber mehr können wir im Augenblick nicht sagen.»

«Gut. Das gibt dann wohl einen Artikel her.»

20

Entdeckungen

Erstaunlich, aber wahr, dachte Cortez, der zusammen mit sechs Männern und einem Spürhund nun schon seit einer Stunde den verwüsteten Verarbeitungsplatz abgesucht hatte. Die leeren Patronenhülsen waren vorwiegend vom Kaliber 5.56 mm, das von Nato-Ländern und ihren Verbündeten benutzt wurde. Außerdem hatten sie eine Reihe von 9-mm-Hülsen und eine Hülse einer Gewehrgranate 40 mm gefunden. Einer der Angreifer war verwundet worden, vielleicht schwer. Der Angriff war nach der klassischen Methode abgelaufen: ein Feuerteam auf einer Anhöhe, ein Angriffsverband auf gleicher Höhe. Der Gegner hatte sich hastig zurückgezogen, ohne an den Leichen Sprengfallen anzubringen. Vermutlich, weil er wußte, daß zwei Männer entkommen waren.

Es durchstreifte eindeutig mehr als ein Team die Berge. Drei oder vier, schätzte Cortez angesichts der Zahl und Lage der bisher angegriffenen Ziele. Damit schied M-19 aus, denn in den Reihen dieser Organisation gab es nicht genug ausgebildete Männer. Zudem waren die Guerillagruppen mit Spitzeln des Kartells durchsetzt. Er hätte also etwas erfahren müssen.

In den Bergen sind also verdeckt operierende amerikanische Teams, sagte er sich. Entweder Soldaten oder erstklassige Söldner – Cortez ging eher von regulären Truppen aus. Fürs erste befaßte er sich mit der Spurensicherung, fast wie ein Polizist. Wie er feststellte, stammten alle Gewehr- und MG-Patronenhülsen von einem Hersteller, denn alle Hülsen trugen die gleiche eingestanzte Seriennummer, identisch mit der, die auf den Flugfeldern an der Nordküste gefunden worden waren. Wer die

Flugplätze überwacht hatte, war also hierher verlegt worden ... aber wie? Am einfachsten mit Lkw oder Bus, aber das war für die Amerikaner zu riskant. Die *yanquis* würden Hubschrauber eingesetzt haben. Von wo aus? Von einem Schiff oder von einem ihrer Stützpunkte in Panama. Von Flottenmanövern in Hubschrauberreichweite von der Küste wußte er nichts. Es mußte also eine große, in der Luft auftankbare Maschine gewesen sein. Wie sie die Amerikaner besaßen. Als Stützpunkt kam nur Panama in Frage. Dort hatte Cortez Leute sitzen. Er steckte die Patronenhülsen ein und ging den Hang hinunter. Nun hatte er einen Punkt, bei dem er ansetzen konnte, und das war alles, was ein Mann mit seinen Fähigkeiten brauchte.

Ryans VC-20A – er hatte sich noch immer nicht ganz an die Vorstellung gewöhnt, daß es *seine* Maschine war – startete am frühen Nachmittag von einem Flughafen bei Mons in Belgien. Sein erster offizieller Auftritt vor den Geheimdienstchefs der Nato-Länder war erfolgreich gewesen, sein Vortrag über die Veränderungen in Osteuropa und der Sowjetunion positiv aufgenommen worden. Die Meinungen der Chefanalytiker reichten von «Der Frieden ist ausgebrochen» über «Ist ja alles nur ein Trick» bis zur völligen Ratlosigkeit, doch wenn es an die Erstellung einer formellen nachrichtendienstlichen Analyse ging, schüttelten Leute, die schon vor Jacks Geburt im Geschäft gewesen waren, den Kopf und brummten in ihr Bier.

Aber militärisch stand die Nato besser da denn je. Ihre Nachrichtendienste waren erfolgreicher, als man je zu hoffen gewagt hatte – nur den Zweck des Bündnisses stellten inzwischen die jüngsten politischen Entwicklungen in Frage. Für Ryan sah das wie ein Erfolg aus, solange die Sache den Politikern nicht zu Kopf stieg.

Der vielleicht beste Beweis für die augenblicklich gute Atmosphäre in der Nato war die Tatsache, daß man in den Sitzungspausen nicht vom direkt anliegenden «Geschäft», sondern von anderen Dingen redete. Spezialisten aus Deutschland und Italien, Großbritannien und Norwegen, Dänemark und Portugal zeigten sich besorgt über das zunehmende Drogenproblem in ihren Ländern. Das Kartell war mit seinem nordamerikanischen Markt allein nicht mehr zufrieden und expandierte nach Osten. Angesichts des Attentats auf Direktor Jacobs fragten sich die Geheimdienstspezialisten, ob der internationale Narcoterrorismus eine ganz neue und gefährliche Wendung genommen habe – und was dagegen zu tun sei. Besonders die Franzosen, die ihr Land traditionell energisch verteidigen, billigten die Bombe bei Medellin und reagierten verständnislos auf Ryans etwas verwirrte, verzweifelte Antwort: «Kein Kommentar. Davon weiß ich nichts.» Die französische Reaktion war insoweit verständlich, als der DGSE auf die Ermordung eines hohen französischen Beamten in aller Öffentlichkeit hin sofort eine Vergeltungsaktion gestartet hätte. Die Vertreter des DGSE hatten von Ryan ein wissendes Lächeln erwartet und nicht diese verlegene Miene. Aber in Amerika wurde offenbar nach anderen Regeln gespielt, und die Alliierten der Alten Welt mußten sich immer wieder fragen, warum die USA so unberechenbar agierten. Den Sowjets gegenüber mochte diese Haltung noch von strategischem Wert sein – aber ging man so mit seinen Verbündeten um?

Oder mit den eigenen Regierungsbeamten? fragte sich Ryan insgeheim. Was geht hier eigentlich vor? Und ist das überhaupt noch legal?

Der Aufenthalt dreitausend Meilen von der Heimat entfernt ließ Jack die Affäre etwas gelöster sehen. Angesichts des Fehlens eines solchen Verbrechen angemessenen legalen Mechanismus war direkte Aktion vielleicht angemessen. Wer einen Nationalstaat herausfordert, muß mit einer direkten Reaktion rechnen. Wenn wir ein Land bombardieren konnten, weil es einen Anschlag auf amerikanische Soldaten in einer Berliner Disco unterstützt hatte, sagte er sich, warum dann nicht... Menschen auf dem Territorium eines demokratischen Staates des amerikanischen Kontinents töten?

Was fing man mit einer derartigen politischen Dimension an?

Da lag der Hase im Pfeffer. Kolumbien hatte seine eigenen Gesetze. Es hatte nicht wie Libyen eine psychisch labile Figur an der Spitze, und es war auch keine autoritäre Theokratie wie der Iran. Kolumbien war ein Land mit echter demokratischer Tradition, das seine Institutionen aufs Spiel gesetzt hatte, um die Bürger eines anderen Landes zu schützen – vor sich selbst.

Was zum Teufel treiben wir da? fragte er sich.

Auf dieser hohen Ebene der Politik gerieten die Werte durcheinander. Oder? Nach welchen Regeln wurde eigentlich gehandelt? Was sagte das Gesetz? Existierten hier Regeln oder Gesetze überhaupt? Ehe er diese Fragen beantworten konnte, erkannte Jack, mußte er erst die Fakten erfahren, und das würde schwer genug werden. Jack lehnte sich in seinen bequemen Sitz zurück und schaute hinab auf den Ärmelkanal, der sich hier nach Westen hin und in Richtung Land's End verbreiterte wie ein Trichter. Hinter diesem felsigen, für Schiffe tödlichen Landvorsprung lag der Nordatlantik, und an dessen anderer Küste begann die Heimat. Nun hatte er sieben Stunden Zeit, sich zu überlegen, was er dort tun sollte. Sieben ganze Stunden, dachte Jack und fragte sich, wie oft er sich diese Fragen stellen und wie oft ihm nur neue Fragen einfallen durften anstelle von Antworten.

Das Recht ist eine Falle, sagte sich Murray. Es war eine Göttin, die man anbetete, eine liebliche bronzene Frau, die in der Finsternis eine Laterne trug und einem den Weg wies. Was aber, wenn dieser Weg sich als Sackgasse entpuppte? Sie hatten nun bombensichere Beweise gegen einen «Verdächtigen», der nach dem Attentat auf Director Jacobs festgenommen worden war. Die Kolumbianer hatten ein Geständnis aus ihm herausgeholt, das nun in Form von dreißig engzeilig beschriebenen Seiten auf seinem Schreibtisch lag. Es gab mehr als genug Indizien, die vom FBI-Laboratorium geprüft worden waren. Nur noch ein kleines Problem gab es: Der Auslieferungsvertrag zwischen Kolumbien und den Vereinigten Staaten war im Augenblick nicht in Kraft. Kolumbiens Oberster Gerichtshof – genauer gesagt, jene Richter, die nach Anschlägen auf zwölf ihrer Kollegen durch Mörder von M-19 noch lebten (die Opfer waren bezeichnenderweise alle Befürworter des Auslieferungsabkommens) – war zu dem Schluß gekommen, das Abkommen stünde im Widerspruch zur Verfassung des Landes. Ohne Vertrag keine Auslieferung. Der Attentäter würde also im Land vor Gericht gestellt und zweifellos zu einer langen Freiheitsstrafe verurteilt werden, aber Murray und das FBI wollten ihn mindestens im Hochsicherheitstrakt der Strafanstalt Marion, Illinois, sehen –, und das Justizministerium hoffte, mit Hilfe des den Mord im Zusammenhang mit Rauschgift betreffenden Gesetzes die Todesstrafe zu erreichen. Nur waren die Kolumbianer mit einer Methode zu dem Geständnis gekommen, die dem amerikanischen Recht der Beweisfindung zuwiderlief und, so räumten die Juristen ein, vor einem US-Gericht schwerlich Bestand haben würde. Die Todesstrafe kam also nicht in Frage. Darüber hinaus konnte der Mann, der den Direktor des FBI ausgeschaltet hatte, für seine Mithäftlinge in Marion sogar zum Helden werden. Erst am Vortag hatte er erfahren, daß ähnliches auch im Fall der Piraten zutraf. Auch hier hatte ein gerissener Verteidiger das Vorgehen der Küstenwache enttarnt und damit die Todesstrafe ausgeschlossen. Positiv war eigentlich nur für Murray, daß seine Regierung endlich einmal ordentlich zurückgeschlagen hatte, doch auf eine Art, die vor dem Gesetz nur als kaltblütiger Mord bezeichnet werden konnte.

Murray empfand Unbehagen, weil er diese Entwicklung als positiv ansah. An der Universität hatte man ihm so etwas nicht beigebracht, und später, als Lehrer an der Akademie des FBI, hatte er so etwas auch nicht weitergegeben. Was geschah, wenn die Regierung das Gesetz brach? Die Lehrbuchantwort lautete «Anarchie» – also das, was eintritt, wenn bekannt wird, daß die Regierung sich nicht an ihre eigenen Gesetze hält. Doch definierte man so nicht auch einen Verbrecher – als jemanden, der beim Verstoß gegen das Gesetz erwischt wird?

«Nein», sagte sich Murray leise. Er war diesem Licht sein Leben lang gefolgt, weil es für die Gesellschaft in dunkler Nacht nichts anderes gab als diese Flamme der Vernunft. Es war sein Auftrag und der des FBI, dem Gesetz treu und ehrlich Gültigkeit zu verleihen. Gewiß, es gab Spielraum, denn das geschriebene Recht konnte nicht alle Möglichkeiten vorausahnen –, aber wenn der Buchstabe des Gesetzes allein nicht ausreichte, ließ man sich von dem Prinzip, auf dem das Gesetz basierte, leiten. Die Situation mochte nicht immer zufriedenstellend sein, war aber immer noch besser als die Alternative. Was aber tun, wenn das Gesetz nicht funktionieren wollte? Gehörte auch das nur zum Spiel? War die ganze Sache am Ende wirklich nur ein Spiel?

Clark war inzwischen mit anderen Fragen befaßt, bei denen es nicht um die Legalität seiner Handlungen ging. Legal war für ihn, was in Form eines Befehls von oben kam und daher «in Ordnung» war. Ein amtierender Präsident hatte entschieden, daß die Existenz einer Person oder Sache den Interessen des Landes zuwiderlief – Punkt.

Clark hatte seine Karriere bei der geheimnisumwitterten Kommandotruppe SEALS der Marine begonnen und dort den Spitznamen «die Schlange» bekommen, weil er sich so lautlos zu bewegen verstand. Seines Wissens hatte kein Feind eine Begegnung mit ihm überlebt. Damals in Vietnam hatte er natürlich anders geheißen, aber nur, weil er nach dem Verlassen der Navy den Fehler begangen hatte, seine Fähigkeiten auf eigene Faust einzusetzen, und dabei beinahe von der Polizei erwischt worden war – im Rückblick nur eine Verwirrung, die aber dazu geführt hatte, daß die CIA, die manchmal Leute mit seinem Talent brauchte, auf ihn aufmerksam geworden war. Fast ein Witz war das damals gewesen: «Wenn schon getötet werden muß, dann holt euch jemanden, der das berufsmäßig tut.» Zumindest war ihm das damals, vor fast zwanzig Jahren, komisch vorgekommen.

Wer sterben mußte, entschieden andere; die ordentlich gewählten Vertreter des amerikanischen Volkes. Wenn der Präsident befahl:

«Töte!» dann war Clark nur das Instrument der Politik seiner Regierung und des Kongresses, der in Gestalt ausgewählter Mitglieder der Entscheidung der Exekutive zustimmen mußte. Natürlich tötete Clark nur selten, sondern drang im Auftrag der CIA meist unbemerkt in andere Länder ein. Auf diesem Gebiet war er der beste verfügbare Mann. Doch zum Töten hatte man ihn ursprünglich ausgebildet, und Töten war für Clark, der in der Kirche St. Ignatius in Indianapolis auf den Namen John Terence Kelly getauft worden war, nicht mehr als eine von seinem Land und seiner Religion, die er einigermaßen ernst nahm, sanktionierte Kriegshandlung. Immerhin hatte es im Falle Vietnam nie eine offizielle Kriegserklärung gegeben, und was damals Recht gewesen war, konnte doch jetzt kein Unrecht sein. Von Mord redete John T. Clark nur, wenn Menschen nicht im Dienst einer gerechten Sache getötet wurden.

Im Augenblick beschäftigte ihn die Auswahl seines nächsten Zieles. Der Trägerverband war noch für zwei Tage verfügbar, und er wollte nach Möglichkeit noch eine Stealth-Bombe abwerfen lassen.

Clark war in einem ganz gewöhnlichen Holzhaus am Stadtrand von Bogotá untergebracht, das der CIA gehörte und hin und wieder an Geschäftsleute vermietet wurde. Auch das Telefon war ein ganz normales gewesen, bis er einen Zerhacker angeschlossen hatte. Unter einem Loch im Dach hatte er eine Parabolantenne für Satellitenkommunikation aufgestellt und mit einem Chiffriergerät versehen, das einem tragbaren Kassettenrecorder ähnlich sah.

Und was nun? fragte er sich. Der Anschlag auf Untiveros war mit Bedacht so inszeniert worden, daß er wie eine Autoexplosion aussah. Warum es nicht noch einmal versuchen, diesmal mit einer richtigen Autobombe? Die Absicht war, den Zielpersonen Angst einzujagen und sie ins Freie zu treiben, wo man ein besseres Schußfeld hatte. Zu diesem Zweck mußte der Anschlag ernst sein, aber nicht so ernst, daß Unbeteiligte verletzt wurden.

Eine starke Bombe, die nicht richtig detoniert? Nein, zu kompliziert, entschied er. Am besten wäre ein simples Attentat mit einem Gewehr gewesen, aber das war zu schwer zu organisieren. Die Herren des Kartells überwachten alle Fenster mit Ausblick auf ihre Domizile.

Clarks Operationskonzept war so simpel und elegant, daß es selbst den angeblichen Experten für «schwarze» Operationen in Langley nicht eingefallen war. Clark wollte schlicht und einfach genug Leute auf seiner Liste töten, um in der Zielgruppe Furcht und unkontrollierte Reaktionen auszulösen.

Das Kartell setzte sich aus einer Reihe sehr rücksichtsloser Leute zusammen, die immer gefaßt waren – auf Gefahren von außen *und* von innen. Trotz ihrer erfolgreichen Zusammenarbeit blieben sie letzten Endes Rivalen, und Clark brauchte nun bei ihnen lediglich den Eindruck zu erwecken, es greife jemand innerhalb ihrer Hierarchie nach der Macht. Die Folge mußte sein, daß sie begannen, sich gegenseitig zu töten wie in den Mafia-Kriegen der dreißiger Jahre.

Vielleicht kommt es so, räumte er ein und schätzte die Erfolgschancen auf dreißig Prozent. Doch selbst wenn der Plan fehlschlug, war eine Reihe wichtiger Spieler vom Platz, und das allein zählte schon als taktischer, wenn nicht strategischer Erfolg. Andererseits bestand aber auch das Risiko, daß aus dem Bruderkrieg ein gestärktes, besser organisiertes und gefährlicheres Kartell hervorging. Das ist die wahre Gefahr, dachte Clark, aber schlimmer, als es im Augenblick ist, kann es nicht mehr werden.

«Schon die Nachrichten gehört?» fragte er Larson, der gerade hereingekommen war.

«Alle sagen, es sei eine Autobombe gewesen», erwiderte Larson mit einem verschmitzten Lächeln. «So viel Glück haben wir beim nächsten Mal bestimmt nicht.»

«Stimmt. Aber der nächste Schlag muß spektakulär ausfallen.»

«Gucken Sie mich bloß nicht so an! Sie erwarten doch nicht etwa von mir, daß ich herausfinde, wann das nächste Treffen ist?»

Schön wäre es ja, dachte Clark, sagte aber: «Nein, wir können nur auf ein weiteres Ergebnis der Abhöraktion hoffen. Die Kerle müssen sich doch treffen, um die Lage zu besprechen.»

«Sicher, aber diesmal vielleicht nicht in den Bergen, sondern im Tiefland.»

«So?» Clark hatte vergessen, daß das Kartell auch dort versteckte Häuser besaß. Die Zielmarkierung würde sehr schwierig werden. «Können wir den Laser aus dem Flugzeug anpeilen?»

«Warum nicht? Aber dann werde ich landen, auftanken und wieder starten, um für immer aus diesem Land zu verschwinden.»

Henry und Harvey Patterson waren Zwillinge, siebenundzwanzig Jahre alt und der lebende Beweis für einander widersprechende Gesellschaftstheorien, für die ein Kriminologe eintreten mochte. Für die Dauer seines kurzen Lebens, dem der Besitzer einer Spirituosenhandlung mit einer Schrotflinte ein Ende gesetzt hatte, war ihr Vater ein berufsmäßiger, wenn auch nicht sehr erfolgreicher Vertreter gewesen. Für Anhänger des Behaviorismus, überwiegend Konservative, war das wichtig. Andererseits hatten sie eine alleinerziehende Mutter gehabt und waren das Produkt einer schlechten Schule, negativen Gruppendrucks und einer armen Nachbarschaft. Diese Faktoren waren entscheidend für die Environmentalisten, liberale Soziologen zumeist, die der Auffassung sind, daß die Umwelt die Entwicklung und das Handeln bestimmt.

Was immer die Gründe für ihr Verhalten gewesen sein mochten, die Pattersons waren Karriereverbrecher, die ihren Lebensstil genossen und denen es völlig gleichgültig war, ob ihre Gehirne nun bei der Zeugung oder erst in der Kindheit programmiert worden waren. Dumm waren sie nicht. Wären Intelligenztests nicht einseitig auf sprachliche Fertigkeiten ausgerichtet, würde ihr IQ über dem Durchschnitt gelegen haben. Sie verfügten über einen scharfen Instinkt, der ihre Festnahme zum schwierigen Unterfangen machte, und über straßenschlaue Rechtskenntnisse, die sie in die Lage versetzten, das System mit bemerkenswertem Erfolg zu manipulieren. Außerdem hatten sie Prinzipien. Die Gebrüder Patterson waren Trinker – beide bereits an der Grenze zum Alkoholismus –, nahmen aber kein Rauschgift. Das machte sie zu Außenseitern, aber da sich keiner der Brüder groß um das Gesetz scherte, machte ihnen das vom normalen Persönlichkeitsprofil des Kriminellen abweichende Verhalten auch keine Sorgen.

Gemeinsam hatten sie schon als Heranwachsende im ganzen Süden des Staates Alabama Diebstahl, Einbruch und Körperverletzung begangen, und in ihren Kreisen zollte man ihnen beträchtlichen Respekt. Mehrere Menschen waren ihnen in die Quere gekommen – und da sie eineiige Zwillinge waren, bekam, wer mit einem in Konflikt geriet, es sofort auch mit dem anderen zu tun – und anschließend tot aufgefunden worden. Todesursache: Einwirkung einer stumpfen (Knüppel) oder spitzen (Messer) Waffe. Die Polizei hatte sie im Verdacht, fünf Morde begangen zu haben, doch wer nun der eigentliche Täter gewesen war, vermochte sie nicht zu sagen. Die Tatsache, daß sie eineiige Zwillinge waren, komplizierte jeden Fall und wurde von ihrem Anwalt – einem guten Mann, auf den sie schon früh in ihrer Karriere gestoßen waren – weidlich ausgenutzt. Wann immer jemand den Pattersons zum Opfer fiel, konnte man bei der Polizei wetten, daß einer der Brüder – im allgemeinen jener, der ein Motiv hatte – sich ganz auffällig meilenweit vom Tatort entfernt aufhielt. Hinzu kam, daß es sich bei den Opfern der Brüder nie um anständige Bürger, sondern immer um Leute aus Verbrecherkreisen handelte; eine Tatsache, die den Eifer der Polizei unweigerlich dämpfte.

Diesmal aber sah es anders aus.

Vor vierzehn Jahren waren sie zum ersten Mal mit dem Gesetz in Konflikt gekommen, und nun saßen Henry und Harvey so richtig in der Tinte: Endlich hatte ihnen die Polizei eine schwere Straftat nachweisen können, und der Grund war ausgerechnet ein anderes Zwillingspaar, denn die Pattersons hatten sich unsterblich in zwei hübsche achtzehnjährige Huren verliebt. Seit Wochen schon konnten die Jungs nicht genug von Noreen und Doreen Grayson bekommen, und bei der Polizei wurde fleißig spekuliert, wie sich die beiden Paare eigentlich auseinanderhielten. Ironie des Schicksals war auf jeden Fall, daß ausgerechnet die Liebe die Pattersons zu Fall gebracht hatte.

Henry und Harvey hatten nämlich beschlossen, die Schwestern von ihrem Zuhälter zu befreien, einem gewalttätigen Rauschgifthändler, den die Polizei in Verdacht hatte, unbotmäßige Mädchen einfach verschwinden zu lassen. Zum Ausbruch kam der Konflikt, als der Zuhälter die Mädchen brutal zusammenschlug, weil sie ihm Schmuckstücke – Geschenke von den Pattersons – nicht aushändigen wollten. Noreen erlitt einen Kieferbruch, Doreen verlor sechs Zähne, und was ihnen sonst noch angetan worden war, brachte sie ins Krankenhaus. Nun waren aber die Pattersons keine Menschen, die solche Beleidigungen tatenlos hinnahmen, und eine Woche später war der Zuhälter Elrod McIlvane in einer finsteren Gasse Schüssen aus zwei identischen Smith & Wesson Revolvern zum Opfer gefallen. Pech hatten die Zwillinge insofern, als nur einen halben Block weiter ein Streifenwagen gestanden hatte.

Und nun saßen die beiden vor einem Lieutenant im Vernehmungszimmer, und ihr üblicher Trotz war verflogen. Die Waffen waren keine fünfzig Meter vom Tatort gefunden worden. Sie trugen zwar keine verwendbaren Fingerabdrücke, aber die vier Kugeln in McIlvanes Leiche waren aus ihnen abgeschossen worden. Man hatte die Pattersons vier Block vom Tatort entfernt festgenommen und an ihren Händen Pulverspuren gefunden; außerdem war ihr Motiv, den Zuhälter auszuschalten, bekannt. Nun fehlte der Polizei nur noch ein Geständnis. Das Glück hatte die Zwillinge endlich im Stich gelassen; das sagte ihnen selbst der Anwalt. Die Todesstrafe drohte ihnen zwar nicht, wohl aber eine lange Haft.

Die Pattersons saßen in Gefängnismontur dem Lieutenant gegenüber, der sie nicht auseinanderhalten konnte, aber sie auch gar nicht fragte, wer wer sei, weil er erwartete, aus reiner Boshaftigkeit angelogen zu werden.

«Wo ist unser Anwalt?» fragte Henry oder Harvey.

«Genau, wo ist er?» unterstrich Harvey oder Henry.

«Den brauchen wir bei dieser Unterhaltung nicht. Sagt mal, wollt ihr uns einen kleinen Gefallen tun?» fragte der Lieutenant. «Wir würden uns unter Umständen revanchieren.» Damit war die Frage nach dem Anwalt abgehakt.

«Scheiß drauf!» kommentierte ein Zwilling, nur um die Verhandlungsposition zu verbessern. Ihre Lage war jene, in der man nach einem Strohhalm greift: Das Gefängnis winkte, und beiden war klar, daß es kein Zuckerlecken werden würde.

«Nun, was haltet ihr von lebenslänglich?» fragte der Lieutenant ungerührt. «Ihr wißt ja, wie das funktioniert: nach sieben oder acht Jahren kommt ihr wieder raus, wenn ihr Glück habt. Acht Jahre, das ist eine lange Zeit. Schmeckt euch das?»

«Wir sind nicht bescheuert. Was wollen Sie?» fragte ein Patterson und eröffnete die Verhandlungen.

«Wenn ihr einen Job für uns erledigt, passiert vielleicht etwas Angenehmes.»

«Und was für ein Job wäre das?»

«Habt ihr Ramón und Jesús gesehen?»

«Die Piraten?» sagte einer. «Dreckschweine.» In der Hierarchie der Kriminellen standen Sexualverbrecher ganz unten.

«Ja, wir haben die Säue gesehen», bestätigte der andere. «Tun seit ein paar Tagen unheimlich dick. Okay, wir haben ein paar Dinger gedreht, aber kleine Mädchen vergewaltigen und umbringen, ist doch das Letzte. Und die sollen einfach durchwitschen? Scheiße, Mann, wir haben nur einen Luden umgelegt, der seine Frauen verhauen hat, und sollen lebenslänglich kriegen. Da stimmt doch was nicht!»

«Falls Ramón und Jesús etwas zustoßen sollte, etwas Ernstes», meinte der Lieutenant leise, «könnte das positive Entwicklungen für euch bedeuten.»

«Zum Beispiel?»

«Ihr könntet zum Beispiel regelmäßig Besuch von Noreen und Doreen bekommen.»

«Scheiß drauf!» rief Henry oder Harvey.

«Das ist unser Angebot, Jungs», sagte der Lieutenant.

«Sollen wir die etwa umlegen?»

Der Lieutenant starrte sie nur an.

«Gut, verstanden», sagte Henry. «Und wer garantiert uns, daß Sie Wort halten?»

«Was für ein Wort?» Der Lieutenant schwieg kurz. «Ramón und Jesús haben eine vierköpfige Familie ermordet, die Frau und das kleine Mädchen vorher vergewaltigt und wahrscheinlich auch bei dem Mord an einem Polizeibeamten aus Mobile und seiner Frau die Hand im Spiel gehabt. Aber weil bei der Anklage etwas schiefging, kriegen sie jetzt höchstens zwanzig Jahre und kommen nach sieben oder acht frei. Dabei haben sie sechs Menschen ermordet. Ist das Gerechtigkeit?»

Nun hatten die Zwillinge verstanden, wie ihnen der Lieutenant an den Augen ansah. Dann kam die Entscheidung. Die beiden Augenpaare blickten zurückhaltend, als sich die Zwillinge überlegten, wie sie es anstellen sollten. Dann war auch das gelöst. Die Pattersons schauten ihn lässig an und nickten.

«Aber seht euch vor, Jungs. Im Gefängnis ist es manchmal gefährlich.»

Der Lieutenant erhob sich, rief den Wärter und begab sich zurück in sein Büro. Er war ein ehrenwerter Mann und begann in der Annahme, daß die Pattersons ihren Teil der Abmachung halten würden, seinen zu erfüllen. Vier Geschosse waren aus der Leiche des Elrod McIlvane entfernt worden. Eine war so verformt, daß ein ballistischer Vergleich unmöglich war; bei den drei anderen handelte es sich um Grenzfälle. Der Lieutenant ließ die Geschosse zu einer neuen Untersuchung aus der Asservatenkammer holen. Natürlich mußte er ihren Empfang mit seiner Unterschrift bestätigen, um die gesetzlich festgelegte «Beweiskette» nicht zu unterbrechen; Beweismittel, die bei einem Prozeß benutzt werden sollten, mußten sich grundsätzlich an einem bekannten Ort und unter Verschluß befinden, damit Manipulationen vorgebeugt war.

Nun aber, da die Kugeln in ihrem braunen Umschlag ordnungsgemäß an den Lieutenant übergeben worden waren, blieb die Beweiskette intakt. Der Lieutenant legte einen Zettel auf seine Schreibunterlage, auf dem stand, er wollte die Beweisstücke nicht übers Wochenende im Büro lassen, sondern sicherheitshalber lieber mit nach Hause nehmen. Er war fünfundfünfzig und sollte in vier Monaten in Pension gehen. Dreißig Jahre Dienst sind genug, sagte er sich und freute sich auf sein Fischerboot. Es ging nicht an, daß er sich in den Ruhestand versetzen und zwei Polizistenmörder mit der viel zu milden Strafe von acht Jahren zurückließ.

Zu den Nebenwirkungen, die das Drogenkapital in Kolumbien ausgelöst hatte, gehörte auch, daß die dortige Polizei sich ein hochmodernes Labor leisten konnte. Materialproben aus Untiveros' Haus wurden den üblichen chemischen Tests unterzogen, und nach wenigen Stunden hatte man festgestellt, daß es sich bei dem verwandten Sprengstoff um ein Gemisch aus Cyclotetramethylentetrinatramin und Trinitrotoluol gehandelt hatte. Diese beiden Substanzen, allgemein als HMX und TNT bekannt, ergeben im Verhältnis 70:30 einen Sprengstoff namens Octol, der sehr teuer und hochbrisant ist und überwiegend in den Vereinigten Staaten hergestellt wird, schrieb der Chemiker in seinem Gutachten, das er dann von seiner Sekretärin abtippen und an Felix Cortez faxen ließ.

Für den ehemaligen Geheimdienstoffizier stellte der Bericht ein weiteres Teil des Puzzles dar. Kein Bergwerk in Kolumbien setzte Octol ein; dazu war es zu teuer. Wenn eine größere Sprengwirkung gewünscht wurde, bohrte man einfach ein größeres Loch ins Gestein und packte mehr Sprengstoff hinein. Dem Militär stand diese Option jedoch nicht offen. Die Größe einer Artilleriegranate wurde vom Durchmesser des Geschützlaufs bestimmt, die Größe einer Bombe von dem Luftwiderstand, den sie am Trägerflugzeug erzeugte. Aus diesem Grunde sind militärische Organisationen immerzu auf der Suche nach leistungsfähigeren Sprengstoffen. Cortez nahm ein Nachschlagewerk vom Regal und stellte fest, daß Octol seinen Anwendungsbereich fast ausschließlich beim Militär hatte – und zum Zünden von Kernwaffen benutzt wurde. Das löste bei ihm ein kurzes, trockenes Lachen aus.

Nun mußte Cortez seine ursprüngliche Einschätzung, es sei eine Tonne Dynamit eingesetzt worden, revidieren, denn bei Anwendung von Octol ließ sich ein vergleichbarer Effekt schon mit knapp fünfhundert Kilo erzielen. Einem anderen Nachschlagewerk entnahm er die Information, daß eine Tausend-Kilo-Bombe nur knapp fünfhundert Kilo Explosivstoff enthält.

Warum aber waren keine Splitter gefunden worden? Die Stahlhülle stellte doch über die Hälfte des Bombengewichts dar. Cortez schob diese Frage für den Augenblick beiseite und erwog die Möglichkeit einer Flugzeugbombe. Er wußte, daß die USA über präzisionsgesteuerte Bomben verfügten. Ein solches Gerät, das ein Fahrzeug traf, mußte doch den Eindruck erwecken, es sei eine Autobombe explodiert, oder?

Warum aber fehlten Fragmente? Er nahm sich das Laborgutachten noch einmal vor. Es war auch Zellulose gefunden worden; laut Erklärung des Chemikers stammte sie von der Verpackung des Sprengstoffes.

Zellulose? Also Papier oder Holzfasern. Eine Bombe aus Papier? Cortez nahm *Jane's Weapons System* zur Hand – einen schweren Band mit festen Deckeln aus Pappe, mit Leinen bezogen... Und so einfach war das. Wenn schon ein Bucheinband aus so starkem Papier bestand...

Cortez lehnte sich zurück und zündete eine Zigarette an, um sich – und den *norteamericanos* zu gratulieren. Einfach brillant. Sie hatten von einem Flugzeug eine spezielle Smart-Bombe auf diesen Ford-Pickup abgeworfen und nichts zurückgelassen, was sich auch nur entfernt als Beweis bezeichnen ließ.

Das Wie stand nun fest. Aber das Warum? Natürlich! Eine amerikanische Zeitung hatte Spekulationen über einen Bandenkrieg angestellt. Bislang hatte das Kartell vierzehn Bosse gehabt; nun waren es nur noch zehn. Die Amerikaner würden versuchen, die Zahl noch weiter zu verringern. Gingen sie von der Annahme aus, daß eine einzige Bombe einen heftigen internen Krieg auslösen würde? Wohl kaum, entschied Cortez. Ein solcher Vorfall genügte nicht. Aber zwei...

Felix stand von seinem Schreibtisch auf, ging an die Bürobar und goß sich einen kräftigen Cognac ein. Nun war ernsthaftes Nachdenken angesagt. Er wärmte den Schwenker mit der Hand und ließ sich den aromatischen Duft in die Nase steigen.

Die Lage stellte sich so dar wie das chinesische Ideogramm für «Krise», das sich aus den Schriftzeichen «Gefahr» und «Gelegenheit» zusammensetzt. Cortez hatte den Dualismus nie vergessen. Die Hauptgefahr lag in der Tatsache, daß er nicht wußte, woher die Amerikaner ihre Informationen bezogen. Alles deutete darauf hin, daß sie die Organisation infiltriert und einen Mann hatten, der an hoher Stelle eingesetzt war, aber nicht hoch genug. Jemanden, der sich für etwas rächen und gleichzeitig an den Tisch der Häuptlinge kommen wollte. In diese Kategorie fielen mehrere Leute, Felix Cortez eingeschlossen. Und statt dieses Ziel mit einer eigenen Operation ansteuern zu müssen, konnte er nun die Arbeit den Amerikanern überlassen. Er brauchte sich nur im Hintergrund zu halten und zuzuschauen. Das erforderte Geduld und Zutrauen zu seinem Feind – von der Gefahr ganz zu schweigen –, aber Cortez fand die Sache der Mühe wert.

Nur wußte er nicht genau, wie er den Amerikanern einen Wink geben sollte. Verlasse ich mich einfach auf mein Glück? fragte er sich. Nein, sie waren bislang informiert gewesen und würden auch diesmal die Nachricht erhalten. Cortez tat etwas für ihn sehr Uncharakteristisches: Er telefonierte. Dann traf er nach einigem Nachdenken noch eine andere Vorkehrung. Schließlich konnte er nicht erwarten, daß die Amerikaner das, was er wollte, auch noch zum gewünschten Zeitpunkt taten. Ein paar Dinge mußte er selbst erledigen.

Ritter schüttelte vor Verwunderung und Dankbarkeit den Kopf. Wieder hatte CAPER Resultate geliefert, und diesmal hatten sie sogar Cortez persönlich erwischt. Der Zeitpunkt hätte nicht günstiger sein können, denn der Flugzeugträger stand nur noch für dreißig Stunden zur Verfügung. Es war also noch Zeit, ihren Mann auf der *Ranger* zu verständigen. Ritter gab den Befehl und die Missionsdaten in seinen Personalcomputer ein. Das Ganze wurde ausgedruckt, in einem Umschlag versiegelt und einem seiner Untergebenen ausgehändigt, der mit einer Versorgungsmaschine nach Panama flog.

Captain Robby Jackson fühlte sich ein wenig besser. Wenigstens glaubte er, das Gewicht des vierten Streifens auf den Schultern seines weißen Hemdes zu spüren, und der silberne Adler, der nun anstelle des Eichenblattes den Kragen seiner Khakiuniform zierte, war ebenfalls ein angemessener Symbol für einen Piloten. Die vorgezogene Beförderung bedeutete, daß er in der Tat Kandidat für CAG war, Kommandeur eines Trägergeschwaders. Jackson wußte, daß dies sein letzter Einsatz in der Luft sein würde, aber auch sein großartigster. Er würde verschiedene Flugzeugtypen fliegen und für über achtzig Maschinen, ihre Besatzungen und das Wartungspersonal verantwortlich sein –, ohne letzteres waren die Flugzeuge nur attraktive Ornamente für das Flugdeck eines Trägers.

Negativ war, daß seine taktischen Vorstellungen nicht so gut wie geplant funktioniert hatten. Die Erkenntnis aber, daß neue Ideen ihre Zeit brauchen, war ihm ein Trost. Er hatte gesehen, daß einige seiner eigenen Einfälle mit Fehlern behaftet waren, und Verbesserungsvorschläge eines Staffelkommandanten der *Ranger* hätten fast zum Erfolg geführt. Zumindest hatten sie die Idee verbessert. Auch das war normal. Ähnliches konnte von der Phoenix-Luftkampfrakete gesagt werden, deren Lenkeinrichtungen einigermaßen gut funktioniert hatten: zwar nicht so großartig, wie der Hersteller versprochen hatte, aber auch das war nichts Ungewöhnliches.

Robby befand sich im Gefechtsinformationszentrum des Trägers. Im Augenblick liefen keine Flugoperationen. Der Kampfverband durchquerte eine Schlechtwetterzone, die sich in wenigen Stunden verziehen sollte, und während das Wartungspersonal an den Maschinen arbeitete, sah sich Robby zusammen mit den für die Luftverteidigung zuständigen Offizieren zum sechsten Mal die Bandaufnahmen des Gefechts zwischen den Kampfflugzeugen an. Die «Feindkräfte» hatten erstaunlich gute

Leistungen erbracht, den Verteidigungsplan der *Ranger* korrekt diagnostiziert, rasch und geschickt reagiert und ihre mit Raketen bestückten Maschinen in Reichweite gebracht. Daß sie von den Jägern der *Ranger* auf dem Rückflug dezimiert worden waren, tat nichts zur Sache. Sinn der Vorwärtsverteidigung in der Luft war es, die Backfire schon auf dem Anflug auszuschalten.

Das Videoband gab wieder, was das Radarauge der E-2C, in der Robby während des ersten Gefechts mitgeflogen war, gesehen hatte. Doch sechsmal war genug; er hatte gelernt, was es zu lernen gab, und seine Gedanken schweiften ab. Da war sie wieder, die Intruder; sie traf sich mit dem Tanker, nahm dann Kurs auf Ecuador und verschwand kurz vorm Überfliegen der Küste vom Bildschirm. Captain Jackson machte es sich in seinem Sessel bequem, während ringsum die Diskussion weiterging. Man ließ das Band bis zum Beginn des Anflugs vorlaufen, analysierte eine Stunde lang das eigentliche Gefecht – viel war es nicht gewesen, dachte Robby und zog die Stirn kraus – und bestätigte dann erneut den Verlauf. Besonders ärgerlich fand der CAG der *Ranger* die schlampige Formation seiner Staffeln beim Rückflug zum Träger. Die allgemeine Desorganisation bewog den Captain zu ätzenden Kommentaren. Robby fand seine Ausführungen lehrreich, wenngleich nicht gerade gewählt. Während der folgenden Diskussion lief das Band weiter, bis wieder die A-6 Intruder erschien, nun nach ihrem rätselhaften Einsatz auf dem Rückweg zum Träger. Robby wußte, daß er spekulierte, und das war für Offiziere gefährlich. Aber die Hinweise waren nicht zu übersehen.

«Captain Jackson, Sir?»

Robby drehte sich um und erblickte einen Verwaltungsunteroffizier mit einem Blockhalter. Der Mann hatte eine Nachricht, deren Eingang Robby erst mit seiner Unterschrift bestätigen mußte.

«Was gibt's, Robby?» fragte der Operationsoffizier des Schiffes.

«Admiral Painter fliegt zur Akademie in Monterey und will, daß ich nicht zurück nach Washington gehe, sondern mich dort mit ihm treffe. Er hat wohl vor, meine tolle neue Taktik durchzusprechen», erwiderte Jackson.

«Nur keine Panik. Die Beförderung wird schon nicht rückgängig gemacht.»

«Ich habe die Sache nicht gut genug durchdacht», versetzte Robby mit einer Geste auf den Bildschirm.

«Passiert jedem.»

Eine Stunde später kam die *Ranger* aus der Schlechtwetterzone. Zuerst startete eine Versorgungsmaschine, die nach Panama flog, um die Post abzuliefern und verschiedene Dinge abzuholen. Vier Stunden später kehrte sie zurück. Der zivile Berater, vorgewarnt durch ein harmloses Signal über einen offenen Kanal, erwartete sie schon. Nachdem er seinen Befehl erhalten und gelesen hatte, suchte er Commander Jensen in seiner Kajüte auf.

Abzüge des Fotos von Cortez wurden auch in das Hotel Hideaway gebracht, aber zur nächsten und wichtigsten Zeugin ging Murray persönlich.

Moiras Zustand besserte sich. Sie war nicht mehr ans Bett gefesselt, wurde aber noch wegen Nebenwirkungen des Schlafmittels – einer Störung der Leberfunktion, hieß es – behandelt. Offiziell wurde mitgeteilt, sie habe versehentlich eine Überdosis genommen. Aus dem Krankenhaus war zwar eine andere Version gedrungen, aber das FBI stellte sich in der Öffentlichkeit auf den Standpunkt, es müsse sich um einen unglücklichen Zufall gehandelt haben, da die eingenommene Dosis ja nicht tödlich gewesen sei. Die Prognose des Psychiaters, der sie zweimal am Tag besuchte, war günstig: Bei guter Versorgung und Beratung würde sie sich völlig von dem Trauma erholen. Der Psychiater hatte auch einen Vorschlag gemacht, den Murray jetzt beherzigte.

«Na, Sie sehen ja schon viel besser aus», sagte er.

«So einen Unsinn mache ich nie wieder», antwortete Moira Wolfe.

«Ich muß Ihnen immer wieder sagen, daß Sie überfahren worden sind.» Murray trug einen Stuhl ans Bett und öffnete einen braunen Umschlag. «Von diesem Mann hier?»

Sie nahm ihm das Bild aus der Hand und starrte es einen Moment lang an. Sehr deutlich war die über eine Distanz von zwei Meilen geschossene Aufnahme trotz des starken Objektivs und der Computerverarbeitung nicht, aber eine Person erkennt man nicht nur am Gesicht, sondern auch an Dingen wie der Kopfform, dem Haarschnitt, der Haltung, den Händen, der Kopfneigung...

«Das ist er», sagte sie. «Juan Diaz. Wo haben Sie das her?»

«Von einer anderen Regierungsstelle», erwiderte Murray und sagte ihr mit seiner Wortwahl nichts – und «nichts» bedeutete CIA. «Das Bild kam bei der diskreten Überwachung eines Platzes zustande. Wo, weiß ich nicht. Das ist übrigens das erste bestätigte Bild von Oberst Felix Cortez, ehemals DGI, das uns vorliegt. Jetzt wissen wir wenigstens, wie der Kerl aussieht.»

«Schnappen Sie ihn», sagte Moira.

«Keine Sorge, den kriegen wir», versprach Murray.

«Ich weiß, was mir bevorsteht... ich muß als Zeugin auftreten und mich von den Anwälten bloßstellen lassen. Aber keine Angst, Mr. Murray, ich schaffe das.»

Dan erkannte, daß sie das ernst meinte. Moira lebte nun für ihre Rache.

Am nächsten Morgen kam Ryan früh in sein Büro und fand auf dem erwarteten Stoß unerledigter Vorgänge einen Zettel von Richter Moore. «Der Konvent endet heute abend. Ich habe Ihnen einen Sitz in der letzten Maschine nach Chicago buchen lassen. Morgen früh werden Sie dann Gouverneur Fowler informieren, wie wir das bei Präsidentschaftskandidaten grundsätzlich tun. Richtlinien für den Vortrag liegen an. Vertrauliche Informationen können zur Sprache gebracht werden, aber keine geheimen. Ich muß bis fünf Ihr schriftliches Konzept sehen.»

Und damit war der Tag im Eimer. Ryan rief zu Hause an und richtete seiner Frau aus, er müsse wieder über Nacht fortbleiben. Dann machte er sich an die Arbeit. Schade nur, daß er nun Ritter und Moore erst am kommenden Montag auf den Zahn fühlen konnte. Er rief Admiral Greer im Krankenhaus an und erfuhr, daß dieser vor der letzten Wahl den Kandidaten der Oppositionspartei persönlich über Fragen der nationalen Sicherheit informiert hatte. Die Stimme des alten Mannes klang schwächer. Er schien zwar noch guter Dinge zu sein, doch Jack mußte an einen Eisläufer denken, der eine medaillenreife Darbietung bringt -- auf dünnem, brüchigem Eis.

21

Erklärungen

Robby Jackson, der frischgebackene Captain, ging auf die Versorgungsmaschine zu und war froh, die *Ranger* verlassen und sich wieder an den Knüppel eines Kampfflugzeugs setzen zu können. Die C-2A Greyhound, ein häßliches, langsames Propellerflugzeug, sollte vom Bugkatapult an Steuerbord starten, und auf dem Weg zu ihr sah Robby erneut eine A-6E Intruder, wieder die Maschine des Geschwaderkommandanten, bei der Insel parken. Am Aufbau befand sich eine schmale Zone, die «Bombenfarm» hieß und zur Lagerung und Vorbereitung von Bordwaffen benutzt wurde. Gerade als er die Greyhound besteigen wollte, sah er, wie eine blaue Übungsbombe auf einem niedrigen Wagen zu der A-6E gerollt wurde. An der Bombe waren Laser-Lenkeinrichtungen befestigt.

Aha, wieder mal eine sogenannte Abwurfübung, dachte Robby und mußte lächeln. Zehn Minuten später war seine Maschine gestartet und hatte Kurs auf Panama genommen.

Ryan flog mit einer DC-9 der American Airlines über Westvirginia. Nach dem VIP-Service der Air Force stellte die Economy-Klasse einen ziemlichen Abstieg dar, aber für diesen Anlaß war die Vorzugsbehandlung nicht gerechtfertigt. Begleitet wurde er von einem Leibwächter; daran begann er sich langsam zu gewöhnen. Der Mann war ein Agent, der im Dienst gestürzt war und sich schwer an der Hüfte verletzt hatte. Er hieß Roger Harris, war rund dreißig Jahre alt und würde nach der Genesung wohl wieder ins Feld gehen.

«Na, was haben Sie denn gemacht, ehe Sie zu unserem Verein kamen?» fragte Jack.

«Nun, Sir, ich ...»

«Sagen Sie ruhig Jack. Mit dem Titel wird kein Heiligenschein ausgegeben.»

«Ob Sie's glauben oder nicht, ich war bei der Polizei und ging in Newark Streife. Irgendwann bekam ich Lust auf einen sichereren Job und bewarb mich hier. Und sehen Sie nur, was mir passiert ist», fügte er lachend hinzu.

Die Maschine war nur zur Hälfte besetzt. Ryan schaute in die Runde und stellte fest, daß niemand in ihrer Nähe saß. Und Lauschgeräte hatten unweigerlich Probleme mit dem Turbinengeräusch.

«Wo ist das passiert?»

«In Polen. Ein Treff ging schief... irgendwie hatte ich ein ungutes Gefühl und brach ihn ab. Mein Kontakt setzte sich ungehindert ab, ich verschwand in die entgegengesetzte Richtung. Zwei Straßen von der Botschaft entfernt, setzte ich über eine Mauer oder versuchte es wenigstens. Da saß nämlich eine Katze, so ein richtiger alter streunender Kater, und auf den trat ich. Das Vieh schrie, ich fiel um und brach mir das Becken wie eine alte Oma.» Ein reuevolles Lächeln. «So ganz wie im Film geht's bei uns Spionen ja nicht zu.»

Jack nickte. «So etwas Ähnliches ist mir auch schon passiert. Irgendwann erzähle ich Ihnen mal davon.»

«Im Außeneinsatz?» fragte Harris, der wußte, daß Ryan bei Intelligence arbeitete, nicht bei Operationen.

«Großartige Story. Leider darf ich sie niemandem erzählen.»

«Und was erzählen Sie Gouverneur Fowler?»

«Komisch eigentlich ... alle die Dinge, die er auch in der Presse finden kann, die aber nur offiziell sind, wenn sie von uns kommen.»

Die Stewardess kam vorbei. Für eine Mahlzeit war der Flug zu kurz, aber Ryan bestellte zwei Bier.

«Sir, eigentlich darf ich im Dienst nicht trinken.»

«Sie haben gerade eine Ausnahmegenehmigung erhalten», sagte Ryan. «Ich trinke nämlich ungern allein, und beim Fliegen genehmige ich mir immer einen.»

«Ich habe gehört, Sie flögen nicht gern», merkte Harris an.

«Darüber bin ich hinweg», erwiderte Jack fast wahrheitsgemäß.

«Und was geht nun vor?» fragte Escobedo.

«Mehrere Dinge», antwortete Cortez langsam und bedächtig, um bei *el jefe* den Eindruck zu erwecken, er tappe selbst noch im Dunkeln, setze aber seine analytischen Fähigkeiten ein, um die richtige Antwort zu finden. «Ich vermute, daß zwei oder drei Teams amerikanischer Söldner in den Bergen operieren und die Verarbeitungsstellen angreifen. Zweck des Unternehmens ist wohl die Verunsicherung der Bauern. Es ist leicht, diesen Leuten Angst einzujagen. Das kann zu Problemen bei der Produktion unserer Ware führen.»

«Söldner, sagten Sie?»

«Eher paramilitärische Einheiten. Aber wer sind sie? Wir wissen, daß sie Spanisch sprechen. Es kann sich um Kolumbianer oder Argentinier handeln –, Sie wissen ja, daß die *norteamericanos* die Contras von Offizieren der argentinischen Armee ausbilden ließen, gefährlichen Leuten aus der Zeit der Junta. Aber das ist nur eine von vielen Möglichkeiten.»

«Gut. Was sollen wir gegen sie unternehmen?»

«Finden und zur Strecke bringen, natürlich», meinte Cortez ganz sachlich. «Dazu brauchen wir zweihundert Bewaffnete. Ich habe bereits Spähtrupps in die Berge geschickt. Nun brauche ich Ihre Genehmigung zur Aufstellung eines größeren Verbandes, der das Gelände durchkämmt.»

«Die werden Sie bekommen. Und der Bombenanschlag auf Untiveros?»

«Jemand lud vierhundert Kilo hochbrisanten Sprengstoff in Fernandez' Pickup. Sehr geschickt gemacht, *jefe*. Ein normales Auto wäre zu klein gewesen, aber dieser Brocken ...»

«*Si*. Die Reifen allein wogen schon mehr als eine halbe Tonne. Wer war das?»

«Weder die Amerikaner noch ihre Mietlinge», versetzte Cortez mit Überzeugung.

«Aber ...»

«*Jefe*, denken Sie doch einmal nach», sagte Felix. «Wer hatte denn überhaupt die Möglichkeit, an das Fahrzeug heranzukommen?»

An dieser Frage hatte Escobedo eine Weile zu knabbern. Sie saßen im Fond seines alten, aber sehr gepflegten Mercedes 600. Das schwere, starke Fahrzeug trug spielend die gut fünfhundert Kilo wiegende Panzerung aus Kevlar und die dicken Polycarbonat-Fenster, die ein MG-Geschoß vom Kaliber 30 aufhalten konnten. Die Reifen waren nicht mit Luft, sondern mit Schaum gefüllt und wurden auch nach einem Schaden nicht platt. Ein wabenförmiges Metallgitter im Tank konnte zwar keinen Brand, wohl aber eine Explosion verhindern. Fünfzig Meter vor und hinter dem Mercedes fuhr je ein mit Bewaffneten besetzter BMW M3.

«Einer von uns?» fragte Escobedo nach einigem Nachdenken.

«Denkbar, *jefe*». Cortez' Tonfall verriet, daß er mehr als nur eine Möglichkeit sah. Er hielt sich mit seinen Eröffnungen zurück und achtete auf die Schilder am Straßenrand.

«Aber wer?»

«Auf diese Frage müssen Sie eine Antwort finden. Ich bin Nachrichtendienstler und kein Detektiv.» Daß Cortez sich diese unverschämte Lüge leisten konnte, war ein Beweis für Escobedos Unsicherheit.

«Und die verschollenen Flugzeuge?»

«Auch hier läßt sich noch nichts sagen. Jemand beobachtete die Flugplätze, vielleicht amerikanische paramilitärische Teams, wahrscheinlich jene Söldner, die noch in den Bergen operieren. Möglicherweise sabotierten sie mit der stillschweigenden Billigung der Flugplatzwächter die Maschinen. Ich kann mir vorstellen, daß sie die Wächter beim Rückzug töteten und in den Treibstofflagern Sprengfallen anbrachten, um einen ganz anderen Ablauf vorzutäuschen. Eine geschickte Operation, aber eine, mit der wir fertiggeworden wären –, hätte es nicht das Attentat von Bogotá gegeben.» Cortez holte tief Luft und fuhr dann fort:

«Der Angriff auf die Amerikaner war ein Fehler, *jefe*. Er zwang die Amerikaner, eine Störaktion zu einer Kampagne zu erweitern, die nun unsere Aktivitäten direkt bedroht. Sie haben jemanden in unserer Organisation umgedreht und machen sich den Ehrgeiz oder Zorn eines unserer hochgestellten Kollegen für ihre Rache zunutze.» Cortez sprach in dem ruhigen, vernünftigen Ton, den er früher in Kuba angeschlagen hatte, wenn er seine Vorgesetzten informierte. Menschen wie Escobedo, der zur Unbeherrschtheit neigte, respektieren Selbstbeherrschung. Indem Cortez Escobedo wegen des Anschlags auf die Amerikaner zurechtwies, erhöhte er nur seine Glaubwürdigkeit. «Die Amerikaner haben das dummerweise selbst behauptet –, vielleicht in dem plumpen Versuch, uns irrezuführen, als sie von einem ‹Bandenkrieg› innerhalb der Organisation sprachen. Nur ein Trick, *jefe*, man vertuscht die Wahrheit mit der Wahrheit. Eine in Geheimdienstkreisen wohlbekannte Finte.» Cortez improvisierte locker und hatte sich diese Sache gerade aus den Fingern gesogen, fand aber, daß sie gut klang – und ihre Wirkung tat. Escobedo schaute aus den dicken Wagenfenstern und versuchte, diesen neuen Gedanken zu verarbeiten.

«Ich frage mich nur, wer ...»

«Darauf kann ich Ihnen keine Antwort geben. Besprechen Sie das heute abend mit Señor Fuentes.» Cortez mußte sich alle Mühe geben, um keine Miene zu verziehen. Trotz seiner Gerissenheit und Rücksichtslosigkeit war *el jefe* so manipulierbar wie ein Kind.

Die Straße verlief parallel zu einer Bahnlinie in einer Talsenke; unter taktischen Gesichtspunkten keine günstige Position, denn man war von hochgelegenen Punkten aus schon von weitem auszumachen. Nun nahmen die Straßenschilder eine neue und unheilvolle Bedeutung an. Felix hatte den Wagen genau studiert und wußte, daß das MG-Geschoß 7.62 der Nato die Fenster nicht durchschlagen konnte und daß die Kevlar-Platten in den Türen und überm Motor unter günstigen Umständen auch größere Kaliber aufhielten. Dennoch war er nervös, ließ sich aber nichts anmerken.

«Wer könnte das wohl sein ...?» fragte Escobedo, als der Mercedes um eine weite Kurve fuhr.

Es waren fünf aus zwei Mann bestehende Teams, Schütze und Ladeschütze. Bewaffnet waren sie mit westdeutschen MG-3, wie sie das kolumbianische Militär gerade eingeführt hatte, weil sie die gleiche Munition vom Kaliber 7.62 mm verschossen wie das ebenfalls westdeutsche Standard-Infanterie-Gewehr G3. Die fünf Waffen, die eine Schußleistung von 1200/min, also zwanzig Geschosse pro Sekunde hatten, waren aus einem Armeedepot gestohlen worden. Die MG-Positionen waren dreißig Meter voneinander entfernt. Zwei griffen den führenden BMW an, zwei den anderen, der die Nachhut bildete, und nur eines schoß auf den Mercedes. Cortez' Vertrauen in die Panzerung war nicht unbegrenzt. Er schaute auf die Uhr am Armaturenbrett. Genau pünktlich.

An den Läufen der MG waren konische Aufsätze angebracht, genannt Mündungsfeuerschutz, die verhindern sollen, daß der Schütze vom Mündungsfeuer seiner eigenen Schüsse geblendet wird. Die Schützen eröffneten gleichzeitig das Feuer, und am rechten Straßenrand erschienen fünf meterlange grellweiße Flammen. Leuchtspurgeschosse ermöglichten es den Schützen, ihr Feuer ins Ziel zu führen, ohne das Visier benutzen zu müssen.

Keiner der Insassen hörte den Lärm der Schüsse, aber alle vernahmen die Einschläge – zumindest jene, die noch lange genug lebten.

Escobedos Körper wurde stocksteif, als er sah, wie eine Reihe gelber Leuchtspurgeschosse sich in den führenden BMW bohrte. Das Heck schleuderte, und dann kam der Wagen von der Straße ab und kippte um wie ein Spielzeugauto. Kurz davor hatten Cortez und er rund zwanzig Geschosse in ihren Wagen einschlagen gespürt. Es klang wie Hagel auf einem Blechdach. Cortez' Fahrer, geschickt und reaktionsschnell, wich mit dem langen Mercedes dem BMW schleudernd aus und trat gleichzeitig das Gaspedal durch. Die Sechs-Liter-Maschine sprach sofort an, verdoppelte die Leistung in einer Sekunde und beschleunigte so heftig, daß die Insassen zurück in ihre Sitze geschleudert wurden. Escobedo hatte sich umgedreht und sah, daß die Leuchtspurgeschosse direkt auf sein Gesicht zuzujagen schienen –, nur um wie durch ein Wunder von dem dicken Glas, das unter den Einschlägen zu brechen begann, aufgehalten zu werden.

Cortez warf sich auf Escobedo und stieß ihn auf den Wagenboden. Keinem war Zeit geblieben, etwas zu sagen. Die Geschwindigkeit des Mercedes hatte beim Einschlag des ersten Geschosses 120 km/h betragen; nun entfernte er sich mit knapp 150 aus der Todeszone, hatte aber insgesamt vierzig Treffer abbekommen. Nach zwei Minuten hob Cortez den Kopf.

Zu seinem Erstaunen stellte er fest, daß zwei Kugeln die linke Seitenscheibe von innen getroffen hatten. Offenbar waren die Schützen ein wenig zu eifrig gewesen und hatten mit wiederholten Schüssen die Panzerscheibe durchbohrt. Von den beiden BMW gab es keine Spur. Felix holte tief Luft. Er hatte gerade das riskanteste Spiel seines Lebens gewonnen.

«Biegen Sie bei nächster Gelegenheit ab!» rief er dem Fahrer zu.

«Nein!» schrie Escobedo gleich darauf. «Sofort nach ...»

«Unsinn!» Cortez drehte sich zu Escobedo um. «Wollen Sie denn in einen zweiten Hinterhalt geraten? *Abbiegen, sobald es geht!*» brüllte er den Fahrer an.

Der Fahrer, der sich auf die Taktiken bei einem Hinterhalt verstand, stieg auf die Bremse und nahm die nächste Abzweigung, eine kleine Nebenstraße, über die mehrere Kaffeeplantagen zu erreichen waren.

«Halten Sie an einem stillen Platz an», befahl Cortez.

«Aber ...»

«Sie werden damit rechnen, daß wir fliehen, und nicht weiter nachdenken. Man erwartet, daß wir befolgen, was in den Antiterrorismus-Handbüchern steht. Nur Narren verhalten sich berechenbar», sagte Cortez und strich sich Polycarbonatsplitter aus dem Haar. Er hatte die Pistole gezogen und schob sie nun demonstrativ zurück ins Schulterhalfter. «José, das haben Sie großartig gemacht», lobte er den Fahrer.

«Die beiden anderen Autos sind weg», meldete der Mann.

«Überrascht mich nicht», versetzte Cortez. «*Jesús Maria,* das war knapp.»

Escobedo mochte alles mögliche sein, aber feige war er nicht. Auch er sah die Schäden am Fenster dicht neben seinem Kopf. Zwei Geschosse waren in den Wagen eingedrungen und steckten zur Hälfte im Glas. *El jefe* löste eines heraus und nahm es in die Hand. Es war noch warm.

«Wir müssen ein Wörtchen mit dem Hersteller der Scheiben reden», bemerkte Escobedo kühl. Cortez hatte ihm das Leben gerettet, wie er nun erkannte.

Seltsam war nur, daß er damit recht hatte. Cortez aber war mehr von der Tatsache beeindruckt, daß seine Reflexe ihm das Leben gerettet hatten.

«Wer wußte, daß wir zu Fuentes wollten?» fragte er.

«Ich muß ...» Escobedo griff nach dem Telefon und begann zu wählen. Cortez nahm ihm den Apparat sanft ab und steckte ihn zurück in den Halter.

«Das könnte ein schwerer Fehler sein, *jefe*», sagte er leise. «Bei allem Respekt, Señor, bitte überlassen Sie das mir. Dies ist eine Angelegenheit für Fachleute.»

Noch nie war Escobedo so von Cortez beeindruckt gewesen.

«Sie werden belohnt werden», versprach er seinem treuen Vasallen und bereute nun, dessen weisen Rat gelegentlich in den Wind geschlagen zu haben. «Was sollen wir tun?»

«José», sagte Cortez zum Fahrer, «suchen Sie eine Anhöhe, von der aus wir Fuentes' Haus sehen können.»

Innerhalb einer Minute hatte der Fahrer eine Straße gefunden, die sich in Haarnadelkurven am Hang überm Tal hinaufwand. Er hielt an und inspizierte die Schäden am Fahrzeug. Zum Glück waren Motor und Reifen unbeschädigt geblieben. José war stolz, mit diesem Wagen und seinem Geschick allen das Leben gerettet zu haben.

Im Kofferraum lagen mehrere Gewehre und ein Fernglas. Cortez überließ die Waffen den anderen, nahm den Feldstecher und richtete ihn auf das sechs Meilen entfernte erleuchtete Haus des Luis Fuentes.

«Wonach schauen Sie?» fragte Escobedo.

«*Jefe*, wenn er mit dem Anschlag etwas zu tun hatte, muß er nun erfahren haben, daß er fehlgeschlagen ist. In diesem Fall sollte es Aktivität geben. Wenn er unbeteiligt war, bleibt alles ruhig.»

«Und die Leute, die auf uns geschossen haben?»

«Können die wissen, daß wir entkommen sind?» Cortez schüttelte den Kopf. «Nein, mit Sicherheit nicht. Erst werden sie zu beweisen versuchen, daß sie Erfolg hatten, daß unser Wagen sich noch ein Stück dahinquälte... es wird also ihr erstes Ziel sein, uns zu finden. José, wie oft sind Sie abgebogen?»

«Sechsmal, und hier gibt es viele Straßen», erwiderte der Fahrer, der mit seinem Gewehr recht martialisch aussah.

«Sehen Sie nun das Problem des Gegners, *jefe*? Er muß über viele Männer verfügen, wenn er alle Straßen absuchen will. Wir haben es aber nicht mit Polizei oder Militär zu tun. Wenn ein solcher Hinterhalt fehlschlägt, *jefe*, tut er das gründlich. Hier, schauen Sie.» Er reichte Escobedo das Fernglas. Es war Zeit, ein wenig Machismo zu demonstrieren. Er holte ein paar Flaschen Perrier aus dem Wagen – Escobedo mochte Mineralwasser – und hebelte die Kronenkorken an den Rändern der Einschüsse im Kofferraumdeckel ab. Darüber grunzte selbst José amüsiert, und Escobedo bewunderte solche Kaltschnäuzigkeit.

«Gefahr macht mich durstig», erklärte Cortez und teilte die anderen Flaschen aus.

«Stimmt. Es war ein aufregender Abend», meinte Escobedo und setzte die Flasche an.

Commander Jensen und sein Navigator/Bombenschütze fanden den Abend eher langweilig. Beim ersten Mal war es noch spannend gewesen, aber nun war das Ganze viel zu einfach. Jensen hatte als junger Pilot in Vietnam Boden-Luft-Raketen und radargesteuertes Flakfeuer bestanden; im Vergleich dazu war dieser Auftrag ein Spaziergang zum Briefkasten. Die Mission verlief exakt nach Plan. Der Computer warf die Bombe im richtigen Augenblick ab, und der Navigator hielt sie mit Hilfe des TRAM auf Kurs.

«Was hat Escobedo wohl aufgehalten?» fragte Larson.

«Vielleicht kam er früher?» dachte Clark laut und schaute weiter ins Okular des GLD.

«Kann sein», gestand Larson zu. «Fällt Ihnen auf, daß diesmal keine Autos in der Nähe des Hauses parken?»

«Ja. Diese Bombe zündet mit einer Verzögerung von einer Hundertstelsekunde», erklärte Clark. «Sollte losgehen, wenn sie den Konferenztisch erreicht.»

Über die Distanz wirkte es noch beeindruckender, dachte Cortez. Er hatte weder die Bombe fallen gesehen noch das Flugzeug gehört, sah aber den Blitz, lange bevor der Schall ihn erreichte. Diese Amerikaner und ihre Spielzeuge, sagte er sich. Können gefährlich werden. Am gefährlichsten aber war ihre vorzügliche Informationsquelle, die Cortez noch immer nicht identifiziert hatte – weiterhin ein Grund zur Sorge.

«Es hat den Anschein, als hätte Fuentes nichts mit dem Hinterhalt zu tun gehabt», stellte Cortez fest, noch ehe der Schall sie erreichte.

«Wir hätten in diesem Haus sein können!»

«Waren wir aber nicht. Wir sollten nun verschwinden, *jefe.*»

«Was ist das?» fragte Larson. An einem drei Meilen entfernten Hang waren Autoscheinwerfer aufgetaucht. Clark und Larson hatten sich so auf das Ziel konzentriert, daß ihnen der Wagen entgangen war.

Sobald die Lichter nicht mehr in ihre Richtung schienen, setzte Clark das Noctron auf. Ein schwerer Wagen...

«Was fährt Escobedo?»

«Er hat einen ganzen Stall», versetzte Larson. «Porsche, Rolls-Royce, Mercedes...»

«Hm, sieht aus wie eine Limousine mit langem Radstand, könnte ein Mercedes sein. Wirkt ein bißchen fehl am Platz. Gut, setzen wir uns ab.»

Achtzig Minuten später mußte ihr Subaru abbremsen. Auf dem Seitenstreifen parkten Polizei- und Krankenwagen, und abseits der Straße lagen zwei schwarze BMW auf der Seite.

«Denen hat jemand gewaltig eingeheizt», bemerkte Larson. Clarks Einschätzung war professioneller.

«Schwere MG auf kurze Entfernung, Kaliber .30. Sauber geplanter Hinterhalt. Das sind BMW vom Typ M3.»

«Sie gehören also jemandem, der viel Geld hat. Sie meinen doch nicht etwa...»

«In diesem Geschäft ‹meint› man nur selten etwas. Wie rasch können Sie feststellen, was hier passiert ist?»

«Wenn wir zurück sind, weiß ich in zwei Stunden Bescheid.»

«Gut.» Die Polizisten musterten vorbeifahrende Wagen, durchsuchten sie aber nicht. Einer leuchtete mit der Taschenlampe in den Subaru. Seltsame Objekte lagen auf dem Rücksitz, doch da sie weder in der Form noch der Größe wie ein MG aussahen, winkte der Mann den Wagen durch. Clark begann zu spekulieren. Hatte der Bandenkrieg, den er auszulösen gehofft hatte, etwa schon begonnen?

Robby Jackson stieg in Panama auf eine C-141B der Air Force um, die mit ihrem verkleideten Tankstutzen aussah wie eine Riesenschlange mit Pfeilflügeln. Mit in der Maschine saßen rund sechzig Soldaten in voller Kampfausrüstung. Der Kampfpilot musterte sie amüsiert. So also verdiente sich sein kleiner Bruder seine Brötchen. Dann kam er mit einem Major, der sich neben ihn gesetzt hatte, ins Gespräch.

«Welche Einheit?»

«7. LI.» Der Major lehnte sich zurück und versuchte, es sich so bequem wie möglich zu machen. Seinen Helm hatte er auf dem Schoß liegen. Robby nahm ihn in die Hand. In der Form ähnelte er einem Helm der deutschen Wehrmacht, war mit Tarn-Stoff bezogen und mit verknoteten Stoffstreifen garniert, die ihm das Aussehen eines Medusenhaupts verliehen.

«So ein Ding hat mein Bruder auch auf. Ganz schön schwer. Taugt das überhaupt was?»

«Der Kohlkopf da?» Der Major lächelte mit geschlossenen Augen. «Nun, das Kevlar soll den Kopf schützen, und der Mop obendrauf verwischt die Silhouette ... damit wir im Busch nicht so leicht zu erkennen sind. Und Ihr Bruder ist bei uns, sagten Sie?»

«Er ist noch neu, ein Second Lieutenant bei den, wie heißen die nochmal? Ninjas?»

«3-17, erste Brigade. Ich bin bei der zweiten Brigade, Aufklärung. Was treiben Sie?»

«Im Augenblick arbeite ich im Pentagon. Normalerweise fliege ich Kampfflugzeuge.»

«Muß angenehm sein, alle Arbeit im Sitzen zu tun», bemerkte der Major.

«Nein», versetzte Robby lachend. «Am schönsten dabei ist, daß man notfalls ganz schnell aus dem Schlamassel rauskommt.»

«Kann ich mir gut vorstellen, Captain. Was führt Sie nach Panama?»

«Ein Trägerverband übt vor der Küste, und ich habe mir das angesehen. Und Sie?»

«Routineablösung. Urwald und schweres Gelände sind unsere Spezialität. Und Tarnung», erklärte der Major.

«So eine Art Guerilla-Kriegsführung?»

«Ähnliche Taktiken. Dies war vorwiegend ein Aufklärungsunternehmen, bei dem wir versuchten, in ein Territorium einzudringen, um Informationen zu sammeln, ein paar kleine Angriffe auszuführen und Ähnliches.»

«Hat es geklappt?»

Der Major grunzte. «Nicht so gut, wie erhofft. Wir sind gute Leute auf wichtigen Posten losgeworden... das geht Ihnen bestimmt auch so, nicht wahr? Leute werden zu uns und wieder wegversetzt, und es braucht eben immer seine Zeit, bis wir die Neuen auf Trab gebracht haben. Wie auch immer, die Aufklärungsverbände verloren gute Leute, und das wirkte sich natürlich aus. Deshalb üben wir auch dauernd», schloß der Major.

«Bei uns sieht das anders aus. Wir setzen eine Einheit ein und lassen sie bis zur Rückkehr intakt.»

«Ich habe die Navy schon immer für klug gehalten, Sir.»

«Ist es denn bei Ihnen so schlimm? Mein Bruder sagt, man habe ihm einen hervorragenden Zugführer weggenommen. Ist das so katastrophal?»

«Kann sein. Ich hatte einen Spitzenmann, Munoz hieß er, vorzüglich bei der Aufklärung. Eines Tages verschwand er einfach, zu irgendwelchen Spezialoperationen, wie man mir sagte. Und sein Nachfolger hat einfach nicht sein Kaliber. So was kommt halt vor. Man muß damit leben.»

Jackson horchte auf. Der Name Munoz kam ihm bekannt vor, aber er konnte sich nicht mehr entsinnen, wo er ihn gehört hatte. «Wie komme ich vom Stützpunkt nach Monterey?»

«Monterey liegt gleich nebenan. Warum kommen Sie nicht mit uns, Captain? Natürlich ist es bei uns nicht so komfortabel wie bei der Navy.»

«Auch wir müssen manchmal Entbehrungen in Kauf nehmen. Einmal hat man mir drei Tage die Bettwäsche nicht gewechselt. Und in derselben Woche bekamen wir Würstchen zum Abendessen..., diese Fahrt vergesse ich nie. Unerträglich. Ich nehme doch an, daß Ihre Jeeps Klimaanlagen haben?» Die beiden Männer sahen sich an und brachen in Gelächter aus.

Ryan bekam eine Suite auf dem Geschoß über dem Gefolge des Gouverneurs, die aus dem Wahlkampffonds des Kandidaten bezahlt wurde. Diese Unterbringung erleichterte die Sicherheitsvorkehrungen für den CIA-Beamten, denn dem Gouverneur stand von seiner Nominierung an eine volle Abordnung des Secret Service zu. Das Hotel befand sich in einem hübschen modernen Bau mit dicken Betondecken, die aber den Lärm der Siegesfeiern im unteren Stockwerk nicht ganz dämmen konnten.

Ryan kam gerade aus der Dusche, als es anklopfte. An der Tür hing ein Bademantel mit dem Monogramm des Hotels, den Ryan anzog, um dann die Tür zu öffnen. Draußen stand eine Frau von über vierzig in einem aggressiv roten Kostüm.

«Sind Sie Dr. Ryan?» Die Frage wurde gestellt, als sei er Träger einer ansteckenden Krankheit. Ryan war die Frau sofort unsympathisch.

«Ja. Und wer sind Sie?»

«Mein Name ist Elizabeth Elliot», erwiderte sie.

«Ah, Mrs. Elliot», sagte Jack. «Sie sind mir leider kein Begriff.»

«Ich bin die stellvertretende außenpolitische Beraterin.»

«Gut, bitte treten Sie ein.» Erst jetzt fiel ihm ein, daß sie einen Lehrstuhl für Politik an der Universität Bennington und ultraradikale geopolitische Ansichten hatte. Erst nachdem er mehrere Schritte getan hatte, fiel ihm auf, daß sie ihm nicht gefolgt war. «Warum kommen Sie nicht herein?»

«Mit Ihnen in diesem Aufzug?» Sie blieb weiter stehen. Jack trocknete sich das Haar, ohne etwas zu sagen.

«Ich weiß, wer Sie sind», erklärte sie herausfordernd. Warum sie diesen Ton anschlug, war Ryan unerfindlich und auch gleichgültig; er litt nach dem Rückflug aus Europa noch unter der Zeitverschiebung.

«Hören Sie, es ist nicht meine Schuld, daß Sie mich aus der Dusche geholt haben. Ich bin ein verheirateter Mann mit zwei Kindern; meine Frau hat ihren Abschluß in Bennington gemacht. Ich bin kein James Bond und nicht auf Eroberungen aus. Wenn Sie mir etwas zu sagen haben, dann tun Sie das bitte ohne weitere Umschweife. Ich bin seit einer Woche auf Achse und habe Schlaf nötig.»

«Was treiben Sie in Kolumbien?» fauchte sie ihn an.

«Wovon reden Sie?» fragte Jack in gemäßigterem Ton zurück.

«Sie wissen genau, was ich meine. Ich weiß, daß Sie informiert sind.»

«Dann möchte ich Sie bitten, meinem Gedächtnis nachzuhelfen.»

«Es ist gerade wieder ein Drogenbaron in die Luft gesprengt worden.»

«Ich habe keine Kenntnis von einer solchen Operation der amerikanischen oder irgendeiner anderen Regierung. Das bedeutet, daß ich zu dieser Frage über keine Informationen verfüge. Ich bin nicht allwissend. Ob Sie mir nun glauben oder nicht, auch wer das Privileg genießt, für die CIA zu arbeiten, weiß nicht unbedingt, was in jeder Pfütze und auf jedem Maulwurfshügel der Welt vorgeht.

Dr. Elliot, vor zwei Jahren schrieben Sie ein Buch über den weitreichenden Einfluß unserer Behörde. Bei der Lektüre fühlte ich mich an einen alten jüdischen Witz erinnert. Ein alter Mann im zaristischen Rußland, der zwei Hühner und einen klapprigen Gaul sein eigen nannte, wurde von einem Freund beim Lesen einer antisemitischen Zeitung angetroffen – Sie wissen ja, ‹die Juden stecken hinter allem› – und gefragt, warum er so etwas denn kaufe. ‹Ei, weil ich gern sehe, wie mächtig ich bin›, versetzte der Alte. Ihr Buch bestand zu einem Prozent aus Fakten und zu neunundneunzig Prozent aus Polemik. Wenn Sie wirklich wissen wollen, was wir tun können und was nicht, bin ich in der Lage, Sie im Rahmen der Geheimhaltungsvorschriften etwas aufzuklären. Aber Sie werden so enttäuscht sein, wie ich es meistens bin. Ich wollte, wir wären nur halb so einflußreich, wie Sie es darstellen.»

«Sie haben *getötet*!»

«Ich persönlich?»

«Jawohl!»

Vielleicht erklärt das ihre Haltung, dachte Jack. »Jawohl, ich habe getötet. Eines Tages erzähle ich Ihnen auch einmal von den Alpträumen, die mich seitdem plagen.» Ryan machte eine Pause. «Bin ich stolz darauf? Nein. Und bin ich froh, so gehandelt zu haben? Ja. Warum? werden Sie fragen. Zur fraglichen Zeit waren Leben in Gefahr, meine Frau, meine Tochter und andere unschuldige Menschen, und ich tat, was ich tun mußte, um diese Leben und mein eigenes zu schützen. Sie können sich wohl noch an die Begleitumstände erinnern?»

Das interessierte Mrs. Elliot nicht.

«Gouverneur Fowler möchte Sie morgen um acht Uhr fünfzehn sprechen.»

«Gut, einverstanden.» Für Ryan bedeutete das nur sechs Stunden Schlaf.

«Er wird Sie über Kolumbien befragen.»

«Dann können Sie sich bei Ihrem Chef gleich Punkte holen, indem Sie ihm meine Antwort im voraus liefern: Ich habe keine Ahnung.»

«Wenn er die Wahl gewinnt, Dr. Ryan, sind Sie...»

«Draußen?» Jack lächelte sie milde an. «Ein Spruch aus einem schlechten Film, Dr. Elliot. Wenn Ihr Mann siegt, haben Sie vielleicht die Macht, mich zu feuern. Und wissen Sie, was das für mich bedeutet? Sie haben dann die Macht, mir täglich zweieinhalb Stunden Zeit im Auto zu ersparen, mir einen schwierigen, stressigen Job zu nehmen, der mich von meiner Familie fernhält. Ihre Entscheidung wird es mir ermöglichen, mir endlich den Lebensstil zu gönnen, den ich mir vor zehn Jahren verdient habe, mich endlich wieder mit Geschichte zu befassen und wieder zu lehren. Wenn Sie mir also drohen wollen, Dr. Elliot, müssen Sie sich etwas anderes einfallen lassen. Und mein Vortrag morgen früh ist ausschließlich für Gouverneur Fowler bestimmt. Meine Anweisungen lauten, daß niemand sonst im Raum sein darf.»

Nachdem Dr. Elliot pikiert den Raum verlassen hatte, schloß und verriegelte Jack die Tür. Gewiß, er hatte im Flugzeug ein paar Bierchen zuviel getrunken, aber andererseits war er auch noch nie so provoziert worden.

Dr. Elizabeth Elliot begab sich zurück nach unten und betrat den Raum, in dem Arnold van Damm, Fowlers Wahlkampfmanager, noch an der Arbeit saß. «Nun, E. E., was hat er gesagt?»

«Er schützt Unwissenheit vor. Ich glaube, er lügt.»

«Und sonst?» fragte van Damm.

«Er ist arrogant, unverschämt und frech.»

«Genau wie Sie, Beth.» Beide mußten lachen. Van Damm hatte gerade eine von Congressman Alan Trent, dem Vorsitzenden des für die Überwachung der Geheimdienste zuständigen Ausschusses verfaßte Beurteilung von Jack Ryan durchgelesen. Von Elizabeth Elliot hatte er erfahren, daß Ryan den Abgeordneten bei einem Empfang angegriffen und einen Schwulen geheißen hatte. Trent war ein Mensch, der eine Beleidigung nie vergaß oder verzieh. In seinem Bericht über Ryan aber benutzte er zu van Damms Erstaunen Ausdrücke wie *hochintelligent*, *mutig* und *aufrichtig*.

Das wird die dritte erfolglose Nacht, vermutete Chavez. Sie waren seit Sonnenuntergang unterwegs und hatten gerade den zweiten vermuteten Verarbeitungsplatz passiert und alle Anzeichen entdeckt – von der Säure verfärbter Boden, festgetrampelte Erde, Abfall –, aber keine Menschen. Die Spur war kalt, die Plätze lagen verlassen da. Ding wußte, daß er damit hätte rechnen sollen. In allen Diensthandbüchern und Vorträgen war betont worden, daß Gefechtseinsätze ein wildes Gemisch aus Langeweile und Grauen sind – Langeweile, weil die meiste Zeit nichts passierte, und Grauen, weil «es» jeden Augenblick eintreten konnte. Nun verstand er, wie Männer draußen im Feld lasch und nachlässig werden konnten. Bei Übungen wußte man immer, daß etwas passieren würde. Die Armee verschwendete keine Zeit mit Manövern, bei denen die Feindberührung ausblieb. Dazu waren Übungen zu kostspielig. Und nun bekam er es mit der lästigen Tatsache zu tun, daß echte Gefechtseinsätze nicht so aufregend sind wie Übungen, aber weitaus gefährlicher. Der Widerspruch bereitete dem jungen Mann Kopfschmerzen.

Dabei tat ihm ohnehin schon alles mögliche weh. Er schluckte jetzt wegen Muskelschmerzen und geringfügigen Verrenkungen alle vier Stunden zwei Tylenol und lernte schon früh, daß harte körperliche Belastung kombiniert mit psychischem Streß einen rasch altern läßt. Er war zwar nicht erschöpfter als ein Büroangestellter nach einem langen Tag, aber die Mission und die Umgebung verstärkten alles, was er fühlte. Freude oder Trauer, Euphorie oder Depression, hier unten empfand man das alles intensiver. Kurz: Gefechtseinsätze waren kein Vergnügen. Warum gefielen sie ihm ... nein, gefallen war nicht das rechte Wort ... Chavez verdrängte den Gedanken, der seine Konzentration beeinträchtigte.

Chavez wußte nicht, daß er damit die Antwort auf seine Fragen gefunden hatte. Ding Chavez war der geborene Kämpfer. So wie ein Unfallchirurg, der sich auch nicht an den zerschmetterten Gliedern seiner Patienten erfreut, hätte Chavez lieber an der Bar neben einem hübschen Mädchen gesessen oder sich mit Freunden ein Footballspiel angesehen. Der Chirurg aber wußte, daß von seinem Geschick am Operationstisch das Leben seiner Patienten abhing, und Chavez war klar, daß von seinen Fähigkeiten der Erfolg der Mission abhing. Dies war seine Funktion, hier gehörte er hin. Über die Mission war er sich ganz im klaren –, wenn er nicht gerade konfus war, und auch über diesen Zustand empfand er auf eine seltsame Weise Klarheit. Seine Sinne tasteten wie Radar die Bäume ab, filterten Vogelzwitschern und das Rascheln kleiner Tiere heraus – es sei denn, diese Geräusche sagten ihm etwas Besonderes. In ihm standen Angst und Selbstvertrauen in perfektem Gleichgewicht. Er war eine Waffe seines Landes. Das verstand er, trotz seiner Angst, Langeweile, Müdigkeit und seiner Sorge um seine Kameraden. Chavez war nun eine atmende, denkende Maschine, deren einziger Zweck die Vernichtung der Feinde seines Landes war. Der Job war schwer, aber er war der richtige Mann dafür.

Dennoch gab es in dieser Nacht nichts zu entdecken. Die Spuren waren kalt, die Verarbeitungsplätze verlassen. Chavez machte an einem vorherbestimmten Sammelpunkt halt und wartete auf den Rest des Zuges. Er schaltete sein Nachtsichtgerät ab und trank einen Schluck Wasser. Wenigstens kam das Wasser hier aus klaren Bergbächen und schmeckte gut.

«Nichts und wieder nichts, Captain», meldete er dann Ramirez.

«Irgendwelche Spuren?»

«Was ich gefunden habe, ist zwei oder drei Tage alt.»

Ramirez schnaufte fast erleichtert. «Gut, machen wir uns auf den Rückweg. Ruhen Sie sich noch zwei Minuten aus und gehen Sie dann voran.»

«Jawohl, Sir?»

«Was ist, Ding?»

«Hier ist nichts mehr los.»

«Da mögen Sie recht haben, aber wir warten noch ein paar Tage ab, bis wir ganz sicher sind», sagte Ramirez. Er war froh, daß sie seit Rochas Tod keine Feindberührung mehr gehabt hatten, und diese Erleichterung überdeckte Warnsignale, die er hätte empfangen sollen. Seine Gefühle redeten ihm ein, alles sei in Ordnung, aber sein Verstand hätte ihm sagen sollen, daß etwas nicht stimmte.

Auch Chavez erkannte dieses Problem nicht. Zwar mahnte in seinem Hinterkopf etwas –, so wie die Stille vor einem Erdbeben oder die ersten Wolken am klaren Horizont, aber Ding war zu jung und zu unerfahren, um die Zeichen zu deuten. Er war der rechte Mann am rechten Fleck und verfügte über das Talent. Die Erfahrung aber fehlte ihm, und auch das wußte er nicht.

Kurz darauf kletterte Chavez wieder den Hang hinauf, mied alle Pfade, nahm einen anderen Weg als den, auf dem sie gekommen waren, und war wach für alle unmittelbaren Gefahren. Von einer anderen Gefahr, einer fernen, aber nicht weniger eindeutigen, ahnte er nichts.

Robby fand, daß die C-141B sehr hart aufsetzte. Die Soldaten in der Maschine schien das aber nicht zu stören; einige mußten sogar geweckt werden. Das Transportflugzeug bremste ab und rollte schwerfällig übers Vorfeld. Dann ging endlich die Frachttür im Heck auf.

«Sie kommen mit mir, Captain», meinte der Major und setzte seinen schweren Tornister auf.

«Ich habe mir von meiner Frau meinen Wagen bringen lassen.»

«Und wie kommt sie dann nach Hause?»

«Sie nimmt sich ein Fahrzeug aus dem Fuhrpark», erklärte der Major. «So habe ich Gelegenheit, die Übung auf der Fahrt nach Fort Ord mit dem Bataillonskommandeur weiter durchzusprechen. Wir setzen Sie in Monterey ab.»

«Könnten Sie mich bis ins Fort bringen? Dann klopfe ich bei meinem kleinen Bruder an die Tür.»

«Mag sein, daß der bei einer Übung ist.»

«An einem Freitagabend? Das Risiko gehe ich ein.» Robbys wahrer

Grund war das Bedürfnis, sich weiter mit dem Major zu unterhalten, denn mit einem Offizier der Army hatte er schon seit Jahren nicht mehr gesprochen. Nun war er Captain, nach dem nächsten Karrieresprung Flaggoffizier. Wenn er das schaffen sollte – Robby hatte alle Zuversicht eines Kampfpiloten, aber der Sprung vom Captain zum Konteradmiral ist bei der Navy der heikelste –, konnte ihm ein weiteres Gesichtsfeld bei der Arbeit im Stab nicht schaden.

«Gut, dann kommen Sie mit uns.»

Die zweistündige Fahrt vom Luftstützpunkt Travis nach Fort Ord – diese Einrichtung hat nur einen kleinen Flugplatz, auf dem Transportmaschinen nicht landen können – war interessant, und Robby hatte Glück. Nachdem er zwei Stunden lang Seemannsgarn gegen Kriegsgeschichten getauscht hatte, stellte er fest, daß Tim gerade von einem langen Nachtausgang zurückgekehrt war. Der ältere Bruder fand das Sofa, das er nötig hatte. Er war zwar Besseres gewöhnt, konnte aber die Entbehrung gerade noch ertragen.

Jack traf mit seinem Leibwächter pünktlich vor der Suite des Gouverneurs ein. Die Männer vom Secret Service waren ihm unbekannt, aber man erwartete ihn, und er hatte auch noch seinen CIA-Sicherheitsausweis, eine laminierte Karte, die sein Foto und eine Nummer, aber keinen Namen trug. Normalerweise hatte er das Dokument wie einen Talisman um den Hals hängen. Er zeigte es den Agenten und steckte es dann in die Jackentasche.

Robert J. Fowler, der Gouverneur von Ohio, war Mitte fünfzig und wie der derzeitige Präsident ein ehemaliger Staatsanwalt. Als solcher hatte er in Cleveland kräftig aufgeräumt und sich einen Ruf erarbeitet, der ihm einen Sitz im Repräsentantenhaus eintrug, den er fünfmal verteidigte. Da aber aus diesem «Haus» kein direkter Weg ins Weiße führt und alle Senatssitze in festen Händen waren, hatte er sich vor sechs Jahren zum Gouverneur wählen lassen und sich auch auf diesem Posten bewährt. Nun stand Fowler, der sein politisches Ziel schon vor zwanzig Jahren formuliert hatte, im Finale.

Er war schlank, einsachtzig groß und hatte braunes Haar, das an den Schläfen zu ergrauen begann. Er sah erschöpft aus. Amerika verlangt viel von seinen Präsidentschaftskandidaten; die Grundausbildung bei den Marines ist ein Vergnügen dagegen. Ryan stand einem fast zwanzig Jahre älteren Mann gegenüber, der seit sechs Monaten von zuviel Kaffee und fragwürdigen Gerichten bei Wahlveranstaltungen gelebt hatte, es aber trotzdem irgendwie fertigbrachte, immerzu über schlechte Witze zu lachen und viermal am Tag eine Rede zu halten, die frisch und mitreißend wirkte. Und von Außenpolitik versteht er so viel wie ich von der Relativitätstheorie, fügte Ryan insgeheim hinzu.

«Ah, Sie sind wohl Dr. Ryan.» Fowler sah von der Morgenzeitung auf.

«Jawohl, Sir.»

«Verzeihung, daß ich nicht aufstehe, aber ich habe mir letzte Woche den Knöchel verknackst.» Fowler wies auf einen am Sessel lehnenden Stock. Davon hatte Ryan in den Morgennachrichten nichts gesehen. Fowler hatte seine Rede nach der Nominierung gehalten und war auf der Bühne herumgesprungen – mit einem kaputten Fuß. Der Mann hatte Mumm. Ryan trat auf ihn zu und gab ihm die Hand.

«Wie ich höre, sind Sie der kommissarische Direktor des Nachrichtendienstes.»

«Entschuldigen Sie, Governor, aber mein Titel lautet Stellvertretender Direktor (Intelligence), DDI. Ich stehe im Augenblick einem der Hauptdirektorate der CIA vor. Die anderen sind Operationen, Wissenschaft & Technik und Verwaltung. Was die Verwaltung tut, liegt auf der Hand, die Leute von W & T kümmern sich um Satellitenprogramme und den Rest der technischen Seite, und wir von Intelligence versuchen, die Daten zu analysieren, die wir von Operationen und W & T bekommen. Der eigentliche DDI heißt James Greer und liegt...»

«Ich weiß. Schade, ein guter Mann, dem selbst seine Feinde Ehrlichkeit nachsagen. Haben Sie Lust, mit mir zu frühstücken?» fragte Fowler mit der Liebenswürdigkeit des geborenen Politikers.

«Gerne, Sir. Kann ich Ihnen zur Hand gehen?»

«Danke, das schaffe ich schon.» Fowler griff nach dem Stock und stand auf. «Sie waren bei den Marines, arbeiteten als Börsenmakler und wurden Geschichtsdozent. Die Geschichte mit den Terroristen vor ein paar Jahren ist mir bekannt. Von meinen Leuten – meinen Informanten, sollte ich eher sagen», fügte er grinsend hinzu und setzte sich wieder, «erfahre ich, Sie seien bei der CIA rasch aufgestiegen, wollen mir aber nicht sagen, warum. Und in der Presse stand auch nichts. Ich finde das merkwürdig.»

«Ein paar Geheimnisse wahren wir schon, Sir. Über gewisse Dinge darf ich Ihnen keine Auskunft geben. Und was meine Person angeht, erkundigen Sie sich besser anderswo. Ich bin nämlich nicht objektiv.»

Der Gouverneur nickte liebenswürdig. «Al Trent lobt Sie in den höchsten Tönen, obwohl Sie vor einer Weile heftig mit ihm aneinandergeraten sind. Wie kommt das?»

«Da müssen Sie Mr. Trent fragen, Sir.»

«Das habe ich getan. Im Grund hat er nicht viel für Sie übrig. Die Abneigung scheint auf Gegenseitigkeit zu beruhen.»

«Ich bin nicht befugt, mich zu diesem Thema zu äußern, Sir. Wenn Sie im November gewinnen, werden Sie die Geschichte erfahren.» Wie sollte er auch erklären, daß Al Trent die CIA bei einer Operation unterstützt hatte, an deren Ende der Chef des KGB zu den USA übergelaufen war? Und wer würde ihm abnehmen, daß Trent mitgespielt hatte, um sich an jenen zu rächen, die seinen russischen Geliebten ins Lager gesteckt hatten?

«Und Beth Elliot sind Sie gestern auch auf die Zehen getreten.»

«Sir, soll ich wie ein Politiker antworten, der ich nicht bin, oder ganz normal?»

«Nur heraus damit, Ryan. Das ist eines der seltenen Vergnügen, das sich ein Mann in meiner Position gönnen kann.» Ryan überhörte den Wink.

«Ich fand Dr. Elliot arrogant und ausfallend. Ich bin an einen solchen Ton nicht gewöhnt. Mag sein, daß ich mich bei ihr entschuldigen sollte, aber das gilt auch umgekehrt.»

«Sie stehen auf ihrer Abschußliste; dabei hat der Wahlkampf noch nicht einmal begonnen», bemerkte Fowler lachend.

«Da kann ich ihr nur Waidmannsheil wünschen.»

«Dr. Ryan, haben Sie sich jemals um ein öffentliches Amt beworben?»

«Bitte verstehen Sie mich nicht falsch, Sir, aber diesem Streß würde ich mich niemals aussetzen.»

«Sind Sie gerne Regierungsbeamter? Das ist eine Frage, keine Drohung», erklärte Fowler.

«Sir, ich tue meine Arbeit, weil ich sie wichtig finde, und weil ich sie meiner Auffassung nach gut tue.»

«Ah, das Land braucht Sie also?» fragte der Präsidentschaftskandidat leichthin. Das verschlug dem kommissarischen DDI die Sprache. «Das ist eine harte Nuß, nicht wahr? Wenn Sie nun mit Nein antworten, steht Ihnen der Posten nicht zu, weil es einen besser qualifizierten Kandidaten gibt. Sagen Sie ja, sind Sie ein arroganter Überflieger. Lernen Sie daraus, Dr. Ryan. So, das war meine Lektion für heute. Jetzt sind Sie dran. Erzählen Sie mir, wie es auf der Welt aussieht, Ihrer Auffassung nach.»

Jack holte seine Notizen hervor und sprach zwei Stunden lang bei nur zwei Tassen Kaffee. Fowler war ein guter Zuhörer, der relevante Fragen zu stellen wußte.

«Wenn ich Sie recht verstanden habe, wissen Sie nicht, was die Sowjets im Schilde führen. Sie haben den Generalsekretär kennengelernt, nicht wahr?»

«Nun ...» Ryan hielt inne. «Sir, das kann ich nicht ... will sagen, ich habe ihm zweimal auf Empfängen die Hand gegeben.»

«Es war mehr als nur ein Händedruck, aber Sie dürfen nicht darüber reden? Hochinteressant. Sie sind kein Politiker, Dr. Ryan. Sie sagen die Wahrheit, ehe Sie an eine Lüge denken. Insgesamt habe ich den Eindruck, als schätzten Sie die Weltlage recht positiv ein.»

«Ich kann mich an Zeiten erinnern, in denen die Spannungen größer waren, Governor», sagte Ryan und war froh, sich aus der Schlinge gezogen zu haben.

«Warum rüsten wir dann nicht ab, wie ich es empfehle?»

«Dazu ist es meiner Ansicht nach zu früh.»

«Finde ich nicht.»

«Dann müssen wir bei unseren Standpunkten bleiben, Governor.»

«Was geht in Südamerika vor?»

«Das weiß ich nicht.»

«Was soll das heißen? Wissen Sie nicht, was wir dort tun, wissen Sie nicht, ob wir überhaupt etwas tun, oder wissen Sie Bescheid, dürfen aber nicht darüber reden?»

Er argumentiert in der Tat wie ein Anwalt, dachte Ryan und antwortete: «Wie ich Mrs. Elliot schon mitteilte, bin ich über diese Angelegenheit nicht informiert, und das ist die Wahrheit. Ich habe bereits Themen angedeutet, die zu diskutieren ich nicht befugt bin.»

«Angesichts Ihrer Position finde ich das sonderbar.»

«Ich hielt mich in Europa auf einer Konferenz auf, als alles begann. Außerdem sind meine Spezialgebiete Europa und die Sowjetunion.»

«Was sollten wir Ihrer Ansicht nach in bezug auf das Attentat auf Direktor Jacobs unternehmen?»

«Theoretisch gesehen, sollten wir auf den Mord jedes US-Bürgers drastisch reagieren, und in diesem Fall ganz besonders drastisch. Aber für solche Fragen ist das Direktorat Operationen zuständig.»

«Schließen Sie kaltblütigen Mord ein?»

«Wenn die Regierung entscheidet, daß das Töten von Menschen im nationalen Interesse eine korrekte Handlungsweise darstellt, kann doch wohl kaum von Mord im Sinne des Gesetzes gesprochen werden, oder?»

«Eine hochinteressante Position. Bitte fahren Sie fort.»

«Angesichts unserer Regierungsform müssen solche Entscheidungen den Willen der Bürger reflektieren. Aus diesem Grunde werden verdeckte Operationen vom Kongreß überwacht, um sicherzustellen, daß sie angemessen sind, und um sie zu entpolitisieren.»

«Kurz: Vernünftige Männer treffen vernünftige Entschlüsse... zum Mord.»

«Das klingt überspitzt, trifft aber den Kern der Sache.»

«Damit bin ich nicht einverstanden. Die Mehrheit des amerikanischen Volkes ist auch für die Todesstrafe; auch das ist nicht recht. Mit solchen Handlungen erniedrigen wir uns selbst und verraten die Ideale unseres Landes. Was haben Sie dazu zu sagen?»

«Ich finde, daß Sie im Irrtum sind, Governor, aber ich formuliere keine Politik, sondern arbeite den Entscheidungsträgern nur zu.»

Bob Fowlers Ton wurde zum ersten Mal scharf. «Nun, dann wissen wir wenigstens, woran wir sind. Sie sind Ihrem Ruf gerecht geworden, Dr. Ryan. Sie sind ehrlich, vertreten aber trotz Ihrer Jugend überholte Standpunkte. Leute wie Sie formulieren in der Tat die Regierungspolitik, indem sie ihre Analysen einseitig... Moment!» Fowler hob die Hand. «Ich zweifle nicht an Ihrer Integrität. Sie tun bestimmt Ihre Arbeit, so gut Sie können, aber wenn Sie mir weismachen wollen, daß Leute wie Sie keine Politikentscheidungen treffen, ist das ausgemachter Unsinn.»

Ryan lief rot an, merkte es, versuchte es zu unterdrücken und versagte kläglich. Fowler zweifelte nicht an Ryans Integrität, sondern am zweithellsten Stern seiner persönlichen Konstellation – seiner Intelligenz. Er wollte dem Mann die Meinung sagen, brachte es aber nicht fertig.

«Und jetzt werden Sie mir gleich erzählen: ‹Wenn Sie wüßten, was ich weiß, dächten Sie anders›, stimmt's?»

«Nein, Sir. Solche Argumente halte ich für fragwürdig. Entweder glauben Sie mir, oder Sie glauben mir nicht. Ich kann nur versuchen, Sie zu überzeugen. Und vielleicht liege ich manchmal auch falsch», gestand Jack, der sich wieder beruhigte, zu. «Mehr als mein Bestes kann ich nicht geben. Darf ich nun auch eine Weisheit an Sie weitergeben?»

«Nur zu.»

«Die Welt ist nicht immer so, wie wir sie uns wünschen. Aber Wunschdenken ändert sie nicht.»

Fowler war amüsiert. «Ich soll also immer auf Sie hören, auch wenn Sie im Irrtum sind? Was, wenn ich weiß, daß Sie sich irren?»

Nun hätte ein herrliches philosophisches Streitgespräch folgen können, aber Ryan wußte, daß er geschlagen war. Er hatte gerade neunzig Minuten vergeudet und unternahm nun einen letzten Versuch, die Lage zu retten.

«Governor, auf der Welt gibt es Raubtiere. Ich mußte meine Tochter einmal am Rande des Todes im Krankenhaus liegen sehen, weil jemand, der mich haßte, versucht hatte, sie umzubringen. Ich versuchte, die Lage wegzuwünschen, aber das ging nicht. Hoffentlich kommen Sie niemals in eine solche Situation.»

«Vielen Dank für den Vortrag, Mr. Ryan. Auf Wiedersehen.»

Ryan sammelte seine Papiere ein und ging, entsann sich dabei vage einer Stelle in der Bibel: Er war gewogen und für zu leicht befunden worden; von dem Mann, der der nächste Präsident werden konnte. Noch beunruhigender fand er seine Reaktion: *Scheiß drauf.*

«Raus aus den Federn, großer Bruder!» rief Tim Jackson. Robby machte ein Auge auf und sah Tim neben dem Sofa stehen. «Zeit für den Morgenlauf.»

Captain Jackson war sehr fit und obendrein Kendo-Meister. «Warte nur, dich häng ich ab.»

Hochmut kommt vor dem Fall, sagte er sich fünfzehn Minuten später und wäre mit einem Fall einverstanden gewesen: Am Boden hätte er sich nämlich wenigstens ein paar Sekunden ausruhen können. Er brach den Lauf nach zwei Meilen ab und ging geschlagen zurück, um das Frühstück zu richten.

«Nimm's nicht so schwer, Rob», tröstete sein Bruder später am Tisch. «Laufen gehört bei mir zum Beruf. Dafür kann ich keine Flugzeuge steuern.»

«Halt die Klappe und trink deinen Saft.»

«Wo warst du eigentlich?»

«An Bord der *Ranger*. Das ist ein Flugzeugträger. Ich habe Übungen vor Panama beobachtet.»

«Ah, da unten, wo die Bomben losgehen», merkte Tim an und bestrich eine Scheibe Toast.

«Hat's letzte Nacht wieder gekracht?» fragte Robby. Wäre kein Wunder.

«Wir haben wieder einen Drogenbaron erwischt. Ich frage mich, wie die Jungs die Bomben ins Ziel bringen.»

«Wie meinst du das?» fragte Robby. Hier stimmte etwas nicht.

«Komm, Rob, ich weiß genau, was abgeht. Das sind unsere Leute.»

«Da komm ich nicht mit.»

Lieutenant Timothy Jackson von der Infanterie beugte sich über den Tisch. «Paß auf, ich weiß ja, daß die Sache geheim ist, aber da blickt doch jeder Schwachkopf durch. Einer meiner Männer ist im Augenblick da unten. Denk doch mal mit. Einer meiner besten Sergeants verschwindet und taucht auf seinem neuen Posten nicht auf. Niemand bei der Army hat eine Ahnung, wo er steckt. Er spricht Spanisch. Genau wie andere Männer, die verschwanden. Munoz und Leon und zwei andere. Und plötzlich geht da unten im Cocaland die Post ab.»

«Hast du mit jemandem darüber gesprochen?»

«Warum? Ich mache mir Sorgen um Chavez, aber der ist ein erstklassiger Soldat. Meinetwegen kann der so viele Narcos umlegen, wie er Lust hat. Mich interessiert nur, wie sie die Bomben ins Ziel bringen.»

Das hat die Navy erledigt, hätte Robby beinahe gesagt. «Tim, es gibt bei uns zwar Leute, die so denken wie du, aber über so etwas redet man nicht. Geheimhaltung, klar?»

«Sag mal, Robby, kennst du nicht jemanden, der in der CIA ganz oben sitzt?»

«Ja, der Pate von Jack junior.»

«Richte ihm von uns aus, sie sollten zuschlagen, so hart sie wollen.»

«Gut, wird gemacht», erwiderte Robby leise. Es mußte eine CIA-Operation sein, eine sehr «schwarze», aber doch nicht schwarz genug, wenn ein grüner Lieutenant dahinterkam. Die Bombenmannschaft auf der *Ranger*, Personaloffiziere und Unteroffiziere in der ganzen Army –, inzwischen mußten viele Leute durchgeblickt haben. Robby vergatterte seinen Bruder zum Stillschweigen und beschloß, seinen Freund Jack Ryan zu warnen.

22

Eröffnungen

Anders als Generälen der Air Force und Army stehen den meisten Admiralen der Navy keine Dienstmaschinen zur Verfügung, und so müssen sie Linienmaschinen benutzen. An der Ankunft wartete ein aus Adjutanten und Chauffeuren bestehendes Gefolge, und Robby Jackson war durchaus bereit, sich bei seinem Chef Punkte zu verdienen, indem er kurz nach dem Andocken der 727 an den Flugsteig auf dem San José Airport erschien. Dort mußte er warten, bis die Erster-Klasse-Passagiere ausgestiegen waren, denn selbst Flaggoffiziere fliegen Economy.

Vizeadmiral Joshua Painter war der stellvertretende Chef der Marineflieger, und daß er überhaupt zu seinen drei Sternen gekommen war, galt als ein Wunder, denn Painter war ein ehrlicher, unverblümter Mann, der fand, daß die wahre Marine auf See war und nicht am Ufer des Potomac. Außerdem, und das war höchst ungewöhnlich, hatte er ein Buch verfaßt. Als Intellektueller, Individualist und Soldat sah er sich als einen Ausnahmefall in einer Institution, die zunehmend antiintellektuell, konformistisch und bürokratisch wurde. Painter war ein scharfzüngiger, kleiner und schmächtiger Mann aus Vermont, der von seinen Piloten verehrt wurde, denn er hatte über Nordvietnam über fünfhundert Einsätze geflogen und zwei MiG abgeschossen. Dem Perfektionisten und anspruchsvollen Vorgesetzten war für seine Flieger und Mannschaften nichts zu gut. Nun kehrte er gerade von einer Dienstreise zurück und wurde von Robby Jackson auf dem Flughafen empfangen.

«Wie ich sehe, ist die Botschaft angekommen», bemerkte Joshua Painter und berührte Robbys bunte neue Schulterklappe.

«Jawohl, Sir.»

«Ich höre auch, daß Ihre neue Taktik in die Hose gegangen ist.»

«Sie hätte besser klappen können», räumte Captain Jackson ein.

«Na ja, wenigstens ist der Träger nicht abgesoffen. Sie bekommen übrigens das sechste Geschwader, das auf die *Abraham Lincoln* verlegt wird, wenn die *Independence* ins Dock kommt. Gratuliere, Robby. Sehen Sie zu, daß Sie in den nächsten achtzehn Monaten nicht zu großen Mist bauen. So, und was ging bei der Übung nun exakt schief?» fragte er auf dem Weg zu seinem wartenden Wagen.

«Die ‹Russen› haben gemogelt», antwortete Robby. «Sie waren viel zu clever.» Painter, der Sinn für Humor hatte, lachte. Während der Fahrt zum Hauptquartier des Admirals in Monterey an der kalifornischen Küste besprachen sie die Einzelheiten.

«Irgendwelche Entwicklungen in dieser Geschichte mit den Drogenbaronen?» fragte Painter auf dem Weg zu seinem Dienstzimmer.

«Denen machen wir ganz schön die Hölle heiß, was?» merkte Jackson an.

Der Admiral blieb wie angewurzelt stehen. «Was meinen Sie damit?»

«Offiziell darf ich zwar nichts wissen, aber ich war an Ort und Stelle und habe gesehen, was gespielt wird.»

Painter winkte Jackson ins Büro. «Schauen Sie mal in den Kühlschrank und mixen Sie mir einen Martini. Ich gehe erst mal ins Bad. Nehmen Sie sich, was Sie wollen.»

Robby fand die passenden Zutaten vor und schenkte sich ein Bier ein.

Painter erschien ohne Uniformhemd und trank einen Schluck. Dann schaute er Jackson scharf an.

«Captain, wiederholen Sie bitte, was Sie draußen gesagt haben.»

«Admiral, ich bin nicht blind. Auf dem Radarschirm habe ich gesehen, wie eine A-6 in Richtung Land flog, und das war kein Zufall. Wer für die Sicherheit dieser Operation verantwortlich ist, hätte bessere Arbeit leisten können.»

«Jackson, verzeihen Sie, aber ich habe gerade fünfeinhalb Stunden neben den Triebwerken einer klapprigen alten 727 verbracht. Wollen Sie mir etwa sagen, daß diese Bomben auf die Drogenbosse von einer *meiner* A-6 abgeworfen wurden?»

«Ja, Sir. Wußten Sie das denn nicht?»

«Nein, Robby, davon habe ich keine Ahnung.» Painter kippte den Rest seines Martinis und stellte das Glas ab. «Verflucht noch mal! Wer ist für diese Idiotie verantwortlich?»

«Aber der Einsatz der neuen Bombe muß... ich meine, die Befehle müssen doch über Ihren Stab gelaufen sein.»

«*Was* für eine neue Bombe?» Painter hätte das beinahe herausgebrüllt, beherrschte sich aber.

«Eine Bombe mit einer Hülle aus Kunststoff oder Fiberglas oder einem anderen Material, jedenfalls aber nicht aus Stahl. Tausend Kilo schwer, mit den üblichen Befestigungspunkten für Smart-Lenkeinrichtungen, und blau lackiert wie Übungsmunition.»

«Gut, mit so etwas experimentieren wir herum, aber ich lasse das Programm wahrscheinlich einstellen, weil es mehr kostet, als es bringt. Bisher gab es nur ein Dutzend Probeabwürfe, und die Eier sind allesamt noch in China Lake.»

«Sir, im Bombenraum der *Ranger* standen mehrere. Ich habe sie selbst gesehen und angefaßt, Admiral. Ich sah auch eine, die an einer A-6 befestigt war. Und ich hatte diese A-6 auf dem Radarschirm, als ich von der E-2 aus die Übung verfolgte. Die A-6 flog zum Land und kam aus einer anderen Richtung zurück. Der Zeitpunkt kann ein Zufall gewesen sein, aber ich wette, daß diese Intruder einen Angriff geflogen hat. Vorm Start zum Rückflug vom Träger sah ich eine weitere Bombe an derselben Maschine. Tags darauf hörte ich, daß wieder einem Drogenbaron das Haus in die Luft gesprengt wurde. Mit einer halben Tonne hochbrisantem Sprengstoff läßt sich das leicht bewerkstelligen, und eine brennbare Bombenhülle hinterläßt keine Spuren.»

«Vierhundertfünfzig Kilo Octol stecken in diesen Dingern», schnaubte Painter. «Das reicht für ein Haus. Wissen Sie, wer den Einsatz flog?»

«Roy Jensen, der Skipper vom...»

«Ich kenne ihn. Robby, was zum Teufel geht hier vor? Ich will jetzt genau hören, was Sie gesehen haben.»

Robby berichtete zehn Minuten lang.

«Wo kam der technische Berater her?» fragte Painter.

«Ich habe ihn nicht gefragt, Sir.»

«Wetten, daß er nicht mehr an Bord ist? Robby, jemand ist mit uns Schlitten gefahren. Verfluchte Scheiße! Diese Befehle hätten über meinen Stab laufen sollen. Jemand benutzt meine Maschinen, ohne mir was zu sagen!»

Es ging hier nicht um die Bombenangriffe, erkannte Robby, sondern um eine Frage des Anstands und der Sicherheit. Wäre das Unternehmen von der Navy geplant worden, hätten Painter und sein Experte für die

A-6 sichergestellt, daß es für ungebetene Beobachter wie Robby in der E-2C nichts zu sehen gab. Nun mußte Painter befürchten, daß seinen Leuten die Verantwortung für diese von oben oktroyierte Operation zugeschoben wurde.

«Sollen wir Jensen hierherbestellen?» fragte Robby.

«Zu auffällig; könnte Jensen in Schwulitäten bringen. Wir werden aber feststellen, woher der Befehl kam. Die *Ranger* bleibt noch zehn Tage auf See, nicht wahr?»

«Ich glaube schon, Sir.»

«Da steckt die CIA dahinter», bemerkte Joshua Painter leise. «Die Ermächtigung kam von weiter oben, aber ausgeführt hat das bestimmt die CIA.»

«Falls das etwas nützt, Sir: Ich habe einen Freund, der dort ziemlich weit oben sitzt. Er ist der Pate eines meiner Kinder.»

«Wer ist das?»

«Jack Ryan.»

«Ja, den kenne ich. Er war damals für zwei Tage mit mir auf der *Kennedy*, als wir ... na, diese Fahrt haben Sie bestimmt nicht vergessen.» Painter lächelte. «Kurz darauf bekamen Sie die Rakete ab. Er war inzwischen schon auf USS *Invincible*.»

«Was? Jack war damals auch an Bord? Warum ist er dann nicht zu mir gekommen?»

«Sie haben wohl nie erfahren, worum es bei dieser Operation eigentlich ging, nicht wahr?» Painter schüttelte den Kopf, als er an den Fall *Roter Oktober* dachte. «Na, vielleicht kann er Ihnen etwas erzählen. Ich muß schweigen.»

Robby nahm das ohne weitere Fragen hin und kam wieder zur Sache. «Mit dieser Operation ist auch ein Unternehmen an Land verbunden», sagte er und ließ sich einige Minuten lang darüber aus.

«Eine Riesenscheiße!» fauchte Painter, als Robby geendet hatte. «Robert, Sie setzen sich in die nächste Maschine nach Washington und richten Sie Ihrem Freund aus, diese Operation sei im Begriff, in die Hose zu gehen. Himmel, werden diese Clowns bei der CIA denn nie schlau? Wenn das herauskommt, und Ihrem Bericht nach kommt es auch heraus, nimmt nicht nur die Navy, sondern das ganze Land Schaden. Gerade in einem Wahljahr, in dem sich dieser Idiot Fowler um die Präsidentschaft bewirbt, können wir eine solche Scheiße nicht gebrauchen. Und wenn die CIA mal wieder Krieg spielen will, können Sie außerdem ausrichten, soll sie sich vorher an jemanden wenden, der sich darauf versteht.»

Das Kartell verfügte über mehr als genug Leute, die ans Waffentragen gewöhnt waren, und es dauerte nur wenige Stunden, bis sie versammelt waren. Cortez war zum Leiter der Operation bestellt worden und hatte sein Quartier in dem Dorf Anserma in der Mitte des von den «Söldnern» unsicher gemachten Gebietes genommen. Selbstverständlich hatte er seinem Chef nicht alles verraten, was er wußte, und er hielt auch sein wahres Ziel geheim. Über dreihundert Mann aus dem Gefolge diverser Kartellhäuptlinge waren mit Autos, Lastern und Bussen herangeschafft worden, alle einigermaßen fit und an Gewalt gewöhnt. Ihre Anwesenheit hier würde die Leibwachen der überlebenden Drogenbarone reduzieren; dies verschaffte Escobedo bei seinem Versuch, den Konkurrenten, der nach der Macht griff, zu entlarven, einen Vorteil. In der Zwischenzeit wollte Cortez die «Söldner» zur Strecke bringen. Felix vermutete, daß er es mit Elitetruppen zu tun hatte, vielleicht sogar mit amerikanischen Green Berets, vor denen er einigen Respekt hatte. Seine Truppe würde also Verluste erleiden. Er fragte sich, wie viele er wohl töten mußte, um das Gleichgewicht der Kräfte im Kartell zu seinen Gunsten zu verschieben.

Es hatte natürlich keinen Sinn, dies den versammelten Leuten mitzuteilen, diesen barschen, brutalen Männern, die mit ihren Waffen fuchtelten wie Helden in schlechten Filmen, die sie so gern sahen. Sie, die allmächtigen, unbesiegbaren Krieger des Kartells, die es gewohnt waren, daß die Menschen vor ihnen krochen, stolzierten nun mit ihren AK-47 durch die Dorfstraßen. Lächerlicher, aufgeblasener Abschaum, dachte Cortez.

Es wurde eine Befehlskette eingerichtet und fünf Gruppen zu je fünfzig Mann aufgestellt, die verschiedene Einsatzgebiete zugewiesen bekamen. Die Kommunikation erfolgte über Funk, koordiniert von Cortez in einem sicheren Haus außerhalb des Dorfes. Die einzige Komplikation stellte eine potentielle Einmischung der kolumbianischen Armee dar. Um dieses Problem kümmerte sich Escobedo; die Rebellengruppen M-19 und FARC würden anderswo zuschlagen und die Armee beschäftigen.

Die «Soldaten», wie sie sich sofort nannten, wurden auf Lkw in die Berge transportiert. *Buena suerte*, wünschte Cortez ihren Anführern – viel Glück. Das meinte er natürlich nicht ernst, denn das Glück war längst kein Faktor mehr in dieser Operation des ehemaligen DGI-Obersten. In einem ordentlich geplanten Unternehmen hatte das Glück nichts zu suchen.

Ein ruhiger Tag in den Bergen. Glockengeläut hallte durchs Tal. Ist heute Sonntag? fragte sich Chavez. Welcher Tag es auch sein mochte, auf der Straße herrschte weniger Verkehr als sonst. Abgesehen von Rochas Tod, sah es eigentlich ganz gut aus. Sie hatten nicht viel Munition verschossen, und in wenigen Tagen sollte ein Hubschrauber Nachschub abwerfen. Man konnte nie zuviel Munition haben, das hatte Chavez gelernt. Glücklichsein, das ist ein voller Patronengürtel, eine volle Feldflasche und ein warmes Essen.

Die Topographie des unter ihnen liegenden Tales sorgte für günstige akustische Verhältnisse. Schall drang kaum gedämpft die Hänge hinauf, und die dünne Luft schien jedem Geräusch die Klarheit eines Glockenklanges zu verleihen.

Chavez hörte die Laster schon von weitem. Er hob das Fernglas und richtete es auf eine mehrere Meilen entfernte Kurve. Drei Laster, auf deren Ladeflächen Männer standen, die Gewehre zu tragen schienen. Die Fahrzeuge hielten an, die Männer sprangen ab. Chavez stieß seinen schlafenden Kameraden an.

«*Oso*, geh sofort den Captain holen!»

Eine knappe Minute später erschien Ramirez mit seinem Feldstecher.

«Kopf runter, Sir!» befahl Chavez.

«Schon gut, Ding.»

«Können Sie sie sehen?»

«Ja.»

Die Männer liefen bis jetzt nur durcheinander, aber die Gewehre auf dem Rücken waren nicht zu übersehen. Dann teilten sie sich in vier Gruppen auf und verschwanden im Wald.

«Die brauchen gut drei Stunden bis hierher, Chavez», schätzte Ramirez.

«Bis dahin sind wir sechs Meilen weiter nördlich. Machen Sie sich bereit zum Abmarsch.» Ramirez baute sein Satelliten-Funkgerät auf.

«VARIABEL, hier MESSER, over.»

«MESSER, hier VARIABEL. Wir empfangen Sie laut und deutlich. Over.»

«MESSER meldet Bewaffnete, die fünf Meilen ostsüdöstlich von uns in den Wald eindringen. Etwa Kompaniestärke; marschieren auf uns zu.»

«Soldaten?»

«Negativ, ich wiederhole, negativ. Waffen sichtbar, aber keine Uniformen. Wir machen uns bereit zum Abmarsch.»

«Roger, MESSER. Brechen Sie sofort auf und melden Sie sich wieder, wenn Sie können. Wir versuchen herauszufinden, was sich tut.»

«Roger. MESSER out.»

«Was hat denn das zu bedeuten?» fragte einer der CIA-Offiziere.

«Keine Ahnung. Ich wollte, Clark wäre hier», erwiderte der andere. «Fragen wir mal in Langley nach.»

Ryan war zu Hause und genoß das. Es war ihm gelungen, am Freitagabend ein paar Minuten vor seiner Frau zurück zu sein, und war am Samstag länger im Bett geblieben, um die Nachwirkungen der Zeitverschiebung abzuschütteln. Den Rest des Tages über hatte er mit seinen Kindern gespielt und war dann mit ihnen zur Abendmesse gegangen, um sich wieder früh ins Bett zu legen. Nun saß er auf seinem Rasentraktor. Ryan mochte zwar einer der höchsten CIA-Leute sein, aber seinen Rasen mähte er trotzdem selbst. Andere säten und düngten, aber für Jack Ryan war der pastorale Akt des Schneidens therapeutisch. Es war ein drei Tage währendes Ritual, das er alle zwei Wochen vollzog – im Frühjahr häufiger. Frisches Heu roch er gern, und auch der Ölgeruch des Traktors und die Vibrationen waren ihm angenehm. Ganz konnte er der Realität jedoch nicht entkommen. An seinem Gürtel hing ein tragbares Telefon, dessen elektronisches Zwitschern den Motor des Traktors übertönte. Jack stellte die Zündung ab und griff nach dem Gerät.

«Hallo, Jack, hier Rob. Sissy und ich sind auf dem Weg nach Annapolis und hätten gerne mal kurz bei euch reingeschaut. Macht dir das Umstände?»

«Aber nein! Kommt doch zum Mittagessen.»

«Geht das auch wirklich in Ordnung?» fragte Jackson.

«Aber klar, Robby», erwiderte Ryan. «Seit wann zierst du dich so?»

«Seit du ein hohes Tier bist.»

Ryans Antwort stellte einen Verstoß gegen die Regeln für den drahtlosen Funkverkehr dar.

«Gut, dann kommen wir in einer Stunde vorbei.»

«Fein, bis dahin bin ich mit dem Rasen fertig.» Ryan unterbrach die Verbindung und wählte die Nummer seines Hauses. Seine Frau Cathy meldete sich. «Rob und Sissy kommen zum Mittagessen», sagte Jack. «Werfen wir ein paar Würstchen auf den Grill?»

«Mein Haar sieht fürchterlich aus.»

«Dann wirf es dazu. Machst du schon mal Feuer? Ich bin hier in zwanzig Minuten fertig.»

Erst dreißig Minuten später stellte Jack den Traktor zu seinem Jaguar in die Garage und ging ins Haus, um sich zu waschen und umzuziehen. Gerade, als er sich rasiert hatte, kam Robby in die Einfahrt.

«Wie habt ihr das so schnell geschafft?» fragte Jack, der noch seine abgeschnittenen Jeans trug.

«Ist es Ihnen lieber, wenn ich mich verspäte, Dr. Ryan?» frotzelte Robby beim Aussteigen. Cathy erschien in der Haustür, und man begrüßte sich. Die beiden Frauen gingen ins Wohnzimmer, Jack und Robby trugen die Würste auf die Terrasse, wo die Holzkohle noch nicht ganz durchgeglüht war.

«Nun, wie fühlt man sich als Captain?»

«Großartig, bloß mit der Bezahlung hapert's noch.» Die Beförderung bedeutete, daß Robby zwar die vier Streifen eines Kapitäns tragen konnte, aber noch immer wie ein Commander bezahlt wurde. «Und meine Staffel bekomme ich auch, sagte mir Admiral Painter gestern abend.»

«Großartig!» Jack schlug Robby auf die Schulter. «Das wäre dann der nächste große Karrieresprung, nicht wahr?»

«Solange ich keinen Mist baue. Die Navy gibt, und die Navy nimmt.» Robby hielt inne und wurde dann ernst. «Aber deshalb bin ich nicht gekommen. Jack, was rührt ihr da unten in Kolumbien an?»

«Rob, ich habe keine Ahnung.»

«Schon gut, Jack. Ich weiß Bescheid! Eure Sicherheitsvorkehrungen sind miserabel. Und mein Admiral ist stocksauer, weil ihr seine Flugzeuge benutzt, ohne ihn zu fragen.»

«Wer ist das?»

«Joshua Painter. Du bist ihm mal auf der *Kennedy* begegnet.»

«Wer hat dir das gesagt?»

«Eine zuverlässige Quelle. Ich habe mir die Sache seitdem durch den Kopf gehen lassen. Damals hieß es, der Iwan habe ein U-Boot verloren, und wir würden ihm bei der Suche helfen. Nun ja, und dann mußte mein Kampfbeobachter am Gehirn operiert werden, und meine Tomcat war erst nach drei Wochen wieder flugtauglich. Da muß wohl mehr dahintergesteckt haben. Es kam ja auch nie was in die Zeitung. Aber lassen wir das mal beiseite; ich will dir sagen, weshalb ich hier bin. Es geht um die Häuser der beiden Drogenbarone, die in die Luft gesprengt wurden. Die Bomben wurden von einer A-6E Intruder der US-Navy abgeworfen. Ich bin nicht der einzige, der das weiß. Außerdem rennt ein Haufen von der leichten Infanterie da unten im Dschungel rum. Was sie da treiben, weiß ich nicht, aber es gibt Leute, die wissen, daß sie dort im Einsatz sind. Die Sache sickert durch, Jack, und im Pentagon wird es tierischen Stunk geben, wenn die Medien davon Wind bekommen. Und mir hat man von oben gesteckt, daß sich die Navy diesmal nicht, ich wiederhole, nicht den Schwarzen Peter zuschieben läßt.»

«Beruhige dich, Rob.» Jack machte zwei Dosen Bier auf.

«Jack, wir sind und bleiben Freunde. Ich weiß, daß du niemals einen solchen Blödsinn machen würdest, aber...»

«Ich weiß nicht, wovon du redest. Ich habe keine Ahnung. Letzte Woche war ich in Belgien und wurde danach gefragt; auch da konnte ich keine Auskunft geben. Freitag hat mich dieser Fowler in Chicago damit genervt. Rob, ich sage dir, was ich allen anderen gesagt habe: Ich weiß nichts.»

Jackson schwieg kurz. «Weißt du, jeden anderen würde ich jetzt einen Lügner nennen. Ich weiß, was du jetzt bei der CIA tust. Und du willst mir ernsthaft erzählen, daß du über eine so wichtige Sache nicht informiert bist?»

«Ehrenwort.»

Robby trank sein Bier aus und zerdrückte die Dose. «Typisch», meinte er. «Da haben wir Leute im Einsatz, die töten und vielleicht selbst etwas abbekommen, aber hier weiß kein Mensch Bescheid. Verdammt, wenn ich schon den Kopf hinhalten muß, will ich wenigstens wissen, wofür.»

«Ich will der Sache auf den Grund gehen», versprach Jack. «Und richte deinem Chef aus, er soll sich vorerst zurückhalten. Ich komme dann auf ihn zu.»

Etwaige Zweifel, die die Patterson-Zwillinge gehegt haben mochten, wurden am Sonntagnachmittag zerstreut. Die Grayson-Schwestern kamen zu Besuch und schworen den Männern, die sie von ihrem Zuhälter befreit hatten, unsterbliche Liebe. Die endgültige Entscheidung der Pattersons fiel auf dem Weg zurück in die gemeinsame Zelle.

Henry und Harvey saßen aus Sicherheitsgründen in einer Zelle, denn wären sie getrennt untergebracht worden, hätten sie nur die Hemden und die Zellen zu tauschen brauchen – das Wachpersonal kannte sie als gewitzt, um alle mögliche Verwirrung zu stiften. Ein weiterer Vorteil war, daß die Brüder nicht wie so viele andere Häftlinge in Streit gerieten. Die Tatsache, daß sie ruhig waren und keinen Ärger machten, erlaubte es ihnen, ungestört zu arbeiten.

Gefängnisse sind notwendigerweise so gebaut, daß sie einiges aushalten. Der Boden besteht aus Stahlbeton und ist nackt, denn Teppichböden oder Platten würden ja doch nur herausgerissen und für Feuerchen oder anderen Unfug verwendet. Der harte, glatte Boden gab also eine gute Schleiffläche ab. Jeder Bruder hatte ein Stück starken Stahldraht aus dem Bettrahmen montiert. Bislang hat noch niemand ein Gefängnisbett gebaut, das ohne Metall auskommt, und aus Metall lassen sich gute Waffen herstellen. Das Gesetz schreibt auch vor, daß Gefängnisse nicht nur Käfige sein dürfen, in die Gefangene eingesperrt werden wie Tiere im Zoo, und diese Anstalt verfügte wie viele andere über eine Werkstatt. Müßigkeit, hatten die Richter seit Jahrzehnten entschieden, ist aller Laster Anfang. Und die Tatsache, daß das Laster in jenen, die hier lebten, bereits wohnte, bedeutete schlicht, daß die Werkstatt Material und Werkzeug für Waffen lieferte. Im vorliegenden Fall hatten sich die beiden je einen Holzdübel mit einer Längsnut und etwas Isolierband gestohlen. Nun schärfte ein Bruder den Stahldraht am Boden zu einer nadelscharfen Spitze, während der andere nach nahenden Wärtern Ausschau hielt. Da der Draht aus Qualitätsstahl bestand, nahm das Schärfen mehrere Stunden in Anspruch, aber wer im Gefängnis sitzt, hat viel Zeit. Am Schluß wurde der Draht in die Nut am Dübel geschoben, die wie durch ein Wunder die passende Breite und Länge hatte, und mit Isolierband befestigt. Nun verfügten die Brüder über zwei sechs Zoll lange Stichwaffen.

Diese versteckten sie sorgfältig und berieten dann ihre Taktik. Jeder Absolvent eines Ausbildungslagers für Guerillas oder Terroristen wäre beeindruckt gewesen. Ihre Ausdrucksweise war zwar grob, und es fehlte auch der von Stadtguerillas bevorzugte Jargon, aber die Brüder Patterson hatten eine klare Vorstellung, was eine Mission ist. Sie verstanden Dinge wie verdeckte Annäherung, Manöver und Ablenkungsmanöver, und den geplanten Rückzug nach erfolgreicher Ausführung der Mission. Hierbei rechneten sie mit der stillschweigenden Unterstützung ihrer Mithäftlinge. In Gefängnissen geht es zwar gewalttätig zu, aber sie sind trotzdem ein Gemeinwesen von Männern, und in diesem waren die Piraten ausgesprochen unbeliebt, während die Pattersons als «harte, ehrliche Kerle» in der Hierarchie ziemlich weit oben rangierten. Außerdem wußte jeder, daß mit ihnen nicht zu spaßen war –, dies war der Kooperation förderlich und schreckte Informanten ab.

In Gefängnissen herrschen auch strenge Hygienevorschriften. Da Kriminelle oft dazu neigen, das Waschen und Zähneputzen so lange wie möglich hinauszuschieben und weil solches Verhalten Krankheiten

Vorschub leistet, gehört das Duschen zur strengen Routine. Und darauf verließen sich die Brüder Patterson.

«Was wollen Sie damit sagen?» fragte der Mann mit dem spanischen Akzent Mr. Stuart.

«Damit will ich sagen, daß sie in acht Jahren freigelassen werden. Im Hinblick auf die Tatsache, daß sie eine vierköpfige Familie ermordet haben und auf frischer Tat mit einer großen Menge Heroin erwischt worden sind, kommen sie praktisch ungeschoren davon», erwiderte der Anwalt. Er beriet zwar nicht gerne an Sonntagen, und schon gar nicht diesen Mann zu Hause in seinem Arbeitszimmer, während sich seine Familie im Garten aufhielt, aber es war seine eigene Entscheidung gewesen, sich auf die Verteidigung von Drogenhändlern zu spezialisieren. Schon mindestens zehnmal hatte er sich bei jedem einzelnen Fall gesagt, daß es ein Fehler gewesen war, den ersten überhaupt anzunehmen – und einen Freispruch erreicht zu haben, denn die DEA hatte bei der Durchsuchung geschlampt und die Beweislage so verwirrt, daß der Prozeß am Ende wegen eines klassischen «Formfehlers» eingestellt wurde. Dieser Erfolg trug ihm ein Honorar von fünfzigtausend Dollar für vier Tage Arbeit und einen gewissen Ruf in Drogenkreisen ein, wo man Geld wie Heu hatte – zum Beispiel für gute Strafverteidiger. Und es war auch nicht einfach, zu diesen Leuten nein zu sagen. Immerhin waren Anwälte, die ihr Mißfallen erregt hatten, *ermordet* worden. Außerdem zahlten sie so gut, daß er es sich leisten konnte, auch mittellosen Mandanten zu helfen. Das war eines der Argumente, mit denen er sich in schlaflosen Nächten tröstete. «Hören Sie mal, auf diese Männer wartete der elektrische Stuhl – oder mindestens eine lebenslange Freiheitsstrafe –, aber ich habe zwanzig Jahre mit Entlassung nach acht Jahren für sie herausgeholt. Was verlangen Sie mehr?»

«Ich finde, Sie könnten noch mehr erreichen», versetzte der Mann mit einem ausdruckslosen Blick und einer fast mechanisch klingenden Stimme. Und einem Anwalt, der noch nie in seinem Leben eine Waffe abgefeuert hatte, jagte dieser Mann Angst ein.

Das war die andere Seite der Gleichung. Diese Leute bezahlten nicht nur ihn, sondern sicherheitshalber auch noch einen zweiten Anwalt, der im Hintergrund blieb und sie nur beriet. Es war natürlich vernünftig, in jedem Fall ein Gegengutachten parat zu haben. Damit stellten die Drogenhändler auch sicher, daß ihr Anwalt keine geheimen Abmachungen mit der Anklage traf, wie es in ihren Ländern üblich war. Dieser Verdacht konnte auch hier entstehen. Stuart hätte zum Beispiel die Informationen, die er über die Offiziere der Küstenwache hatte, rücksichtslos ausspielen und auf die Einstellung des Verfahrens setzen können. Seine Erfolgschancen hierbei beliefen sich auf fünfzig Prozent, wie er schätzte. Stuart war vor Gericht gut, wenn nicht brillant, doch das konnte man auch von Davidoff behaupten, und es gibt auf der ganzen Welt keinen Prozeßanwalt, der es gewagt hätte, die Reaktion einer Jury im südlichen, strengen Alabama auf einen solchen Fall vorherzusagen. Wer da im Schatten blieb und diesen Mann, der nun in seinem Arbeitszimmer saß, beriet, konnte nicht so prozeßerfahren sein wie Stuart. Vielleicht ein Akademiker, dachte Stuart, ein Professor, der seine Einkünfte mit informeller Beratung aufbessert. Stuart haßte diese anonyme Person sofort.

«Wenn ich tue, was Sie vorschlagen, kann der Prozeß schiefgehen, und dann landen die beiden wirklich noch auf dem elektrischen Stuhl.» Das würde auch das Ende der Karriere der Männer von der Küstenwache bedeuten, die zwar Unrecht getan hatten, aber doch keine Verbrecher waren wie Stuarts Mandanten. Es war seine ethische Pflicht als Anwalt, seine Mandanten im Rahmen des Gesetzes und der Regeln seines Standes zu verteidigen, vor allem aber im Rahmen seiner Kompetenz und – was praktisch unmöglich zu definieren war – seines Instinkts. Jurastudenten hörten zu diesem Problem der Waage mit den drei Schalen endlose Vorlesungen, doch die Lösungen, zu denen man in diesen riesigen Hallen kam, fielen immer klarer aus als jene, zu denen man in der wirklichen Welt außerhalb des grünen Campus kam.

«Sie könnten aber auch freigesprochen werden.»

Der Mann hat einen Freispruch in der Berufung im Sinn, erkannte Stuart. Es *mußte* also ein Akademiker sein.

«Ich rate meinen Mandanten, den von mir ausgehandelten Kompromiß zu akzeptieren.»

«Ihre Mandanten werden diesen Kompromiß ablehnen. Morgen werden sie Ihnen sagen, Sie sollten ... wie heißt das ... aufs Ganze gehen.» Der Mann lächelte drohend. «Das sind Ihre Instruktionen. Die Tür finde ich allein. Wiedersehen, Mr. Stuart.» Der Roboter entfernte sich.

Stuart starrte einige Minuten lang sein Bücherregal an und ging dann zum Telefon. Es war besser, die Sache gleich zu erledigen, und sinnlos, Davidoff warten zu lassen. Es war zwar noch keine öffentliche Erklärung abgegeben worden, aber auf der Straße gingen schon die Gerüchte um. Er fragte sich, wie der US-Staatsanwalt das aufnehmen würde. Seine Reaktion war leichter zu prophezeien: «Ich dachte, wir hätten eine Abmachung!» – gefolgt von einem resoluten: «Na gut, dann sehen wir, was die Jury dazu zu sagen hat.» Es war zu erwarten, daß Davidoff sein beträchtliches Talent voll einsetzte und es zu einer epischen Schlacht im Gerichtssaal kommen ließ. Aber darum ging es vor Gericht ja auch, oder? Es stand ein faszinierendes und erregendes juristisches Kräftemessen bevor, das aber nur wenig mit Recht und Unrecht, den tatsächlichen Vorfällen auf der *Empire Builder* und rein gar nichts mit Gerechtigkeit zu tun haben würde.

Murray saß in seinem Büro. Der Einzug in ihr Haus in der Stadt war mehr oder weniger eine Formalität gewesen. Er übernachtete zwar meist dort, sah aber weniger von diesem Zuhause als von der offiziellen Residenz in Kensington, die er als Attaché an der US-Botschaft in London bewohnt hatte. Fair war das eigentlich nicht. Angesichts der Kosten, die der Umzug zurück nach Washington verursacht hatte – wer am Sitz der Regierung von dieser bezahlt wird, kann sich keine anständige Wohnung leisten – hätte man doch wenigstens erwarten können, daß er häufiger Gelegenheit bekam, sein Heim zu nutzen.

An Sonntagen arbeitete seine Sekretärin nicht, was bedeutete, daß er selbst ans Telefon gehen mußte. Dieser Anruf kam über seine private Amtsleitung.

«Murray.»

«Mark Bright. Es hat im Fall der Piraten eine neue Entwicklung gegeben, über die ich Sie informieren muß. Der Anwalt der beiden rief gerade beim Staatsanwalt an und verkündete, er müsse die bereits geschlossene Abmachung über Bord werfen. Der Mann will kämpfen bis zum letzten, die Leute von der Küstenwache in den Zeugenstand rufen und versuchen, den Prozeß wegen dieser Nummer, die sie gebracht haben, zum Platzen zu bringen. Davidoff macht sich Sorgen.»

«Was meinen Sie?» fragte Murray.

«Nun, er wird den ganzen Fall von vorne aufrollen: Mord im Zusammenhang mit Drogen. Dabei muß er natürlich auf die Küstenwache einschlagen, aber das ist, wie er meint, der Preis der Gerechtigkeit.» Bright war wie viele FBI-Agenten Mitglied der Anwaltskammer. «Für mich steht der Ausgang ganz und gar nicht fest, Dan. Davidoff ist besonders im Umgang mit Geschworenen gut –, aber das kann man von dem Verteidiger Stuart auch sagen. Die DEA haßt ihn zwar wie die Pest, aber er ist tüchtig. Die Rechtslage ist ziemlich konfus. Was wird der Richter sagen? Kommt auf den Richter an. Was die Jury tut, hängt von dem ab, was der Richter sagt und tut. Im Augenblick ist das so, als wolle man noch vor Saisonbeginn auf den Ausgang des Endspiels wetten, und was sich dann nach der Revision vor dem Berufungsgericht tut, ist wieder eine andere Sache. Was immer auch geschehen wird, die Leute von der Küstenwache kriegen den Dreck ab. Schade. Davidoff wird ihnen den Arsch aufreißen, weil sie ihn in diese Lage gebracht haben.»

«Warnen Sie sie am besten vor», meinte Murray und redete sich ein, dies sei eine impulsive Erklärung gewesen, aber das stimmte nicht. Gerechtigkeit war ihm wichtiger als der Buchstabe des Gesetzes.

«Würden Sie das bitte wiederholen, Sir?»

«Diese Männer haben Operation TARPON ermöglicht.»

«Mr. Murray» – er nannte ihn nun nicht mehr Dan – «es ist möglich, daß ich sie festnehmen lassen muß. Davidoff mag eine Anklagejury einberufen und ...»

«Geben Sie den Männern einen Wink. Das ist ein Befehl, Mr. Bright. Ich nehme an, daß die lokale Polizei einen guten Anwalt hat. Empfehlen Sie Captain Wegener und seinen Leuten diesen Mann.»

Bright zögerte, ehe er antwortete. «Sir, was Sie gerade gesagt haben, könnte als ...»

«Mark, ich bin schon lange beim FBI. Vielleicht schon viel zu lange», erwiderte Murray müde. «Aber ich werde nicht zulassen, daß diese Männer bestraft werden, weil sie uns geholfen haben. Gut, sie müssen sich nun dem Risiko eines Prozesses aussetzen, aber ich will dafür sorgen, daß sie dieselben Vorteile genießen wie diese verfluchten Piraten. Das sind wir ihnen schuldig. Notieren Sie das als meine Anweisung und führen Sie sie aus.»

«Jawohl, Sir.» Murray glaubte, Bright den Rest der Antwort denken zu hören: *Scheiße!*

«Was den Fall angeht: Brauchen Sie noch weitere Unterstützung von uns?»

«Nein, Sir. Die forensischen Ergebnisse liegen alle vor. In dieser Hinsicht ist der Fall bombensicher. DNA-Abgleich der Spermaspuren mit den beiden Männern positiv, DNA-Abgleich der Blutspuren mit zwei Opfern positiv. Die Ehefrau war Blutspenderin; wir fanden einen Liter ihres Blutes in einer Tiefkühltruhe des Roten Kreuzes; die andere identifizierte Blutspur stammt von der Tochter. Mag sein, daß Davidoff den Prozeß allein auf dieser Basis gewinnt.»

Die Identifizierung von Spuren mit Hilfe der Gentechnologie entwickelte sich rasch zur tödlichsten forensischen Waffe des FBI. Zwei Kalifornier, die geglaubt hatten, die perfekte Vergewaltigung mit anschließendem Mord begangen zu haben, mußten wegen der Arbeit zweier Biochemiker des FBI und eines relativ billigen Labortests die Gaskammer ins Auge fassen.

«Wenn Sie noch etwas brauchen, rufen Sie mich sofort an. Diese Sache steht in direkter Beziehung zu dem Mord an Emil, und in diesem Fall habe ich alle Vollmachten.»

«Jawohl, Sir. Bedaure, Sie am Sonntag gestört zu haben.»

«Schon gut», meinte Murray mit einem kleinen Lachen und legte auf. Dann drehte er seinen Sessel und schaute aus dem Fenster auf die Pennsylvania Avenue. Es war ein schöner Nachmittag, und die Leute gingen die Straße der Präsidenten auf und ab wie Pilger, blieben hin und wieder stehen, um von Straßenverkäufern Eis und T-Shirts zu erstehen. Am anderen Ende der Straße und jenseits des Kapitols gab es Verkaufsstellen für andere Dinge.

«Scheiß-Drogen», sagte er leise. Welchen Schaden würden sie noch anrichten?

Drei Sprüche von VARIABEL hatten Bob Ritter innerhalb von zwei Stunden erreicht. Unerwartet kam die Reaktion nicht, aber daß sie so rasch und koordiniert erfolgte, war eine Überraschung. Ausgewählt hatte er diese Truppen schließlich nur wegen ihrer Fähigkeiten ... und wegen ihrer Anonymität. Wäre er auf die Green Berets vom John F. Kennedy Special Warfare Center in Fort Bragg oder Rangers aus Fort Stewart oder Männer von dem neuen Special Operations Command in McDill verfallen, wären zu viele Leute von zu kleinen, überschaubaren Einheiten gekommen, und die Sache wäre aufgefallen. Doch die leichte Infanterie bestand aus vier fast kompletten und an verschiedenen Orten stationierten Divisionen, über vierzigtausend Männer zwischen New York und Hawaii, die über die gleichen Fähigkeiten verfügten wie die berühmteren Einheiten; es war viel unauffälliger, diesen Einheiten vierzig Mann zu entnehmen. Und einige würden fallen – das hatte er von Anfang an gewußt, und die Soldaten selbst wahrscheinlich auch. Wenn den Infanteristen der Sinn nach einem sicheren Leben gestanden hätte, würden sie einen anderen Beruf gewählt, sich nicht weiterverpflichtet und auch nicht freiwillig für ein Unternehmen gemeldet haben, das als potentiell gefährlich ausgegeben wurde. Schließlich waren das keine unbedarften Beamten, die man im Dschungel ausgesetzt hatte und die nicht wußten, worum es ging.

Zumindest redete Ritter sich das ein. Doch dann drängte sich die Frage auf: *Wenn du schon nicht genau weißt, worum es geht, wie können sie es dann wissen?*

Seltsamerweise verlief die Operation exakt wie geplant – im Feld. Clarks brillante Idee, mit einigen unzusammenhängenden Gewaltakten einen Bandenkrieg im Kartell auszulösen, schien zu funktionieren. Wie sonst war der Anschlag auf Escobedo zu erklären? Ritter war froh, daß Cortez und sein Chef davongekommen waren. Nun würde es Konfusion und Aufruhr und Rache geben, und in der Zwischenzeit konnte sich die CIA zurückziehen und ihre Spuren verwischen.

Wer – wir? – konnte die Behörde dann auf die unvermeidlichen Fragen der Reporter antworten. Ritter war erstaunt, daß die Presse nicht schon längst nachgehakt hatte. Doch nun hatte er bereits begonnen, das Puzzle wieder auseinanderzunehmen. Der Verband um die *Ranger* würde zurück nach Norden laufen und die Übungen auf der Fahrt nach San Diego fortsetzen. Der CIA-Vertreter war bereits von Bord und mit der zweiten und letzten Videokassette unterwegs nach Hause. Der Rest der «Übungs»-Bomben würde auf See abgeworfen werden, und die Tatsache, daß sie eigentlich nie von der Navy für den Abwurf freigegeben worden waren, würde niemals auffallen. Der einzige heikle Aspekt waren nun die Truppen im Feld. Ritter hätte sie sofort herausholen lassen können, beschloß aber, sie noch ein paar Tage im Land zu lassen. Es könnte noch mal Arbeit für sie geben, und solange sie vorsichtig waren, konnte ihnen nichts passieren. Ihr Gegner war nicht ernst zu nehmen.

«Und?» fragte Colonel Johns Sergeant Zimmer.

«Der Kompressor ist im Eimer. Wir müssen das Triebwerk austauschen.»

«Wie lange dauert das?»

«Sechs Stunden, wenn wir sofort anfangen, Colonel.»

«Ist in Ordnung, Buck.»

Sie hatten natürlich zwei Ersatztriebwerke mitgebracht. Im Hangar war nicht genug Platz für den Pave Low III und die MC-130, die als Tanker und Ersatzteilträger diente. Zimmer gab einen Wink, und ein Unteroffizier öffnete durch Knopfdruck die Tür des Hangars. Zum Austausch des Triebwerks T-64 wurden ein Spezialwagen und ein Kran gebraucht.

Gerade, als die Türen auf ihren Stahlschienen aufglitten, fuhr draußen ein Wagen mit Erfrischungen vor, der sofort von den Männern umringt wurde. Jeder kannte den Fahrer, einen Panamaer, der diesen Dienst schon seit einer Ewigkeit versah und dabei gut verdiente.

Er kannte sich auch gut mit Flugzeugen aus. Aufgrund jahrelanger Beobachtungen und beiläufiger Unterhaltungen mit dem Wartungspersonal war er mit dem gesamten fliegenden Inventar der Air Force vertraut und hätte eine vorzügliche Informationsquelle abgegeben, wenn sich jemand die Mühe gemacht hätte, ihn zu rekrutieren.

Als er Cola und Kleinigkeiten zu essen ausgab, fiel ihm der Pave Low III im Hangar auf. Damit war auch die Anwesenheit des Tankers und des Transporters Combat Talon und der zusätzlichen Wachen erklärt, die seine normale Route blockierten. Er wußte viel über die beiden Maschinen, und es wäre ihm nie in den Sinn gekommen, etwas über ihre Fähigkeiten zu verraten. Aber es war doch kein Verbrechen, jemandem nur von ihrer Gegenwart zu berichten?

Wenn man ihm beim nächsten Treff das Geld aushändigte, würde man ihn bitten, die Bewegungen der beiden Maschinen festzuhalten.

Während der ersten Stunde waren sie sehr schnell marschiert, verlangsamten dann aber ihr Tempo und gingen wie üblich vorsichtig und sehr aufmerksam. Sie marschierten nur ungern bei Tageslicht. Den Ninja mochte die Nacht gehören, am Tag schrumpfte ihr Vorteil dem Gegner gegenüber auf ein Minimum.

Alle trugen Kriegsbemalung und trotz der Wärme Handschuhe. Sie wußten, daß sich das nächste SHOWBOAT-Team fünfzehn Kilometer weiter südlich befand; daher war jeder, der ihnen begegnete, entweder ein Feind oder ein Unbeteiligter, aber für Soldaten im verdeckten Einsatz ist der Begriff «Unbeteiligter» ein Fremdwort. Sie sollten Kontakt mit allem und jedem vermeiden, und falls es doch zu einer Berührung kam, hatten sie sofort anzugreifen.

Es hatten sich auch noch andere Regeln geändert. Sie marschierten nicht mehr im Gänsemarsch, denn viele Leute, die hintereinander laufen, hinterlassen deutliche Spuren. Chavez ging voraus, *Oso* folgte ihm in einem Abstand von zwanzig Metern, und der Rest des Zuges ging in Kette und über ein weites Gebiet verteilt vor. Bald würden sie beginnen, Haken zu schlagen, um zu sehen, ob jemand ihnen folgte. Dem Betreffenden stand dann eine Überraschung bevor. Im Augenblick lautete ihr Auftrag: Zu einer vorbestimmten Position marschieren und die Stärke des Feindes abschätzen. Und Befehle abwarten.

Der Lieutenant von der Polizei ging zwar nicht oft zum Abendgottesdienst, aber an diesem Tag erschien er etwas verspätet vor der Baptistenkirche Grace, stellte seinen Wagen am Rande des gut belegten Parkplatzes ab, betrat die Kirche und setzte sich hinten in eine Bank; dort, so hoffte er, würde sein falscher Gesang nicht auffallen.

Fünfzehn Minuten später hielt ein unauffälliger Wagen neben seinem Auto. Ein Mann stieg aus, schlug mit einem Montiereisen die Seitenscheibe auf der rechten Seite ein und stahl das Funkgerät, die Schrotflinte aus ihrem Halter unter dem Armaturenbrett – und den verschlossenen Aktenkoffer mit dem Beweismaterial, der auf dem Boden lag. Kaum eine Minute später saß er wieder in seinem Fahrzeug und fuhr weg. Wiedergefunden werden sollte der Aktenkoffer nur, falls die Brüder Patterson ihr Wort nicht hielten. Polizisten sind ehrliche Menschen.

23

Das Spiel beginnt

Die Morgenroutine war unverändert, obwohl Jack eine Woche fortgewesen war. Sein Fahrer stand früh auf und fuhr mit seinem Wagen nach Langley, wo er in den Dienst-Buick umstieg und auch einige Akten für seinen Fahrgast abholte. Diese befanden sich in einem Metallkoffer mit Ziffernschloß und Selbstzerstörungsmechanismus. Es hatte zwar noch niemand versucht, sich an das Fahrzeug oder seine Insassen heranzumachen, aber das bedeutete nicht, daß diese Möglichkeit ausgeschlossen werden konnte. Der Chauffeur, der zu den Sicherheitskräften der CIA gehörte, trug eine Beretta 92-F vom Kaliber 9 mm, und unterm Armaturenbrett war eine Uzi-Maschinenpistole befestigt. Der Mann war vom Secret Service, der Leibwache des Präsidenten, ausgebildet worden und schützte seinen «Prinzipal», wie er den kommissarischen DDI nannte, fachmännisch. Es wäre ihm auch lieber gewesen, wenn der Chef nicht so weit von Washington entfernt gewohnt hätte. Er nahm die innere Schleife der Ringautobahn und wählte am Kreuz die Autobahn 50 nach Maryland.

Jack Ryan stand um sechs Uhr fünfzehn auf; eine Zeit, die ihm immer früher vorkam, je weiter er auf die Vierzig zuging, und begann seine morgendlichen Verrichtungen, die sich nicht von denen anderer Berufstätiger unterschieden. Nur die Tatsache, daß er mit einer Ärztin verheiratet war, garantierte, daß er ein gesundes Frühstück vorgesetzt bekam und nicht die Speisen, die er mochte. Was ist eigentlich so schlimm an Fett, Zucker und Konservierungsstoffen? grummelte er insgeheim. Um fünf vor sieben war er angezogen und mit dem Frühstück fertig und hatte die

Zeitung zur Hälfte gelesen. Es war Cathys Aufgabe, die Kinder zur Schule zu schicken. Jack gab seiner Tochter zum Abschied einen Kuß, aber sein Sohn Jack jr. fand, daß er für solchen Babykram zu alt war. Der Buick von der CIA traf gerade ein – so pünktlich und zuverlässig, wie es Fluggesellschaften und Eisenbahn zu sein versuchen.

«Guten Morgen, Dr. Ryan.»

«Guten Morgen, Phil.» Jack öffnete, wie es seine Gewohnheit war, die Tür lieber selbst und glitt in den Fond. Zunächst einmal las er seine *Washington Post* zu Ende; die Comics hob er sich bis zuletzt auf. Wer für die CIA arbeitete, brauchte seine tägliche Dosis *The Far Side*. Der schwarze, manchmal bitterböse Surrealismus dieser Karikaturen war in Langley aus naheliegenden Gründen überaus beliebt. Inzwischen rollte der Wagen im dichten Berufsverkehr auf Route 50 in Richtung Washington. Ryan betätigte das Schloß des Aktenkoffers, öffnete ihn und schaltete mit seiner CIA-Kennkarte den Selbstzerstörungsmechanismus aus. Die Papiere im Koffer waren zwar wichtig, aber wer den Wagen angriff, würde sich wohl eher für Ryan als für Dokumente interessieren. Er hatte nun vierzig Minuten Zeit, sich über die Ereignisse der vergangenen Nacht – in diesem Fall des vergangenen Wochenendes – zu informieren, damit er in der Lage war, den Abteilungschefs und Wachoffizieren intelligente Fragen zu stellen, wenn sie ihm nach seinem Eintreffen Vortrag hielten.

Die Zeitungslektüre rückte die offiziellen CIA-Meldungen immer in die rechte Perspektive. Was Journalisten anging, hatte Ryan seine Zweifel – oft waren ihre Analysen inkorrekt –, aber fest stand, daß sie im Grunde dieselbe Arbeit erledigten wie die CIA: Sie sammelten und verbreiteten Informationen – und zwar genauso gut, manchmal sogar besser als die Fachleute in Langley.

Natürlich wurde ein guter Auslandskorrespondent besser bezahlt als ein Nachrichtendienstbeamter der Besoldungsgruppe GS-12, und talentierte Leute liefen oft dem Geld hinterher. Außerdem durften Reporter Bücher verfassen, und damit konnte man sehr viel Geld verdienen, wie es viele Moskauer Korrespondenten im Laufe der Jahre getan hatten. Eine Sicherheitsstufe zu haben, hatte Ryan mit der Zeit gelernt, bedeutete lediglich Zugang zu Quellen. Trotz seines hohen Ranges bei der CIA bekam er oft Informationen vorgelegt, die sich in der Substanz kaum von einem guten Pressebericht unterschieden. Der Unterschied war nur, daß Jack die Quellen kannte, was für die Einschätzung der Verläßlichkeit wichtig war.

Ein kleiner, aber oft entscheidender Unterschied.

Die Lageberichte begannen mit der Sowjetunion. Dort gab es alle möglichen interessanten Entwicklungen, doch es konnte noch immer niemand sagen, was sie bedeuteten oder wohin sie führten. Gut. Ryan und die CIA hatten ihre Analysen schon seit einer Ewigkeit mit dieser Erkenntnis abgeschlossen. Die Bürger aber erwarteten mehr. Wie diese Elliot zum Beispiel, dachte Jack, die uns wegen Dingen haßt, die wir schon längst nicht mehr tun – und dann im Umkehrschluß von uns Allwissenheit erwartet. Wann erkennen die Leute endlich einmal, daß die Zukunft für einen Analysten vom Nachrichtendienst ebenso schwer vorherzusagen ist wie für einen Sportreporter, der Spekulationen über den Ausgang eines wichtigen Endspiels anstellt?

In der Basketball-Liga drängten sich zum Beispiel im Augenblick drei Mannschaften praktisch punktegleich an der Spitze. Das war ein Fall für Wettbüros. Schade, daß keine Quoten für den Erfolg der Perestrojka oder zur Nationalitätenfrage in der Sowjetunion ausgegeben werden, dachte Ryan. So etwas hätte ihm einen Anhalt bieten können.

Als sie den Autobahnring Beltway erreicht hatten, las er Berichte über Mittel- und Südamerika durch. Ein Drogenboß namens Fuentes war mit einer Bombe in die Luft gesprengt worden.

Na, ist das denn so schlimm? war Jacks erster Gedanke. Nein, ganz und gar nicht. Schlimm war nur, daß er von einer amerikanischen Fliegerbombe getötet worden war. Und wegen solcher Dinge haßt uns Beth Elliot, sagte sich Jack, und schwingt sich dabei zum Richter, zur Jury und zum Henker zugleich auf. Mit Recht und Unrecht hatte das nichts zu tun. Ihr ging es um politische Vorteile und vielleicht auch um die Ästhetik. Politiker erklärten, «Sachfragen» seien wichtiger als Prinzipien, redeten aber daher, als seien diese Begriffe austauschbar.

Typischer Montagmorgen-Zynismus, dachte Jack. Wie zum Teufel ist Robby Jackson auf diese Sache gestoßen? Wer führt diese Operation? Und was passiert, wenn die Sache herauskommt?

Besser noch: Soll mich das überhaupt etwas angehen? war Jacks nächste Frage.

Hier geht es um Politik, Jack. Hat dein Job überhaupt etwas mit Politik zu tun? Darfst du dich um Politik kümmern?

Wie so viele Dinge hätte dieses Thema einen vorzüglichen Stoff für ein philosophisches Streitgespräch abgegeben, aber im vorliegenden Fall ging es nicht um eine abstrakte Untersuchung von Prinzipien und Hypothesen. Von ihm wurden Antworten verlangt. Was, wenn ein Mitglied des Überwachungsausschusses ihm eine Frage stellte, die er beantworten *mußte*? Das konnte jeden Augenblick passieren.

Und wenn er log, konnte er ins Gefängnis kommen. Das war die Kehrseite der Beförderung.

Mehr noch: Wenn er ganz ehrlich war und aussagte, er wisse von nichts, konnte es vorkommen, daß weder die Mitglieder des Ausschusses noch eine Jury ihm glaubten. Es stellte also selbst die Ehrlichkeit keinen wirklichen Schutz dar. War das nicht ein Hohn?

Jack schaute aus dem Fenster, als sie an dem Mormonentempel in der Nähe der Connecticut Avenue vorbeifuhren, einem etwas eigenartigen Gebäude, das mit seinen Marmorsäulen und Goldtürmen aber doch eine gewisse Würde ausstrahlte. Die Glaubensgrundsätze, die dieses Ädifizium repräsentierte, fand der Katholik Ryan zwar seltsam, aber ihre Anhänger waren ehrliche, fleißige Patrioten, denn sie glaubten an das, wofür Amerika stand. Und das war entscheidend, oder? Entweder ist man *für* etwas, oder man läßt es. Gegen etwas kann jeder Esel sein – wie ein störrisches Kind, das sich beharrlich weigert, eine Gemüsesorte zu essen, die es nicht kennt. Die Mormonen führten ein Zehntel ihres Einkommens an die Gemeinde ab, was der Kirche den Bau dieses Denkmals für ihren Glauben ermöglicht hatte. Aus ähnlichen Motiven hatten die notleidenden Bauern im Mittelalter die Kathedralen finanziert. Die Bauern waren längst vergessen – nur nicht von dem Gott, an den sie geglaubt hatten –, aber die Kathedralen standen als Symbol ihres Glaubens noch heute und erfüllten ihren ursprünglichen Zweck. Wer erinnerte sich noch an die politischen Fragen dieser Epoche? Die Burgen waren zerfallen, die adligen Familien größtenteils ausgestorben. Übriggeblieben waren nur Denkmäler des Glaubens, etwas, das wichtiger war als die leibliche Existenz des Menschen, geformt in Stein. Wie war deutlicher zu beweisen, was im Grunde wichtiger war? Jack wußte natürlich, daß er nicht der erste war, der sich mit dieser Frage beschäftigte, aber es kam nicht oft vor, daß jemand die Wahrheit so klar erkannte wie Ryan an diesem Montag. Die Erkenntnis ließ die Zweckdienlichkeit seicht, kurzlebig und letzten Endes nutzlos erscheinen. Er mußte sich zwar noch immer für einen Kurs entscheiden und wußte, daß seine Handlungen möglicherweise von anderen diktiert werden würden, doch er kannte nun die Richtlinien, an die er sich halten wollte. Und das reichte für den Augenblick.

Fünfzehn Minuten später fuhr der Wagen durch das Tor, an der Front des Gebäudes vorbei und in die Tiefgarage. Ryan steckte das Material zurück in den Koffer und nahm den Aufzug in den sechsten Stock. Nancy hatte die Kaffeemaschine schon angestellt, als er eintrat. In fünf Minuten sollten seine Leute zum Vortrag erscheinen. Jack blieben noch ein paar Augenblicke zum Nachdenken.

Die Reflektionen auf der Fahrt hatten nun hier, in seinem Büro, keine Bedeutung mehr. Jetzt mußte er etwas *tun*. Er würde sich zwar von Prinzipien leiten lassen, aber seine Handlungen mußten von taktischen Überlegungen bestimmt sein. Dabei hatte er nicht die geringste Ahnung, was sich eigentlich tat.

Seine Abteilungsleiter trafen pünktlich ein und begannen ihre Vorträge. Der kommissarische DDI kam ihnen an disem Morgen merkwürdig still und verschlossen vor. Normalerweise stellte er Fragen und ließ ein paar witzige Bemerkungen fallen. Diesmal nickte und grunzte er aber nur, ohne etwas zu sagen. Na, vielleicht hat er ein anstrengendes Wochenende hinter sich, dachten sie.

Andere gingen an diesem Montagmorgen aufs Gericht, suchten Anwälte auf oder mußten sich einer Jury stellen. Und da der Angeklagte in einem Strafprozeß das Recht hat, sich den Geschworenen in bester Verfassung zu präsentieren, war am Montagmorgen für die Häftlinge der Strafanstalt eine Dusche angesetzt.

Wie bei allen Aspekten des Gefängnislebens war Sicherheit der wichtigste Faktor. Die Zellentüren wurden aufgeschlossen, und die Häftlinge, die nur Handtücher und Sandalen trugen, marschierten unter den wachsamen Blicken dreier erfahrener Wärter zum Ende des Ganges. Es gab die üblichen morgendlichen Flachsereien, man murrte, riß Witze und fluchte auch einmal.

Unter sich, beim Essen und beim Sport neigten die Häftlinge dazu, sich nach Rassen aufzuspalten, doch in den Zellenblöcken war die Rassentrennung untersagt. Die Wärter wußten zwar, daß diese Regelung nur Zusammenstöße garantierte, doch die Richter, die sie erlassen hatten, hatten sich von Prinzipien leiten lassen, nicht der Realität. Und außerdem: Wenn jemand umgebracht wurde, war das nicht die Schuld der Wärter. Gefängniswärter sind oft die zynischsten Mitglieder der Vollzugskräfte: Gemieden von Polizisten, verhaßt bei den Gefängnisinsassen und in der Gesellschaft nicht besonders hoch angesehen. Diese Leute liebten ihre Arbeit nicht und dachten vorwiegend ans Überleben. Die Bedrohung im Dienst war sehr real. Der Tod eines Häftlings war natürlich keine Kleinigkeit – es wurden von den Wärtern und der Polizei, oft sogar auch von Bundesbehörden ernsthafte Ermittlungen geführt –, doch für die Wärter war das eigene Leben wichtiger als das eines Sträflings.

Dennoch taten sie ihr Bestes. Sie waren überwiegend erfahrene Männer, die wußten, worauf sie zu achten hatten. Das gleiche traf selbstverständlich auch auf die Gefangenen zu, und was sich unter diesen abspielte, unterschied sich im Prinzip nicht von Vorgängen auf dem Schlachtfeld oder den Schattenkriegen zwischen Geheimdiensten. Taktiken entwickelten sich aus Maßnahmen und Gegenmaßnahmen und veränderten sich im Laufe der Zeit. Manche Häftlinge waren schlauer als andere. Und manche waren wahre Genies. Andere, besonders die jüngeren, waren verängstigte Duckmäuser, denen es wie den Wärtern nur ums Überleben ging. Jede Häftlingskategorie erforderte einen anderen Grad von Aufmerksamkeit, und die Wärter waren überlastet. Daß Fehler gemacht wurden, war also unvermeidlich.

Die Handtücher hingen an numerierten Haken. Jeder Gefangene hatte sein eigenes Stück Seife, und ein Wärter sah zu, wie sie nackt in den Duschraum mit den zwanzig Brausen marschierten. Dabei achtete er darauf, daß niemand eine Waffe mitnahm. Da er jedoch noch jung war, hatte er noch nicht gelernt, daß ein wirklich entschlossener Mann immer ein Versteck findet.

Henry und Harvey Patterson stellten sich den Piraten direkt gegenüber, die dummerweise eine Stelle gewählt hatten, die der Wärter nicht einsehen konnte. Die Brüder tauschten einen frohen Blick. Die Kerle mochten Großkotze sein, im Kopf aber hatten sie nicht viel. Die Pattersons empfanden im Augenblick einiges Unbehagen, denn sie hatten sich die Griffe ihrer Waffe in den After geschoben, und es hatte allerhand Überwindung gekostet, einigermaßen normal zur Dusche zu laufen. Rundum begann das heiße Wasser zu laufen, und der Duschraum füllte sich mit Dampf. Die Pattersons applizierten Seife an den entsprechenden Stellen und zogen ihre Waffen, die teilweise sichtbar geblieben waren, heraus. Dem jungen Wärter aber waren sie nicht aufgefallen. Das Ganze begann mit einem recht einfallslosen Stegreifdialog.

«Gib mir die Seife zurück, du Wichser!»

«Arschficker», gab der andere lässig zurück.

Ein Schlag wurde ausgeteilt und zurückgegeben.

«Aufhören – raus da!» brüllte der Wärter. Nun mischten sich zwei andere Häftlinge ein – einer mit Absicht, der andere, weil er noch neu war und Angst hatte und sich wehrte. Die Kettenreaktion dehnte sich auf fast den gesamten Duschraum aus. Draußen zog sich der Wärter zurück und forderte Unterstützung an.

Henry und Harvey, die Waffen in den Händen verborgen, drehten sich um. Ramón und Jesús schauten der Schlägerei zu – und in die falsche Richtung. Sie waren ziemlich sicher, nicht in die Keilerei hineingezogen zu werden; sie ahnten nicht, daß das Ganze nur inszeniert war.

Harvey nahm sich Jesús vor, Henry kümmerte sich um Ramón.

Jesús merkte überhaupt nichts. Er sah nur einen braunen Schatten auf sich zukommen und spürte einen Schlag gegen die Brust, gefolgt von einem zweiten. Er starrte nach unten und sah Blut aus einer Stichwunde spritzen, die bis in sein Herz reichte – jeder Herzschlag riß die Löcher weiter auf –, und dann stieß die braune Hand wieder zu; eine dritte Blutfontäne sprang hoch. Er geriet in Panik, versuchte die Blutung mit den Händen zum Stillstand zu bringen und wußte nicht, daß sich das meiste Blut in den Herzbeutel ergoß und bereits das Herzversagen einleitete. Er fiel rückwärts gegen die Wand und glitt zu Boden.

Henry, der sich für schlauer hielt, zielte auf einen raschen Tod ab. Ramón machte es ihm noch leichter, indem er die Gefahr erkannte und sich abwandte. Henry stieß ihn gegen die gekachelte Wand und rammte ihm seine Waffe in die Schläfe, wo der Knochen dünn wie eine Eierschale ist. Dann drehte er sie zweimal um. Ramón zappelte ein paar Sekunden lang wie ein Fisch und wurde dann schlaff.

Jeder der beiden Pattersons drückte dem Opfer des anderen seine Waffe in die Hand – wegen Fingerabdrücken brauchten sie sich in der Dusche keine Sorgen zu machen –, schoben die beiden Leichen zusammen und traten zurück unter ihre Duschen, wo sie sich gegenseitig gründlich wuschen, um etwaige Blutspritzer zu entfernen. Inzwischen herrschte wieder Ruhe. Die beiden Männer, die wegen eines Stücks Seife in Streit geraten waren, gaben sich die Hände, entschuldigten sich beim Wärter und setzten ihr morgendliches Reinigungsritual fort. Noch immer hing dichter Dampf im Raum. Die Pattersons schrubbten sich weiter ab; wo es um die Vernichtung von Indizien geht, ist Reinlichkeit eine Tugend. Das Wasser wurde abgestellt, und die Männer gingen hinaus.

Der Wärter zählte ab und stellte fest, daß zwei fehlten. Die restlichen achtzehn trockneten sich ab. Der Wärter steckte den Kopf in den Duschraum und wollte gerade einen Schwall seines Schulspanisch loslassen, als er unter der Dampfwolke etwas erblickte, das wie eine Leiche aussah.

«Scheiße!» Er drehte sich um und rief seine Kollegen zurück. «Keiner rührt sich!» schrie er die Häftlinge an.

«Was iss'n los?» fragte einer.

«He, ich muß inner Stunde vor Gericht antanzen», meinte ein anderer.

Die Pattersons trockneten sich ab, zogen ihre Sandalen wieder an und stellten sich stumm auf. Andere Verschwörer hätten einen zufriedenen Blick getauscht, immerhin hatten sie gerade nur fünf Meter vom Wärter entfernt einen perfekten Doppelmord begangen. Doch so etwas hatten die Zwillinge nicht nötig. Jeder wußte genau, was der andere dachte: Freiheit. Sie hatten sich gerade mit zwei Morden der Strafe für zwei andere entzogen. Und daß die Bullen mitspielen würden, stand fest. Dieser Lieutenant war ein anständiger Mann, und anständige Polizisten hielten ihr Wort.

Die Nachricht vom Tod der Piraten verbreitete sich mit einer Geschwindigkeit, auf die eine Nachrichtenagentur hätte stolz sein können. Der Lieutenant saß an seinem Schreibtisch und erstattete auf einem Formular Meldung über einen Vorfall, als sie ihn erreichte. Er nickte nur und ging wieder an die peinliche Aufgabe, einer übergeordneten Stelle zu erklären, daß jemand seinen Dienstwagen aufgebrochen und ein teures Funkgerät, seine Aktentasche und eine Schrotflinte gestohlen hatte. Das Verschwinden des Gewehrs löste einen gewaltigen Papierkrieg aus.

«Damit will Gott Ihnen vielleicht zu verstehen geben, Sie sollten lieber daheim vorm Fernseher bleiben», merkte ein anderer Lieutenant an.

«Sie Heide, ich habe endlich beschlossen... verdammt noch mal!»

«Was ist denn?»

«Das Beweismaterial im Fall Patterson! Ich hatte die Geschosse noch in der Aktentasche. Verflucht, jetzt sind sie weg! Das Gutachten, die Fotos, alles!»

«Da wird sich der Staatsanwalt aber freuen. Sie haben gerade die Pattersons zurück auf die Straße geschickt.»

Es war den Aufwand wert, dachte der Lieutenant.

Vier Straßen weiter erfuhr Stuart die Nachricht telefonisch und seufzte erleichtert. Er hätte sich natürlich schämen sollen, empfand aber in diesem Fall keine Trauer um seine Mandanten. Traurig war das System, das sie im Stich gelassen hatte, aber den Tod der beiden Nichtsnutze bedauerte er nicht. Außerdem hatte er sein Honorar im voraus gefordert und erhalten, wie es jeder kluge Anwalt bei Drogenfällen tut.

Fünfzehn Minuten später gab der US-Staatsanwalt in einer Erklärung seiner Empörung über den Mord an den beiden Gefangenen Ausdruck und kündigte eine Untersuchung durch die zuständigen Bundesbehörden an. Er fügte hinzu, er habe gehofft, den Tod der beiden auf legale Weise herbeiführen zu können, doch der Tod durch die Hand des Gesetzes sei etwas ganz anderes als diese Meucheltat eines Unbekannten. Im großen und ganzen war es eine hervorragende Erklärung, über die das Fernsehen in seinen Nachrichtensendungen am Mittag und am Abend berichten würde, und das freute Davidoff mehr als der Tod der Piraten. Eine Niederlage in diesem Fall hätte das Ende seiner Hoffnungen auf einen Senatssitz bedeuten können. Nun würden die Bürger melden, der Gerechtigkeit sei Genüge getan, und sie würden ihn zitieren und sein Foto bringen. Damit hatte er fast so viel erreicht wie mit einem Schuldspruch.

Selbstverständlich war der Anwalt der Pattersons zugegen, denn die beiden sprachen nur in seiner Anwesenheit mit Polizeibeamten –, das glaubte er zumindest.

«Also», sagte Harvey, «ich kümmere mich um nichts und laß mich von keinem anmachen. Ich hab so was wie eine Schlägerei bemerkt, und das war's. Wer im Knast so was hört, guckt noch nicht mal hin, sondern hält sich raus.»

«Ganz offensichtlich haben meine Mandanten zu Ihren Ermittlungen keinen Beitrag zu leisten», sagte der Anwalt zu den Kriminalbeamten. «Ist es denkbar, daß die beiden Männer sich gegenseitig töteten?»

«Das wissen wir nicht. Wir sind gerade mit der Vernehmung der bei der Tat Anwesenden befaßt.»

«Darf ich dann davon ausgehen, daß Sie nicht planen, gegen meine Mandanten Beschuldigungen im Zusammenhang mit diesem bedauerlichen Vorfall zu erheben?»

«Zur Zeit nicht», sagte ein Beamter.

«Gut, nehmen wir das zu den Akten. Außerdem möchte ich festgehalten wissen, daß meine Mandanten über keinerlei sachdienliche Informationen verfügen. Und überdies muß ich Sie ersuchen, meine Mandanten nur in meinem Beisein zu vernehmen.»

«Jawohl, Sir.»

«Ich danke Ihnen. Und wenn Sie mich nun entschuldigen würden; ich möchte mit meinen Mandanten allein sprechen.»

Nach dieser Besprechung, die fünfzehn Minuten dauerte, wußte der

Anwalt, was sich zugetragen hatte. Er wußte zwar im rechtlichen Sinne «offiziell» nicht Bescheid, aber er war informiert.

«Guten Morgen, Richter», sagte Ryan.

«Guten Morgen, Jack. Machen Sie es kurz; ich gehe in ein paar Minuten auf Dienstreise.»

«Sir, was soll ich sagen, wenn mich jemand nach den Vorgängen in Kolumbien fragt?»

«Über diese Sache haben wir Sie im dunkeln gelassen», meinte Moore.

«Allerdings, Sir.»

«Ich habe entsprechende Anweisungen, und Sie können sich ja vorstellen, woher die stammen. Ich kann Ihnen nur sagen, daß wir niemanden in die Luft gesprengt haben, die CIA meine ich. Es läuft eine Operation von uns, aber Autobomben haben wir keine gelegt.»

«Das hört man gerne, Richter. Ich hatte auch bezweifelt, daß wir uns mit so etwas befassen», sagte Ryan so lässig wie möglich und dachte: Scheiße! Auch du, Richter? «Wenn ich also einen Anruf aus dem Kapitol bekomme, sage ich das, klar?»

Moore lächelte beim Aufstehen. «Sie werden sich an den Umgang mit diesen Leuten gewöhnen müssen, Jack. Leicht ist das nicht, aber Sie werden feststellen, daß sie mitspielen – besser als Fowler und seine Leute, wie ich heute früh hörte.»

«Die Begegnung hätte positiver verlaufen können», räumte Ryan ein. «Wie ich erfuhr, übernahm der Admiral die letzte. Ich hätte mich wohl länger von ihm beraten lassen sollen, ehe ich abflog.»

«Perfektion wird von Ihnen nicht erwartet, Jack.»

«Das ist mir ein Trost, Sir.»

«So, und ich muß jetzt meine Maschine nach Kalifornien erwischen.»

«Guten Flug, Richter», sagte Ryan beim Hinausgehen. Erst als er sein Büro betreten und die Tür hinter sich geschlossen hatte, legte er die Selbstbeherrschung ab.

«Mein Gott», sagte er leise. Eine simple Lüge von Richter Moore hätte er noch hingenommen. Diese Lüge aber war vorsichtig formuliert und vorausgeplant, einstudiert gewesen.

Autobomben haben wir keine gelegt.

Nein, ihr habt sie von der Navy abwerfen lassen.

Gut, Jack. Was machst du jetzt?

Er hatte keine Ahnung, aber auch den ganzen Tag Zeit, sich den Kopf darüber zu zerbrechen.

In der Morgendämmerung des Montags wurden die letzten Zweifel zerstreut. Die Truppen in den Bergen waren nicht abgezogen, sondern hatten die Nacht in ihrem eigenen Lager einige Kilometer weiter südlich verbracht. Chavez hörte sie herumtrampeln, vernahm sogar einen Schuß. Auf ein Mitglied seines Zuges war er jedoch nicht gezielt gewesen. Entweder hatte jemand auf ein Reh geballert, oder der Schuß hatte sich aus Versehen gelöst. Wie auch immer –, das Geräusch war ominös.

Der Zug hatte eine enge Verteidigungsstellung eingenommen. Deckung und Tarnung waren gut, ihre Position unauffällig. Sie hatten ihre Feldflaschen unterwegs gefüllt und waren nun weit von einer Trinkwasserquelle entfernt; wer Soldaten jagte, würde sie in der Nähe einer solchen suchen. Auch auf einer Anhöhe würde man sie vermuten, aber dieser Platz hier war fast genauso günstig. Der Hang über ihnen war dicht bewaldet und daher nicht geräuschlos zu begehen. Der Gegenhang war tückisch: Andere Pfade zu ihrem Aussichtspunkt konnten sie überblicken. Ramirez hatte ein gutes Auge fürs Terrain. Im Augenblick hatten sie den Auftrag, Kontakt nach Möglichkeit zu vermeiden und nur im äußersten Notfall kurz und hart zuzuschlagen und sich dann abzusetzen. Chavez und seine Kameraden waren nun nicht mehr die einzigen Jäger in diesen Wäldern. Keiner hätte zugegeben, daß er Angst hatte, aber sie waren nun doppelt so vorsichtig.

Chavez befand sich außerhalb des Sicherheitsrings auf einem Horch- und Beobachtungsposten, von dem aus er einen guten Überblick über den wahrscheinlichen Anmarschweg des Gegners hatte. Guerra war bei ihm. Die beiden MG hatte Ramirez dicht beim Zug in Stellung gebracht.

«Vielleicht verschwinden sie einfach wieder», dachte Ding laut.

Guerra schnaubte. «Nee, denen haben wir zu oft eins in die Fresse gegeben. Was wir jetzt brauchen, ist ein tiefes Loch zum Verstecken.»

«Sieht aus, als machten die Mittagspause. Wie lange wohl?»

«Es hört sich auch so an, als würden sie den Wald durchkämmen. Wenn ich recht habe, tauchen sie da drüben auf, latschen durch diesen kleinen Einschnitt und klettern direkt zu uns hoch.»

«Da!» Guerra wies auf einen Waldrand.

«Ich hab sie.» Chavez setzte das Fernglas an und sah zwei Männer, zu denen sich gleich darauf sechs weitere gesellten. Selbst über die Distanz war zu erkennen, daß sie außer Atem waren. Ein Mann blieb stehen und trank aus einer Flasche – und zwar ganz ungedeckt, so als wollte er unbedingt ein Ziel abgeben. Was war das für ein Gesindel? Bewaffnet war der Trupp mit AK-47.

«Sechs, hier Punkt, over.»

«Hier sechs.»

«Acht – nein, zehn Mann mit AK einen halben Kilometer im Osten und knapp unter Höhe zwei-null-eins. Im Augenblick stehen sie nur herum. Over.»

«In welche Richtung schauen sie? Over.»

«Die gammeln nur rum, Sir. Over.»

«Halten Sie mich auf dem laufenden», befahl Captain Ramirez.

«Roger. Out.» Chavez griff wieder zum Fernglas. Einer wies zur Kuppe. Drei folgten dem Befehl ohne große Begeisterung.

«Die machen schlapp, Paco», meinte Chavez.

«Gut. Vielleicht hauen sie dann ab.»

Der Gegner war in der Tat müde. Die drei ließen sich beim Anstieg Zeit. Als sie endlich oben angelangt waren, brüllten sie nach unten, sie hätten niemanden gesehen. Die anderen standen nur dumm auf der Lichtung herum. Als die drei Kletterer die Hälfte des Rückwegs zurückgelegt hatten, zogen Wolken vor die Sonne, und fast sofort begann es zu regnen. Westlich des Gebirges hatte sich ein starkes Tropengewitter gebildet. Kurz nach dem Regen kamen die ersten Blitze. Einer traf die Kuppe, auf der eben noch die Kletterer gestanden hatten, und hielt sich für einen überraschend langen Sekundenbruchteil, sah aus wie der Finger eines zornigen Gottes. Dann schlug es an anderen Stellen ein, und der Regen wurde stärker. Im Nu reduzierten Regenschleier die Sichtweite auf vierhundert Meter. Chavez und Guerra tauschten einen besorgten Blick. Sie hatten den Auftrag, zu lauschen und Ausschau zu halten, aber nun sahen sie kaum etwas und hörten so gut wie nichts. Schlimmer noch: Sobald sich das Gewitter verzogen hatte, würde der Boden feucht und weich sein; Laub und Zweige raschelten und knackten dann nicht mehr unter den Sohlen. Die hohe Luftfeuchtigkeit schluckte Schall. Die unfähigen Clowns, die sie beobachtet hatten, konnten sich daher dem Vorposten viel weiter nähern, ehe sie bemerkt wurden. Andererseits konnte sich der Zug dann notfalls auch rascher absetzen. Wie immer war die Umwelt neutral, verschaffte nur jenen Vorteile, die sie zu ergreifen wußten, und erlegte manchmal beiden Seiten Handicaps auf.

Im Lauf des Nachmittags fielen mehrere Zentimeter Regen. Einmal schlug der Blitz nur hundert Meter von den beiden Sergeants mit Knall und grellem Licht ein; diese Erfahrung war neu und ebenso furchteinflößend wie Artilleriebeschuß. Danach war es nur noch unangenehm naßkalt, denn die Temperatur fiel auf zehn Grad.

«Ding, sieh mal, vorne links», flüsterte Guerra.

«Scheiße!» Chavez brauchte nicht erst zu fragen, wie die Kerle es geschafft hatten, so dicht heranzukommen. Ihr Gehör war noch von dem Donnerschlag beeinträchtigt, und der Boden war durchweicht. Keine zweihundert Meter von ihnen entfernt standen zwei Männer.

«Sechs, hier Punkt. Zwei Gegner zweihundert Meter südöstlich von uns», meldete Guerra seinem Captain. «Bereithalten, over.»

«Roger, wir halten uns bereit», bestätigte Ramirez. «Ruhe bewahren, Paco.»

Guerra drückte zur Antwort auf den Sendeknopf.

Chavez brachte ganz langsam seine Waffe in Feuerstellung und ließ sie gesichert, legte aber den Daumen auf den Sicherungshebel. Er wußte, daß sie so gut wie unsichtbar waren, getarnt von Stauden und jungen Bäumen. Jeder Mann trug Kriegsbemalung und war selbst aus fünfzig Meter Entfernung nicht von der Umgebung zu unterscheiden. Sie mußten stillhalten, denn das menschliche Auge nimmt Bewegung sofort wahr; doch solange sie das taten, waren sie nicht auszumachen. Hier wurde praktisch demonstriert, warum die Army solchen Wert auf Disziplin legt. Die beiden Sergeants hätten nun lieber ihre Camouflage-Kampfanzüge getragen, aber es war zu spät, sich darüber Sorgen zu machen, und ihre Khakiuniformen waren ohnehin schlammverschmiert. Auf eine unausgesprochene Abmachung hin konzentrierte sich jeder auf einen Sektor; auf diese Weise brauchten sie die Köpfe so gut wie nicht zu wenden. Nur wenn es unbedingt erforderlich war, verständigten sie sich flüsternd.

«Ich hör was hinter uns», zischelte Chavez zehn Minuten später.

«Sieh besser mal nach», erwiderte Guerra.

Ding drehte sich ganz langsam um. «Verflucht.» Mehrere Männer rollten Schlafsäcke auf dem Boden aus. «Die richten sich für die Nacht ein.»

Nun war klar, was sich zugetragen hatte. Der Gegner hatte weiter das Gelände durchkämmt und dann beschlossen, ausgerechnet um ihren Beobachtungsposten herum sein Nachtquartier aufzuschlagen. Nun konnten sie über zwanzig Mann sehen und hören.

«Das wird eine angenehme Nacht», flüsterte Guerra.

«Und ich muß ausgerechnet pissen», versetzte Ding und sah zum Himmel. Es tröpfelte nur noch, aber die Bewölkung war noch immer dicht. Es würde heute früher dunkel werden, in zwei Stunden vielleicht.

Der Feind hatte sich in drei Gruppen aufgespalten, was nicht dumm war. Andererseits zündete jede Gruppe ein Lagerfeuer an, und das war ein Fehler. Außerdem waren die Männer laut und unterhielten sich, als säßen sie in ihrem Dorf in einer *cantina*. Glück für Chavez und Guerra, denn nun waren sie in der Lage, ihr Funkgerät noch einmal zu benutzen.

«Sechs, hier Punkt, over.»

«Hier sechs.»

«Der Gegner hat sein Lager um uns herum aufgeschlagen», meldete Chavez, «uns aber noch nicht bemerkt.»

«Was haben Sie vor?»

«Wir unternehmen erst mal nichts. Vielleicht können wir verschwinden, wenn es dunkel ist. Wir sagen dann Bescheid.»

«Roger. Out.»

«So einfach verschwinden?» wisperte Guerra.

«Kein Grund, ihn in Panik zu versetzen, Paco.»

«He, *'mano*, mir geht der Arsch auf Grundeis.»

«Das hilft dir auch nicht weiter.»

Noch immer keine Antworten auf seine Fragen. Ryan verließ nach einem scheinbar normalen Arbeitstag, in dessen Verlauf er Korrespondenz und Berichte aufgearbeitet hatte, sein Büro. Viel erledigt hatte er allerdings nicht, denn zu viele Gedanken hatten sich aufgedrängt und seine Konzentration gestört.

Er wies seinen Chauffeur an, ihn nach Bethesda zu fahren. Er hatte sich zwar nicht angemeldet, doch das war nicht ungewöhnlich. Die VIP-Suite im Krankenhaus wurde zwar nach wie vor scharf bewacht, aber die Beamten kannten Ryan alle. Der Mann an der Tür schüttelte traurig den Kopf, als er nach der Klinke griff. Ryan verstand das Signal und hielt inne, um sich vor dem Eintreten zu sammeln. Greer sollte seinen Besuchern nicht am Gesicht ansehen, wie schockiert sie waren. Aber was Ryan nun empfand, war ein Schock.

Greer wog nun keine fünfzig Kilo mehr und sah aus wie eine Vogelscheuche: der Mann, der einmal ein Schiff und im Dienst seines Landes Männer geführt hatte. Mit ihm starb eine ganze Ära, und ein Verhaltenskodex dazu. Jack setzte sich ans Bett und winkte den Sicherheitsbeamten hinaus.

«Tag, Chef.»

Er schlug die Augen auf.

Und was sage ich jetzt? fragte sich Ryan. Soll ich ihn fragen, wie es ihm geht? Sagt man so etwas zu einem Sterbenden?

«Wie war die Reise, Jack?» Die Stimme klang schwach.

«In Belgien lief alles gut. Alle lassen grüßen. Am Freitag war ich bei Fowler.»

«Was halten Sie von ihm?»

«Was die Außenpolitik angeht, hat er etwas Nachhilfe nötig.»

Ein Lächeln. «Finde ich auch. Aber schöne Reden hält er.»

«Mit seiner Assistentin Elliot habe ich mich gleich überworfen. Widerliches Weib. Wenn ihr Chef gewinnt, sagt sie, fliege ich raus.» Das hätte Ryan nicht sagen sollen. Greer versuchte erfolglos, sich zu bewegen.

«Dann suchen Sie sie auf und versöhnen sich mit ihr, auch wenn Sie ihr hinten reinkriechen müssen. Wann lernen Sie irischer Klotz eigentlich einmal Flexibilität? Fragen Sie doch mal Basil, was er von den Leuten hält, für die er arbeiten muß. Sie haben dem Land zu dienen, Jack, und nicht den Leuten, die Sie zufällig mögen.» Das hatte gesessen.

«Jawohl, Sir, Sie haben recht. Ich muß noch viel lernen.»

«Tun Sie das rasch, Junge. Viele Lektionen kann ich nicht mehr erteilen.»

«Sagen Sie das nicht, Admiral.» Das kam heraus wie das Flehen eines Kindes.

«Meine Zeit ist gekommen, Jack. Männer, mit denen ich gedient habe, starben bei Savo oder im Golf von Leyte oder sonstwo auf See. Ich hatte zwar mehr Glück als sie, aber jetzt bin auch ich dran. Und nun möchte ich, daß Sie meinen Posten übernehmen.»

«Ich brauche Ihren Rat, Admiral.»

«Geht es um Kolumbien?»

«Ich verzichte darauf, Sie zu fragen, woher Sie das wissen.»

«Wenn ein Mann wie Moore einem nicht in die Augen schaut, weiß man, daß etwas nicht stimmt. Er war Samstag hier und wollte mich nicht direkt ansehen.»

«Und mich hat er heute angelogen.» Ryan gab wieder, was er wußte, vermutete und fürchtete.

«Und jetzt soll ich Ihnen sagen, was Sie zu tun haben?» fragte Greer.

«Einen Rat könnte ich schon gebrauchen, Admiral.»

«Unsinn, Jack. Sie sind clever genug und haben alle Kontakte, die Sie brauchen. Und Sie wissen, was Recht ist.»

«Aber die ...»

«Die Politik? Diese Scheiße!» Fast hatte Greer gelacht. «Jack, wenn man so daliegt wie ich, dann denkt man an die Dinge, die man hätte besser machen, an die Leute, die man hätte besser behandeln können, und dankt dem Schöpfer, daß man nicht noch mehr Fehler gemacht hat. Aber

Ehrlichkeit bereut man nie, Jack, auch wenn dabei Menschen vor den Kopf gestoßen wurden. Als Sie bei den Marines Lieutenant wurden, mußten Sie einen Eid ablegen. Ich verstehe nun den Sinn dieser Formel. Sie ist keine Bedrohung, sondern eine Hilfe. Sie zeigt uns, wie wichtig unser Ehrenwort ist. Ideen sind wichtig, Prinzipien sind wichtig, aber am wichtigsten ist unser Wort. Und das ist meine letzte Lektion, Jack. Von nun an sind Sie auf sich selbst gestellt.»

Er machte eine Pause. Jack sah, daß der Schmerz den Nebel der Medikamente zu durchdringen begann. «Sie haben Familie, Jack. Gehen Sie heim und sagen Sie ihr einen schönen Gruß von mir. Richten Sie ihr aus, sie könnte auf ihren Vater stolz sein. Gute Nacht, Jack.» Greer schlief ein.

Jack blieb mehrere Minuten lang sitzen. Es dauerte lange, bis er sich wieder im Griff hatte. Er wischte sich die Tränen ab und verließ das Zimmer. Draußen begegnete er dem Arzt und stellte sich vor.

«Lange hat er nicht mehr zu leben. Ein knappe Woche vielleicht. Bedaure, aber es bestand von Anfang an nicht viel Hoffnung.»

«Sorgen Sie dafür, daß er keine Schmerzen hat», sagte Ryan leise.

«Das tun wir», erwiderte der Onkologe. «Aus diesem Grund schläft er auch meistens. Wenn er wach ist, kann man sich gut mit ihm unterhalten. Ich mag den alten Herrn.» Der Arzt war es zwar gewohnt, Patienten zu verlieren, aber es traf ihn immer noch. «In ein paar Jahren hätten wir ihn vielleicht retten können, aber der Fortschritt geht nicht schnell genug.»

Ryan bedankte sich, fuhr mit dem Aufzug hinunter ins Erdgeschoß und wies seinen Chauffeur an, ihn nach Hause zu bringen. Jack wußte immer noch nicht genau, was zu tun war, war aber nun sicher, was er erreichen wollte. Er hatte einem Sterbenden stumm etwas versprochen, und kein Versprechen konnte wichtiger sein als dieses.

Die Wolken rissen auf, bald würde der Mond scheinen. Es war soweit. Der Feind hatte Wachposten aufgestellt. Die Feuer brannten zwar noch, aber die Unterhaltungen waren verklungen, als die erschöpften Männer einschliefen.

«Wir gehen ganz normal», sagte Chavez. «Wenn uns jemand schleichen oder robben sieht, weiß er sofort, daß wir Feinde sind. Gehen wir, denkt er vielleicht, wir gehörten dazu.»

«Klingt vernünftig», stimmte Guerra zu.

Die beiden Männer hängten sich die Waffen um. Ding konte sich darauf verlassen, daß seine MP5 SD2, falls erforderlich, leise tötete.

Guerra zog seine Machete. Die Klinge war geschwärzt. Guerra war besoders geschickt im Umgang mit Klingen, die er unablässig schärfte. Außerdem war er Beidhänder. In der Linken hielt er locker das Buschmesser, seine Rechte lag auf dem Pistolengriff des M-16.

Der Zug war bereits hundert Meter von dem Lager, das sie nun verlassen wollten, in Stellung gegangen, um sie im Notfall zu unterstützen.

«Gut, Ding, du gehst vor.» Guerra hatte zwar einen höheren Rang als Chavez, aber in dieser Situation zählte das Können mehr.

Chavez ging bergab und blieb so lange wie möglich in Deckung. Dann wandte er sich nach links. Sein Nachtsichtgerät lag im Versteck des Zuges in seinem Rucksack, denn er hätte eigentlich schon vor Einbruch der Dunkelheit abgelöst werden sollen. Es fehlte ihm nun sehr.

Die Männer bewegten sich so leise, wie sie konnten, wobei der durchweichte Boden von Vorteil war, doch das Unterholz beidseits des Pfades wurde immer dichter. Nur noch drei- oder vierhundert Meter, dann waren sie in Sicherheit, aber diesmal schafften sie es nicht.

Sie benutzten zwar keine Wege, konnten sie aber nicht ganz meiden, und als Chavez und Guerra einen überquerten, erschienen drei Meter von ihnen entfernt zwei Männer.

«Was macht ihr denn da draußen?» fragte einer. Chavez winkte nur freundlich, aber der Mann kam zusammen mit seinem Begleiter näher, um zu sehen, wer da ging. Als er erkannte, daß Ding eine fremde Waffe trug, war es für alle Beteiligten zu spät.

Chavez hatte beide Hände an seiner MP, schwang sie herum und gab einen Schuß ab, der den Mann unterm Kinn traf und ihm das Schädeldach wegriß. Guerra fuhr herum, holte mit der Machete aus, und wie im Film rollte ein Kopf. Dann sprangen er und Chavez auf ihre Opfer zu und fingen sie auf, um Lärm zu vermeiden.

Scheiße! dachte Ding. Nun hatten sie sich verraten. Keine Zeit mehr, die Leichen zu verstecken – sie konnten auf weitere Feinde stoßen. Um den Effekt zu verstärken, suchte er den abgeschlagenen Kopf und legte ihn auf die Brust von Guerras Opfer. Die Botschaft war klar: *Mit uns ist nicht zu spaßen!*

Guerra nickte beifällig, und Chavez ging wieder voran. Zehn Minuten später hörten sie rechts von sich ein Zischen.

«Ich beobachte euch schon seit einer Ewigkeit», sagte *Oso*.

«Alles klar?» flüsterte Ramirez.

«Sind auf zwei gestoßen. Die sind tot», sagte Guerra.

«Dann nichts wie weg, ehe sie sie finden.»

Das sollte ihnen nicht gelingen. Einen Augenblick später hörten sie einen dumpfen Schlag, einen Ruf und Entsetzensschrei, gefolgt von einem Feuerstoß aus einer AK-47, der in die falsche Richtung ging, aber im Umkreis von zwei Kilometern alle Schläfer aufweckte. Die Mitglieder des Zuges schalteten ihre Nachtsichtgeräte ein, um den Weg durchs Unterholz rascher zu finden. Im Lager des Feindes wurde gebrüllt und geflucht. Sie marschierten zwei Stunden lang, ohne Halt zu machen. Nun waren sie die Gejagten.

Es geschah mit ungewöhnlicher Schnelligkeit, hundert Meilen von den Kapverdischen Inseln. Die Kameras des Wettersatelliten hatten das Tief schon seit Tagen auf verschiedenen Lichtfrequenzen beobachtet. Jeder, der über das notwendige Gerät verfügte, konnte die Bilder empfangen, und Schiffe änderten schon den Kurs, um der Schlechtwetterzone auszuweichen. Heiße, trockene Wüstenluft aus Westafrika war vom Wind westwärts getrieben worden, traf überm Atlantik auf feuchte Meeresluft und führte zur Bildung turmhoher Gewitterwolken, die nun zu Hunderten zu verschmelzen begannen. Die Wolken reichten bis hinunter zur Meeresoberfläche und sogen noch mehr warme Luft in große Höhen, was dem bereits kräftigen System weitere Energie zuführte. Als eine Art kritische Masse aus Wärme, Regen und Wolken erreicht war, begann sich das Sturmtief auszubilden. Die Leute beim National Hurricane Center verstanden immer noch nicht, warum so etwas geschah und warum es angesichts der Umstände verhältnismäßig selten vorkam – aber fest stand, daß es wieder einmal soweit war. Der Chefmeteorologe ließ die Satellitenbilder noch einmal rasch vor- und zurücklaufen und sah nun klar. Die Wolken hatten begonnen, sich entgegen dem Uhrzeigersinn um einen bestimmten Punkt zu drehen, und die Kreisbewegung verstärkte und verdichtete das System. Die Bedingungen für die Bildung solcher Stürme waren in diesem Jahr besonders günstig. Wie wunderschön sie auf den Satellitenbildern aussehen, dachte er, fast wie moderne Kunst, gefiederte Wirbel aus zarten Wolkenfetzen. Wenn sie nur nicht so viele Opfer fordern würden ... Und das wird so ein Killerorkan, dachte der Meteorologe. Im Augenblick bezeichnete er ihn noch als Tropentief, aber wenn das System weiter wuchs und an Energie gewann, würde es zum Orkan werden und dann den Namen *Adele* bekommen.

Das einzige, was in Spionagefilmen der Realität entspricht, dachte Clark, sind die Agententreffs in Bars. Bars sind in zivilisierten Ländern nützliche Orte. Dort konnte man sich mit anderen Männern treffen, einen heben und ein unverfängliches Gespräch beginnen, das meist von mieser Musik übertönt wurde. Larson kam eine Minute zu spät und stellte sich neben Clark. In dieser *cantina* gab es keine Barhocker, sondern nur ein Messingrohr an der Theke, auf das man einen Fuß setzen konnte. Larson bestellte ein kolumbianisches Bier, aufs Brauen verstanden sich die Einheimischen nämlich. Die Kolumbianer können überhaupt viel, dachte Clark. Kolumbien könnte ein blühendes Land sein, wenn es das Drogenproblem nicht gäbe, unter dem es litt. Und, es hatte ärger darunter zu leiden als die USA. Die Regierung von Kolumbien führte einen Krieg gegen die Narcos, den sie zu verlieren drohte – anders als Amerika. Wirklich anders als Amerika? fragte sich der CIA-Offizier. Klar, wir sind ja so viel besser dran.

«Nun?» fragte er, als der Wirt ans andere Ende der Theke gegangen war.

Larson antwortete leise in Spanisch. «Kein Zweifel, die Zahl der Truppen, die die Bosse auf den Straßen haben, hat sich gewaltig reduziert.»

«Wo stecken sie?»

«Im Südwesten, hat mir jemand gesagt. Man spricht von einem Jagdausflug in die Berge.»

«Du lieber Himmel», murmelte Clark.

«Wieso? Was ist los?»

«Tja, da sind rund vierzig Soldaten der leichten Infanterie im Einsatz...» Clark erklärte mehrere Minuten lang die Lage.

«Wir haben eine Invasion gestartet?» Larson starrte auf die Theke. «Welcher Irre hat sich das einfallen lassen?»

«Jemand, für den wir beide arbeiten.»

«Verdammt, wir dürfen diese Männer nicht im Stich lassen!»

«Gut, dann fliegen Sie nach Washington und sagen dem DDO Bescheid. Wenn Ritter noch bei Verstand ist, zieht er die Truppe ab, ehe jemandem etwas passiert.» Clark wandte sich ab. Er dachte einen Augenblick angestrengt nach und fand manche seiner Einfälle bestürzend. Er konnte sich einer Mission für Corps 1 entsinnen, bei der... «Sollen wir beide uns morgen mal in der Gegend umsehen?»

«Sie wollen mich anscheinend unbedingt auffliegen lassen», wandte Larson ein.

«Haben Sie ein Versteck für den Fall, daß etwas schiefgeht?»

Larson schnaubte. «Versteht sich doch von selbst.»

«Und Ihre Freundin?»

«Auch für sie ist gesorgt, und ich bin hier ohnehin fertig.»

«Wir wollen versuchen, das noch einmal als geologische Expedition auszugeben, aber danach ist auf meine Ermächtigung hin Ihre Legende aufgeflogen, und Sie kehren nach Washington zurück, um sich einen neuen Auftrag geben zu lassen. Das gilt auch für Ihre Freundin. Das ist ein offizieller Befehl.»

«Ich wußte nicht, daß Sie...»

Clark lächelte. «Sie werden bald feststellen, daß Mr. Ritter und ich eine Übereinkunft getroffen haben. Ich arbeite im Feld, und er läßt mich ungestört handeln.»

«Solche Befugnisse hat doch kein Mensch.» Zur Antwort bekam Larson hochgezogene Brauen und einen wölfischen Blick.

Cortez saß in dem einzigen annehmbaren Raum des Hauses, der für örtliche Verhältnisse geräumigen Küche. Er hatte einen Tisch für seine Funkgeräte und Karten, und auf einem Blatt hielt er die Verluste fest. Bislang hatte er bei kurzen, heftigen und meist lautlosen Gefechten elf Mann verloren – und dabei nichts gewonnen. Seine «Soldaten» im Feld hatten noch zu viel Wut im Bauch, um Angst empfinden zu können, aber das war ihm im großen und ganzen recht. Sein Meßtischblatt steckte in einer Klarsichthülle, auf der er mit einem roten Fettstift Gebiete markierte, in denen Aktivität herrschte. Kontakt hatte es mit zwei, vielleicht auch drei amerikanischen Teams gegeben; das schloß er aus dem Verlust der elf Mann. Und er hoffte, daß er elf Tölpel verloren hatte. Das war natürlich eine relative Einschätzung, denn auf dem Schlachtfeld spielt das Glück immer eine Rolle, aber im allgemeinen lehrt doch die Geschichte, daß die Dummen als erste fallen und daß im Feld eine Art Auslese à la Darwin stattfindet. Er hatte vor abzuwarten, bis rund fünfzig gefallen waren; dann wollte er Verstärkung anfordern und somit das Gefolge der Drogenbarone weiter dezimieren. Dann ein Anruf bei seinem Chef, um zu sagen, er habe zwei oder drei Mitbarone identifiziert, die im Feld ein seltsames Verhalten an den Tag legten; selbstverständlich wußte er schon, wen er zu bezichtigen beabsichtigte. Am Tag darauf würde er dann einen von diesen – auch er stand schon fest – vorwarnen und ihm sagen, sein Chef verhielte sich eigenartig, und er, Cortez, sei schließlich der gesamten Organisation verantwortlich und nicht nur einer Person. Sein Plan sah die Ermordung Escobedos vor. Das war notwendig und nicht unbedingt bedauerlich. Zwei kluge Köpfe des Kartells waren bereits von den Amerikanern getötet worden, und er hatte vor, an der Ausschaltung der beiden verbliebenen Köpfe mitzuwirken. Die überlebenden Drogenbosse würden Cortez brauchen, und er würde als Chef für Sicherheit und Aufklärung einen Sitz am Tisch erhalten; der Rest des Kartells wurde dann nach seinen Vorstellungen umstrukturiert und sicherer gemacht. Binnen eines Jahres würde Cortez Erster unter Gleichen sein; noch ein Jahr, dann stand er an der Spitze. Dazu brauchte er die anderen noch nicht einmal aus dem Weg zu räumen. Escobedo, der zu den Intelligentesten gehörte, war so leicht zu manipulieren gewesen. Die anderen waren wie Kinder und interessierten sich mehr für ihr Geld und ihre teuren Spielzeuge als für das Potential der Organisation. Seine Ideen für die fernere Zukunft waren noch vage. Es war nicht Cortez' Gewohnheit, zehn Schritte vorauszudenken. Vier oder fünf genügten.

Er sah sich die Karten noch einmal an. Bald mußten die Amerikaner die Gefahr erkennen, die von seiner Operation ausging, und reagieren. Er öffnete seinen Aktenkoffer und verglich die Luftaufnahmen mit den Karten. Er wußte nun, daß die Amerikaner vermutlich von nur einem Hubschrauber eingeflogen worden waren und versorgt wurden. Ein tollkühner Zug, der schon an Dummheit grenzte. Hatten die Amerikaner denn nicht in den Wüsten des Iran gelernt, wie unzuverlässig Hubschrauber sind? Er mußte ihre Landezonen identifizieren ... oder?

Cortez schloß die Augen und zwang sich, zu den Grundprinzipien zurückzukehren. Eine echte Gefahr bei solchen Operationen war, daß man sich in Details verstrickte und den Überblick über die Gesamtlage verlor. Vielleicht gab es noch einen anderen Weg. Einmal hatten die Amerikaner ihm schon geholfen. Würden sie das noch einmal tun? Wie war das zu bewerkstelligen? Wie konnte er ihnen helfen, wie schaden? Was konnten sie für ihn tun? Genug Stoff zum Nachdenken in einer schlaflosen Nacht.

Schlechte Witterung hatte sie in der vergangenen Nacht gezwungen, den Probelauf des neuen Triebwerks zu verschieben, und aus dem gleichen Grund mußten sie auch in dieser Nacht bis drei Uhr früh warten. Ohne direkten Befehl von ganz oben durfte sich der Pave Low unter keinen Umständen bei Tageslicht sehen lassen.

Nachdem ein Schlepper den Hubschrauber aus dem Hangar gezogen hatte, wurden die Rotorflügel aufgeklappt und arretiert; dann startete man die Triebwerke. PJ und Captain Willis gaben mehr Leistung, Sergeant Zimmer saß an der Konsole des Bordingenieurs. Sie rollten ohne Zwischenfälle zur Startbahn und hoben schwankend senkrecht ab.

Es war schwer zu sagen, was zuerst passierte. Ein scheußliches Kreischen drang durch die Schaumisolierung des Helms in die Ohren des Piloten. Eine Millisekunde später rief Zimmer viel zu laut eine Warnung über die Bordsprechanlage. Colonel Johns schaute sofort aufs Armaturenbrett und stellte fest, daß alle Instrumente für Triebwerk 1 abnormale Werte anzeigten. Willis und Zimmer stellten beide das Triebwerk ab, während Johns den Hubschrauber herumriß und dankbar war, daß sie sich nur knapp zwei Meter überm Boden befanden. Weniger als drei Sekunden später war er gelandet und fuhr das andere Triebwerk auf Leerlaufdrehzahl herunter.

«Nun?»

«Das neue Triebwerk, Sir», meldete Zimmer. «Flog einfach auseinander. Sieht aus wie Totalversagen des Kompressors. Klang noch schlimmer als das. Ich muß nachsehen, ob dabei andere Komponenten beschädigt wurden.»

«Hatten Sie Probleme beim Einbau?»

«Nein. Alles verlief wie im Handbuch vorgeschrieben. Das passiert bei dieser Serie von Triebwerken schon zum zweiten Mal, Sir. Der Hersteller hat bei diesen neuen Turbinenschaufeln Murks gebaut. Damit ist die ganze Serie außer Dienst, bis wir den Fehler gefunden haben. Also Startverbot für alle Maschinen mit diesem Triebwerk bei Navy, Army und bei uns.» Die Turbinenschaufeln des Kompressors in diesem neuen Triebwerk bestanden nicht aus Stahl, sondern aus einem keramischen Werkstoff. Der war leichter – man konnte also mehr Treibstoff mitführen – und billiger – es konnten also mehr Maschinen gekauft werden – als das alte Modell. Tests beim Hersteller hatten ergeben, daß die neuen Schaufeln ebenso zuverlässig waren wie die alten –, aber nach der Indienststellung hatte es ganz anders ausgesehen. Das erste Versagen hatte man auf einen angesaugten Vogel geschoben, dann aber waren zwei Hubschrauber mit diesen Triebwerken auf See verlorengegangen. Zimmer hatte recht. Jede Maschine mit diesem Triebwerk sollte Startverbot erhalten, bis der Fehler identifiziert und behoben war.

«Ist ja großartig, Buck», sagte Johns. «Und die andere Ersatzmaschine, die wir mitgebracht haben?»

«Riskant», meinte Zimmer. «Wir können uns ein generalüberholtes Triebwerk des alten Modells schicken lassen.»

«Was meinen Sie?»

«Ich bin für AT. Vielleicht können wir auch aus einer anderen Maschine in Hurlburt ein Triebwerk rausreißen lassen.»

«Hängen Sie sich ans Telefon, sobald das hier abgekühlt ist», befahl der Colonel. «Ich will *zwei* einwandfreie Triebwerke haben, und zwar so rasch wie möglich.»

«Jawohl, Sir.» Die Crew tauschte Blicke und dachte dabei an eine andere Frage. Was wurde nun aus den Leuten, die sie versorgen sollten?

Er hieß Esteves und war Staff Sergeant, Besoldungsgruppe 11-B, US-Army. Vor dem Beginn dieser Operation hatte auch er der Aufklärungseinheit des 5. Bataillons, 14. Infanterieregiment, 1. Brigade der Infanteriedivision (Light) «Tropenblitz» angehört, stationiert in Schofield Barracks auf Hawaii. Esteves war jung, zäh und stolz wie alle anderen Soldaten der Operation SHOWBOAT, aber im Augenblick auch erschöpft und frustriert. Und krank; er mußte etwas Falsches gegessen oder getrunken haben. Er nahm sich vor, sich bei nächster Gelegenheit vom Sanitäter Pillen geben zu lassen, aber im Augenblick rumorte es in seinem Magen, und seine Arme waren beängstigend schwach. Sie waren siebenundzwanzig Minuten nach Team MESSER abgesetzt worden, hatten aber nach der Zerstörung des kleinen Flugplatzes keine Feindberührung gehabt. Sechs Verarbeitungsplätze hatten sie gefunden, vier davon erst kürzlich benutzt, aber alle verlassen. Auch Esteves wollte einen Erfolg erzielen, wie es die anderen Teams seiner Ansicht nach sicherlich taten. Wie Chavez war auch er in einem von Banden beherrschten Viertel aufgewachsen und war, anders als Chavez, lange Mitglied gewesen, bis das Schicksal ihn eines Tages aufgerüttelt und zur Army verschlagen hatte. Anders als Chavez hatte er einmal Drogen genommen, bis seine Schwester an einer Überdosis Heroin gestorben war. Er war selbst dabei gewesen und hatte mit ansehen müssen, wie sie einfach zu leben aufhörte, als hätte jemand einen Stecker herausgezogen. Am nächsten Tag hatte er den Dealer ausfindig gemacht und war zur Armee geflohen, um der Mordanklage zu entkommen, ohne jedoch zu ahnen, daß aus ihm ein Berufssoldat werden würde, ohne auch nur davon zu träumen, daß es im Leben außer der Sozialhilfe und Kleingeld fürs Autowaschen noch wirkliche Chancen gab. Er hatte die Gelegenheit, sich an dem Gesindel, das seine Schwester getötet und sein Volk versklavt hatte, zu rächen, beim Schopf gepackt, bisher aber noch niemanden getötet, noch keinen Punkt erzielt.

Endlich, dachte er. Einen halben Kilometer weiter leuchtete Feuerschein. Er verständigte seinen Captain, wie es sich gehörte, wartete ab, bis sich der Zug zu zwei Teams formiert hatte, und ging dann vor, um die zehn Männer, die da ihren idiotischen Tanz in der Säure vollführten, auszulöschen. Gespannt und erschöpft wie er war, blieb doch die Disziplin der entscheidende Faktor seines Handelns. Er führte zwei andere Männer in eine gute Feuerschutzposition; der Captain leitete derweil den Sturmverband. Und dann erkannte er, daß hier etwas anders war.

Er sah keine Badewanne und keine Rucksäcke voller Blätter, sondern fünfzehn bewaffnete Männer. Sofort gab er über Funk das Signal für Gefahr, erhielt aber keine Antwort. Er hatte nicht gemerkt, daß die Antenne seines Funkgeräts kurz zuvor einen Ast gestreift hatte und abgebrochen war. Nun blieb er unschlüssig stehen und schaute sich um, und die beiden Soldaten an seiner Seite fragten sich, was eigentlich los sei. Und da bekam er wieder einen Magenkrampf, krümmte sich, stolperte über eine Wurzel und ließ die Waffe fallen. Sie ging zwar nicht los, doch der Schaft prallte so hart auf, daß der Bolzen mit einem Klicken einschnappte. Und in diesem Augenblick sah er sechs Meter von sich entfernt einen Mann, den er bislang noch nicht entdeckt hatte.

Der Mann war wach und massierte seine schmerzenden Waden. Das Geräusch schreckte ihn auf. Er war passionierter Jäger und reagierte zunächst ungläubig. Wie konnte jemand hier draußen im Urwald sein? Er stellte sicher, daß keiner seiner Kameraden über seinen Vorposten hinaus vorgedrungen war. Das Geräusch hatte ein Mensch erzeugt, und zwar mit einer Waffe. Man hatte sein Team bereits vor Fremden gewarnt, die bereits mehrere Männer, die ausgeschickt worden waren, um sie zu töten, getötet hatten –, und das machte diesem Mann Sorgen. Das jähe Geräusch hatte ihn erst erschreckt; nun aber bekam er Angst. Er drehte seine Waffe nach links und schoß das ganze Magazin leer. Vier Kugeln trafen Esteves, der langsam genug starb, um noch laut sein Schicksal verfluchen zu können. Seine beiden Kameraden belegten die Stelle, von der geschossen worden war, mit Feuer und töteten den Schützen. Inzwischen waren die Männer am Feuer aufgesprungen und rannten los, aber der Sturmtrupp war noch nicht in Stellung. Die Reaktion des Captains auf den Lärm war logisch. Sein Vorausteam war in einen Hinterhalt geraten, und er mußte nun einen Entlastungsangriff auf das Angriffsziel starten. Die MG-Schützen begannen, das feindliche Lager zu beschießen, und mußten bald feststellen, daß noch mehr Gegner in der Nähe waren. Auf das MG-Feuer hin rannten die meisten vom Feuer weg und Hals über Kopf dem heraneilenden Sturmtrupp entgegen.

Hätte es einen formellen Bericht über das Gefecht gegeben, wäre der erste Kommentar gewesen, daß beide Seiten die Übersicht und die Kontrolle verloren hatten. Der Captain des Zuges handelte überstürzt, führte von vorne, anstatt sich zurückzuhalten und nachzudenken; er fiel als einer der ersten. Der Zug war nun führerlos, wußte es aber noch nicht. Zwar war die Tapferkeit der Soldaten ungemindert, aber Soldaten sind in erster Linie Mitglieder eines Teams, dessen Gesamtstärke größer ist als die Summe seiner Einzelteile. Da nun die Führung fehlte, verfielen sie auf das, was sie in der Ausbildung gelernt hatten, aber Dunkelheit und Lärm stifteten Verwirrung. Die beiden Verbände waren nun vermischt, und die mangelhafte Führung und Ausbildung der Kolumbianer verlor in dieser Schlacht zwischen Individuen auf der einen und Paaren auf der anderen Seite an Bedeutung. Der Kampf dauerte fünf wirre und blutige Minuten. Die Paare «siegten», töteten mit Effizienz und Hingabe und zogen sich dann robbend zurück, um nach einer Weile aufzustehen und im Laufschritt zu ihrem Sammelpunkt zurückzukehren. Die überlebenden Feinde schossen weiter – größtenteils aufeinander. Nur fünf Mitglieder des Zuges schafften es bis zum Sammelpunkt – drei vom Sturmtrupp und Esteves' zwei Kameraden. Die Hälfte des Zuges war gefallen, einschließlich des Captains, des Sanitäters und des Funkers. Noch immer wußten die Soldaten nicht, an wen sie da geraten waren; man hatte versäumt, sie vor der Operation des Kartells gegen sie zu warnen. Doch was sie wußten, war schon schlimm genug. Sie marschierten zurück zu ihrem Lager, nahmen ihre Tornister auf und zogen weiter.

Die Kolumbianer waren nun dümmer und klüger zugleich. Sie wußten, daß sie fünf Amerikaner getötet – Esteves' Leiche war noch nicht gefunden worden – und sechsundzwanzig Mann verloren hatten, die zum Teil im eigenen Feuer gefallen waren. Sie wußten nicht, wie stark der Gegner gewesen war, wie viele Feinde entkommen waren und mit wem sie es überhaupt zu tun gehabt hatten. Es waren zwar vorwiegend amerikanische Waffen gefunden worden, aber das M-16 ist in ganz Südamerika verbreitet. Fest stand für sie wie auch für die Männer, die sie vertrieben hatten, daß etwas Schreckliches passiert war. Nun setzten sie sich in Gruppen hin, übergaben sich, erfuhren den Schock nach dem Gefecht und hatten zum ersten Mal zu lernen, daß der Besitz einer automatischen Waffe einen allein noch nicht zum Gott macht. Der Schock wich allmählich wilder Wut, als sie ihre Toten einsammelten.

Das Team BANNER – oder das, was von ihm übriggeblieben war – konnte sich diesen Luxus nicht leisten. Ihnen blieb noch nicht einmal

Zeit zu Spekulationen über die Frage, wer nun gewonnen oder verloren hatte. Alle hatten gelernt, was ein Feuergefecht bedeutet. Jemand hätte sie darauf hinweisen können, daß die Welt nicht vom Prinzip der Vorherbestimmung beherrscht wird, aber die fünf Männer von BANNER trösteten sich resigniert mit der Erkenntnis, daß Scheiße eben vorkommt.

24

Grundregeln

Clark und Larson brachen lange vor der Morgendämmerung mit ihrem geliehenen Subaru-Geländewagen nach Süden auf. Zwischen den Vordersitzen lag ein Aktenkoffer, hinten standen zwei Kisten voller Steine, unter denen Clark zwei Beretta Automatic versteckt hatte. In die Läufe der Pistolen waren für Schalldämpfer Gewinde gefräst worden. Es war eigentlich eine Schande, die Waffen so zu mißhandeln, aber beide Männer beabsichtigten nicht, sie nach Abschluß der Operation mitzunehmen –, und sie hofften auch inbrünstig, sie nicht gebrauchen zu müssen.

«Wonach suchen wir eigentlich?» fragte Larson, nachdem sie eine Stunde lang schweigend gefahren waren.

«Ich hatte gehofft, Sie könnten sich das denken. Es geht um etwas Ungewöhnliches.»

«Bewaffnete sind hier kein ungewöhnlicher Anblick, falls Ihnen das noch nicht aufgefallen sein sollte.»

«Organisierte Aktivität auch nicht?»

«Auch das nicht, aber das sollte uns zu denken geben. Mit militärischer Aktivität brauchen wir kaum zu rechnen», meinte Larson.

«Warum nicht?»

«Im Radio hieß es, Guerillas hätten letzte Nacht einen kleinen Armeeposten überfallen. Anscheinend werden M-19 oder FARC wieder aktiv.»

«Cortez», sagte Clark sofort.

«Gut denkbar. Er will die Sicherheitskräfte ablenken.»

«Diesen Burschen werde ich mir vorknöpfen», meinte Clark und schaute auf die Landschaft.

«Und was tun Sie dann?»

«Was glauben Sie denn? Der Kerl war an dem Anschlag auf den Direktor des FBI, den Chef der DEA und ihre Begleitung beteiligt. Der Mann ist ein Terrorist.»

«Wollen Sie ihn nach Amerika bringen?»

«Bin ich etwa Polizist?» versetzte Clark.

«Ich bitte Sie, wir können doch nicht einfach ...»

«Ich schon. Haben Sie die beiden Bomben denn vergessen? Sie waren doch selbst dabei.»

«Das war ...»

«Etwas anderes?» Clark lachte in sich hinein. «Das sagen sie immer.»

«Wir sind doch nicht im Film!» gab Larson erbost zurück.

«Carlos, wenn Hollywood die Sache inszeniert hätte, wären Sie eine Blonde mit dicken Titten. Hören Sie, ich war schon in diesem Geschäft, als Sie noch mit Matchbox-Autos spielten, aber eine Frau habe ich im Einsatz noch nie abgekriegt. Kein einziges Mal. Irgendwie unfair.» Er hätte hinzufügen können, daß er verheiratet und seiner Frau treu war, wollte aber keine Konfusion stiften. Er hatte sein Ziel erreicht. Larson lächelte. Die gespannte Atmosphäre war verflogen.

«Da bin ich Ihnen wohl über, Mr. Clark.»

«Wo ist sie?»

«Bis zum Wochenende pendelt sie nach Europa. Ich habe an drei Stellen eine Nachricht hinterlassen – *die* Nachricht, das Signal zur Flucht. Sowie sie zurück ist, setzt sie sich in die nächste Maschine nach Miami.»

«Sehr gut. Die Operation ist auch so schon kompliziert genug. Wenn alles vorbei ist, heiraten Sie das Mädchen, gründen Sie eine Familie.«

«Daran habe ich auch schon gedacht. Aber ist es denn fair, bei meinem Beruf ...»

«Ihr Beruf ist statistisch gesehen weniger gefährlich als der eines Verkäufers in einer Spirituosenhandlung in einer Großstadt. Diese Leute haben auch alle Familie. Wenn man ganz weit weg im Einsatz ist, hält einen der Gedanke an einen Menschen, der daheim wartet, zusammen. Das können Sie mir glauben.»

«Im Augenblick aber sind wir in einer Gegend, die Sie sich ansehen wollten. Was tun wir jetzt?»

«Fahren wir die Nebenstraßen ab, aber nicht zu schnell.»

Clark kurbelte die Seitenscheibe herunter und schnüffelte. Dann öffnete er den Aktenkoffer und nahm eine Karte heraus. Nun schwieg er eine Zeitlang und machte sich mit der Lage vertraut. Dort oben waren Soldaten, ausgebildete Männer in Feindesland, die gejagt wurden und versuchten, jeglichen Kontakt zu meiden. Er stellte sich auf die Situation ein, indem er sich abwechselnd die Karte und das Terrain ansah. «Wenn ich jetzt bloß das richtige Funkgerät hätte», murmelte er. Das ist deine eigene Schuld, Johnny, dachte er. Du hättest eins verlangen sollen. Du hättest Ritter sagen sollen, daß jemand am Boden mit den Soldaten in Verbindung stehen muß. Die Satellitenverbindung allein reicht nicht.

«Um mit ihnen zu reden?»

«Haben Sie irgendwelche Sicherheitskräfte gesehen?»

«Nein.»

«Na bitte. Mit einem Funkgerät könnte ich die Männer aus den Bergen rufen, auf einen Lkw setzen und zum Flughafen fahren.» Clarks Stimme verriet Frustration.

«Das ist doch Wahnsinn. Verflucht, Sie haben recht.» Langsam dämmerte Larson die Erkenntnis, und es erstaunte ihn, wie falsch er die Lage eingeschätzt hatte.

«Merken Sie sich das: So etwas passiert, wenn eine Operation nicht im Feld, sondern von Washington aus gesteuert wird. Vergessen Sie das nicht; vielleicht werden Sie eines Tages selbst mal eine Operation zu leiten haben. Ritter denkt wie ein Spionagechef und somit ganz anders als ich Frontschwein. Es ist zu lange her, daß er im Außendienst war. Da liegt nämlich der Hase im Pfeffer: Die Bosse in Langley haben vergessen, wie es draußen zugeht, und sie wissen nicht, daß nach anderen Regeln gespielt wird, seit sie ihre toten Briefkästen leerten. Außerdem haben sie eine falsche Vorstellung von dieser Operation. Hier werden keine Informationen gesammelt, hier findet ein Minikrieg statt. Man muß auch wissen, wann mit dem verdeckten Operieren Schluß sein muß.»

«In der ‹Farm› ist so etwas nicht behandelt worden.»

«Wundert mich nicht. Die meisten Ausbilder sind alte ...» Clark hielt inne. «Fahren Sie langsamer.»

«Was ist?»

«Anhalten!»

Larson fuhr an den Rand der Schotterstraße. Clark sprang mit seinem Aktenkoffer aus dem Wagen und nahm den Zündschlüssel mit. Nachdem er die Hecktür aufgeschlossen hatte, warf er Larson den Schlüssel wieder zu. Clark wühlte in einer Kiste mit goldhaltigem Gestein und holte seine Beretta und einen Schalldämpfer heraus. Er trug eine Buschjacke, und die Waffe mit dem Schalldämpfer verschwand unter seinem Gürtel im Kreuz. Dann bedeutete er Larson mit einer Geste, er solle sitzenbleiben und ihm langsam mit dem Wagen folgen. Clark marschierte mit einem Foto und einer Landkarte in der Hand los. Vor ihm machte die Straße eine Biegung; dahinter sah er einen Lastwagen, bei dem bewaffnete Männer standen. Er studierte gerade seine Karte, als sie ihn anriefen, und hob verdutzt den Kopf. Ein Mann machte mit seiner AK-47 eine Bewegung, die ganz eindeutig sagte: Mach, daß du herkommst, sonst knallt's.

Larson fürchtete, gleich in die Hosen zu machen, aber Clark wies ihn an, ihm zu folgen, und ging ganz selbstsicher auf den Lkw zu. Die Ladefläche war mit einer Plane abgedeckt, aber Clark wußte bereits, was sich darunter verbarg. Er hatte es nämlich gerochen und aus diesem Grund Larson anhalten lassen.

«Guten Tag», begrüßte er einen Bewaffneten.

«Sie haben sich den falschen Tag für Ihre Spazierfahrt ausgesucht, mein Freund.»

«Ich weiß, daß Sie hier sind. Ich habe eine Genehmigung.»

«Was? Genehmigung? Von wem denn?»

«Von Señor Escobedo natürlich.»

Das kann doch nicht wahr sein! dachte Larson entsetzt.

«Wer sind Sie?» fragte der Mann erbost und argwöhnisch zugleich.

«Ich bin Prospektor und suche nach Gold. Hier, bitte», erklärte Clark und drehte sein Foto herum. «Dieses Gebiet habe ich markiert, weil ich dort Gold vermute. Selbstverständlich wäre ich niemals ohne Señor Escobedos Erlaubnis hierhergekommen, und ich soll den Männern hier ausrichten, daß ich unter seinem Schutz stehe.»

«Gold... Sie suchen nach Gold?» fragte ein anderer Mann und trat näher. Der erste Mann schien ihm unterstellt zu sein. Clark vermutete, daß er nun mit dem Chef sprach.

«*Si.* Kommen Sie, ich will es Ihnen zeigen.» Clark führte sie zum Geländewagen und nahm zwei Steine aus der Kiste. «Señor Larson ist mein Fahrer. Er machte mich mit Señor Escobedo bekannt. Señor Escobedo ist Ihnen doch ein Begriff, oder?»

Der Mann wußte offensichtlich nicht, was er von der Sache zu halten hatte. Clark sprach ein akzeptables Spanisch mit nur leichtem Akzent und verhielt sich so normal, als erkundigte er sich bei einem Polizisten nach dem Weg.

«Hier, schauen Sie mal», sagte Clark und wies auf einen Stein. «Das ist Gold, vielleicht der größte Fund seit der Zeit der Konquistadores. Señor Escobedo und seine Freunde werden wohl alles Land in der Umgebung kaufen.»

«Davon hat man mir nichts gesagt.»

«Sicher, es ist ja auch geheim. Und ich muß Sie bitten, nichts weiterzusagen, denn sonst bekommen Sie es mit Señor Escobedo zu tun!»

Larson war inzwischen tatsächlich in Gefahr, sich die Hosen naßzumachen.

«Wann geht's weiter?» rief jemand vom Laster.

Clark sah sich um, während die beiden Bewaffneten bemüht waren, zu einer Entscheidung zu kommen. Im Lkw saßen wohl ein Fahrer und ein Beifahrer. Sonst sah oder hörte Clark niemanden. Er ging auf das Fahrzeug zu und sah, was er befürchtet hatte. Unter der Plane ragte die Mündung eines Gewehrs M-16A2 hervor. Clark traf seine Entscheidung in einer Sekunde und war überrascht, wie schnell die alten Gewohnheiten zurückkehrten.

«Stehenbleiben!» rief der Chef.

«Darf ich meine Gesteinsproben auf Ihren Laster laden und zu Señor Escobedo bringen lassen?» fragte Clark, ohne sich umzudrehen. «Er wird sich über meine Funde sicher freuen.»

Die beiden Männer rannten hinter ihm her und ließen dabei ihre Gewehre baumeln. Als sie bis auf drei Meter herangekommen waren, drehte Clark sich um. Dabei griff er mit der Rechten nach der Beretta unter seinem Hosenbund; mit der Linken wedelte er mit der Karte. Niemand war vorbereitet, wie Larson erkannte. Die Bewegung war so elegant...

«Nicht mit diesem Laster, Señor, ich...»

Eine letzte Überraschung. Clark hob die Hand und schoß den Mann in die Stirn. Noch ehe der Anführer gefallen war, hatte eine weitere Kugel den zweiten Mann in die Stirn getroffen. Clark sprang aufs Trittbrett des Lasters, sah, daß nur ein Mann im Führerhaus saß. Auch dieser bekam eine Kugel aus der schallgedämpften Beretta in den Kopf. Inzwischen war Larson ausgestiegen. Als er sich Clark von hinten näherte, wäre er beinahe erschossen worden.

«Tun Sie das bloß nicht noch einmal!» rügte Clark und sicherte seine Pistole.

«Himmel noch mal, ich bin doch nur...»

«In einer solchen Situation meldet man sich, ehe man sich bewegt.

Diese Unterlassung hätte Sie beinahe das Leben gekostet. Lassen Sie sich das eine Lehre sein. Kommen Sie jetzt.» Clark sprang auf die Ladefläche und zog die Plane weg.

Der Kleidung nach zu urteilen waren die meisten Toten Kolumbianer, aber zwei Gesichter kamen Clark irgendwie bekannt vor.

«Captain Rocha», sagte er, auf eine Leiche deutend. «Schade um dich, Junge.»

«Wer ist das?»

«Er befehligte das Team BANNER. Die Scheißkerle haben unsere Leute umgelegt.» Seine Stimme klang sehr müde.

«Sieht aber so aus, als hätten sich unsere Jungs ...»

«Darf ich einmal etwas über Gefechte sagen, junger Mann? Im Feld gibt es zwei Sorten von Menschen: Ihre Leute und die anderen. Die zweite Kategorie kann auch Nichtkombattanten einschließen, denen man nach Möglichkeit nichts zuleide tut, aber wirklich wichtig sind nur die eigenen Leute. Haben Sie ein Taschentuch?»

«Zwei.»

«Her damit, und dann laden Sie diese beiden auf den Laster.»

Clark schraubte den Tankdeckel des Lkw ab, knotete die Taschentücher zusammen und schob den Strang in den Füllstutzen. Da der Treibstoffpegel hoch war, saugte sich der Stoff sofort voll.

«Los, zurück zum Wagen.» Clark schraubte den Schalldämpfer ab und legte die Waffe zurück in die Kiste unter die Gesteinsproben. Dann schloß er die Heckklappe und setzte sich auf den Beifahrersitz. Er drückte den Zigarettenanzünder ein. «Fahren Sie dicht neben den Laster.»

Larson folgte, und als er anhielt, sprang der Anzünder gerade heraus. Clark nahm ihn und hielt ihn an die feuchten Taschentücher, die sofort zu brennen begannen. Larson gab unaufgefordert Gas. Als sie die nächste Kurve erreicht hatten, brannte der Laster lichterloh.

«Zurück in die Stadt, so schnell Sie können», befahl Clark. «Wie kommt man am raschesten nach Panama?»

«Ich könnte Sie in zwei Stunden hinfliegen, aber das würde bedeuten ...»

«Kennen Sie den Funkcode für den Anflug auf einen Luftwaffenstützpunkt?»

«Ja, aber ...»

«Ihre Mission hier ist beendet. Ihre Legende ist aufgeflogen, Sie sind verbrannt», sagte Mr. Clark. «Geben Sie Ihrer Freundin Bescheid. Sie soll gar nicht erst zurückkehren, sondern einfach abheuern, oder wie man bei Fluggesellschaften sonst sagt. Auch sie ist verbrannt. Sie sind beide in großer Gefahr. Jemand kann uns beobachtet haben. Jemand mag mitbekommen haben, daß Sie mich hierherfuhren. Jemandem könnte aufgefallen sein, daß Sie diesen Wagen zweimal gemietet haben. Wahrscheinlich ist das alles nicht, aber in diesem Geschäft wird keiner alt, der unnötige Risiken eingeht. Hauen Sie ab, Sie haben zu dieser Operation nichts mehr beizutragen.»

«Jawohl, Sir.» Erst auf der Landstraße sprach Larson wieder. «Was Sie da getan haben...»

«Ja, und?»

«Sie haben richtig gehandelt. Wir können nicht zulassen, daß diese Leute...»

«Falsch. Sie wissen nicht, warum ich das getan habe, nicht wahr?» fragte Clark. «Sie denken wie ein Mann vom Geheimdienst, aber dies ist keine nachrichtendienstliche Operation mehr. In den Bergen sind Soldaten von uns auf der Flucht und müssen sich verstecken. Was ich getan habe, war nur ein Ablenkungsmanöver. Wenn der Gegner meint, unsere Leute seien aus den Bergen gekommen, um ihre Toten zu rächen, werden sie Kräfte abziehen, um nach ihnen zu suchen; das entlastet unsere Soldaten.» Er hielt kurz inne. «Besonderes Vergnügen empfinde ich dabei nicht. Es trifft mich, wenn unsere Leute fallen, und es wurmt mich, daß ich nichts dagegen tun darf. Das geht schon seit Jahren so, denken Sie nur an den Nahen Osten. Wir verlieren Leute und rühren keinen Finger. Diesmal hatte ich zum ersten Mal seit langem einen Vorwand. Und den habe ich genossen», gestand Clark kalt ein. «Und jetzt halten Sie die Klappe und fahren Sie zu. Ich muß nachdenken.»

Ryan saß in seinem Büro und wälzte noch immer Probleme. Richter Moore fand dauernd einen neuen Vorwand für Dienstreisen, und wenn er nicht verfügbar war, konnte Jack ihm auch keine Fragen stellen. Während Ritters Abwesenheit war Ryan der höchste Beamte und mußte zusätzliche Akten studieren und Anrufe entgegennehmen. Vielleicht konnte er sich das zunutze machen. Eines stand fest: Er mußte unbedingt herausfinden, was gespielt wurde. Unbestreitbar war auch, daß Ritter und Moore selbst Fehler gemacht hatten. Der erste war die Annahme, daß Ryan von nichts wußte. Der zweite war die Vermutung, daß er angesichts seiner relativen Unerfahrenheit nicht zu viel Druck machen würde, selbst wenn er auf etwas stieß. Im Grunde dachten die beiden wie

Bürokraten. Wer sein Leben in einer Behörde verbracht hat, scheut vor Verstößen gegen die Dienstvorschriften zurück. So etwas konnte einen nämlich die Karriere kosten. Jack aber hatte schon lange erwogen, demnächst einmal wieder umzusatteln, und nicht zum ersten Mal. Er war Marinesoldat gewesen, Börsenmakler, Geschichtsdozent und war dann zur CIA gekommen. Er konnte jederzeit zurück an die Universität gehen. Selbst Jeff Pelt hatte ihn gebeten, an der Geschichtsfakultät als Gastdozent für frischen Wind zu sorgen. Jack klebte also nicht an seinem Posten. Und James Greer hatte ihm jeden Rat gegeben, den er brauchte: Tun Sie, was Sie für richtig halten.

Jack betätigte die Sprechanlage. «Nancy, wann ist Mr. Ritter wieder zurück?»

«Morgen früh. Heute trifft er jemanden auf der Farm.»

«Gut, danke. Würden Sie bitte meine Frau anrufen und ihr ausrichten, es würde heute ziemlich spät?»

«Sicher, Dr. Ryan.»

«Danke. So, ich brauche nun den vorläufigen Bericht des OSWR zum Verifizierungsprozeß bei den Mittelstreckenraketen.»

«Dr. Molina ist mit dem Richter in Sunnyvale», erwiderte Nancy. Tom Molina leitete das Office of Strategic Weapons Research, das die Arbeit zweier anderen Behörden auf dem Gebiet der Verifizierung der im INF-Abkommen beschlossenen Abrüstungsmaßnahmen überwachte.

«Ich weiß. Ich wollte mir das Papier nur einmal ansehen, um es dann nach seiner Rückkehr mit ihm zu besprechen.»

«Das wird fünfzehn Minuten dauern.»

«Keine Eile», erwiderte Jack und schaltete das Gerät aus. Das Dokument war überaus komplex und lieferte ihm einen plausiblen Vorwand, länger im Büro zu bleiben. Der Kongreß hatte begonnen, sich an einigen technischen Details des Abbaus der letzten Abschußrampen auf beiden Seiten zu reiben, und Ryan und Molina sollten in der kommenden Woche vor dem zuständigen Ausschuß erscheinen. Jack holte einen Block aus der Schublade und wußte schon, was er tun wollte, wenn Nancy und der Rest des Büropersonals nach Hause gegangen waren.

Cortez war ein sehr scharfsinniger politischer Beobachter – einer der Gründe, aus denen er es in einer so bürokratischen Organisation wie dem DGI schon so früh zum Oberst gebracht hatte. Der kubanische Geheimdienst, aufgebaut nach dem Vorbild des KGB, hatte schon mehr Verwaltungsbeamte und Inspektoren und Sicherheitsoffiziere als die CIA. Trotz aller Vorteile mangelte es den Amerikanern an politischem Willen, denn sie stritten sich unentwegt über Fragen, die eigentlich ganz einfach zu lösen waren. Ein Ausbilder an der Akademie des KGB hatte sie mit dem alten polnischen Parlament verglichen, einer Versammlung von über fünfhundert Baronen, die *alle* einer Meinung sein mußten, ehe etwas geschehen konnte. Auf diese Weise geschah nie etwas, und Polen wurde jedem, der in der Lage war, eine simple Entscheidung zu treffen, ein hilfloses Opfer.

In diesem Fall aber hatten die Amerikaner gehandelt, entschieden und wirkungsvoll. Was hatte sich geändert?

Die Amerikaner hatten ohne Zweifel ihre eigenen Gesetze gebrochen. Sie hatten emotional reagiert – nein, das war unfair, korrigierte sich Felix. Sie hatten energisch auf eine arrogante und direkte Herausforderung reagiert, so wie es die Sowjets auch getan haben würden, wenngleich mit etwas anderen Taktiken. Der einzige emotionale Aspekt war, daß sie die unmögliche Kontrolle, die der Kongreß über die Geheimdienste ausübte, unterlaufen hatten, und das ausgerechnet in einem Wahljahr.

«Aha», sagte Cortez laut. So einfach war das also. Die Amerikaner hatten ihm schon einmal geholfen und würden das auch wieder tun. Er mußte nur das richtige Ziel auswählen. Nach nur zehn Minuten hatte er es gefunden. Ist doch typisch, dachte er, daß ich Oberst bin. In Lateinamerika waren es schon seit Jahrhunderten die Obristen, die solche Aktionen starteten.

Was würde Fidel sagen? Bei diesem Gedanken lachte Cortez laut auf. Sein Leben lang hatte dieser bärtige Ideologe die *norteamericanos* gehaßt wie ein Evangelist die Sünde, sich an jedem kleinen Stich ergötzt, den er ihnen zufügen konnte, dem ahnungslosen Jimmy Carter seine Kriminellen und Geistesgestörten aufgebürdet und jeden denkbaren Trick der Guerilla-Diplomatie gegen sie eingesetzt. An diesem Plan würde er seine Freude haben. Nun mußte er sich nur noch einfallen lassen, wie die Botschaft weiterzugeben war. Das war ein riskantes Spiel, aber bisher hatte er jeden Wurf gewonnen, und die Würfel brannten ihm in der Hand.

Vielleicht war es ein Fehler gewesen, dem Mann seinen Kopf auf die Brust zu legen, vielleicht hatte sie das nur noch mehr in Rage versetzt, dachte Chavez. Auf jeden Fall durchsuchten die Kolumbianer nun mit Begeisterung die Wälder. Noch waren sie Team MESSER nicht auf die Spur gekommen, doch daß es bald zu einem langen, heftigen und entscheidenden Feuergefecht kommen würde, stand für ihn fest.

Nicht aber für Captain Ramirez, der sich nach wie vor an den Befehl hielt, Kontakte zu vermeiden. Die meisten Männer übten daran keine Kritik, wohl aber Chavez – oder, genauer gesagt, er hätte gern Einwand erhoben. Doch Sergeants stellen die Entscheidungen eines Captains normalerweise nicht in Frage. Wenn es also zum Kampf kommt, und so sieht es aus, dachte Chavez, warum brechen wir ihn dann nicht vom Zaun zu Bedingungen, die für uns günstig sind? Zehn gute Männer mit automatischen Waffen, Granaten und zwei MG waren in der Lage, einen formidablen Hinterhalt zu legen. Lenke den Gegner auf unsere Spur, sagte sich Chavez, locke ihn direkt in die Todeszone. Wir haben ja noch zwei Minen. Mit einem bißchen Glück konnten sie in den ersten drei Sekunden zehn bis fünfzehn Mann töten. Der Rest würde die Flucht ergreifen und an eine Verfolgung überhaupt nicht denken. Warum erkannte Ramirez das nicht? Nein, er ließ seine Männer bis zur Erschöpfung marschieren, anstatt sich nach einem guten Platz zum Ausruhen umzusehen, dann einen guten Hinterhalt zu legen, die Sache mit dem Gegner auszumachen, und erst *dann* weiterzuziehen. Manchmal mußte man Vorsicht walten lassen. Aber manchmal mußte man auch kämpfen. «Initiative», das beliebteste Wort in jedem militärischen Handbuch, war das, was derjenige ergriff, der entschieden hatte, welche Maßnahme zu ergreifen war. Chavez wußte das instinktiv. Er hatte den Verdacht, daß Ramirez zu viel nachdachte. Worüber, wußte Chavez nicht, aber die Grübelei seines Captains begann dem Sergeant Sorgen zu machen.

Larson brachte den Geländewagen zurück und fuhr Clark mit seinem eigenen BMW zum Flughafen. Das Auto werde ich vermissen, dachte er, als er zu seinem Flugzeug ging. Clark hatte nur seine geheime beziehungsweise sensitive Ausrüstung dabei, sonst nichts. Er war nicht bei seiner Unterkunft vorbeigefahren, um zu packen, aber die Beretta 92-F mit dem Schalldämpfer steckte wieder in seinem Hosenbund. Er ging ganz gelassen und normal, aber Larson wußte nun, wie Mr. Clark aussah, wenn er angespannt war. Er erschien noch entspannter, noch lässiger, sogar etwas geistesabwesend, um auf die Umgebung harmlos zu wirken. Das ist ein ganz gefährlicher Typ, dachte Larson. Der Pilot ließ die Szene am Lastwagen noch einmal vor seinem inneren Auge ablaufen. Clark hatte die Bewaffneten beruhigt, verwirrt, um Hilfe gebeten – und sie dann kaltblütig erschossen. Larson hatte nicht gewußt, daß es bei der CIA noch Männer dieses Kalibers gab.

Clark kletterte in die Maschine, warf seine Sachen nach hinten und sah ein wenig ungeduldig aus, als Larson seine Flugvorbereitungen traf. Erst als sie in der Luft waren, verhielt er sich wieder normal.

«Wie lange bis Panama?»

«Zwei Stunden.»

«Nehmen Sie so rasch wie möglich Kurs aufs offene Meer.»

«Sind Sie nervös?»

«Nervös macht mich nur, daß Sie am Knüppel sitzen», versetzte Clark und lächelte. «Aber unsere dreißig Jungs da unten machen mir Sorgen.»

Vierzig Minuten später verließen sie den kolumbianischen Luftraum. Über der Bucht von Panama holte Clark seine Ausrüstung vor, stemmte die Tür auf und warf alles ins Meer.

«Darf ich fragen ...»

«Nehmen wir einmal an, daß die ganze Operation schiefgeht. Wie viel Belastungsmaterial soll ich dann bei mir tragen, das später vorm Senat gegen mich verwendet wird?» Clark machte eine Pause. «Diese Gefahr ist natürlich nicht sehr groß, aber was wird, wenn Leute uns mit diesem Zeug sehen und sich fragen, warum wir es herumschleppen?»

«Ach so. Ich verstehe.»

«Immer schön nachdenken, Larson. Selbst Paranoiker haben Feinde, sagte Henry Kissinger. Wenn man oben schon bereit ist, diese Soldaten im Stich zu lassen, was kümmern wir sie dann?»

«Aber... Mr. Ritter...»

«Ich kenne Bob Ritter schon lange. Ich werde ihm ein paar Fragen stellen und sehen, wie er sie beantwortet. Fest steht jedenfalls, daß er uns nicht über Dinge informierte, die wir unbedingt wissen mußten. Aber vielleicht ist auch das wieder die typische Washingtoner Perspektive.»

«Sie glauben doch nicht etwa ...»

«Ich weiß nicht, was ich glauben soll. Rufen Sie Howard», befahl Clark. Es war sinnlos, Larson zu Gedankenspielen anzuregen. Er war noch nicht lange genug bei der CIA, um verstehen zu können, worum es ging.

Der Pilot nickte, schaltete sein Funkgerät auf eine nur selten verwendete Frequenz und begann zu senden.

«Bodenstelle Howard, hier Sonderflug X-Ray Golf Whiskey Delta, erbitte Landeerlaubnis, over.»

«Whiskey Delta, hier Howard. Warten Sie», erwiderte ein Fluglotse, der nun seine Liste der Funkcodes konsultierte. Er wußte zwar nicht, wer XGWD war, fand die Gruppe aber auf seiner «heißen» Liste. CIA, dachte er, oder eine andere Behörde, die Leute schickt, wohin sie nicht gehören. Mehr brauchte er nicht zu wissen. «Whiskey Delta, Sie sind zum Sichtanflug freigegeben. Bodenwind aus eins-neun-fünf, zehn Knoten.»

«Roger, vielen Dank. Out.» Es hat heute also wenigstens eine Sache geklappt, dachte Larson. Zehn Minuten später setzte er die Beechcraft auf und rollte hinter einem Jeep zu einem Abstellplatz an der Rampe. Dort wurden sie von Militärpolizisten erwartet und zum Operationsstab des Luftstützpunktes gebracht. Es wurde gerade eine Alarmübung abgehalten; alles Personal trug Grün und Seitenwaffen.

«Wann geht die nächste Maschine in die Staaten?» fragte Clark einen jungen weiblichen Captain. Sie trug die silbernen Schwingen einer Pilotin an der Kombination; Clark fragte sich, was sie wohl flog.

«Wir haben eine C-141 im Anflug, die dann zurück nach Charleston soll», erwiderte sie. «Aber wenn Sie da mitfliegen wollen, müssen Sie ...»

«Bitte sehen Sie nach, ob Sie in Ihren Operationsanweisungen diesen Namen finden.» Clark reichte ihr seinen auf «J. T. Williams» ausgestellten Paß. «Abteilung SI», fügte er hilfreich hinzu.

Die Frau stand auf und öffnete die oberste Schublade ihres durch zwei Kombinationsschlösser gesicherten Geheimaktenschranks und holte einen rotgeränderten Ringhefter heraus, den sie bis zum letzten Abschnitt durchblätterte. Dies war der Abschnitt «Special Intelligence», der gewisse Gegenstände und Personen identifizierte, die mehr als nur streng geheim waren. Nach nur zwei Sekunden drehte sie sich wieder um.

«Vielen Dank, Colonel Williams. Ihre Maschine geht in zwanzig Minuten. Kann ich sonst noch etwas für Sie tun, Sir?»

«Sorgen Sie dafür, daß in Charleston ein Hubschrauber bereitsteht, der uns nach Washington bringt, Captain. Bedaure, daß wir hier so einfach hereingeschneit kommen. Vielen Dank für Ihre Unterstützung.»

«Gern geschehen, Sir», erwiderte sie und lächelte den höflichen Colonel an.

«Sie sind Colonel?» fragte Larson draußen.

«Jawohl, Spezialoperationen. Nicht schlecht für einen abgehalfterten alten Oberbootsmannsmaat, was?» Ein Jeep brachte sie in fünf Minuten zu dem Lockheed Starlifter. Der tunnelähnliche Laderaum war leer. Dies war ein Reserveflug der Luftwaffe, wie der Lademeister erklärte. Sie lieferten hier Fracht ab und flogen dann sofort leer wieder zurück. Clark war das nur recht; sofort nach dem Start streckte er sich auf dem Boden aus. Erstaunlich, dachte er beim Einschlafen, was meine Landsleute alles gut beherrschen. Der Übergang von Todesgefahr zur völligen Sicherheit dauerte manchmal nur Stunden. Das Land, das Leute ins Feld schickte und dann nicht unterstützte, behandelte sie wie VIPs, vorausgesetzt, ihre Personendaten standen im richtigen Buch. Irre, was wir alles hinbringen, und was wir nicht in die Reihe kriegen, dachte er. Einen Augenblick später begann er neben dem verblüfften Carlos Larson zu schnarchen. Erst fünf Stunden später, kurz vor der Landung, erwachte er wieder.

Die CIA hat wie alle anderen Regierungsbehörden feste Dienstzeiten. Um 15.30 Uhr waren alle Gleitzeitler schon auf dem Weg nach draußen, um dem Stoßverkehr zuvorzukommen, und um halb sechs war es selbst im sechsten Stock still. In Jacks Vorzimmer deckte Nancy Cummings ihre IBM-Schreibmaschine ab – sie benutzte zwar auch einen Wortprozessor, wollte sich aber von ihrer Schreibmaschine nicht trennen – und drückte auf einen Knopf der Sprechanlage.

«Brauchen Sie mich noch, Dr. Ryan?»

«Nein, vielen Dank. Bis morgen.»

«Gute Nacht, Dr. Ryan.»

Jack drehte seinen Sessel und schaute hinaus auf die Bäume, die den Komplex abschirmten. Er versuchte nachzudenken, aber ihm wollte nichts einfallen. Er wußte nicht, worauf er stoßen würde. Insgeheim hoffte er, nichts zu finden. Ihm war klar, daß sein nächster Schritt das Ende seiner Karriere bei der CIA bedeuten würde, aber das war ihm inzwischen gleichgültig. Wenn sein Job solches Handeln erforderte, war er nicht viel wert.

Aber was hätte der Admiral dazu gesagt?

Es war Zeit. Ryan griff zum Telefon und rief die Sicherheitsabteilung der Etage an. Wenn die Sekretärinnen nicht mehr im Hause waren, erledigte diese Abteilung die Botendienste.

«Hier Dr. Ryan. Ich brauche ein paar Dokumente aus dem Hauptarchiv.» Er las drei Ziffern vor. «Das sind schwere Klötze», warnte er den Mann. «Nehmen Sie jemanden mit, der Ihnen tragen hilft.»

«Wird gemacht, Sir. Wir gehen gleich runter.»

«So eilt es auch wieder nicht», meinte Ryan und legte auf. Er stand schon in dem Ruf eines umgänglichen Chefs. Dann sprang er auf und schaltete sein Kopiergerät ein, ging hinaus ins Vorzimmer und lauschte auf die Schritte der sich entfernenden Sicherheitsleute.

Hier oben wurden keine Türen abgeschlossen, denn das wäre sinnlos gewesen. Um hierher vorzudringen, mußte man ungefähr zehn Sicherheitszonen passieren, jede überwacht von einer zentralen Sicherheitsstelle im Erdgeschoß, jede bewacht von bewaffneten Offizieren. Außerdem gab es Streifen. Die Sicherheitsvorkehrungen in der CIA-Zentrale waren schärfer als in einem Bundesgefängnis, und ebenso bedrückend. Doch für die Leute an der Spitze galten sie nicht. Jack brauchte also nur den Gang zu überqueren und die Tür zu Bob Ritters Zimmer zu öffnen.

Der Bürosafe des DDO war wie Ryans Panzerschrank hinter einem Paneel versteckt – nicht aus Gründen der Sicherheit, sondern der Ästhetik wegen. Jack klappte das Paneel auf und stellte die Kombination ein. Dabei fragte er sich, ob Ritter wußte, daß Greer die Kombination kannte. Vermutlich ja, aber er ahnte bestimmt nicht, daß der Admiral sie aufgeschrieben hatte. An diese Möglichkeit hatte wohl niemand gedacht. Selbst die klügsten Leute haben ihre schwachen Stellen.

Die Safetüren waren mit narrensicheren Alarmanlagen versehen und ähnelten im Funktionsprinzip den Sicherheitsschlössern an Kernwaffen – die beste verfügbare Technologie also. Gab man eine falsche Kombination ein, ging der Alarm los. Ging der erste Versuch schief, flammte über der Scheibe ein Licht auf; dann hatte man zehn Minuten Zeit, den Fehler zu korrigieren – oder in zwei separaten Sicherheitsabteilungen gingen weitere Warnlichter an. Ein zweiter Patzer löste dann noch mehr Alarm aus, und ein dritter bewirkte, daß sich der Safe dann für zwei Stunden überhaupt nicht mehr öffnen ließ. Mehrere CIA-Beamte hatten das System hassen gelernt und waren in der Sicherheitsabteilung zu Witzfiguren geworden. Ryan, der sich vor Kombinationsschlössern nicht fürchtete, gehörte nicht zu ihnen. Der Computer, der das Schloß bewachte, kam zu dem Schluß, daß es wohl Mr. Ritter war, der da hantierte, und gab das System frei.

Jacks Herz schlug schneller. Im Panzerschrank lagen über zwanzig Akten, und er hatte nur wenige Minuten Zeit. Doch wieder kamen ihm die CIA-Dienstvorschriften zu Hilfe. In jedem Hefter lag eine Zusammenfassung des Inhalts. Keine zwei Minuten später hatte Jack Akten mit den Titeln EAGLE EYE, SHOWBOAT 1, SHOWBOAT 2, CAPER und REZIPROZITÄT identifiziert, der Papierstoß war fast einen halben Meter hoch. Jack prägte sich sorgfältig ein, wo die Hefter gelegen hatten, und schloß dann die Safetür, ohne sie zu verriegeln. Dann ging er zurück in sein Büro und legte die Dokumente hinter seinem Schreibtisch auf den Boden. Die Akte EAGLE EYE nahm er sich als erste vor.

«Guter Gott!» Aufspüren und Abfangen anfliegender Drogentransporter, bedeutete, wie er sah – ihren Abschuß. Jemand klopfte an die Tür.

«Herein.» Es waren die Sicherheitsleute mit den Akten, die er angefordert hatte. Ryan ließ sie den Stoß auf einen Stuhl legen und schickte sie weg.

Jack schätzte, daß er nun eine Stunde Zeit hatte, höchstens zwei, was bedeutete, daß er die Dokumente nur überfliegen, nicht gründlich lesen konnte. Jeder Operation war eine detailliertere Übersicht über die Ziele und Methoden und eine Liste aller täglichen Vorkommnisse beigefügt. Jack hatte einen großen Kopierer in seinem Büro stehen, der automatisch einzog und sortierte und das besonders schnell tat. Nun begann Ryan, Seiten einzulegen, und der automatische Papiereinzug erlaubte es ihm, beim Kopieren mitzulesen. Neunzig Minuten später hatte er über sechshundert Seiten abgelichtet, rund ein Viertel dessen, was er an sich genommen hatte. Das mußte genügen; zu mehr war keine Zeit. Jack rief die Sicherheitsleute an und ließ sie die angeforderten Akten, die er zuvor ein wenig durcheinandergebracht hatte, wieder abholen. Sowie die Männer fort waren, begann er, die Akten wieder zusammenzustellen, die er – ja, was eigentlich – gestohlen hatte? fragte sich Jack. Plötzlich dämmerte ihm, daß er etwas Illegales getan hatte. Daran hatte er bisher nicht wirklich gedacht. Als er die Akten zurück in Ritters Safe legte, sagte er sich, daß er im Grunde keine Übertretung begangen hatte. Als Spitzenmann der CIA hatte er das Recht, sich über solche Dinge zu informieren, und die Vorschriften galten nicht für ihn. Doch das, ermahnte er sich, war eine gefährliche Denkweise. Er tat das im Dienst einer guten Sache. Er tat, was recht war. Er...

«Mist!» sagte Ryan laut, als er die Safetür schloß. «Du weißt ja nicht, was du tust.» Eine Minute später war er zurück in seinem Büro.

Zeit, heimzugehen. Zuerst trug er die Anzahl der angefertigten Kopien in die entsprechende Liste ein, wie es der Dienstvorschrift entsprach. Damit hier nichts auffiel, hatte er rund sechshundert Seiten in seinen Safe gelegt, vorgeblich eine Kopie des OSWR-Reports, den Nancy ihm besorgt hatte. Die Ablichtungen, die er heimlich angefertigt hatte, verschwanden in seinem Aktenkoffer. Zuletzt änderte Ryan die Kombination an seinem Panzerschrank. Unten nickte er beim Hinausgehen dem Sicherheitsoffizier zu. Sein Dienstwagen wartete in der Tiefgarage.

«Tut mir leid, daß Sie so lange warten mußten, Fred», meinte Jack beim Einsteigen. Fred war sein Abendfahrer.

«Kein Problem, Sir. Nach Hause?»

«Und ob.» Er mußte sich zusammennehmen, um nicht schon auf der Fahrt mit der Lektüre zu beginnen. Statt dessen lehnte er sich zurück und zwang sich zu einem kleinen Nickerchen. Er wußte, daß ihm eine schlaflose Nacht bevorstand.

Clark traf kurz nach acht auf dem Luftwaffenstützpunkt Andrews ein und rief sofort Ritters Büro an, wurde aber mit einer anderen Stelle verbunden und erfuhr, der DDO sei erst am Morgen verfügbar. Da sie nichts Besseres zu tun hatten, nahmen sich Larson und Clark ein Zimmer in der Nähe des Pentagon. Clark besorgte sich am Empfang Rasierzeug und eine Zahnbürste und legte sich dann sofort wieder schlafen, was der jüngere Offizier, der zum Schlafen noch viel zu aufgeregt war, erstaunlich fand.

«Wie schlimm ist es?» fragte der Präsident.

«Wir haben neun Mann verloren», erwiderte Cutter. «Das war unvermeidlich, Sir. Wir wußten, daß dies eine gefährliche Operation ist, und die Männer auch. Was wir nun tun können...»

«Was wir tun können? Die Operation sofort einstellen und für alle Zeiten geheimhalten. Diese ganze Sache ist nie passiert. Mit einer solchen Entwicklung, dem Verlust von neun Männern und dem Tod der unbeteiligten Zivilisten, hatte ich nicht gerechnet. Verdammt noch mal, Admiral, haben Sie mir nicht vorgeschwärmt, wie gut unsere Jungs sind?»

«Mr. President, ich habe nie...»

«Von wegen!» rief der Präsident so laut, daß der Leibwächter vor der Tür zusammenzuckte. «Wie haben Sie mich eigentlich in diesen Schlamassel hineinmanövriert?»

Cutters Patriziergesicht wurde leichenblaß. Alles, worauf er hingearbeitet hatte, die Aktion, die er seit drei Jahren vorschlug... und Ritter hatte sie für erfolgreich erklärt. Das war der größte Wahnsinn dabei.

«Sir, Ziel der Aktion war es, dem Kartell Schaden zuzufügen. Das ist uns gelungen. Der CIA-Offizier, der in Kolumbien im Augenblick Operation REZIPROZITÄT leitet, sagte, er könne einen Bandenkrieg im Kartell auslösen... und genau das haben wir getan! Sie haben gerade einen Anschlag auf ein Kartellmitglied, Escobedo, versucht. Es kommen weniger Drogen ins Land. Das haben wir zwar noch nicht offiziell bekanntgegeben, aber die Zeitungen melden Preissteigerungen im Straßenverkauf. Wir sind am Gewinnen.»

«Großartig. Das können Sie Fowler erzählen!» Der Präsident hieb mit einer Akte auf den Tisch. Laut einer von ihm in Auftrag gegebenen Meinungsumfrage lag Fowler vierzehn Prozent vor ihm.

«Sir, nach dem Konvent liegt der Oppositionskandidat immer...»

«Ah, Sie geben mir politische Ratschläge? Mister, auf Ihrem angeblichen Fachgebiet haben Sie sich alles andere als kompetent erwiesen.»

«Mr. President, ich...»

«Schluß mit der ganzen Sache. Und kein Wort darüber. Tun Sie das, und zwar sofort. Sie haben diese Sauerei angerichtet. Und Sie machen sie jetzt wieder weg.»

Cutter zögerte. «Und wie soll ich das bewerkstelligen, Sir?»

«Das will ich gar nicht wissen. Erstatten Sie mir nur Meldung, wenn es getan ist.»

«Sir, dann müßte ich wohl für eine Weile verschwinden.»

«Dann verschwinden Sie gefälligst!»

«Das könnte auffallen.»

«Dann sind Sie in einem geheimen Sonderauftrag des Präsidenten unterwegs. Admiral, ich will, daß die Sache abgewürgt wird. Wie Sie das schaffen, ist mir gleichgültig. Aber tun Sie es!»

Cutter nahm Haltung an. Das hatte er nicht vergessen. «Jawohl, Mr. President.»

«Ruder hart Backbord!» befahl Wegener. USCGC *Panache* glitt schwungvoll in die Hafenausfahrt.

«Ruder mittschiffs.»

Der junge Rudergänger, aufmerksam überwacht von Chief Oreza, bestätigte den Befehl.

«Ein Drittel voraus, Kurs eins-neun-fünf.» Wegener warf dem jungen Wachhabenden einen Blick zu. «Sie überwachen das Steuern.»

«Aye aye, Sir», erwiderte der junge Ensign etwas verdutzt. Wegener zündete seine Pfeife an und ging hinaus auf die Brückennock. Portagee folgte ihm.

«Ich war kaum jemals so froh, wieder auslaufen zu können», sagte Wegener.

«Ich weiß, was Sie meinen, Captain.»

Es war ein heikler Tag gewesen. Die Warnung des FBI-Agenten hatte wie ein Schock gewirkt. Wegener hatte seine Leute einen nach dem anderen ausgequetscht – ein unangenehmes und letztlich fruchtloses Unterfangen –, um festzustellen, wer gequatscht hatte. Oreza hatte einen Verdacht, konnte aber nicht ganz sicher sein. Zum Glück war nun die Gefahr zusammen mit den Piraten im Gefängnis gestorben. Doch beide Männer hatten ihre Lektion gelernt und nahmen sich vor, sich von nun an an die Vorschriften zu halten.

«Skipper, warum hat das FBI uns wohl gewarnt?»

«Gute Frage, Portagee. Was wir aus den Kerlen herausquetschten, versetzte das FBI in die Lage, die Drogengelder zu beschlagnahmen. Die dachten wohl, sie seien uns etwas schuldig. Der FBI-Agent sagte übrigens, die Anweisung sei von seinem Chef in Washington gekommen.»

«Wenn das so ist, stehen wir in seiner Schuld», meinte Oreza.

«Da haben Sie wohl recht.» Die beiden Männer blieben auf der Nock, um den Sonnenuntergang auf See zu genießen, und die *Panache* hielt auf Kurs eins-acht-eins auf ihr Patrouillengebiet in der Straße von Yucatán zu.

Chavez war bei seinem letzten Satz Batterien angelangt, und die Lage hatte sich weiter verschlimmert. Irgendwo hinter ihnen befand sich eine weitere feindliche Gruppe, die eine Nachhut notwendig machte. Das berührte ihn als Vorhut zwar nicht, bereitete ihm aber Sorgen, die so real waren wie der Muskelkater, den er alle paar Stunden mit Tylenol bekämpfte. Vielleicht wurden sie verfolgt. Vielleicht war die Anwesenheit des feindlichen Verbandes auch nur ein Zufall –, oder Ramirez' Ausweichmanöver waren zu berechenbar geworden. Dieser Ansicht war Chavez zwar nicht, wußte aber, daß er vor Erschöpfung nicht mehr zusammenhängend denken konnte. Vielleicht geht es dem Captain ähnlich, dachte er. Eine sehr bedenkliche Möglichkeit. Sergeants wurden fürs Kämpfen bezahlt, Captains fürs Denken. Wenn Ramirez also zu müde zum Denken war, kamen sie auch gut ohne ihn aus.

Ein Geräusch, ein Zweig, der durch die Luft schnellte. Doch es ging kein Wind. War das ein Tier gewesen? Vielleicht nicht.

Chavez blieb stehen und hob die Hand. Vega, der fünfzig Meter hinter ihm war, gab das Signal weiter. Ding stellte sich neben einen Baum und hielt Ausschau. Als er sich gegen den Stamm lehnen wollte, wäre er beinahe umgefallen. Der Sergeant schüttelte sich den Kopf klar. Es wurde immer schwerer, gegen die Erschöpfung anzukämpfen.

Da! Eine Bewegung. Ein Mann. Nur ein grüner Umriß im Sichtgerät, kaum mehr als ein Streichholzmännchen knapp zweihundert Meter rechts vor Ding. Der Mann lief bergauf, gefolgt von einem zweiten. Sie bewegten sich wie Soldaten, mit jenen behutsamen Schritten, die auf Nichtmilitärs so lächerlich wirkten.

Es gab nur eine Methode, die Fremden zu identifizieren. Unten an dem PVS-7 war eine kleine Infrarotleuchte zum Lesen von Karten angebracht. Für das menschliche Auge unsichtbar, wirkte sie auf den Träger eines anderen PVS-7 wie ein Leuchtfeuer.

Doch war mit der Sache ein Risiko verbunden.

Chavez löste sich von dem Baumstamm. Über die Entfernung konnte er nicht feststellen, ob die Männer Sichtgeräte trugen.

Ja! Der erste Mann drehte den Kopf nach links und rechts und starrte dann auf Chavez. Ding schwenkte sein Sichtgerät hoch, legte das IR-Licht frei und blinkte dreimal. Dann klappte er das Gerät gerade rechtzeitig wieder herunter, um zu sehen, wie der andere seinem Beispiel folgte.

«Ich glaube, die gehören zu uns», flüsterte Chavez ins Mikrophon.

«Dann haben sie sich aber bös verlaufen», entgegnete Ramirez. «Seien Sie vorsichtig, Sergeant.»

Klick-klick. Gemacht.

Chavez wartete ab, bis *Oso* sein MG an einem günstigen Platz aufgestellt hatte, und ging dann auf den anderen Mann zu. Der Weg kam ihm sehr lang vor, insbesondere, da er seine Waffe nicht anlegen konnte. Er machte einen weiteren Mann aus und war sicher, daß in diesem Wald noch weitere verborgen lagen und ihn im Visier hatten. Wenn die nicht von uns sind, sagte er sich, sind deine Chancen, den Morgen zu erleben, gleich Null.

«Ding, bist du das?» wisperte jemand. «Ich bin's, Léon.»

Chavez nickte. Beide Männer holten tief Luft, gingen aufeinander zu und umarmten sich. Ein Händedruck hätte unter diesen Bedingungen irgendwie nicht ausgereicht.

«Ihr habt euch verlaufen.»

«Wo wir sind, wissen wir. Mann, aber ansonsten sind wir total am Arsch.»

«Wo ist Captain Rojas?»

«Tot. So wie Esteves, Delgado, das halbe Team.»

«Okay. Moment mal.» Ding drückte auf den Sprechknopf. «Sechs, hier Punkt. Wir haben gerade Kontakt mit BANNER aufgenommen. Der Zug hatte Probleme, Sir. Sie kommen am besten mal vor.»

Klick-klick.

Léon winkte seine Männer herbei. Chavez dachte erst gar nicht daran, sie zu zählen. Es reichte schon, daß die Hälfte fehlte. Die beiden setzten sich auf einen liegenden Stamm.

«Was ist passiert?»

«Wir sind voll in die Scheiße marschiert, Mann. Dachten, es sei ein Verarbeitungsplatz, aber das war Fehlanzeige. Mußte ein Lager für dreißig, vierzig Mann gewesen sein. Esteves hat wohl Mist gebaut, und dann ging der Zirkus los. Captain Rojas fiel, und... es war ziemlich hart, *'mano*. Und seitdem sind wir auf der Flucht.»

«Hinter uns sind auch welche her.»

«Und was sind die guten Nachrichten?» fragte Léon.

«Ist schon eine Weile her, daß ich welche gehört habe», meinte Ding. «Zeit, daß wir von hier verschwinden.»

«Find ich auch», sagte Léon, als Ramirez erschien. Er erstattete dem Captain Meldung.

«Captain», sagte Chavez, als Léon fertig war, «wir sind alle ziemlich kaputt. Suchen wir uns einen Platz zum Pennen?»

«Der Mann hat recht», stimmte Guerra zu.

«Und der Verband hinter uns?»

«Von dem haben wir seit zwei Stunden nichts mehr gehört», erinnerte Guerra. «Die Kuppe da drüben sieht mir günstig aus.» Stärkeren Druck durfte er auf seinen Offizier nicht ausüben, aber er hatte endlich Erfolg.

«Führen Sie die Männer hinauf, stellen Sie Wachen und zwei Vorposten auf. Wir ruhen uns bis Sonnenuntergang aus, und vielleicht kann ich dann über Funk Hilfe holen.»

«Hört sich gut an, Captain.» Guerra ging los, um den Zug zu organisieren. Chavez brach sofort auf und kämmte die Umgebung durch.

«Mein Gott», flüsterte Ryan. Es war vier Uhr früh, und nur Kaffee und Adrenalin hielten ihn wach. Ryan hatte bei der CIA schon manches aufgedeckt, aber das hier schlug dem Faß den Boden aus. Jetzt mußte er sofort etwas unternehmen.

Leg dich erst einmal ein paar Stunden schlafen, sagte er sich, griff nach dem Telefon und rief im Amt den Wachoffizier vom Dienst an.

«Dr. Ryan. Ich wollte nur melden, daß ich später zum Dienst komme. Muß was Falsches gegessen haben..., nein, es geht mir schon besser, aber ich brauche jetzt ein paar Stunden Schlaf. Ich fahre dann morgen... äh, heute selbst. Ja, vielen Dank.»

Er schrieb seiner Frau einen Zettel, klebte ihn an den Kühlschrank und legte sich ins Gästebett, um sie nicht zu stören.

Die Weitergabe der Nachricht war für Cortez eine Kleinigkeit. Anderen wäre das schwergefallen, aber er hatte sich gleich zu Beginn seiner Arbeit fürs Kartell eine Reihe von Telefonnummern in Washington besorgt. Schwierig war das nicht gewesen. Man brauchte nur jemanden zu finden, der wußte, was man erfahren wollte, und darauf verstand sich Cortez.

Nachdem er sich die Liste der Nummern verschafft hatte – der Preis von zehntausend Dollar war die Sache wert gewesen –, ging es nur noch um die Dienstpläne. Das war natürlich nicht einfach herauszufinden. Die fragliche Person mochte nicht an ihrem Schreibtisch sitzen, was bedeutete, daß der Trick auffliegen konnte, doch die entsprechende Klassifizierungsstufe würde Neugierige abschrecken. Die Sekretärinnen solcher Leute waren diszipliniert und riskierten ihre Stellung, wenn sie zu hartnäckig nachforschten.

Ganz besonders aber erleichterte das Unternehmen das neue Statussymbol Telefax. Jeder, der sich für wichtig hielt, mußte ein Faxgerät haben und eine private Telefonleitung, die nicht übers Vorzimmer lief. Cortez war nach Medellin gefahren und hatte die Nachricht dort in seinem Privatbüro selbst getippt. Wie offizielle Meldungen der US-Regierung aussahen, wußte er und gab sich alle Mühe, sie perfekt zu reproduzieren. EYES ONLY NIMBUS, lautete die Überschrift, und der Name im Absenderfeld war erfunden, doch der Empfänger existierte durchaus. Der Text war kurz und prägnant und nannte eine verschlüsselte Adresse für die Rückantwort. Wie würde der Empfänger reagieren? Schwer zu sagen, fand Cortez, aber die Sache war das Risiko wert. Er legte das Blatt in sein Faxgerät, wählte und wartete. Sowie sich das Gerät am anderen Ende mit einem elektronischen Zwitschern gemeldet hatte, wurde die Nachricht gesendet. Cortez nahm das Original aus der Maschine, faltete es und steckte es in seine Brieftasche.

Der Empfänger drehte sich überrascht um, als sein Fax zu surren begann. Es mußte sich um eine dienstliche Nachricht handeln, denn dieser private Anschluß war nur einem halben Dutzend Leuten bekannt. (Daß er auch im Computer der Telefongesellschaft gespeichert war, fiel ihm nicht ein.) Er schloß erst ab, was er gerade tat, und nahm dann das Blatt aus dem Gerät.

Was, zum Teufel, ist Nimbus? fragte er sich. Auf jeden Fall war es streng geheim und nur für seine Augen bestimmt; also begann er die Nachricht zu lesen. Dabei trank er gerade seine dritte Tasse Kaffee, und es war sein Glück, daß er die Flüssigkeit nur auf den Schreibtisch spuckte und nicht auf seine Hosen.

Cathy Ryan war wie immer pünktlich. Das Telefon im Gästezimmer ging um Schlag halb neun. Jack fuhr vom Kissen hoch und griff nach dem störenden Apparat.

«Hallo?»

«Morgen, Jack», sagte seine Frau munter. «Was ist denn mit dir los?»

«Ich mußte bis spät in die Nacht arbeiten. Hast du die andere Sache dabei?»

«Ja, was ist...?»

Jack schnitt ihr das Wort ab. «Ich weiß, was drinsteht. Erledigst du bitte den Anruf? Es ist sehr wichtig.» Dr. Caroline Ryan verstand, was er andeutete.

«Gut, Jack. Wie geht's dir?»

«Miserabel. Aber ich habe viel zu erledigen.»

«Ich auch, Schatz. Mach's gut.»

Jack legte auf und zwang sich zum Aufstehen. Erst mal unter die Dusche, sagte er sich.

Cathy war auf dem Weg zum OP und mußte sich beeilen. Sie griff nach dem Telefon und wählte eine Nummer in Washington. Es läutete nur einmal.

«Dan Murray.»

«Dan, hier Cathy Ryan.»

«Guten Morgen! Was kann ich für Sie tun?»

«Jack läßt ausrichten, daß er kurz nach zehn bei Ihnen vorbeikommen will. Er möchte in der Durchfahrt parken, und die Leute von unten im Korridor sollen nichts erfahren. Keine Ahnung, was das bedeutet, aber das soll ich ausrichten.» Cathy wußte nicht, ob sie das merkwürdig finden sollte. Jack trieb gerne seine kleinen Spiele mit Leuten seiner Sicherheitsstufe, und ganz besonders gern mit seinem Freund vom FBI.

«Alles klar, Cathy.»

«So, und ich muß jetzt zu einer Operation. Schönen Gruß an Liz.»

«Wird gemacht. Schönen Tag noch.»

Murray legte verdutzt auf. «Die Leute von unten im Korridor» war eine Redensart, die er zum ersten Mal im St. Thomas-Hospital in London benutzt hatte; damals war Dan Attaché an der US-Botschaft gewesen. Und mit den Leuten von unten im Korridor hatte er die CIA gemeint.

Doch Ryan gehörte zu den obersten Sechs in Langley, wenn nicht sogar zu den obersten Drei.

Was hatte das zu bedeuten?

«Hmmm.» Er ließ von seiner Sekretärin die Sicherheit anweisen, Ryan die Durchfahrt unter dem Haupteingang des Hoover Building zu genehmigen. Was das Ganze zu bedeuten hatte, würde er schon noch erfahren.

Clark traf an diesem Vormittag um neun in Langley ein. Er hatte keinen Sicherheitsausweis – so etwas trägt man im Außeneinsatz nicht mit sich herum – und mußte am Tor ein Codewort benutzen. Seinen Wagen stellte er auf dem Besucherparkplatz ab und ging dann zum Haupteingang, wandte sich drinnen nach links und erhielt etwas, was wie ein Anstecker für Besucher aussah, aber auch elektronische Sperren öffnete. Nun marschierte er nach rechts und vorbei an einem Wandgemälde, das aussah, als habe ein riesiges Kind mit Matsch gespielt. Clark war sicher, daß der Künstler vom KGB eingeschleust worden war. Vielleicht aber hatte man auch nur dem billigsten Anbieter den Zuschlag gegeben. Ein Aufzug brachte ihn in den sechsten Stock, und schließlich stand er vor der Sekretärin des DDO.

«Mein Name ist Clark. Ich möchte Mr. Ritter sprechen.»

«Haben Sie einen Termin?»

«Nein, aber ich bin sicher, daß er mich sehen will», erwiderte Clark höflich. Es war sinnlos, sich mit der Frau anzulegen. Sie hob das Telefon und kündigte ihn an. «Sie können gleich reingehen, Mr. Clark.»

«Danke.» Er schloß die schalldichte Tür hinter sich.

«Was zum Teufel wollen Sie hier?» herrschte der DDO ihn an.

«SHOWBOAT muß eingestellt werden», erklärte Clark ohne Umschweife. «Die Operation fällt auseinander. Der Gegner jagt unsere Jungs, und ...»

«Ich weiß, das habe ich vergangene Nacht erfahren. Hören Sie, es war nie damit zu rechnen, daß diese Sache ohne Verluste abgeht. Vor gut sechsunddreißig Stunden erlitt ein Team schwere Verluste, aber unsere Abhörstelle sagt, der Gegner hätte weitaus mehr Gefallene, und sie übten auch Vergeltung an anderen ...»

«Das war ich», sagte Clark.

«Wie bitte?» fragte Ritter verdutzt.

«Ich fuhr um diese Zeit mit Larson spazieren und traf auf drei dieser – was immer sie sein mögen. Sie hatten gerade die Leichen auf einen Lkw geladen. Ich sah keinen Grund, sie am Leben zu lassen», sagte Clark ganz kühl und leidenschaftslos. So etwas hatte bei der CIA schon lange niemand mehr gesagt.

«Himmel noch mal!» Ritter war so überrascht, daß er vergaß, Clark wegen der Einmischung in eine andere Operation zurechtzuweisen.

«Eine Leiche konnte ich identifizieren», fuhr Clark fort. «Captain Emilio Rojas, US Army. War übrigens ein prächtiger junger Mann.»

«Tut mir leid. Aber es stand von vornherein fest, daß diese Operation mit Gefahren verbunden ist.»

«Das wird seine Familie gern hören. Die Operation ist im Eimer. Machen wir Schluß, ehe es noch mehr Verluste gibt. Wie holen wir die Jungs heraus?» fragte Clark.

«Darum werde ich mich kümmern, das muß mit einer anderen Stelle koordiniert werden. Und ich bin nicht sicher, daß sie einverstanden ist.»

«In diesem Fall, Sir», riet Clark seinem Chef, «schlage ich vor, daß Sie Ihren Standpunkt mit Nachdruck vertreten.»

«Wollen Sie mir drohen?» fragte Ritter leise.

«Nein, Sir, so möchte ich nicht verstanden werden. Ich bin nur aufgrund meiner Erfahrung zu dem Schluß gekommen, daß diese Operation so rasch wie möglich beendet werden muß. Es ist Ihre Aufgabe, das den Leuten, die sie in Auftrag gaben, klarzumachen. Und wenn Sie die Genehmigung nicht bekommen, würde ich Ihnen raten, die Operation auch so abzubrechen.»

«Das könnte mich meinen Job kosten.»

«Nachdem ich Captain Rojas' Leiche identifiziert hatte, zündete ich den Lkw an. Erstens wollte ich den Gegner ablenken, zweitens die Leichen unkenntlich machen. Ich habe noch nie die Leiche eines amerikanischen Soldaten verbrannt. Ich tat das alles andere als gern. Larson weiß immer noch nicht, warum ich es getan habe. Er ist zu jung, um das verstehen zu können. Sie aber nicht, Sir. Und wenn Sie mir erzählen wollen, daß Ihr Job wichtiger ist, muß ich Ihnen sagen, daß Sie falsch liegen, Sir.» Clark hatte zwar die Stimme nicht erhoben, aber Ritter bekam zum ersten Mal seit langer Zeit Angst.

«Ihr Ablenkungsmanöver war übrigens erfolgreich. Vierzig Mann des Gegners suchen die falsche Gegend ab.»

«Gut. Das wird die Bergung vereinfachen.»

«John, Sie können mir nicht so einfach Befehle erteilen.»

«Sir, ich erteile Ihnen keine Befehle, sondern sage Ihnen nur, was getan werden muß. Sagten Sie nicht, die Leitung der Operation sei meine Sache?»

«Das galt für REZIPROZITÄT, nicht für SHOWBOAT.»

«Jetzt ist nicht die Zeit für Wortklauberei, Sir. Wenn Sie diese Männer nicht herausholen, werden noch mehr, wenn nicht alle, umkommen. Und dafür sind dann Sie verantwortlich. Es geht nicht an, daß man

Männer ins Feld schickt und dann sich selbst überläßt. Das wissen Sie ganz genau.»

«Da haben Sie natürlich recht», meinte Ritter nach einer kurzen Pause. «Allein kann ich das aber nicht. Ich muß erst gewisse Stellen informieren ... nun ja, Sie wissen ja, wen. Ich kümmere mich darum. Wir holen die Männer so bald wie möglich heraus.»

«Gut.» Clark entspannte sich. Ritter war im Umgang mit seinen Untergebenen manchmal zu gerissen, aber er hielt Wort. Außerdem war der DDO viel zu klug, um ihn in einer solchen Sache zu hintergehen. Clark hatte seinen Standpunkt unmißverständlich dargelegt, und Ritter hatte verstanden.

«Was ist mit Larson und seiner Kurierin?»

«Die habe ich beide abgezogen. Seine Maschine steht in Panama; er wohnt hier im Marriott. Der Mann ist übrigens nicht schlecht, aber für Kolumbien wohl verbrannt. Die beiden hätten ein paar Wochen Urlaub verdient.»

«Soll mir recht sein. Und Sie?»

«Ich fliege morgen wieder zurück, wenn Sie wollen. Vielleicht kann ich bei der Bergung behilflich sein.»

«Es sieht so aus, als wären wir Cortez auf der Spur.»

«Wirklich?»

«Ja. Und Sie haben uns die erste Aufnahme von ihm geliefert.»

«So? Ach ja, war das der Mann bei Untiveros' Haus, der uns nur knapp durch die Lappen ging?»

«Genau. Die Frau, die er verführte, hat ihn eindeutig identifiziert. Er führt die Truppen des Kartells von einem kleinen Haus bei Anserma aus.»

«Da muß ich Larson noch einmal mitnehmen.»

«Ist es denn das Risiko wert?»

«Cortez zu erwischen?» Clark dachte kurz nach. «Kommt drauf an. Man kann sich die Sache ja mal ansehen. Was wissen wir über seine Sicherheitsvorkehrungen?»

«Nichts», gestand Ritter. «Wir wissen nur ungefähr, wo das Haus steht. Den Standort erfuhren wir durch ein abgehörtes Telefongespräch. Wäre günstig, wenn wir ihn lebend erwischten, denn er weiß eine ganze Menge. Wir schaffen ihn hierher und stellen ihn wegen Mordes vor Gericht, drohen ihm mit der Todesstrafe.»

Clark nickte nachdenklich. Eine weitere «Ente» in Spionageromanen waren Agenten, die heldenhaft ihre Zyankalikapseln schluckten oder sich heldenhaft vor das Erschießungskommando stellten. Die Fakten sahen ganz anders aus. Dem Tod mutig ins Gesicht sehen nur jene, die keine Alternative haben. Der Trick ist, ihnen eine solche Alternative zu geben. Wenn sie Cortez erwischten, würden sie ihn erst einmal durch die Mangel eines Mordprozesses drehen und zum Tode verurteilen lassen – dazu brauchte es nur den entsprechenden Richter, und in Fragen der nationalen Sicherheit gab es immer mehr Spielraum – und dann sehen, wie sich das Ganze entwickelte. Irgendwann mußte Cortez klein beigeben, vielleicht sogar schon vor Prozeßbeginn. Immerhin war der Mann nicht auf den Kopf gefallen und wußte, wann und wie man mit sich handeln läßt. Immerhin hatte er bereits sein eigenes Land verraten. Verrat am Kartell war im Vergleich dazu eine Kleinigkeit.

Clark nickte. «Lassen Sie mich ein paar Stunden darüber nachdenken.»

Ryan bog von der 10th Street Northwest in die Durchfahrt ein. Dort waren Wächter in Uniform und Zivil postiert. Ein Mann mit einem Blockhalter trat auf den Wagen zu.

«Jack Ryan. Ich möchte zu Dan Murray.»

«Darf ich den Ausweis sehen?»

Jack holte seine CIA-Karte hervor. Der Posten war zufrieden und gab einem Kollegen einen Wink. Die Stahlbarriere, die verhindern sollte, daß jemand Autobomben unter die FBI-Zentrale fuhr, verschwand im Boden. Jack parkte und ging in die Empfangshalle, wo er von einem jungen FBI-Agenten eine Magnetkarte zum Öffnen der elektronischen Sperren bekam. Wenn jemand den richtigen Computervirus erfindet, dachte Jack, kommt die Hälfte aller Regierungsbeamten nicht zur Arbeit. Und dann ist das Land vielleicht sicher –, bis das Problem gelöst ist.

Das Hoover Building hat einen sehr ungewöhnlichen Grundriß und ist für den Uneingeweihten noch verwirrender als das Pentagon. Als sie das richtige Büro gefunden hatten, war Jack völlig orientierungslos. Dan erwartete ihn schon und führte ihn in sein Allerheiligstes. Jack machte die Tür hinter sich zu.

«Nun, was gibt's?» fragte Murray.

«Ich brauche Ihren Rat.»

«Worum geht es?»

«Um eine vermutlich illegale Operation ... eine ganze Reihe sogar.»

«Wie illegal?»

«Es geht um Mord», erklärte Jack so nüchtern wie möglich.

«Ah, die Autobomben in Kolumbien?» fragte Murray.

«Gut geraten, Dan. Es waren aber keine Autobomben.»

Murray legte eine Gedankenpause ein, ehe er antwortete. Was geschah, war immerhin die Vergeltung für den Mord an Emil und seinem Gefolge. «Was immer da geknallt haben mag, Jack, die Rechtslage ist hier etwas verworren. Das Töten von Menschen im Zusammenhang mit Geheimdienstoperationen ist zwar verboten, aber der Präsident kann dieses Verbot von Fall zu Fall außer Kraft setzen.»

«Ja, ich weiß. Ich habe aber Anweisung bekommen, dem Kongreß falsche Informationen zu geben, und das macht die Sache illegal. Hätte man den Überwachungsausschuß zugezogen, wäre das kein Mord, sondern angemessen formulierte Regierungspolitik. Soweit ich das Ganze verstehe, hätten wir die verdeckte Operation sogar erst starten und dann den Kongreß verständigen können. Doch wenn der DCI mich anweist, dem Kongreß falsche Informationen zu geben, begehen wir Mord, weil wir uns nicht ans Gesetz halten. So, Dan, und das wären die guten Nachrichten.»

«Nur weiter.»

«Die schlechte Nachricht ist, daß viel zu viele Leute Bescheid wissen, und wenn diese Story bekannt wird, geraten die Leute, die wir draußen haben, in große Gefahr. Die politische Dimension will ich einmal unberücksichtigt lassen und nur sagen, daß es mehr als eine gibt. Dan, ich weiß nicht, was ich tun soll.» Ryans Analyse war wie üblich sehr exakt. Er hatte nur einen Fehler gemacht. Er wußte nicht, wie katastrophal die schlechte Nachricht wirklich war.

Murray lächelte – nicht, weil ihm danach zumute war, sondern weil er seinem Freund Mut machen wollte. «Wie kommen Sie darauf, daß ich Ihnen weiterhelfen kann?»

Ryans Spannung legte sich ein wenig. «Nun, ich könnte ja auch zur Beichte gehen, aber Priester sind nicht für die Sicherheitsstufe SI zugelassen.»

«Von wo aus wird die Operation gesteuert?»

«Die Befehle kommen nicht aus Langley, sondern aus einem Haus sechs Straßen weiter.»

«Ich kann also noch nicht einmal den Justizminister einschalten.»

«So ist es, denn der könnte bei seinem Boß plaudern.»

«Also bekomme ich Ärger mit meiner Bürokratie», merkte Murray lässig an.

«Ist der Regierungsdienst eigentlich die ganzen Umstände wert?» fragte Jack, dessen Depression zurückkehrte, freudlos. «Na, vielleicht gehen wir dann gemeinsam in Pension. Wem können Sie trauen?»

Die Antwort fiel Murray nicht schwer. «Bill Shaw.» Er erhob sich. «Besuchen wir ihn mal.»

«Loop» oder Schleife ist einer jener Computerbegriffe, die in den allgemeinen Sprachgebrauch eingegangen sind. Er bezeichnet einen Handlungs- oder Entscheidungszyklus, der unabhängig von seiner Umgebung existiert. Jede Regierung hat eine praktisch unbegrenzte Zahl solcher Schleifen, jede definiert durch besondere Regeln, die den Spielern bekannt sind. Im Lauf der nächsten Stunden wurde eine neue Schleife eingerichtet. Zu ihr gehörten ausgewählte Beamte des FBI, nicht aber der Justizminister, der eigentlich die Dienstaufsicht über das FBI hatte. Teilnehmer waren auch Männer des Secret Service, nicht aber ihr Chef, der Finanzminister. Ermittlungen dieser Art spielten sich vorwiegend am Schreibtisch ab. Murray, der sie leitete, war demnach überrascht, als eine seiner Zielpersonen plötzlich zum Luftstützpunkt Andrews aufbrach.

Inzwischen saß Ryan wieder an seinem Schreibtisch. Er sah blaß aus, fanden seine Mitarbeiter, aber man wußte ja, daß ihm letzte Nacht schlecht gewesen war. Nun wußte er, was er zu tun hatte: nichts. Ritter war fort, Moore noch nicht zurück. Das Nichtstun fiel ihm schwer. Unangenehmer war es noch, sich mit im Augenblick unwichtigen Dingen befassen zu müssen. Dennoch fühlte er sich besser, denn nun lastete das Problem nicht mehr allein auf seinen Schultern. Warum das keinen Anlaß zur Freude darstellte, wußte er nicht.

25

Die Odyssee-Akte

Murray schickte natürlich sofort einen Agenten nach Andrews, der gerade noch mitbekam, wie das kleine Düsenflugzeug zum Anfang der Startbahn I L rollte. Mit Hilfe seines Ausweises drang der Agent ins Büro eines Colonels vor, der das 89. Lufttransportgeschwader befehligte. Dort erhielt der Agent den Flugplan der gerade gestarteten Maschine. Der Agent rief Murray an und vergatterte dann den Colonel zum Stillschweigen. Er, der Agent, sei niemals hiergewesen, habe nie offizielle Ermittlungen angestellt. Es handele sich hier um eine hochgeheime Ermittlung. Das Codewort lautete übrigens ODYSSEE.

Eine Minute nach Eingang des Anrufs trafen sich Murray und Shaw. Shaw hatte festgestellt, daß er den Pflichten eines kommissarischen Direktors gewachsen war. Er war zwar sicher, daß er den Job nicht auf Dauer behalten und wieder zum Stellvertretenden Direktor (Ermittlungen) gemacht werden würde. Zum Teil bedauerte er das. War es denn so übel, wenn ein Karrierepolizist das FBI leitete? Das war natürlich eine politische Frage, und er hatte im Lauf seiner dreißigjährigen Dienstzeit erkannt, daß ihm die Politik nicht lag.

«Wir müssen jemanden hinterherschicken», merkte Shaw an. «Aber wie?»

«Wie wär's mit dem Rechtsattaché in Panama?» fragte Murray. «Den kenne ich persönlich. Solider Mann.»

«Der ist für die DEA unterwegs und kommt erst übermorgen wieder in sein Büro. Und sein Stellvertreter ist zu unerfahren, so einer Sache nicht gewachsen.»

«In Bogotá wäre Morales verfügbar ... aber wenn das auffällt ... Wie wär's mit Mark Bright? Vielleicht kann der sich bei der Air Force einen Düsenjäger ausleihen.»

«Ausgezeichnete Idee!»

«Special Agent Bright», meldete er sich.

«Mark, hier Dan Murray. Sie müssen etwas für mich tun. Machen Sie sich Notizen.» Murray sprach weiter. Zwei Minuten später stieß Bright eine milde Verwünschung aus und griff nach dem Telefonbuch. Erst rief er den Luftstützpunkt Eglin an, dann die Küstenwache, zuletzt seine Frau. Es war höchst unwahrscheinlich, daß er zum Essen heimkommen würde. Bright schnappte sich auf dem Weg nach draußen ein paar Gegenstände und ließ sich von einem Kollegen zu einer Station der Küstenwache fahren, wo schon ein Hubschrauber bereitstand. Eine Minute nach seinem Eintreffen hob die Maschine ab und brachte ihn zum Luftstützpunkt Eglin.

Die Air Force verfügte nur über drei F-15E Strike-Eagle, Prototypen für den Einsatz gegen Bodenziele, und zwei davon wurden in Eglin Tests unterzogen, während der Kongreß beriet, ob diese Version des großen zweistrahligen Kampfflugzeugs in Serie gehen sollte. Abgesehen von anderswo stationierten Schulflugzeugen war dies die einzige zweisitzige Version der F-15. Der Major, der Bright fliegen sollte, stand schon neben der Maschine, als er den Hubschrauber verließ. Zwei Unteroffiziere halfen dem Agenten in Kombination, Fallschirmgurt und Schwimmweste. Sein Helm lag auf dem hinteren Schleudersitz. Zehn Minuten später rollte die F-15 an.

«Was liegt an?» fragte der Pilot.

«Ich muß so schnell wie möglich nach Panama.»

«Soll das heißen, daß ich schnell fliegen darf?» erwiderte der Major und lachte. «Dann können wir uns ja Zeit lassen.»

«Wie bitte?»

«Der Tanker ist vor drei Minuten gestartet. Wir warten, bis er auf dreißigtausend Fuß ist, dann legen wir los. Oben lassen wir unsere Tanks auffüllen und geben Leine. Ein anderer Tanker wird in Panama starten und sich mit uns treffen –, damit wir genug Sprit für die Landung haben. So können wir fast den ganzen Weg mit Überschallgeschwindigkeit zurücklegen. Sie sagten doch, Sie hätten es eilig?»

«Stimmt.» Bright bemühte sich, seinen Helm zu richten, der nicht besonders bequem saß. Außerdem war es heiß im Cockpit, denn die

Klimaanlage wirkte noch nicht. «Und wenn der zweite Tanker nicht kommt?»

«Der Eagle gleitet gut», versicherte der Major. «Zu weit müssen wir dann nicht schwimmen.»

Bright hörte einen Funkspruch in seinem Kopfhörer. Der Major antwortete und sprach dann seinen Passagier an. «Aufgepaßt, gleich geht's los.» Das Kampfflugzeug rollte ans Ende der Startbahn und hielt dort kurz an, während der Pilot die Triebwerke auf Volleistung brachte und dann die Bremsen löste. Zehn Sekunden später fragte sich Bright, ob ein Katapultabschuß von einem Flugzeugträger spektakulärer sein konnte als dies. Die F-15E hielt einen Steigwinkel von vierzig Grad und beschleunigte unablässig weiter. Hundert Meilen vor der Küste von Florida wurden sie in der Luft betankt – Bright war viel zu fasziniert, um Angst zu empfinden, obwohl es zu starken Turbulenzen kam –, und nachdem sich der Eagle vom Tanker getrennt hatte, stieg er auf vierzigtausend Fuß, wo der Pilot die Nachbrenner einschaltete. Der Rücksitz war eigentlich für den Kampfbegleiter gedacht, der Bomben und Raketen ins Ziel steuerte, aber auch mit einigen Instrumenten ausgestattet. Einem entnahm der Agent, daß ihre Geschwindigkeit nun 1700 km/h betrug.

«Wozu die Eile?» fragte der Pilot.

«Ich muß vor jemandem in Panama sein.»

«Mit welchem Flugzeugtyp ist er unterwegs?»

«Mit einem Business-Jet, einer G-3, glaube ich. Startete vor fünfundachtzig Minuten von Andrews.»

Der Pilot lachte. «Ist das alles? Bis der landet, sind Sie schon in Ihrem Hotelzimmer. Wir liegen jetzt schon vor ihm und kommen auch neunzig Minuten vor ihm an. Gefällt Ihnen der Flug?»

«Wo ist der Getränkewagen?»

«An Ihrem rechten Knie sollte eine Flasche stehen. Angenehmer Tropfen, schöne Blume.»

Bright trank aus Neugier einen Schluck.

«Ein Iso-Getränk, damit Sie wachbleiben», erklärte der Pilot Sekunden später. «Sie sind vom FBI, nicht wahr?»

«Stimmt.»

«Was läuft hier?»

«Darf ich nicht sagen. Was bedeutete das?» In seinem Kopfhörer piepte es.

«SAM-Radar», erklärte der Major.

«Wie bitte?»

«Dort drüben liegt Kuba, und dort steht eine Luftabwehrraketen-Batterie. Die hat aus unerfindlichen Gründen etwas gegen amerikanische Militärmaschinen. Aber keine Angst, wir sind außer Reichweite. Kommt dauernd vor. Wir benutzen das Signal zum Kalibrieren unserer Systeme. Gehört alles zum Spiel.»

Murray und Shaw lasen in dem Material, das Ryan mitgebracht hatte. Nun mußten sie feststellen, was angeblich vorging, was in Wirklichkeit vorging, ob es überhaupt legal war und wie sie angemessen reagieren konnten. Was Ryan da auf Murrays Schreibtisch abgeladen hatte, ließ sich mit einem Korb voller Giftschlangen vergleichen.

«Ahnen Sie, was daraus werden kann?»

Shaw drehte sich an seinem Schreibtisch um. «Noch einen Skandal wie Irangate kann das Land nicht vertragen.» Jedenfalls keinen, an dem ich beteiligt bin, dachte er zudem.

«Wir haben schon einen Skandal, ob es uns nun paßt oder nicht», meinte Murray. «Mit den Motiven der Aktion könnte ich ja noch einverstanden sein, aber Jacks Aussage nach haben wir es hier mit einer formellen Verletzung der Überwachungsgesetze und einem Verstoß gegen eine Durchführungsverordnung des Präsidenten zu tun.»

«Es sei denn, es existierte ein geheimer Zusatzbefehl, von dem wir nichts wissen. Und wenn der Justizminister informiert ist?»

«Und wenn er Teil der Verschwörung ist? Am Tag des Attentats auf Emil flog der Justizminister mit allen anderen nach Camp David.»

«Ich hätte zu gerne gewußt, was unser Freund in Panama will.»

«Vielleicht finden wir das heraus. Er reist allein, ohne Eskorte. Wen lassen Sie in Andrews ermitteln?»

«Pat O'Day», antwortete Murray. «Er soll auch die Verbindung zum Secret Service übernehmen, mit dem er schon oft zusammengearbeitet hat. Aber das hat noch Zeit. So weit sind wir längst noch nicht.»

«Einverstanden. Achtzehn Leute arbeiten an ODYSSEE. Das reicht nicht.»

«Für den Augenblick müssen wir den Kreis klein halten, Bill. Der nächste Schritt wäre, jemanden im Justizministerium einzuweihen, damit wir gedeckt sind. Wer käme da in Frage?»

«Keine Ahnung», erwiderte Shaw verzweifelt. «Wie führt man Ermittlungen, bei denen der Justizminister außen vor bleibt?»

«Gut, dann lassen wir uns Zeit. Am wichtigsten ist nun, daß wir herausfinden, wie der ursprüngliche Plan lautete. Dann können wir weiterforschen.» Eine logische Bemerkung von Murray, aber eine falsche. Es sollte ein Tag der Irrtümer werden.

Die F-15E landete pünktlich auf dem Militärflughafen Howard Field, achtzig Minuten vor der planmäßigen Ankunft der Maschine aus Andrews. Bright bedankte sich bei dem Piloten, der auftankte und sofort wieder startete, um in gemächlicherem Tempo nach Eglin zurückzukehren. Der Nachrichtendienstoffizier des Stützpunkts und ein in Panama stationierter Agent empfingen Bright, wurden von ihm informiert und zum Stillschweigen vergattert. Anschließend besorgte sich Bright im PX unauffällige Kleidung. Der Nachrichtendienstoffizier hatte ihm einen Wagen mit panamaischen Kennzeichen besorgt, der vor dem Tor des Militärgeländes parkte. Auf dem Stützpunkt selbst benutzten sie einen blauen Viertürer der Air Force. Als die VC-20A landete, holte Bright seine Nikon hervor und setzte ein 1000 mm-Teleobjektiv ein. Die Maschine kam vor einem Hangar zum Stehen, die Tür öffnete sich. Bright setzte die Kamera an und machte über mehrere hundert Meter hinweg Nahaufnahmen des einzigen Passagiers, der aus der Maschine kam und in einen wartenden Wagen stieg.

«Donnerwetter, das ist er tatsächlich.» Bright spulte den Film zurück, nahm ihn aus der Kamera und reichte ihn dem anderen FBI-Agenten. Dann legte er eine neue Spule ein.

Der Wagen, dem sie nun folgten, war ein Zwilling ihres blauen Air-Force-Fahrzeugs. Er rollte sofort vom Gelände des Stützpunkts. Bright und die anderen hatten kaum Zeit, die Autos zu tauschen, aber ihr Fahrer, ein Colonel der Air Force, schien Rennambitionen zu haben und ging hundert Meter hinter dem zu überwachenden Fahrzeug in Position.

«Warum keine Leibwächter?» fragte er.

«Wie ich höre, legt er darauf im allgemeinen keinen Wert», erwiderte Bright. «Sonderbar, nicht wahr?»

«Allerdings, wenn man bedenkt, wer er ist, was er weiß und wo er sich im Augenblick befindet.»

Die Fahrt in die Stadt verlief ohne besondere Vorkommnisse. Cutter wurde bei einem Luxushotel am Stadtrand von Panama City abgesetzt. Bright sprang aus dem Fahrzeug und sah zu, wie der Mann sich anmeldete, als sei er ein ganz normaler Geschäftsreisender. Der andere Agent stieß wenige Minuten später zu ihm. Der Colonel wartete im Wagen.

«Was nun?»

«Kennen Sie bei der örtlichen Polizei jemanden, dem Sie vertrauen können?» fragte Bright.

«Nein. Es gibt zwar ein paar anständige Männer, aber vertrauen kann man hier unten niemandem.»

«Nun, dann muß das halt auf die altmodische Art geregelt werden», meinte Bright.

«Gut.» Der FBI-Agent griff nach seiner Brieftasche und ging an den Empfang. Zwei Minuten später kam er wieder zurück. «So, das FBI schuldet mir zwanzig Dollar. Er hat sich als Robert Fisher eingeschrieben. Hier ist auch die American-Express-Nummer.» Er reichte ihm ein zerknittertes Stück Kohlepapier, das auch eine hingekritzelte Unterschrift trug.

«Lassen Sie das von der Zentrale in Washington überprüfen. Wir müssen sein Zimmer im Auge behalten. Wir brauchen... verdammt, wieviel Personal steht uns zur Verfügung?» Bright winkte ihn nach draußen.

«Nicht genug.»

Brights Gesicht verzog sich zu einer häßlichen Grimasse. Das war keine einfache Entscheidung. ODYSSEE war streng geheim, hatte Murray ihm eingeschärft, aber – irgendwie gab es immer ein Aber – in diesem Fall war Verstärkung unbedingt erforderlich. Und die mußte er als höchster Mann vor Ort anfordern. Solche Dinge konnten Karrieren fördern oder ruinieren, das wußte er. Es war mörderisch heiß und schwül, aber Bright schwitzte nicht nur aus diesem Grund.

«Gut, richten Sie aus, wir brauchten für die Überwachung sechs gute Leute.»

«Sind Sie auch sicher...»

«Im Augenblick ist für mich überhaupt nichts sicher! Der Mann, den wir beschatten sollen... falls wir ihn verdächtigen... Himmel nochmal!» Bright schwieg. Nun gab es nicht mehr viel zu sagen.

«Wird gemacht.»

«Ich warte hier draußen. Der Colonel soll die Sache organisieren.»

Wie sich herausstellte, war die Hast überflüssig gewesen. Cutter, das Subjekt, erschien drei Stunden später geduscht und in einem leichten Leinenanzug in der Hotelhalle. Draußen warteten vier Autos auf ihn, aber Cutter war nur über den kleinen weißen Mercedes informiert. Er stieg ein und wurde nach Norden gefahren. Die drei anderen hielten Sichtkontakt.

Es wurde dunkel. Bright nahm den zweiten Film, den er gerade erst begonnen hatte, aus der Kamera und legte einen hochempfindlichen Schwarzweißfilm ein, machte ein paar Aufnahmen von dem Mercedes, um das Kennzeichen festzuhalten. Am Steuer saß inzwischen ein Sergeant von der Kriminalabteilung der Militärpolizei, der sich in der Gegend gut auskannte und auch das Haus, in dessen Einfahrt der Mercedes verschwand, identifizieren konnte.

Der Sergeant kannte eine Stelle, von der aus man das Haus übersehen konnte, aber sie erreichten sie zu spät. Außerdem konnten sie den Wagen nicht an der Landstraße stehenlassen. Bright und der FBI-Mann sprangen hinaus und fanden ein feuchtes, stinkendes Versteck. Der Sergeant gab ihnen ein Funkgerät für den Fall, daß sie ihn verständigen mußten, und wünschte ihnen viel Glück.

Der Hausbesitzer war in Staatsgeschäften außer Landes, aber freundlich genug gewesen, ihnen das Anwesen zu überlassen. Dazu gehörte diskretes Hauspersonal, das einen leichten Imbiß und Getränke servierte und sich dann zurückzog. Die Tonbandgeräte, da waren sich die beiden Männer sicher, liefen. Aber das machte nichts.

Von wegen! Beiden war klar, wie sensitiv das bevorstehende Gespräch ausfallen würde, und Cortez überraschte seinen Gast mit dem Vorschlag, doch trotz der Schwüle in den Garten zu gehen. Die beiden zogen ihre Jacketts aus und gingen durch die Terrassentür hinaus.

«Ich möchte mich für Ihre Reaktion auf mein Signal bedanken», meinte Cortez umgänglich. Imponiergehabe war nun fehl am Platz. Hier ging es ums Geschäft, und er mußte diesem Mann bescheiden gegenübertreten. Das fiel ihm nicht schwer. Leute von Cutters Rang erwarteten ehrerbietiges Verhalten, und daran mußte sich Cortez gewöhnen.

«Worüber wollen Sie sprechen?» fragte Admiral Cutter.

«Über Ihre Operationen gegen das Kartell natürlich.» Cortez wies auf einen Rohrsessel, verschwand kurz und kehrte mit Gläsern und Getränken auf einem Tablett zurück. An diesem Abend war Perrier angesagt, beide Männer ließen den Alkohol stehen. Ein gutes Zeichen, dachte Felix.

«Von welchen Operationen reden Sie?»

«Zunächst einmal sollten Sie wissen, daß ich persönlich mit dem Anschlag auf Mr. Jacobs nichts zu tun hatte. Das war ein Akt des Wahnsinns.»

«Warum soll ich Ihnen das glauben?»

«Ich war zur fraglichen Zeit in Amerika. Hat man Ihnen das nicht gesagt?» Cortez nannte einige Details. «Eine Informationsquelle wie Mrs. Wolfe», schloß er, «ist viel wertvoller als hirnlose Racheakte. Eine noch größere Idiotie ist es, ein mächtiges Land so offen herauszufordern. Und Ihre Reaktion war höchst beeindruckend. Daß Sie die Flugplätze überwachten, merkte ich erst, als diese Operation eingestellt wurde, und die simulierten Autobomben... dieser Zug verrät die Hand des Künstlers, wenn ich mich so ausdrücken darf. Können Sie mir das strategische Ziel dieser Operationen nennen?»

«Oberst Cortez, ich bitte Sie.»

«Admiral, ich kann alle Ihre Aktivitäten der Presse offenlegen», meinte Cortez fast betrübt. «Entweder geben Sie mir Auskunft oder Ihrem Kongreß. Mich werden Sie weitaus entgegenkommender finden. Immerhin haben wir den gleichen professionellen Hintergrund.»

Cutter überlegte kurz und sagte es ihm dann. Zu seinem Ärger fing sein Gesprächspartner an zu lachen.

«Brillant!» rief Cortez, als er sich wieder gefangen hatte. «Eines Tages möchte ich den Mann, der auf diese Idee kam, kennenlernen. Ein wahrer Profi!»

Cutter nickte, als nähme er das Kompliment an. Ist das nun die Wahrheit? fragte sich Cortez. Nun, das sollte sich leicht genug feststellen lassen.

«Verzeihung, Admiral Cutter, ich möchte Ihre Operation nicht lächerlich machen. Sie haben Ihr Ziel tatsächlich erreicht.»

«Ich weiß. Jemand hat versucht, Sie und Escobedo zu töten.»

«Das stimmt», erwiderte Felix. «Ich würde Sie natürlich gerne fragen, woher Sie Ihre vorzüglichen Informationen beziehen, bekäme aber sicherlich keine Antwort.»

Cutter spielte die Karte aus. «Es stehen uns mehr Mittel zur Verfügung, als Sie glauben, Oberst.»

Cortez war nicht zu beeindruckt. «Das kann ich mir vorstellen. Auf jeden Fall stimmen wir in einem Punkt überein.»

«Und der wäre?»

«Sie wollen einen Krieg im Kartell auslösen. Und ich auch.»

Cutter verriet sich, indem er die Luft anhielt. «So? Warum denn?»

Nun wußte Cortez bereits, daß er gewonnen hatte. Und dieser Tölpel beriet den US-Präsidenten?

«Ja, ich werde dann *de facto* Teil Ihrer Operation und strukturiere das Kartell um. Dazu müssen aber einige der übleren Mitglieder ausgeschaltet werden.»

Cutter war zwar nicht ganz auf den Kopf gefallen, beging aber den Fehler, das Naheliegende zu konstatieren: «Und Sie stünden dann an der Spitze?»

«Wissen Sie eigentlich, was diese ‹Drogenbarone› sind? Brutale, ungebildete, machttrunkene Bauern, die aber wie verzogene Kinder jammern, weil sie nicht *respektiert* werden.» Cortez schaute zu den Sternen auf und lächelte. «Männer wie wir brauchen solche Leute überhaupt nicht ernst zu nehmen. Sind wir uns einig, daß die Welt auf sie verzichten kann?»

«Dieser Gedanke ist mir auch schon gekommen.»

«Dann sind wir uns also einig.»

«Einig worüber?»

«Ihre ‹Autobomben› haben bereits fünf Bosse eliminiert. Und ich werde den Rest weiter reduzieren. Ausgeschaltet werden zum Beispiel alle, die ihr Plazet zu dem Mord an Direktor Jacobs gaben. Wenn solche Taten ungesühnt bleiben, stürzt die Welt ins Chaos. Zum Beweis meines guten Willens werde ich die Kokainlieferungen in Ihr Land um die Hälfte reduzieren. Der Drogenhandel ist desorganisiert und viel zu gewalttätig», erklärte der frühere Oberst des DGI. «Er muß umstrukturiert werden.»

«Wir verlangen, daß er eingestellt wird!» bellte Cutter und erkannte sofort, daß er einen Fehler gemacht hatte.

Cortez trank einen Schluck Mineralwasser und sprach sachlich weiter. «So weit wird es nie kommen. Solange Ihre Bürger sich ruinieren wollen, wird es Menschen geben, die ihnen das ermöglichen. Lassen wir den Prozeß doch lieber geordnet ablaufen. Irgendwann werden Ihre Aufklärungsbemühungen greifen und die Drogennachfrage auf ein erträgliches Maß reduzieren. Bis dahin kann ich den Handel so steuern, daß extreme Auswirkungen auf Ihre Gesellschaft ausbleiben. Ich werde die Exporte kürzen. Ich will sogar arrangieren, daß Ihre Polizei Großdealer verhaften und dann behaupten kann, die Reduzierung des Drogenflusses sei auf ihre Erfolge zurückzuführen. Bei Ihnen ist schließlich Wahljahr, oder?»

Wieder blieb Cutter die Luft weg. Sie spielten Poker um einen hohen Einsatz, und Cortez hatte gerade verkündet, daß die Karten gezinkt waren.

«Weiter.» Mehr brachte Cutter nicht heraus.

«War das nicht das Ziel Ihrer Operationen in Kolumbien? Sie wollten das Kartell treffen und den Rauschgifthandel begrenzen. Ich biete Ihnen einen Erfolg ... und zwar einen, den der Präsident für sich in Anspruch nehmen kann. Reduzierte Exporte, dramatische Verhaftungen und Beschlagnahmungen, einen Bruderkrieg im Kartell. Ich biete Ihnen den Wahlsieg», sagte Cortez.

«Und als Gegenleistungen...?»

«Auch ich brauche einen kleinen Sieg, um meine Position unter den Bossen des Kartells festigen zu können. Sie werden Ihren Green Berets in den Bergen die Unterstützung entziehen. Sie wissen ja, die Truppen, die ihren Nachschub mit dem großen schwarzen Hubschrauber in Hangar drei auf dem Luftstützpunkt Howard bekommen. Jene Kartellbosse, die ich verdrängen möchte, leisten sich große Gefolge. Es käme mir sehr zupaß, wenn Ihre Soldaten möglichst viele töten würden. Andererseits aber muß ich, will ich bei meinen Vorgesetzten an Ansehen gewinnen, diesen blutigen und verlustreichen Kampf siegreich beenden. Eine bedauerliche Notwendigkeit, die für Sie aber auch die Lösung eines potentiellen Sicherheitsproblems bedeutete, oder?»

Mein Gott, dachte Cutter und schaute an Cortez vorbei in den Dschungel.

«Worüber die wohl sprechen?»

«Keine Ahnung», erwiderte Bright, der inzwischen seinen letzten Film eingelegt hatte. Trotz des hochempfindlichen Materials mußte er mit einer langen Verschlußzeit arbeiten und die Kamera so still halten wie ein auf ein fernes Ziel gerichtetes Jagdgewehr.

Stellen Sie die Operation ein, hatte der Präsident gesagt. *Wie, ist mir egal...*

Aber das kann ich nicht machen.

«Tut mir leid», sagte Cutter. «Ausgeschlossen.»

Cortez breitete die Hände aus und machte eine hilflose Geste. «In diesem Fall werden wir der Welt mitteilen müssen, daß Ihre Regierung eine Invasion Kolumbiens gestartet und Massenmord begangen hat. Was dann aus Ihnen, Ihrem Präsidenten und vielen anderen hohen Regierungsbeamten wird, können Sie sich ja vorstellen. Es dauerte schon so lange, bis sie die anderen Skandale überstanden hatten. Es muß sehr deprimierend sein, einer Regierung zu dienen, die einerseits Probleme mit ihren eigenen Gesetzen hat und diese dann gegen ihre eigenen Bediensteten anwendet.»

«Sie können die Regierung der Vereinigten Staaten nicht erpressen.»

«Warum nicht, Admiral? Unser Beruf ist mit Risiken verbunden. Mit Ihrer ersten ‹Autobombe› haben Sie mich fast getötet, aber das trage ich

Ihnen nicht nach. Ihr Risiko ist die Bloßstellung. Wie Sie wissen, kamen bei dieser Explosion Untiveros' Frau, seine zwei kleinen Kinder und elf Hausangestellte um. Die Bewaffneten zähle ich nicht mit, denn Soldaten müssen eben ihren Kopf hinhalten. So wie ich auch. Und wie Sie, Admiral, aber mit einem Unterschied: Sie müssen den Kopf vor Gericht, der Presse und vor Kongreßausschüssen hinhalten.»

«Ich brauche Zeit zum...»

«Nachdenken? Entschuldigen Sie, aber ich will in vier Stunden wieder zurück sein, was bedeutet, daß ich mich in fünfzehn Minuten verabschieden muß. Meine Vorgesetzten wissen nicht, daß ich überhaupt weg bin. Ich habe also keine Zeit, und Sie auch nicht. Ich biete Ihnen den Sieg, auf den Sie und Ihr Präsident gehofft haben. Dafür erwarte ich eine Gegenleistung. Kommen wir zu keiner Übereinkunft, wird es für uns beide unangenehme Konsequenzen geben. So einfach ist das. Was sagen Sie, Admiral?»

«Was ist da gerade mit Handschlag besiegelt worden?»

«Cutter sieht alles andere als fröhlich aus. Rufen Sie den Wagen! Sieht aus, als wäre das Treffen zu Ende.»

«Mit wem hat er da überhaupt gesprochen? Der Mann ist mir unbekannt.»

«Das weiß ich auch nicht.» Ihr Wagen kam zu spät, doch das Ersatzfahrzeug folgte Cutter zurück zu seinem Hotel. Als Bright wieder auf dem Militärflughafen eintraf, erfuhr er, daß der Admiral sich schlafen gelegt hatte. Die VC-20A sollte um die Mittagszeit zurück nach Andrews starten. Bright plante, ihr zuvorzukommen, indem er einen frühen Linienflug nach Miami nahm und dort nach Washington umstieg. Er würde zwar total erschöpft ankommen, es aber dennoch schaffen.

Ryan nahm in Vertretung des Direktors das Gespräch an. Richter Moore war endlich auf dem Heimweg, aber noch nicht im Haus. Jacks Fahrer war bereit, als sich der Aufzug in der Tiefgarage öffnete, und sie machten sich sofort auf den Weg zum Krankenhaus. Als sie dort eintrafen, war es schon zu spät. Jack öffnete die Tür und sah, daß das Bett mit einem Laken abgedeckt war. Der Arzt hatte sich schon entfernt.

«Ich war bis zum Ende dabei. Er hatte einen leichten Tod», sagte ein CIA-Mann, der offenbar auf Ryan gewartet hatte. «Sie sind Dr. Ryan, nicht wahr?»

Jack nickte.

«Ehe er das Bewußtsein verlor, sagte er, Sie sollten nicht vergessen, was Sie beide besprochen hätten. Ich weiß nicht, was er meinte, Sir.»

«Ich kenne Sie nicht.»

«John Clark.» Der Mann kam zu Ryan und gab ihm die Hand. «Ich gehöre zwar zu Operationen, wurde aber vor langer Zeit von Admiral Greer rekrutiert.» Clark seufzte. «Mir ist, als hätte ich den Vater verloren. Zum zweiten Mal.»

«Ja», sagte Ryan heiser. Er war zu müde, um seine Gefühle zu verbergen.

«Ich lade Sie zu einem Kaffee ein und erzähle Ihnen ein paar Geschichten über den Alten.» Clark war traurig, aber an den Tod gewöhnt.

Da die Kantine geschlossen war, holten sie sich den Kaffee aus einem Automaten im Warteraum. Es war eine aufgewärmte, saure Brühe, aber er wollte noch nicht nach Hause. Außerdem war ihm viel zu spät eingefallen, daß er mit seinem eigenen Wagen zur Arbeit gekommen war und daher auch selbst nach Hause fahren mußte. Und dazu war er zu müde. Ryan beschloß, Cathy anzurufen und ihr auszurichten, er wolle die Nacht in der Stadt verbringen. Das Marriott-Hotel hielt für die CIA immer ein paar Zimmer in Reserve, und Clark erbot sich, Ryan mitzunehmen. Als sie im Marriott, in dem auch Clark und Larson untergekommen waren, ankamen, kamen sie zu dem Schluß, daß es Zeit für einen kräftigen Schluck war.

Larson hatte im Zimmer eine Nachricht hinterlassen: Maria träfe erst spät in der Nacht ein, und er wolle sie vom Flughafen abholen. Clark holte eine halbe Flasche Bourbon und zwei Gläser.

«Auf James Greer, den letzten anständigen Mann», sagte Clark und erhob sein Glas.

Jack trank einen Schluck. Clark hatte den Drink so kräftig gemixt, daß er fast gehustet hätte.

«Er hat Sie also rekrutiert. Wie kommt es dann...?»

«Daß ich bei Operationen bin?» Clark lächelte. «Nun, Sir, ich habe nicht studiert, aber Greer wurde über einen seiner Navy-Kontakte auf mich aufmerksam. Das ist eine lange, zum Teil noch geheime Geschichte, aber unsere Wege haben sich bereits dreimal gekreuzt.»

«Wirklich?»

«Als die Franzosen im Tschad diese Kerle von der *Action directe*, die Sie auf Ihren Satellitenfotos entdeckt hatten, ausräucherten, war ich dort Verbindungsoffizier. Und als sie beim zweiten Mal diesen ULA-Verein angriffen, der es auf Sie abgesehen hatte, war ich mit im Hubschrauber.

Außerdem war ich der Wahnsinnige, der Frau Gerasimowa und ihre Tochter aus der Sowjetunion herausholte. Und diese Operation, Sir, hatten Sie ganz allein angerührt. Ich bin halt derjenige, der die Wahnsinnsaufträge bekommt.»

«Das wußte ich nicht.»

«Das sollten Sie auch nicht wissen. Schade nur, daß uns diese Kerle von der ULA durch die Lappen gingen. Dafür wollte ich mich schon immer bei Ihnen entschuldigen. Dabei haben die Franzosen uns so tatkräftig unterstützt. Nachdem wir sie auf die Spur der *Action directe* gebracht hatten, wollten sie uns die Köpfe der ULA auf dem Silbertablett servieren, doch dann kam der Hubschrauber einer übenden libyschen Einheit in die Quere. Nun, das Lager war wahrscheinlich schon längst verlassen. Den Fehlschlag fanden alle sehr bedauerlich. Wir hätten Ihnen viel Ärger ersparen können, Dr. Ryan.»

«Sagen Sie ruhig Jack.» Ryan hielt Clark sein leeres Glas hin.

«Gut, ich heiße John.» Clark füllte beide Gläser nach. «Das durfte ich Ihnen jetzt mit Genehmigung des Admirals sagen. Er meinte auch, Sie seien aus Zufall hinter die Operation im Süden gekommen. Ich war gerade dort. Was möchten Sie gerne wissen?»

«Dürfen Sie mir das denn sagen?»

«Ja, der Admiral hat es mir erlaubt. Außerdem sagte Ritter, die ganze Unternehmung sei legal, er hätte alle für diese Jagdexpedition erforderlichen Genehmigungen, und die können nur von einer Stelle kommen. Jemand ist zu dem Schluß gekommen, daß diese Drogengeschichte eine ‹klare und unmittelbare Gefahr› für die Sicherheit der Vereinigten Staaten darstellt. Bei uns hat nur ein Mann die Macht, diese Feststellung zu treffen, und wenn er das tut, ist er auch befugt, die entsprechenden Schritte einzuleiten. Ich habe zwar nicht studiert, aber ich lese viel. Wo soll ich anfangen?»

«Ganz von vorne», erwiderte Jack. Er lauschte eine gute Stunde lang.

«Wollen Sie wieder zurück?» fragte Ryan, als Clark geendet hatte.

«Die Gelegenheit, Cortez zu schnappen, muß genutzt werden. Außerdem möchte ich bei der Bergung unserer Jungs mithelfen. Ich bin von der Vorstellung zwar nicht begeistert, aber so etwas gehört bei mir halt zum Beruf. Ihre Frau muß als Ärztin bestimmt auch Dinge tun, die ihr widerstreben.»

«Eines wollte ich Sie noch fragen. Was empfanden Sie, als Sie die Bomben ins Ziel steuerten?»

«Was empfanden Sie, als Sie damals Leute erschossen?»

Jack nickte. «Verzeihung... das war wohl unvermeidlich.»

«Ich ging zur Navy und wurde SEAL, war oft in Südostasien im Einsatz. Ich bekam den Befehl, Leute zu töten, und da ging ich eben hin und tat es. Auch das war kein offiziell erklärter Krieg. Seit ich bei der CIA bin, habe ich nicht viele solcher Aufträge erledigt. Manchmal wünschte ich mir, ich könnte richtig hinlangen, denn damit hätte ich auf lange Sicht Menschenleben gerettet. Einmal hatte ich Abu Nidals Kopf im Visier, bekam aber keine Genehmigung, das Schwein umzupusten. Ähnlich ging es mit zwei anderen Terroristen. Sauber wäre das gewesen, dementierbar, aber die Spitzenhöschenfraktion in Langley konnte sich nicht entscheiden. Man wies mich einmal an festzustellen, ob es möglich sei, bestimmte Personen auszuschalten, und das ist schon so gefährlich wie Herangehen und Abdrücken, aber ich bekam nie grünes Licht für den Abschluß der Operation. Von meiner Warte aus gesehen, ist die derzeitige Operation gut. Diese Narcos sind Feinde unseres Landes, sie töten unsere Bürger und haben sogar zwei Leute von der CIA auf grausame Weise umgebracht. Aber wir unternahmen bisher nichts. War das richtig? Aber ich befolge nur meine Befehle.»

«Hätten Sie Lust, mal mit dem FBI zu reden?»

«Soll das ein Witz sein? Nein, dazu hab ich keine Lust. Mein Hauptinteresse gilt nun unseren Jungs in den Bergen, und wenn Sie mich aufhalten, Jack, kann das einige das Leben kosten. Ritter rief heute abend an und fragte, ob ich bereit sei, wieder zurück nach Kolumbien zu gehen. Morgen früh um acht Uhr vierzig fliege ich los.»

«Wissen Sie, wie Sie Kontakt mit mir aufnehmen?»

«Nein, aber das wäre eine gute Idee.»

Die Ruhe hatte allen gutgetan. Der Muskelkater hatte nachgelassen, und alle hofften, nach ein paar Stunden Bewegung wieder lockere Glieder zu haben. Captain Ramirez versammelte seine Männer und erklärte ihnen die neue Lage. Er hatte über Satellit mit VARIABEL gesprochen und gebeten, daß man sie heraushole. Das Ersuchen war positiv aufgenommen worden, müsse aber leider, fuhr er fort, von einer höheren Stelle genehmigt werden. Außerdem würde am Hubschrauber gerade ein Triebwerk ausgewechselt. Das bedeutete, daß sie noch eine Nacht, vielleicht auch zwei, hier im Land verbringen mußten. Bis dahin lautete ihr Befehl, jeglichen Kontakt zu vermeiden und sich an eine günstige Bergungsstelle zu begeben. Diese war bereits identifiziert und lag fünfzehn Kilometer weiter südlich. Der Auftrag für diese Nacht hieß also, die

Gruppe, von der sie verfolgt wurden, zu umgehen. Nicht einfach, aber wenn sie das hinter sich hatten, war der Weg durch ein bereits gesäubertes Gebiet frei. In der kommenden Nacht wollten sie acht oder neun Kilometer zurücklegen, den Rest in der Nacht darauf. Auf jeden Fall war die Mission zu Ende; sie zogen sich zurück. Die von Team BANNER zu ihnen gestoßenen Männer bildeten einen dritten Trupp und verstärkten ihre bereits beträchtliche Feuerkraft noch weiter. Alle hatten noch mindestens zwei Drittel der ursprünglich ausgegebenen Munition. Nur die Verpflegung wurde knapp, aber für zwei Tage reichte sie noch, wenn niemand sich über knurrende Mägen aufregte. Ramirez endete seinen Vortrag optimistisch. Es war nicht einfach gewesen, aber sie hatten ihren Auftrag erfüllt und den Narcos echten Schaden zugefügt. Nun brauchten sie sich nur noch zusammenzunehmen und auf die Bergung zu warten. Die Männer nickten sich zu und bereiteten sich auf den Aufbruch vor.

Zwanzig Minuten später übernahm Ramirez die Führung. Sie blieben so hoch wie möglich in den Bergen, denn der Gegner neigte dazu, seine Lager in tieferen Lagen aufzuschlagen. Er war auch bemüht, alles, was nach einer menschlichen Ansiedlung aussah, zu meiden. Das bedeutete, daß sie einen weiten Bogen um Kaffeeplantagen und die dazugehörenden Dörfer schlagen mußten, aber das hatten sie ja bisher ohnehin getan. Außerdem mußten sie so schnell vorankommen, wie es die Vorsicht zuließ –, was bedeutete, daß man die Vorsicht etwas außer acht ließ. Bei Übungen tat man das oft. Ding war nach seinen Erfahrungen im Feld weniger optimistisch. Positiv fand er allerdings, daß Ramirez sich wieder wie ein Offizier verhielt. Vielleicht war der Mann nur erschöpft gewesen.

Angenehm an der Nähe der Kaffeeplantagen war das weniger dichte Unterholz. Die Plantagenarbeiter holten sich ihr Brennholz aus dem Wald und dünnten das Dickicht aus. Chavez kam rascher als erwartet voran, schaffte zwei Kilometer pro Stunde, aber um Mitternacht spürte er jeden Meter, den er zurücklegte, in den Beinen. Erschöpfung, lernte er wieder einmal, ist ein sich mehr und mehr steigernder Faktor, und man brauchte einen Tag, um ihre Nachwirkungen abzuschütteln, ganz gleich, wie fit man auch war. Chavez fragte sich auch, ob die große Höhe etwas mit seiner Müdigkeit zu tun hatte. Wie auch immer: Er war bemüht, das Tempo zu halten, wachsam zu bleiben, sich die Route zu merken. Infanterieoperationen strengen den Verstand mehr an, als die meisten Leute ahnen, und der Verstand ist immer das erste Opfer der Müdigkeit.

Er entsann sich, auf der Karte ein kleines Dorf gesehen zu haben, einen halben Kilometer von seinem augenblicklichen Standort entfernt und tiefer gelegen. Vor einem Kilometer hatte er sich an einer Landmarke nach rechts gewandt, und von dort hörte er nun Geräusche. Seltsam: Die Bauern mußten auf den Plantagen hart arbeiten, hatte er gehört, und sollten jetzt eigentlich schlafen. Ding überhörte das typische Signal. Den Schrei aber, eher ein Keuchen, überhörte er nicht.

Er schaltete sein Nachtsichtgerät ein und sah eine Gestalt auf sich zueilen – ein Mädchen, das sich geschickt durchs Unterholz schlug. Hinter ihr der Lärm einer zweiten Person, die sich weniger geschickt verhielt. Chavez gab über Funk das Signal für Gefahr. Hinter ihm hielt der Zug an und wartete auf sein Zeichen «alles klar».

Das sollte ausbleiben. Das Mädchen stolperte und änderte die Richtung. Wenige Sekunden später stolperte es wieder und landete direkt vor Chavez' Füßen.

Mit der rechten Hand verschloß Chavez der jungen Frau den Mund. Den Zeigefinger der Linken hielt er vor die Lippen. Sie riß die Augen auf, als sie ihn sah – oder besser, nicht sah, denn sie erblickte nur ein mit Tarnfarbe verschmiertes Gesicht, wie aus einem Horrorfilm.

«Señorita, Sie brauchen keine Angst zu haben. Ich bin Soldat und belästige keine Frauen. Wer verfolgt Sie?» Er nahm die Hand von ihrem Mund und hoffte nur, daß sie nicht schrie.

Doch sie war vom Laufen so außer Atem, daß sie nur keuchen konnte. «Einer von den ‹Soldaten›, den Männern mit den Gewehren. Ich ...»

Er legte ihr wieder die Hand auf den Mund, als das Stampfen näherkam.

«Na, wo bist du denn, mein Vögelchen?» lockte eine Stimme.

Scheiße!

«Los, laufen Sie in diese Richtung!» zischte Chavez. «Bleiben Sie nicht stehen und drehen Sie sich nicht um.»

Das Mädchen rannte los, und der Mann hielt auf das Geräusch zu, kam direkt an Ding Chavez vorbei. Der Sergeant legte dem Mann von hinten die Hand aufs Gesicht und riß ihn zu Boden, zog dabei seinen Kopf zurück. Als die beiden zu Boden stürzten, machte Ding mit seinem Messer einen waagrechten Schnitt. Der Lärm überraschte ihn. Atem aus der Luftröhre und hervorsprudelndes Blut erzeugten ein lautes, gurgelndes Geräusch, das ihn zusammenfahren ließ. Der Mann zappelte noch ein paar Sekunden lang und wurde dann schlaff. Das Opfer hatte selbst ein Messer getragen. Chavez zog es aus der Scheide und steckte es in die

Wunde. Er hoffte nur, daß man nicht dem Mädchen die Schuld geben würde. Er hatte getan, was er konnte. Eine Minute später tauchte Captain Ramirez auf und war alles andere als begeistert. «Es blieb mir nichts anderes übrig, Sir», sagte Chavez zu seiner Verteidigung. In Wirklichkeit war er ziemlich stolz. War es nicht die Aufgabe eines Soldaten, die Schwachen zu schützen?

«Los, verschwindet hier!»

Der Zug marschierte schnell, um die Gegend hinter sich zu lassen, doch kein Geräusch wies darauf hin, daß der verliebte Nachtwandler vermißt wurde. Weitere Vorfälle gab es in dieser Nacht nicht. Sie erreichten ihren vorbestimmten Lagerplatz kurz vor Sonnenaufgang. Ramirez baute sein Funkgerät auf und rief VARIABEL.

«Roger, MESSER, wir haben Ihre Position und Ihr Ziel notiert. Zur Bergung liegen noch keine Informationen vor. Bitte melden Sie sich um achtzehn Uhr Lima wieder. Bis dahin sollte alles arrangiert sein. Over.»

«Roger. Melde mich um achtzehnhundert Lima. MESSER out.»

«Schade um BANNER», sagte ein Fernmeldetechniker zum anderen.

«So etwas kommt halt vor.»

«Ist Ihr Name Johns?»

«Der bin ich», sagte der Colonel, ohne sich sofort umzudrehen. Er war gerade von einem Testflug zurückgekehrt. Das neue, eigentlich fünf Jahre alte und generalüberholte Triebwerk arbeitete einwandfrei. Der Pave Low III war wieder einsatzbereit. Nun wandte Colonel Johns den Kopf, um zu sehen, mit wem er da sprach.

«Wissen Sie, wer ich bin?» fragte Admiral Cutter barsch. Ausnahmsweise trug er einmal die volle Uniform. Drei Sterne auf den goldbetreßten Schulterstücken blitzten in der Morgensonne, die Ordensbänder leuchteten, der Effekt der weißen Uniform mit den weißen Schuhen war beeindruckend, genau wie Cutter es geplant hatte.

«Jawohl, Sir. Entschuldigung, Sir.»

«Ihr Befehl ist geändert worden, Colonel. Sie haben sofort zu Ihrem Stützpunkt in den Staaten zurückzukehren. Und zwar noch heute.»

«Und was wird aus ...?»

«Das wird auf andere Weise erledigt. Muß ich Ihnen erst sagen, mit wessen Ermächtigung ich spreche?»

«Nein, Sir.»

«Sie werden mit niemandem über diese Angelegenheit reden. Mit niemandem, nirgendwo, niemals. Benötigen Sie weitere Anweisungen, Colonel?»

«Nein, Sir. Ihr Befehl ist ganz klar.»

«Sehr gut.» Cutter machte kehrt und ging zurück zu der Stabslimousine, die sofort wegfuhr. Seine nächste Station war eine Hügelkuppe über dem Gaillard-Durchstich des Panamakanals. Dort stand ein Fernmelde-Lkw. Cutter marschierte an dem bewaffneten Posten vorbei und stieg in das Fahrzeug, wo er eine ähnliche Ansprache hielt. Zu seiner Überraschung erfuhr Cutter, daß der Lkw mit einem Hubschrauber vom Hügel gehoben werden mußte; der Zufahrtsweg war zu schmal für das schwere Fahrzeug. Er erteilte den Befehl, die Operation einzustellen; um den Hubschraubertransport wollte er sich persönlich kümmern. Bis zu diesem Zeitpunkt hatte das Personal Anweisung, an Ort und Stelle zu bleiben und nichts zu tun. Die Sicherheit der Operation sei gefährdet, erklärte er, weitere Sendungen konnten die Männer, mit denen man kommunizierte, nur noch mehr gefährden. Nachdem sein Befehl bestätigt worden war, entfernte er sich. Um elf Uhr am Vormittag bestieg er seine Maschine. Zum Abendessen wollte er wieder in Washington sein.

Mark Bright traf kurz nach der Mittagszeit dort ein, schickte seine Filme ins Labor und erstattete Dan Murray Bericht.

«Mit wem er sich da getroffen hat, weiß ich nicht, aber vielleicht erkennen Sie den Mann. Was hat die American-Express-Kartennummer ergeben?»

«Ein CIA-Konto, das ihm seit zwei Jahren zur Verfügung steht, das er aber bisher noch nie benutzt hat. Die Gesellschaft faxte uns eine Unterschriftsprobe. Der Vergleich ist positiv, sagt das Labor», meinte Murray. «Sie sehen ganz schön fertig aus.»

«Ich habe in den letzten anderthalb Tagen höchstens drei Stunden geschlafen. Von Washington habe ich die Nase voll. Ich dachte, ich könnte mich in Mobile entspannen.»

Murray grinste. «Willkommen im alten Zirkus.»

«Leider mußte ich Hilfe von außen in Anspruch nehmen», erklärte Bright dann.

«Wen zum Beispiel?» Murray lächelte nun nicht mehr.

«Leute von der Air Force, der Aufklärung und der Militärpolizei. Ich habe allen eingeschärft, daß die Sache streng geheim ist, und bezweifle, daß sie durchblicken. Ich habe ja selbst noch keinen richtigen Überblick. Selbstverständlich übernehme ich die Verantwortung, aber ohne die Hilfe dieser Leute hätte ich die Aufnahmen nicht machen können.»

«Sieht so aus, als hätten Sie richtig gehandelt», meinte Murray. «Sie hatten wohl keine andere Wahl. So was kommt eben manchmal vor.»

Bright bedankte sich für das offizielle Pardon.

Nun mußten sie fünf Minuten lang auf die Abzüge warten. Ihr Auftrag hatte zwar Vorrang, aber das Entwickeln brauchte seine Zeit. Der Techniker – ein Abteilungsleiter – brachte die noch feuchten Bilder.

«Wie ich höre, sind die brandeilig.»

«Allerdings, Marvin ... um Himmels willen!» rief Murray aus. «Marvin, das ist streng geheim!»

«Weiß ich schon, Dan. Meine Lippen sind versiegelt. Wir können die Aufnahmen durch den Bildverstärker schicken, aber das wird eine Stunde dauern. Soll ich gleich anfangen?»

«Ja, auf der Stelle.» Murray nickte, und der Techniker ging. «Himmel noch mal», meinte Murray dann und betrachtete sich die Bilder noch einmal. «Phantastische Aufnahmen, Mark.»

«Und wer ist das?»

«Felix Cortez.»

«Ist mir kein Begriff.»

«Ex-Oberst des DGI. Entkam uns, knapp, als wir Ojeda schnappten.»

«War das der Macheteros-Fall?»

«Nicht ganz.» Murray schüttelte den Kopf, dachte eine Minute lang nach und rief dann Bill Shaw an. Der amtierende Direktor war kurz darauf zur Stelle. Agent Bright blickte immer noch nicht durch, als Murray seinem Chef die Fotos vorlegte. «Bill, das werden Sie nicht glauben.»

«Und wer ist dieser Felix Cortez?» fragte Bright.

Shaw beantwortete die Frage. «Nach seiner Flucht aus Puerto Rico begann er, für das Kartell zu arbeiten. Er war in das Attentat auf Emil verwickelt. Und da sitzt er neben dem Sicherheitsberater des Präsidenten. Was die beiden wohl zu reden hatten?»

«Auf einem anderen Film ist ein Bild, das die beiden beim Händedruck zeigt», erklärte Bright.

Shaw und Murray starrten ihn nur an. Dann tauschten sie einen Blick. Der oberste Sicherheitsberater des Präsidenten hatte einem Mann, der fürs Kartell arbeitete, die Hand gegeben?

«Dan», sagte Shaw, «was geht hier vor? Ist denn die ganze Welt verrückt geworden?»

«So sieht es aus.»

«Rufen Sie Ihren Freund Jack Ryan an. Sagen Sie ihm ... Richten Sie ihm über seine Sekretärin aus, es gäbe einen Terrorismusfall ... nein, das dürfen wir nicht riskieren. Holen Sie ihn auf dem Heimweg ab.»

«Er hat selbst einen Fahrer.»

«Verdammt!»

«Warten Sie, mir ist etwas eingefallen.» Murray griff nach seinem Telefon und wählte eine Nummer in Baltimore. «Cathy? Hier Dan Murray. Danke, uns geht's gut. Wann wird Jack normalerweise von seinem Fahrer daheim abgeliefert? Ach, er ist noch nicht da? Gut, dann möchte ich Sie um etwas bitten. Sagen Sie Jack, er soll auf dem Heimweg bei Danny vorbeifahren und ... die Bücher abholen. Das wäre alles. Und das ist kein Scherz, Cathy. Danke.» Er legte auf. «Nun, klingt das nicht verschwörerisch?»

«Ryan ... ist der nicht bei der CIA?»

«Jawohl», antwortete Shaw. «Er ist außerdem der Mann, der uns auf diesen Fall aufmerksam gemacht hat. Und leider dürfen wir Sie nicht darüber informieren, Mark.»

«Ich verstehe, Sir.»

«Gut, dann fliegen Sie mal ganz schnell heim und kümmern sich um Ihre Familie. Vorzügliche Arbeit. Das werde ich nicht vergessen.»

Pat O'Day, ein frisch beförderter Inspektor des FBI, hatte auf dem Parkplatz Posten bezogen. Einer seiner Untergebenen stand in der ölverschmierten Uniform eines technischen Sergeants der Air Force auf dem Vorfeld des Luftstützpunkts Andrews. Erst landete eine F-4C, dann die VC-20A. Das umgebaute Geschäftsflugzeug rollte zum Terminal des 89. Lufttransportgeschwaders auf der Westseite des Komplexes. Die Stufen wurden heruntergeklappt, und Cutter erschien in Zivilkleidung. Inzwischen hatte das FBI vom Nachrichtendienst der Air Force erfahren, daß er einer Hubschrauberbesatzung und einem Fernmelde-Lkw einen Besuch abgestattet hatte. Noch hatte niemand versucht, den Grund dafür herauszufinden, denn im Hauptquartier herrschte noch immer Unsicherheit. Typisch HQ, dachte O'Day. Cutter ging zu seinem Privatwagen, warf seine Reisetasche auf den Rücksitz und fuhr fort, verfolgt von O'Day und seinem Fahrer. Der Sicherheitsberater wählte den Suitland Parkway in Richtung Washington, fuhr aber nicht, wie seine Verfolger vermuteten, zum Weißen Haus, sondern weiter zu seiner Dienstvilla in Fort Myer, Virginia.

«Cortez? Der Name ist mir bekannt. Cutter hat sich mit einem ehemaligen DGI-Mann getroffen?» fragte Ryan.

«Hier ist ein Bild.» Murray reichte ihm die Aufnahme. Das FBI-Labor hatte mit Hilfe eines Computer-Bildverstärkers aus einer unscharfen Nachtaufnahme ein perfektes Porträt gemacht. Und Moira Wolfe hatte nur der Sicherheit halber Cortez' Identität noch einmal bestätigt. «Hier ist noch ein Bild.» Dieses zeigte die beiden beim Händeschütteln.

«Das wird sich vor Gericht gut machen», meinte Ryan und gab die Abzüge zurück.

«Beweise sind das nicht», erwiderte Murray.

«Wieso nicht?»

«Hohe Regierungsbeamte», erklärte Shaw, «treffen sich oft mit seltsamen Leuten. Erinnern Sie sich noch an Kissingers geheime Chinareise?»

«Das war aber doch...» Ryan hielt inne, als er erkannte, wie dumm sein Einwand klingen mußte. Immerhin hatte er selbst einmal ein geheimes Treffen mit dem sowjetischen Generalsekretär gehabt, von dem das FBI nichts wissen durfte. Was hätten einige Leute wohl *dazu* zu sagen gehabt?

«Ein Beweis für ein Verbrechen oder auch nur eine Verschwörung sind die Bilder erst, wenn wir wissen, daß etwas Illegales besprochen wurde», sagte Murray zu Jack. «Cutters Anwalt wird mit Erfolg erklären, das Treffen mit Cortez habe im Zusammenhang mit einer zwar geheimen, aber ansonsten ordnungsgemäßen Regierungspolitik stattgefunden.»

«Unsinn!» bemerkte Jack.

«Das trüge Ihnen nur einen Verweis vom Richter ein, Dr. Ryan», meinte Shaw. «Was hier vorliegt, ist eine interessante Information, aber noch kein Belastungsmaterial. Erst müssen wir wissen, ob überhaupt eine Straftat begangen wurde.»

«Ich bin übrigens dem Mann begegnet, der diese ‹Autobomben› ins Ziel steuerte.»

«Wo steckt er?» fragte Murray sofort.

«Wahrscheinlich ist er wieder in Kolumbien», erwiderte Ryan und sprach ein paar Minuten lang weiter.

«Himmel noch mal, wer ist das?» fragte Murray.

«Lassen wir seinen Namen fürs erste mal aus dem Spiel, ja?»

«Ich finde, wir sollten mit ihm reden», sagte Shaw.

«Er will nicht mit Ihnen reden. Er hat nämlich keine Lust, ins Gefängnis zu gehen.»

«Braucht er gar nicht.» Shaw erhob sich und ging im Raum auf und ab.

«Nur für den Fall, daß Sie es nicht wissen: ich bin auch Anwalt. Wenn wir versuchten, diesen Mann vor Gericht zu bringen, würde sein Anwalt mit Martinez-Barker kontern. Wissen Sie, was das ist? Ein wenig beachteter Nebeneffekt des Falles Watergate. Martinez und Barker waren Watergate-Verschwörer, die zu ihrer Verteidigung vorbrachten, sie hätten in dem Glauben gehandelt, an einer legalen Aktion im Interesse der nationalen Sicherheit teilzunehmen. Und das Berufungsgericht entschied dann, es könne keine Straftat vorliegen, wenn die Angeklagten in gutem Glauben und ohne kriminelle Absichten gehandelt hätten. Und Ihr Freund wird sich im Zeugenstand auf die von seinen Vorgesetzten beschworene ‹klare und unmittelbare Gefahr› berufen und erklären, nur einen Befehl ausgeführt zu haben, der von ganz oben kam. Dan hat Ihnen vermutlich schon gesagt, daß es auf diesem Gebiet keinen Präzedenzfall gibt. Die Mehrzahl meiner Agenten würde dem Mann bestimmt ein Bier spendieren, weil er Emil gerächt hat.»

«Eines kann ich Ihnen über diesen Mann sagen: Er hat Gefechtserfahrung und ist grundehrlich.»

«Das bezweifle ich nicht. Was das Töten angeht ... wir haben Rechtsgutachten, denen zufolge das, was Polizeischarfschützen tun, hart an Mord grenzt. Und die Grenze zwischen Polizeiarbeit und Kriegshandlung ist nicht immer so scharf, wie wir sie gerne hätten. Wo hört in diesem Fall eine legitime Aktion gegen Terroristen auf, wo fängt der Mord an? Letzten Endes hängt das von der Auffassung der entsprechenden Richter ab, von Politik also. Wissen Sie», fuhr Shaw fort, «Bankräuber jagen war einfacher. Da wußte man wenigstens, woran man war.»

«Genau», sagte Ryan. «Wetten, daß der ganze Schlamassel nur gestartet wurde, weil in diesem Jahr gewählt wird?»

Murrays Telefon ging. «Ja? Vielen Dank.» Er legte auf. «Cutter hat sich gerade in sein Auto gesetzt und fährt nun über den George Washington Parkway. Will jemand raten, wo sein Ziel ist?»

26

Instrumente des Staates

Inspektor O'Day dankte seinem Glücksstern – als Ire glaubte er an so etwas –, daß Cutter ein solcher Idiot war. Der Mann hatte wie auch schon vorhergehende Sicherheitsberater auf eine Leibwache verzichtet und hatte nicht die geringste Ahnung, wie man sich einer Observierung entzieht. Das Subjekt fuhr auf dem George Washington Parkway nach Norden und schien der festen Überzeugung zu sein, daß das niemandem aufgefallen war. Er schlug keine Haken, machte auch keine Umwege durch Einbahnstraßen und tat nichts, was man schon aus Fernsehkrimis lernen kann oder aus Chandler-Romanen mit Philip Marlowe, die O'Day für sein Leben gern las. Selbst im Auto hörte er dramatisierte Versionen der Krimis auf Kassette. Chandlers Fälle waren schwerer zu knacken als die im wirklichen Leben, aber für O'Day war das nur der Beweis, daß Philip Marlowe einen ausgezeichneten G-Man abgegeben hätte. Der vorliegende Fall erforderte solche Talente nicht. Cutter war zwar Drei-Sterne-Admiral, aber auf dem Gebiet konspirativer Taktiken völlig unbedarft. Er wechselte noch nicht einmal die Spur und gondelte einfach in die Ausfahrt, die ihn zur CIA führen mußte –, es sei denn, er wollte einer Straßenmeisterei einen Besuch abstatten, die um diese Zeit schon geschlossen war. Knifflig war nur die Aufgabe, Cutter nachher wieder auf die Spur zu kommen, denn die Sicherheitsmaßnahmen bei der CIA waren scharf. O'Day setzte seinen Beifahrer ab und ließ ihn zwischen den Bäumen am Straßenrand lauern. Er selbst forderte einen weiteren Wagen an. Er rechnete damit, daß Cutter bald wieder erschien und nach Hause fuhr.

Der Sicherheitsberater hatte die Verfolger nicht bemerkt und hielt auf einem VIP-Parkplatz. Wie üblich öffnete ihm jemand die Tür und brachte ihn zu Ritters Büro im sechsten Stock. Der Admiral nahm ohne ein freundliches Wort Platz.

«Ihre Operation ist geplatzt», sagte er barsch zum DDO.

«Was soll das heißen?»

«Das soll heißen, daß ich gestern mit Felix Cortez zusammengetroffen bin. Er weiß über unsere Truppen Bescheid, über die Aufklärungsaktion an den Flugplätzen, die Bomben und den Hubschrauber, der den Nachschub für SHOWBOAT erledigt. Ich lasse den Vorhang fallen. Den Hubschrauber habe ich bereits nach Eglin zurückbeordert und dem Personal von VARIABEL empfohlen, jegliche Kommunikation einzustellen.»

«Das ist doch Wahnsinn!» brüllte Ritter.

«Unsinn. Ich erteile hier die Befehle, Ritter. Ist das klar?»

«Und unsere Leute?»

«Um diese Frage habe ich mich schon gekümmert. Wie, brauchen Sie nicht zu wissen. Alles wird sich beruhigen», meinte Cutter. «Ihr Wunsch ist in Erfüllung gegangen. Es ist ein Bandenkrieg im Gang. Die Drogenlieferungen werden um die Hälfte reduziert. Und die Presse darf dann berichten, daß wir den Krieg gegen die Drogen gewinnen.»

«Und Cortez setzt sich an die Spitze des Kartells, nicht wahr? Ist Ihnen eigentlich klar, daß alles so läuft wie zuvor, wenn er sich erst einmal eingerichtet hat?»

«Ist Ihnen klar, daß er die Operation an die Öffentlichkeit bringen kann? Und was wird dann aus Ihnen und dem Richter?»

«Wir werden Ihr Schicksal teilen», fauchte Ritter zurück.

«Von wegen. Ich war bei dem entscheidenden Gespräch zugegen, und der Justizminister auch. Der Präsident hat weder Mord noch eine Invasion genehmigt.»

«Die ganze Operation war Ihre Idee, Cutter.»

«Wer sagt das? Steht meine Unterschrift auf einer einzigen Aktennotiz?» fragte der Admiral. «Wenn diese Sache auffliegt, landen Sie bestenfalls im selben Zellenblock wie ich. Und wenn Fowler gewinnt, sind wir beide am Arsch. Wir müssen also verhindern, daß sie auffliegt.»

«Ich habe Ihren Namen auf einer Aktennotiz.»

«Diese Operation ist bereits abgeschlossen. Wie können Sie also mich bloßstellen, ohne sich selbst und die CIA zu belasten?» Cutter war stolz auf sich. Er hatte sich das Ganze auf dem Rückflug von Panama zurechtgelegt. «Wie auch immer, ich bin hier derjenige, der die Befehle erteilt. Die CIA hat mit dieser Sache nichts mehr zu tun. Sie sind der einzige, der Unterlagen hat. Ich rate Ihnen, sie zu vernichten. Alles SHOWBOAT, VARIABEL, REZIPROZITÄT und EAGLE EYE betreffende Material wird zerstört. CAPER behalten wir; das ist der einzige Teil der Operation, der der Gegenseite unbekannt geblieben ist. Wandeln Sie CAPER in eine normale Geheimoperation um. Sie haben Ihre Anweisungen. Führen Sie sie aus.»

«Es wird lose Enden geben.»

«Wo denn? Meinen Sie vielleicht, die Leute gehen freiwillig ins Gefängnis? Wird Ihr Mr. Clark hinaustrompeten, daß er über dreißig Menschen umgebracht hat? Wird die Flugzeugbesatzung der Navy in einem Buch darlegen, wie sie zwei Smart-Bomben auf zwei Privathäuser in einem befreundeten Land geworfen hat? Die Leute in VARIABEL haben nie etwas zu Gesicht bekommen. Der Kampfpilot hat ein paar Maschinen abgeschossen, aber wer wird das schon verraten? Die Leute im Radarflugzeug, die ihm seine Ziele anwiesen, bekamen nichts mit, weil sie vorher ihre Systeme abschalteten. Die Leute von den Spezialoperationen in Pensacola, die die Landseite erledigten, schweigen. Und wir haben nur wenige Besatzungen festgenommen. Mit denen kommen wir auch noch klar.»

«Sie haben unsere Jungs in den Bergen vergessen», sagte Ritter leise. Diesen Teil der Geschichte kannte er bereits.

«Ich muß wissen, wo genau sie sich befinden, damit ich sie herausholen lassen kann. Das werde ich über meine eigenen Kanäle erledigen, wenn Sie nichts dagegen haben. Die Informationen, bitte.»

«Nein.»

«Das war keine Bitte, sondern ein Befehl. Vergessen Sie nicht, daß ich Sie bloßstellen könnte. Dann sähe Ihr Versuch, mich in die Sache hineinzuziehen, wie der klägliche Versuch einer Selbstentlastung aus.»

«Wie auch immer, die Wahl ginge trotzdem verloren.»

«Und Sie kämen ins Gefängnis. Fowler ist selbst bei Serientätern gegen die Todesstrafe. Was wird er wohl sagen, wenn er erfährt, daß Bomben auf Menschen geworfen wurden, die noch nicht einmal Angeklagte waren... und was meint er wohl zu Ihrem berühmten ‹Kollateralschaden›? Ritter, das ist der einzige Ausweg.»

«Clark ist wieder in Kolumbien. Ich habe ihn auf Cortez angesetzt. Auch das wäre eine saubere Lösung.» Das war Ritters letzte Karte, aber sie stach nicht.

Cutter fuhr zusammen. «Und wenn er patzt? Das wäre das Risiko nicht wert. Pfeifen Sie Ihren Hund zurück, Ritter. Auch das ist ein Befehl. Und jetzt geben Sie mir die Information und tun Ihre Unterlagen in den Reißwolf.»

Ritter sah keine Alternative. Der DDO ging an seinen Wandsafe und holte die Akten heraus. SHOWBOAT-II enthielt eine topographische Karte mit den Bergungspunkten.

Cutter nahm die Karte an sich. «Ich will, daß alles noch heute nacht in den Reißwolf kommt.»

Ritter seufzte. «Wird gemacht.»

«Fein.» Cutter faltete die Karte, steckte sie in die Jackentasche und verließ wortlos das Büro.

So weit ist es gekommen, dachte Ritter. Er hatte dreißig Jahre lang der Regierung gedient, überall auf der Welt Agenten geführt, und nun mußte er entweder einen skandalösen Befehl ausführen oder sich auf eine Untersuchung des Kongresses, auf Gerichtsverhandlungen und das Gefängnis gefaßt machen. Seine beste Alternative wäre noch, andere mit hineinzureißen. Und das war die Sache nicht wert. Bob Ritter sorgte sich um die jungen Männer in den Bergen, aber Cutter hatte versprochen, sich um sie zu kümmern. Der DDO redete sich ein, er könne dem Mann trauen, dabei wußte er genau, daß es Feigheit war, so etwas zu glauben.

Er nahm die Akten selbst von dem Stahlregal und trug sie zu seinem Schreibtisch. An der Wand stand ein großer Reißwolf, ein wichtiges Hilfsmittel bei der heutigen Regierungsarbeit. Diese Akten stellten die einzig existierende Version dar. Die Fernmeldespezialisten auf dem Hügel in Panama warfen alles in den Wolf, nachdem sie ihre Informationen an Ritters Büro weitergegeben hatten. CAPER wurde von der NSA ausgeführt, aber dort fiel kein die Operation betreffendes Material an.

Der Reißwolf war ein großes Gerät mit automatischem Einzug. Daß hohe Regierungsbeamte Akten vernichteten, war ganz normal. Zusätzliche Kopien geheimer Akten waren Passiva, keine Aktivposten. Niemand würde Notiz von der Tatsache nehmen, daß die Papierstreifen, die nun in einem Kunststoffsack landeten, einmal wichtige Geheimdienstdokumente gewesen waren. Bei der CIA wurden jeden Tag Tonnen von Papier verbrannt, und einen Teil der entstehenden Hitze nutzte man zur Warmwasserbereitung. Ritter gab das Material in Stößen in die Maschine und sah zu, wie die ganze Geschichte seiner Feldoperation sich in Abfall verwandelte.

«Da ist er», sprach ein Agent in sein tragbares Funkgerät. «Fährt nach Süden.»

Drei Minuten später fand O'Day seinen Mann wieder. Der Ersatzwagen hatte sich schon an Cutter gehängt, und als O'Day aufgeholt hatte, stand fest, daß das Subjekt nur zurück in das VIP-Wohnviertel bei Fort Myer fuhr. Cutter wohnte in einer roten Ziegelvilla, von deren Terrasse man einen Blick auf den Heldenfriedhof Arlington hatte. O'Day, der in Vietnam gedient hatte und inzwischen einigermaßen über Cutter und diesen Fall informiert war, fand die Tatsache, daß der Mann ausgerechnet hier wohnte, skandalös. Keine voreiligen Schlußfolgerungen ziehen, dachte der FBI-Agent, doch sein Instinkt sagte ihm etwas anderes, als er zusah, wie der Mann seinen Wagen abschloß und ins Haus ging.

Der Sicherheitsberater gehörte zum Stab des Präsidenten und konnte daher auf erstklassigen Personenschutz und auf die besten technischen Sicherheitseinrichtungen zurückgreifen. Der Secret Service und andere Regierungsbehörden sorgten für sichere Telefonleitungen. Wenn das FBI eine Leitung anzapfen wollte, mußte es sich erst mit diesen Stellen in Verbindung setzen und zuvor einen richterlichen Beschluß beibringen. Cutter wählte eine Nummer im WATS-Netz (mit gebührenfreier Vorwahl 800) und sprach ein paar Worte. Ein Mithörer hätte dem Gespräch wenig Sinn entnehmen können, und dem Angerufenen erging es nicht viel besser. Jedes Wort, das er sprach, war das erste Wort auf einer Seite eines Wörterbuchs mit dreistelligen Seitenzahlen. Cutter hatte die alte Taschenbuchausgabe des Wörterbuches vor Verlassen des Hauses in Panama erhalten und würde sie bald wegwerfen. Die wenigen Worte, die er sprach, standen für Seitenzahlen, und diese ergaben kombiniert Kartenkoordinaten bestimmter Stellen in Kolumbien. Der Mann am anderen Ende wiederholte die Wörter und legte dann auf. Das WATS-Gespräch würde auf Cutters Rechnung nicht als Ferngespräch erscheinen, und Cutter hatte vor, das Konto bei WATS am nächsten Tag aufzulösen. Schließlich nahm er eine kleine Computerdiskette aus der Tasche. Wie viele andere Leute hatte er Magnete an der Kühlschranktür kleben. Nun ergriff er einen und fuhr mit ihm über die Diskette, um die Daten darauf zu löschen. Die Diskette stellte die letzte Unterlage über die Soldaten der Operation SHOWBOAT dar. Sie war auch der letzte, einzige Schlüssel zur Wiederherstellung der Satellitenverbindung. Sie flog in den Abfall. SHOWBOAT hatte nie existiert.

Zumindest redete sich Vizeadmiral James A. Cutter von der US-Navy das ein. Er goß sich einen Whiskey ein, trat hinaus auf die Terrasse und schaute über den grünen Rasenteppich hinüber zu den zahllosen Grabsteinen. Viele Male war er zum Grab des Unbekannten Soldaten gegangen und hatte sich das roboterhafte Stolzieren der Präsidentengarde vor der letzten Ruhestätte jener, die das größte Opfer für ihr Land gebracht hatten, angesehen. Nun wurde ihm klar, daß es bald mehr unbekannte Soldaten geben würde, die in fremdem Land gefallen waren. Der erste unbekannte Soldat war im Ersten Weltkrieg in Frankreich gefallen und hatte gewußt, wofür er kämpfte – oder sich das zumindest eingebildet. Die meisten hatten nicht gewußt, worum es eigentlich ging, und was man ihnen erzählt hatte, war nicht immer die Wahrheit gewesen. Doch ihr Land hatte gerufen, und sie hatten ihre Pflicht getan. Er konnte sich entsinnen, als junger Offizier vor der Küste von Vietnam auf einem Zerstörer gestanden und zugesehen zu haben, wie die Fünf-Zoll-Geschütze den Strand beschossen. Damals hatte er sich gefragt, wie man sich wohl fühlte, wenn man als Infanterist im Schlamm leben mußte. Aber eine Armee bestand eben aus jungen Männern, die ihren Dienst versahen, ohne den Zweck zu kennen, und oft, wie in diesem Fall zum Beispiel, ihr Leben hingaben.

«Arme Teufel», flüsterte er. Eigentlich jammerschade. Aber da ließ sich nichts machen.

Alle waren überrascht, als die Satellitenverbindung nicht zustandekam. Der Fernmeldesergeant erklärte, sein Gerät funktioniere einwandfrei, aber um sechs Uhr Ortszeit antwortete VARIABEL nicht. Ramirez bekam ein ungutes Gefühl, beschloß aber, weiter auf den Bergungspunkt zuzumarschieren. Chavez' Zusammenstoß mit dem Verfolger des Mädchens war ohne Weiterungen geblieben, und nun setzte sich der junge Sergeant wieder an die Spitze – zum letzten Mal, wie er glaubte. Der Feind hatte dieses Gebiet grob durchkämmt und würde sich vorerst nicht wieder sehen lassen. Die Nacht verstrich rasch. Sie bewegten sich in Stundenetappen nach Süden, machten an Sammelpunkten halt, schlugen auf der Suche nach Verfolgern Haken, fanden aber keine. Um vier Uhr am folgenden Morgen hatten sie den Bergungspunkt erreicht, eine Lichtung knapp unter dem Gipfel eines zweitausendvierhundert Meter hohen Berges. Der Hubschrauber hätte sie zwar praktisch überall aufnehmen können, aber Geheimhaltung war noch immer der wichtigste Faktor. Entscheidend war nun, daß sie wieder herausgeholt wurden und daß niemand wußte, daß sie überhaupt im Land gewesen waren. Schade um die Männer, die sie verloren hatten, aber die Mission, wenngleich kostspielig, war ein Erfolg gewesen. Das hatte Captain Ramirez selbst gesagt.

Ramirez postierte seine Männer in einem weiten Kreis und wies ihnen Alternativpositionen zu für den Fall, daß sich etwas Unerwartetes ereignete. Dann baute er sein Satellitenradio auf und begann zu senden. Wieder keine Antwort von VARIABEL. Er hatte keine Ahnung, was hier nicht stimmte, aber weil bisher alles glattgegangen war und Kommunikationsstörungen keinem Infanterieoffizier unbekannt sind, machte er sich vorerst noch keine großen Sorgen.

Clark wurde von dem Spruch überrascht. Er plante gerade zusammen mit Larson den Flug zurück nach Kolumbien, als er eintraf. Die aus nur wenigen Codewörtern bestehende Nachricht versetzte ihn in ungeheure Wut; er mußte sich mit Mühe beherrschen, denn er wußte, daß sein Temperament sein gefährlichster Feind war. Erst wollte er in Langley rückfragen, ließ das dann aber bleiben; der Befehl konnte auf eine Weise wiederholt werden, die einfaches Ignorieren nicht mehr zuließ. Als er sich langsam beruhigte, begann sein Verstand wieder zu arbeiten. Nach einer Minute kam er zu dem Schluß, daß es Zeit für ein wenig Initiative war.

«Kommen Sie, Larson, wir fahren mal ein Stück spazieren.» Das war kein Problem; bei der Air Force war er noch immer «Colonel Williams» und erhielt sofort einen Wagen. Nun brauchte er nur noch eine Landkarte, und Clark strapazierte sein Gedächtnis, um sich an den Weg auf diesen Hügel zu erinnern. Eine Stunde später waren sie dort. Der Lkw stand noch da, bewacht von dem bewaffneten Posten, der ihnen abweisend entgegentrat.

«Schon gut, Mister, ich war schon einmal hier.»

«Ach, Sie sind's. Aber Sir, ich habe Anweisung...»

Clark schnitt ihm das Wort ab. «Ich kenne Ihre Befehle. Warum bin ich wohl hier? So, und jetzt sichern Sie Ihre Waffe, ehe Sie sich wehtun.» Clark marschierte einfach an dem Posten vorbei. Larson, der viel größeren Respekt vor geladenen Waffen im Anschlag hatte, folgte ihm verdutzt.

«Was geht hier vor?» fragte Clark im Fahrzeug und schaute sich um. Alle Geräte waren abgeschaltet. Nur die Klimaanlage lief.

«Wir mußten den Betrieb einstellen», sagte ein Fernmeldespezialist.

«Wer hat das befohlen?»

«Das darf ich nicht sagen. Wenn Sie mehr wissen wollen, fragen Sie Mr. Ritter.»

Clark ging auf den Mann zu. «Der ist mir zu weit weg.»

«Ich habe meinen Befehl.»

«Welchen Befehl?»

«Den Betrieb einzustellen, verdammt noch mal! Seit gestern um zwölf Uhr haben wir nicht mehr gesendet oder empfangen.»

«Wer gab Ihnen diesen Befehl?»

«Das darf ich nicht sagen.»

«Wer kümmert sich um unsere Teams im Feld?»

«Das weiß ich nicht. Eine andere Stelle. Er sagte, unsere Sicherheit sei gefährdet, und eine andere Stelle übernähme unsere Aufgabe.»

«Sagen Sie mir, wer ‹er› ist», meinte Clark gefährlich ruhig.

«Das darf ich nicht.»

«Können Sie Verbindung mit den Teams aufnehmen?»

«Nein.»

«Warum nicht?»

«Ihre Satellitenfunkgeräte sind verschlüsselt. Der Algorithmus ist auf Diskette. Wir haben alle drei Kopien der Chiffren aus den Geräten genommen und zwei gelöscht. Er sah dabei zu und nahm die dritte Diskette mit.»

«Wie stellt man die Verbindung wieder her?»

«Das geht nicht. Es handelt sich um einen einmaligen Algorithmus, der auf dem Zeitsignal eines NAVSTAR-Satelliten basiert. Absolut sicher und praktisch unmöglich zu duplizieren.»

«Mit anderen Worten: Die Jungs sind völlig abgeschnitten?»

«Nicht ganz; er nahm ja die dritte Diskette mit, damit eine andere Stelle...»

«Und das glauben Sie?» fragte Clark. Das Zögern des Mannes war Antwort genug. Nun sprach Clark in einem Tonfall weiter, der keinen Widerspruch zuließ. «Eben haben Sie die Verbindung absolut sicher genannt. Aber einem Wildfremden, der hier ankam, nahmen Sie ab, daß sie gefährdet sei? Ich habe das Gefühl, daß unsere dreißig Jungs da unten einfach aufgegeben worden sind. Wer gab diesen Befehl?»

«Cutter.»

«Der war *hier*?»

«Ja, gestern.»

«Verdammt noch mal!» Clark schaute in die Runde. Der andere Offizier brachte es nicht fertig, den Blick zu heben. Die beiden Spezialisten hatten bereits Spekulationen angestellt und waren zum gleichen Schluß gekommen wie Clark. «Wer hat den Kommunikationsplan für diese Mission aufgestellt?»

«Ich.»
«Was haben unsere Soldaten für Funkgeräte?»
«Leicht modifizierte zivile Modelle. Arbeiten auf zwölf SSB-Frequenzen.»
«Haben Sie diese Frequenzen?»
«Sicher, aber ...»
«Ich will sie sofort haben.»
Der Mann wollte ablehnen, entschied sich aber anders. Er würde einfach aussagen, Clark habe ihn bedroht, und er habe keine Lust verspürt, in dem engen Aufbau des Lkw einen Krieg anzufangen. Das stimmte auch, denn er hatte im Augenblick große Angst vor Mr. Clark. Er holte das Blatt mit den Frequenzen aus einer Schublade.
«Wenn jemand fragt ...»
«Waren Sie nie hier, Sir.»
«Sehr gut.» Clark ging hinaus in die Dunkelheit. «Zurück zum Stützpunkt», wies er Larson an. «Wir besorgen uns einen Hubschrauber.»

Cortez kehrte zurück nach Anserma, ohne daß seine siebenstündige Abwesenheit bemerkt worden war. Er hatte dafür gesorgt, daß er über eine Verbindung zu erreichen war, und nun saß er gebadet und ausgeruht am Telefon und wartete. Er beglückwünschte sich zu der weitsichtigen Entscheidung, gleich nach seinem Eintritt beim Kartell in Amerika ein Kommunikationsnetz eingerichtet zu haben, und war stolz auf sein Geschick im Umgang mit Cutter. Nun brauchte er nur noch abzuwarten. Amerikanische Militärkarten hatte er bereits –, die waren ohne weiteres übers kartographische Institut des Verteidigungsministeriums zu beziehen. Und der Buchcode war eine sichere Methode für die Weitergabe von Informationen.

Ganz leicht fiel Cortez das Warten nicht, aber er vertrieb sich die Zeit mit dem Schmieden langfristiger Pläne. Seine beiden nächsten Schachzüge waren schon beschlossene Sache, aber was kam dann? Zum Beispiel hat das Kartell Europa und Japan vernachlässigt, dachte er. Beide Regionen waren wohlhabend und hatten harte Währungen. Japan war zwar ein schwieriger Fall – es war schon schwer, legale Importe ins Land zu bringen –, aber Europa würde bald leicht zu knacken sein. Wenn im Zug der europäischen Integration die Handelsbarrieren fielen, kam Cortez' Chance. Dann brauchte man nur noch einen Hafen mit laxen Zollkontrollen zu finden und den Vertrieb zu organisieren. Schließlich durfte die Reduzierung der Exporte in die USA die Einnahmen des Kartells nicht beeinträchtigen. Europa war ein kaum erschlossener Markt; dort wollte Cortez mit dem überschüssigen Kokain expandieren. In Amerika würde das reduzierte Angebot nur zu höheren Preisen führen. Er rechnete damit, daß sein Versprechen an Cutter – das ohnehin nur temporär war – die Einnahmen des Kartells geringfügig steigern würde. Zudem stand zu erwarten, daß sich das reduzierte Angebot ordnend auf die chaotischen amerikanischen Verteilernetze auswirkte. Wenn nur die Starken und Tüchtigen überlebten, lief das Geschäft in geordneteren Bahnen. Die mit den Drogen verbundene Kriminalität war den *yanquis* ein größeres Problem als die sie auslösende Sucht. War die Welle der Gewalt erst einmal abgeebbt, verlor auch die Rauschgiftsucht selbst ihre Priorität auf der sozialen Rangliste der USA. Dem Kartell aber entstanden dabei keine Nachteile. Es wurde reicher und mächtiger, solange die Menschen sein Produkt begehrten.

In der Zwischenzeit sollte Kolumbien selbst weiter unterwandert werden, aber unauffälliger. Auch auf diesem Gebiet war Cortez ausgebildet worden. Die gegenwärtigen Kartellbosse wandten brutale Methoden an, boten auf der einen Seite Geld, drohten auf der anderen mit Mord. Das mußte ein Ende finden. Die Gier nach Kokain in den entwickelten Ländern war ein vorübergehendes Phänomen, das irgendwann aus der Mode kommen mußte, und dann sank die Nachfrage. Und darauf waren die Kartellbosse nicht vorbereitet. Wenn sich diese Entwicklung abzeichnete, mußte das Kartell eine solide politische Basis und seine wirtschaftlichen Aktivitäten breit gestreut haben, wollte es ohne Machteinbuße überleben. Dazu waren Konzessionen an die kolumbianische Regierung erforderlich. Dieses Ziel hatte Cortez bereits ins Auge gefaßt; die Ausschaltung der unangenehmeren Drogenbarone stellte einen entscheidenden Schritt in diese Richtung dar. Die Geschichte lehrte, daß man mit fast jeder Partei zu einem *modus vivendi* kommen konnte. Hatte Cortez das in seinem Gespräch mit Cutter nicht gerade bewiesen?

Das Telefon ging. Cortez nahm ab, schrieb sich die Wörter auf, beendete das Gespräch und griff nach dem Wörterbuch. Eine Minute später machte er Eintragungen auf seiner topographischen Karte. Die Green Berets hatten schwer zugängliche Stellen gewählt, wie er sah; wer sie angreifen und vernichten wollte, mußte mit hohen Verlusten rechnen. Bedauerlich, aber alles hatte seinen Preis. Er rief seinen Stab und begann, Funksprüche abzusetzen. Binnen einer Stunde kamen seine Jäger aus den Bergen, um umgruppiert und neu disloziert zu werden. Cortez beschloß, die amerikanischen Trupps einen nach dem anderen anzugreifen. Damit war garantiert, daß seine Verbände jeweils stark genug waren, um den Gegner zu überwinden, und gleichzeitig solche Verluste erlitten, daß er weitere Kräfte aus dem Gefolge der Drogenbarone anfordern mußte. Zu seinem Bedauern konnte er seine Truppen nicht in die Berge begleiten. Schade, das wäre ein interessantes Schauspiel gewesen.

Ryan hatte schlecht geschlafen. Eine Verschwörung war eine Sache, wenn sie sich gegen einen externen Feind richtete. Zweck seiner Arbeit bei der CIA war es gewesen, Vorteile für sein Land zu erzielen, auch wenn dabei andere Schaden nahmen. Nun aber war er Teil einer Verschwörung, die gegen seine eigene Regierung gerichtet war. Das raubte ihm den Schlaf.

Jack saß in seiner Bibliothek, wo nur eine einzige Leselampe den Schreibtisch erhellte. Neben ihm standen zwei Telefone, ein sicheres, ein normales. Letzteres ging.

«Hallo?»

«Hier John.»

«Was ist los?»

«Jemand hat den Teams im Feld die Unterstützung entzogen.»

«Warum das?»

«Vielleicht will jemand, daß sie sich einfach auflösen.»

Ryan bekam eine Gänsehaut im Nacken. «Wo sind Sie?»

«In Panama. Die Funkverbindung ist unterbrochen, der Hubschrauber fort. Dreißig junge Männer sitzen in den Bergen und warten auf Hilfe, die nicht kommt.»

«Wie kann ich Sie erreichen?» Clark nannte eine Nummer. «Gut, ich melde mich in ein paar Stunden wieder.»

«Eiern wir jetzt bloß nicht rum.» Clark legte auf.

«Mein Gott!» Jack starrte in die Schatten seiner Bibliothek. Er rief bei der CIA an und sagte, er käme heute mit seinem Wagen zur Arbeit. Dann verständigte er Dan Murray.

Sechzig Minuten später wurde Ryan unterm FBI-Gebäude von Murray empfangen und nach oben begleitet. Shaw erwartete ihn schon. Es wurde Kaffee ausgeschenkt, den alle dringend nötig hatten.

«Unser Mann im Feld hat mich zu Hause angerufen. VARIABEL hat auf Befehl von oben die Arbeit eingestellt, und die Hubschrauberbesatzung, die die Männer evakuieren sollte, ist abgezogen worden. Unser Mann glaubt, sie würden einfach im...»

«Ja, im Stich gelassen», ergänzte Shaw. «Wenn das stimmt, liegt ein eindeutiger Verstoß gegen das Gesetz vor. Verabredung zum Mord. Wird aber nicht so leicht zu beweisen sein.»

«Ihre Juristerei interessiert mich nicht. Was wird aus diesen Soldaten?»

«Tja, wie holen wir die raus?» fragte Murray. «Die Kolumbianer können wir kaum um Hilfe bitten.»

«Wie werden die auf eine Invasion durch eine ausländische Armee reagieren?» gab Shaw zu bedenken. «Etwa so wie wir.»

«Und wenn wir Cutter mit der Sache konfrontieren?» fragte Jack. Shaw antwortete.

«Womit denn? Was haben wir denn in der Hand? Nichts. Klar, wir können uns die Fernmeldeleute und die Hubschrauberbesatzung vornehmen. Die werden erst einmal mauern, und bis wir uns einen Fall zusammengebastelt haben, sind die Soldaten tot.»

«Und was haben wir, wenn uns die Evakuierung gelingt?» fragte Murray. «Alles rennt in Deckung, Akten werden vernichtet...»

«Darf ich den Vorschlag machen, meine Herren, daß wir die Gerichte einmal vergessen und uns auf die Frage konzentrieren, wie wir diese armen Kerle aus feindlichem Territorium herausholen?»

«Eine Evakuierung wäre ja schön und gut, aber...»

«Meinen Sie, Ihr Fall wäre überzeugender, wenn es dreißig oder vierzig zusätzliche Opfer gäbe?» fauchte Jack. «Worum geht es hier eigentlich?»

«Das war ungerecht, Jack», meinte Murray.

«Wo wollen Sie denn mit Ihren Ermittlungen ansetzen? Was, wenn der Präsident die Operation mündlich genehmigt, aber keinen schriftlichen Befehl ausgegeben hat? Die CIA handelte auf mündliche Anweisungen hin, und diese sind wohl legal. Ich habe aber Anweisung, den Kongreß irrezuführen, wenn er Fragen stellt, was er noch nicht getan hat. Laut Gesetz muß der Kongreß auch nicht sofort über eine verdeckte Operation informiert werden – immerhin wurden die Parameter der Geheimaktion von einer Durchführungsverordnung des Präsidenten festgesetzt –, solange wir ihn irgendwann später ins Bild setzen. Ein per Durchführungsverordnung angeordneter Mord wird also rückwirkend illegal erst dann, wenn ein bestimmter Begleitumstand nicht eingetroffen ist! Welchem Hartschädel sind diese Regeln eigentlich eingefallen? Wurden sie überhaupt je von einem Gericht geprüft?»

«Sie haben etwas vergessen», merkte Murray an.

«Ja, Cutter wird natürlich sagen, das Ganze sei keine verdeckte Operation, sondern eine gegen Terroristen gerichtete paramilitärische Aktion gewesen. Damit erledigte sich die Frage der Überwachung durch den Kongreß, denn nun kommt das Vorrecht des Präsidenten, kriegsähnliche Handlungen anzuordnen, ins Spiel.»

«Wenn Cutter durch Einstellen der Unterstützung für SHOWBOAT es Cortez erleichtert hat, unsere Soldaten zu töten, stellt das einen Verstoß gegen ein Gesetz des District of Columbia dar, das Verschwörung zum Mord mit Strafe bedroht. Fehlt ein Bundesgesetz, kann auf ein auf Eigentum des Bundes begangenes Verbrechen auch das entsprechende örtliche Gesetz angewandt werden. Was Cutter tat, fand teils hier oder auf anderem Eigentum des Bundes statt. Unter dieser Vorgabe ermittelten wir in den siebziger Jahren vergleichbare Fälle.»

«Was waren das für Fälle?» erkundigte sich Jack bei Shaw.

«Wir untersuchten Attentatspläne der CIA gegen Castro und andere, aber zur Verhandlung kam es nie. Wir hätten das Gesetz gegen Verschwörung angewendet, aber die Verfassungsfragen waren so verworren, daß die Ermittlungen zur allseitigen Erleichterung eines natürlichen Todes starben.»

«Und hier sieht es ähnlich aus, nicht wahr? Nur, während wir hier in die Saiten greifen wie Nero...»

«Ich habe Sie verstanden», sagte der amtierende Direktor. «Priorität Nummer eins ist, die Männer herauszuholen. Schaffen Sie das verdeckt?»

«Kann ich noch nicht sagen.»

«Setzen wir uns doch erst einmal mit Ihrem Mann im Feld in Verbindung.»

«Der will nicht...»

«Ich sichere ihm Straffreiheit zu», sagte Shaw sofort. «Mein Wort darauf. Soweit ich es beurteilen kann, hat er bisher noch kein Gesetz übertreten – dafür sorgt Martinez-Barker –, aber ich kann Ihnen versichern, Ryan, daß ihm nichts passiert.»

«Gut.» Jack holte einen Zettel aus der Hemdtasche und wählte die Nummer, die Clark ihm gegeben hatte.

«Hier Ryan. Ich rufe aus der FBI-Zentrale an. Hören Sie jetzt zu.» Jack gab den Hörer weiter.

«Hier Bill Shaw. Ich bin der amtierende Direktor. Erstens: Ich habe Ryan gerade gesagt, daß wir nicht gegen Sie vorgehen werden. Mein Wort. Glauben Sie mir das? Gut.» Shaw lächelte überrascht. «Gut, diese Leitung ist sicher; ich hoffe, daß das an Ihrem Ende auch so ist. Ich möchte wissen, was Ihrer Auffassung nach vorgeht und was unternommen werden soll. Wir wissen über die Soldaten Bescheid und suchen nach einem Weg, sie herauszuholen. Jack meint, Sie könnten Vorschläge haben. Lassen Sie mal hören.» Shaw schaltete den Telefonlautsprecher ein, und alle begannen, sich Notizen zu machen.

«Bis wann können die Funkgeräte einsatzbereit sein?» fragte Ryan, als Clark geendet hatte.

«Die Techniker kommen um halb acht zur Arbeit. Bis um zwölf könnten sie fertig sein. Wie sieht es mit dem Transport aus?»

«Darum kann ich mich kümmern», meinte Ryan. «Wenn Sie ihn verdeckt haben wollen, kann ich das arrangieren. Dazu müßte ich zwar eine weitere Person hinzuziehen, aber das ist jemand, dem wir trauen können.»

«Wir können also auf keinen Fall mit den Soldaten reden?» fragte Shaw.

«Nein», erwiderte Clark. «Sind Sie auch sicher, daß Sie Ihren Part schaffen?»

«Nein, aber wir wollen unser Bestes tun», erwiderte Shaw.

«Bis heute abend dann.» Clark legte auf.

«So, und jetzt müssen wir Flugzeuge stehlen», dachte Murray laut. «Vielleicht auch ein Schiff? Wäre doch großartig, wenn wir das alles verdeckt deichseln könnten?»

«Wie bitte?» fragte Jack verdutzt. Murray erklärte ihm seinen Plan.

Admiral Cutter kam um sechs Uhr fünfzehn aus dem Haus, um seinen täglichen Morgenlauf zu absolvieren. Er wandte sich bergab zum Fluß und joggte am George Washington Parkway entlang. Inspektor O'Day folgte ihm, stellte aber nichts Ungewöhnliches fest. Cutter gab keine Nachrichten weiter, benutzte auch keinen toten Briefkasten, sondern hielt sich einfach nur fit. Als Cutter kehrtmachte, übernahm ein anderer Agent die Überwachung. O'Day ging sich umziehen und war bereit, Cutter später zur Arbeit zu folgen.

Jack kam zur üblichen Zeit zur Arbeit und sah so müde aus, wie er sich fühlte. Die Morgenkonferenz in Richter Moores Büro begann um acht Uhr dreißig, und es waren zur Abwechslung einmal alle anwesend. DCI und DDO waren schweigsam, nickten gelegentlich und machten sich kaum Notizen.

Diese Männer waren – nun, Freunde im Grunde wohl nicht, dachte Ryan. Admiral Greer war ein Freund und Mentor gewesen. Aber Richter

Moore war ein guter Chef, und Ritter, mit dem Ryan sich nie so recht verstanden hatte, war wenigstens nie unfair zu ihm gewesen. Ich muß ihnen noch eine Chance geben, sagte sich Jack spontan. Nach dem Ende der Besprechung sammelte er seine Sachen langsamer als gewöhnlich ein. Moore und Ritter verstanden den Wink.

«Jack, wollen Sie uns etwas sagen?»

«Ich bin nicht sicher, daß ich mich für den Posten des DDI eigne», begann Ryan.

«Wie kommen Sie darauf?» fragte Richter Moore.

«Sie verschweigen mir etwas. Wenn Sie mir nicht vertrauen, sollte ich den Job nicht übernehmen.»

«Befehl von oben», erklärte Ritter und konnte sein Unbehagen nicht verbergen.

«Dann sehen Sie mir in die Augen und versichern Sie mir, daß alles legal ist. Das muß ich wissen. Das ist mein Recht», sagte Ryan mit einem scharfen Blick zu Richter Moore.

«Ich würde Sie ja gerne über diese Sache informieren, Dr. Ryan», sagte der DCI und bemühte sich, Jack in die Augen zu sehen, starrte aber nur die Wand an. «Aber auch ich habe mich an Anweisungen zu halten.»

«Gut. Ich habe noch etwas Urlaub und möchte mir einige Dinge durch den Kopf gehen lassen. Mit meiner Arbeit bin ich auf dem laufenden. Ich verlasse in einer Stunde mein Büro und bleibe für ein paar Tage weg.»

«Morgen ist die Beerdigung, Jack.»

«Ich weiß. Ich werde dort sein, Richter», log Ryan. Dann verließ er den Raum.

«Er weiß Bescheid», sagte Moore, als die Tür sich geschlossen hatte.

«Ausgeschlossen.»

«Er weiß Bescheid und will nicht im Büro sein.»

«Was tun wir also?»

Diesmal schaute der CIA-Direktor auf. «Nichts. Das ist im Augenblick das Beste.»

Cutter war erfolgreicher gewesen, als er ahnte. Durch die Vernichtung der für die Kommunikation mit MESSER, BANNER, FEATURE und OMEN erforderlichen Funkcodes hatte er es der CIA unmöglich gemacht, den Gang der Ereignisse weiter zu beeinflussen. Es rechneten zwar weder Ritter noch Moore damit, daß der Sicherheitsberater die Männer evakuieren ließ, aber sie konnten nichts unternehmen, ohne sich selbst, der CIA, dem Präsidenten und somit dem ganzen Land Schaden zuzufügen. Wenn Ryan nicht vor Ort sein wollte, wenn die Sache aufflog

– nun, dann ahnt er wohl etwas, dachte Moore. Und das konnte der DCI ihm nicht verdenken.

Es gab natürlich noch einiges zu erledigen. Ryan verließ das Gebäude um kurz nach elf, rief von seinem Jaguar aus eine Nummer im Pentagon an und verlangte Captain Jackson. Robby nahm wenige Sekunden später ab.

«Hallo, Jack?»

«Haben Sie Lust, mit mir zu Mittag zu essen?»

«Aber klar. Bei mir oder bei Ihnen?»

«Kennen Sie Artie's Delicatessen? Treffen wir uns dort in einer halben Stunde.»

«Abgemacht.»

Robby entdeckte seinen Freund an einem Ecktisch und setzte sich gleich zu ihm. Am Tisch saß noch ein weiterer Mann.

«Hoffentlich mögen Sie Corned Beef», meinte Jack und wies auf den Dritten. «Das ist Dan Murray.»

«Vom FBI?» fragte Robby, als sie sich die Hand gaben.

«Stimmt. Ich bin Stellvertretender Direktor.»

«Robby, wir brauchen Hilfe», sagte Jack.

«Zum Beispiel?»

«Wir möchten unauffällig transportiert werden.»

«Wohin?»

«Zum Hurlburt Field. Das gehört zum ...»

«Luftstützpunkt Eglin, ich weiß. In Hurlburt ist das Geschwader Spezialoperationen stationiert. In letzter Zeit haben sich alle möglichen Leute Navy-Maschinen ausgeliehen. Der Boß ist stinksauer.»

«Über diese Sache dürfen Sie ihn informieren», sagte Murray. «Sie darf nur nicht über sein Büro hinausdringen. Wir versuchen, Ordnung zu schaffen.»

«Worum geht es?»

«Das darf ich Ihnen nicht sagen, Rob», versetzte Jack. «Aber es hat etwas mit der Sache zu tun, auf die Sie mich aufmerksam gemacht haben. Das Ganze ist nur noch schlimmer, als Sie glauben. Wir müssen rasch handeln; niemand darf etwas erfahren. Im Augenblick brauchen wir nur einen diskreten Taxiservice.»

«Gut, aber ich muß erst Admiral Painters Genehmigung einholen.»

«Und dann?»

«Treffen wir uns um zwei bei Pax River. Trifft sich gut, ich wollte ohnehin ein paar Flugstunden runterreißen.»

«Iß trotzdem ruhig auf.»

Fünf Minuten später ging Jackson. Ryan und Murray fuhren zum Haus des FBI-Mannes, wo Ryan seine Frau anrief und ihr sagte, er müsse für ein paar Tage verreisen. Dann fuhren sie mit Ryans Wagen weg.

Das Patuxent River Test Center der Marineflieger liegt eine Fahrstunde von Washington entfernt am Westufer der Chesapeake Bay. Die Anlage, einstmals eine Baumwollplantage, beherbergt die Testpilotenschule, an der Robby einmal Ausbilder gewesen war, und mehrere Testdirektorate, darunter auch eines für Kampfflugzeuge. Murrays FBI-Ausweis schaffte ihnen Zugang zum Stützpunkt, und nachdem sie sich bei der Sicherheitsabteilung des Testdirektorats angemeldet hatten, warteten sie auf Robby und lauschten dem Brüllen der mit Nachbrenner laufenden Triebwerke. Robbys Corvette traf zwanzig Minuten später ein. Der frischgebackene Captain führte sie in den Hangar.

«Sie haben Glück», meinte er. «Es werden gerade zwei Tomcat nach Pensacola verlegt. Der Admiral hat schon telefonisch eine Vorwarnung gegeben, und die Maschinen werden gerade startklar gemacht. Ich...»

Ein anderer Offizier kam herein. «Captain Jackson? Ich bin Joe Bramer», sagte der Lieutenant. «Wie ich höre, sollen wir nach Süden, Sir.»

«Korrekt, Mr. Bramer. Und diese Herren kommen mit. Jack Murphy und Dan Tomlinson sind Regierungsbeamte, die sich mit den Flugprozeduren bei der Navy vertraut machen wollen. Können Sie Kombinationen und Helme besorgen?»

«Kein Problem, Sir. Bin gleich wieder da.»

«Sehen Sie? Sie wollten es ja geheim haben.» Jackson lachte in sich hinein und zog seine Kombination und einen Helm aus einer Tasche. «Was haben Sie dabei?»

«Rasierzeug», erwiderte Murray. «Und eine Reisetasche.»

«Das bringen wir unter.»

Fünfzehn Minuten später kletterten sie in die Maschinen. Jack flog mit seinem Freund. Dann rollte die Tomcat zur Startbahn.

«Nicht so heftig, Rob», meinte Ryan, als sie auf die Starterlaubnis warteten.

«Das wird sanft wie im Airliner», versprach Jackson, doch die Realität sah dann etwas anders aus. Die Kampfflugzeuge jagten los und kamen fast doppelt so schnell wie eine 727 auf dreißigtausend Fuß.

«Was ist eigentlich los?» fragte Jackson über die Bordsprechanlage.

«Robby, das darf ich nicht...»

«Jack, soll ich dir mal vorführen, was man mit diesem Vogel so an Kunststückchen machen kann?»

«Robby, wir versuchen, abgeschnittene Soldaten zu retten. Und das darf niemand erfahren, noch nicht einmal Ihr Admiral, sonst geht die Sache schief. Den Rest können Sie sich selbst zusammenreimen.»

«Gut. Was wird mit Ihrem Wagen?»

«Den lassen wir einfach stehen.»

«Dann sorge ich dafür, daß ihn jemand mit dem richtigen Aufkleber versieht.»

«Gute Idee.»

«Sie scheinen sich langsam ans Fliegen zu gewöhnen, Jack.»

«Tja, mir steht heute noch ein Flug bevor, und ausgerechnet in einem Hubschrauber. In so einem Ding habe ich nicht mehr gesessen, seit ich mir bei einem Absturz in Kreta das Rückgrat anknackste.» Jack erzählte Jackson die Geschichte. Fraglich war natürlich, ob sie den Hubschrauber überhaupt bekommen würden, aber das war Murrays Problem. Jack drehte sich um und sah zu seinem Entsetzen, daß die andere Tomcat keine zwei Meter von der Flügelspitze ihrer Maschine entfernt flog. Murray winkte ihm zu. «Himmel noch mal, Robby.»

«Was ist?»

«Die andere Maschine!»

«Ach so. Ich bat Bramer, etwas mehr Distanz zu halten. Muß zehn Meter entfernt sein. Wir fliegen immer in Formation.»

Der Flug dauerte eine gute Stunde. Am Horizont tauchte der Golf von Mexiko als blaues Band auf und sah dann aus wie ein Ozean, als die beiden Maschinen den Anflug auf Hurlburt begannen. Die Landebahnen von Pensacola kamen im Osten in Sicht und verschwanden dann im Dunst. Seltsam fand Ryan, daß er in Militärmaschinen weniger Angst vorm Fliegen hatte. Man sah mehr, und das machte irgendwie einen Unterschied. Doch die Tomcat hielten selbst bei der Landung Formation, was ihm unglaublich gefährlich vorkam. Der Flügelmann setzte zuerst auf, Robbys Maschine eine Sekunde oder zwei später. Beide Tomcat rollten aus, drehten am Ende der Landebahn ab und hielten bei zwei Autos an. Es erschien Bodenpersonal mit Leitern.

«Alles Gute, Jack», sagte Robby, als sich das Kabinendach hob.

«Schönen Dank fürs Mitnehmen.» Jack schlängelte sich ohne fremde Hilfe aus dem Cockpit und kletterte nach unten. Gleich darauf stand Murray neben ihm. Beide bestiegen die wartenden Autos; die Tomcat rollten weg, um den letzten Sprung nach Pensacola, dem Stützpunkt der Marineflieger, zu machen.

Murray hatte sich telefonisch angemeldet. Der Offizier, der sie empfing, war für den Nachrichtendienst des 1. Geschwaders Spezialoperationen zuständig.

«Wir müssen Colonel Johns sprechen», sagte Murray, nachdem er sich ausgewiesen hatte. Sie fuhren an den größten Hubschraubern vorbei, die Jack je gesehen hatte, und hielten vor einer Baracke. Der Offizier ging mit ihnen hinein, stellte sie PJ als FBI-Agenten vor und entfernte sich dann.

«Was kann ich für Sie tun?» fragte PJ argwöhnisch.

«Wir möchten mit Ihnen über Ihren Aufenthalt in Panama und Kolumbien sprechen», erwiderte Murray.

«Bedauere, darüber darf ich mich nicht auslassen.»

«Vor zwei Tagen erhielten Sie von Vizeadmiral Cutter gewisse Befehle. Zu diesem Zeitpunkt waren Sie noch in Panama», sagte Murray. «Zuvor hatten Sie Truppen nach Kolumbien gebracht. Erst setzten Sie die Männer in der Küstenebene ab, dann nahmen Sie sie wieder auf und brachten Sie in die Berge. Korrekt?»

«Sir, dazu kann ich mich nicht äußern. Etwaige Schlußfolgerungen sind Ihre, nicht meine.»

«Ich komme vom FBI und nicht von der Presse. Sie haben illegale Befehle erhalten. Wenn Sie sie ausführen, machen Sie sich der Mittäterschaft an einem schweren Verbrechen schuldig.» Am besten gleich reinen Tisch machen, dachte Murray, und seine Entscheidung hatte den gewünschten Erfolg. Nachdem Johns von einem hohen FBI-Beamten gehört hatte, daß sein Befehl unter Umständen illegal war, wurde er unsicher.

«Sir, ich weiß nicht, was ich dazu sagen soll.»

Murray holte einen braunen Umschlag aus der Tasche, dem er ein Foto entnahm. «Sehen Sie sich das an. Der Mann, der Ihnen diese Befehle gab, war natürlich der Sicherheitsberater des Präsidenten. Ehe er mit Ihnen sprach, traf er sich mit diesem Mann. Das ist Oberst Felix Cortez, ehemaliger kubanischer Geheimdienstoffizier, jetzt für die Sicherheit des Drogenkartells verantwortlich. Er war an dem Attentat in Bogotá beteiligt. Welche Übereinkunft die beiden trafen, wissen wir nicht, aber ich will Ihnen sagen, was uns bekannt ist. Über dem Gaillard-Durchstich des Panamakanals steht ein Fernmelde-Lkw, der Funkverbindung mit unseren vier Teams am Boden hielt. Cutter tauchte dort auf und ließ den

Betrieb einstellen. Dann kam er zu Ihnen und befahl Ihnen, heimzufliegen und kein weiteres Wort über die Mission zu verlieren. Jetzt zählen Sie das zusammen und sagen Sie mir, ob das eine Sache ist, mit der Sie etwas zu tun haben wollen.»

«Ich weiß es nicht, Sir.» Johns' Antwort klang automatenhaft, aber er war rot im Gesicht geworden.

«Colonel, diese Teams haben bereits Verluste erlitten. Es besteht die Möglichkeit, daß Cutter Ihnen diesen Befehl nur gab, um dafür zu sorgen, daß die anderen Soldaten auch noch sterben. Im Augenblick werden sie gejagt», sagte Ryan. «Wir wollen sie herausholen und brauchen Ihre Hilfe.»

«Wer sind Sie eigentlich?»

«Ich bin von der CIA.»

«Aber das ist doch Ihre eigene Operation!»

«Nein, aber ich will Sie nicht mit Details langweilen», meinte Jack. «Wir brauchen Ihre Unterstützung. Ohne sie kommen diese Soldaten nie wieder heim. So einfach ist das.»

«Sie schicken uns also zurück, um Ihren Dreck wegzumachen. So geht das doch immer. Erst schickt man uns raus...»

«Eigentlich wollten wir mitkommen», ließ sich Murray vernehmen. «Zumindest einen Teil des Weges. Wann können Sie starten?»

«Erklären Sie mir genau, was Sie wollen.» Murray klärte ihn auf. Colonel Johns nickte und schaute auf die Uhr. «Neunzig Minuten.»

Der MH-53J war wesentlich größer als der CH-46, bei dessen Absturz der dreiundzwanzigjährige Ryan fast ums Leben gekommen wäre. Ryan betrachtete sich den einen Rotor und dachte besorgt an den langen Flug übers Meer. Die Besatzung verhielt sich nüchtern und professionell, schloß die beiden Zivilisten an die Bordsprechanlage an und wies ihnen Plätze zu. Den Instruktionen über die Maßnahmen bei einer Notwasserung lauschte Ryan besonders aufmerksam. Murray interessierte sich für die drei sechsläufigen Minikanonen. Der Hubschrauber hob kurz nach vier ab und flog nach Südwesten. Sobald sie in der Luft waren, ließ sich Murray von einem Besatzungsmitglied eine mit dem Hubschrauberboden verbundene Sicherheitsleine geben, damit er umherlaufen konnte. Die Heckklappe stand halb offen, und er stellte sich dort hin und sah zu, wie der Ozean unter ihnen hinwegglitt. Ryan blieb lieber sitzen. Die Maschine flog ruhiger als der Hubschrauber des Marine Corps, an den er sich erinnerte, aber er hatte immer noch das Gefühl, während eines

Erdbebens in einem Lüster zu sitzen. Wenn er nach vorne schaute, konnte er einen der beiden Piloten sehen, der so entspannt in seinem Sitz saß, als steuerte er ein Auto.

Mit der Betankung in der Luft hatte er nicht gerechnet. Er spürte, wie die Triebwerksleistung erhöht und die Nase etwas angestellt wurde. Dann sah er durch die Frontscheibe den Flügel einer anderen Maschine. Murray eilte nach vorne und blieb hinter Sergeant Zimmer stehen, um zuzuschauen.

«Was passiert, wenn der Schlauch in den Rotor kommt?» fragte Murray, als sie sich dem Trichter näherten.

«Keine Ahnung», erwiderte Colonel Johns kühl. «Ist mir noch nie passiert. Und würden Sie jetzt bitte still sein, Sir?»

Ryan sah sich nach einer Einrichtung für «Bedürfnisse» um und machte eine Art Campingklo aus. Doch um dorthin zu gelangen, hätte er seinen Gurt lösen müssen. Jack blieb lieber sitzen. Das Tankmanöver endete ohne Zwischenfälle. Und das nur, weil Jack so inbrünstig gebetet hatte, dessen war er sicher.

Die *Panache* fuhr in der Straße von Yucatán zwischen Kuba und Mexiko lange Ovale. Seit dem Eintreffen des Kutters auf seiner Station hatte sich kaum etwas ereignet, aber die Mannschaft war froh, wieder auf See zu sein. Die im Augenblick größte Attraktion waren die neuen weiblichen Besatzungsmitglieder. An Bord gekommen waren ein frischgebackener weiblicher Ensign von der Akademie der Küstenwache in Connecticut, zwei auf Elektronik spezialisierte Maate und ein halbes Dutzend Mannschaftsgrade. Captain Wegener überwachte die junge Ensign, die gerade Brückenwache hatte. Wie alle neuen Ensigns war sie nervös, ein bißchen verängstigt und bemüht, alles recht zu machen, denn der Kapitän stand auf der Brücke. Außerdem war sie bildhübsch, und das war Wegener bei einem Ensign bisher noch nie aufgefallen.

Wegener wurde über die Bordsprechanlage in die Funkerkabine gerufen. «Bin schon unterwegs», sagte er. «Weitermachen», fügte er auf dem Weg nach draußen hinzu.

«Sir», sagte der weibliche Maat in der Funkkabine, «wir haben gerade einen Funkspruch von einem Hubschrauber der Air Force erhalten. Er möchte eine Person bei uns absetzen. Die Aktion sei geheim, heißt es. Ich habe nichts auf meinem Dienstplan ..., und da habe ich Sie gerufen, Sir.»

«Aha.» Die Frau reichte ihm das Mikrophon. Wegener drückte auf die Sendetaste. «Hier *Panache*. Es spricht der Kapitän. Wer da?»

«*Panache*, hier CAESAR. Hubschrauber im Anflug auf Ihre Position, *Sierra-Oscar.* Habe eine Person abzusetzen.»

Sierra-Oscar stand für eine Art Spezialoperation.

«Roger, CAESAR, wann treffen Sie ein?»

«Geschätzte Ankunft in zehn Minuten.»

«Roger, eins-null Minuten. Wir warten. Out.» Wegener gab der Frau das Mikrophon und ging zurück auf die Brücke.

«Flugstation», befahl er seiner Wachhabenden. «Miss Walters, gehen Sie auf *Hotel Corpin.*»

«Aye, aye, Sir.»

Alles ging rasch und glatt. Der wachhabende Bootsmannsmaat schaltete die Sprechanlage ein: «Flugstation, Flugstation, alle Mann auf Flugstation. Rauchen einstellen.» Zigaretten flogen im hohen Bogen ins Meer, und alle nahmen ihre Mützen ab, damit sie nicht von einem Triebwerk angesaugt wurden. Ensign überzeugte sich von der Windrichtung, änderte entsprechend den Kurs, erhöhte die Fahrt auf fünfzehn Knoten und war nun auf *Hotel Corpin,* dem Kurs für Flugoperationen. Und das alles unaufgefordert, sagte sie sich insgeheim stolz. Wegener wandte sich ab und grinste. Das war einer der vielen Schritte in der Karriere eines frischgebackenen Offiziers. Sie hatte gewußt, was zu tun war, und es ohne Hilfe geschafft. Der Captain hatte das Gefühl, einem Kind zuzuschauen, das die ersten Schritte tut.

«Ist ja ein Riesenklotz», sagte Riley von der Nock. Wegener ging hinaus, um bei der Landung zuzusehen.

Bei dem Hubschrauber handelte es sich, wie er feststellte, um einen MH-53J der Air Force, der viel größer war als die Maschinen der Küstenwache. Der Pilot flog von achtern an, machte dann auf der Stelle kehrt und glitt seitwärts ein. Ein Mann hing am Rettungsseil und wurde von vier Besatzungsmitgliedern in Empfang genommen. Sowie er sich aus den Gurten gelöst hatte, senkte der Hubschrauber die Nase und flog nach Süden. Sehr flott, sehr elegant, dachte Wegener.

«Ich wußte gar nicht, daß wir Gesellschaft bekommen», sagte Riley und zog eine Zigarre heraus.

«Wir sind noch auf Flugstation, Chief!» rief Ensign Walters scharf aus dem Ruderhaus.

«Verzeihung, Ma'am, hab ich glatt vergessen», erwiderte der Bootsmann und warf Wegener einen verschmitzten Blick zu. Miss Walters hatte einen weiteren Test bestanden. Sie hatte keine Angst, den Chief anzupflaumen, obwohl der älter als ihr Vater war.

«Sie können abblasen», sagte Wegener zu ihr und wandte sich dann wieder an Riley. «Ich wußte auch nichts davon. Ich sehe mir unseren Gast mal an.»

Der Besucher schlüpfte gerade aus einer grünen Kombination, schien aber nichts dabeizuhaben, was Wegener merkwürdig vorkam. Als der Mann sich umdrehte, blieb Wegener die Luft weg.

«Schönen guten Tag, Captain», sagte Murray.

«Was gibt's?»

«Können wir uns hier irgendwo in Ruhe unterhalten?»

«Kommen Sie mit.» Kurz darauf waren sie in Wegeners Kajüte. «Ich bin Ihnen wohl etwas schuldig», sagte der Captain. «Sie hätten uns ganz schön die Hölle heiß machen können. Es war auch nett von Ihnen, mir den Anwalt zu empfehlen. Was der zu sagen hatte, jagte mir einen Schrecken ein ... aber ich sprach ihn ja erst nach dem Tod der beiden Kerle. So was Dummes tu ich nie wieder», versprach Wegener. «Und Sie erwarten jetzt, daß ich mich revanchiere.»

«Gut geraten.»

«Was liegt denn an? So einen Hubschrauber bekommt man nicht so einfach.»

«Ich muß morgen an einer bestimmten Stelle sein.»

«Wo?»

Murray holte einen Umschlag aus der Tasche. «Hier sind die Koordinaten. Die Funkfrequenzen habe ich auch.» Murray nannte weitere Details.

«Das haben Sie sich selbst ausgedacht, nicht wahr?» fragte der Captain.

«Ja, wieso?»

«Sie hätten sich mal um die Wetterlage kümmern sollen.»

27

Die Schlacht um die Ninja-Höhe

Armeen haben ihre eingefahrenen Gewohnheiten, die Außenseitern oft merkwürdig oder ausgesprochen verrückt vorkommen, aber alle haben ihren Zweck und wurden im Lauf der Jahrtausende entwickelt –, indem man aus Fehlern lernte. Captain Ramirez gehörte zu jenen, die fundamentale Wahrheiten nicht vergessen. Obwohl der Captain wußte, daß er zu viel Gefühl hatte, daß er die in seinem Beruf unvermeidlichen Verluste nur schwer ertragen konnte, vergaß er doch die anderen Lektionen nicht, die er gelernt hatte, und eine von diesen war in ihrer Bedeutung von einer kürzlich gemachten unangenehmen Entdeckung noch unterstrichen worden. Er rechnete zwar nach wie vor damit, in der kommenden Nacht von einem Hubschrauber der Air Force evakuiert zu werden, und war auch einigermaßen sicher, den Truppen, die auf Team MESSER angesetzt worden waren, entkommen zu sein, aber er vergaß trotzdem nicht, daß eine Einheit, die an einem Punkt verweilt, verwundbar ist. So stellte Ramirez, der ein gutes Auge fürs Terrain hatte, einen Verteidigungsplan auf. Er glaubte zwar nicht, daß jemand seine Männer in der Nacht angreifen würde, wollte aber auf diese Möglichkeit vorbereitet sein.

Die Aufstellung seiner Leute, die er als starken, aber schlecht ausgebildeten Verband einschätzte, reflektierte die Bedrohung, und zugleich zwei besondere Vorteile: erstens die Tatsache, daß alle seine Männer mit Funkgeräten ausgerüstet waren, und zweitens, daß ihm drei schallgedämpfte Waffen zur Verfügung standen. Ramirez hoffte zwar nicht, daß ihm der Feind einen Besuch abstatten würde, aber wenn es schon so weit kam, sollte der Gegner eine ganze Reihe böser Überraschungen erleben.

Er hatte seine Männer in Zweierteams aufgeteilt – nichts ist furchteinflößender, als im Gefecht allein zu sein –, und jedes dieser Teams hatte als Teil eines Verteidigungsnetzes drei Löcher ausgehoben, die Hauptstellung und Alternative I und II hießen –, alle getarnt und so positioniert, daß eine Stelle die andere unterstützte. Wo es möglich war, wurden Feuerkorridore freigeräumt – und zwar so, daß das Feuer den Angreifer in der Flanke traf und in eine von den Verteidigern gewünschte Richtung abdrängte. Und für den Fall, daß alles versagte, hatte man drei Fluchtwege mit Sammelpunkten festgelegt. Die Männer waren den ganzen Tag über beschäftigt, gruben Löcher, bereiteten ihre Stellungen vor und legten die restlichen Minen. Ramirez selbst aber hatte nicht so viel zu tun und geriet wieder ins Grübeln.

Der Tag hatte sich zunehmend negativ entwickelt. Die Funkverbindung kam nicht zustande, und Ramirez' Erklärungen klangen nach jedem erfolglosen Versuch weniger überzeugend. Im Lauf des Nachmittags sagte er sich immer wieder, sie könnten unmöglich abgeschnitten sein – der Gedanke, daß man sie einfach aufgegeben haben könnte, kam ihm nie –, und ihm wurde immer deutlicher bewußt, daß er mit seinen Männern allein in einem fremden Land stand, bedroht von einem Gegner, dem sie nur entgegenzusetzen hatten, was sie auf dem Rücken trugen.

Der Hubschrauber landete auf dem Stützpunkt, den er vor zwei Tagen verlassen hatte, und rollte in einen Hangar, dessen Tor sofort geschlossen wurde. Die MC-130, die ihn begleitet hatte, wurde ähnlich getarnt. Ryan hatte nach dem Flug weiche Knie; er entfernte sich von der Maschine und traf Clark, der mit einer guten Nachricht wartete. Cutter hatte es versäumt, auch mit dem Kommandanten des Stützpunkts zu sprechen; an die Möglichkeit, daß seine Befehle mißachtet werden könnten, hatte er wohl nicht gedacht. So fiel das Eintreffen des Hubschraubers nicht weiter auf.

Jack ging zur Toilette, trank am Spender einen Liter Wasser und kehrte dann in den Hangar zurück. Dort hatten sich Colonel Johns und Mr. Clark schon angefreundet.

«Bei der dritten SOG waren Sie also?»

«Stimmt, Colonel», sagte Clark. «In Laos selbst war ich zwar nie, aber Ihr Verein hat viele von unseren Jungs gerettet. Seit dieser Zeit bin ich bei der CIA.»

«Ich weiß noch nicht mal, wo ich hinfliegen soll. Dieser Arsch von der

Navy zwang uns, unsere Karten zu verbrennen. Zimmer hat zwar noch ein paar Funkfrequenzen im Kopf, aber ...»

«Ich habe die Frequenzen», sagte Clark.

«Schön und gut, aber wir müssen die Männer trotzdem erst einmal finden. Auch mit der Unterstützung des Tankers habe ich nicht die Reichweite für eine richtige Suchaktion. Das Gebiet ist groß, und die dünne Luft jagt meinen Treibstoffverbrauch in die Höhe. Wer ist der Gegner?»

«Ein Haufen Leute mit AKs. Sollte Ihnen bekannt vorkommen.»

PJ zog eine Grimasse. «Allerdings. Ich habe drei Minikanonen. Ohne Luftunterstützung ...»

«Genau: die Luftunterstützung besorgen Sie. Die Evakuierungspunkte sind festgelegt?» fragte Clark.

«Ja ... eine Primär-LZ und zwei Alternativen für jedes Team, insgesamt zwölf.»

«Wir müssen davon ausgehen, daß sie dem Feind bekannt sind. Die Aufgabe für heute nacht ist, sie ausfindig zu machen und an andere Stellen zu schicken, die der Gegner nicht kennt. Dann können Sie sie morgen nacht herausholen.»

«Und dann raus aufs Meer ... Der FBI-Mann will, daß wir auf diesem winzigen Kutter landen. Ich mache mir Sorgen wegen *Adele*. Dem letzten Wetterbericht um zwölf Uhr zufolge war der Hurrikan auf dem Weg nach Kuba. Ich möchte erst wissen, was er inzwischen tut.»

«Das habe ich gerade erfahren», meinte Larson, der zu der Gruppe getreten war. «*Adele* ist wieder auf Westkurs und gerade offiziell zum Hurrikan erklärt worden. Die Windgeschwindigkeit im Kern beträgt hundertdreißig Stundenkilometer.»

«Scheiße», bemerkte Colonel Johns. «Wie schnell kommt sie voran?»

«Morgen wird es heikel, aber bei dem Flug heute nacht sollte es noch keine Probleme geben.»

«Und was ist das für ein Flug?»

«Larson und ich wollen die Teams ausfindig machen.» Clark nahm ein Funkgerät aus einer Tasche, die Murray ihm gegeben hatte. «Wir fliegen im Tal auf und ab und sprechen in diese Dinger. Wenn wir Glück haben, bekommen wir Kontakt.»

«Sie scheinen sich wirklich aufs Glück zu verlassen», meinte Johns.

Das Leben eines FBI-Agenten ist längst nicht so spannend, wie die Leute denken, sagte sich O'Day. An dem Fall arbeiteten nur zwanzig Agenten, was bedeutete, daß er diesen ekelhaften Job nicht einfach abschieben konnte. Sie hatten die Möglichkeit, sich einen Durchsuchungsbefehl für Cutters Haus zu besorgen, erst gar nicht erwogen, und Einschleichen ohne richterliche Genehmigung kam überhaupt nicht in Frage. Cutters Frau war wieder da und kommandierte das Personal herum. Andererseits hatte das Oberste Bundesgericht vor ein paar Jahren entschieden, zur Durchsuchung von Hausabfällen sei keine richterliche Genehmigung erforderlich. Nun konnte Pat O'Day kaum noch die Arme heben, nachdem er ein paar Tonnen stinkender Müllsäcke in einen weißen Müllwagen geladen hatte. Das VIP-Viertel von Fort Myers war eine militärische Einrichtung und wurde entsprechend geführt; Mülltonnen hatten an bestimmten Sammelpunkten für jeweils zwei Häuser zu stehen. O'Day hatte die Säcke vorm Aufladen markiert, und nun standen fünfzehn in einem der vielen Laboratorien des FBI. An Positivem war nur zu vermerken, daß die Entlüftungsanlage funktionierte und daß mehrere Dosen Raumspray zur Verfügung standen für den Fall, daß die Gesichtsmasken der Techniker den bestialischen Gestank nicht abhalten konnten. O'Day befürchtete, für den Rest seines Lebens von einem Geschwader Schmeißfliegen verfolgt zu werden. Der Abfall wurde auf einer großen weißen Platte ausgebreitet und untersucht: Kaffeesatz, angeknabberte Croissants, ein schleimiges Baiser und mehrere Wegwerfwindeln –, bei Cutters Nachbarn war die kleine Enkelin zu Besuch...

«Na also!» rief ein Techniker und hielt eine Computerdiskette hoch. Obwohl er Handschuhe trug, faßte er sie nur am Rand an und ließ sie dann in einen Plastikbeutel fallen. O'Day trug den Beutel ein Stockwerk höher, um ihn auf Fingerabdrücke untersuchen zu lassen.

Oben machten zwei Techniker Überstunden. Sie hatten sich Cutters Abdrücke schon aus dem Zentralarchiv besorgt – alle Angehörigen des US-Militärs werden so registriert – und ihre Ausrüstung, zu der auch ein Laser gehörte, aufgebaut.

«Wo lag das?» fragte einer.

«Auf Zeitungen», erwiderte O'Day.

«Fein! Also kein Fett und gute Wärmeisolierung. Vielleicht besteht eine Chance.» Der Techniker nahm die Diskette aus dem Beutel und machte sich an die Arbeit. O'Day ging zehn Minuten lang im Raum auf und ab.

«Da haben wir auf der Vorderseite einen Daumenabdruck mit acht Punkten und auf der Rückseite einen verwischten Ringfingerabdruck mit einem guten Punkt und einem sehr marginalen. Es sind auch noch

Abdrücke von einer zweiten Person nachzuweisen, aber nicht mehr zu identifizieren.»

Mehr, als unter den gegebenen Umständen zu erwarten gewesen war, dachte O'Day. Normalerweise erforderte eine Fingerabdruck-Identifizierung zehn Punkte – Unregelmäßigkeiten bei den Tastlinien, aus denen sich ein Abdruck zusammensetzt –, doch der Inspektor war sicher, daß Cutter die Diskette in der Hand gehabt hatte. Nun mußte nur noch festgestellt werden, was auf der Diskette war, und dazu begab er sich in ein anderes Labor.

Nach der Einführung der Personalcomputer war es nur noch eine Frage der Zeit gewesen, bis sie zu kriminellen Zwecken benutzt wurden. Für die Verfolgung solcher Mißbräuche hatte das FBI zwar eine eigene Abteilung eingerichtet, aber die nützlichste Unterstützung bekam es von privaten Beratern – von Hackern. Der Mann, der nun auf O'Day wartete, galt in seinen Kreisen als Star, war fünfundzwanzig und studierte noch. Er trug lange Haare und einen Bart und wirkte etwas ungewaschen. O'Day reichte ihm die Diskette.

«Das ist streng geheim», mahnte er.

«Wie schön», versetzte der Hacker. «Das ist eine Sony MFD-2DD Microfloppy, zweiseitig, Doppel-Density, 135 TPI, wahrscheinlich für 800K formatiert. Was soll da drauf sein?»

«Genau können wir das nicht sagen. Wahrscheinlich ein Algorithmus zum Chiffrieren.»

«Oho! Haben die Russen auf einmal den Bogen raus?»

«Das brauchen Sie nicht zu wissen», sagte O'Day streng.

«Ihr versteht aber auch gar keinen Spaß», meinte der Mann und schob die Diskette ins Laufwerk, das an einen neuen Apple Macintosh IIx angeschlossen war. Die Festspeicherplatte für den Computer hatte der Hacker selbst entworfen. An ein Gerät von IBM, hatte O'Day gehört, setzte sich der Mann nur, wenn man ihm eine Pistole an die Schläfe hielt.

Die Programme, die er nun benutzte, waren von anderen Hackern geschrieben worden und dienten zur Rettung von Daten von beschädigten Disketten. Das erste hieß Rescuedata. Der Lesekopf tastete die magnetischen Zonen auf der Diskette ab, übertrug die Daten auf den 8 MB-Speicher des IIx und fertigte zwei Kopien an. Eine davon auf Diskette. Nun konnte er das Original aus dem Laufwerk nehmen und an O'Day zurückgeben. Es kam sofort zurück in den Klarsichtbeutel.

«Die ist radiert worden», sagte der Hacker dann.

«Wie bitte?»

«Nicht über Eingabe gelöscht, also initialisiert, sondern nur radiert, vielleicht mit einem kleinen Magneten.»

«Mist!» bemerkte O'Day. Er wußte immerhin, daß magnetisch gespeicherte Daten durch magnetische Interferenz gelöscht werden konnten.

«Nur keine Aufregung. Wenn der Mann die Floppy initialisiert hätte, wäre nichts mehr zu machen, aber in diesem Fall ist er nur mit einem Magneten drübergefahren. Verloren ist nur ein Teil der Daten. Geben Sie mir zwei Stunden Zeit; mal sehen, was ich rausholen kann ... Moment, da ist was. Ein Vertauschungs-Algorithmus. Kommt mir ziemlich kompliziert vor.» Der Hacker drehte sich um. «Das kann eine Weile dauern.»

«Wie lange?»

«Wie lange hat Leonardo für die Mona Lisa gebraucht? Wie lange ...» O'Day ergriff die Flucht, legte die Diskette in den Panzerschrank und ging dann duschen. Als er sich den Gestank abgewaschen hatte und im Jacuzzi saß, sagte sich O'Day, daß die Ermittlungen gegen Cutter sich recht günstig entwickelten.

«Sir, die sind einfach nicht mehr da.»

Ramirez gab den Kopfhörer zurück und nickte. Kein Zweifel mehr. Er warf Guerra einen Blick zu.

«Ich glaube, die haben uns einfach vergessen.»

«Ist ja bestens, Captain. Und was tun wir jetzt?»

«Um ein Uhr sollen wir uns wieder melden. Geben wir ihnen noch eine Chance. Wenn wir bis dahin nichts hören, brechen wir auf.»

«Und wohin, Sir?»

«Erst mal raus aus den Bergen. Vielleicht können wir uns unten ein Fahrzeug besorgen und dann ... verflucht, ich habe keine Ahnung. Wahrscheinlich haben wir genug Geld für Flugkarten dabei ...»

«Aber weder Pässe noch Ausweise.»

«Stimmt. Vielleicht schlagen wir uns zur Botschaft in Bogotá durch.»

«Das verstieße gegen ein Dutzend Befehle, Sir», gab Guerra zu bedenken.

«Läßt sich nicht ändern. Die Männer sollen ihre letzten Rationen essen und sich ausruhen, denn sie müssen die ganze Nacht hellwach sein. Lassen Sie Chavez und León den Hang unter uns erkunden.» Ramirez brauchte nicht auszusprechen, was ihm Sorgen machte. Guerra war auf der gleichen Wellenlänge und verstand ihn.

«Alles klar, Captain», beruhigte der Sergeant. «Wir kommen schon hier raus.»

Die Einsatzbesprechung dauerte fünfzehn Minuten. Die Männer waren unruhig und aufgebracht über ihre Verluste und hatten keine Vorstellung von der Gefahr, die ihnen drohte. Welcher Todesmut, dachte Cortez, welcher *machismo*. Arme Narren.

Ihr erstes Angriffsziel lag dreißig Kilometer entfernt –, aus naheliegenden Gründen wollte er sich die nächstliegenden zuerst vornehmen. Nach Einbruch der Dunkelheit fuhren sechzehn mit je fünfzehn Mann besetzte Laster los. Cortez' eigene Leute blieben natürlich zurück. Er hatte inzwischen zehn Mann rekrutiert, die nur auf seine Befehle hörten, und dabei eine gute Wahl getroffen: Diese Männer protzten nicht mit ihrer Herkunft und den Mordaufträgen, die sie brav erledigt hatten. Das einzige Auswahlkriterium war ihr Können gewesen. Die meisten waren Aussteiger von M-19 und FARC, die nach fünf Jahren genug vom Guerillakrieg hatten. Manche waren in Kuba oder Nicaragua ausgebildet worden und beherrschten die Grundlagen des Kriegshandwerks. Diese Männer waren Söldner, die sich nur für das Geld interessierten, das Cortez zahlte –, und er hatte ihnen noch mehr versprochen. Entscheidend aber war, daß ihnen keine andere Wahl blieb. Die kolumbianische Regierung hatte keine Verwendung für sie. Das Kartell traute ihnen nicht. Und ihren Treueeid auf die marxistischen Gruppen, die politisch so korrupt waren, daß sie sich selbst beim Kartell verdingten, hatten sie gebrochen. Übrig blieb also nur Cortez. Für ihn töteten sie. Er hatte sie zwar noch nicht in seinen Plan eingeweiht, aber alle großen Bewegungen hatten mit einem kleinen harten Kern von Männern begonnen, deren Methoden ebenso zwielichtig waren wie ihre Ziele und die nur einem Mann treu ergeben waren. Das hatte Cortez beigebracht bekommen. Er glaubte zwar selbst nicht ganz daran, aber für den Augenblick reichte es aus. Er bildete sich nicht ein, eine Revolution anzuführen. Hier ging es eher um die Übernahme einer Firma. Cortez kehrte grinsend ins Haus zurück und setzte sich wieder an seine Landkarten.

«Zum Glück sind wir keine Raucher», sagte Larson, als das Fahrgestell eingezogen wurde. Hinter ihnen in der Kabine stand ein Treibstofftank. Zwei Stunden Flugzeit zum Patrouillengebiet, drei Stunden Kreisen, zwei Stunden für den Rückflug. «Glauben Sie, daß das klappt?»

«Wenn nicht, wird jemand dafür bezahlen müssen», erwiderte Clark. «Wie sieht das Wetter aus?»

«Wir erreichen gerade noch vor dem Sturm Land. Aber fragen Sie mich nicht, wie es morgen aussieht.»

Chavez und León waren zwei Kilometer von dem vordersten Vorposten des Teams entfernt. Beide trugen schallgedämpfte Waffen. León war zwar bei BANNER kein Späher gewesen, verfügte aber im Gelände über Fähigkeiten, die ihn Chavez sympathisch machten. Am angenehmsten war, daß sie bisher nichts gefunden hatten. Ramirez hatte ihnen mitteilen lassen, was er befürchtete, und die beiden Sergeants waren erst einen Kilometer weit nach Norden marschiert, um sich dann im weiten Bogen nach Süden zu wenden, suchend, lauschend. Sie waren gerade im Begriff, den Anstieg zur LZ zu beginnen, als Chavez stehen blieb und sich umdrehte.

Ein metallisches Geräusch. Er wies León mit einem Wink an, sich nicht zu rühren, wandte den Kopf, schaltete sein Nachtsichtgerät an und spähte hangabwärts. Irgendwo dort unten verlief eine Straße. Wenn jemand zu Besuch kam, dann aus dieser Richtung.

Zunächst war nichts auszumachen. Da die dichten Baumkronen so gut wie kein Licht durchließen, mußte er den Helligkeitsregler ganz aufdrehen, und was er nun sah, glich einem griesigen Fernsehbild. Die Spannung ließ ihn noch wacher werden, beflügelte aber auch seine Phantasie, und er mußte sich hüten, Dinge zu entdecken, die überhaupt nicht existierten.

Doch da unten war etwas. Er spürte es, ehe er das Geräusch noch einmal vernahm. Nichts Metallisches, aber – zu lautes Rascheln von Laub für diese windstille Nacht. Chavez warf einen Blick zu León hinüber, der ebenfalls ein Sichtgerät trug und auf grüne Schemen auf dem Schirm starrte. León nickte ihm zu. Chavez ging in die Knie und schaltete sein Funkgerät ein.

«Sechs, hier Punkt.»

«Hier sechs.»

«Wir sind am Umkehrpunkt und haben Bewegung ausgemacht, etwa einen halben Kilometer unter uns. Wir warten ab und sehen, was das ist.»

«Roger. Seien Sie vorsichtig, Sergeant», mahnte Ramirez.

«Wird gemacht. Out.»

León kam zu ihm hinüber.

«Was hast du vor?»

«Wir bleiben zusammen und halten still, bis wir sehen, was die vorhaben.»

«Gut. Suchen wir uns fünfzig Meter höher eine Deckung.»

«Geh vor, ich komme gleich nach.» Chavez warf noch einen letzten Blick nach unten, ehe er seinem Freund zu einer Baumgruppe folgte. Er hatte auf dem griesigen Schirm noch immer nichts ausmachen können. Zwei Minuten später war er an dem neuen Punkt.

León entdeckte den Gegner zuerst und hob die Hand. Die sich bewegenden Punkte waren größer als das von dem Sichtgerät erzeugte optische Rauschen. Köpfe, die sich in vier- oder fünfhundert Meter Entfernung auf sie zubewegten.

Na schön, dachte Chavez, dann wollen wir mal zählen. Er entspannte sich. Jetzt wurde es ernst. Das Gefühl kannte er nun schon. Die große Unsicherheit war vorbei. Nun würde es zum Kampf kommen. Und darauf verstand er sich.

«Sechs, hier Punkt. Feind in Kompaniestärke hält direkt auf Sie zu.»

«Sonst noch etwas?»

«Geht langsam und vorsichtig vor.»

«Wie lange können Sie dort noch bleiben?»

«Zwei Minuten vielleicht.»

«Bleiben Sie so lange, wie Sie es verantworten können, und ziehen Sie sich dann zurück. Versuchen Sie, die Distanz über einen Kilometer oder so unverändert zu halten. Wir wollen so viele wie möglich in den Sack kriegen.»

«Roger.»

«Das Kräfteverhältnis stinkt mir», flüsterte León.

«Wir müssen die Bande dezimieren, ehe wir abhauen.»

Chavez musterte wieder den unorganisiert vorrückenden Gegner, der in Dreier- und Vierergruppen langsam den Hang erklomm. Er fragte sich, ob sie Funkgeräte hatten, um ihren Vormarsch zu koordinieren. Wahrscheinlich nicht. Zu spät erkannte er, daß sie zu wissen schienen, wohin sie wollten. Wie das kam, wußte er nicht, aber für ihn stand fest, daß sie in einen Hinterhalt tappten. Aber ihre Zahl war groß, beunruhigend groß.

«Zeit, daß wir verschwinden», sagte Ding zu León.

Sie hasteten bergan, suchten sich einen guten Beobachtungsposten nach dem anderen und hielten ihren Kommandeur über ihre Position und die des Feindes informiert. Hinter und über ihnen hatte der Zug fast zwei Stunden zur Umgruppierung und zur Vorbereitung des Hinterhaltes gehabt. Wie Chavez und León über Funk erfuhren, plante Ramirez, die Angreifer schon weit vor der Hauptverteidigungslinie zu empfangen. Diese erstreckte sich zwischen zwei besonders steilen Hängen und wurde von den MG flankiert, die einen nur dreihundert Meter breiten Korridor bestrichen. Wenn der Feind dumm genug war, in diesen

Einschnitt zu marschieren, war das sein Problem. Bisher hatte er geradewegs auf die LZ zugehalten. Möglicherweise vermutete er nur, daß Team MESSER dort steht, dachte Chavez, als er mit León hinter einem MG in Stellung ging.

«Sechs, hier Punkt, wir sind in Position. Feind nun dreihundert Meter unter uns.»

Klick-klick....

«Ich sehe sie», rief eine andere Stimme über den Funkkreis.

«Granate eins sieht sie.»

«Sanitäter hat sie.»

«MG eins hat sie.»

«Granate zwei. Wir sehen sie.»

«MESSER, hier sechs. Ruhe bewahren», mahnte Ramirez. «Sieht so aus, als kämen sie direkt durch die Vordertür. Denkt an das Signal, Leute.»

Zehn Minuten vergingen. Chavez schaltete das Nachtsichtgerät ab, um die Batterien zu schonen und seine Augen an die Dunkelheit zu gewöhnen. In Gedanken spielte er den Schlachtplan immer wieder durch. Er und León hatten bestimmte Gebiete, für die sie verantwortlich waren. Jeder Soldat hatte sein Feuer auf ein schmales Segment zu beschränken. Alle Segmente überschnitten sich zwar ein wenig, aber jeder sollte nur auf seinem Gebiet jagen und nicht die ganze Front bestreichen. Selbst für die beiden Maschinengewehre galten diese Beschränkungen. Das dritte stand mit dem kleinen Reserveverband weit hinter der Verteidigungslinie und sollte den Rückzug des Zuges decken oder auf unerwartete Entwicklungen reagieren.

Nun war der Gegner bis auf hundert Meter herangekommen. Die erste Reihe des Feindes bestand aus achtzehn oder zwanzig Männern, die vorsichtig und mit gesenkten Gewehren vorgingen. In dem ihm zugewiesenen Gebiet zählte Chavez drei. León hielt weiter unten Ausschau und hob die Waffe.

In der Vergangenheit schoß man Salven. Die napoleonische Infanterie stand in langen Kolonnen Schulter an Schulter, legte auf Befehl die Musketen an und feuerte eine vernichtende Salve auf den Gegner ab. Zweck der Übung war die Schockwirkung, und diese Taktik gilt bis heute. Schock, um die wenigen Überlebenden aus dem Konzept zu bringen und zur Flucht zu bewegen. Nur setzt man heute keine Kolonnen von Musketieren mehr ein, sondern läßt den Gegner ganz nahe herankommen.

Klick-klick-klick. Bereitmachen, befahl Ramirez. Die Schützen legten die Gewehre an. Die MG wurden gehoben. Man legte Sicherungshebel um. In der Mitte der Verteidigungslinie griff der Captain nach einem Telefonkabel. Es war fünfzig Meter lang und an einer Blechbüchse befestigt, die Kieselsteine enthielt. Langsam und vorsichtig zog er das Kabel straff. Dann zerrte er heftig daran.

Das plötzliche Geräusch ließ die Zeit stillstehen. Die Angreifer wandten sich instinktiv dem Geräusch in ihrer Mitte zu und ab von der noch unerkannten Gefahr vor ihnen und an ihren Flanken.

Der scheinbar endlose Augenblick endete mit den weißen Mündungsfeuern aus den Waffen des Zuges. Die ersten fünfzehn Angreifer fielen auf der Stelle. Hinter ihnen gab es fünf weitere Tote oder Verwundete, ehe das Feuer erwidert wurde. Von oben wurde nun nicht mehr geschossen. Die Angreifer reagierten zu spät. Viele schossen ganze Magazine leer, aber die Soldaten hatten sich in ihre Schützenlöcher zurückgezogen und boten keine Ziele.

«Wer hat geschossen? Was geht hier vor?» rief Sergeant Olivero.

Konfusion ist die Verbündete der gut Vorbereiteten. Weitere Männer stürzten in die Todeszone, um zu sehen, was geschehen war, um festzustellen, wer da auf wen geschossen hatte. Chavez und alle anderen zählten bis zehn und tauchten dann wieder aus der Deckung auf. Dreißig Meter vor Dings Stellung standen zwei Männer. Bei zehn schoß er einen mit einem Dreierstoß nieder und verwundete den anderen. Nun war ein weiteres Dutzend Feinde gefallen.

Aus den Funkgeräten klickte es fünfmal. Ein Mann jedes Zweierteams jagte fünfzig Meter bergan und blieb an einer vorbestimmten Stelle stehen. Die MG, die bisher nur kurze Feuerstöße abgegeben hatten, schossen nun Dauerfeuer, um die Ablösung zu decken. Binnen einer Minute hatte sich MESSER aus einem Gebiet, das nun mit verspätetem und wenig akkuratem Feuer belegt wurde, zurückgezogen. Ein Mann bekam einen Streifschuß ab, den er ignorierte. Wie üblich setzte sich Chavez als letzter ab und suchte immer wieder hinter dicken Baumstämmen Deckung, als das Feuer des Gegners heftiger wurde. Er schaltete sein Nachtsichtgerät wieder an, um die Lage zu prüfen. In der Todeszone lagen rund dreißig Männer am Boden; nur die Hälfte bewegte sich noch. Viel zu spät machte der Feind eine Umfassungsbewegung nach links, versuchte, eine längst aufgegebene Stellung einzuschließen. Er sah, wie sie die Stellung erreichten, die er mit León gerade eben noch gehalten hatte, und dort blieben die Gegner verwirrt stehen und wußten noch immer nicht, was geschehen war. Nun kamen Schreie von den Verwundeten, und es erschollen Flüche, laute, obszöne Flüche aufgebrachter Männer, die es gewohnt waren, den Tod auszuteilen, aber nicht, ihn zu empfangen. Neue Stimmen erhoben sich über die sporadischen Schüsse und das Schreien und Fluchen. Das mußten die Anführer sein, die Befehle gaben. Chavez, der die Schlacht schon für so gut wie gewonnen hielt, warf einen letzten Blick zurück.

«Scheiße!» Er schaltete sein Funkgerät ein. «Sechs, hier Punkt. Feind hat mehr als Kompaniestärke. Geschätzte feindliche Verluste bisher dreißig. Gegner hat sich gerade wieder in Bewegung gesetzt. Dreißig marschieren nach Süden. Jemand hat ihnen befohlen, uns einzuschließen.»

«Roger, Ding. Setzen Sie sich ab.»

«Bin schon unterwegs.» Chavez stürmte los und an Leóns Position vorbei.

«Mr. Clark, Sie haben bewirkt, daß ich an Wunder glaube», sagte Larson am Steuerknüppel seiner Beechcraft. Beim dritten Versuch hatten sie Kontakt mit Team OMEN aufgenommen und die Soldaten angewiesen, fünf Kilometer weiter zu einer Lichtung zu marschieren, die gerade groß genug für den Pave Low war. Der nächste Versuch hatte länger gedauert – vierzig Minuten. Nun suchten sie nach den Überresten von BANNER. Clark wußte nicht, daß die Überlebenden zu MESSER gestoßen waren, dem letzten Team auf seiner Liste.

Die zweite Verteidigungsposition war zwangsweise weiter auseinandergezogen als die erste, und Ramirez begann sich Sorgen zu machen. Seine Männer hatten den ersten Hinterhalt absolut perfekt gelegt, aber erfolgreiche Tricks lassen sich nur selten wiederholen. Der Feind würde nun manövrieren, ausschwärmen, seine Anstrengungen koordinieren oder zumindest versuchen, seine zahlenmäßige Überlegenheit auszunutzen. Und der Feind war klug, denn er ging rasch vor. Nun, da er wußte, daß er es mit einem gefährlichen Gegner zu tun hatte, spürte er instinktiv, daß er Druck ausüben und die Initiative ergreifen mußte. Das konnte Ramirez zwar nicht verhindern, aber auch er hatte Karten, die er ausspielen konnte.

Die Späher an seinen Flanken hielten ihn über die Bewegungen des Feindes informiert – inzwischen drei Gruppen zu je vierzig Mann. Ramirez konnte es nicht mit allen dreien gleichzeitig aufnehmen, er mußte sie nacheinander dezimieren. Zur Verfügung standen ihm drei Feuerteams zu je fünf Mann. Eines – die Reste von BANNER – ließ er in der Mitte und verlegte seine Hauptstreitmacht nach Süden, wo sie in einer schiefen Linie am Hang in Stellung ging. Am oberen Ende der Linie postierte er die beiden MG.

Sie brauchten nicht lange zu warten. Der Feind ging rascher vor, als Ramirez gehofft hatte, und seine Männer hatten kaum genug Zeit zur Auswahl guter Feuerpositionen. Der Feind ging aber berechenbar vor, was ihm erneut zum Nachteil gereichen sollte. Chavez gab von unten die erste Warnung. Wieder ließen sie den Gegner bis auf fünfzig Meter herankommen. Chavez und León lagen mehrere Meter voneinander entfernt und hielten nach Anführern Ausschau. Sie hatten die Aufgabe, zuerst und lautlos zu schießen und jene auszuschalten, die den Angriff koordinierten. Ding machte einen Mann aus, der den anderen Zeichen gab, legte seine MP-5 an und gab einen Feuerstoß ab, der vorbeiging. Seine Waffe war zwar schallgedämpft, aber ihr Mechanismus war so laut, daß sie einen Gegenschuß provozierte. Daraufhin eröffnete der ganze Zug das Feuer. Fünf weitere Angreifer fielen. Diesmal erwiderte der Feind das Feuer präzise und trat zum Angriff auf die Verteidigungsstellung an, doch als Mündungsfeuer seine Position verriet, wurde er von den beiden MG bestrichen.

Nun bot sich ein grausiger und faszinierender Anblick. Sobald geschossen wurde, war es mit der Nachtsicht aus. Chavez versuchte, sich seine durch Zukneifen eines Auges zu bewahren, wie man es ihm beigebracht hatte, mußte aber feststellen, daß das nicht funktionierte. Im Wald blitzten helle, zylindrische Flammen auf, die die rennenden Männer wie Blinklichter illuminierten. Die Leuchtspurgeschosse der MG erfaßten Menschen, Leuchtspurgeschosse aus Gewehren hingegen bedeuteten, daß das Magazin fast leer war. Ein Getöse wie dieses hatte Chavez noch nie gehört: das Rattern der M-16, die langsame Schußfolge der AK-47, gebrüllte Befehle, Schmerzens-, Wut- und Todesschreie.

«Lauft!» rief Captain Ramirez. Wieder setzten sie sich in Paaren ab oder versuchten es zumindest. Zwei Männer des Zuges waren bei dem Feuerwechsel getroffen worden. Chavez stolperte über einen Verwundeten, der sich kriechend zu entfernen versuchte. Er warf sich den Mann über die Schultern und stürmte bergauf. Der Verwundete – es war Ingeles – starb am Sammelpunkt. Zur Trauer war keine Zeit; die unbenutzten Magazine des Toten wurden verteilt. Während Captain Ramirez bemüht war, wieder Ordnung in die Einheit zu bringen, waren von unten Schüsse und Schreie zu hören. Nur noch ein Mann schaffte es zum Sammelpunkt. Team MESSER hatte zwei Tote und einen Schwerverwundeten zu beklagen. Olivero kümmerte sich um den Mann und brachte ihn zum Verwundeten-Sammelpunkt in der Nähe der LZ. Binnen fünfzehn Minuten hatten sie weitere zwanzig Gegner ausgeschaltet, aber auch dreißig Prozent ihrer Stärke verloren. Hätte Captain Ramirez Zeit zum Nachdenken gehabt, so hätte er erkannt, daß er trotz seines taktischen Geschicks nicht gewinnen konnte. Doch zum Denken kam er nicht.

Die Männer von BANNER wehrten mit mehreren Feuerstößen eine andere Gruppe von Feinden ab, aber einer von ihnen fiel beim Rückzug. Die nächste Verteidigungslinie war vierhundert Meter entfernt. Sie war dichter als die zweite und ihrer letzten Verteidigungsposition unangenehm nahe. Zeit, die letzte Karte auszuspielen.

Wieder besetzte der Feind geräumtes Terrain und wußte noch immer nicht, welche Verluste er diesen bösen Geistern zugefügt hatte, die jäh aus der Dunkelheit auftauchten, töteten, und dann wieder verschwanden. Zwei Anführer waren gefallen. Nun machten die Kolumbianer halt, um sich umzugruppieren, während die überlebenden Führer sich berieten.

Bei den Amerikanern sah es ähnlich aus. Nachdem die Gefallenen identifiziert waren, glich Ramirez die Verluste durch Veränderung der Aufstellung aus und war insgeheim froh, daß zur Trauer keine Zeit war, daß er sich auf das anstehende Problem konzentrieren mußte. Der Hubschrauber kam also nicht rechtzeitig. Oder vielleicht doch? Kam es darauf an? Was war überhaupt noch wichtig?

Nun mußte er den Feind weiter schwächen, wenn ein Fluchtversuch eine annehmbare Erfolgschance haben sollte. Ramirez hatte seine Explosivwaffen in Reserve gehalten. Bisher hatte kein Mann eine Granate abgeschossen oder geworfen, und die Schützenlöcher dieser Stellung waren mit Minen geschützt.

«Worauf wartet ihr?» rief Ramirez. «Los, kommt doch, wir sind mit euch noch nicht fertig! Erst legen wir euch um, und dann ficken wir eure Weiber!»

«Quatsch, die haben gar keine Weiber», brüllte Vega. «Die treiben es miteinander. Auf, ihr Arschficker, Zeit zum Sterben!»

Und dann kamen sie. Wie ein Puncher, der unbarmherzig auf einen Boxer losgeht und ihn gegen die Seile drängt, wurde der Feind von seiner Wut vorangetrieben, von den höhnischen Stimmen angezogen. Doch die Gegner hatten aus der Erfahrung gelernt. Sie gingen nun behutsamer vor, suchten hinter Bäumen Deckung, gaben sich gegenseitig Feuerschutz und zwangen die Verteidiger mit Feuerstößen, in Deckung zu bleiben.

«Da drüben im Süden ist etwas los», meinte Larson. «Sehen Sie die Blitze? In zwei Uhr am Hang.»

«Ich sehe es.» Sie hatten seit zwei Stunden erfolglos versucht, mit Team BANNER Kontakt aufzunehmen. Clark verließ das Gebiet nur ungern, hatte aber keine andere Wahl. Wenn das Team dort in ein Feuergefecht verwickelt war, mußten sie näher heranfliegen, denn die Reichweite der kleinen Funkgeräte betrug weniger als zehn Meilen.

«Drücken Sie drauf», wies er den Piloten an.

Larson fuhr die Klappen ein und schob die Leistungshebel nach vorne.

Man bildete einen Feuersack. Der Begriff stammte aus dem Sprachgebrauch der Roten Armee und beschrieb die Funktion dieses taktischen Arrangements perfekt. Der Zug war in einem weiten Halbkreis in Stellung gegangen. Jeder Mann stand in seinem Loch. Allerdings waren vier Löcher nur mit einem anstatt mit zwei Soldaten besetzt, und eines blieb leer. Vor jedem Schützenloch lagen eine oder zwei Minen, die konvexe Seite dem Feind zugewandt. Die Stellung befand sich in einer kleinen Baumgruppe über einer siebzig Meter breiten, von einem Erdrutsch geschlagenen Lichtung. Der Feind erreichte den Rand der Lichtung und blieb stehen, schoß aber weiter.

«Okay, Leute», sagte Ramirez. «Auf meinen Befehl hin setzen wir uns so schnell wie möglich zur LZ und dann zur Rückzugsroute zwei ab. Aber erst müssen wir die Kerle noch ein bißchen ausdünnen.»

Auch auf der anderen Seite wurde geredet. Mumm haben sie, dachte Ramirez; wer immer diese Männer auch sein mochten, vor Gefahr schreckten sie nicht zurück. Hätten sie eine bessere Ausbildung und zwei kompetente Führer gehabt, wäre der Kampf schon längst entschieden gewesen.

Chavez hatte andere Dinge im Kopf. Seine Waffe war nicht nur schallgedämpft, sondern erzeugte auch kein Mündungsfeuer, und der Ninja machte mit Hilfe seines Nachtsichtgerätes Feinde aus, die er dann mitleidslos niederschoß. Er erwischte einen Mann, der ein Anführer gewesen sein mochte. Das Ganze war fast zu einfach. Das Rattern der feindlichen Waffen übertönte das Geräusch seiner MP-5. Dann aber prüfte er seinen Munitionsvorrat und stellte fest, daß er nur noch zwei Magazine hatte. Captain Ramirez' Taktik war klug, aber riskant.

Hinter einem Baum tauchte ein Kopf auf, dann ein gestikulierender Arm. Ding nahm den Mann ins Visier, drückte ab und traf ihn in den Hals. Der Getroffene stieß einen gurgelnden Schrei aus. Chavez wußte nicht, daß er den obersten Anführer erschossen hatte. Der Schrei ließ den Feind schlagartig aktiv werden. Überall am Waldrand flammten Mündungsfeuer auf. Und dann griff der Gegner mit Gebrüll an.

Ramirez ließ ihn die Hälfte des Weges zurücklegen und schoß dann eine Phosphorgranate ab, die eine grellweiße, spinnwebartige Feuerfontäne aufsteigen ließ. Gleich darauf ließen die Männer ihre Minen detonieren.

«Scheiße, das ist MESSER. Phosphorgranaten und Minen.» Clark hielt die Antenne aus dem Fenster des Flugzeugs.

«MESSER, hier VARIABEL. Bitte melden. Over.» Die versuchte Hilfeleistung hätte zu keinem ungünstigeren Augenblick kommen können.

Den fetzenden Splittern der Minen fielen weitere dreißig Mann zum Opfer; zehn wurden verwundet. Dann wurden Granaten und Phosphorgranaten in den Wald geschossen. Gegner, die von ihnen nicht sofort getötet wurden, standen in Flammen und trugen mit ihrem Schreien zu der Kakophonie bei. Handgranaten töteten weitere Angreifer. Dann drückte Ramirez wieder auf die Sprechtaste.

«Zurückziehen!» Doch diesmal klappte der Trick nicht.

Als das Team MESSER seine Stellung verließ, geriet es in spontanes Feuer des Gegners. Die Soldaten warfen Nebel- und CS-Granaten, um ihren Rückzug zu tarnen, aber deren Detonationsblitze gaben dem Feind nur einen Anhaltspunkt. Zwei Soldaten fielen, zwei wurden verwundet – und nur, weil sie taten, was man ihnen beigebracht hatte. Bis zu diesem Zeitpunkt hatte Ramirez seine Einheit erstklassig geführt und in der Hand gehabt, aber nun verlor er die Kontrolle. Es knackte in seinem Ohrhörer, und er hörte eine fremde Stimme.

«Hier MESSER», sagte er und richtete sich auf. «VARIABEL, wo stecken Sie, verdammt noch mal!»

«Wir sind über Ihnen. Wie ist Ihre Lage?»

«Beschissen. Wir ziehen uns zur LZ zurück. Kommen Sie runter, *holen Sie uns sofort raus!»* Ramirez schrie seinen Männern zu: «Los, zur LZ, wir werden rausgeholt!»

«Negativ, negativ. MESSER, wir können jetzt nicht landen. Sie müssen sich vom Feind absetzen. Bitte bestätigen!» sagte Clark. Keine Antwort. Er wiederholte die Anweisung, erhielt aber keine Reaktion.

Und nun waren von dem einst zweiundzwanzig Mann starken Trupp nur noch acht übrig. Ramirez trug einen Verwundeten. Sein Ohrhörer war herausgefallen, und nun hastete er bergan auf die zweihundert Meter entfernte LZ zu, durch eine Baumgruppe auf die Lichtung, wo der Hubschrauber niedergehen sollte.

Doch der kam nicht. Ramirez setzte seine Last ab und schaute erst mit bloßen Augen, dann mit dem Nachtsichtgerät zum Himmel –, doch weder ein Blinklicht noch die Hitze eines Triebwerks erhellten die Nacht. Der Captain riß das Mikrophon vom Funkgerät und brüllte hinein.

«VARIABEL, wo stecken Sie?»

«MESSER, hier VARIABEL. Wir umkreisen Ihre Position mit einem Starrflügler und können Sie erst morgen nacht evakuieren. Sie müssen sich vom Feind lösen. Bitte bestätigen!»

«Wir sind nur noch acht. Wir sind...» Ramirez hielt inne. «Mein Gott.» Er zögerte, als ihm klar wurde, daß der Großteil seiner Männer tot war und daß er als Kommandeur die Verantwortung trug. Daß ihn im Grunde keine Schuld traf, sollte er nie erfahren.

Der Feind näherte sich nun von drei Seiten her. Es gab nur einen Fluchtweg. Ramirez mußte mit ansehen, wie der Mann, den er zur LZ getragen hatte, starb. Dann schaute er ratlos seine Männer an. Auf eine solche Situation war er bei der Ausbildung nicht vorbereitet worden. Hundert Meter entfernt, kamen die ersten Feinde aus dem Wald und begannen zu feuern. Seine Männer schossen zurück, aber der Gegner war in der Überzahl, und ihnen ging die Munition aus.

Chavez bekam es mit. Er hatte sich mit León und Vega zusammengetan, um einem am Bein Verwundeten zu helfen. Und nun drang eine Kette von Männern quer über die Landezone vor. Er sah, wie Ramirez sich zu Boden warf und auf den Feind schoß, aber nun konnten Ding und seine Freunde nichts mehr tun. Sie brachen auf der Rückzugsroute nach Westen auf und schauten sich nicht mehr um. Schon der Lärm sagte ihnen genug: Das Rattern der M-16 wurde von dem lauteren Geräusch der AK-47 beantwortet. Ein paar Handgranaten detonierten. Männer schrien und fluchten auf spanisch. Und dann waren nur noch die AK zu vernehmen. Der Kampf um diese Höhe war vorbei.

«Das kommt mir wie eine Tragödie vor», sagte Larson.

«Dafür wird in den Staaten jemand bezahlen müssen», versetzte Clark leise. Er hatte Tränen in den Augen. Ähnliches hatte er früher schon einmal erlebt, als seinem Hubschrauber der Start gelang, dem anderen aber nicht. Noch lange Zeit danach hatte er sich geschämt, weil er überlebt hatte. *«Scheiße!»* stieß er hervor und schüttelte den Kopf.

«MESSER, hier VARIABEL. Hören Sie mich?»

«He, Moment mal», sagte Chavez. «Hier Chavez. Wer ist in diesem Kreis?»

«Aufgepaßt, dieser Kreis wird abgehört. Hier Clark. Wir sind uns vor einer Weile begegnet. Gehen Sie in dieselbe Richtung wie damals in der Übungsnacht. Erinnern Sie sich noch?»

«Roger, weiß ich noch. Schaffen wir.»

«Ich hole Sie morgen raus. Ohren steifhalten, Junge. Ich wiederhole: Ich komme zurück und evakuiere Sie. Und jetzt machen Sie, daß Sie verschwinden. Out.»

«Worum ging's denn da?» fragte Vega.

«Wir schlagen einen Haken nach Osten, marschieren dann bergab nach Norden und wenden uns wieder nach Osten.»

«Und was dann?» wollte *Oso* wissen.

«Keine Ahnung.»

«Zurück nach Norden», befahl Clark.

Sie setzten ihre fruchtlose Suche nach Team BANNER noch eine Stunde lang fort und wandten sich dann zurück Richtung Panama. Während des zwei Stunden und fünfzehn Minuten langen Fluges sagte Clark kein Wort, und Larson wagte nicht, das Schweigen zu brechen. Der Pilot rollte zum Hangar des Pave Low; die Türen schlossen sich hinter ihm. Ryan und Johns erwarteten sie.

«Nun?» fragte Jack.

«Wir haben Kontakt mit OMEN und FEATURE bekommen», erwiderte Clark. «Kommen Sie mit.» Er ging in ein Büro und breitete auf einem Tisch seine Karte aus.

«OMEN wartet morgen nacht hier, und FEATURE hält sich an dieser Stelle bereit», erklärte Clark und wies auf zwei eingekreiste Stellen.

«Gut, das schaffen wir», meinte Johns.

«Verflucht noch mal! Und die anderen?» grollte Ryan.

«Mit BANNER bekamen wir keinen Kontakt. Und wir mußten mit

ansehen, wie MESSER vom Feind überrannt wurde. Es gibt mindestens einen Überlebenden, den ich über Land heraushole.» Clark wandte sich an den Piloten. «Larson, legen Sie sich aufs Ohr. In sechs Stunden müssen Sie auf dem Damm sein.»

«Wie sieht's mit dem Wetter aus?» fragte er PJ.

«Dieser verfluchte Orkan rast im Zickzack herum; kein Mensch weiß, wohin er zieht. Auf jeden Fall aber ist er noch nicht hier, und ich bin auch schon in üblem Wetter geflogen», erwiderte Colonel Johns.

«Okay.» Der Pilot entfernte sich. Im Nebenzimmer standen Feldbetten. Er landete auf einem und war im Nu eingeschlafen.

«Sie wollen den Mann auf dem Landweg herausholen?» fragte Ryan.

«Soll ich ihn vielleicht im Stich lassen?» Clark wandte sich ab. Er hatte rote Augen, und nur PJ wußte, daß dafür nicht nur Anstrengung und Mangel an Schlaf verantwortlich waren. «Ich muß es versuchen, Jack. Das sind unsere Leute da draußen; die würden auch mich holen, wenn ich in der Scheiße steckte. Keine Sorge, ich weiß schon, wie man das macht.»

«Was haben Sie vor?» fragte PJ.

«Ich lasse mich von Larson so um die Mittagszeit runterfliegen, besorge mir einen Wagen und fahre an einen vorbestimmten Treffpunkt, den ich mit einem Soldaten über Funk verabredet habe. Dann gondeln wir mit den Überlebenden zum Flughafen und zischen ab.»

«Einfach so?» fragte Ryan ungläubig.

«Klar. Warum nicht?»

«Es gibt einen Unterschied zwischen Tapferkeit und Wahnsinn», gab Ryan zu bedenken.

«Tapferkeit? Da scheiß ich drauf. Ich tu nur meinen Job», gab Clark zurück und entfernte sich dann.

«Wissen Sie, was man wirklich fürchtet?» sagte Johns, als Clark gegangen war. «Man hat Angst vor der Erinnerung an Situationen, in denen man es trotz guter Chancen nicht schaffte. Ich kann jeden Fehlschlag, den ich im Laufe von über zwanzig Jahren erlebt habe, ablaufen lassen wie einen Film.» Der Colonel trug sein Uniformhemd mit den Schwingen und allen seinen Auszeichnungen.

Ryan schaute auf ein hellblaues Ordensband mit fünf weißen Sternen. «Aber Sie haben doch ...»

«Schön, so ein Ding zu tragen und selbst von Generälen gegrüßt zu werden, stimmt. Aber wissen Sie, was wirklich wichtig ist? Die beiden Männer, die ich rausgeholt habe. Der eine ist inzwischen General, der andere Pilot bei Delta Airlines. Beide haben Familie. Darauf kommt es an, Mr. Ryan. Und auf jene, die ich nicht retten konnte ... vielleicht, weil ich nicht gut oder schnell genug war oder nicht genug Glück hatte. Vielleicht hatten auch sie Pech, aber entscheidend ist, daß ich sie hätte rausholen sollen. Denn das ist mein Job», schloß Johns leise.

Wir haben die Männer da hingeschickt, dachte Jack. Meine Behörde. Viele sind schon tot, und wir lassen uns von jemandem sagen, daß man das Ganze am besten vergißt. Und ich soll...

«Mag sein, daß es heute nacht gefährlich wird.»

«Sieht so aus.»

«Sie haben zwei Minikanonen an Bord», sagte Ryan nach einem Augenblick. «Und nur zwei Schützen.»

«So auf die Schnelle kriege ich keinen dritten, und...»

«Ich schieße ganz ordentlich», sagte Jack.

28

Abrechnung

Cortez saß am Tisch und rechnete. Die Amerikaner hatten sich unglaublich gut geschlagen. Zweihundert Männer des Kartells waren in die Berge gezogen; nur sechsundneunzig waren zurückgekehrt, sechzehn davon verwundet. Sie hatten sogar einen überlebenden Amerikaner mitgebracht. Der Mann blutete aus vier schweren Wunden und war von den Kolumbianern nicht gerade sanft behandelt worden. Der Soldat war jung und tapfer, verbiß sich die Schreie und zitterte bei dem Versuch, sich zu beherrschen. Harte Kerle, diese Green Berets. Cortez wollte ihn nicht mit Fragen quälen. Außerdem war der Mann nicht ganz bei sich, und Cortez hatte anderes zu tun.

Cortez ging hinaus zu den Sanitätern, die die eigenen Verwundeten behandelten, nahm sich eine Spritze und zog Morphium auf. Dann stach er die Nadel in die Vene am unverletzten Arm des Soldaten. Der Mann entspannte sich sofort; Schmerz wurde von Wohlbefinden verdrängt. Dann hörte er auf zu atmen und starb. Schade, dachte Cortez, Männer wie diesen hätte ich gebrauchen können. Er ging ans Telefon.

«*Jefe,* wir haben letzte Nacht ein feindliches Team ausgeschaltet... Ja, *jefe,* es waren zehn, wie ich vermutet hatte, und wir haben sie alle erwischt. Heute nacht gehen wir auf ein anderes Team los... Es gibt nur ein Problem, *jefe.* Der Feind kämpfte tapfer und fügte uns große Verluste zu. Für die nächste Aktion brauche ich mehr Männer. *Si,* danke, *jefe.* Das wird genügen. Schicken Sie die Männer nach Riosucio; die Führer sollen sich heute nachmittag bei mir melden. Wirklich? Das wäre gut. Wir erwarten Sie hier.»

Wenn ich Glück habe, dachte Cortez, wehrt sich das nächste amerikanische Team ebenso erfolgreich. Mit einem bißchen Glück waren dann innerhalb einer Woche zwei Drittel der Streitkräfte eliminiert. Zusammen mit ihren Chefs, und das würde heute nacht passieren. Cortez hatte viel riskiert, aber die erste Klippe hatte er hinter sich.

Die Beerdigung fand bald statt. Greer war Witwer gewesen und hatte zuvor schon lange von seiner Frau getrennt gelebt. Der Grund fand sich neben dem rechteckigen Loch in Arlington: First Lieutenant Robert White Greer, US Marine Corps, stand auf dem schlichten weißen Grabstein. Greers einziger Sohn, Absolvent der Marineakademie, war in Vietnam gefallen. Weder Moore noch Ritter waren dem jungen Mann je begegnet, und auf Greers Schreibtisch hatte auch kein Bild von ihm gestanden. Der ehemalige DDI war kein sentimentaler Mensch gewesen, hatte aber schon vor langem gebeten, neben seinem Sohn beerdigt zu werden; eine Bitte, der man angesichts seines Ranges entsprochen hatte.

Es war eine kleine und stille Zeremonie. Außer vielen Regierungsvertretern waren nur James' engste Freunde gekommen. Anwesend waren der Präsident und auch – das brachte Ritter auf – Vizeadmiral James A. Cutter jr. In der Kapelle hatte der Präsident gesprochen und einen Überblick über eine fünfzig Jahre währende Karriere gegeben: mit siebzehn zur Marine, dann auf die Akademie, verdiente sich zwei Sterne, bekam nach dem Eintritt bei der CIA einen dritten dazu. «Solches Können, solche Integrität und solche Hingabe an das Land bewiesen nur wenige –, und übertroffen hat ihn darin niemand», faßte der Präsident zusammen.

Und dieses Dreckschwein Cutter hockt in der ersten Reihe und hört sich das seelenruhig an, dachte Ritter. Besonders aufgebracht war er, als die Ehrengarde vom 3. Infanterieregiment die Flagge vom Sarg nahm und zusammenfaltete. Es war niemand da, sie entgegenzunehmen. Ritter hatte erwartet, daß sie an Ryan gehen würde.

Doch wo war Ryan? Er wandte sich um. Erst jetzt vermißte er Ryan, denn Jack war nicht zusammen mit der CIA-Delegation aus Langley gekommen. Schließlich wurde die Flagge als Notlösung Richter Moore übergeben. Man drückte sich die Hände und tauschte Floskeln. Eine Gnade, daß es am Ende so schnell gegangen war. Jawohl, Männer wie dieser waren selten. Schade, die Greers waren nun ausgestorben. Zehn Minuten später saßen Ritter und Moore im Dienst-Cadillac und fuhren den George Washington Parkway entlang zurück nach Langley.

«Wo hat Ryan eigentlich gesteckt?» fragte Moore.

«Keine Ahnung.»

Moore war über die Taktlosigkeit aufgebracht. Noch immer hatte er die Flagge auf dem Schoß und hielt sie so vorsichtig wie ein Neugeborenes, ohne zu wissen, warum – bis ihm eine Erkenntnis kam: Sollte es einen Gott geben, wie ihm in seiner Jugend die Baptistenprediger versichert hatten, und sollte James wirklich eine Seele haben, dann hielt er sein bestes Vermächtnis in der Hand. Die Flagge fühlte sich warm an. Obwohl er wußte, daß das nur Einbildung war oder die Wärme der Morgensonne, schien ihn die von der Flagge, der James von Jugend an gedient hatte, ausgestrahlte Energie des Verrats zu beschuldigen. Sie hatten gerade einer Beerdigung beigewohnt, aber zweitausend Meilen entfernt waren andere Männer, die einen Auftrag von der CIA bekommen hatten und denen selbst ein Grab neben ihren Kameraden versagt blieb.

«Bob, was haben wir getan?» fragte Moore. «Wie sind wir da überhaupt hineingeraten?»

«Das weiß ich auch nicht, Arthur.»

«James hatte noch Glück», meinte der CIA-Direktor. «Wenigstens starb er mit...»

«Reinem Gewissen?» Ritter schaute aus dem Fenster und konnte seinen Vorgesetzten nicht ansehen. «Hören Sie, Arthur...» Er hielt inne, weil er nicht wußte, was er sagen sollte. Ritter war seit den fünfziger Jahren bei der CIA und war vom Agentenführer zum Abteilungsleiter aufgestiegen. Er hatte Agentenführer und Agenten verloren, aber niemals einen Mann verraten. Nun, man tut halt alles zum ersten Mal, sagte er sich. Das gilt auch fürs Sterben, erkannte er nun plötzlich, und das ist die größte Prüfung. Wie stellt man sich der?

Die Fahrt nach Langley war kurz, und der Wagen hielt an, ehe er auf diese Frage eine Antwort gefunden hatte. Sie fuhren mit dem Aufzug nach oben. Moore ging in sein Büro. Ritter zog sich ebenfalls zurück. Der Kleinbus mit den Sekretärinnen war noch nicht zurück. Ritter ging in seinem Büro auf und ab, bis die Damen eingetroffen waren, begab sich dann zu Mrs. Cummings.

«Hat Ryan angerufen?»

«Nein, und ich habe ihn auch nicht gesehen. Wissen Sie, wo er ist?» fragte Nancy.

«Leider nicht», versetzte Ritter, ging zurück in sein Büro und wählte Ryans Privatnummer, bekam aber nur den Anrufbeantworter. Er suchte sich die Nummer von Cathys Klinik heraus und erreichte sie über die Sekretärin.

«Bob Ritter. Ich muß wissen, wo Jack ist.»

«Das weiß ich nicht», erwiderte Dr. Caroline Ryan reserviert. «Gestern sagte er mir, er müsse verreisen. Das Ziel nannte er mir aber nicht.»

Ritter bekam eine Gänsehaut. «Cathy, ich muß unbedingt wissen, wo er steckt. Die Sache ist sehr wichtig ... ich kann Ihnen gar nicht sagen, wie wichtig sie ist. Bitte vertrauen Sie mir. Ich muß wissen, wo er ist.»

«Ich weiß es doch selbst nicht! Soll das heißen, daß auch Sie nicht Bescheid wissen?»

Ryan weiß, was läuft, erkannte Ritter.

«Gut, Cathy, ich will versuchen, ihn ausfindig zu machen. Keine Sorge, klar?» Der Versuch, sie zu beruhigen, war verlorene Liebesmüh, und Ritter legte so bald wie möglich auf. Dann ging er zu Richter Moore. Auf dem Schreibtisch des Direktors lag noch die zu einem Dreieck gefaltene Flagge, Dreispitz genannt. Richter Arthur Moore starrte sie stumm an.

«Jack ist verschwunden, und seine Frau sagt, sie wisse nicht, wo er ist. Er weiß Bescheid, Arthur, und er unternimmt irgend etwas.»

«Wie konnte er das herausfinden?»

«Wie soll ich das wissen?» Ritter dachte einen Augenblick nach und gab dann seinem Chef einen Wink. «Kommen Sie mit.»

Sie gingen in Ryans Arbeitszimmer. Ritter nahm die Abdeckung von Ryans Safe und gab die Kombination ein. Nichts geschah; nur das rote Warnlicht flammte auf.

«Verdammt», meinte Ritter. «Dacht' ich mir's doch.»

«James' Kombination?»

«Ja. Sie wissen ja, wie sehr er diese Dinger verabscheute, und wahrscheinlich ...» Ritter schaute sich um. Beim dritten Versuch hatte er Erfolg und zog die Platte aus dem Tisch – da war die Kombination.

«Ich dachte, ich hätte die richtige eingegeben.» Er drehte sich um und versuchte es noch einmal. Diesmal ertönte ein Summer. Ritter prüfte die Zahl noch einmal. Auf dem Blatt stand noch mehr. Ritter zog die Schreibtischplatte weiter heraus.

«Himmel noch mal!»

Moore nickte und ging zur Tür. «Nancy, richten Sie der Sicherheit aus, daß wir hier am Safe hantieren. Sieht so aus, als hätte Jack die Kombination geändert, ohne uns etwas zu sagen.» Der DDI schloß die Tür und kehrte zu Ritter zurück.

«Arthur, er weiß Bescheid.»

«Mag sein. Aber wie können wir das beweisen?»

Eine Minute später standen sie in Ritters Büro. Ritter hatte zwar alle Dokumente in den Reißwolf geworfen, aber sein Gedächtnis war gut. Den Namen eines Trägers der Ehrenmedaille des Kongresses vergißt man nicht. Nun brauchte er nur noch die Nummer des Geschwaders Spezialoperationen in Eglin herauszusuchen und zu wählen.

«Ich muß Colonel Paul Johns sprechen», sagte er zu dem Sergeant, der sich meldete.

«Bedaure, Sir, Colonel Johns ist auf Dienstreise. Wo, weiß ich nicht.»

«Wer kann mir das sagen?»

«Vielleicht der Operationsoffizier des Geschwaders, Sir. Diese Leitung ist nicht sicher, Sir», erinnerte der Sergeant.

«Geben Sie mir seine Nummer.» Das nächste Gespräch ging über eine abhörsichere Leitung.

«Ich muß wissen, wo Colonel Johns ist», sagte Ritter, nachdem er Namen und Rang genannt hatte.

«Sir, ich habe Anweisung, das niemandem zu sagen.»

«Major, wenn er wieder in Panama ist, muß ich das unbedingt wissen. Sein Leben kann davon abhängen. Es hat Entwicklungen gegeben, über die er unbedingt informiert werden muß.»

«Sir, ich habe den Befehl...»

«Zum Teufel mit Ihrem Befehl, junger Mann! Wenn diese Besatzung umkommt, ist das Ihre Schuld. Die Entscheidung liegt bei Ihnen.»

Der Major hatte keine Gefechtserfahrung, und Entscheidungen, bei denen es um Leben und Tod ging, waren ihm bisher reine Theorie gewesen.

«Sir, sie sind wieder dort, wo sie waren. Am selben Ort, mit derselben Besatzung. Weiter kann ich nicht gehen, Sir.»

«Ich danke Ihnen, Major. Sie haben richtig gehandelt. Nun schlage ich vor, daß Sie eine Gesprächsnotiz anfertigen.» Ritter legte auf. Moore hatte über Lautsprecher mitgehört.

«Muß Ryan sein», stimmte der Direktor zu. «Und was tun wir jetzt?»

«Das müssen Sie entscheiden, Arthur.»

«Wie viele Menschen wollen wir noch umbringen, Bob?» fragte Moore.

«Sind Ihnen die Konsequenzen klar?»

«Scheiß auf die Konsequenzen», erwiderte der ehemalige Präsident des texanischen Revisionsgerichts.

Ritter nickte und drückte auf einen Knopf an seinem Telefon. «Ich brauche alle Erkenntnisse, die CAPER im Lauf der letzten zwei Tage gewonnen hat», sagte er in seinem üblichen Befehlston und drückte dann auf einen anderen Knopf. «Der Stationschef in Panama soll mich in dreißig Minuten anrufen und alle seine Termine für heute absagen, es gibt Arbeit für ihn.» Ritter legte auf. Nun mußten sie einige Minuten lang warten.

«Gott sei Dank», meinte Ritter nach einer kurzen Pause.

Moore lächelte zum ersten Mal an diesem Tag. «Finde ich auch, Robert. Endlich fühlt man sich wieder wie ein anständiger Mensch.»

Die Wachen führten den Mann im braunen Anzug mit schußbereiten Gewehren vor. Er stellte sich als Luna vor; seine Aktentasche war bereits nach Waffen durchsucht worden. Clark erkannte ihn.

«Was treiben Sie denn hier, Tony?»

«Wer ist das?» fragte Ryan.

«Unser Mann in Panama», erwiderte Clark. «Tony, ich hoffe, Sie tauchen aus einem sehr guten Grund hier auf.»

«Ich habe ein Telex von Richter Moore für Dr. Ryan.»

«Wie bitte?»

Clark nahm Luna am Arm und führte ihn ins Büro. Er hatte nicht viel Zeit, denn er sollte in wenigen Minuten mit Larson starten.

«Hoffentlich ist das kein fauler Witz», knurrte Clark.

«Immer mit der Ruhe. Ich spiele hier nur den Postboten», meinte Luna und reichte Ryan das erste Blatt.

TOP SECRET - NUR DDI
SAT-VERBINDUNG MIT SHOWBOAT-TEAM NICHT WIEDERHERSTELLBAR. TREFFEN SIE ALLE NÖTIGEN VORBEREITUNGEN ZUR BERGUNG DER TEAMS. ANLAGEN KÖNNTEN HILFREICH SEIN. C IST NICHT INFORMIERT. CLARK SOLL VORSICHTIG SEIN. VIEL GLÜCK. M/R.

«Für dumm hat sie niemand gehalten», hauchte Jack und gab Clark das Telex. Die Überschrift war eine separate Botschaft an Ryan und hatte nichts mit Geheimhaltung oder Verteilung zu tun. «Interpretiere ich das richtig?»

«Ein Washingtoner Arschloch weniger. Insgesamt also zwei», merkte Clark an und begann, die gefaxten Dokumente durchzublättern. «Himmel noch mal!» Er legte den Stoß auf den Schreibtisch, ging kurz auf und ab, starrte durch die Fenster auf die Flugzeuge im Hangar. «Na schön», sagte er zu sich selbst. Beim Plänemachen hatte er noch nie gezaudert. Er sprach einige Minuten lang mit Ryan und wandte sich dann an Larson: «Dann mal los. Es gibt Arbeit.»

«Ersatz-Funkgeräte?» fragte Colonel Johns, als er hinausging.

«Zwei mit frischen Batterien, dazu Ersatzbatterien», gab Clark zurück.

«Angenehm, mit jemandem zu arbeiten, der Nägel mit Köpfen macht», sagte PJ.

«Allzeit bereit, Colonel Johns», versetzte Clark auf dem Weg zur Tür. «Wir sehen uns in ein paar Stunden wieder.»

Die Hangartore öffneten sich. Ein kleiner Schlepper zog die Beechcraft hinaus in die Sonne; dann gingen die Tore wieder zu. Ryan hörte, wie die Triebwerke angelassen wurden. Der Lärm ebbte ab, als die Maschine wegrollte.

«Und wir?» fragte er Colonel Johns.

Captain Frances Montaigne kam herein. «Ein Sauwetter kriegen wir, Colonel», verkündete sie sofort. «*Adele* zieht wieder mit fünfundzwanzig Knoten nach Westen.»

«Am Wetter läßt sich nichts ändern. Das Landen und Aufnehmen sollte nicht zu schwierig sein.»

«Der Rückflug könnte aber aufregend werden, PJ», merkte Frances Montaigne düster an.

«Eins nach dem anderen, Frances. Außerdem haben wir ja eine Alternative zum Landen.»

«Colonel, so verrückt sind selbst Sie nicht.»

PJ wandte sich an Ryan und schüttelte den Kopf. «Die jungen Offiziere sind auch nicht mehr, was sie einmal waren.»

Sie flogen fast den ganzen Weg dicht überm Wasser. Larson steuerte die Maschine wie stets ruhig und sicher, schaute aber immer wieder nach Nordosten, wo Zirruswolken den herannahenden Hurrikan ankündigten. Hinter ihnen jagte *Adele* heran, die bereits Geschichte gemacht hatte. Der Sturm war vor den Kapverdischen Inseln geboren worden, mit einer Durchschnittsgeschwindigkeit von siebzehn Knoten über den Atlantik gezogen, in der östlichen Karibik zum Stillstand gekommen, hatte Energie verloren und wieder gewonnen und dann Haken nach Norden, Westen und einmal sogar nach Osten geschlagen. Schon seit Jahren hatte sich kein Hurrikan mehr so irrwitzig verhalten. *Adele* war zwar relativ klein und längst nicht so brutal wie *Camille*, aber trotzdem ein gefährlicher Sturm mit Windgeschwindigkeiten um 130 km/h. An solche tropischen Wirbelstürme flogen nur eingefleischte Hurrikan-Jäger heran, die normale Lebensgefahr langweilig fanden. Eine zweimotorige Beechcraft gehörte auf jeden Fall nicht in ihre Nähe. Larson legte sich bereits seine Pläne zurecht. Für den Fall, daß die Mission schiefging oder der Hurrikan erneut den Kurs wechselte, suchte er andere Flugplätze aus, auf denen er nachtanken und dann dem grauen Mahlstrom in südöstlicher Richtung ausweichen konnte. Die Luft war täuschend klar und still. Wie viele Stunden noch, bis hier die Hölle los ist? fragte sich der Pilot. Und das war nur eine der Gefahren, die ihnen bevorstanden.

Clark saß schweigend auf dem rechten Sitz und starrte voraus. Sein Gesicht war ausdruckslos und fast friedlich, aber seine Gedanken rasten schneller im Kreis als die Propeller der Beechcraft. Hinter der Windschutzscheibe tauchten immer wieder Gesichter auf – die von Lebendigen und Toten. Er erinnerte sich an vergangene Gefechte, Gefahren, Ängste und Fluchten. Vor allem aber waren ihm die Lehren der Vergangenheit bewußt. John Terence Clark vergaß nichts. Allmählich kehrte er wieder zu den Aufgaben des Tages zurück und erinnerte sich der Lehren, die galten, wenn man sich allein in Feindesland befand. Dann stellte er sich die Menschen vor, die heute ihren Part zu spielen hatten. Ihre Gesichter tauchten vor ihm auf, und er versuchte, ihren Ausdruck zu verstehen. Zuletzt überdachte er seinen Plan für diesen Tag. Er sann über sein Ziel nach und wägte es gegen die vermutlichen Absichten der Gegenseite ab. Er erwog Alternativpläne und Dinge, die danebengehen konnten. Als alles durchgedacht war, zwang er sich aufzuhören. Man kam rasch an einen Punkt, an dem aus der Einbildungskraft ein Feind wurde. Jeder Aspekt der Operation war in kleine Fächer eingeschlossen, und er hatte nun vor, nur jeweils eines zu öffnen. Er mußte sich auf seine Erfahrung und auf seinen Instinkt verlassen. Doch insgeheim fragte er sich auch, ob – und wann – ihn diese Qualitäten im Stich lassen würden.

Früher oder später, gestand sich Clark ein. *Aber heute nicht.*

Das sagte er sich immer wieder.

PJs Einsatzbesprechung dauerte zwei Stunden. Er, Captain Willis und Captain Montaigne arbeiteten jede Einzelheit aus – Treffpunkte zum Auftanken in der Luft und Positionen, über denen die Maschinen kreisen sollten, falls etwas nicht klappte. Alle Besatzungsmitglieder wurden umfassend informiert. Das war nicht nur notwendig, dazu waren sie der Crew gegenüber moralisch verpflichet. Alle würden in der Nacht ihr Leben riskieren und mußten wissen, warum. Sergeant Zimmer hatte wie üblich einige Fragen und machte einen wichtigen Vorschlag, der sofort in den Plan aufgenommen wurde. Dann war es Zeit, die Maschinen startklar zu machen. Alle Systeme wurden gründlich durchgecheckt. Zu dieser Prozedur gehörte auch ein Schnellkurs für das neue Besatzungsmitglied.

«Was wissen Sie über Kanonen?» fragte Zimmer Ryan.

«Mit so einem Ding habe ich noch nie geschossen.» Ryan fuhr über die Griffe der Minikanone, einer verkleinerten Version der Bordwaffe Vulcan 20 mm. Sechs Läufe wurden von einem Elektromotor im Uhrzeigersinn angetrieben und wurden aus einem riesigen Behälter mit Munition des Kalibers .30 versorgt. Die Kanone hatte zwei Geschwindigkeiten, 4000 und 6000 Schuß pro Minute – 66 oder 100 Schuß *pro Sekunde*. Fast zur Hälfte wurde Leuchtspurmunition verschossen, und zwar aus psychologischen Gründen. Das Feuer der Waffe sah aus wie die Laserstrahlen in einem Science-fiction-Film, das perfekte Symbol für tödliche Energie. Die Leuchtmunition half auch beim Zielen; Zimmer versicherte ihm, das Mündungsfeuer sei fast so grell wie die Mittagssonne. Er wies Ryan in die Bedienung der Waffe ein: Hebel und Schalter, wie man stand und wie man zielte.

«Haben Sie Gefechtserfahrung, Sir?»

«Kommt darauf an, was Sie damit meinen», erwiderte Ryan.

«Damit meine ich eine Situation, in der Bewaffnete versuchen, Sie zu töten», erklärte Zimmer geduldig. «Das ist gefährlich.»

«Ich weiß. Ein paarmal habe ich das auch erlebt. Verbreiten wir uns nicht weiter darüber, klar? Ich habe nämlich jetzt schon Angst.» Ryan schaute durchs Visier seiner Kanone aus dem Hubschrauber und fragte sich, wie er darauf gekommen war, sich für diese Wahnsinnsmission zu melden. Aber welche Wahl hatte er gehabt? Hätte er diese Männer allein losschicken sollen in die Gefahr? Dann wäre er auch nicht besser gewesen als Cutter. Jack schaute sich im Hubschrauber um. Hier, auf dem Betonboden des Hangars, sah er so groß und stark und sicher aus. Aber es war ein Hubschrauber, und die haßte Ryan ganz besonders.

«Komisch daran ist nur, daß die Mission bestimmt ganz glatt verläuft», meinte Zimmer nach einer kurzen Pause. «Wenn wir alles richtig machen, Sir, fliegen wir rein und einfach wieder raus, und das war's dann.»

«Und genau davor hab ich Schiß, Sergeant», versetzte Ryan und lachte – hauptsächlich über sich selbst.

Sie landeten in Santagueda. Larson kannte den Mann vom Flugservice und schwatzte ihm seinen VW-Bus ab. Die beiden CIA-Offiziere fuhren nach Norden und kamen eine Stunde später durch das Dorf Anserma. Dort hielten sie sich eine halbe Stunde auf und fuhren herum, bis sie gefunden hatten, was sie suchten: einen unbefestigten Privatweg, auf dem mehrere Laster und eine teure Limousine verkehrten. CAPER hatte richtig getippt, erkannte Clark. Nun fuhren sie eine Stunde lang weiter nach Norden und bogen kurz vor Vegas del Rio in die Berge ab. Clark steckte die Nase in eine Landkarte, Larson hielt auf einer Anhöhe an. Nun kam das Funkgerät zum Vorschein.

«MESSER, hier VARIABEL, over.» Schweigen, obwohl sie es fünf Minuten lang versuchten. Larson fuhr weiter nach Westen und scheuchte den Bus Viehpfade hinauf in dem Versuch, eine größere Höhe zu erreichen, auf der Clark es noch einmal probieren konnte. Es war schon fünfzehn Uhr, und beim fünften Versuch bekamen sie eine Antwort.

«Hier MESSER. Over.»

«Chavez, hier Clark. Wo stecken Sie?» fragte Clark.

«Unterhalten wir uns erst mal ein bißchen.»

«Klug von Ihnen. Sie hätten wir in Vietnam bei der dritten SOG gebrauchen können.»

«Warum soll ich Ihnen eigentlich glauben? Jemand hat uns abgesägt, Mann, einfach hier sitzen gelassen.»

«Ich war das nicht.»

«Das hört man gerne», kam die skeptische, bittere Antwort.

«Chavez, dieser Funkkreis kann abgehört werden. Haben Sie eine Karte?» Clark nannte ihm die Koordinaten seiner Position. «Wir sind zu zweit und haben einen blauen VW-Bus. Überprüfen Sie uns ruhig, lassen Sie sich Zeit.»

«Schon passiert», kam es aus dem Funkgerät.

Clark fuhr herum und sah sechs Meter weiter einen Mann mit einem AK-47 stehen.

«Und jetzt ganz ruhig, Leute», sagte Sergeant Vega. Drei weitere Männer kamen aus dem Wald. Einer hatte am Oberschenkel einen blutigen Verband. Auch Chavez hatte sich ein AK-47 über die Schulter gehängt, trug aber noch seine schallgedämpfte MP-5. Nun ging er direkt auf den Kleinbus zu.

«Nicht übel», meinte Clark. «Woher wußten Sie, wo wir sind?»

«Sie sendeten auf UHF, also zwangsläufig von einer Anhöhe aus, weil sich ein FM-Signal quasioptisch verbreitet, wie mir ein Ausbilder mal erzählt hat. Laut Karte gibt es hier sechs Höhen. Einmal bekamen wir Sie rein, und dann sah ich Sie vor einer halben Stunde in diese Richtung fahren. Und nun sagen Sie mir vielleicht mal, was los ist?»

«Versorgen wir erst einmal den Verwundeten.» Clark machte einen Schritt vorwärts und reichte Chavez seine Pistole, Knauf zuerst. «Ich habe einen Verbandskasten im Wagen.»

Der Verletzte war Sergeant Juardo von der 10. Gebirgsjäger-Division in Fort Drum. Clark half ihm hinten in den Bus und nahm dann den Verband ab.

«Wissen Sie, was Sie da tun?» fragte Vega.

«Ich war mal ein SEAL», erwiderte Clark und hob den Arm, damit sie die Tätowierung sehen konnten. «Dritte Spezialoperationen-Gruppe. Ich war lange in Vietnam und drehte Dinger, die nie in die Nachrichten kamen.»

«Welcher Rang?»

«Oberbootsmannsmaat, bei Ihnen E-sieben.» Clark untersuchte die Wunde. Sie sah häßlich aus, war aber nicht lebensgefährlich, solange der Mann nicht zuviel Blut verlor. Die Infanteristen schienen bisher die richtigen Maßnahmen getroffen zu haben. Clark riß einen Beutel auf und bestreute die Wunde mit Sulfonamidpuder. «Haben Sie Plasmaexpander dabei?»

«Hier.» Sergeant León reichte ihm einen IV-Beutel. «Es weiß nur keiner von uns, wie man da einen Mann dranhängt.»

«Ganz einfach. Schauen Sie mir zu.» Clark packte Juardo am Oberarm und ließ ihn eine Faust machen. Dann schob er die Nadel in die große Vene in der Ellbeuge. «Klar? Na schön, ich habe einen unfairen Vorteil, weil meine Frau Krankenschwester ist», gestand Clark zu. «Na, wie geht's jetzt?» fragte er dann den Patienten.

«Sitzen tut gut», erwiderte Juardo.

«Ich möchte Ihnen noch kein Schmerzmittel geben, weil Sie unter Umständen vollwach gebraucht werden. Halten Sie das aus?»

«Wenn Sie meinen... He, Ding, hast du 'ne Pille?»

Chavez warf ihm eine Packung Tylenol zu. «Das sind die letzten, Pablo. Friß sie nicht alle auf einmal.»

«Danke, Ding.»

«Vorne gibt's belegte Brote», sagte Larson.

«Wau!» Vega flitzte sofort los. Eine Minute später schlangen die Männer wie die Wölfe und tranken Coca-Cola, das Larson unterwegs gekauft hatte.

«Wo haben Sie die Waffen her?»

«Vom Gegner. Erstens haben wir für unsere M-16 so gut wie keine Munition mehr, zweitens fallen wir mit den AK weniger auf.»

«Gut gemacht», lobte Clark.

«Und was wird jetzt?» fragte Chavez.

«Hängt von Ihnen ab», antwortete Clark. «Entweder fahren wir Sie zum Flugplatz und fliegen Sie aus; dann sind Sie in sechs Stunden wieder auf US-Territorium.»

«Oder?»

«Chavez, wie wäre es, wenn wir den Kerl schnappen, der Ihnen das angetan hat?» Clark wußte die Antwort, noch ehe er die Frage stellte.

Admiral Cutter saß zurückgelehnt in seinem Sessel, als das Telefon summte. «Ja, Mr. President?»

«Kommen Sie her.»

Im Sommer ist im Weißen Haus nicht viel los. Der Terminkalender des Präsidenten enthielt mehr repräsentative Verpflichtungen, die der Regierungschef als Politiker liebte, als Mann der Exekutive aber verabscheute. «Miss Vollmilch» empfangen – so bezeichnete der Präsident den steten Besucherstrom –, war anstrengender, als man sich gemeinhin vorstellt. Für jeden Gast wurde ihm ein Blatt mit Informationen hereingereicht, damit der oder die Betreffende sich nachher sagen konnte: Donnerwetter, der Präsident weiß ja wirklich über mich Bescheid, hat ja tatsächlich Interesse! Das Bad in der Menge und Gespräche mit einfachen Bürgern waren ein wichtiger und gewöhnlich angenehmer Teil der Arbeit des Präsidenten, aber nun, da er eine Woche vor dem Parteitag in den Meinungsumfragen hinterherhinkte, nichts als eine Last.

«Was macht Kolumbien?» fragte der Präsident, sobald die Tür geschlossen worden war.

«Sir, Sie sagten, die Operation sollte abgeblasen werden. Das geschieht im Augenblick.»

«Irgendwelche Probleme mit der CIA?»

«Nein, Mr. President.»

«Und wie genau erfolgt...»

«Sir, Sie sagten mir, das wollten Sie gar nicht wissen.»

«Wollen Sie nun sagen, daß ich das nicht wissen *soll*?»

«Ich wollte damit nur ausdrücken, daß ich Ihre Anweisungen ausführe. Die Befehle wurden ausgegeben und werden befolgt. Gegen die Konsequenzen werden Sie wohl keine Einwände haben.»

«So?»

Cutter entspannte sich ein wenig. «Sir, die Operation war durchaus ein Erfolg. Es kommen weniger Drogen auf den Markt; die Lieferungen werden in den nächsten Monaten wieder zurückgehen. Damit soll sich die Presse meiner Meinung nach erst einmal befassen. Auf den Grund können Sie später immer noch hinweisen. Wir haben dem Kartell sehr geschadet. Aus Operation TARPON läßt sich politisches Kapital schlagen. Mit CAPER können wir weitere Informationen sammeln. Und in ein paar Monaten können wir mit aufsehenerregenden Verhaftungen rechnen.»

«Und woher wissen Sie das?»

«Das habe ich persönlich arrangiert, Sir.»

«Und wie, wenn ich fragen darf?» Der Präsident hielt inne. «Oder soll ich davon auch lieber nichts wissen?»

Cutter nickte.

«Ich gehe davon aus, daß Sie bei Ihren Aktivitäten im Rahmen der Legalität geblieben sind», sagte der Präsident für die laufenden Tonbandgeräte im Oval Office.

«Davon können Sie ausgehen, Sir.» Eine geschickte Antwort, die dieses oder jenes bedeuten konnte. Cutter wußte natürlich, daß alle Gespräche aufgezeichnet wurden.

«Und Sie sind auch sicher, daß alle Ihre Instruktionen ausgeführt werden?»

«Selbstverständlich, Mr. President.»

«Stellen Sie das noch einmal sicher.»

Der bärtige Berater brauchte länger als erwartet. Als Inspektor O'Day endlich den Ausdruck in der Hand hielt, kam er ihm wie Kurdisch vor. Das Blatt war zur Hälfte mit Absätzen bedeckt, die sich nur aus 0 und 1 zusammensetzten.

«Das ist eine Maschinensprache», erklärte der Hacker. «Wer das programmiert hat, war ein echter Profi. Ich konnte etwa vierzig Prozent retten. Es ist ein Transpositions-Algorithmus, wie ich mir schon dachte.»

«Das sagten Sie bereits gestern abend.»

«Von den Russen stammt das nicht. Das Programm empfängt eine Nachricht und verschlüsselt sie. Clever dabei ist, daß das System auf einem unabhängigen Input-Signal basiert, das nur der jeweiligen Sendung eigen ist – über dem verschlüsselnden Algorithmus und bereits ins System eingebaut.»

«Könnten Sie mir das erläutern?»

«Es bedeutet, daß dieses Programm von einem anderen Computer gesteuert wird. Das ist eine Technologie, über die die Russen noch nicht verfügen –, es sei denn, sie hätten sie bei uns geklaut. Der Input, der dem System die Variable eingibt, kommt vermutlich von einem NAVSTAR-Satelliten. Das ist nur eine Vermutung von mir, bedeutet aber, daß die NSA beteiligt sein muß. NAVSTAR-Satelliten haben hochpräzise Atomuhren; ich glaube, daß die Verschlüsselung von einem sehr exakten Zeitsignal ausgelöst wird. Wie auch immer, hier haben wir eine sehr clevere Methode zur Verschlüsselung eines Signals, die auch dann nicht zu knacken oder zu duplizieren ist, wenn man sie kennt. Wer das programmiert hat, hat Zugang zu unseren besten Anlagen. Ich habe die NSA selbst schon beraten, aber von diesem Teil nie etwas gehört.»

«Gut, und wenn die Diskette nun vernichtet ist...?»

«Dann ist die Verbindung hin. Futsch, weg. Wenn ich recht habe, geht es hier um eine Bodenstation, die einen Satelliten anfunkt und den Algorithmus steuert, und Empfängerstationen am Boden. Radiert man wie im vorliegenden Fall den Algorithmus aus, kann niemand mehr mit den Empfängerstationen kommunizieren. Ein sichereres System gibt's nicht.»

«Da haben Sie aber eine Menge herausgefunden. Was können Sie mir sonst noch sagen?»

«Ich habe Ihnen zur Hälfte nur Spekulationen geliefert. Den Algorithmus kann ich nicht rekonstruieren, sondern Ihnen nur sagen, wie er vermutlich funktioniert hat. Auch die Sache mit dem NAVSTAR ist eine Vermutung, aber eine brauchbare. Die Transpositionsmethode habe ich teilweise retten können; die riecht mir sehr nach NSA. Das Programm stammt von einem Spitzenmann und eindeutig von uns. Es ist wahrscheinlich unsere raffinierteste Maschinensprache. Wer die benutzt hat, muß eine Menge PS haben. Und der Betreffende hat sie gelöscht. Sie kann nie wieder benutzt werden. Die Operation, für die sie benutzt wurde, muß beendet sein.»

«Aha», meinte O'Day und bekam eine Gänsehaut. «Gut gemacht.»

«So, jetzt brauchen Sie bloß noch einen Brief an meinen Professor zu schreiben und ihm zu erklären, warum ich das Examen heute früh geschwänzt habe.»

«Wird erledigt», versprach O'Day auf dem Weg zur Tür. Er ging in Dan Murrays Büro und fand ihn zu seiner Überraschung nicht vor. Die nächste Station war das Dienstzimmer von Bill Shaw.

Eine halbe Stunde später war klar, daß höchstwahrscheinlich eine Straftat vorlag. Die nächste Frage lautete: was tun?

Der Hubschrauber hob, nur leicht beladen, ab. Die Mission war um etliches komplexer als das Absetzen der Soldaten und erforderte hohes Tempo. Sowie der Pave Low seine Reiseflughöhe erreicht hatte, wurde er von der MC-130E betankt. Diesmal riß man dabei keine Witze.

Ryan saß hinten und war angeschnallt, als der MH-53J vom Luftstrudel der MC-130E herumgeworfen wurde. Er trug eine grüne Kombination und einen Helm. Ihm stand auch eine kugelsichere Weste zur Verfügung, welche, wie Zimmer erklärte, zwar Pistolenkugeln und Querschläger abhielt, aber wohl kaum ein Gewehrgeschoß. Also eine Sorge mehr. Nachdem sie sich zum erstenmal von dem Tanker getrennt hatten – sie mußten noch ein zweites Mal auffüllen, ehe sie die kolumbianische Küste überflogen –, schaute Ryan aus der Tür. Die Wolken hingen nun knapp über ihnen; erste Vorboten von *Adele*.

Juardos Wunde komplizierte die Angelegenheit und machte eine Änderung des Plans erforderlich. Sie hoben ihn auf Clarks Sitz in der Beechcraft und gaben ihm ein Funkgerät samt Ersatzbatterien. Dann fuhr Clark mit den anderen zurück nach Anserma. Larson hörte weiter den Wetterbericht ab, der sich stündlich änderte. Er sollte in neunzig Minuten starten und seinen Part bei der Operation spielen.

«Wie sieht's mit der Munition aus?» fragte Clark im VW.

«Mehr als genug für die AK», erwiderte Chavez. «Und rund sechzig Schuß für jede MP. Ich wußte gar nicht, wie nützlich eine schallgedämpfte Waffe sein kann.»

«Tja, die sind angenehm. Granaten?»

«Insgesamt?» fragte Vega. «Fünf Handgranaten, zwei mit CS.»

«Was greifen wir eigentlich an?» wollte Ding wissen.

«Ein Gehöft bei Anserma.»

«Wie sieht es dort mit der Sicherheit aus?»

«Weiß ich noch nicht genau.»

«Moment mal, in was lotsen Sie uns da rein?» fragte Vega empört.

«Immer mit der Ruhe, Sergeant. Wenn die Nuß zu hart für uns ist, ziehen wir uns zurück. Im Augenblick planen wir nur, uns das Haus einmal aus der Nähe anzusehen. Das übernehmen Chavez und ich. Da unten in der Tasche sind übrigens Ersatzbatterien. Braucht jemand welche?»

«Und ob!» Chavez holte sein Nachtsichtgerät heraus und tauschte die Batterien aus. «Wer sitzt in diesem Gehöft?»

«Zwei Leute, für die wir uns ganz besonders interessieren. Zuerst einmal Felix Cortez», erklärte Clark und gab einige Hintergrundinformationen. «Er leitete die Operation gegen die SHOWBOAT-Teams – das ist übrigens der Codename für dieses Unternehmen; nur für den Fall, daß Ihnen keiner etwas gesagt hat. Außerdem hatte er bei dem Anschlag auf den FBI-Direktor die Hand im Spiel. Diesen Kerl will ich lebendig erwischen. Nummer zwei wäre Señor Escobedo, einer der Bosse des Kartells. Den wollen viele schnappen.»

«Stimmt», meinte León. «Ein großes Tier haben wir bis jetzt noch nicht erwischt.»

«Nicht ganz ... wir haben fünf oder sechs ausgeschaltet. Das war mein Teil der Operation.» Clark warf Chavez einen Blick zu. Er hatte das sagen müssen, um glaubwürdig zu wirken.

«Aber wie und wann ...»

«Darüber dürfen wir nicht reden, Jungs», sagte Clark. «Mit so was protzt man nicht, auch wenn es auf einen Befehl hin erfolgte.»

«Sind Sie wirklich so gut?»

Clark schüttelte nur den Kopf. «Manchmal ja, manchmal nein. Und wenn *Sie* nicht so verdammt gut wären, säßen Sie jetzt nicht hier. Manchmal hat man eben einfach Glück.»

«Wir hatten Pech», meinte León. «Ich weiß nicht, was schiefging, aber Captain Rojas ...»

«Ich weiß. Ich habe zugesehen, wie drei Kerle seine Leiche auf einen Lkw luden.»

León wurde steif. «Und was ...»

«... ich getan habe?» fragte Clark. «Drei waren es. Die legte ich auf die Ladefläche. Und dann zündete ich die Karre an. Stolz bin ich darauf nicht, aber es lenkte den Gegner von euch BANNER-Leuten ab. Mehr konnte ich zu diesem Zeitpunkt nicht tun.»

«Und wer hat den Hubschrauber abgezogen?»

«Der Mann, der auch die Funkverbindung unterbrechen ließ. Ich kenne ihn. Und wenn diese Geschichte hier vorbei ist, nehme ich ihn mir vor. Man schickt keine Männer ins Feld und treibt dann ein solches Scheißspiel mit ihnen.»

«Was wollen Sie mit ihm anfangen?» fragte Vega.

«Ich werde ihm kräftig auf die Finger treten. So, Leute, jetzt kümmert euch mal lieber um diese Nacht. Eines nach dem anderen. Ihr seid Soldaten, keine Klatschweiber. Mehr nachdenken, weniger reden.»

Chavez, Vega und León verstanden den Wink. In dem VW-Bus war genug Platz zum Umziehen und Waffenreinigen. Bei Sonnenuntergang erreichten sie Anserma. Clark ließ den Wagen an einem verschwiegenen Plätzchen rund eine Meile von dem Gehöft entfernt stehen. Clark ließ sich Vegas Nachtsichtgerät geben und machte dann mit Chavez einen Spaziergang.

Vor nicht allzu langer Zeit war hier etwas angebaut worden. Clark fragte sich, was das wohl gewesen war. Der Wald war hier in der Nähe des Dorfes stark ausgedünnt, so daß sie rasch vorankamen. Eine halbe Stunde später kam das Haus in Sicht, zweihundert Meter vom Waldrand entfernt.

«Nicht besonders günstig», meinte Clark, der am Boden lag und beobachtete.

«Ich zähle sechs, alle mit AK.»

«Es kommt Besuch», sagte der CIA-Offizier und drehte sich nach einem Geräusch um. Es war ein Mercedes, von zwei Wagen eskortiert. Insgesamt sechs Leibwächter stiegen aus und suchten die Umgebung ab.

«Escobedo und LaTorre», sagte Clark, der durchs Sichtgerät schaute. «Zwei Bosse wollen Oberst Cortez besuchen. Ich frage mich, warum ...»

«Zu viele, Mann», meinte Chavez.

«Ist Ihnen aufgefallen, daß keine Losung gesprochen wurde, daß es kein Erkennungszeichen gab?»

«Und?»

«Es wäre möglich, wenn wir es richtig anfangen.»

«Aber wie ...?»

«Denken Sie doch mal nach», forderte Clark ihn auf. «Zurück zum Wagen.» Das nahm weitere zwanzig Minuten in Anspruch. Als sie angekommen waren, ging Clark an eines seiner Funkgeräte.

«CAESAR, hier SCHLANGE, over.»

In Sichtweite der Küste wurde das zweite Lufttankmanöver ausgeführt. Vor dem Rückflug nach Panama würden sie noch mindestens einmal auffüllen müssen. Captain Frances Montaigne flog ihre Maschine wie üblich ziemlich draufgängerisch; ihre Funker sprachen bereits mit den überlebenden Bodentruppen und entlasteten so die Hubschrauberbesatzung. Die MC-130 sollte die Operation koordinieren und den Pave Low nicht nur mit Treibstoff versorgen, sondern auch zu den Landezonen hin und vom Feind weg dirigieren.

Der Hubschrauber lag inzwischen ruhiger in der Luft. Ryan war aufgestanden und ging umher. Angst zu haben, wurde auf die Dauer langweilig, und es gelang ihm sogar, die Trockentoilette zu benutzen, ohne danebenzuzielen. Die Crew schien ihn als vorübergehenden Eindringling akzeptiert zu haben, und das bedeutete ihm viel.

«Ryan, hören Sie mich?» fragte Johns.

Jack drückte auf den Sprechknopf am Mikrophon. «Ja, Colonel.»

«Ihr Mann am Boden hat einen neuen Auftrag für uns.»

«Und der wäre?»

PJ informierte ihn. «Das bedeutet, daß wir noch einmal nachtanken müssen, aber ansonsten schaffen wir das. Sie brauchen nur grünes Licht zu geben.»

«Sind Sie sicher?»

«Klar. Für Spezialoperationen werden wir schließlich bezahlt.»

«Na gut. Schnappen wir uns den Kerl.»

«Roger. Sergeant Zimmer, Kondition ‹trockener Fuß› in einer Minute. System überprüfen.»

Der Bordingenieur schaute auf sein Instrumentenbrett. «Roger, PJ. Sieht ganz gut aus. Alles grün.»

«Okay. Erst holen wir Team OMEN raus. Geschätzte Ankunftszeit in zwanzig Minuten. Ryan, halten Sie sich fest. Wir gehen in den Tiefflug.»

Jack sollte bald merken, was das bedeutete. Sowie sie das Küstengebirge überflogen, schoß der Pave Low erst nach oben wie ein wildgewordener Aufzug und sackte dann sofort ab, als der Kamm hinter ihnen lag. Die Maschine flog nun computerunterstützt und folgte in nur wenigen Metern Höhe jeder Welle und Senke des Terrains. Der Hubschrauber war auf sicheren, nicht auf bequemen Flug ausgelegt. Ryan fühlte sich aber weder sicher noch behaglich.

«Erste LZ in drei Minuten», verkündete Colonel Johns eine halbe Ewigkeit später. «Bordwaffen klar, Buck.»

«Roger.» Zimmer legte an seiner Konsole einen Kippschalter um. «Bordwaffen klar.»

«Bordschützen bereithalten. Das gilt auch für Sie, Ryan», fügte Johns hinzu.

«Danke», stieß Jack hervor, ohne den Schalter an seinem Mikrophon betätigt zu haben. Er nahm an der linken Tür der Maschine Aufstellung und aktivierte durch Knopfdruck die Minikanone, deren Läufe sofort zu rotieren begannen.

«Eine Minute zur LZ. Deutliches Blinklicht in elf Uhr. OMEN, hier CAESAR. Hören Sie mich? Over.»

Jack bekam nur eine Seite des Gesprächs mit, war aber dankbar, daß die Piloten den Rest der Besatzung überhaupt informiert hielten.

«Roger, OMEN, noch einmal die Lage, bitte... Roger, wir kommen. Deutliches Blinklicht. Noch dreißig Sekunden. Hinten bereitmachen», wies Captain Willis Ryan und die anderen an. «Bordwaffen sichern.»

Jack nahm die Daumen vom Feuerhebel und richtete den Lauf der Minikanone zum Himmel. Der Hubschrauber ging mit stark nach oben weisender Nase in den Sinkflug und schwebte dann einen knappen halben Meter überm Boden.

«Buck, der Captain soll sofort nach vorne kommen.»

«Roger, PJ.» Ryan hörte Zimmer zum Heck eilen und spürte dann durch die Schuhsohlen die Erschütterungen, die die an Bord hetzenden Soldaten auslösten. Über die rotierenden Läufe der Bordwaffe hinweg schaute er weiter nach draußen, bis der Hubschrauber wieder zu steigen begann.

«Na, war's denn so schlimm?» bemerkte Johns, als er wieder auf Südkurs ging. »Wo ist dieser Stoppelhopser?»

«Den schalte ich gerade in die Sprechanlage ein, Sir», antwortete Zimmer. «Wir haben sie alle an Bord. Alles in Ordnung, keine Verletzten.»

«Captain...?»

«Jawohl, Colonel.»

«Ich hätte einen Job für Ihr Team, falls Sie sich der Sache gewachsen fühlen.»

«Lassen Sie hören, Colonel.»

Die MC-130E Combat Talon kreiste über kolumbianischem Gebiet, was die Besatzung angesichts der Tatsache, daß sie dazu keine Genehmigung hatten, etwas nervös machte. Ihre Hauptaufgabe war nun das Weitergeben von Funksprüchen, eine Sache, die sich trotz der hochmodernen Geräte an Bord von See aus nicht machen ließ.

Was wirklich fehlte, war eine gute Radaranlage. Das aus dem Pave Low und der Combat Talon bestehende Team sollte eigentlich unter der Überwachung eines AWACs operieren, aber einen solchen fliegenden

Befehlsstand hatten sie nicht mitgebracht. Um diesen Mangel auszugleichen, saßen ein Lieutenant und einige Unteroffiziere über Landkarten und sprachen über verschlüsselte Funkfrequenzen.

«CAESAR, wie sieht es mit dem Treibstoff aus?»

«Gut, KLAUE. Wir halten uns in den Tälern. Nächstes Tankmanöver in zirka achtzig Minuten.»

«Roger, achtzig Minuten. Im Augenblick kein feindlicher Funkverkehr.»

«Verstanden.» Das war ein potentielles Problem. Was, wenn das Kartell jemanden bei der kolumbianischen Luftwaffe hatte? Die beiden amerikanischen Maschinen waren zwar hochmodern, aber selbst für eine P-51 aus dem Zweiten Weltkrieg eine leichte Beute.

Clark erwartete sie mit zwei Fahrzeugen. Vega hatte einen Lkw gestohlen, der groß genug für ihre Zwecke war. Wie sich herausstellte, verstand er sich auf das Kurzschließen von Zündungen, aber als sie ihn fragten, wo er sich das angeeignet hatte, schwieg er sich aus. Der Hubschrauber landete, und die Männer rannten auf das von Chavez aufgestellte Blinklicht zu. Clark informierte den Captain des Teams. Der Hubschrauber hob wieder ab und flog nach Norden, unterstützt von einem Zwanzig-Knoten-Wind, der das Tal hinuntergefegt kam. Dann wandte er sich nach Westen und hielt auf das Tankflugzeug zu.

Der VW-Bus und der Laster fuhren zurück zu dem Gehöft. Clarks Gedanken rasten noch immer. Ein kluger Kopf hätte die Operation aus der Mitte des Dorfes geleitet, an die viel schwerer heranzukommen war. Cortez wollte den Blicken entzogen sein, hatte es aber versäumt, an seine militärische Sicherheit zu denken. Cortez dachte wie ein Spion, dessen Geschäft die Geheimhaltung war, und nicht wie ein Frontsoldat, für den Sicherheit zahlreiche Waffen und ein freies Schußfeld bedeuteten. Clark fuhr auf der Ladefläche des Lkw umgeben vom Team OMEN mit und hatte eine grobe Skizze des Angriffsziels dabei. Wie früher, dachte Clark, wir starten eine Operation mit null Vorbereitung. Er hoffte nur, daß diese jungen Infanteristen so gut waren wie die Männer der 3. SOG.

«Noch zehn Minuten also, Captain», schloß er.

«Gut», stimmte der Captain zu. «Da wir kaum Feindberührung hatten, sind mehr als genug Waffen und Munition verfügbar.»

«Und?» fragte Escobedo.

«Letzte Nacht haben wir zehn *norteamericanos* getötet, und diese Nacht kommen weitere zehn dran.»

«Aber die Verluste!» wandte LaTorre ein.

«Wir kämpfen gegen hervorragend ausgebildete Berufssoldaten. Unsere Männer haben sie zwar vernichtet, aber sie wehrten sich tapfer und erfolgreich. Nur ein Feind überlebte», sagte Cortez. «Nebenan liegt seine Leiche. Er starb kurz nach der Einlieferung.»

«Woher wissen Sie eigentlich, daß der Feind nicht unmittelbar in der Nähe ist?» fragte Escobedo scharf. Daß ihm selbst Gefahr drohen könnte, hatte er bis jetzt ganz vergessen.

«Ich kenne die Position jedes feindlichen Teams. Sie warten darauf, von ihrem Hubschrauber evakuiert zu werden. Sie wissen nicht, daß der Hubschrauber abgezogen wurde.»

«Wie haben Sie das fertiggebracht?» fragte LaTorre.

«Ich habe meine Methoden. Sie haben mich wegen meiner Erfahrung und meiner Fähigkeiten eingestellt. Wundern Sie sich also nicht, wenn ich sie demonstriere.»

«Und was wird jetzt?»

«Unser Angriffsverband, diesmal fast zweihundert Mann stark, müßte sich nun der zweiten amerikanischen Gruppe nähern. Deren Codename lautet TEAM», fügte Cortez hinzu. «Die nächste Frage ist natürlich, welche Elemente der Kartellspitze daraus Kapital schlagen wollen – oder eher, welche Mitglieder mit den Amerikanern zusammenarbeiten. Wie so oft bei solchen Operationen scheint eine Seite die andere auszunutzen.»

«Wirklich?» fragte Escobedo erstaunt.

«*Si, jefe*. Und seien Sie nicht überrascht, wenn ich Ihnen jetzt sage, daß ich die Verräter identifiziert habe.» Er schaute die beiden Männer an und lächelte schwach.

Es standen nur zwei Wachposten an der Straße. Clark saß wieder im VW-Bus, während OMEN durch den Wald auf das Angriffsziel zueilte. Vega und León hatten eine Seitenscheibe ausgebaut, die Vega nun mit der Hand im Rahmen hielt.

«Alles bereit?» fragte Clark.

«Los!» erwiderte Chavez.

«Dann mal zu.» Clark fuhr um die letzte Kurve, bremste ab und hielt bei den beiden Posten an. Die Männer nahmen ihre Gewehre von den

Schultern und eine aggressivere Haltung ein. «Verzeihung, ich habe mich verfahren.»

Auf dieses Stichwort hin ließ Vega die Scheibe los. Als sie aus dem Rahmen fiel, erhoben sich Chavez und Vega auf die Knie und zielten mit ihren MP-5 auf die Posten. Beide bekamen einen Feuerstoß in den Kopf und fielen lautlos zu Boden. Die Maschinenpistolen klangen in dem engen Fahrzeug überraschend laut.

«Gut gemacht», lobte Clark und griff nach seinem Funkgerät. «Hier SCHLANGE. OMEN, bitte melden.»

«SCHLANGE, hier OMEN. Wir sind in Position. Wiederhole: wir sind in Position.»

«Roger, halten Sie sich bereit. CAESAR, hier SCHLANGE.»

«SCHLANGE, hier CAESAR.»

«Position?»

«Wir schweben fünf Meilen von Ihnen entfernt.»

«Roger. CAESAR, halten Sie Ihre Position. Wir greifen an.»

Clark schaltete die Scheinwerfer aus, fuhr hundert Meter weiter und wählte eine Stelle, an der die Einfahrt einen Bogen machte. Hier hielt er an und stellte den Bus quer.

«Geben Sie mir eine Handgranate», sagte er, stieg aus und ließ den Zündschlüssel stecken. Erst lockerte er den Sicherungsstift, dann befestigte er die Granate mit Draht am Türgriff. Das Ganze dauerte nur eine Minute. Demjenigen, der als nächster die Tür öffnete, stand eine unangenehme Überraschung bevor. «Okay, los geht's.»

«Trickreich, Mr. Clark», merkte Chavez an.

«Junge, ich war schon ein Ninja, ehe die Sache in Mode kam. So, und jetzt haltet ihr die Klappe und tut eure Arbeit.» Kein Lächeln mehr, keine Zeit für lockere Sprüche. Clark fühlte sich wieder jung. Für den Augenblick war er nicht mehr Mr. Clark, sondern wieder «die Schlange», deren Bewegungen niemals zu hören waren. Nach fünf Minuten erreichten sie ihren Ausgangspunkt.

Die NVA war ein schlauerer Gegner gewesen als die Kolumbianer. Alle Wachen hielten sich in der Nähe des Hauses auf. Clark nahm sich Vegas Nachtsichtgerät, zählte sie und suchte die Umgebung nach Streifen ab, fand aber keine.

«OMEN sechs, hier SCHLANGE. Ihre Position?»

«Wir stehen am Waldrand nördlich des Angriffsziels.»

«Markieren Sie Ihre Position mit einem Blinklicht.»

«Wird gemacht.»

Clark wandte den Kopf und machte mit dem Sichtgerät das Infrarot-Blinklicht dreißig Meter vorm Waldrand aus. Chavez, der mithörte, folgte seinem Beispiel.

«Okay, bereithalten. CAESAR, hier SCHLANGE. Wir stehen östlich des Angriffsziels, wo die Einfahrt aus dem Wald kommt. OMEN steht nördlich von uns. Wir haben unsere Positionen mit zwei Blinklichtern markiert. Bitte bestätigen.»

«Roger. Sie stehen östlich des Ziels am Waldrand an der Straße; OMEN befindet sich im Norden. Beide Positionen mit Blinklichtern markiert. Wir sind fünf Meilen entfernt und halten uns in Bereitschaft», erwiderte PJ in seiner besten Computerstimme.

«Roger, kommen Sie. Die Aktion läuft an. Ich wiederhole: Kommen Sie.»

«Roger, verstanden. CAESAR greift ein.»

«OMEN, hier SCHLANGE. Eröffnen Sie das Feuer.»

Cortez hatte die beiden in der Zange, ohne daß sie den genauen Grund kannten. Immerhin hatte LaTorre am Vortag mit Felix gesprochen und erfahren, daß der Verräter in ihrer Mitte Escobedo war. Aus diesem Grund zog er als erster die Pistole.

«Was soll das?» fuhr Escobedo ihn an.

«Die Sache mit dem Hinterhalt war sehr clever, *jefe*, aber ich durchschaute Ihren Trick», sagte Cortez.

«Wovon reden Sie überhaupt?»

Ehe Cortez seine einstudierte Antwort geben konnte, begannen im Norden des Hauses Gewehre zu feuern. Felix war kein Narr; als erste Maßnahme löschte er die Lichter im Haus. LaTorre zielte immer noch auf Escobedo. Cortez stürzte mit der Pistole in der Hand ans Fenster. Als er dort angekommen war, erkannte er seinen Fehler, ließ sich auf die Knie fallen und lugte über den Fensterrahmen. Die Wände des Hauses bestanden aus Hohlblocksteinen und waren kugelsicher, was man von den Fenstern nicht sagen konnte.

Das Feuer war leicht und nur sporadisch. Also nur wenige Gegner, nur eine lästige Störung, sagte sich Cortez, mit der seine Männer fertigwurden. Cortez' Leute, unterstützt von Escobedos und LaTorres Leibwächtern, erwiderten das Feuer sofort. Felix sah, wie seine Männer in zwei Teams ausschwärmten und sofort die Infanterietaktik «Feuer und Bewegung» anwandten. Sie würden hier sehr rasch aufräumen. Die Leibwächter waren wie üblich tapfer, aber ungeschickt. Zwei lagen bereits am Boden.

Wie er sah, hatte die Gegenwehr bereits Erfolg. Das Feuer aus dem Wald wurde schwächer.

Und dann ein unglaubliches Geräusch, das er noch nie gehört hatte.

Es kam Cortez vor wie eine riesige, gebogene gelbe Neonröhre. Wo sie den Boden berührte, stieg eine gewaltige Staubwolke auf. Die Erscheinung tastete das Feld zwischen dem Haus und dem Waldrand ab und verschwand dann nach wenigen Sekunden. Cortez, dem der Staub die Sicht nahm, erkannte erst nach einem Moment, daß wenigstens die Mündungsfeuer der Gewehre seiner Männer auszumachen sein müßten. Als er dann Blitze sah, tauchten sie in größerer Entfernung auf, am Waldrand, und waren nun zahlreicher.

«CAESAR: Feuer einstellen!»

«Roger», kam es aus dem Funkgerät. Der gräßliche Lärm verstummte. Clark hatte ihn schon lange nicht mehr gehört. Und er fand ihn noch immer so furchteinflößend wie in seiner Jugend.

«Köpfe hoch, OMEN, wir greifen an. SCHLANGE setzt sich in Bewegung. Bestätigen.»

«OMEN, hier sechs. Feuer einstellen.» Am Waldrand wurde nicht mehr geschossen. «SCHLANGE, los!»

«Geh'n wir.» Clark kam sich lächerlich vor, weil er nur mit einer schallgedämpften Pistole bewaffnet seine Männer anführte, aber er hatte nun mal den Befehl, und gute Führer sind vorne. Die zweihundert Meter zum Haus legten sie in dreißig Sekunden zurück.

«Die Tür!» sagte Clark zu Vega, der mit seiner AK-47 die Angeln zerschoß und dann die Tür eintrat. Clark machte einen Hechtsprung und bei der Landung eine Rolle, schaute auf und sah im Zimmer einen Mann. Dieser hatte eine AK und schoß, aber zu hoch. Clark tötete ihn mit einem Schuß ins Gesicht und erwischte dann einen zweiten. Ein Durchgang ohne Tür führte ins Nebenzimmer. Clark machte eine Geste zu Chavez, der eine CS-Granate hineinwarf. Sie warteten ab, bis sie explodierte, und hechteten dann in den Raum.

Dort befanden sich drei Männer. Einer hatte eine Pistole in der Hand und tat einen Schritt auf sie zu. Clark und Chavez trafen ihn in Brust und Kopf. Ein anderer, der am Fenster kniete, wollte sich umdrehen, fiel aber auf die Seite. Chavez war im Nu bei ihm und schlug ihm den Kolben seiner Waffe gegen die Stirn. Clark sprang den dritten Mann an und schleuderte ihn gegen die Wand. Nun kamen León und Vega und sprangen zur letzten Tür. Der Raum dahinter war leer.

«Gebäude gesichert!» rief Vega. «He, ich...»

«Mitkommen!» Clark zerrte seinen Mann ins Freie. Auch Chavez schleifte seinen Gefangenen mit, gedeckt von León. Nur Vega ließ sich Zeit. Den Grund erkannten sie erst, als sie alle draußen waren.

Clark war bereits am Funkgerät. «CAESAR, hier SCHLANGE. Wir haben sie geschnappt. Nichts wie weg.»

«León», meinte Vega. «Guck dir das mal an.»

«Tony!» stieß der Sergeant hervor. Der einzige andere Überlebende von der Ninja-Höhe war ein Mann von BANNER gewesen. León ging zu Escobedo hinüber, der noch bei Bewußtsein war. «Du bist erledigt!» schrie León und legte die Waffe an.

«Halt!» brüllte Clark, aber León reagierte nicht, so daß Clark ihn erst niederschlagen mußte. «Verdammt noch mal, León, Sie sind doch Soldat! Benehmen Sie sich gefälligst wie einer! So, und jetzt tragen Sie mit Vega unseren Freund zum Hubschrauber.»

Das Team OMEN ging langsam das Gefechtsfeld ab. Mehrere Gegner waren erstaunlicherweise noch nicht ganz tot. Einzelschüsse aus den Gewehren änderten das. Der Captain rief seine Männer zusammen und zählte sie.

«Gute Arbeit», lobte Clark. «Alles vollzählig?»

«Ja!»

«Da kommt unser Hubschrauber.»

Der Pave Low flog diesmal von Westen an und berührte auch diesmal den Boden nicht ganz. Wie in Vietnam, dachte Clark, der Druck der Kufen hätte eine Mine auslösen können. Das war hier zwar unwahrscheinlich, aber PJ war alt genug geworden, um zum Colonel befördert zu werden, weil er bis jetzt nie ein Risiko übersehen hatte. Er packte Escobedo, den er inzwischen identifiziert hatte, am Arm und stieß ihn auf die Rampe. Ein Mitglied der Besatzung des Hubschraubers nahm sie dort in Empfang, zählte ab, und ehe sich Clark mit seinem Gefangenen hingesetzt hatte, stieg der Hubschrauber schon wieder auf und flog nach Norden. Er wies einen Soldaten an, sich um Escobedo zu kümmern, und ging nach vorne.

Ryan war entsetzt, denn er hatte allein in der Umgebung des Hubschraubers acht Tote gezählt. Jack schaltete den Elektroantrieb seiner Kanone aus und entspannte sich. Entspannung, das hatte er gerade erst gelernt, ist etwas Relatives. Beschossen zu werden, war in der Tat schlimmer, als hinten in einem fliegenden Hubschrauber hocken zu müssen. Jemand packte ihn an der Schulter.

«Wir haben Cortez und Escobedo lebendig erwischt!» rief Clark.

«Escobedo? Was hatte der denn dort verloren?»

«Wollen Sie sich etwa beschweren?»

«Was fangen wir mit ihm an?» fragte Jack.

«Ich konnte ihn doch nicht einfach dalassen, oder?»

«Aber was ...»

«Ich kann ihm ja Flugunterricht geben», meinte Clark und wies auf die Heckrampe. «Wenn er das Fliegen lernt, ehe er aufschlägt, soll mir das recht sein ...»

«Kommt nicht in Frage. Das wäre ja Mord!»

Clark grinste ihn an. «Die Kanone da ist auch kein Verhandlungsinstrument, Dr. Ryan.»

«So, Leute», unterbrach PJs Stimme über die Bordsprechanlage diese Unterhaltung. «Noch eine Station, dann sind wir fertig.»

29

Notmaßnahmen

Begonnen hatte es mit der Warnung des Präsidenten. Admiral Cutter war es nicht gewohnt, sich ein zweites Mal davon überzeugen zu müssen, daß seine Befehle ausgeführt worden waren. Befehle wurden bei der Marine gegeben und ausgeführt, punktum. Er rief die CIA an, bekam Ritter an die Leitung und stellte ihm die unnötige, ja beleidigende Frage. Cutter wußte, daß er den Mann erniedrigt hatte und daß es unklug war, ihn noch einmal mit der Nase hineinzustoßen – aber was, wenn der Präsident recht hatte? Dieses Risiko machte weiteres Handeln unumgänglich. Ritters Reaktion war besorgniserregend, denn er klang nicht gereizt, sondern versicherte nur wie jeder andere Bürokrat, die Befehle würden selbstverständlich ausgeführt. Ritter war ein eiskalter, tüchtiger Mann, aber auch solche Menschen haben ihre Grenzen. Werden diese überschritten, kommen Emotionen zum Vorschein, und Cutter wußte, daß er bei dem DDO zu weit gegangen war. Warum hatte der Mann dann aber nicht wütend reagiert?

Hier stimmt etwas nicht, dachte der Sicherheitsberater und mahnte sich zur Ruhe. Vielleicht trieb Ritter ein Spiel. Vielleicht sah er sogar ein, daß dieses Vorgehen das einzig richtige war, spekulierte Cutter, und schickte sich drein. Immerhin wollte Ritter seinen Job behalten. Selbst die wichtigsten Regierungsbeamten klebten an ihren Sesseln, selbst ihnen wurde oft mulmig zumute bei der Vorstellung, ihr Büro, die Sekretärin, den Chauffeur und den Titel aufgeben zu müssen, kein VIP mehr zu sein. Wie viele Leute blieben im Regierungsdienst, weil sie nicht auf die Sicherheit, die Sonderleistungen und die Abschirmung von der wirklichen Welt verzichten wollten? Die Mehrzahl wohl, dessen war sich Cutter sicher.

Da es aber noch andere gab, die sich als ehrliche Diener des Volkes betrachteten, wollte Cutter sichergehen und rief Hurlburt an.

«Ich muß Colonel Johns sprechen.»

«Colonel Johns ist abwesend und nicht zu erreichen, Sir.»

«Ich muß wissen, wo er ist.»

«Über diese Information verfüge ich nicht, Sir.»

«Was soll das heißen, Captain?» Der Operationsoffizier des Geschwaders hatte dienstfrei und wurde von einem Hubschrauberpiloten vertreten.

«Das heißt, daß ich nicht Bescheid weiß, Sir», erwiderte der Captain. Eigentlich hätte er auf diese dumme Frage lieber eine frechere Antwort gegeben, aber da der Anruf über eine gesicherte Leitung gekommen war, wußte man nie, wer da am anderen Ende sprach.

«Wer weiß denn Bescheid?»

«Das kann ich leider nicht sagen, Sir. Aber ich will mich erkundigen.»

Ist das Schlamperei? fragte sich Cutter. Oder steckt mehr dahinter?

«Sind alle Ihre MC-130 auf dem Stützpunkt?»

«Drei Maschinen sind irgendwo im Einsatz. Wo, ist geheim ..., das ist bei uns fast immer so. Außerdem zieht ein Hurrikan auf; wir bereiten uns auf die Verlegung unserer Maschinen vor.»

Cutter hätte die Information sofort fordern können, sich aber dazu identifizieren müssen. Außerdem sprach er mit einem vielleicht fünfundzwanzigjährigen Offizier, der schon die Erfahrung gemacht haben konnte, daß man für Nichtergreifen der Initiative so gut wie nie streng bestraft wird, für die Nichtbeachtung eines Befehls aber sehr wohl. Es bestand also die Möglichkeit, daß der junge Mann einfach jede Auskunft verweigerte.

«Na gut», meinte Cutter schließlich und legte auf. Dann rief er den Luftstützpunkt Andrews an.

Der erste Hinweis auf Schwierigkeiten kam von Larson, dessen Beechcraft die LZ FEATURE umkreiste. Juardo, dessen Bein noch immer schmerzte, saß am Seitenfenster und suchte das Gelände mit dem Nachtsichtgerät ab.

«Ich sehe am Boden in drei Uhr Lkw, fünfzehn oder so.»

«Ist ja großartig», kommentierte der Pilot und drückte auf den Sprechknopf.

«KLAUE, hier KLEINES AUGE, over.»

«KLEINES AUGE, hier KLAUE», antwortete die Combat Talon.

«Mögliche Aktivitäten am Boden sechs Kilometer südöstlich von FEATURE. Lkw am Boden. Truppen im Augenblick nicht sichtbar. Empfehlen Warnung an FEATURE und CAESAR.»

«Roger, verstanden.»

«Himmel noch mal, hoffentlich sind die heute nacht langsam», sagte Larson über die Sprechanlage. «Wir gehen tiefer und sehen uns das mal an.»

«Wenn Sie meinen...»

Larson fuhr die Klappen aus und reduzierte die Leistung so weit wie möglich. Es gab so gut wie kein Licht, und Tiefflug bei Nacht über Gebirge machte ihm kein Vergnügen. Juardo starrte durch sein Nachtsichtgerät nach unten, aber der Wald war zu dicht.

«Ich sehe nichts.»

«Ich frage mich, wie lange die Lkw schon dort stehen...»

Ein heller Blitz am Boden, rund fünfhundert Meter unter der Anhöhe, gefolgt von mehreren kleineren, die wie Wunderkerzen aussahen. Larson meldete über Funk:

«KLAUE, mögliches Feuergefecht unterhalb LZ FEATURE.»

«Roger.»

«Roger, verstanden», sagte PJ zur MC-130. «Kommandant an Besatzung: mögliches Feuergefecht bei der nächsten LZ. Kann eine heiße Evakuierung geben.» In diesem Augenblick veränderte sich etwas. Die Maschine verlor leicht an Höhe und Geschwindigkeit. »Buck, was ist das?»

«Mist», rief der Bordingenieur. »Sieht aus wie ein P3-Leck. Kann eine undichte Stelle im Druckluftsystem sein, vielleicht ein schadhaftes Ventil. Triebwerk zwei, Sir. Ich verliere etwas N_f-Gschwindigkeit und ein wenig N_g, Sir. T_5 steigt ein wenig.» Drei Meter über dem Kopf des Bordingenieurs war eine Ventilfeder gebrochen und führte zu größerem Durchlaß von Luft, die im Triebwerk zirkulierte. Das reduzierte die Verbrennung und in der Folge auch die Leistungswerte N_f und N_g; zudem stieg die Auspufftemperatur T_5 an. Johns und Willis konnten dies alles ihren Instrumenten entnehmen, waren aber, was die Interpretation anging, auf Zimmer angewiesen. Für die Triebwerke war er zuständig.

«Was heißt das, Buck?» fragte Johns.

«Wir haben gerade einen Leistungsabfall von sechsundzwanzig Prozent in Triebwerk zwei erlebt, Sir. Nicht zu reparieren. Defektes Ventil. Sollte aber nicht schlimmer werden. Die Auspufftemperatur sollte sich unterhalb des zulässigen Maximums stabilisieren ... na, vielleicht. Noch kein Notfall, PJ. Ich behalte die Sache im Auge.»

«Großartig», grollte der Pilot und meinte das Ventil, nicht Zimmer. Eine sehr ungünstige Entwicklung. Bisher war alles glattgegangen, fast zu glatt. Wie die meisten Soldaten mit Gefechtserfahrung war Paul Johns argwöhnisch. Nun dachte er über Leistung und Gewicht nach. Er mußte diese verdammten Berge überfliegen, um aufzutanken und zurück nach Panama zu fliegen ...

Doch erst mußten Männer evakuiert werden.

«Wann sind wir dort?»

«In vier Minuten», antwortete Captain Willis. «Wenn wir hinter dem nächsten Bergkamm sind, sollte die LZ in Sicht kommen. Das Ding fängt an, schwammig zu werden, Sir.»

«Ja, merk ich auch.» Johns schaute auf die Instrumente. Triebwerk 1 lief mit 104 Prozent Nennleistung, Triebwerk 2 schaffte gerade gut 73 Prozent. Da sie den nächsten Abschnitt der Mission trotz des Problems bewältigen konnten, wurde die Sache erst einmal auf Eis gelegt. PJ stellte am Autopiloten eine größere Höhe ein. Das Überfliegen von Bergen würde nun angesichts höherer Zuladung und geringerer Triebwerksleistung schwieriger werden.

«Das ist ein echtes Gefecht», sagte Johns eine Minute später. Im Nachtsichtgerät machte er heftige Aktivität am Boden aus. Er schaltete das Funkgerät ein. «FEATURE, hier CAESAR.» Keine Antwort.

«FEATURE, hier CAESAR, over.» Erst nach zwei weiteren Versuchen meldete sich das Team am Boden.

«CAESAR, hier FEATURE. Wir werden angegriffen.»

«Roger, FEATURE, das sehe ich auch. Ich mache Ihre Position als dreihundert Meter unterhalb der LZ aus. Ziehen Sie sich auf den Gipfel zurück, wir geben Ihnen Feuerschutz.»

«Wir haben enge Feindberührung, CAESAR.»

«Setzen Sie sich so rasch wie möglich ab, wir decken Sie», sagte PJ ruhig. Los, Junge, dachte er, in so einer Scheiße hab ich selbst auch schon gesteckt ...

«Roger. FEATURE, hier sechs. Zurück zur LZ. Ich wiederhole: sofort zur LZ absetzen!» hörten sie den Captain sagen. PJ schaltete die Bordsprechanlage ein.

«Buck, Kanonen bereitmachen. Schützen auf ihre Stationen. Heiße LZ, es sind eigene Truppen am Boden. Ich wiederhole: *es sind eigene Truppen am Boden, Leute*. Nehmt euch also an den Kanonen in acht!»

Johns hatte sich schon hundertmal gewünscht, in Laos eine dieser Waffen gehabt zu haben. Der Pave Low schleppte einen über fünfhundert Kilo schweren Titanpanzer mit, der natürlich nur Triebwerke, Treibstoffzellen und Getriebe schützte. Für die Besatzung stand nur das weniger feste Kevlar zur Verfügung. Und der Rest der Aluminiumhaut war so dünn, daß schon ein Kind sie mit dem Schraubenzieher durchbohren konnte. PJ flog zweitausend Meter von der LZ entfernt in dreihundert Meter Höhe Kreise, um ein Gefühl für die Lage zu bekommen. Gut war dieses Gefühl nicht.

«PJ, das gefällt mir nicht», sagte Zimmer über die Sprechanlage. Ähnlich empfand auch Sergeant Bean an der Heckzone, aber er schwieg. Ryan, der an keiner LZ bisher etwas gesehen hatte, hielt ebenfalls den Mund.

«Sie haben sich in Bewegung gesetzt, Buck.»

«So sieht es aus.»

«Okay, ich fliege an. Kommandant an Besatzung, wir sehen uns das einmal aus der Nähe an. Feuern Sie nur, wenn direkt auf Sie geschossen wird, und warten Sie ansonsten meinen Befehl ab. Bitte bestätigen.»

«Zimmer, bestätigt.»

«Bean, bestätigt.»

Auch Ryan gab durch, daß er verstanden habe. Ich sehe ja sowieso nichts, auf das ich ballern könnte, dachte er dabei.

Es war schlimmer, als es den Anschein hatte. Die Angreifer vom Kartell hatten die Primär-LZ aus einer unerwarteten Richtung angegriffen und dabei die von FEATURE ausgewählte Alternativ-LZ durchquert. Das Team hatte auch keine Zeit gehabt, eine komplette Verteidigungsstellung einzurichten. Am schlimmsten war, daß sich unter den Angreifern Überlebende des Kampfes gegen MESSER befanden, die einiges dazugelernt hatten – zum Beispiel, daß rasches Vorgehen manchmal sicherer ist. Sie wußten auch über den Hubschrauber Bescheid, aber nicht genug. Wären sie über seine Bewaffnung informiert gewesen, hätte das Gefecht auf der Stelle ein Ende gefunden, aber sie gingen davon aus, daß der Rettungshubschrauber unbewaffnet war. Einem Kampfhubschrauber waren sie noch nie in die Quere gekommen. Wie so oft in einer Schlacht wurde der Ausgang von Absicht und Irrtum, Wissen und Ignoranz bestimmt. FEA-

TURE zog sich unter Zurücklassung hastig aufgebauter Sprengfallen und Minen rasch zurück, aber wie schon einmal wurden die Verfolger von den Verlusten, die sie erlitten, eher angespornt als gewarnt. Die Männer des Kartells spalteten sich in drei Gruppen auf und begannen, die Landezone auf dem Berg einzuschließen.

«Ich sehe ein Blinklicht», sagte Willis.

«FEATURE, hier CAESAR. Bestätige Ihre LZ.»

«CEASAR, hier FEATRUE. Sehen Sie unser Blinklicht?»

«Affirmativ. Wir kommen jetzt. Bringen Sie alle Ihre Leute ins Freie.»

«Wir haben drei Verwundete dabei und tun unser Bestes.»

«Noch dreißig Sekunden», sagte PJ.

«Wir sind bereit.»

Wie zuvor hörten die Schützen nur die Hälfte des Gesprächs mit, und dann kam die Durchsage: «Kommandant an Besatzung, ich habe alle eigenen Truppen ins Freie beordert. Sowie wir einigermaßen Übersicht haben, bestreichen Sie das Gebiet. Truppen, die Sie sehen können, sind wahrscheinlich unsere eigenen. Alles andere ist am Boden zu halten. Ryan, das bedeutet, daß wir ihnen Saures geben.»

«Roger», erwiderte Jack.

«Noch fünfzehn Sekunden. Aufgepaßt, Leute.»

Es kam ohne Warnung. Niemand sah, wo es herkam. Der Pave Low ging im steilen Spiralflug nieder, konnte das Überfliegen feindlicher Truppen aber nicht ganz vermeiden. Sechs hörten ihn und sahen den schwarzen Schemen am Himmel. Zugleich richteten sie ihre Waffen nach oben und feuerten los. Die 7.62mm-Geschosse durchschlugen den Boden des Helikopters glatt, und das klang wie Hagel auf einem Blechdach. Ein Schrei – jemand war getroffen worden.

«PJ, wir werden beschossen», meldete Zimmer über die Sprechanlage. Gleichzeitig richtete er seine Kanone nach unten und gab einen kurzen Feuerstoß ab. Die Maschine vibrierte. Die Leuchtspurgeschosse zeigten allen, was und wo der Pave Low war. Wieder wurde auf ihn geschossen.

«Verflucht noch mal!» Kugeln trafen die Panzerglasscheibe der Kanzel, ohne sie zu durchschlagen. Sie hinterließen aber kleine Krater und funkelten beim Aufprall wie Glühwürmchen. Seinem Instinkt folgend, riß Johns die Maschine links herum, weg vom Feuer. Dieses Manöver entblößte die linke Seite der Maschine.

Solche Angst wie jetzt hatte Ryan noch nie im Leben gehabt. Unter ihm schienen hundert, zweihundert, tausend Mündungsfeuer aufzublitzen, alle auf ihn zu. Am liebsten hätte er sich weggeduckt, aber er wußte, daß er hinter der fünfhundert Kilo schweren Montierung der Kanone am sichersten war. Ein richtiges Visier hatte die Waffe nicht. Er peilte einfach an den rotierenden Läufen entlang eine besonders dichte Gruppe von Blitzen an und drückte ab.

Es war, als hielte er einen Vorschlaghammer in der Hand. Es klang, als risse ein Riese Segel in Fetzen. Vor seinen Augen entstand eine zwei Meter lange und einen Meter breite Stichflamme, die ihn fast blendete. Der Strahl aus Leuchtspurgeschossen aber war nicht zu übersehen; Ryan lenkte ihn auf die Mündungsfeuer, die noch am Boden blitzten. Aber nicht für lange. Er schwenkte den Lauf, unterstützt vom Schlingern des Hubschraubers und der unglaublichen Vibration der Kanone. Mehrere Sekunden lang bestrich er so das Zielgebiet. Als er die Daumen vom Hebel nahm, blitzte unten nichts mehr.

«Donnerwetter!» sagte er zu sich selbst und war so beeindruckt, daß er die Gefahr vorübergehend vergaß. Doch nicht nur von dieser Stelle waren sie beschossen worden. Ryan suchte sich einen anderen Punkt aus und ging an die Arbeit, beschränkte sich diesmal auf kurze, nur aus wenigen hundert Schuß bestehende Feuerstöße. Dann drehte der Hubschrauber ab, und er hatte keine Ziele mehr.

Im Cockpit schauten Willis und Johns auf die Instrumente. Sie hatten sich überraschen lassen. Der Hubschrauber hatte keinen kritischen Schaden davongetragen. Lenkeinrichtungen, Triebwerke, Getriebe und Treibstofftanks waren vor Gewehrfeuer sicher. Oder sollten es sein.

«Dort unten gibt's Verwundete», meldete Zimmer. «Ziehen wir die Sache durch, PJ.»

«Okay, Buck, verstanden.» PJ zog den Hubschrauber nach links. «FEATURE, hier CAESAR! Wir versuchen es noch einmal.» Selbst seine Stimme hatte nun ihre eisige Ruhe verloren.

«Sie kommen näher! Beeilen Sie sich, Mister! Wir sind alle hier!»

«Zwanzig Sekunden, Sohn. Kommandant an Crew,wir gehen runter. Noch zwanzig Sekunden.»

Der Hubschrauber hielt jäh an, drehte sich auf der Stelle, und Johns hoffte, daß Beobachter am Boden auf dieses Manöver nicht vorbereitet waren. Er ging auf volle Leistung, senkte die Nase und stieß auf die LZ herab. Zweihundert Meter überm Boden riß er die Nase hoch und nahm gleichzeitig die Leistung zurück, um die Geschwindigkeit zu verringern; sein übliches perfektes Manöver. Der Pave Low verlor genau im richtigen Augenblick Fahrt – und setzte wegen der reduzierten Leistung von Triebwerk 2 hart auf. Johns verzog das Gesicht und erwartete schon, eine Mine auszulösen. Doch eine Explosion blieb aus.

Die Bergung schien eine Ewigkeit zu dauern. Der hohe Adrenalinspiegel bewirkte, daß alle Ereignisse wie in Zeitlupe abzulaufen schienen. Ryan glaubte, am Rand seines Gesichtsfeldes jedes einzelne Blatt des sich drehenden Rotors ausmachen zu können. Er wollte zum Heck schauen, sehen, ob das Team schon an Bord war, mußte sich aber auf das Gelände vor der linken Tür konzentrieren. Sofort wurde ihm klar, daß es nicht darum ging, viel Munition nach Hause zu bringen. Sobald er sicher war, daß sich keine eigenen Truppen mehr vor ihm befanden, betätigte er den Abzug und bestrich den Waldrand, ließ die Garbe knapp überm Boden einen weiten Bogen beschreiben. Zimmer tat es ihm auf der anderen Seite nach.

Hinten schaute Clark aus der Hecktür. Bean stand an seiner Kanone, konnte aber nicht schießen, denn die eigenen Leute liefen nun auf den Hubschrauber zu. Und in diesem Augenblick kamen Schüsse aus dem Wald.

Ryan fand es unglaublich, daß in dem Gebiet, das er gerade bestrichen hatte, noch jemand lebte, doch als am Türrahmen etwas Funken schlug, wußte er, daß er von dort beschossen wurde. Jack ging nicht in Deckung; es gab keinen sicheren Platz. Er peilte kurz nach draußen, sah, woher die Schüsse kamen, zielte, feuerte. Der Rückstoß der Minikanone schien den Hubschrauber umwerfen zu wollen. Das Mündungsfeuer bohrte ein Loch über den vom Rotor aufgewirbelten Staub, aber am Waldrand flammten noch immer Mündungsfeuer auf.

Clark hörte drinnen und draußen Schreie, die den Lärm der Minikanonen übertönten. Er spürte, wie Kugeln die Flanke der Maschine trafen, und sah zwei Männer direkt unterm Heckrotor fallen. Andere hasteten an Bord.

«Scheiße!» Er sprang hinaus, gefolgt von Chavez und Vega. Clark packte einen Soldaten und schleppte ihn zur Rampe; Chavez und Vega holten den anderen. Vega stürzte anderthalb Meter vor der Rampe mit seiner Last zu Boden. Clark warf seinen Verwundeten in die Hände der wartenden Teammitglieder und eilte zur Hilfe. Erst barg er den verwundeten Soldaten. Als er zurückkam, plagte sich Chavez mit dem massigen Vega ab. Clark packte ihn an den Schultern und stieß ihn zurück, so daß er auf der Kante der Rampe landete. Ding schnappte sich *Osos* Füße, schwang sie hoch und hielt sich an der Montierung der Minikanone fest, denn der Hubschrauber begann abzuheben. Kugeln sausten durch die Tür, doch nun hatte Bean freies Schußfeld und feuerte los.

Sie kamen nur langsam vom Boden. Der Hubschrauber hatte mehrere Tonnen zusätzlicher Ladung und flog mit reduzierter Leistung. Im Cockpit verfluchte PJ die störrische Maschine. Der Pave Low gewann ein paar Meter Höhe und wurde immer noch beschossen.

Am Boden um sie herum gebärdeten sich die Angreifer wie wild, weil ihre Beute nun entkam, und sie unternahmen einen letzten Versuch, das zu verhindern. Für sie war der Hubschrauber eine Trophäe, eine häßliche Erscheinung, die sie um den Erfolg betrogen hatte; das wollte keiner zulassen. Über hundert Gewehre wurden auf den schwankend in der Luft hängenden Hubschrauber gerichtet.

Ryan spürte mehrere Kugeln an sich vorbeizischen, sie kamen direkt durch seine Tür. Wohin sie flogen, wußte er nicht; fest aber stand, daß er das Ziel war. Angst hatte er nun keine mehr. Die Mündungsfeuer der Gewehre stellten Ziele dar, die er nun seinerseits beschoß. Sicher war er nur, wenn er die Gefahrenquellen ausschalten konnte. Zurückschießen zu können war ein Luxus, den sich alle an Bord wünschten, aber nur drei bekamen die Gelegenheit. Ryan konnte die anderen nicht im Stich lassen. In Sekunden, die ihm wie Stunden vorkamen, schwenkte er die Kanone hin und her und bildete sich ein, jede Kugel zu hören, die sie ausspuckte. Sein Kopf wurde zurückgerissen, als etwas seinen Helm traf, aber er drückte weiter auf den Abzug und ließ einen Feuerregen auf das Gebiet niedergehen. Auf einmal erkannte er, daß die Ziele unter ihm verschwanden und er die Hände heben mußte, um den Lauf der Waffe nach unten zu richten. Einen Moment lang kam es ihm vor, als entkämen die Ziele, nicht er. Dann war es vorbei. Zuerst konnte er die Hände nicht von der Kanone lösen. Erst als er einen Schritt zurücktrat, fielen sie schlaff herunter. Ryan schüttelte heftig den Kopf. Er war halb taub von dem Getöse der Minikanone und hörte erst nach Sekunden die schrillen Schreie der Verwundeten. Er schaute sich um und stellte fest, daß die Maschine mit beißendem Pulverdampf gefüllt war, der aber rasch vom stärker werdenden Fahrtwind verweht wurde. Seine Augen litten noch unter den Nachwirkungen des Mündungsfeuers; er stand wacklig auf den Beinen. Am liebsten hätte er sich hingesetzt, um einzuschlafen und anderswo wieder zu erwachen.

Ganz in seiner Nähe schrie jemand. Es war Zimmer, der auf dem Rücken lag, seine Brust umschlungen hatte und sich wälzte. Ryan ging nach ihm schauen.

Zimmer hatte drei Kugeln in die Brust bekommen und atmete in einem feinen rosa Nebel Blut aus. Ein Geschoß hatte seine rechte Schulter zerschmettert; wirklich ernsthaft aber waren die Lungenschüsse. Ryan erkannte sofort, daß der Mann vor seinen Augen verblutete. Gab es hier einen Sanitäter? Konnte der vielleicht helfen?

«Hier Ryan», sagte er über die Sprechanlage. «Sergeant Zimmer ist schwer verwundet.»

«Buck!» rief PJ sofort. «Buck, was ist los?»

Zimmer versuchte zu antworten, aber seine Verbindung zur Bordsprechanlage war weggeschossen worden. Er brüllte etwas Unverständliches; Ryan drehte sich um und schrie die anderen, die sich um nichts zu kümmern schienen, an. «Sanitäter!» Clark hörte ihn und setzte sich in Bewegung.

«Kommen Sie, Zimmer, wir kriegen Sie schon wieder hin», sagte Jack. Er wußte aus seiner kurzen Dienstzeit bei den Marines, daß man Verwundeten den Überlebenswillen stärken mußte. «Das verbinden wir, und dann wird alles wieder gut. Ohren steif halten, Sergeant... das tut weh, aber Sie kommen durch.»

Einen Augenblick später war Clark zur Stelle. Er zog dem Bordingenieur die kugelsichere Weste aus, ohne sich um die Schmerzensschreie zu kümmern. Auch für Clark war das eine Rückkehr in die Vergangenheit; irgendwie hatte er vergessen, wie entsetzlich so etwas war. Er fing sich zwar rascher als die anderen, aber der Horror, unter Feuer und danach hilflos zu sein, hatte ihn fast übermannt. Und nun war er hilflos. Das sah er an der Position der Schußwunden. Clark hob den Blick zu Ryan und schüttelte den Kopf.

«Meine Kinder!» schrie Zimmer. Der Sergeant hatte einen Grund zum Überleben, aber der Wille allein reichte nicht.

«Erzählen Sie mir von Ihren Kindern», sagte Ryan.

«Sieben... ich habe sieben Kinder... ich muß, ich *darf* nicht sterben! Meine Kinder brauchen mich.»

«Immer mit der Ruhe, Sergeant, wir schaffen Sie hier raus. Sie kommen durch.» Tränen trübten Ryans Augen; er schämte sich, einen Sterbenden zu belügen.

«Sie brauchen mich doch!» Nun, da das Blut seinen Hals und seine Lungen zu füllen begann, klang seine Stimme schwächer.

Ryan schaute zu Clark auf und hoffte auf ein Wort des Trostes, aber Clark starrte ihm nur in die Augen. Er wandte sich wieder Zimmer zu und ergriff seine Hand.

«Sieben Kinder?» fragte Jack.

«Sie brauchen mich», jammerte Zimmer, der nun erkannte, daß er sie nie mehr wiedersehen würde, daß er nicht miterleben durfte, wie sie erwachsen wurden, heirateten und selbst Kinder bekamen.

«Ich will Ihnen über Ihre Kinder etwas sagen, was Sie noch nicht wissen», sagte Ryan zu dem Sterbenden.

«Was?» Zimmer wirkte verwirrt und starrte Ryan an, als wüßte der eine Antwort auf die letzte Frage des Lebens. Die kannte Jack zwar auch nicht, aber er tat, was er für den Mann tun konnte.

«Die werden alle studieren, Mann.» Ryan drückte Zimmer fest die Hand. «Sie haben mein Wort, Zimmer, dafür werde ich sorgen. Das schwöre ich bei Gott.»

Daraufhin veränderte sich das Gesicht des Sergeants etwas, aber ehe Ryan die Miene entschlüsseln konnte, trat wieder eine Veränderung ein; nun wirkte der Mann ganz teilnahmslos. Ryan drückte auf den Knopf der Sprechanlage.

«Zimmer ist tot, Colonel.»

«Roger.» Ryan war über diese kalte Antwort aufgebracht, konnte aber nicht wissen, was Johns dachte: *Mein Gott, was sage ich Carol und den Kindern?*

Ryan hatte Zimmers Kopf im Schoß. Er löste sich langsam und ließ den Kopf auf den Metallboden des Hubschraubers sinken. Clark nahm den jüngeren Mann in seine stämmigen Arme.

«Und das tu ich auch», stieß Jack mit erstickter Stimme hervor. «Das war keine Lüge. Das tu ich wirklich!»

«Ich weiß. Und er wußte auch, daß Sie es ernst meinen.»

«Wirklich?» Die Tränen begannen zu fließen, und es fiel Jack schwer, die wichtige Frage zu wiederholen: »Sind Sie ganz sicher?»

«Er wußte, daß Sie es ernst meinten, Jack, und er glaubte Ihnen. Das war sehr anständig, Dr. Ryan.» Clark umarmte Ryan so, wie ein Mann sonst nur seine Frau oder seine Kinder in die Arme nimmt – oder jene, mit denen er dem Tod ins Gesicht geschaut hatte.

Vorne auf dem rechten Sitz verdrängte Colonel Johns erst einmal seine Trauer und konzentrierte sich auf die Mission. Buck hatte dafür bestimmt Verständnis.

Cutters Jet traf lange nach Sonnenuntergang in Hurlburt ein, und er wurde mit einem Wagen zur Operationsabteilung des Geschwaders gebracht. Er erschien ohne jede Warnung, wie ein böser Geist.

«Wer hat hier den Befehl?»

Der Sergeant an der Anmeldung erkannte den Sicherheitsberater sofort; er hatte ihn im Fernsehen gesehen. «Diese Tür, Sir.»

Cutter fand einen jungen Captain vor, der in seinem Drehsessel döste. Als die Tür sich öffnete, blinzelte der junge Mann und sprang etwas wacklig auf.

«Ich will wissen, wo Colonel Johns ist», verlangte Vizeadmiral Cutter leise.

«Sir, ich bin nicht in der Lage, Ihnen diese Information...»

«Wissen Sie, wer ich bin?»

«Jawohl, Sir.»

«Versuchen Sie etwa, mir etwas abzuschlagen?»

«Ich habe meine Befehle, Sir.»

«Captain, ich widerrufe alle Befehle. So, und jetzt beantworten Sie meine Frage.» Cutter sprach nun lauter.

«Sir, ich weiß wirklich nicht, wo...»

«Dann suchen Sie jemanden, der Bescheid weiß, und bringen ihn her.»

Der Captain war so verängstigt, daß er den Weg des geringsten Widerstands wählte und einen Major anrief, der auf dem Stützpunkt wohnte und acht Minuten später zur Stelle war.

«Major, ich will wissen, wo Colonel Johns ist. Er ist der Kommandeur dieses Vereins, oder?»

«Jawohl, Sir!» erwiderte der Major. Was zum Teufel soll das? fragte er sich.

«Wollen Sie mir weismachen, daß die Männer dieser Einheit nicht wissen, wo ihr Kommandeur ist?» Die Tatsache, daß seine Autorität allein nicht zur sofortigen Ausführung des Befehls geführt hatte, brachte Cutter so auf, daß er sein Ziel aus dem Auge verlor und losdonnerte.

«Sir, wir sind hier mit Spezialoperationen und...»

«Ist das hier ein Pfadfinderlager oder eine militärische Einrichtung?» tobte der Admiral.

«Sir, dies ist eine militärische Einrichtung», erwiderte der Major. «Colonel Johns ist auf Dienstreise. Ich habe den strikten Befehl, Sir, über seinen Auftrag und seinen Aufenthaltsort nur mit Befugten zu sprechen, und Sie stehen nicht auf der Liste. So lauten meine Anweisungen, Admiral.»

Cutter war verdutzt und wurde noch wütender. «Kennen Sie meine Funktion? Wissen Sie, für wen ich arbeite?» So hatte schon seit Jahren kein Rangniedriger mehr mit ihm geredet. Und beim letzten Mal hatte er die Karriere des Betreffenden geknickt wie ein Streichholz.

«Sir, ich habe einen schriftlichen Befehl.» Der Major nahm Haltung an. «Auch der Präsident steht nicht auf der Liste, Sir.» Die Miene des Offiziers drückte recht klar aus: Dieses hergelaufene Arschloch, das es gewagt hatte, die United States Air Force einen Haufen Pfadfinder zu schimpfen, solle sich verpissen.

Cutter mußte seinen Ton mäßigen, seine Gefühle beherrschen. Abrechnen konnte er mit diesem unverschämten Flegel immer noch. So begann er mit einer Entschuldigung, sozusagen Mann zu Mann. «Major, ich muß Sie um Verzeihung bitten. Die Angelegenheit ist von höchster Wichtigkeit; Einzelheiten darf ich Ihnen nicht nennen. Ich kann aber sagen, daß es hier in der Tat um Leben und Tod geht. Ihr Colonel Johns könnte Hilfe brauchen. Es ist möglich, daß die Operation in Auflösung begriffen ist, und das muß ich wirklich wissen. Ihre Loyalität Ihrem Kommandeur gegenüber ist lobenswert, Ihre Pflichterfüllung beispielhaft, aber Offiziere müssen auch Urteilsvermögen haben und Prioritäten abwägen können. Tun Sie das jetzt, Major. Ich muß diese Informationen haben... und zwar sofort.»

Vernunft wirkte, wo Gebrüll versagt hatte. «Admiral, der Colonel flog zusammen mit einer unserer MC-130 zurück nach Panama. Warum, weiß ich nicht, und was die Besatzung dort tut, ist mir ebenfalls nicht bekannt. Praktisch alles, was wir tun, wird in Geheimhaltungssektoren aufgeteilt, und im vorliegenden Fall ist die Geheimhaltung noch strenger als sonst. Nun habe ich Ihnen alles gesagt, was ich weiß, Sir.»

«Wo sind sie hingeflogen?»

«Zum Stützpunkt Howard, Sir.»

«Gut. Wie kann ich sie erreichen?»

«Sir, das liegt außerhalb des Kreises. Über diese Informationen verfüge ich nicht. Sie können mit uns Kontakt aufnehmen, aber wir nicht mit ihnen.»

«Das ist doch Schwachsinn!» wandte Cutter ein.

«Durchaus nicht, Admiral. Wir halten das immer so. Zusammen mit der MC-130 bildet der Hubschrauber eine unabhängige Einheit. Die Hercules hat Wartungspersonal und Nachschub an Bord und setzt sich nur mit uns in Verbindung, wenn etwas gebraucht wird. Ansonsten ist sie vom Stützpunkt unabhängig. Die Besatzungen sind im Notfall, bei schwerer Krankheit in der Familie zum Beispiel, über die Operationsabteilung in Howard zu erreichen. Bisher war das in diesem Fall nicht erforderlich. Ich kann versuchen, über diesen Kanal eine Verbindung herzustellen, Sir, aber das kann ein paar Stunden dauern.»

«Danke. In ein paar Stunden kann ich selbst in Panama sein.»

»Es steht ein schwerer Wetterumschwung bevor, Sir», warnte der Major.

«Kein Problem.» Cutter verließ den Raum und ging zurück zu seinem Wagen. Sein Flugzeug war bereits aufgetankt worden, und zehn Minuten später startete er nach Panama.

Johns folgte nun einem leichteren Flugprofil und steuerte den Hubschrauber in nordöstlicher Richtung durch das weite Andental, das das Rückgrat von Kolumbien bildet. Der Flug war soweit glatt verlaufen, aber drei Dinge machten ihm Sorgen. Erstens fehlte ihm die Triebwerksleistung, um mit seinem gegenwärtigen Fluggewicht die Berge im Westen zu überwinden. Zweitens mußte er spätestens in einer knappen Stunde auftanken. Drittens verschlechterte sich das Wetter von Minute zu Minute.

«CAESAR, hier KLAUE, over.»

«Roger, hier CAESAR.»

«Wann tanken wir, Sir?» fragte Captain Montaigne.

«Erst will ich mal näher an die Küste heran. Wenn wir bis dahin mehr Treibstoff verbraucht haben, sind wir vielleicht leicht genug, um nach Westen zu fliegen und das Manöver dort auszuführen.»

«Roger. Ich muß Ihnen aber melden, daß wir Radarsignale zu empfangen beginnen. Die Möglichkeit, daß wir entdeckt werden, ist nicht auszuschließen. Es handelt sich zwar nur um Radar der zivilen Flugüberwachung, aber unsere Hercules ist groß genug, um auf den Schirmen aufzutauchen.»

Verdammt! Das hatte Johns vergessen.

«Wir haben ein Problem», sagte PJ zu Willis.

«Ja. Zwanzig Minuten Flugzeit vor uns liegt ein Paß, den wir vielleicht schaffen.»

«Wie hoch?»

«Laut Karte 2470 Meter. Weiter hinten wird es dann viel niedriger, aber angesichts der möglichen Radarerfassung und des Wetters ..., ich weiß nicht, Sir.»

«Stellen wir mal fest, wie hoch wir steigen können», meinte Johns. Im Lauf der letzten halben Stunde hatte er die Triebwerke geschont. Das änderte sich jetzt. Nun mußte ausprobiert werden, was sie schafften. Er ging auf Volleistung und überwachte dabei das Instrument für Triebwerk 2. Diesmal erreichte der Zeiger noch nicht einmal 70 Prozent.

«Das P3-Leck wird schlimmer», meldete Willis.

«Seh ich auch.» Sie stellten den Rotor auf Maximalauftrieb, konnten aber nicht wissen, daß auch er beschädigt worden war und nicht mehr die Nennleistung lieferte. Der Pave Low kämpfte sich mühsam auf 7700 Fuß, also 2348 Meter, hoch und begann dann allmählich wieder zu sinken.

«Je mehr Treibstoff wir verbrauchen, desto leichter werden wir», merkte Willis hoffnungsvoll an.

«Verlassen Sie sich nicht drauf.» PJ schaltete das Funkgerät ein. «KLAUE, hier CAESAR. Wir schaffen es nicht über die Berge.»

«Dann kommen wir zu Ihnen.»

«Negativ, zu früh. Wir müssen näher an der Küste auftanken.»

«CAESAR, hier KLEINES AUGE. Ich habe mitgehört. Welchen Sprit braucht Ihr Monstrum?» fragte Larson, der wie im Plan vorgesehen den Hubschrauber seit der Evakuierung begleitete.

«Im Augenblick würd ich auch Pisse in den Tank kippen, wenn ich genug hätte.»

«Schaffen Sie es bis zur Küste?»

«Ja. Mit Mühe und Not zwar, aber das kriegen wir hin.»

«Ich kann Ihnen einen kleinen Flugplatz hundert Meilen vor der Küste nennen, auf dem eine Menge Flugbenzin lagert. Außerdem habe ich einen Verwundeten an Bord, der blutet und versorgt werden muß.»

Johns und Willis tauschten einen Blick. «Wo ist das?»

«Flugzeit bei unserer augenblicklichen Geschwindigkeit rund vierzig Minuten. Es ist ein Flugplatz für Privatmaschinen, auf dem sich in der Nacht bestimmt nichts tut. Heißt El Pindo. Dort gibt es eine Shell-Konzession und zehntausend Gallonen in unterirdischen Tanks. Ich war schon öfters dort.»

«Höhe?»

«Hundertfünfzig Meter. Schön dicke Luft für Ihren Rotor, Captain.»

«Das machen wir», meinte Willis.

«KLAUE, haben Sie mitgehört?» fragte Johns.

«Ja.»

«Gut, dann versuchen wir das. Drehen Sie nach Westen ab und bleiben Sie in Funkreichweite. Sehen Sie zu, daß Sie sich der Radarüberwachung entziehen.»

«Roger, gehen auf Westkurs», erwiderte Captain Montaigne.

Hinten saß Ryan an seiner Kanone. Im Hubschrauber waren acht Verwundete, die von zwei Sanitätern versorgt wurden. Clark setzte sich neben Ryan.

«So, und was fangen wir mit Cortez und Escobedo an?»

«Cortez bleibt bei uns. Und der andere? Keine Ahnung. Wie sollen wir seine Entführung erklären?»

«Soll er vielleicht vor ein Gericht kommen?» fragte Clark.

«Alles andere wäre kaltblütiger Mord. Er ist jetzt unser Gefangener, und das Töten von Gefangenen ist Mord.»

Bleib mir bloß mit deine Juristerei vom Hals, dachte Clark, wußte aber, daß Ryan recht hatte.

«Nehmen wir ihn also mit heim?»

«Dann fliegt die ganze Operation auf», sagte Ryan. Er wußte, daß er viel zu laut über dieses heikle Thema sprach. Eigentlich sollte er jetzt still und nachdenklich sein, aber der Triebwerkslärm und die Nachwirkungen der Ereignisse machten das unmöglich. «Verdammt, ich weiß nicht, was ich machen soll.»

«Wohin fliegt der Hubschrauber?»

«Das weiß ich auch nicht.» Ryan stellte die Sprechanlage an, um sich zu erkundigen. Er war über die Antwort verblüfft und gab sie an Clark weiter.

«Überlassen Sie das mir. Ich habe da eine Idee. Wenn wir gelandet sind, nehme ich den Kerl und sortiere diesen Aspekt zusammen mit Larson aus.»

«Aber ...»

«Muß ich es Ihnen denn unbedingt auf die Nase binden?»

«Ermorden dürfen Sie ihn nicht!» beharrte Jack.

«Ich nicht», versetzte Clark. Ryan wußte nicht, wie das gemeint war. Aber die Antwort bot ihm einen Ausweg.

Larson traf als erster ein. Der Flugplatz war schlecht beleuchtet, nur wenige orange Lichter, die durch die tiefhängenden Wolken schimmerten, aber er setzte die Beechcraft sicher auf und rollte zum Tanklager. Kaum hatte er angehalten, als fünfzig Meter weiter der Hubschrauber landete.

Larson war erstaunt, als er im schwachen blauen Licht die zahlreichen Einschüsse sah. Ein Mann, der eine Fliegerkombination trug, rannte auf ihn zu. Larson ging ihm entgegen und führte ihn zum Treibstoffschlauch. Der Schlauch war lang und einen Zoll im Durchmesser und wurde sonst zum Betanken von Privatflugzeugen benutzt. Die Stromversorgung der Pumpe war abgeschaltet, aber Larson wußte, wo der Schalter war, und schoß das Türschloß auf. Er hatte so etwas zwar noch nie getan, aber fünf Geschosse rissen den Messingmechanismus aus der Tür. Eine Minute später schob Sergeant Bean den Schlauch in den Stutzen eines Zusatztanks. Nun erschienen Clark und Escobedo. Ein Soldat hielt Escobedo die Gewehrmündung an den Kopf, während die CIA-Offiziere sich berieten.

«Wir fliegen zurück», sagte Clark dem Piloten.

«Was?» Larson drehte sich um und sah, wie zwei Soldaten Juardo aus der Beechcraft holten und zum Hubschrauber brachten.

«Wir bringen unseren Freund hier zurück nach Medellin. Vorher aber gibt es noch etwas zu erledigen.»

«Spitze.» Larson ging zurück zu seiner Maschine und kletterte auf die Tragfläche, um die Tankdeckel zu öffnen. Dann mußte er fünfzehn Minuten warten, denn so lange dauerte es, bis der Hubschrauber mit dem dünnen Schlauch betankt war. Als das Besatzungsmitglied den Schlauch zurückschleppte, begann der Rotor sich schon wieder zu drehen. Kurz darauf startete der Hubschrauber in die Nacht. Im Norden wetterleuchtete es. Larson war froh, nicht in diese Richtung fliegen zu müssen. Er überließ Clark das Auftanken und ging ins Gebäude, um zu telefonieren. Komisch fand er nur, daß bei diesem Deal für ihn sogar Geld heraussprang. Andererseits war im vergangenen Monat sonst überhaupt nichts komisch gewesen.

«Okay», sagte PJ über die Sprechanlage. «Das war der letzte Stopp, und jetzt geht's nach Hause.»

«Triebwerkstemperaturen sehen nicht besonders günstig aus», meinte Willis. Die Triebwerke vom Typ T-64-GE7 waren für Kerosin ausgelegt, nicht für das hochoktanige und gefährliche Flugzeugbenzin. Laut Garantie des Herstellers konnte man dreißig Stunden mit diesem Treibstoff fliegen, bis die Brenner ruiniert waren, aber in der Garantie hatte auch nichts von Ventilfederbrüchen und P3-Verlusten gestanden.

«Sieht so aus, als würden sie bald abgekühlt», sagte der Colonel und machte eine Kopfbewegung zu dem vor ihnen liegenden Tief hin.

«Ah, wir denken mal wieder positiv, Colonel», erwiderte Willis so kühl wie möglich. Zwischen ihnen und Panama lag kein bloßes Gewitter, sondern ein ausgewachsener Hurrikan.

«KLAUE, hier CAESAR, over», rief Johns über Funk.

«Verstanden, CAESAR.»

«Wie sieht da vorne das Wetter aus?»

«Schlecht, Sir. Empfehle, daß Sie auf Westkurs gehen, das Gebirge überfliegen und sich von der Pazifik-Seite her nähern.»

Willis warf einen Blick auf das Navigations-Display. «Mist!»
«KLAUE, wir haben gerade zweitausendfünfhundert Kilo Zusatzgewicht in Form von Treibstoff an Bord genommen. Sieht so aus, als müßten wir etwas anderes versuchen.»
«Sir, der Hurrikan zieht mit fünfzehn Knoten nach Westen. Ihr Kurs nach Panama führte Sie in den rechten unteren Quadranten.»
Also die ganze Strecke Gegenwind, sagte sich PJ.
«Werte?»
«Geschätzte Maximal-Windgeschwindigkeit auf Ihrem Kurs siebzig Knoten.»
«Wunderbar!» rief Willis aus. «Dann ist es sehr fraglich, ob wir Panama überhaupt erreichen, Sir.»
Johns nickte. Der Wind war schon schlimm genug. Regen würde den Wirkungsgrad der Triebwerke noch weiter reduzieren. Das bedeutete, daß seine Reichweite um mehr als die Hälfte sank. Eine Luftbetankung im Sturm kam nicht in Frage. Am klügsten wäre es gewesen, hier einen Landeplatz zu finden und abzuwarten, aber das ging auch nicht. Johns betätigte die Sendetaste.
«KLAUE, hier CAESAR. Wir fliegen Alternative eins an.»
«Haben Sie den Verstand verloren?» gab Frances Montaigne zurück.
«Gefällt mir nicht, Sir», meinte Willis.
«Fein. Das können Sie eines Tages zu Protokoll geben. A eins liegt nur hundert Meilen vor der Küste, und wenn die Sache nicht klappt, können wir uns vom Rückenwind zurücktragen lassen. KLAUE, stellen Sie die Position von Alternative eins fest.»
«Wahnsinn», hauchte Captain Montaigne und wandte sich dann an ihre Funker. «Rufen Sie Alternative eins und lassen Sie sich die Position durchgeben. Sofort, wenn ich bitten darf.»

Murray fühlte sich überhaupt nicht wohl. *Adele* sei zwar kein Großhurrikan, hatte Wegener gesagt, aber er könne sich doch auf einiges gefaßt machen. Die Seen waren zwölf Meter hoch, und die *Panache*, die im Hafen so mächtig gewirkt hatte, wurde nun herumgeworfen wie ein Spielzeugboot. Der FBI-Agent hatte Skopolamin-Pflaster gegen die Seekrankheit unterm und hinterm Ohr, die aber im Augenblick nicht stark genug wirkten. Wegener indessen saß seelenruhig auf der Brücke und rauchte seine Pfeife. Murray klammerte sich an den Haltegriff über sich und kam sich vor wie auf dem fliegenden Trapez.
Sie befanden sich nicht in der vorbestimmten Position. Wegener hatte

seinem Gast erklärt, daß sie sich nur an einer Stelle aufhalten konnten – und diese bewegte sich. Murray war einigermaßen dankbar, daß die Seen hier nicht mehr ganz so grob waren. Er kämpfte sich zur Tür und schaute zu dem gewaltigen Wolkenzylinder auf.

«*Panache*, hier KLAUE, over», kam es aus dem Lautsprecher. Wegener stand auf und nahm das Mikrophon.

«KLAUE, hier *Panache*. Ihr Signal ist schwach, aber verständlich, over.»

«Nennen Sie Ihre Position.»

Wegener nannte dem Piloten, der sich wie eine Frau anhörte, die Koordinaten. Die sitzen inzwischen überall, dachte er.

«CAESAR ist im Anflug.»

«Roger. Bitte teilen Sie CAESAR mit, daß die Verhältnisse hier den Sicherheitsanforderungen nicht entsprechen. Ich sage noch einmal: Es sieht im Augenblick schlecht aus.»

«Roger, verstanden. Bleiben Sie auf Empfang.» Kurz darauf meldete sich die Pilotin wieder. «*Panache*, hier KLAUE. CAESAR will es trotzdem versuchen. Wenn er es nicht schafft, will er eine Notwasserung wagen. Kommen Sie damit zurecht? Over.»

«Wir geben uns Mühe. Nennen Sie mir eine Ankunftszeit.»

«Etwa sechzig Minuten.»

«Roger, wir halten uns bereit. Informieren Sie uns weiter. Out.» Wegener schaute über die Brücke. «Miss Walters, ich übernehme. Oreza und Riley sollen sofort auf die Brücke kommen.»

Ensign Walters bestätigte den Befehl und war enttäuscht, denn das Steuern des Schiffes in dem tropischen Sturm hatte ihr einen Riesenspaß gemacht. Und sie war – anders als viele Besatzungsmitglieder – noch nicht einmal seekrank. Warum hatte der Skipper sie ablösen müssen?

«Ruder backbord», befahl Wegener. «Neuer Kurs drei-drei-fünf. Zwei Drittel voraus.»

Der Rudergänger wiederholte den Befehl, drehte am Ruder und stellte die neue Leistung ein. «Zwei Drittel, Sir.»

«Danke. Wie fühlen Sie sich, Obrecki?» fragte der Skipper.

«Wie in der Achterbahn, Sir.» Der junge Mann grinste, wandte den Blick aber nicht vom Kompaß.

«Sie halten sich gut. Sagen Sie aber Bescheid, wenn Sie müde werden.»

«Aye, aye, Sir.»

Eine Minute später erschienen Oreza und Riley. «Was gibt's?» fragte Portagee.

«Wir gehen in dreißig Minuten auf Flugstation», erklärte der Captain.

«Scheiße!» rief Riley. «Verzeihung, Red, aber in dieser Kacke...»

«Fein, Master Chief. Nun, da wir das hinter uns haben, verlasse ich mich darauf, daß Sie die Sache deichseln», meinte Wegener streng. Riley steckte die Zurechtweisung ein.

«Ich will tun, was ich kann, Captain. Stellen wir den Ersten Offizier auf den Turm?»

Wegener nickte. Der Erste Offizier war der beste Mann, um die Operation von der Luftleitstation aus zu leiten. «Gehen Sie ihn holen.» Riley entfernte sich, und Wegener wandte sich an seinen Steuermannsmaat. «Portagee, Sie will ich am Ruder haben, wenn wir auf *Hotel Corpin* gehen. Ich übernehme die Brücke.»

«Sir, *Hotel Corpin* gibt es in dieser Sauerei nicht.»

«Deshalb stelle ich Sie ja auch ans Ruder. Lösen Sie Obrecki in einer halben Stunde ab. Wir müssen dem Hubschrauber eine stabile Landeplattform bieten.»

»Du lieber Himmel.» Oreza schaute aus dem Fenster. «Klar, Red.»

Johns flog niedrig, nur spärliche hundertfünfzig Meter überm Boden. Er schaltete den Autopiloten ab und verließ sich nun lieber auf sein Geschick und seinen Instinkt. Der Wechsel kam jäh. Eben noch waren sie in klarer Luft geflogen, nun aber peitschte Regen die Maschine.

«Na, so schlimm ist es ja gar nicht», log Johns unverschämt über die Sprechanlage.

«Klar, und wir werden auch noch dafür bezahlt», bestätigte Willis ironisch.

PJ sah auf das Navigations-Display. Der Wind kam im Augenblick aus Nordwesten und verlangsamte ihren Flug, aber das sollte sich ändern. Sein Blick schweifte zwischen dem Fahrtmesseranzeiger und dem Instrument, das die Geschwindigkeit überm Boden darstellte, hin und her. Satelliten- und Trägheitsnavigationssysteme stellten auf einem Computerdisplay seine Position und sein Ziel dar, einen roten Punkt. Auf einem anderen Schirm zeigte die Radaranlage den vor ihnen liegenden Sturm und ließ die schlimmsten Abschnitte in Rot erscheinen. Diese mußte er meiden, aber auch die gelben Gebiete, die er durchfliegen mußte, waren schon schlimm genug.

«Mist!» brüllte Willis. Beide Piloten rissen an den Knüppeln und gingen auf Volleistung. Sie waren in einen Abwind geraten. Nun starrten sie auf das Instrument, das ihre Sinkgeschwindigkeit anzeigte. Einen kurzen Augenblick lang sausten sie mit tausend Fuß pro Minute in die Tiefe; wenn das so weiterging, mußten sie in dreißig Sekunden zerschellen. Doch Turbulenzen dieser Art sind begrenzt. Der Hubschrauber fing sich sechzig Meter überm Boden und kämpfte sich zäh nach oben zurück. PJ entschied, daß für den Augenblick eine Flughöhe von zweihundert Metern sicherer war. «Knapp», meinte er.

Willis grinste nur.

Hinten wurden die Männer am Boden festgeschnallt. Ryan hatte das bei sich bereits getan und klammerte sich obendrein an der Montierung der Kanone fest, als ob das zusätzliche Sicherheit gäbe. Er schaute durch die offene Tür und sah nichts als graue, gelegentlich von Blitzen erhellte Finsternis. Der Hubschrauber wurde von den aufgewühlten Luftmassen trotz seiner gut zwanzig Tonnen herumgeworfen wie ein Drachen. Ryan konnte nichts tun; sein Schicksal lag in anderen Händen. Selbst nachdem er sich erbrochen hatte, ging es ihm nicht besser. Nun sehnte er sich nur noch danach, daß das Ganze ein Ende fand. Wie, war ihm egal.

Sie wurden weiter durchgeschüttelt, aber der Wind sprang um, als der Hubschrauber in den Hurrikan eindrang. Erst war er aus Nordwesten gekommen, sprang dann aber um und wehte mit beträchtlicher Geschwindigkeit von schräg hinten, was ihre Geschwindigkeit überm Boden erhöhte. Ihre Luftgeschwindigkeit betrug einhundertfünfzig, ihre Geschwindigkeit überm Boden lag bei einhundertneunzig und nahm zu.

«Das senkt unsren Treibstoffverbrauch», merkte Johns an.

«Noch fünfzig Meilen», meldete Willis.

«CAESAR, hier KLAUE, over.»

«Roger, KLAUE, wir sind fünfzig Meilen von Alternative eins entfernt. Einige Turbulenz, aber ansonsten ist alles in Ordnung», meldete Johns. «Wenn uns die Landung nicht gelingt, wollen wir vorm Wind den Hurrikan durchfliegen und versuchen, die Küste von Panama zu erreichen.» Johns zog die Stirn kraus, als Wassermassen die Windschutzscheibe trafen. Gleichzeitig saugten auch die Triebwerke Wasser an.

«Triebwerk zwei ist ausgefallen!»

«Starten Sie es wieder», meinte Johns und war um Gelassenheit bemüht. Er senkte die Nase und tauschte Höhe gegen Geschwindigkeit ein, um aus dem dichten Regen zu kommen.

«Bin dabei», stieß Willis heiser hervor.

«Leistungsverlust in eins», sagte Johns und drehte den Leistungshebel voll auf, was bewirkte, daß sich die Drehzahl steigerte. Sein zweimotoriger Helikopter flog nun mit nur einem Triebwerk, das gerade achtzig

Prozent seiner Nennleistung brachte. «Lassen wir zwei wieder an, Captain. Im Augenblick sinken wir mit hundert Fuß pro Minute.»

«Bin dabei», wiederholte Willis. Der Regen ließ ein wenig nach, und 2 sprang wieder an, lieferte aber nur vierzig Prozent. «Ich glaube, daß sich der P3-Verlust verstärkt hat. Ganz große Scheiße, Colonel. Nun haben wir keine andere Wahl als Alternative eins. Noch vierzig Meilen.»

«Wenigstens haben wir überhaupt noch eine Option. Ich bin nämlich kein guter Schwimmer.» Johns hatte nun schweißige Hände. Über die Bordsprechanlage rief er: «Kommandant an Crew, noch fünfzehn Minuten.»

Riley hatte zehn erfahrene Matrosen versammelt. Jeder hatte eine Sicherheitsleine um die Taille, und Riley prüfte jeden Knoten und jede Schnalle persönlich. Sie trugen zwar Schwimmwesten, aber wenn in diesem Wetter jemand über Bord ging, bedurfte seine Bergung eines Wunders. Ketten und Zwei-Zoll-Taue wurden angeschleppt und nach Möglichkeit schon am Deck befestigt. Riley führte die Decksmannschaft nach vorne und ließ sie an der Rückwand des Aufbaus Aufstellung nehmen. «Hier ist alles bereit», meldete er dem IA im Turm über Telefon. Dann wandte er sich an seine Männer. «Wenn einer von euch Scheiße baut und über Bord geht, springe ich höchstpersönlich hinterher und drehe ihm den Hals um!»

Sie befanden sich in einem riesigen Windstrudel. Laut Navigations-Display befanden sie sich nördlich ihres Ziels und flogen mit fast hundertfünfzig Knoten. Die Turbulenzen waren noch schlimmer geworden. Einmal wurde der Hubschrauber von einer Fallbö gepackt und den schwarzen Seen entgegengeschleudert, bis Johns ihn in gerade hundert Fuß Höhe abfing. Inzwischen empfand selbst der Pilot Übelkeit. Er war noch nie in solchem Wetter geflogen. «Wie weit noch?»

«Eigentlich sollten wir schon da sein, Sir!» sagte Willis. «*Panache* müßte genau im Süden liegen.»

«Gut.» Johns zog den Knüppel nach links. Die jähe Richtungsänderung relativ zum Wind drohte den Hubschrauber auf die Seite zu legen, aber Johns fing ihn ab und ging seitwärts fliegend auf den neuen Kurs. Nach zwei Minuten hatten sie das kritische Manöver hinter sich.

«*Panache*, hier CAESAR, wo zum Teufel sind Sie?»

«Alle Lichter an!» brüllte Wegener, als der Ruf einging. Gleich darauf war die *Panache* illuminiert wie ein Weihnachtsbaum.

«Was seht ihr da unten doch hübsch aus», sagte wenige Sekunden später eine Stimme über Funk.

Adele war ein kleiner, schwacher, desorganisierter Hurrikan, der sich wegen wirrer örtlicher Wetterbedingungen nun wieder in einen tropischen Sturm zurückverwandelte. Ihre Winde waren daher schwächer als erwartet. Andererseits war nun auch *Adeles* Auge klein und unregelmäßig, und ausgerechnet auf das Auge waren sie nun angewiesen.

Man nimmt allgemein fälschlich an, daß im Auge eines Hurrikans Windstille herrscht. Das trifft nicht zu. Doch dem Beobachter, der gerade die Gewalt des Sturmes in der innersten Wolkenwand erfahren hat, kommt der Fünfzehn-Knoten-Wind im Zentrum wie eine Brise vor. Dieser Wind ist aber böig und schlägt oft um. Wegener hatte sein Schiff eine Meile vom Nordrand des knapp vier Meilen messenden Auges stationiert. *Adele* zog mit einer Geschwindigkeit von fünfzehn Knoten weiter. Für die Bergung des Hubschraubers blieben gerade fünfzehn Minuten Zeit. Der einzige positive Faktor war die klare Luft. Es regnete nicht, und die Ruderhauscrew konnte die Wellen sehen und sich auf sie einstellen.

Der Erste Offizier auf der Luftleitstation setzte den Kopfhörer auf und begann zu sprechen.

«CAESAR, hier *Panache*. Ich bin der Flugoffizier und werde Ihren Anflug leiten. Winde hier unten um fünfzehn Knoten und aus wechselnden Richtungen. Schwere Seen. Das Schiff rollt und schlingert. Fünfzehn Minuten Zeit für die Landung; es besteht also kein Anlaß zur Hast.» Mit der letzten Bemerkung wollte der Offizier der Hubschrauberbesatzung nur Mut machen. Er fragte sich nämlich, ob dieses Manöver überhaupt möglich war.

«Skipper, mit ein paar Knoten mehr könnte ich sie ein wenig ruhiger halten», meldete sich Portagee am Ruder.

«Wir dürfen nicht aus dem Auge laufen.»

«Ich weiß, Sir, aber ich brauche bessere Steuerfahrt.»

Wegener ging hinaus auf die Nock. Der Hubschrauber, dessen Blinklichter zu sehen waren, umkreiste das Schiff; der Pilot wollte sich einen Überblick verschaffen. Wenn die Sache schiefgeht, erkannte Wegener, ist das Schlingern schuld. Portagee hatte recht. «Zwei Drittel voraus», rief er ins Ruderhaus.

«Mein Gott, das ist ja eine Nußschale», hauchte Willis.

«Wenigstens sind keine Riemen im Weg.» PJ ging tiefer, flog einen letzten Kreis und hielt dann direkt auf den Achtersteven des Kutters zu. In hundert Fuß Höhe ging er in den Waagrechtflug und mußte feststellen, daß die Maschine wegen fehlender Leistung nicht stetig schwebte, sondern seitlich ausbrach.

«Halten Sie bloß Ihr Schiff ruhig!» rief er über Funk.

«Wir geben uns alle Mühe», erwiderte der IA. «Der Wind kommt aus Backbord voraus. Ich empfehle, daß Sie von Backbord schräg anfliegen.»

«Roger, ich sehe den Grund.» Johns stellte noch einmal die Leistung neu ein und begann dann den Anflug.

«Los geht's!» rief Riley seinen Männern zu. Sie teilten sich in drei Gruppen auf, die jeweils für eine Fahrwerksgruppe des Hubschraubers verantwortlich waren.

Johns stellte fest, daß das Deck für eine Landung von achtern nicht groß genug war, aber wenn er schräg anflog, konnte er mit allen sechs Rädern auf der schwarzen Fläche aufsetzen. Er flog mit einer Geschwindigkeit, die nur fünfzehn Knoten über der des Schiffes lag, langsam an und wurde im letzten Augenblick noch langsamer, doch der Wind erfaßte den Hubschrauber und drängte ihn ab. Johns fluchte und drehte ab, um es noch einmal zu versuchen.

«Tut mir leid», meinte er. «Ich habe Probleme mit einem Triebwerk.»

«Roger, lassen Sie sich ruhig Zeit», erwiderte der IA.

Johns begann tausend Meter entfernt einen neuen Anflug, der besser klappte. Hundert Meter vorm Heck zog er den Hubschrauber kurz hoch, um Fahrt zu verlieren, ging dann wieder in den Horizontalflug und schwebte langsam ein. Das Fahrwerk setzte genau an der richtigen Stelle ein, aber dann schlingerte das Schiff stark und warf die Maschine nach Steuerbord. Instinktiv riß PJ die Maschine hoch. Das war ein Fehler gewesen, wie er sofort erkannte.

«Knifflig», sagte er über Funk und schluckte einen Fluch, als er den Helikopter wieder herumzog.

«Schade, daß wir keine Zeit zum Üben hatten», stimmte der Offizier der Küstenwache zu. «Das war ein sauberer, glatter Anflug. Machen Sie das noch einmal, dann ist alles in Butter.»

«Gut, noch ein Versuch.» PJ flog wieder an.

Das Schiff schlingerte trotz seiner Stabilisatoren heftig, aber Johns faßte nun einen Punkt über dem Deck ins Auge, eine imaginäre Stelle im Raum, die sich nicht bewegte. Wieder schwebte er langsam ein. Knapp vorm Deck fixierte er den Punkt, auf dem das Bugfahrwerk aufsetzen sollte, und drückte den Knüppel nach unten. Der Hubschrauber setzte hart auf.

Riley sprang als erster auf und rollte sich unter die Maschine ans Bugfahrwerk. Ein Bootsmannsmaat folgte mit Ketten. Der Chief hakte die Kette an einer passenden Stelle ein, drehte sich dann um und ballte die Faust. Zwei Männer am anderen Ende der Kette zogen sie stramm, und Riley kroch nach Backbord, um dort das Hauptfahrwerk zu sichern. Das dauerte mehrere Minuten. Zweimal verschob sich der Pave Low, doch bald war er mit Ketten und zwei Zoll starken Tauen gesichert. Als Riley fertig war, hätte nur eine Sprengladung die Maschine vom Deck reißen können. Die Deckmannschaft stieg über die Heckrampe in den Hubschrauber und holte die Passagiere nach draußen. Riley zählte fünfzehn Mann. Waren ihm nicht mehr gemeldet worden? Dann sah er die Leichen.

Johns und Willis stellten die Triebwerke ab.

«KLAUE, CAESAR ist gelandet. Kehren Sie zurück zum Stützpunkt.» Johns setzte den Helm so rasch ab, daß er die Antwort nicht mehr mitbekam. Willis aber hörte sie.

«Roger. Out.»

Johns schaute sich um. Nun fühlte er sich nicht mehr als Pilot. Seine Maschine war gelandet, er war in Sicherheit. Zeit, auszusteigen und etwas anderes zu tun. Durch die Seitentür konnte er nicht heraus, ohne einen Sturz über Bord zu riskieren und – jetzt fiel ihm Buck Zimmer wieder ein. Der Colonel stieg über die Konsole des Bordingenieurs. Ryan war noch im Hubschrauber und hatte Erbrochenes am Overall. Johns kniete sich neben den Sergeant, mit dem er, bei einigen Unterbrechungen, seit zwanzig Jahren gedient hatte.

«Er hat mir gesagt, daß er sieben Kinder hat», meinte Ryan.

Johns war so erschöpft, daß seine Stimme keine Emotionen verriet. Er klang, als sei er tausend Jahre alt und habe das Leben, das Fliegen und alles andere satt. «Ja, hübsche Kinder. Seine Frau ist aus Laos. Carol heißt sie. Mein Gott, Buck... warum ausgerechnet jetzt?»

«Lassen Sie mich helfen», sagte Jack. Johns nahm die Arme, Ryan die Beine. Sie mußten sich anstellen, denn es waren noch andere Tote und Verwundete aus der Maschine zu schaffen. Die Verletzten kamen zuerst. Die Soldaten trugen ihre Kameraden, wie Ryan sah, unterstützt von

Sergeant Bean. Das Hilfsangebot der Seeleute wurde abgelehnt – nicht unfreundlich. Die Männer von der Küstenwache verstanden das. Riley und seine Männer sammelten noch Tornister und Waffen ein und gingen dann ebenfalls unter Deck.

Die Leichen wurden fürs erste in einen Gang gelegt, die Verwundeten kamen in die Mannschaftsmesse. Ryan und die beiden Offiziere der Air Force führte man in die Offiziersmesse. Dort trafen sie den Mann, der das Ganze vor Monaten in Gang gesetzt hatte. Ryan erkannte noch jemanden.

«Tag, Dan.»

«War's schlimm?» fragte der FBI-Agent.

Darauf gab Jack keine Antwort. «Wir haben Cortez. Er liegt verwundet im Schiffslazarett und wird von zwei Soldaten bewacht.»

«Was hat Sie denn da erwischt?» fragte Murray und wies auf Jacks Helm.

Ryan setzte ihn ab und betrachtete sich die Stelle, an der eine 7.62-Kugel das Fiberglas aufgerissen hatte. Jack zeigte keine Reaktion; diese Sache hatte er hinter sich. Er setzte sich hin und starrte stumm aufs Deck. Zwei Minuten später legte Murray ihn auf ein Feldbett und deckte ihn zu.

Captain Montaigne hatte zwar auf den letzten zwei Meilen mit Orkanböen zu kämpfen, aber sie war eine besonders gute Pilotin, und die Hercules war ein besonders gutes Flugzeug. Sie setzte ein wenig hart auf und folgte einem Jeep zum Hangar. Dort standen einige Offiziere und ein Mann in Zivil. Nachdem sie Motoren und Systeme abgestellt hatte, ging sie hinaus, aber erst einmal zur Toilette. Ihre Kombination stank, und bei einem Blick in den Spiegel stellte sie fest, daß ihr Haar wüst aussah. Die Männer warteten direkt vor der Tür auf sie.

«Captain, ich muß wissen, was Sie heute nacht getan haben», begann der Zivilist –, aber dann erkannte sie, daß er keiner war, und dachte: Dieser Wichser gehört überhaupt nicht in Uniform. Frances wußte zwar nicht alles, war aber über die Rolle des Mannes einigermaßen informiert.

«Ich habe gerade einen sehr langen Einsatz geflogen, Sir. Meine Crew und ich sind völlig fertig.»

«Ich möchte mit Ihnen allen über diesen Einsatz reden.»

«Sir, das ist *meine* Crew. Wenn es etwas zu besprechen gibt, dann mit mir!» fauchte sie zurück.

«Was haben Sie getan?» herrschte Cutter.

«Colonel Johns evakuierte Truppen von einer Sondereinheit.» Sie massierte sich mit beiden Händen das Genick. «Und er hat sie auch herausgeholt ... die meisten jedenfalls.»

«Und wo ist er jetzt?»

Frances Montaigne sah ihm fest in die Augen. «Sir, er hatte Probleme mit dem Triebwerk und konnte nicht zu uns aufsteigen ... schaffte es nicht über die Berge. Er flog direkt in den Hurrikan. Heraus kam er nicht, Sir. Was wollen Sie noch wissen? Ich will unter die Dusche, Kaffee trinken und mich um die Rettungsaktion kümmern.»

«Der Stützpunkt ist geschlossen», sagte der Kommandant, ein General. «Hier gibt es in den nächsten zehn Stunden keine Starts. Sie sollten sich ausruhen, Captain.»

«Da haben Sie recht. Und wenn Sie mich nun entschuldigen wollen, ich muß mit meiner Crew sprechen. Die Koordinaten für die Suchaktion gebe ich Ihnen in ein paar Minuten. Irgend jemand muß es schließlich versuchen», fügte sie hinzu.

«Hören Sie, General, ich will ...» setzte Cutter an.

«Mister, lassen Sie diese Crew in Frieden», sagte der General, der ohnehin bald in Pension ging.

Als die MC-130 im Anflug auf Panama war, landete Larson auf dem Flughafen von Medellin. Der Flug war von obszönen Verwünschungen begleitet gewesen. Clark saß hinten neben dem gefesselten Escobedo und drückte ihm den Pistolenlauf in die Rippen. Immer wieder war während des Fluges mit Mord gedroht worden. Mord an Clark, an Larson und seiner Freundin, die bei Avianca arbeitete, Mord an allen möglichen Leuten. Clark hörte zu und lächelte nur.

«So, und was habt ihr jetzt mit mir vor? Wollt ihr mich umbringen?» fragte Escobedo, als das Fahrwerk ausgefahren wurde. Endlich reagierte Clark.

«Ich hätte Sie am liebsten aus dem Hubschrauber geworfen, aber das durfte ich nicht. Wir werden Sie also ziehen lassen müssen.»

Escobedo wußte nicht, was er darauf sagen sollte. Haben die vielleicht nicht den Mumm, mich zu töten? fragte er sich.

«Ich ließ unsere Ankunft von Larson anmelden», sagte Clark wie nebenbei.

«Larson, du Hurensohn, du Verräter, das überlebst du nicht!»

Clark bohrte Escobedo den Lauf in die Rippen. «Lassen Sie den Piloten in Ruhe. Ich würde mich an Ihrer Stelle auf die Heimkehr freuen. Wir haben sogar dafür gesorgt, daß Sie vom Flughafen abgeholt werden.»

«Von wem?»

«Von Ihren Freunden», meinte Clark, als die Räder quietschend auf den Asphalt aufsetzten. Larson bremste ab. «Kollegen aus dem Kartellvorstand.»

Nun ahnte Escobedo die Gefahr. «Was haben Sie denen erzählt?»

«Die Wahrheit», erwiderte Larson. «Daß Sie unter seltsamen Umständen mit dem Flugzeug das Land verlassen wollten. Angesichts der merkwürdigen Vorfälle der letzten Wochen eine Art Zufall...»

«Ich werde ihnen aber sagen...»

«Was denn?» meinte Clark. «Daß wir unser Leben aufs Spiel gesetzt haben, nur um Sie heimzubringen. Daß das alles nur ein Trick ist? Klar, sagen Sie das ruhig.»

Das Flugzeug blieb stehen, aber die Propeller liefen weiter. Clark knebelte den Drogenbaron. Dann löste er den Sicherheitsgurt und zerrte Escobedo zur Tür. Draußen wartete schon ein Wagen. Clark ging die Leiter hinunter.

«Sie sind nicht Larson», sagte ein Mann mit einer Maschinenpistole.

«Ich bin sein Freund. Larson fliegt. Hier ist Ihr Mann. Haben Sie etwas für uns?»

«Sie brauchen nicht sofort wieder abzufliegen», sagte ein Mann, der eine Aktentasche trug.

«Dieser Mann hat zu viele Freunde. Es ist besser, wenn wir verschwinden.»

«Wie Sie wollen», meinte der Mann und reichte Clark die Aktentasche.

«*Gracias, jefe*», sagte Clark. Das hörten sie immer gern. Er stieß Escobedo hinüber zu den beiden.

«Sie hätten Ihre Freunde nicht verraten sollen», sagte ein Mann zu Escobedo, als Clark die Maschine wieder bestieg.

«Nichts wie weg hier», sagte Clark zu Larson.

«Nächste Station ist Venezuela», meinte Larson und gab Gas.

«Und dann Guantanamo. Schaffen Sie das noch?»

«Zum Glück ist hier der Kaffee gut.» Die Maschine hob ab. Ein Glück, daß wir das hinter uns haben, dachte Larson. Das traf für ihn zu, aber nicht für alle Beteiligten.

30

Zum Besten der Truppe

Als Ryan auf seinem Feldbett in der Offiziersmesse erwachte, hatten sie das schwerste Wetter schon hinter sich. Der Kutter lief mit zehn Knoten nach Osten, und da der Sturm sich mit fünfzehn Knoten nach Nordwesten bewegte, hatten sie nach sechs Stunden ein Gebiet mit nur mittlerem Seegang erreicht. Die *Panache* ging auf Nordostkurs und auf ihre höchste Marschfahrt von rund zwanzig Knoten.

Die Soldaten hatte man in den Quartieren der Matrosen untergebracht, die sie wie Staatsgäste behandelten. Wie durch ein Wunder war Schnaps entdeckt – wahrscheinlich im Quartier des Chiefs – und rasch ausgetrunken worden. Die Soldaten zogen ihre Uniformen aus und bekamen frische Kleider. Die Leichen kamen in den Kühlraum. Es waren insgesamt fünf; zwei, darunter Zimmer, waren bei der Rettungsaktion gefallen. Acht Männer waren verwundet, einer davon schwer, doch es gelang dem Sanitäter an Bord, seinen Zustand zu stabilisieren. Die Soldaten verbrachten die kurze Seereise überwiegend mit Essen und Schlafen.

Cortez, der am Arm verletzt worden war, saß im Schiffsgefängnis. Murray kümmerte sich um ihn. Als Ryan wach war, gingen die beiden mit einer Videokamera und einem Stativ nach unten, bauten das Ganze auf, und dann begann Murray mit seinem Verhör. Bald stellte sich heraus, daß Cortez mit dem Mord an Emil Jacobs nichts zu tun gehabt hatte, was Murray überraschend fand. Ryan befragte Cortez über seine Erfahrungen beim DGI. Cortez gab willig Antwort. Er hatte schon einmal einem Arbeitgeber die Treue gebrochen; es fiel ihm leicht, das erneut zu tun. Ryan hatte ihm versprochen, daß er nicht vor ein Gericht gestellt werden würde, und dieses Versprechen sollte auch eingehalten werden.

Cutter blieb noch einen Tag länger in Panama. Die Suchaktion nach dem abgestürzten Hubschrauber war wegen schlechten Wetters verschoben worden, und es überraschte ihn auch nicht, daß sie ergebnislos blieb. Der Hurrikan zog weiter nach Nordwesten und löste sich über der Halbinsel Yucatán in eine Serie von Gewitterfronten auf, die mehrere Tage später über Texas zu Tornados führten. Sobald die Witterungsverhältnisse es zuließen, flog Cutter zurück nach Washington. Einige Stunden früher war Captain Montaigne zum Luftstützpunkt Eglin zurückgekehrt und hatte ihre Besatzung zum Stillschweigen vergattert.

Die *Panache* lief sechsunddreißig Stunden nach Aufnahme des Hubschraubers den Marinestützpunkt Guantanamo an. Captain Wegener hatte über Funk wegen des Hurrikans und eines Maschinenschadens die Erlaubnis eingeholt. Einige Meilen vor dem Hafen startete Captain Johns den Hubschrauber und flog ihn zum Stützpunkt, wo er sofort in einen Hangar gerollt wurde. Der Kutter lief eine Stunde später ein und wies zum Teil starke Sturmschäden auf.

Clark und Larson kamen an den Kai. Ihr Flugzeug war ebenfalls versteckt worden. Ryan und Murray gesellten sich zu ihnen und gingen mit einem Trupp Marinesoldaten auf den Kutter, um Cortez abzuholen. Nach einigen Telefongesprächen mußte eine Entscheidung getroffen werden. Es gab keinen einfachen und zugleich völlig legalen Ausweg. Die Soldaten wurden im Stützpunktlazarett untersucht und am nächsten Tag nach Fort McDill in Florida geflogen. Am selben Tag kehrten Clark und Larson nach Washington zurück. Die Beechcraft ging an eine kleine Firma, die der CIA gehörte. Larson nahm sich Urlaub und überlegte, ob er seine Freundin wirklich heiraten und eine Familie gründen sollte. Eines stand für ihn fest: Bei der CIA stieg er aus.

Wie zu erwarten war, kam ein Ereignis ganz unerwartet und sollte auch für alle bis auf einen ein Rätsel bleiben.

Admiral Cutter war vor zwei Tagen zurückgekehrt und arbeitete wieder im üblichen Trott. Der Präsident war auf Wahlkampfreise und versuchte, den Rückstand in den Meinungsumfragen wettzumachen, ehe in zwei Wochen der Parteitag begann. Dafür war der Sicherheitsberater, der sehr hektische Wochen hinter sich hatte, dankbar. Er hatte genug. Er hatte dem Präsidenten treu gedient, Dinge getan, die getan werden mußten, und hatte nun eine Belohnung verdient. Den Oberbefehl über eine Flotte hielt er für angemessen, vielleicht OB der Atlantikflotte. Eigentlich hatte man Vizeadmiral Painter Hoffnungen auf den Posten gemacht, aber diese Entscheidung hing schließlich vom Präsidenten ab, aber Cutter nahm an, daß er bekommen würde, was er verlangte. Und wenn der Präsident wiedergewählt würde, winkte Cutter vielleicht sogar der Posten des Stabschefs. Darüber wollte er beim Frühstück spekulieren, das er ausnahmsweise einmal zu einer zivilisierten Zeit einnahm. Nach dem morgendlichen Vortrag von der CIA blieb ihm sogar noch Zeit zum Joggen. Um sieben Uhr fünfzehn klingelte es. Cutter ging selbst an die Tür.

«Wer sind Sie?»

«Mein Kollege, der Sie sonst informiert, ist krank, Sir. Heute habe ich Dienst bei Ihnen», sagte der Mann. Gut vierzig, sah er aus wie ein zäher alter Frontoffizier.

«Gut, kommen Sie rein.» Cutter winkte ihn ins Arbeitszimmer. Der Mann setzte sich und entdeckte zu seiner Freude ein Fernsehgerät und einen Videorecorder.

«So, und womit fangen wir heute an?» fragte Cutter, nachdem er die Tür geschlossen hatte.

«Mit Guantanamo, Sir», sagte der Mann.

«Was tut sich denn in Kuba?»

«Das habe ich auf Band, Sir.» Der Offizier schob die Kassette ins Gerät und drückte auf die Abspieltaste.

«Was ist denn das?» *Um Gottes willen!* dachte Cutter. Der Offizier ließ das Band einige Minuten lang weiterlaufen und hielt es dann an.

«Na und? Das ist das Wort eines Mannes, der sein eigenes Land verraten hat», sagte Cutter auf das erwartungsvolle Lächeln des Mannes hin.

«Ich habe hier noch etwas.» Der Mann hielt ein Foto hoch, das die beiden zeigte. «Mir wäre es am liebsten, wenn Sie ins Gefängnis kämen. Das will das FBI auch. Es wird Sie noch im Lauf des Tages verhaften. Die Anklagepunkte können Sie sich ja vorstellen. Mr. Murray leitet den Fall. Im Augenblick konferiert er bestimmt mit einem Haftrichter.»

«Warum sind Sie dann hier?»

«Ich interessiere mich für Filme. Außerdem war ich mal bei der Navy. In Situationen wie dieser bekommt der Betreffende immer Gelegenheit, die Sache selbst zu regeln ... ‹im Interesse der Truppe›. Zur Flucht würde ich

Ihnen nicht raten. Sie werden nämlich von FBI-Agenten überwacht, falls Ihnen das noch nicht aufgefallen sein sollte. Angesichts der Bürokratie in dieser Stadt wird man Sie nicht vor zehn oder elf festnehmen. Aber wenn es soweit kommt, Admiral, dann sei Ihnen Gott gnädig. Sie kriegen lebenslänglich. Ich persönlich wünsche Ihnen Schlimmeres, aber Sie werden den Rest Ihres Lebens in einem Bundesgefängnis verbringen. Wie auch immer.» Er nahm das Band aus dem Gerät und steckte es zusammen mit dem Foto in seine Aktentasche. «Leben Sie wohl, Sir.»

«Sie haben...»

«Was denn? Niemand hat mir befohlen, das geheimzuhalten. Welche Geheimnisse habe ich denn offengelegt? Sie kennen sie doch alle.»

«Sie sind Clark, nicht wahr?»

«Wie bitte? Wer?» sagte der Mann auf dem Weg nach draußen. Dann war er verschwunden.

Eine halbe Stunde später sah Pat O'Day Cutter den Hügel zum George Washington Parkway hinunterjoggen. Gut, daß der Präsident verreist ist, dachte der Inspektor, da muß man wenigstens nicht um halb fünf aus der Falle, um den Kerl abzupassen. Er vertrieb sich nun schon seit vierzig Minuten die Zeit mit Lockerungsübungen, und dann erschien sein Mann. O'Day ließ ihn vorbei und hielt dann leicht mit dem Älteren Schritt.

O'Day folgte ihm ein, zwei Meilen weit in Richtung Pentagon. Cutter nahm den Weg zwischen Straße und Potomac, lief und joggte abwechselnd. Vielleicht will er feststellen, ob er beschattet wird, dachte O'Day, aber... Dann joggte er wieder los.

Gerade gegenüber dem Rand des Nordparkplatzes verließ Cutter den Weg und hielt auf die Straße zu, als wollte er sie überqueren. Der Inspektor lag nun nur noch fünfzig Meter hinter ihm. Hier stimmte etwas nicht, aber er wußte nicht, was. Es war – die Art, auf die er den Verkehr beobachtete. Er hielt nicht nach Verkehrslücken Ausschau, erkannte O'Day zu spät. Ein Bus, der gerade von der Brücke der 14th Street gekommen war, rollte nach Norden und...

«Achtung!» Doch der Mann hörte nicht auf die Warnung. Reifen quietschten. Der Bus versuchte, dem Mann auszuweichen, und prallte gegen einen anderen Wagen; fünf weitere Fahrzeuge fuhren auf. O'Day ging nur an die Unfallstelle, weil er Polizist war. Vizeadmiral James A. Cutter, der fünfzehn Meter weit geschleudert worden war, lag noch auf der Straße.

Er wollte, daß es wie ein Unfall aussieht, dachte O'Day, aber es war keiner. Ein billiger Dienstwagen der Regierung, der aus der entgegengesetzten Richtung kam, fiel O'Day nicht auf. Wie viele andere verdrehte der Fahrer den Hals, aber seine Miene verriet bei dem Anblick kein Entsetzen, sondern Befriedigung.

Ryan wartete im Weißen Haus. Der Präsident hatte seine Reise wegen des Todes seines Beraters abgebrochen, mußte sich aber trotzdem um seine Arbeit kümmern, und wenn der DDI um einen Termin bat, mußte etwas Wichtiges anliegen. Zu seiner Verwunderung stellte er fest, daß Ryan in Begleitung von Al Trent und Sam Fellows gekommen war, zwei Kongreßabgeordneten, die gemeinsam dem Komitee vorstanden, das die Nachrichtendienste überwachte.

«Hereinspaziert», meinte der Präsident und geleitete sie mit einer majestätischen Geste ins Oval Office. «Was ist denn so wichtig?»

«Mr. President, es geht um einige verdeckte Operationen, insbesondere eine mit dem Codenamen SHOWBOAT.»

«Was ist das?» fragte der Präsident und war auf der Hut. Ryan ließ sich kurz aus.

«Ach, diese Geschichte. Nun gut. Richter Moore gab diesen beiden Männern den Auftrag für SHOWBOAT, und da es sich um eine gefährliche Operation handelte, brauchte der Kongreß nicht sofort verständigt zu werden ...»

«Von Dr. Ryan hören wir, daß es noch andere Dinge gibt, die wir erfahren müssen. Andere Operationen, die im Zusammenhang mit SHOWBOAT stehen», sagte Congressman Fellows.

«Davon ist mir nichts bekannt.»

«Leider haben Sie aber die Genehmigung gegeben», sagte Ryan leise. «Vor dem Gesetz ist es meine Pflicht, diese Angelegenheit dem Kongreß mitzuteilen, aber ich fand es notwendig, Sie vorher zu informieren. Und ich bat die beiden Abgeordneten hier, als Zeugen mitzukommen.»

«Mr. Trent, Mr. Fellows, würden Sie uns bitte einen Augenblick entschuldigen? Es geht hier um Dinge, über die ich nicht Bescheid weiß. Darf ich Dr. Ryan kurz unter vier Augen befragen?»

Sagt nein! flehte Ryan innerlich, aber so eine Bitte schlägt dem Präsidenten niemand ab. Kurz darauf war er mit dem Chef der Exekutive allein.

«Ryan, was verheimlichen Sie?» fragte der Präsident.

«Jawohl, Mr. President, ich verheimliche die Identität einiger unserer Leute von CIA und Militär, die glaubten, auf einen rechtmäßigen Befehl hin zu handeln.» Ryan sprach weiter und fragte sich dabei, was der

Präsident wohl wußte und was nicht. Genau werde ich das wohl nie erfahren, sagte er sich. Die wirklich wichtigen Geheimnisse hatte Cutter mit ins Grab genommen. Ryan ahnte, was zwischen Cutter und dem Präsidenten abgesprochen worden war, beschloß aber, die Sache ruhen zu lassen. Wie kann man mit so etwas zu tun haben, fragte er sich, und nicht korrupt werden?

«Von dem, was Cutter tat... *Ihrer* Behauptung nach tat, wußte ich nichts. Bedaure. Um die Soldaten tut es mir ganz besonders leid.»

«Die Hälfte konnten wir evakuieren, Sir. Ich war selbst dabei. Und das kann ich Cutter nicht vergeben: Er schnitt diese Männer absichtlich ab, um Ihnen einen politischen...»

»Ich habe das niemals genehmigt!» schrie der Präsident fast.

«Sie ließen es geschehen, Sir.» Ryan versuchte, dem Mann in die Augen zu sehen, aber nach einem kurzen Zögern wandte der Präsident den Blick. «Mein Gott, Sir, wie konnten Sie so etwas tun?»

«Die Bürger erwarten, daß wir den Drogenfluß eindämmen.»

«Dann tun Sie das, tun Sie genau das, was Sie versucht haben, aber bleiben Sie im Rahmen der Legalität.»

«So funktioniert das nicht.»

«Wieso nicht?» fragte Ryan. «Wann hat das amerikanische Volk Einwand erhoben, wenn der Staat in seinem Interesse Gewaltmaßnahmen ergriff?»

«Was wir hier tun mußten, dürfte nie an die Öffentlichkeit gelangen.»

«In diesem Fall, Sir, hätten Sie nur den Kongreß zu verständigen brauchen, dann wäre die Operation verdeckt ausgeführt worden. Man hätte Ihnen eine eingeschränkte Zustimmung gegeben, die Politik hätte nicht unbedingt ins Spiel kommen zu brauchen. Aber Sie haben eine Frage der nationalen Sicherheit zu einer politischen gemacht.»

«Ryan, Sie sind klug und tüchtig, aber naiv.»

So naiv war Jack auch wieder nicht. «Was erwarten Sie von mir, Sir?»

«Was muß der Kongreß unbedingt wissen?»

«Erwarten Sie von mir, daß ich Sie mit Lügen decke, Sir? Sie haben mich gerade naiv genannt, Sir. Vor zwei Tagen starb ein Mann in meinen Armen, ein Sergeant der Air Force, der eine Frau und sieben Kinder zurückließ. Bin ich naiv, wenn ich meine Erwägungen davon beeinflussen lasse?»

«So können Sie nicht mit mir reden.»

«Ein Vergnügen bereitet mir das nicht, Sir. Aber ich werde nicht für Sie lügen.»

«Sie sind aber bereit, die Identität von Leuten zu verheimlichen, die...»

«Auf Treu und Glauben Ihre Befehle ausführten. Jawohl, Mr. President, dazu bin ich bereit.»

«Und was wird aus dem Land, Jack?»

«Einen weiteren Skandal können wir nicht gebrauchen, da bin ich mit Ihnen einig. Aber das ist eine politische Frage, die Sie mit den beiden Männern vor der Tür erörtern müssen. Meine Aufgabe ist es, der Regierung Informationen zu liefern und bestimmte Aufträge auszuführen. Ich bin nur ein Instrument der Politik, so wie die Männer, die für ihr Land starben, und die konnten mit gutem Recht erwarten, daß die Regierung dieses Landes ihr Opfer besser zu würdigen weiß. Die Menschen, Mr. President, junge Leute zumeist, die hinausgingen, um einen Auftrag zu erfüllen, weil ihr Land, Sie, Sir, es für wichtig hielt. Sie wußten nur nicht, daß es auch in Washington Feinde gab. Und weil sie nie auf diesen Gedanken kamen, mußten sie sterben. Sir, wer unsere Uniform anlegt, muß einen Treueeid schwören. Steht irgendwo geschrieben, daß auch das Land seinen Menschen in Uniform Treue schuldig ist? So etwas ist nicht zum ersten Mal passiert. Mit Vorfällen in der Vergangenheit hatte ich nichts zu tun, aber in diesem Fall kann und werde ich nicht lügen, Sir, um Sie oder andere zu decken.»

«Ich habe nichts davon gewußt, Jack. Ehrlich, ich hatte keine Ahnung.»

«Mr. President, ich gehe davon aus, daß Sie ein ehrenhafter Mann sind. Soll das, was Sie gerade gesagt haben, denn wirklich eine Entschuldigung sein?» Jack machte eine Pause. Das Schweigen war eine völlig ausreichende Antwort.

«Möchten Sie noch einmal mit den Abgeordneten sprechen, ehe ich sie informiere?»

«Ja. Bitte warten Sie draußen.»

«Vielen Dank, Mr. President.»

Ryan verbrachte eine unbehagliche Stunde mit Warten. Dann erschienen Trent und Fellows wieder. Sie fuhren schweigend mit ihm nach Langley. Dort gingen die drei ins Büro des CIA-Direktors.

«Richter Moore», erklärte Trent, «Sie mögen dem Land Ihren größten Dienst erwiesen haben.»

«Unter den Umständen...» Moore hielt inne. «Was hätte ich denn sonst tun sollen?»

«Sie hätten die Männer sterben lassen können, Sie hätten den Gegner vor unserer Rettungsaktion warnen können», sagte Jack. «In diesem Fall stünde ich nicht hier. Und dafür, Richter, stehe ich in Ihrer Schuld. Sie hätten an der Lüge festhalten können.»

«Und mit ihr leben?» Moore lächelte seltsam und schüttelte den Kopf.

«Und die Operationen?» fragte Ryan, der nicht wußte, was im Oval Office besprochen worden war.

«Haben niemals stattgefunden», erklärte Fellows. «Wir wurden zwar reichlich spät informiert, aber das genügt uns. Angesichts der Lage können wir uns keinen neuen Skandal leisten. Politisch gesehen ist das zwar fragwürdig, aber vor dem Gesetz hat es Bestand.»

«Verrückt dabei ist nur, daß es beinahe funktioniert hat», merkte Trent an. «Ihre Operation CAPER war brillant. Ich nehme doch an, daß sie weiterlaufen wird.»

«Jawohl. Die ganze Operation war ein Erfolg», ließ sich Ritter zum ersten Mal vernehmen. «Wir lösten einen Krieg im Kartell aus, und der Mord an Escobedo war nur der letzte Akt... vielleicht auch nicht, wenn das Morden weitergeht. Nachdem so viele Drogenbarone ausgeschaltet sind, kann sich die kolumbianische Regierung vielleicht ein wenig besser durchsetzen. Aber die Kapazität von CAPER brauchen wir. Die lassen wir uns nicht nehmen.»

«Finde ich auch», meinte Ryan. «Wir brauchen CAPER, aber auf diese Weise kann man doch keine Politik machen, verdammt noch mal!»

«Jack, dann sagen Sie mir doch mal, was gut und was böse ist», sagte Moore. «Auf diesem Gebiet scheinen Sie ja heute der Experte zu sein», fügte er ohne große Ironie hinzu.

«Wir leben angeblich in einer Demokratie. Das heißt, daß die Bürger informiert werden, oder wenigstens ihre gewählten Vertreter.» Er wies auf die Kongreßabgeordneten. «Wenn eine Regierung Menschen tötet, die ihre Interessen oder die Bürger bedrohen, dann ist das nicht zwangsläufig Mord. Nicht immer. Ich weiß nur nicht, wo man die Grenze zieht. Ich selbst kann sie nicht definieren. Dafür gibt es andere Leute.»

«Nun, im Januar sind wir das jedenfalls nicht mehr», kommentierte Moore. «Also ist die Sache abgemacht? Nichts dringt über diesen Kreis hinaus? Keine Wahlkampfmunition?»

Trent und Fellows hätten politisch kaum weiter auseinanderstehen können – der schwule Neuengländer und der erzkonservative Mormone aus Arizona. Beide nickten ihre Zustimmung.

«Hiermit werden keine Spiele getrieben», meinte Trent.

«Das könnte dem Land nur schaden», stimmte Fellows zu.

«Und was wir hier getan haben ...», murmelte Ryan.

«Die Schuld liegt nicht bei Ihnen, sondern bei uns anderen», sagte Trent.

«Allerdings», schnaubte Jack. «Nun, ich war ja wohl auch die längste Zeit hier.»

«Meinen Sie?» fragte Fellows.

«Falsch, Dr. Ryan», sagte Trent. «Ich weiß, welche Namen auf Fowlers Liste stehen.»

«Meiner bestimmt nicht. Fowler kann mich nicht ausstehen», versetzte Ryan.

«Er braucht Sie ja nicht zu mögen. Und Direktor werden Sie auch nicht. Aber Sie bleiben hier», sagte Trent und fügte in Gedanken hinzu: als DDI vielleicht.

«Nun, wir werden sehen», meinte Fellows. «Und was, wenn die Wahl im November anders ausgeht? Fowler kann seine Chancen immer noch verpatzen.»

«Sie haben mein Wort, Sam», entgegnete Trent. «Wenn das passiert, passiert es halt.»

«Bleibt nur noch ein Unsicherheitsfaktor», warf Ritter ein.

«Den habe ich bereits mit Bill Shaw besprochen», sagte Moore. «Komisch, er hat sich nur des Einbruchs schuldig gemacht. Keine der Informationen, die er aus ihr herausholte, war geheim. Erstaunlich, nicht wahr?»

Ryan schüttelte den Kopf und fuhr früh heim. Er hatte einen Termin bei seinem Anwalt, der für sieben Kinder in Florida Ausbildungsfonds einrichten sollte.

Die Infanteristen wurden im Fort McDill abgefertigt. Man sagte ihnen, die Operation sei ein Erfolg gewesen, beförderte und versetzte sie. Bis auf einen.

«Chavez?» rief jemand.

«Ja, Mr. Clark.»

«Darf ich Sie zum Essen einladen?»

«Gibt's hier irgendwo ein gutes mexikanisches Restaurant?»

«Vielleicht kann ich eins ausfindig machen.»

«Was ist der Anlaß?»

«Reden wir mal von der Arbeit», sagte Clark. «Bei meinem Verein ist eine Stelle frei. Der Job wird besser bezahlt als Ihr derzeitiger. Allerdings müßten Sie erst mal für zwei Jahre zurück auf die Schule.»

«Darüber hab ich mir auch schon Gedanken gemacht», meinte Chavez, der nun glaubte, daß er das Zeug zum Offizier hatte. Hätte er statt Ramirez den Befehl gehabt...

«Sie sind gut, Junge. Ich möchte, daß Sie mit mir arbeiten.»

Chavez ließ sich auf die Sache ein. Zumindest kam dabei eine Mahlzeit heraus.

Captain Bronco Winters wurde zu einem Geschwader F-15 in Deutschland versetzt, wo er sich auszeichnete und bald Staffelführer wurde. Er war nun ruhiger, hatte die Dämonen des Todes seiner Mutter ausgetrieben. Zurückblicken würde Winters nie. Er hatte einen Auftrag gehabt und ausgeführt.

In Washington folgte auf einen schwülheißen Sommer ein kalter, trüber Herbst. Die Politiker verließen die Stadt zur Wahl, bei der es diesen November um die Präsidentschaft, alle Sitze des Repräsentantenhauses und ein Drittel der Senatssitze ging, nicht zu vergessen die Hunderte von politischen Posten in der Exekutive. Im Frühherbst sprengte das FBI mehrere kubanische Spionageringe, aber das hatte seltsamerweise keine politische Auswirkungen. Zerschlug die Polizei einen Rauschgiftring, war das ein Erfolg, wurde aber ein Nest von Spionen ausgehoben, galt das als Fehlschlag; wie hatten sich Spione überhaupt einnisten können? Politisches Kapital ließ sich mit der Aktion nur bei den Exilkubanern schlagen, aber deren Stimmen waren Fowler, der von der ‹Eröffnung eines Dialoges› mit der alten Heimat gesprochen hatte, ohnehin sicher. Der Präsident ging nach dem Konvent seiner Partei wieder an die Spitze, führte aber einen farblosen Wahlkampf und feuerte zwei Top-Berater. Vor allem aber war es Zeit für einen Wechsel, und J. Robert Fowler gewann die Wahl knapp mit einem zweiprozentigen Vorsprung bei der Zahl der abgegebenen Stimmen. Manche nannten das ein Mandat, andere sprachen von einem schlampigen Wahlkampf auf beiden Seiten. Letzte Einschätzung kam der Wahrheit näher, fand Ryan, nachdem alles vorbei war.

Überall in der Stadt und ihrer Umgebung machten sich vom alten Präsidenten berufene Leute bereit für den Umzug in ihre Heimat oder suchten sich Stellen in Anwaltskanzleien, um in Washington bleiben zu können. Im Kongreß hatte sich nicht viel verändert. Ryan blieb in seinem Büro sitzen und fragte sich, ob man ihn als neuen DDI bestätigen würde. Noch ließ sich das nicht sagen. Fest aber stand, daß der Präsident bis zur

Inauguration seines Nachfolgers im Amt blieb und trotz seiner Fehler ein Ehrenmann war. Vor seinem Abgang würde er für jene, die es brauchten, eine Amnestie erlassen.

Am Samstag nach der Wahl fuhr Dan Murray mit Moira Wolfe zum Luftstützpunkt Andrews, wo ein Jet für sie bereitstand. Drei Stunden später landeten sie in Guantanamo. Dieser Stützpunkt, ein Relikt aus dem Spanisch-Amerikanischen Krieg, ist die einzige amerikanische Militäreinrichtung in einem kommunistischen Land und Castro ein Dorn im Auge.

Moira hatte sich beim Landwirtschaftsministerium gut eingearbeitet und war die Sekretärin eines der höchsten Beamten. Sie hatte abgenommen, aber das machte Murray keine Sorgen. Sie hielt sich mit Laufen fit und sprach auf ihre Therapie gut an. Sie war das letzte Opfer, und er hoffte, daß die Reise ihr helfen würde.

Der Tag ist also da, dachte Cortez. Er war überrascht und enttäuscht, fand sich aber mit seinem Schicksal ab. Er hatte mit hohem Einsatz gespielt und hoch verloren. Er fürchtete sein Los, ließ sich aber vor den Amerikanern nichts anmerken. Sie setzten ihn auf den Rücksitz eines Wagens und fuhren ihn zum Tor. Er sah vorne ein anderes Fahrzeug, dem er aber keine besondere Beachtung schenkte.

Und da war er, der hohe Stacheldrahtzaun, der die amerikanischen Marines in den Tarnkampfanzügen von den kubanischen Soldaten trennte. Vielleicht kann ich mich noch herausreden, dachte Cortez. Fünfzig Meter vorm Tor hielt der Wagen an. Der Corporal, der neben ihm gesessen hatte, zog ihn aus dem Wagen und schloß die Handschellen auf.

«Los, Pancho», sagte der schwarze Corporal. «Jetzt geht's heim.»

Zwei Marines packten ihn bei den Armen. Am Tor sah er zwei Offiziere, die ihn mit ausdruckslosen Gesichtern erwarteten. Wenn er die Grenze überschritt, würden sie ihn umarmen, was aber nichts zu bedeuten hatte. Cortez war entschlossen, sich seinem Schicksal mannhaft zu stellen. Er drückte den Rücken durch und lächelte den Wartenden zu, als wären sie Verwandte, die ihn vom Flughafen abholen wollten.

«Cortez», rief ein Mann.

Sie traten aus dem Wachschuppen direkt am Tor. Den Mann kannte er nicht, aber die Frau ...

Felix blieb stehen, und die Marines, die weitergingen, hätten ihn fast umgerissen. Sie stand da und starrte ihn nur an. Sie blieb stumm, und

Cortez wußte nicht, was er sagen sollte. Das Lächeln verschwand von seinen Lippen. Der Ausdruck in ihren Augen ließ ihn innerlich schrumpfen. Er hatte ihr nie weh tun wollen. Sie ausnutzen, gewiß, aber... «Los, Pancho», sagte der Corporal und gab ihm einen Stoß. Nun standen sie am Tor.

«Ach ja, das gehört dir», sagte der Corporal und schob ihm eine Videokassette unter den Hosenbund. «Viel Spaß daheim.» Ein letzter Schubs.

«Willkommen in der Heimat, *Oberst*», sagte einer der Kubaner, umarmte seinen früheren Genossen und flüsterte: «Sie werden sich zu verantworten haben!»

Doch ehe sie ihn fortzerrten, drehte sich Felix ein letztes Mal um und sah Moira neben dem Unbekannten stehen. Sein letzter Gedanke, als er sich abwandte, war: Sie hat erneut verstanden, daß die höchste aller Leidenschaften das Schweigen ist.

DANK

Wie immer bin ich vielen Menschen zu Dank verpflichtet. Dem «Großen Geraldo» für seine Freundschaft; Russ für eine zweite Rate weisen Rats und verblüffend breiten Wissens; Carl und Colin, die nicht wußten, was sie auslösten, aber mir war das ebenso unklar; Bill für seine Weisheit; Rich für seine Gedanken über Dinge, auf die es ankommt; Tim, einem Ninja-6, für mehr als nur ein paar Tips zum Soldatenhandwerk; Ed, Anführer von Kriegern, und seiner Frau Patricia für ihre Gastfreundschaft; Pete, ehemaliger Direktor der aufregendsten Schule der Welt (wer graduiert, gewinnt das Leben); Pat, der eben diesen Kurs an einer anderen Schule gibt; Harry für höchst ernsthafte Respektlosigkeit; W. H., der in einem hoffnungslosen, undankbaren Job sein Bestes gibt; und natürlich einem Dutzend Deckoffiziere, die selbst einem Astronauten noch etwas beibringen könnten; und so vielen anderen. Möge Amerika euch so treu sein, wie ihr ihm dient.